21世纪普通高等教育“十三五”规划教材·会计系列

中级财务会计习题集

（第六版）

主编　韩冬芳

上海财经大学出版社

目 录

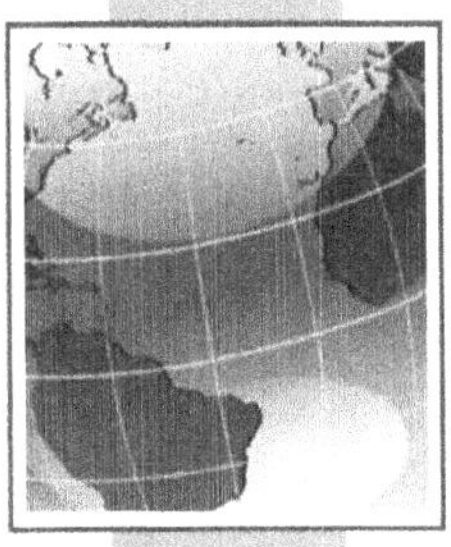

第一章 总 论

一、单项选择题

1. 资产和负债按照市场参与者在计量日发生的有序交易中，出售一项资产所能收到或者转移一项负债所需支付的价格计量。采用的会计计量属性是(　　)。

A. 现值　　B. 重置成本
C. 可变现净值　　D. 公允价值

2. 在会计核算中，产生权责发生制和收付实现制两种记账基础的会计基本假设是(　　)。

A. 会计分期　　B. 会计主体
C. 会计计量　　D. 持续经营

3. 下列有关所有者权益的表述中，不正确的是(　　)。

A. 所有者权益的来源包括所有者投入的资本、直接计入所有者权益的利得和损失、留存收益等
B. 直接计入所有者权益的利得和损失，是指不应计入当期损益、会导致所有者权益发生增减变动的、与所有者投入资本或者向所有者分配利润无关的利得或者损失
C. 所有者权益金额只取决于资产的计量
D. 所有者权益项目应当列入资产负债表

4. 下列项目中，能够引起负债和所有者权益同时变动的是(　　)。

A. 盈余公积转增资本
B. 董事会宣告分派股票股利
C. 股东大会通过董事会提出的分派现金股利方案
D. 接受非现金资产捐赠

5. 费用是指企业在日常活动中发生的、会导致所有者权益减少的、与向所有者分配利润无关的经济利益的总流出。下列项目中不属于费用的是(　　)。

A. 管理费用　　B. 财务费用
C. 销售费用　　D. 生产成本

6. 以下事项中，不属于企业收入的是(　　)。

A. 销售商品所取得的收入
B. 提供劳务所取得的收入
C. 出售无形资产所有权的经济利益流入
D. 出租机器设备取得的收入

7. 销售商品的售后回购,如果没有满足收入确认的条件,企业在会计核算上不应将其确认为收入。这一做法所遵循的会计信息质量要求是(　　)。

A. 实质重于形式　　B. 可比性
C. 可靠性　　D. 及时性

8. 下列项目中,能同时影响资产和负债发生变化的是(　　)。

A. 接受投资者投入设备　　B. 支付现金股利
C. 收回应收账款　　D. 支付股票股利

9. 下列项目中,符合资产定义的是(　　)。

A. 购入的某项专利权　　B. 经营租入的设备
C. 待处理财产损失　　D. 计划购买的某项设备

10. 企业固定资产可以按照其价值和使用情况,确定采用某一方法计提折旧,它所依据的会计核算前提是(　　)。

A. 会计主体　　B. 持续经营
C. 会计分期　　D. 货币计量

11. 甲公司 2018 年发生的部分业务如下:(1)出售一批商品,取得收入 480 万元(不含增值税),成本 320 万元;(2)收到投资者投入现金 300 万元;(3)发生广告费支出 55 万元;(4)预收 B 公司账款 15 万元。假定不考虑其他因素,上述事项对甲公司 2018 年营业利润的影响金额是(　　)万元。

A. 165　　B. 160　　C. 180　　D. 105

12. 资产按照预计从其持续使用和最终处置中所产生的未来净现金流入量的折现金额计量,其会计计量属性是(　　)。

A. 历史成本　　B. 可变现净值
C. 现值　　D. 公允价值

二、多项选择题

1. 下列经济业务中,能引起资产总额增加的有(　　)。

A. 确认分期付息、到期还本的持有至到期投资的实际利息收入
B. 改扩建工程完工,转入固定资产
C. 长期股权投资采用权益法核算,实际收到现金股利
D. 资产负债表日,交易性金融资产的公允价值高于其账面余额的差额

2. 下列做法中,不违背会计信息质量可比性要求的有(　　)。

A. 因客户的财务状况好转,将坏账准备的计提比例由应收账款余额的 25%降为 20%
B. 因预计发生年度亏损,将以前年度计提的坏账准备全部予以转回
C. 因减持股份,使原投资比例由 90%减少到 30%,而对被投资单位由具有控制变为具有重大影响,将长期股权投资由成本法改为权益法核算
D. 因追加投资,使原投资比例由 50%增加到 80%,而对被投资单位由具有重大影响变

为具有控制，故将长期股权投资由权益法改为成本法核算

3. 下列组织中，可以作为一个会计主体进行财务核算的有(　　)。

A. 合伙企业　　B. 单独核算的基金

C. 单独核算的车间　　D. 母公司及其子公司组成的企业集团

4. 下列经济业务事项中，企业按照“重要性”要求处理的有(　　)。

A. 企业内部研究开发项目研究阶段的支出，应于发生当期计入当期损益

B. 对主营业务核算时，设置的会计科目有“主营业务收入”、“主营业务成本”、“税金及附加”和“销售费用”

C. 专门借款辅助费用金额不大时，可在发生时直接计入当期财务费用

D. 将购买办公用品支出直接计入当期管理费用

5. 下列各种会计处理方法中，体现谨慎性要求的做法有(　　)。

A. 长期股权投资采用成本法核算

B. 期末固定资产采用账面价值与可收回金额孰低法计价

C. 在物价持续下降的情况下，发出存货采用先进先出法计价

D. 固定资产采用双倍余额递减法计提折旧

6. 下列资产中，属于本企业资产范围的有(　　)。

A. 融资租入设备　　B. 经营方式租出设备

C. 委托加工物资　　D. 经营方式租入设备

7. 下列事项中，可以引起所有者权益减少的是(　　)。

A. 以低于成本价销售产品　　B. 用盈余公积弥补亏损

C. 宣告分配利润　　D. 宣布发放股票股利

8. 下列会计计量属性中，属于会计实务中使用的计量属性的有(　　)。

A. 历史成本　　B. 可变现净值

C. 现值　　D. 预期价值

9. 财务报告使用者包括(　　)。

A. 投资者　　B. 债权人

C. 政府及其有关部门　　D. 社会公众

10. 下列各项中，体现实质重于形式要求的有(　　)。

A. 售后租回的会计处理

B. 关联方关系的判断

C. 将融资租赁的固定资产作为自有固定资产入账

D. 合并会计报表的编制

11. 下列各项支出中，不应作为费用要素确认的有(　　)。

A. 地震灾害导致一批库存商品毁损的损失

B. 管理部门计提的固定资产折旧

C. 销售商品结转的成本

D. 用库存现金购买的工程物资

12. 我国《企业会计准则》规定，企业财务报告的目标是(　　)。

A. 向财务报告使用者提供决策有用的信息

B. 反映企业管理层受托责任的履行状况

C. 货币计量
D. 持续经营

三、判断题

1. 出售无形资产取得收益会导致经济利益的流入，所以它属于会计准则所定义的“收入”范畴。（ ）
2. 凡是不能给企业带来未来经济利益的资源，均不能在资产负债表中反映。（ ）
3. 会计中期，是指短于一个完整的会计年度的报告期间，即半年度。（ ）
4. 费用和损失是指企业在日常活动中发生的、会导致所有者权益减少的、与向所有者分配利润无关的经济利益的总流出。（ ）
5. 如果某项资产不能再为企业带来经济利益，即使是由企业拥有或者控制的，也不能作为企业的资产在资产负债表中列示。（ ）
6. 企业为生产产品、提供劳务等发生的可归属于产品成本、劳务成本等的费用，应当在确认产品销售收入、劳务收入等时，将已销售产品、已提供劳务的成本等计入当期损益。（ ）
7. 收入是指企业在经营活动中形成的、会导致所有者权益增加的、与所有者投入资本无关的经济利益的总流入。（ ）
8. 甲企业 1 月份支付全年的报刊费 2 400 元，按照权责发生制的原则，甲企业 1 月份应该确认费用 2 400 元。（ ）
9. 如果企业某项会计信息错报金额较小，则该信息就不属于重要的信息。（ ）
10. 负债可以是企业承担的现时义务，也可以是企业承担的潜在义务。（ ）
11. 筹建期间发生的开办费应计入管理费用。（ ）
12. 利得和损失一定会影响当期损益。（ ）

第二章 货币资金

一、单项选择题

1. 企业一般不得从本企业的现金收入中直接支付现金，因特殊情况需要坐支现金的，应当事先报经(　　)审查批准，由开户银行核定坐支范围和限额。

A. 工商行政管理部门　　B. 上级主管部门

C. 财税部门　　D. 开户银行

2. 对于银行已经入账而企业尚未入账的未达账项，企业应当(　　)。

A. 在编制“银行存款余额调节表”的同时入账

B. 根据“银行对账单”记录的余额入账

C. 待有关结算凭证到达后入账

D. 根据对账单和调节表自制凭证入账

3. 远离银行机构和交通不便的企业的库存现金限额为最高不超过(　　)天的开支需要量。

A. 5　　B. 10　　C. 15　　D. 20

4. 出纳员提取现金需编制(　　)。

A. 银行存款收款凭证　　B. 现金收款凭证

C. 银行存款付款凭证　　D. 现金付款凭证

5. 企业平时如果发现现金溢余，在批准处理前应记入(　　)账户。

A.“其他应付款”　　B.“待处理财产损溢”

C.“营业外收入”　　D.“其他业务收入”

6. 如企业的现金短缺由其责任人赔偿，不足的金额应记入(　　)账户。

A.“营业外收入”　　B.“其他应收款”

C.“管理费用”　　D.“应收账款”

7. 商业汇票按照(　　)的不同，可以分为商业承兑汇票和银行承兑汇票。

A. 付款人　　B. 承兑人

C. 收款人　　D. 票据持有人

8. 商业汇票的付款期限由交易双方商定，最长不得超过(　　)。

A. 3 个月　　B. 6 个月　　C. 9 个月　　D. 1 年

9. 在下列支付方式中，通过“其他货币资金”账户核算的是(　　)。

A. 银行本票　　B. 支票

C. 商业承兑汇票　　D. 银行承兑汇票

10. 关于银行存款的序时核算，下列说法不正确的是(　　)。

A. 应该设置银行存款日记账

B. 应该按照业务发生的先后顺序逐笔登记

C. 不必每日结出余额

D. 银行存款的序时核算就是银行存款的明细核算

11. 企业到外地进行临时或零星采购时，汇往采购地银行开立的采购专户的款项是(　　)。

A. 外埠存款　　B. 银行汇票

C. 银行本票　　D. 在途货币资金

12. 根据《支付结算办法》规定，银行汇票的提示付款期限为(　　)。

A. 自出票日起 10 日　　B. 自出票日起 1 个月

C. 自出票日起 2 个月　　D. 自出票日起 6 个月

二、多项选择题

1. 下列不通过“银行存款”账户进行核算的有(　　)。

A. 外埠存款　　B. 银行本票存款

C. 银行汇票存款　　D. 商业汇票存款

2. 根据《现金管理条例》的有关规定，下列业务可直接使用现金结算的有(　　)。

A. 个人劳务报酬　　B. 出差人员必须随身携带的差旅费

C. 收购农副产品和其他物资的价款　　D. 职工工资、津贴

3. 货币资金包括(　　)。

A. 有价证券　　B. 现金

C. 银行存款　　D. 其他货币资金

4. 其他货币资金包括(　　)。

A. 外埠存款　　B. 银行外币存款

C. 银行本票存款　　D. 存出投资款

5. 下列符合库存现金保管制度的是(　　)。

A. 超过库存限额的现金应在当日下班前送存银行

B. 超过库存限额的现金应在次日下班前送存银行

C. 限额内的库存现金下班后可以自由存放在出纳员的抽屉内过夜

D. 限额内的库存现金下班后必须存放在保险柜内

6.《银行支付结算办法》中规定的结算纪律为(　　)。

A. 不准出租、出借账户　　B. 不准套取银行信用

C. 不准超过结算起点支付现金　　D. 不准签发空头支票和远期支票

7. 现金日记账是一种特殊日记账，下列说法中正确的是(　　)。

A. 现金日记账必须采用订本账

B. 在一本现金日记账中，只能设置一个现金账户

C. 在一本现金日记账中，可以根据需要设置两个以上的现金账户

D. 在实际工作中较为普遍应用的是“多栏式”现金日记账

8. 下列业务中，企业可以直接收入现金的有（　　）。

A. 剩余差旅费和归还备用金等个人的交款

B. 对个人的销售收入

C. 不足转账起点的小额收款

D. 对外贸公司的销售收入

9. 定额银行本票的面额分为（　　）。

A. 100 元、500 元　　B. 1 000 元、5 000 元

C. 10 000 元、50 000 元　　D. 100 000 元、500 000 元

10. 根据《银行支付结算办法》的规定，下列结算方式中的（　　）可用于同城结算。

A. 支票　　B. 银行汇票

C. 委托收款　　D. 银行本票

11. 办理银行存款收付业务的凭证有（　　）。

A. 送款回单　　B. 现金支票

C. 进账单　　D. 转账支票

12. 下列各项中，应确认为企业其他货币资金的有（　　）。

A. 企业持有的打算近期内出售的债券投资

B. 企业为购买股票向证券公司划出的资金

C. 企业汇往外地建立临时采购专户的资金

D. 企业向银行申请银行本票时拨付的资金

三、判断题

1. 支付给某职工工资 1 200 元，由于超过了结算起点 1 000 元，因此不能用库存现金支付，必须通过银行进行转账结算。（　　）

2. 企业可以根据生产经营的需要，在一家或几家银行开立基本存款账户。（　　）

3. 存出投资款是指企业已存入证券公司进行短期投资的资金。（　　）

4. 商业承兑汇票由购货企业签发，并由购货企业承兑。（　　）

5. 现金支票只能提取现金，转账支票只能办理转账。（　　）

6. 银行汇票是企业签发，银行见票时须无条件支付确定的金额给收款人或者持票人的票据。（　　）

7. “银行存款余额调节表”主要用来核对企业与银行双方的记账有无差错，不能作为记账的依据。（　　）

8. 企业的一般存款户可以办理转账结算手续和现金的交存，但不能办理现金支取。（　　）

9. “库存现金”账户反映企业的库存现金，包括企业内部各部门周转使用、由各部门保管的定额备用金。（　　）

10. 库存现金日清月结制度中的“日清”指的是出纳员应对当日的库存现金收付业务全部登记库存现金日记账，结出账面余额，并与库存现金核对相符。（　　）

11. 企业必须在注册地或住所地开立银行结算账户，不得在异地开立银行结算账户。（ ）

四、业务题

1. 练习银行存款余额调节表的编制。

资料：信达公司6月末银行存款日记账余额为82 500元，银行送来的对账单余额为90 000元，经逐笔核对，发现存在下列未达账项：

(1)银行代企业支付电话费8 500元，企业尚未收到凭证。

(2)企业委托银行收款24 000元，银行已办妥手续，而企业尚未收到有关凭证。

(3)企业签发一张2 000元转账支票，已作付款入账，但持票人尚未到银行办理手续。

(4)企业送存转账支票一张，金额15 000元，并已登记入账，但银行尚未办妥转账手续。

(5)企业签发一张5 000元转账支票用于购物，已登记入账，但持票人尚未办理转账手续。

要求：根据上述资料编制“银行存款余额调节表”，格式如下表所示。

银行存款余额调节表

单位：元

项 目	金 额	项 目	金 额
银行存款日记账余额		银行对账单余额	
加：		加：	
减：		减：	
调节后余额		调节后余额	

2. 练习银行存款和其他货币资金的核算。

资料：某企业8月份发生的有关经济业务如下。

(1)向开户银行申请签发银行汇票60 000元，汇票已签发。

(2)用信用卡购买办公用品，价值300元。

(3)从A公司购入设备一台，价值50 000元，增值税进项税额为6 500元，用已签发的银行汇票支付，多余款收回，设备已投入生产。

(4)从银行基本存款账户划款8 000元存入信用卡。

(5)从开户银行划款30 000元到上海建设银行，设立采购专户。

(6)从上海D公司购入一批材料，价值20 000元，增值税额2 600元，已从采购专户转账，余款转回企业银行账户。材料验收入库。

(7)从开户银行划款50 000元存入证券公司，以备用于投资。

(8)用证券公司的存款30 000元，购买A公司发行的一年期债券。企业作交易性金融资产核算。

要求：根据上述经济业务，编制相关的会计分录。

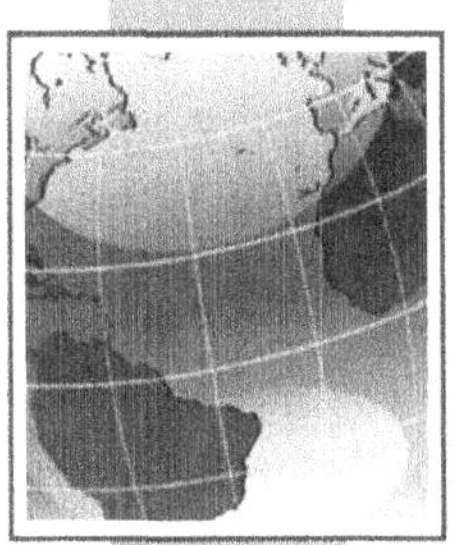

第三章 存　货

一、单项选择题

1. AS公司为增值税一般纳税企业。购入原材料150千克，收到的增值税专用发票上注明价款900万元，增值税额117万元。另发生运输费用9万元，增值税进项税额0.81万元，包装费3万元，途中保险费用2.7万元。原材料运抵企业后，验收入库原材料为148千克，运输途中发生合理损耗2千克。该原材料入账价值为(　　)万元。

A. 911.70　　B. 914.07　　C. 913.35　　D. 914.70

2. 下列存货发出计价方法中，存货成本流转和实物流转相一致的方法有(　　)。

A. 移动平均法　　B. 先进先出法

C. 个别认定法　　D. 毛利率法

3. A公司系商业企业，采用零售价法计算期末存货成本。2019年5月，该公司月初库存商品成本为7 875万元，售价总额为11 250万元；本月购进库存商品成本为16 425万元，售价总额为22 500元；本月销售总额为27 000万元。该公司月末存货成本为(　　)万元。

A. 4 826.55　　B. 4 725　　C. 4 860　　D. 4 927.5

4. 某企业材料采用计划成本法核算，月初结存材料计划成本为200万元，材料成本差异为节约20万元，当月购入材料一批，实际成本为135万元，计划成本为150万元，领用材料的计划成本为180万元。当月结存材料的实际成本为(　　)万元。

A. 153　　B. 162　　C. 170　　D. 187

5. 某小规模纳税企业本月购入原材料，取得增值税专用发票，原材料价款为4 500元，增值税765元。商品到达，验收发现短缺20%，其中5%的短缺属于途中合理损耗，15%的短缺原因待查。则该材料入库的实际成本是(　　)元。

A. 4 212　　B. 5 001.75　　C. 4 475.25　　D. 3 825

6. 企业某种存货的期初实际成本为200万元，“存货跌价准备”账户贷方余额2.5万元，购入该种存货实际成本45万元，领用150万元，期末估计库存该种存货的可变现净值为91万元，则本期应计提存货跌价准备额为(　　)万元。

A. 1.5　　B. 2.5　　C. 4　　D. 9

7. 2018年12月31日，大海公司库存A材料账面价值(成本)为400万元，市场购买价格为380万元，假设不发生其他购买费用，用该材料生产的甲产品的可变现净值为600万元，产品的成本为590万元。2018年12月31日A材料的价值为(　　)万元。

A. 380　　B. 600　　C. 400　　D. 590

8. 2018年9月3日，新世纪公司与希望公司签订了一份不可撤销的销售合同，双方约定，2019年1月20日，新世纪公司应按每台62万元的价格向希望公司提供甲产品6台。2018年12月31日，新世纪公司甲产品的账面价值(成本)为280万元，数量为5台，单位成本为56万元。2018年12月31日，甲产品的市场销售价格为60万元/台。销售5台甲产品预计发生销售费用及税金为10万元。2018年12月31日，新世纪公司结存的5台甲产品的账面价值为(　　)万元。

A. 300　　B. 90　　C. 280　　D. 270

9. 2018年12月26日，新世纪公司与希望公司签订了一份不可撤销的销售合同，双方约定，2019年3月20日，新世纪公司应按每台62万元的价格向希望公司提供乙产品6台。2018年12月31日，新世纪公司还没有生产该批乙产品，但持有的库存C材料专门用于生产该批乙产品6台，其账面价值(成本)为144万元，市场销售价格总额为152万元。将C材料加工成乙产品尚需发生加工成本230万元，不考虑其他相关税费。2018年12月31日C材料的可变现净值为(　　)万元。

A. 144　　B. 152　　C. 372　　D. 142

10. 某企业2019年8月31日乙存货的实际成本为100万元，加工该存货至完工产成品估计还将发生成本为25万元，估计销售费用和相关税费为3万元，估计该存货生产的产成品售价为120万元。假定乙存货月初“存货跌价准备”科目余额为12万元，2019年8月31日应计提的存货跌价准备为(　　)万元。

A. −8　　B. 4　　C. 8　　D. −4

11. 甲、乙公司均为增值税一般纳税人，甲委托乙加工一批应交消费税的半成品，收回后用于连续生产应税消费品。甲公司发出原材料的实际成本为210万元，支付加工费6万元、增值税0.78万元、消费税24万元。甲公司收回该半成品的入账价值为(　　)万元。

A. 216　　B. 217.02　　C. 240　　D. 241.02

12. 材料按计划成本核算的企业，下列项目中应记入“材料采购”科目贷方的是(　　)。

A. 材料的买价　　B. 采购材料的运杂费
C. 结转采购入库材料的超支差异　　D. 结转采购入库材料的节约差异

二、多项选择题

1. 实际工作中，影响存货入账价值的主要因素有(　　)。

A. 购货价格　　B. 购货费用
C. 进口关税　　D. 期间费用

2. 下列情形中，表明存货发生减值的有(　　)。

A. 存货市场价格持续下跌，并且在可预见的未来无回升的希望
B. 企业原材料的成本大于其可变现净值，使用该原材料生产的产品的成本大于产品的销售价格
C. 企业因产品更新换代，原有库存原材料已不适应新产品的需要，而该原材料的市场价格又低于其账面成本

D. 因企业所提供的商品或劳务过时，导致其市场价格逐渐下跌

3. 下列有关存货会计处理的表述中，正确的有（　　）。

A. 因自然灾害造成的存货损失，计入营业外支出

B. 存货采购入库前的挑选整理费用，应计入存货成本

C. 一般纳税人进口原材料缴纳的增值税，计入相关原材料的成本

D. 结转商品销售成本时，将相关存货跌价准备调整主营业务成本

4. 下列项目中，应计入存货成本的有（　　）。

A. 商品流通企业在采购商品过程中发生的运输费

B. 非正常消耗的直接材料、直接人工和制造费用

C. 为达到下一个生产阶段所必需的仓储费用

D. 企业生产产品发生的制造费用

5. 依据企业会计准则的规定，企业可以用于结转发出存货成本计价方法的有（　　）。

A. 先进先出法　　B. 加权平均法

C. 个别计价法　　D. 后进先出法

6. 企业购进货物发生的下列相关税金中，应计入取得资产成本的有（　　）。

A. 小规模纳税企业购进原材料支付的增值税进项税额

B. 签订购买原材料合同时缴纳的印花税

C. 进口商品支付的关税、消费税

D. 一般纳税人购进固定资产支付的增值税的进项税额

7. 下列项目中，应记入“其他业务成本”科目的有（　　）。

A. 随同产品出售而单独计价包装物的成本

B. 出租包装物的摊销成本

C. 销售材料时结转其成本

D. 出借包装物的摊销成本

8. A企业委托外单位加工一批产品（属于应税消费品，且为非金银首饰）。A企业发生的下列各项支出中，一定会增加收回委托加工材料实际成本的有（　　）。

A. 实耗材料成本　　B. 支付的加工费

C. 负担的运杂费　　D. 支付代收代缴的消费税

9. 下列科目中，列为资产负债表“存货”项目减项的有（　　）。

A. “商品进销差价”贷方余额　　B. “材料采购”借方余额

C. “材料成本差异”贷方余额　　D. “存货跌价准备”贷方余额

10. 下列项目中，关于周转材料会计处理正确的有（　　）。

A. 多次使用的包装物应根据使用次数分次进行摊销

B. 低值易耗品金额较小的，可在领用时一次计入成本费用

C. 随同商品销售出借的包装物的摊销额应计入管理费用

D. 随同商品出售单独计价的包装物取得的收入应计入其他业务收入

11. 下列正确的会计处理方法有（　　）。

A. 采用成本与可变现净值孰低法对存货计价，任何情况下均应按单项存货计提存货跌价准备

B. 企业购入原材料验收入库后，无论发票、账单是否收到，只要尚未支付货款，均应通

过“应付账款”科目的贷方核算，但是采用商业汇票支付方式除外

C. 如果对已销售存货计提了存货跌价准备，还应结转已计提的存货跌价准备，这种结转是通过调整“主营业务成本”等科目实现的

D. 资产负债表日，企业应当确定存货的可变现净值，以前减记存货价值的影响因素已经消失的，减记的金额应当予以恢复，并在原已计提的存货跌价准备金额内转回，转回的金额冲减资产减值损失

12. 下列各项中，企业在判断存货成本与可变现净值孰低时，可作为存货成本确凿证据的有（　　）。

A. 外来原始凭证　　B. 生产成本资料

C. 生产预算资料　　D. 生产成本账簿记录

三、判断题

1. 自然灾害或意外事故以外的原因造成的存货毁损所发生的净损失，均应计入管理费用。（　　）

2. 企业租入包装物支付的押金应计入其他业务成本。（　　）

3. 采购入库后的仓储费(不包括在生产过程中必需的仓储费)是计入当期损益的。（　　）

4. 销售产品结转的存货跌价准备应冲减资产减值损失。（　　）

5. 若材料用于生产产品，所生产的产品没有减值，则材料期末按成本计量。（　　）

6. 对于盘盈或盘亏的存货，如果在期末结账前尚未批准处理的，应作为资产负债表中的资产“待处理财产损溢”项目列示。（　　）

7. 确定存货实际成本的买价是指购货价格扣除商业折扣和现金折扣以后的金额。（　　）

8. 企业购入原材料验收入库后无论发票账单是否收到，只要尚未支付货款，均应通过“应付账款”科目的贷方核算，但是采用商业汇票支付方式的除外。（　　）

9. 增值税一般纳税人发生存货的盘亏及毁损，其进项税额需要做转出处理。（　　）

10. 存货按计划成本核算，发出存货应负担的成本差异，可以按月分摊，也可以在季末或年末一次计算分摊。（　　）

11. 投资者投入的存货成本，一律按投资合同或协议约定的价值确定。（　　）

12. 以前期间导致减记存货价值的影响因素在本期已经消失的，应在原已计提的减值准备金额内恢复减记的金额。（　　）

四、业务题

1. 某工业企业甲材料的购进、发出和储存情况如下：

月初甲材料结存金额为200万元，数量200件，该存货为同一批购进，单位成本为1万元。本月5日、19日和29日分别购买甲材料500件、600件和300件，单价分别为1.1万元、1.2万元和1.4万元。本月10日、28日分别发出甲材料400件和800件。本月发出的材料中，85%用于产品生产，10%为企业管理部门消耗，5%为销售部门消耗。假定本期生产的产品全部未对外销售。

要求：

(1)若该企业采用先进先出法计算发出材料成本，计算上述业务对本期利润总额的影响。

(2)若该企业采用移动加权平均法计算发出材料成本，计算期末材料的成本金额。

(3)若该企业采用月末一次加权平均法计算发出材料成本,计算发出材料计入销售费用的金额(计算结果保留两位小数)。

2. 某工业企业为增值税一般纳税企业,材料按计划成本计价核算。乙材料计划单位成本为 10 元/千克。该企业 2019 年 5 月份有关资料如下:

(1)"原材料"科目月初借方余额 20 000 元,"材料成本差异"科目月初贷方余额 700 元,"材料采购"科目月初借方余额 38 800 元(上述科目核算的均为乙材料)。

(2)5 月 5 日,月初在途的乙材料 4 040 千克全部收到,已验收入库。

(3)5 月 20 日,从外地 A 公司购入乙材料 8 000 千克,增值税专用发票注明的材料价款为 84 500 元、增值税额为 10 985 元,运费为 900 元、增值税额为 81 元,企业已用银行存款支付各种款项,材料尚未到达。

(4)5 月 25 日,从 A 公司购入的乙材料到达,验收入库时发现短缺 40 千克,经查明为途中定额内自然损耗。按实收数量验收入库。

(5)5 月 30 日,汇总本月发料凭证,本月共发出乙材料 11 000 千克,全部用于产品生产。

要求:

(1)计算本月材料成本差异率、本月发出材料应负担的成本差异和月末库存材料的实际成本。

(2)编制与材料收发业务有关的会计分录。

3. 某工业企业为一般纳税人,原材料按实际成本进行日常核算,月初库存甲材料 12 000 千克,单位成本 4.10 元,乙材料月初无余额。本月有关业务如下:

(1)4 日,向外地红星工厂购入甲材料 5 000 千克,单价 4 元,增值税税率 13%,已收到供货方的专用发票,发生运费 800 元,增值税 72 元,款项通过银行支付,原材料已验收入库。

(2)8 日,向外地康泰工厂购入乙材料 800 千克,单价 20 元,增值税税率 13%,供货方代垫运杂费 120 元,款项通过银行支付,材料尚未收到。

(3)10 日,向外地汇浦工厂购入甲材料 3 000 千克,单价 3.6 元,增值税税率 13%,运费 900 元,增值税 81 元,款项已通过银行支付,材料尚未到达。

(4)12 日,向康泰工厂购入的乙材料如数到达,并由企业验收入库。

(5)13 日,从本市嘉乐工厂购入乙材料 1 000 千克,单价 21 元,增值税税率 13%,货款及税金用支票付讫,材料已验收入库。

(6)15 日,按合同规定预付货款 205 000 元。其中,预付给康泰工厂 150 000 元,预付给雅戈工厂 55 000 元。

(7)18 日,向外地红星工厂购进甲材料 4 000 千克,单价 4 元,增值税税率 13%,运费 600 元,增值税 54 元,材料已验收入库,由于资金不足,账款未付。

(8)20 日,收到 10 日向汇浦工厂购入的甲材料 2 500 千克,短缺 500 千克。经查明属于铁路运输单位的责任,已答应赔款,收到的甲材料验收入库。

(9)24 日,以银行存款付清 18 日向红星工厂购入甲材料的款项。

(10)25 日,收到康泰工厂发出的乙材料 8 000 千克,单价 20 元,增值税税率 13%,运费 800 元,增值税 72 元,不足部分的款项企业已通过银行补付。

(11)28 日,收到铁路运输部门的赔偿款。

(12)30 日,收到雅戈工厂发来的乙材料 2 200 千克,单价 19 元,增值税税率 13%,供货方代垫运费 1 480 元,增值税 133.2 元,剩余部分的款项已通过银行退回。

(13)31 日,根据领料凭证汇总全月发料情况如下:

车间和部门	甲材料	乙材料	备　注
基本生产制造产品领用	16 000 千克	1 000 千克	
基本生产管理领用	1 500 千克		
辅助生产领用		2 200 千克	
企业管理部门领用	800 千克	400 千克	
合　计	18 300 千克	3 600 千克	

要求:

(1)根据上述业务,编制收入材料的会计分录。

(2)采用加权平均法计算发出甲、乙材料的单位成本,并编制发出材料的会计分录。

4. 长江股份有限公司(以下称为"长江公司")是一家生产电子产品的上市公司,为增值税一般纳税企业,对所得税采用资产负债表债务法核算,适用的所得税税率为 25%。2018 年 12 月 31 日,长江公司期末存货有关资料如下:

存货品种	数　量	单位成本(万元)	账面成本(万元)	备　注
A 产品	280 台	10	2 800	
B 产品	500 台	3	1 500	
C 产品	1 000 台	1.7	1 700	
D 配件	400 件	1.5	600	用于生产 C 产品
合　计			6 600	

(1)2018 年 12 月 31 日,A 产品市场销售价格为每台 13 万元,预计销售费用及税金为每台 0.5 万元。

(2)2018 年 12 月 31 日,B 产品市场销售价格为每台 3 万元。长江公司已经与某企业签订一份不可撤销的销售合同,约定在 2019 年 2 月 10 日向该企业销售 B 产品 300 台,合同价格为每台 3.2 万元。B 产品预计销售费用及税金为每台 0.2 万元。

(3)2018 年 12 月 31 日,C 产品市场销售价格为每台 2 万元,预计销售费用及税金为每台 0.15 万元。

(4)2018 年 12 月 31 日,D 配件的市场销售价格为每件 1.2 万元。现有 D 配件可用于生产 400 台 C 产品,用 D 配件加工成 C 产品后,预计 C 产品单位成本为 1.75 万元。

(5)2017 年 12 月 31 日,C 产品的存货跌价准备余额为 150 万元,对其他存货未计提存货跌价准备;2018 年销售 C 产品结转存货跌价准备 100 万元,长江公司按单项存货、按年计提跌价准备。

要求:计算长江公司 2018 年 12 月 31 日应计提或转回的存货跌价准备,并编制相关的会计分录(假设不考虑相关所得税影响)。

五、综合题

1. 淮河制造企业的所得税税率为 25%,对生产的 A 产品所需用的 B 材料采用先进先出法计价。B材料2018年初账面余额为零,2018年第一、二、三季度购入B材料为:750千克、450千克、300千克,每千克成本为:0.12万元、0.14万元、0.15万元。2018年共计领用B材料900千克,发生直接人工费用30万元、制造费用9万元。2018年末A产品全部完工验收入库,但没有对外销售,该批A产品已经签订销售合同,合同总价为110万元,预计全部销售税费为6万元。剩余B材料将继续全部用于生产A产品,预计生产A产成品还需发生除B原材料以外的总成本为26万元。剩余B材料所生产的A产品未签订销售合同,A产品预计市场销售价格为60万元,预计全部销售税费为4万元。

要求:

(1)计算A产品计提的跌价准备。

(2)计算剩余B材料计提的跌价准备。

(3)编制计提跌价准备的会计分录。

(4)计算计提跌价准备对2018年净利润的影响金额。

2. 某工业企业为增值税一般纳税企业,该企业采用计划成本进行原材料的核算,2019年有关业务资料如下:

(1)6月1日,原材料账面计划成本为100 000元,材料成本差异为5 000元(超支);

(2)6月10日,购入原材料一批,取得的增值税专用发票上注明的原材料价款为200 000元,增值税额为26 000元,外地运货费用为9 000元,按照税法有关规定,运费可按9%的比例计算增值税进项税额,有关款项已通过银行存款支付。

(3)上述材料的计划成本为210 000元,材料已验收入库。

(4)本月领用材料的计划成本为200 000元,其中:生产部门领用150 000元,车间管理部门领用20 000元,辅助生产车间领用20 000元,厂部管理部门领用1 000元,在建工程领用9 000元。

(5)6月28日,购入材料一批,材料已运到并已验收入库,但发票等结算凭证尚未收到,货款尚未交付,该批材料的计划成本为300 000元。

(6)7月10日,收到6月28日购进材料的结算凭证,该批材料的实际成本为400 000元,增值税额为52 000元,企业开出期限为3个月的商业承兑汇票结算价款。

要求:

(1)计算6月份材料成本差异率和发出材料应分摊的成本差异。

(2)编制与材料收发业务有关的会计分录。

第四章 固定资产

一、单项选择题

1. 某企业 2019 年 6 月期初固定资产原值为 10 500 万元。6 月增加了一项固定资产，入账价值为 750 万元，同时 6 月减少了固定资产原值 150 万元。则 6 月份该企业应提折旧的固定资产原值为(　　)万元。

A. 11 100　　B. 10 650　　C. 10 500　　D. 10 350

2. 甲公司经国家批准，建造一个核电站，其主体设施核反应堆将会对当地的生态环境产生一定的影响，根据法律规定，企业应在该设施使用期满后将其拆除，并对造成的污染进行整治。2019 年 1 月 1 日建造完成核电站核反应堆并交付使用，建造成本为 400 000 万元，预计使用寿命为 30 年，预计将发生的弃置费用为 30 000 万元。假设折现率为 10%。固定资产的初始入账成本为(　　)万元[$(P/F,10\%,30)=0.057\ 3$]。

A. 400 000　　B. 420 000　　C. 401 719　　D. 380 000

3. 甲公司 2019 年 8 月 30 日完成厂房工程支出 100 万元，设备及安装支出 300 万元，支付工程项目管理费、可行性研究费、监理费等共计 50 万元，进行负荷试车领用本公司材料等成本 20 万元，取得试车收入 10 万元，该工程当日达到预定可使用状态，该设备入账价值是(　　)万元。

A. 345　　B. 360　　C. 480　　D. 350

4. 租赁资产以最低租赁付款额的现值为入账价值，且以出租人的租赁内含利率为折现率或以租赁合同规定的利率为折现率。在这种情况下作为分摊率的是(　　)。

A. 只能是出租人的租赁内含利率

B. 只能是租赁合同规定的利率

C. 出租人的租赁内含利率或者租赁合同规定的利率

D. 重新计算融资费用分摊率，使得在租赁开始日，最低租赁付款额的现值等于租赁资产公允价值的折现率

5. 最低租赁付款额不包括的项目是(　　)。

A. 承租人每期应支付的租金

B. 承租人或与其有关的第三方担保的资产余值

C. 或有租金和履约成本

D. 期满时支付的购买价

6. 甲公司为一家制造企业。2019 年 4 月 1 日，为降低采购成本，向乙公司一次购进了三套不同型号且有不同生产能力的设备 X、Y 和 Z。甲公司以银行存款支付货款 7 800 000 元、增值税税额 1 326 000 元、包装费 42 000 元。X 设备在安装过程中领用生产用原材料账面成本 30 000 元，安装 X 设备领用的原材料适用的增值税税率为 13%，支付安装费 40 000 元、增值税 3 600 元。假定设备 X、Y 和 Z 分别满足固定资产的定义及其确认条件，公允价值分别为 2 926 000 元、3 594 800 元、1 839 200 元。假设不考虑其他相关税费，则 X 设备的入账价值为(　　)元。

A. 2 814 700　　B. 2 819 800　　C. 3 001 100　　D. 3 283 900

7. 甲公司 2019 年 4 月以银行存款购入一台生产用设备，买价 200 万元，增值税 26 万元，取得货物运输业增值税专用发票，运费 20 万元，增值税 1.8 万元，另付保险费 1 万元，均以银行存款支付。设备安装时使用生产用原材料一批，成本 40 万元，进项税 5.2 万元，同时使用本企业产品一批，成本 50 万元，市价 80 万元，增值税率为 13%；安装过程中发生人工费 5 万元，专用人员服务费 1 万元，员工入岗培训费 0.8 万元。设备于 8 月 1 日达到预计可使用状态，则此固定资产的入账成本为(　　)万元。

A. 317　　B. 373.6　　C. 371.4　　D. 315.6

8. A 公司从 B 公司融资租入一条生产线，其原账面价值为 430 万元，租赁开始日公允价值为 410 万元，按出租人的内含利率折现的最低租赁付款额的现值为 420 万元，最低租赁付款额为 500 万元，发生的初始直接费用为 10 万元。则在租赁开始日，A 公司租赁资产的入账价值、未确认融资费用分别是(　　)万元。

A. 420 和 80　　B. 410 和 100　　C. 420 和 90　　D. 430 和 80

9. AS 公司的一台机器设备采用工作量法计提折旧。原价为 153 万元，预计生产产品产量为 450 万件，预计净残值率为 3%，本月生产产品 7.65 万件。则该台机器设备的月折旧额为(　　)万元。

A. 2.679 03　　B. 2.629 59　　C. 2.522 97　　D. 2.522 835

10. 甲公司为增值税一般纳税人，该公司 2018 年 5 月 10 日购入需要安装的设备一台，该设备于 2019 年 3 月 31 日达到预定可使用状态，该设备账面价值为 582 万元。甲公司对该设备采用 4 年期年数总和法计提折旧，预计净残值为零。2019 年该设备应计提的折旧额为(　　)万元。

A. 225.17　　B. 194　　C. 174.6　　D. 202.65

11. 甲公司的某项固定资产原价为 1 000 万元，采用年限平均法计提折旧，使用寿命为 10 年，预计净残值为零。在第 5 年年初企业对该项固定资产进行更新改造，并对某一主要部件进行更换，发生支出合计 500 万元，符合准则规定的固定资产确认条件，被更换的部件原价为 300 万元。甲公司更换主要部件后的固定资产原价为(　　)万元。

A. 1 100　　B. 920　　C. 800　　D. 700

12. 2014 年 12 月 15 日，P 公司购入一台不需安装即可投入使用的设备，其原价为 1 230 万元。该设备预计使用年限为 10 年，预计净残值为 30 万元，采用年限平均法计提折旧。2018 年 12 月 31 日，经检查，该设备的可收回金额为 560 万元。该设备应计提的减值准备为(　　)万元。

A. 190　　B. 0　　C. 220　　D. 150

二、多项选择题

1. 购入的固定资产，其入账价值包括(　　)。

A. 买价　　B. 运杂费　　C. 途中保险费　　D. 进口关税

2. 2017 年 1 月 1 日，甲公司购入一项土地使用权，以银行存款转账支付 50 000 万元，土地的使用年限为 50 年，并在该土地上出包建造办公楼。2018 年 12 月 23 日，该办公楼已经完工并达到预定可使用状态，全部成本为 40 000 万元(包括无形资产摊销计入固定资产成本的金额)。该办公楼的折旧年限为 40 年。假定不考虑净残值，均采用直线法进行摊销和计提折旧。不考虑其他相关税费，甲公司下列会计处理中，正确的有(　　)。

A. 土地使用权和地上建筑物应合并作为固定资产核算

B. 土地使用权和地上建筑物分别作为无形资产和固定资产进行核算

C. 2017 年和 2018 年无形资产不需要进行摊销

D. 2018 年 12 月 31 日固定资产的入账价值为 40 000 万元

3. 关于固定资产，下列说法中正确的有(　　)。

A. 购置的不需要经过安装过程即可使用的固定资产，按实际支付的买价、包装费、运输费、安装成本、缴纳的有关税金等，作为入账价值

B. 自行建造的固定资产，按建造该项资产达到预定可使用状态前所发生的必要支出，作为入账价值

C. 投资者投入的固定资产，按投资方原账面价值作为入账价值

D. 如果有迹象表明以前期间据以计提固定资产减值的各种因素发生变化，使得固定资产的可收回金额大于其账面价值，则以前期间已计提的减值损失应当转回，但转回的金额不应超过原已计提的固定资产减值准备

4. 下列与固定资产购建相关的支出项目中，构成一般纳税企业固定资产价值的有(　　)。

A. 支付与生产设备有关的增值税

B. 支付的耕地占用税

C. 进口设备的关税

D. 自营在建工程达到预定可使用状态后发生的借款利息

5. 下列项目中，需记入“在建工程”科目的有(　　)。

A. 不需安装的固定资产

B. 需要安装的固定资产

C. 固定资产的改扩建

D. 应计入固定资产账面价值以外的后续支出

6. 在采取自营方式建造固定资产的情况下，下列说法中正确的有(　　)。

A. 在建工程负担的职工薪酬，借记“在建工程”科目，贷记“应付职工薪酬”科目

B. 由于自然灾害等原因造成的在建工程报废或毁损的，应按其净损失，借记“营业外支出——非常损失”科目，贷记“在建工程”科目

C. 建设期间发生的工程物资盘亏、报废及毁损净损失，借记“在建工程”科目，贷记“工程物资”科目；盘盈的工程物资或处置净收益，作相反的会计分录

D. 在建工程进行负荷联合试车发生的费用，借记“在建工程”科目，贷记“银行存款”、“原材料”等科目

7. 计提固定资产折旧应借记的会计科目有(　　)。

A.“制造费用”　B.“销售费用”　C.“在建工程”　D.“其他业务成本”

8. 下列经济业务中，正确的会计处理方法有(　　)。

A. 如果固定资产包含的经济利益的预期实现方式有重大改变，企业应改按新的折旧方法计提折旧，并作为会计估计变更处理

B. 在固定资产使用过程中，其所处的经济环境、技术环境以及其他环境有可能使预计固定资产使用寿命发生很大的变化，则应当相应调整固定资产折旧年限，并按照会计估计变更的有关规定进行会计处理

C. 企业对固定资产预计净残值所作的调整，应作为会计估计变更处理

D. 固定资产计提减值准备后，其预计使用寿命、预计净残值和折旧方法发生变更的，企业应按照会计估计变更的有关规定进行会计处理

9. 企业在确定固定资产的使用寿命时，应当考虑的因素有(　　)。

A. 预计有形损耗和无形损耗　B. 预计清理净损益

C. 预计生产能力或实物产量　D. 法律或者类似规定对资产使用的限制

10. 关于持有待售的固定资产，下列说法中正确的有(　　)。

A. 划分为持有待售的固定资产，应当对其预计净残值进行调整

B. 划分为持有待售的固定资产，必须满足企业已经就处置该固定资产作出决议

C. 划分为持有待售的固定资产，必须满足企业已经与受让方签订不可撤销的转让协议

D. 划分为持有待售的固定资产，必须满足该项转让将在一年内完成

11. 下列有关固定资产的表述中，正确的有(　　)。

A. 未使用、不需用的固定资产应当计提折旧

B. 经营租赁出租的设备属于固定资产，经营租赁出租的房屋建筑物属于投资性房地产

C. 固定资产提足折旧后，如果继续使用，需要补提折旧

D. 提前报废的固定资产需要补提折旧

12. 下列项目中，应计入当期损益的有(　　)。

A. 计提固定资产减值准备

B. 融资租赁固定资产未确认融资费用的摊销

C. 固定资产的修理支出

D. 生产车间所计提的固定资产折旧

三、判断题

1. 企业对于持有待售的固定资产，应当调整该项固定资产的预计净残值，使该项固定资产的预计净残值能够反映其公允价值减去处置费用后的金额，但不得超过符合持有待售条件时该项固定资产的原账面价值，原账面价值高于预计净残值的差额，应作为资产减值损失计入当期损益。(　　)

2. 经营租赁方式租入的固定资产发生的改良支出应全部记入“经营租入固定资产改良”科目。(　　)

3. 对于融资租赁的固定资产，应当在租赁期与租赁资产尚可使用年限两者中较短的期间

内计提折旧。 （ ）

4. 固定资产的大修理费用和日常修理费用，通常不符合固定资产确认条件，金额较小时应当在发生时计入当期管理费用，金额较大时采用预提或待摊方式处理。 （ ）

5. 企业盘盈、盘亏的固定资产，都应作为前期差错，通过“以前年度损益调整”科目核算。 （ ）

6. 企业应当根据税法规定计提折旧的方法，合理选择固定资产折旧方法。 （ ）

7. 与固定资产有关的后续支出，符合准则规定固定资产的确认条件的，应当计入固定资产成本；不符合准则规定固定资产的确认条件的，应当在发生时计入当期损益。 （ ）

8. 企业接受其他单位的固定资产投资时，“固定资产”账户入账金额应考虑投资方原账面价值，但“实收资本”账户金额应按双方合同约定的价值入账。 （ ）

9. 企业发生在建工程减值时，其会计分录为：借记“营业外支出”科目，贷记“在建工程减值准备”科目。 （ ）

10. 对于构成固定资产的各组成部分，如果各自具有不同的使用寿命或者以不同的方式为企业提供经济利益，企业应将各组成部分单独确认为固定资产。 （ ）

11. 在建工程项目达到预定可使用状态前，试生产产品对外出售取得的收入应冲减工程成本。 （ ）

12. 固定资产的使用寿命是指企业使用固定资产的预计期间。 （ ）

四、业务题

1. 甲股份有限公司为一般纳税人，增值税税率为13%。2019年6月，准备自行建造一座厂房，为此发生以下业务：

（1）购入工程物资一批，价款为500 000元，支付的增值税进项税额为65 000元，税款以银行存款支付。

（2）领用工程物资500 000元。

（3）领用生产用原材料一批，价值为64 000元，购进该批原材料时支付的增值税进项税额为8 320元。

（4）辅助生产车间为工程提供劳务支出为50 000元。

（5）计提工程人员工资95 800元。

（6）月底，工程达到预定可使用状态，但尚未办理竣工决算手续，工程按暂估价值结转固定资产成本。

（7）假定不考虑其他相关税费。

要求：

（1）计算固定资产暂估价值。

（2）编制与上述业务相关的会计分录。

2. 某企业2017年12月1日购买一台设备，价值50 000元，估计使用年限5年，预计净残值率10%。

要求：分别采用直线法、年数总和法和双倍余额递减法计算2018年、2019年应计折旧额，并编制会计分录。

3. 乙公司为增值税一般纳税人，适用的增值税税率为13%。2017年12月20日，乙公司用银行存款购入不需要安装的生产用设备一台，取得增值税专用发票上标注的价格为100万元，增值税额为 17 万元;另支付保险费及其他费用 5 万元。12 月 30 日,设备运抵乙公司并随即将该设备投入第一生产车间使用。乙公司对该设备采用直线法计提折旧,预计使用年限为 5 年,预计净残值为零。

2019 年 6 月 30 日,乙公司将该固定资产对外出售。出售取得收入 30 万元,增值税 3.9 万元,并支付清理费用 5 万元,款项均已通过银行存款收付。假定不考虑其他因素。

要求:

(1)计算乙公司取得该固定资产的入账成本,并编制取得时的会计分录。

(2)计算乙公司至出售前对该固定资产应计提的折旧额,并编制计提折旧的会计分录。

(3)计算乙公司出售该固定资产的净损益,并编制出售该固定资产的会计分录。

4. A 公司于 2018 年 12 月 10 日与 B 租赁公司签订了一份设备租赁合同。合同主要条款如下:

(1)租赁标的物:甲生产设备。

(2)起租日:2018 年 12 月 31 日。

(3)租赁期:2018 年 12 月 31 日至 2020 年 12 月 31 日。

(4)租金支付方式:2019 年和 2020 年每年年末支付租金 1 000 万元。

(5)租赁期满时,甲生产设备的估计余值为 200 万元,其中 A 公司担保的余值为 100 万元,未担保的余值为 100 万元。

(6)甲生产设备为全新设备,2018 年 12 月 31 日的公允价值为 1 922.40 万元,预计使用年限为 3 年。

(7)租赁年内含利率为 6%。

(8)2020 年 12 月 31 日,A 公司将甲生产设备归还给 B 租赁公司。

甲生产设备于 2018 年 12 月 31 日运抵 A 公司,当日投入使用。其固定资产均采用平均年限法计提折旧,与租赁有关的未确认融资费用均采用实际利率法摊销,并假定未确认融资费用在相关资产的折旧期限内摊销。

要求:

(1)判断该租赁的类型,并说明理由。

(2)编制 A 公司在起租日的有关会计分录。

(3)假定相关事项均在年末进行账务处理,编制 A 公司在 2019 年年末和 2020 年年末与租金支付以及其他与租赁事项有关的会计分录(金额单位用万元表示)。

5. 甲公司 2019 年 1 月 1 日从乙公司购入 A 生产设备作为固定资产使用,购货合同约定,A 设备的总价款为 3 800 万元,当日支付 800 万元,余款分 3 年于每年末平均支付。设备交付安装,用银行存款支付安装等相关费用 27 万元,设备于 3 月 31 日安装完毕交付使用。设备预计净残值为 80 万元,预计使用年限为 5 年,采用年数总和法计提折旧。假定同期银行借款年利率为 6%。利率为 6%、期数为 3 期的普通年金现值系数为 2.673 0。

要求:

(1)计算该设备的入账价值及未确认融资费用。

(2)计算甲公司 2019 年、2020 年和 2021 年确认融资费用摊销额。

(3)计算甲公司 2019 年、2020 年和 2021 年计提的折旧额。

(4)编制 2019 年、2020 年和 2021 年度与该设备相关的会计分录(为简化计算,假定每年末摊销未确认融资费用和计提折旧,未确认融资费用的摊销全部计入财务费用)。

五、综合题

北方股份有限公司（以下简称北方公司）为注册地在北京市的一家上市公司，其2018年至2022年与固定资产有关的业务资料如下：

(1)2018年10月10日，北方公司购进一台需要安装的设备，取得的增值税专用发票上注明的设备价款为580万元，增值税为92.8万元，发生运输费和保险费2万元，款项以银行存款支付；没有发生其他相关税费。安装设备时，领用原材料一批，价值为15万元，购进该批原材料时支付的增值税进项税额为2.4万元；支付安装工人的工资为13万元。该设备于2018年12月10日达到预定可使用状态并投入行政管理部门使用，预计使用年限为10年，预计净残值为10万元，采用年限平均法计提折旧。

(2)2019年12月31日，北方公司对该设备进行检查时发现其已经发生减值，预计可收回金额为460万元；计提减值准备后，该设备原预计使用年限、预计净残值、折旧方法保持不变。

(3)2020年9月30日，北方公司因生产经营方向调整，决定采用出包方式对该设备进行改良，改良工程验收合格后支付工程价款。该设备于当日停止使用，开始进行改良。

(4)2021年3月15日，改良工程完工并验收合格，北方公司以银行存款支付工程总价款62.5万元。当日，改良后的设备投入使用，预计尚可使用年限为8年，采用直线法计提折旧，预计净残值为5万元。改良后该设备的可收回金额为500万元。2021年12月31日，该设备未发生减值。

(5)2022年10月10日，该设备因遭受自然灾害发生严重毁损，北方公司决定进行处置，取得残料变价收入10万元、保险公司赔偿款30万元，发生清理费用5万元；款项均以银行存款收付，不考虑其他相关税费。

要求：

(1)编制2018年10月10日取得该设备的会计分录。

(2)编制设备安装及设备达到预定可使用状态的会计分录。

(3)计算2019年度该设备计提的折旧额，并编制相应的会计分录。

(4)计算2019年12月31日该设备计提的固定资产减值准备，并编制相应的会计分录。

(5)计算2020年度该设备计提的折旧额，并编制相应的会计分录。

(6)编制2020年9月30日该设备转入改良时的会计分录。

(7)编制2021年3月15日支付该设备改良价款、结转改良后设备成本、2021年计提折旧的会计分录。

(8)计算2022年度该设备计提的折旧额。

(9)计算2022年10月10日处置该设备实现的净损益。

(10)编制2022年10月10日处置该设备的会计分录（金额单位用万元表示）。

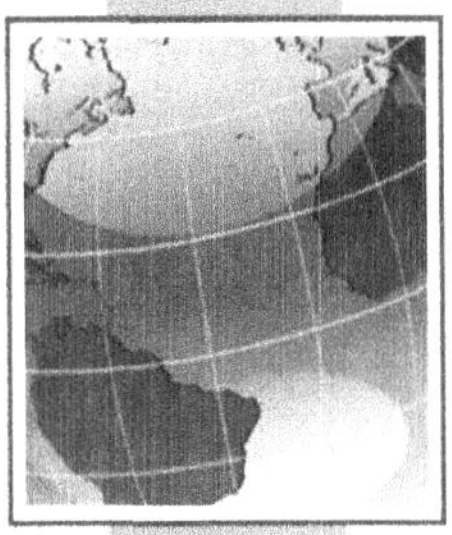

第五章 无形资产

一、单项选择题

1. 作为无形资产的土地使用权是指(　　)。

A. 通过行政划拨获得的土地使用权

B. 按期缴纳土地使用费

C. 将通过行政划拨获得的土地使用权有偿转让,按规定补交的土地出让价款

D. 国有土地依法确定给国有企业使用

2. 按照会计准则规定,下列各项中,股份有限公司应作为无形资产入账的是(　　)。

A. 开办费

B. 广告费

C. 为获得土地使用权支付的土地出让金

D. 开发新技术过程中发生的研究费

3. 某企业于 2016 年 1 月 1 日购入一项专利权,实际支付款项 100 万元,按 10 年的预计使用寿命采用直线法摊销。2017 年末,该无形资产的可收回金额为 60 万元,2018 年 1 月 1 日,对无形资产的使用寿命和摊销方法进行复核,该无形资产尚可使用寿命为 5 年,摊销方法仍采用直线法。该专利权 2019 年应摊销的金额为(　　)万元。

A. 10　　B. 15　　C. 16　　D. 12

4. 甲公司内部研究开发一项专利技术项目,2019 年 1 月在研究开发中研究阶段的支出,实际发生有关研究费用 60 万元。2019 年开发阶段的支出,包括实际发生材料费用 100 万元,参与研究的人员薪酬 50 万元,假定符合资本化条件。2019 年 2 月依法申请注册取得专利权,发生注册费 3 万元,律师费 7 万元,则 2019 年 2 月该无形资产的入账价值应为(　　)万元。

A. 160　　B. 210　　C. 70　　D. 10

5. 下列各项中,关于企业无形资产表述不正确的是(　　)。

A. 使用寿命不确定的无形资产不摊销

B. 研究阶段和开发阶段的支出应全部计入无形资产成本

C. 无形资产应当按照成本进行初始计量

D. 出租无形资产的摊销额应计入其他业务成本

6. 甲公司为增值税一般纳税人，2018 年 1 月 5 日以 2 700 万元购入一项专利权，增值税 162 万元，均以银行存款支付。为推广由该专利权生产的产品，甲公司发生广告宣传费 60 万元。该专利权预计使用 5 年，预计净残值为零，采用直线法摊销。假设不考虑其他因素，2018 年 12 月 31 日该专利权的账面价值为（　　）万元。

A. 2 160　　B. 2 256　　C. 2 304　　D. 2 700

7. 下列有关无形资产的会计处理方法中，不正确的是（　　）。

A. 企业取得的土地使用权用于自行开发建造厂房等地上建筑物时，土地使用权与地上建筑物分别进行摊销和提取折旧

B. 无形资产取得的租金收入计入营业外收入

C. 房地产开发企业取得的土地使用权用于建造对外出售的房屋建筑物时，相关的土地使用权应当计入所建造的房屋建筑物成本

D. 企业外购房屋建筑物所支付的价款无法在地上建筑物与土地使用权之间分配的，应当按照《企业会计准则第 4 号——固定资产》规定，确认为固定资产原价

8. 下列项目中，应确认为无形资产的是（　　）。

A. 企业自创商誉

B. 企业内部产生的品牌

C. 企业内部研究开发项目在研究阶段的支出

D. 为建造厂房获得土地使用权支付的土地出让金

9. 关于无形资产使用寿命的确定，下列说法不正确的是（　　）。

A. 一般情况下，某项无形资产的取得源自合同性权利或其他法定权利，其使用寿命可以超过其合同性权利和其他法定权利的期限

B. 对于确实无法合理确定无形资产为企业带来未来经济利益期限的，将该无形资产作为使用寿命不确定的无形资产

C. 如果合同性权利或其他法定权利能够在到期时因续约等延续，则仅当有证据表明企业续约不需要付出重大成本时，续约期才能够包括在使用寿命的估计中

D. 没有明确的合同或法律规定无形资产的使用寿命的，企业应当综合各方面情况来确定该无形资产为企业带来的经济利益的期限

10. 下列关于无形资产残值的说法中，不正确的是（　　）。

A. 如果有第三方承诺在无形资产使用寿命结束时购买该项无形资产，其残值不应当视为零

B. 残值确定以后，在持有无形资产期间，至少应于每年年末进行复核，预计其残值与原估计金额不同的，应按照会计估计变更进行处理

C. 如果无形资产的残值重新估计以后高于账面价值，无形资产可以继续计提摊销

D. 无形资产预计残值信息可以根据活跃市场得到，并且该市场在该项无形资产使用寿命结束时可能存在

11. 丙公司为上市公司，2016 年 1 月 1 日，丙公司以银行存款 6 000 万元购入一项无形资产。2017 年和 2018 年年末，丙公司预计该项无形资产的可回收金额分别为 4 000 万元和 3 556 万元。该项无形资产的预计使用年限为 10 年，采用直线法摊销，无残值。丙公司于每年年末对无形资产计提减值准备，计提减值准备后，原预计使用年限和摊销方法不变。假定不考虑其他因素，丙公司该项无形资产于 2019 年应摊销的金额为（　　）万元。

A. 508　　B. 500　　C. 600　　D. 3 000

12. 2019 年 6 月 1 日，甲公司将其拥有的某项专利技术出售给科贸公司，该专利技术于 2017 年 3 月 1 日自主研发形成，该专利技术的入账价值为 500 万元，该专利技术用于生产产品。到出售之日，累计摊销 50 万元，计提减值准备 50 万元，出售取得价款为 600 万元。假定该专利技术生产的产品全部尚未销售。不考虑相关税费等其他因素，该公司从持有到出售期间，影响利润总额的金额为（　　）万元。

A. 170　　B. 150　　C. 200　　D. 100

二、多项选择题

1. 关于无形资产的摊销，下列说法中正确的有（　　）。

A. 使用寿命有限的无形资产，其应摊销金额应当在使用寿命内系统合理摊销

B. 企业摊销无形资产，应当自无形资产可供使用时起，至不再作为无形资产确认时止

C. 无形资产摊销年限不超过 10 年

D. 使用寿命有限的无形资产一定无残值

2. 关于无形资产的内容，下列说法中正确的有（　　）。

A. 无形资产是指企业拥有或控制的没有实物形态的可辨认非货币性资产

B. 合并中产生的商誉作为无形资产

C. 合并中产生的商誉不作为无形资产

D. 无形资产属于非货币性资产

3. 关于无形资产的确认，应同时满足的条件有（　　）。

A. 符合无形资产的定义

B. 与该资产有关的经济利益很可能流入企业

C. 该无形资产的成本能够可靠地计量

D. 必须是企业外购的

4. 企业确定无形资产的使用寿命通常应当考虑的因素有（　　）。

A. 以该资产生产的产品（或服务）的市场需求情况

B. 技术、工艺等方面的现阶段情况及对未来发展趋势的估计

C. 该资产通常的产品寿命周期、可获得的类似资产使用寿命的信息

D. 现在或潜在的竞争者预期采取的行动

5. 关于无形资产的初始计量，下列说法中正确的有（　　）。

A. 外购的无形资产，其成本包括购买价款、相关税费以及直接归属于使该项资产达到预定用途所发生的其他支出

B. 购入无形资产超过正常信用条件延期支付价款，实质上具有融资性质的，应按所购无形资产购买价款总额入账

C. 投资者投入的无形资产的成本，应当按照投资合同或协议约定的价值确定，但合同或协议约定价值不公允的除外

D. 企业取得的土地使用权应作为无形资产核算，一般情况下，当土地使用权用于自行开发建造厂房等地上建筑物时，相关的土地使用权账面价值不转入在建工程成本

6. 企业内部开发项目发生的开发支出，同时满足下列（　　）的，应当确认为无形资产。

A. 完成该无形资产以使其能够使用或出售在技术上具有可行性

B. 具有完成该无形资产并使用或出售的意图

C. 无形资产能够为企业带来未来经济利益，应当对运用该无形资产生产的产品市场情况进行可靠预计，以证明所生产的产品存在市场并能够带来经济利益

D. 有足够的技术、财务资源和其他资源支持，以完成该无形资产的开发，并有能力使用或出售该无形资产

7. 下列有关无形资产的表述中，正确的有（　　）。

A. 任何情况下，使用寿命有限的无形资产，其残值都应视为零

B. 不考虑计提减值准备的情况下，无形资产的应摊销金额为其成本扣除预计残值后的金额

C. 如果可以根据活跃市场得到预计残值信息，并且该市场在无形资产使用寿命结束时很可能存在，应预计残值

D. 使用寿命不确定的无形资产不应摊销

8. 企业至少应当于每年年度终了，对使用寿命有限、使用寿命不确定的无形资产进行复核，其正确的会计处理方法有（　　）。

A. 使用寿命有限的无形资产，其使用寿命与以前估计不同的，应当改变摊销期限，按照会计估计变更的方法进行处理

B. 对使用寿命不确定的无形资产，如果有证据表明无形资产的使用寿命是有限的，应当估计其使用寿命

C. 使用寿命有限的无形资产，其摊销方法与以前估计不同的，应当改变摊销方法，按照会计估计变更的方法进行处理

D. 使用寿命有限的无形资产，其摊销方法不得变更，只能采用直线法摊销

9. 下列有关无形资产会计处理的表述中，正确的有（　　）。

A. 企业出售无形资产，应当将取得的价款与该无形资产账面价值的差额计入当期损益

B. 无形资产预期不能为企业带来经济利益的，应当将该无形资产的账面价值计入管理费用

C. 企业摊销无形资产，应当自无形资产可供使用时起，至不再作为无形资产确认时止

D. 只有很可能为企业带来经济利益且其成本能够可靠计量的无形资产才能予以确认

10. 下列关于土地使用权的说法中正确的有（　　）。

A. 土地使用权用于自行开发建造厂房等地上建筑物时，相关的土地使用权账面价值不转入在建工程成本，土地使用权与地上建筑物分别进行摊销和提取折旧

B. 房地产开发企业取得的土地使用权用于建造对外出售的房屋建筑物时，相关的土地使用权应当计入所建造的房屋建筑成本

C. 企业外购房屋建筑物所支付的价款应当在地上建筑物与土地使用权之间进行合理分配；确实难以合理分配的，应当全部作为固定资产处理

D. 企业改变土地使用权的用途，停止自用土地使用权用于赚取租金或资本增值时，若投资性房地产按照成本模式进行后续计量，应将其账面价值转为投资性房地产

11. 下列各项中，属于无形资产摊销可能记入的科目有（　　）。

A.“制造费用”　　　　B.“管理费用”

C.“其他业务成本”　　　　D.“研发支出”

12. 长江公司为从事房地产开发的上市公司，2018 年 1 月 1 日，外购位于甲地块上的一栋

写字楼作为自用办公楼，甲地块的土地使用权能够单独计量；2018 年 3 月 1 日，购入乙地块和丙地块，分别用于开发对外出售的住宅楼和写字楼，至 2019 年 12 月 31 日，该住宅楼和写字楼尚未开发完成；2019 年 1 月 1 日，购入丁地块作为办公区的绿化用地，至 2019 年 12 月 31 日，丁地块的绿化已经完成。假定不考虑其他因素，下列各项中，长江公司 2019 年 12 月 31 日应单独确认为无形资产（土地使用权）的有（　　）。

A. 甲地块的土地使用权　　B. 乙地块的土地使用权
C. 丙地块的土地使用权　　D. 丁地块的土地使用权

三、判断题

1. 专门用于生产某产品的无形资产，其所包含的经济利益是通过所生产的产品实现的，该无形资产的摊销额应计入成本。（　　）

2. 企业接受捐赠的无形资产，如果捐赠方提供了有关凭据的，应按凭据上标明的金额加上应支付的相关税费确定其入账价值。（　　）

3. 使用寿命不确定的无形资产，其摊销年限不应超过 10 年。（　　）

4. 企业至少应当于每年年度终了，对使用寿命有限的无形资产的使用寿命及摊销方法进行复核。无形资产的使用寿命及摊销方法与以前估计不同的，应当改变摊销期限和摊销方法。（　　）

5. 企业出售无形资产，应将所得价款与该项无形资产的账面价值之间的差额，计入当期其他业务利润。（　　）

6. 企业取得的土地使用权通常应确认为无形资产。土地使用权用于自行开发建造厂房等地上建筑物时，相关的土地使用权不应当计入所建造的厂房建筑物成本，土地使用权与地上建筑物分别进行摊销和提取折旧。（　　）

7. 商誉是企业合并成本大于合并取得被购买方各项可辨认资产、负债公允价值份额的差额，属于《企业会计准则第 6 号——无形资产》所规范的无形资产。（　　）

8. 无形资产作为能为企业带来经济利益的一种长期资产，应在一定期限内平均摊销，其摊销金额计入管理费用，同时冲减无形资产的账面余额；报废时无残值。（　　）

9. 企业同时从事多项开发活动的情况下，所发生的支出同时用于支持多项开发活动的，应按照合理的标准在各项开发活动之间进行分配，无法可靠确定合理标准的，应在各项开发活动之间进行平均分摊。（　　）

10. 企业已计提减值准备的无形资产价值如果又得以恢复，则应在已计提减值准备的范围内将计提的减值损失予以全部或部分转回。（　　）

11. 甲企业取得一项专利技术，法律保护期限为 20 年，该企业预计运用该专利生产的产品在未来 15 年内会为企业带来经济利益。就该项专利技术，第三方向企业承诺在 5 年内以其取得之日公允价值的 60%购买该项专利权，从企业管理层目前的持有计划来看，准备在 5 年内将其出售给第三方，该项专利技术应在企业持有其的 5 年内摊销，残值为该专利在取得之日公允价值的 60%。（　　）

12. 合同性权利或其他法定权利在到期时因续约等延续，且有证据表明企业续约不需要付出大额成本的，续约期应当包括在使用寿命中。（　　）

四、业务题

1. 英明公司 2015 年 1 月 1 日以银行存款 300 万元购入一项管理用专利权。该项无形资产的预计使用年限为 10 年，2018 年年末预计该项无形资产的可收回金额为 100 万元，减值后预计尚可使用年限为 5 年。另外，该公司 2016 年 1 月内部研发成功并可供管理使用的非专利技术的无形资产账面价值为 150 万元，无法预见这一非专利技术为企业带来未来经济利益期限，2018 年年末预计其可收回金额为 130 万元，减值后预计该非专利技术尚可使用 4 年。该企业按直线法摊销无形资产，无形资产均无残值。

假设英明公司账上没有其他无形资产。

要求：

(1)计算英明公司 2018 年无形资产计提减值准备的净额并编制会计分录。

(2)计算英明公司 2019 年无形资产的摊销额并编制会计分录(答案中的金额单位用万元表示)。

2. 科利股份有限公司(以下简称科利公司)有关无形资产业务如下：

(1)2016 年 6 月，科利公司研发部门准备研究开发一项专利技术。在研究阶段，企业为了研究成果的应用研究、评价，以银行存款支付了相关费用 600 万元。

(2)2016 年 8 月，上述专利技术经研究具有可开发性，转入开发阶段。企业将研究成果应用于该项专利技术的设计，直接发生的研发人员工资、材料费以及相关设备折旧费分别为 800 万元、1 300 万元和 200 万元，同时以银行存款支付了其他相关费用 100 万元。以上开发支出均满足资本化的确认条件。

(3)2016 年 10 月，上述专利技术的研究开发项目达到预定用途，形成无形资产。科利公司预计该专利技术的预计使用年限为 10 年，预计净残值为 0，采用直线法摊销。

(4)2019 年 5 月，科利公司研发的专利技术预期不能为企业带来经济利益，经批准将其予以转销。

要求：

(1)编制科利公司 2016 年研发专利技术的有关会计分录。

(2)编制科利公司该项专利技术 2019 年 5 月予以转销的会计分录(答案中的金额单位用万元表示)。

五、综合题

甲股份有限公司(以下简称甲公司)有关无形资产的业务如下：

(1)甲公司 2016 年初开始自行研究开发一项管理用无形资产，2016 年发生材料费 3 000 000 元、人工工资 1 000 000 元，以及支付的其他费用 500 000 元，共计 4 500 000 元。其中，符合资本化条件的支出为 3 000 000 元。至 2016 年末，该项无形资产尚未研发成功。

(2)2017 年 1 月 7 日，发生材料费 1 000 000 元、员工薪酬 500 000 元，以及支付的其他费用 200 000 元，共计 1 700 000 元。其中，1 500 000 元符合资本化条件。2017 年 7 月 5 日专利技术获得成功，达到预定用途。该项无形资产的预计使用年限为 10 年，采用直线法摊销。

(3)2018 年 12 月 31 日，由于市场发生不利变化，出现减值迹象，甲公司预计其可收回金额为 1 500 000 元，预计尚可使用 3 年，无残值，改用年数总和法进行摊销。

(4)2019 年 12 月 31 日，甲公司出售该专利权，收到价款 700 000 元，增值税 42 000 元，已存入银行，另发生相关费用 35 000 元，已用银行存款支付。

要求：根据上述资料，不考虑其他因素，作出相关会计处理。

(1)编制无形资产研究开发业务相关的会计分录。

(2)编制 2017 年无形资产摊销业务相关的会计分录。

(3)编制 2018 年无形资产减值业务相关的会计分录。

(4)计算 2019 年 12 月 31 日出售该专利权对 2019 年损益影响的金额，并编制相关分录。

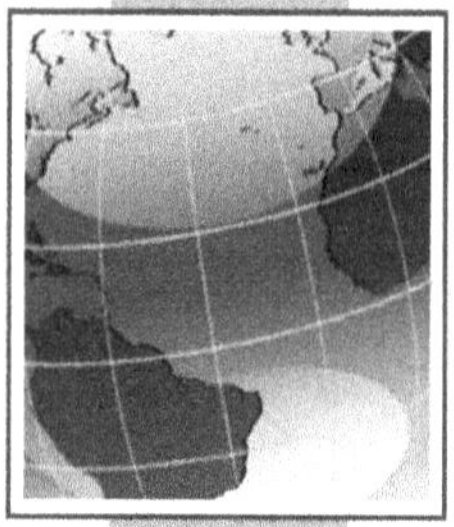

第六章
投资性房地产

一、单项选择题

1. 下列不属于企业投资性房地产的是(　　)。

A. 房地产开发企业将作为存货的商品房以经营租赁方式出租

B. 企业开发完成后用于出租的房地产

C. 企业持有并准备增值后转让的土地使用权

D. 房地产企业拥有并自行经营的饭店

2. 企业对公允价值模式进行后续计量的投资性房地产取得的租金收入,应该贷记(　　)科目。

A.“其他业务收入”　B.“管理费用”　C.“营业外收入”　D.“投资收益”

3. 企业将建筑物出租,按租赁协议向承租人提供的相关劳务,下列说法中正确的是(　　)。

A. 企业将建筑物出租,按租赁协议向承租人提供的相关辅助服务在整个协议中不重大的,应当将该建筑物确认为投资性房地产

B. 企业将建筑物出租,按租赁协议向承租人提供的相关劳务在整个协议中重大的,应当将该建筑物确认为投资性房地产

C. 企业将建筑物出租,按租赁协议向承租人提供的相关劳务,无论在整个协议中是否重大,均应当将该建筑物确认为投资性房地产

D. 企业将建筑物出租,按租赁协议向承租人提供的相关劳务,无论在整个协议中是否重大,均不应当将该建筑物确认为投资性房地产

4. 自用房地产转换为采用公允价值模式计量的投资性房地产,投资性房地产应当按照转换当日的公允价值计量。转换当日的公允价值大于原账面价值的差额通过(　　)科目核算。

A.“营业外收入”　B.“其他综合收益”

C.“公允价值变动损益”　D.“其他业务支出”

5. 若企业采用成本模式对投资性房地产进行后续计量,下列说法中正确的是(　　)。

A. 企业应对已出租的建筑物计提折旧

B. 企业不应对已出租的建筑物计提折旧

C. 企业不应对已出租的土地使用权进行摊销

D. 企业不应对投资性房地产计提减值准备

6. A房地产开发商于2019年1月将作为存货的商品房转换为采用公允价值模式计量的投资性房地产，转换日的商品房账面余额为100万元，已计提跌价准备20万元，该项房产在转换日的公允价值为150万元，则转换日记入“投资性房地产”科目的金额是(　　)万元。

A. 150　　B. 80　　C. 70　　D. 170

7. 2019年4月1日，甲公司购入一幢建筑物用于出租，取得发票上注明的价款为100万元，增值税9万元，款项以银行存款支付。购入该建筑物发生的契税为2万元，也以银行存款支付。该投资性房地产的入账价值为(　　)万元。

A. 102　　B. 100　　C. 98　　D. 104

8. 甲公司对投资性房地产采用成本模式进行后续计量，2018年7月1日开始对一项投资性房地产进行改良，改良后将继续用于经营出租。该投资性房地产原价为500万元，采用直线法计提折旧，使用寿命为20年，预计净残值为零，已使用4年。改良期间共发生改良支出100万元，均满足资本化条件，2018年12月31日改良完成，则2018年末该项投资性房地产的账面价值为(　　)万元。

A. 500　　B. 478.5　　C. 475　　D. 100

9. 下列关于投资性房地产会计处理的表述中，正确的是(　　)。

A. 采用成本模式计量的投资性房地产，期末计提的折旧费用计入管理费用

B. 采用成本模式计量的投资性房地产，不得再转为公允价值模式计量

C. 按国家规定认定的闲置土地，不应确认为投资性房地产

D. 企业可以根据需要改变其投资性房地产的计量模式，但应在会计报表附注中披露

10. A公司拥有一栋写字楼，用于本公司办公使用。2018年1月1日，A公司与B公司签订经营租赁协议，将该写字楼整体出租给B公司使用，租赁期开始日为2018年1月1日，年租金为400万元，为期3年。当日，该写字楼的账面余额为3 500万元，已计提折旧1 000万元，公允价值为1 800万元，且预计其公允价值能持续可靠取得。2018年年底，该项投资性房地产的公允价值为2 400万元，假定A公司对投资性房地产采用公允价值模式计量，不考虑其他因素，则该房地产业务对A公司2018年年度损益的影响金额为(　　)万元。

A. 1 000　　B. −100　　C. 300　　D. 600

11. A公司于2018年1月30日将采用公允价值模式计量的投资性房地产转换为自用办公楼。该房地产在2017年年末的公允价值为2 000万元，转换日的公允价值为2 070万元，预计尚可使用年限为15年。转换后采用年限平均法计提折旧，预计净残值为零，不考虑其他因素，则A公司在2018年对该房地产应计提的折旧额为(　　)万元。

A. 126　　B. 126.5　　C. 125　　D. 124.5

12. 企业的投资性房地产采用公允价值计量模式。2019年1月1日，该企业将一项固定资产转换为投资性房地产。该固定资产的账面余额为100万元，已提折旧20万元，已经计提的减值准备为10万元，转换当日的公允价值为65万元，则转换日影响当期利润总额的金额是(　　)万元。

A. 0　　B. −5　　C. 15　　D. 5

二、多项选择题

1. 采用公允价值模式计量的投资性房地产，下列表述中正确的有（　　）。
   A. 投资性房地产所在地有活跃的房地产交易市场
   B. 对土地使用权而言，是指同一城区、同一位置区域、所处地理环境相同或相近、可使用状况相同或相近的土地
   C. 企业能够从活跃的房地产交易市场上取得同类或类似房地产的市场价格及其他相关信息，从而对投资性房地产的公允价值做出科学合理的估计
   D. 同类或类似的房地产，对建筑物而言，是所处地理位置和地理环境相同、性质相同、结构类型相同或相近、新旧程度相同或相近、可使用状况相同或相近的建筑物
2. 关于投资性房地产后续计量模式的转换，下列说法中不正确的有（　　）。
   A. 成本模式转为公允价值模式的，应当作为会计估计变更
   B. 已经采用成本模式计量的投资性房地产，不得从成本模式转为公允价值模式
   C. 企业对投资性房地产的计量模式可以随意选择
   D. 已经采用公允价值模式计量的投资性房地产，不得从公允价值转为成本模式
3. 下列说法中正确的有（　　）。
   A. 只要与投资性房地产有关的经济利益很可能流入企业，就应确认投资性房地产
   B. 外购投资性房地产的成本包括购买价款、相关税费和可直接归属于该资产的其他支出
   C. 自行建造投资性房地产的成本，由建造该项资产达到预定可使用状态前所发生的必要支出构成
   D. 与投资性房地产有关的经济利益基本确定能流入企业，就应确认投资性房地产
4. 下列项目中，属于投资性房地产的有（　　）。
   A. 已出租的建筑物
   B. 已出租的土地使用权
   C. 持有并准备增值后转让的土地使用权
   D. 按照国家有关规定认定的闲置土地
5. 下列各项应该记入一般企业“其他业务收入”科目的有（　　）。
   A. 出售投资性房地产的收入
   B. 出租建筑物的租金收入
   C. 出售自用房屋的收入
   D. 将持有并准备增值后转让的土地使用权予以转让所取得的收入
6. 关于投资性房地产的后续计量，下列说法中正确的有（　　）。
   A. 企业通常应当采用成本模式对投资性房地产进行后续计量
   B. 企业可以采用公允价值模式对投资性房地产进行后续计量
   C. 企业应当采用一种模式对投资性房地产进行后续计量，不得同时采用两种计量模式
   D. 企业可以同时采用两种计量模式对投资性房地产进行后续计量
7. 企业采用公允价值模式对投资性房地产进行后续计量，下列说法中正确的有（　　）。
   A. 企业应对已出租的建筑物计提折旧
   B. 企业不应对已出租的建筑物计提折旧
   C. 企业不应对已出租的土地使用权进行摊销

D. 企业应当以资产负债表日投资性房地产的公允价值为基础调整其账面价值，公允价值与原账面价值之间的差额计入当期损益

8. 关于投资性房地产转换日的确定，下列说法中正确的有（　　）。

A. 作为存货的房地产改为出租，或者自用建筑物或土地使用权停止自用改为出租，其转换日为租赁期开始日

B. 投资性房地产转为自用房地产，其转换日为房地产达到自用状态，企业开始将房地产用于生产商品、提供劳务或者经营管理的日期

C. 自用土地使用权停止自用，改用于资本增值，其转换日为自用土地使用权停止自用后确定用于资本增值的日期

D. 作为存货的房地产改为出租，或者自用建筑物或土地使用权停止自用改为出租，其转换日为承租人支付的第一笔租金的日期

9. 企业应当在附注中披露与投资性房地产有关的信息包括（　　）。

A. 投资性房地产的种类、金额和计量模式

B. 采用成本模式的，投资性房地产的折旧或摊销，以及减值准备的计提情况

C. 房地产转换情况、理由，以及对损益或所有者权益的影响

D. 当期处置的投资性房地产及其对损益的影响

10. 下列各项关于土地使用权会计处理的表述中，正确的有（　　）。

A. 为建造固定资产购入的土地使用权应计入固定资产成本

B. 房地产开发企业为开发商品房购入的土地使用权确认为存货

C. 用于出租的土地使用权及其地上建筑物一并确认为投资性房地产

D. 将土地使用权出租仍应作为无形资产核算

11. 下列各项中，影响企业当期损益的有（　　）。

A. 采用成本模式计量，期末投资性房地产的可收回金额高于账面价值的差额

B. 采用成本模式计量，期末投资性房地产的可收回金额低于账面价值的差额

C. 企业将采用公允价值计量的投资性房地产转换为自用的房地产，转换日的公允价值高于账面价值的差额

D. 自用的房地产转换为采用公允价值模式计量的投资性房地产时，转换日房地产的公允价值小于账面价值的差额

12. A公司拥有一栋写字楼，用于本公司办公。2017年12月1日，A公司拟将该办公楼出租。2018年1月1日，A公司与B公司签订经营租赁协议，将该写字楼整体出租给B公司使用，租赁期开始日为2018年1月1日，年租金为400万元，租期3年。当日该写字楼的账面余额为3 500万元，已计提折旧1 000万元，公允价值为1 800万元，且预计其公允价值能够持续可靠取得。2018年底，该项投资性房地产的公允价值为2 400万元。假定A公司对投资性房地产采用公允价值模式计量，不考虑其他因素，则下列说法中正确的有（　　）。

A. 自用房地产转为投资性房地产的转换日为2018年1月1日

B. 转换日，写字楼账面价值与公允价值的差额应计入其他综合收益

C. A公司收取的租金应确认为其他业务收入

D. 2018年底，贷方应确认“公允价值变动损益”600万元

三、判断题

1. 采用公允价值模式对投资性房地产进行后续计量，将作为存货的房地产转换为投资性房地产的，应按其在转换日的公允价值，借记“投资性房地产——成本”科目；按其账面余额，贷记“开发产品”等科目；按其差额，贷记或借记“投资收益”科目。已计提跌价准备的，还应同时结转跌价准备。（ ）

2. 采用公允价值模式对投资性房地产进行后续计量，取得的租金收入，借记“银行存款”等科目，贷记“投资收益”科目。（ ）

3. 采用公允价值模式对投资性房地产进行后续计量，将投资性房地产转为自用时，应按其在转换日的公允价值，借记“固定资产”等科目；按其账面余额，贷记“投资性房地产——成本、公允价值变动”科目；按其差额，贷记或借记“投资收益”科目。（ ）

4. 处置投资性房地产时，与处置固定资产和无形资产的核算方法相同，其处置损益均计入营业外收入或营业外支出。（ ）

5. 企业将建筑物出租，按租赁协议向承租人提供的相关辅助服务在整个协议中不重大的，应当将该建筑物确认为投资性房地产。（ ）

6. 企业通过经营租赁方式租入的建筑物再出租的也是属于投资性房地产的范围。（ ）

7. 与投资性房地产有关的后续支出，应当在发生时计入投资性房地产成本。（ ）

8. 企业在资产负债表日只能采用成本模式对投资性房地产进行后续计量。（ ）

9. 企业将自行建造的房地产达到预定可使用状态时开始自用，之后改为对外出租才能在该房地产达到预定可使用状态时确认为投资性房地产。（ ）

10. 因房地产用途发生改变，企业将自用的房地产转换为投资性房地产后，则不再计提折旧或进行摊销。（ ）

11. 自用房地产转化为公允价值模式的投资性房地产时，如果产生了增值，则列入当期“公允价值变动损益”。（ ）

12. 企业处置投资性房地产时，应当将处置收入扣除其账面价值和相关税费后的金额计入投资损益。（ ）

四、业务题

1. 长江房地产公司（以下简称长江公司）于2017年1月1日将一幢商品房对外出租并采用公允价值模式计量，租期为3年，每年12月31日收取租金100万元，增值税9万元。出租时，该幢商品房的成本为2 000万元，公允价值为2 200万元；2017年12月31日，该幢商品房的公允价值为2 150万元；2018年12月31日，该幢商品房的公允价值为2 120万元；2019年12月31日，该幢商品房的公允价值为2 050万元；2020年1月5日将该幢商品房对外出售，收到价款2 080万元、增值税187.2万元存入银行。

要求：编制长江公司上述经济业务的会计分录（假定按年确认公允价值变动损益和租金收入）。

2. 未来公司为增值税一般纳税人，适用的增值税率为13%。不考虑除增值税以外的其他税费。未来公司对投资性房地产采用成本模式计量。该公司有关房地产的相关业务资料如下：

(1)2019年6月，未来公司自行建造办公楼。在建设期间，未来公司购进一批工程物资，价款为2 808万元，增值税为365.04万元。该批物资已验收入库，款项以银行存款支付。该批物资全部用于办公楼工程项目。未来公司为建造工程，领用本公司生产的库存商品一批，成本 388 万元，另支付在建工程人员薪酬 804 万元。

(2)2019 年 12 月，该办公楼达到预定可使用状态并投入使用。该办公楼预计使用寿命为 25 年，预计净残值为 0，采用直线法计提折旧。

(3)2020 年 12 月 31 日，由于未来公司与乙公司签订了租赁协议，将该办公大楼经营租赁给乙公司，租赁期为 5 年，年租金为 520 万元，增值税 46.8 万元，于每年年末支付。租赁期开始日为 2020 年 12 月 31 日。

(4)2021 年 12 月 31 日，由于未来公司资金紧张，未来公司与乙公司协商后决定，将该建筑物出售给乙公司，售价为 4 700 万元，增值税 423 万元。

要求：

(1)编制未来公司 2019 年自行建造办公大楼的会计分录。

(2)编制未来公司出租办公楼的有关会计分录。

(3)编制未来公司出售投资性房地产的有关会计分录(金额单位以万元表示)。

五、综合题

长江房地产公司(以下简称长江公司)于 2016 年 12 月 31 日将一幢建筑物对外出租并采用成本模式进行后续计量，租期为 3 年，每年 12 月 31 日收取租金 200 万元，增值税 18 万元。出租时，该建筑物的原价为 3 500 万元，已累计提取折旧 800 万元，已提减值准备 200 万元，预计尚可使用年限为 20 年，当日公允价值为 2 000 万元，长江公司对该建筑物采用年限平均法计提折旧，无残值。2017 年 12 月 31 日，该建筑物的公允价值减去处置费用后的净额为 2 185 万元，预计未来现金流量现值为 2 150 万元。2018 年 12 月 31 日，该建筑物的公允价值减去处置费用后的净额为 2 080 万元，预计未来现金流量现值为 2 000 万元。2019 年 12 月 31 日租赁期满，长江公司收回该投资性房地产并对其进行更新改造，同日与丙公司签订协议，该投资性房地产更新改造完成后出租给丙公司，协议约定以改造完成日为租赁期开始日，租期为 2 年，年租金为 360 万元，增值税 32.4 万元，每年 12 月 31 日收取当年租金，租赁终止日收取剩余部分租金。

更新改造过程中领用原材料 100 万元，发生人工成本 230 万元，以银行存款支付其他支出 115 万元。更新改造工程于 2020 年 6 月 30 日完工，更新改造完成后预计该建筑物的尚可使用年限为 30 年，预计净残值为 0，采用年限平均法计提折旧，并于当日交付丙公司使用。

要求：编制长江公司上述经济业务的相关会计分录(答案中的金额单位用万元表示)。

第七章 金融资产

一、单项选择题

1. 2019年1月1日，高乐公司以510万元银行存款作为对价购入甲公司当日发行的一项一般公司债券，期限为4年，面值为500万元，票面年利率为4%，每年年末付息，到期一次还本。高乐公司购入该项债券投资后，拟长期持有，按期收取利息、到期收回本金，但如果未来市场利率大幅变动，高乐公司不排除将该项债券投资出售以实现收益最大化。不考虑其他因素，则高乐公司应将该项金融资产划分为(　　)。

A. 以摊余成本计量的金融资产

B. 以公允价值计量且其变动计入其他综合收益的金融资产

C. 以公允价值计量且其变动计入当期损益的金融资产

D. 其他应收款

2. 下列关于不存在减值迹象的其他债权投资会计处理的表述中，正确的是(　　)。

A. 取得时将发生的交易费用计入当期损益

B. 出售后的剩余部分一定不可以重新分类为交易性金融资产

C. 资产负债表日将公允价值与账面价值之间的差额计入当期损益

D. 出售时实际收到的金额与账面价值之间的差额计入当期损益

3. 甲公司2019年度购入丙公司的股票，实际支付价款800万元，另支付相关交易费用3万元。取得丙公司2%股权后，对丙公司的财务和经营政策无控制、共同控制和重大影响，甲公司将其指定为非交易性权益工具投资，年末公允价值为850万元。下列关于甲公司会计处理的表述中，不正确的是(　　)。

A. 购入丙公司的股票应通过"其他权益工具投资"科目核算

B. 初始入账价值为803万元

C. 年末账面价值为850万元

D. 2019年确认的其他综合收益为50万元

4. 甲公司于2019年1月1日购入乙公司当日发行的债券作为债权投资，在购买日其公允价值为60 480万元，期限为3年，票面年利率为3%，面值为60 000万元，交易费用为60万元，半年期实际利率为1.34%，每半年付息一次。采用实际利率法摊销，则2019年7月1日债权投资摊余成本为(　　)万元。

A. 60 391.24　　B. 60 451.24　　C. 60 480　　D. 60 540

5. 某企业2019年5月1日购买A公司股票1 000股，每股价格10元，另支付相关费用200元；5月10日又购入A公司股票1 000股，每股价格12元，另支付相关费用240元，均分类为交易性金融资产。该企业6月10日将该股票全部予以转让，取得转让价款25 000元，则企业通过该交易性金融资产累计影响的“投资收益”科目金额为(　　)元。

A. 6 000　　B. 3 000　　C. 2 560　　D. 2 000

6. 甲公司于2019年2月20日从证券市场购入A公司股票50 000股，划分为交易性金融资产，每股买价8元，另外支付印花税及佣金4 000元。A公司于2019年4月10日宣告发放现金股利，每股0.3元。甲公司于2019年5月20日收到该现金股利15 000元并存入银行。至12月31日，该股票的市价为450 000元。甲公司2019年对该项金融资产确认的投资收益为(　　)元。

A. 15 000　　B. 11 000　　C. 50 000　　D. 61 000

7. B公司于2019年3月20日购买甲公司股票150万股，成交价格每股9元，作为其他权益工具投资；购买该股票另支付手续费等22.5万元。5月20日，收到甲公司按每10股派3.75元的现金股利。6月30日该股票市价为每股8.25元，2019年8月30日以每股7元的价格将股票全部售出，则该项其他权益工具投资影响投资损益的金额为(　　)万元。

A. －266.25　　B. 56.25　　C. －18.79　　D. 3.75

8. 2019年初，甲公司购买了一项公司债券，剩余年限5年，划分为交易性金融资产，公允价值为1 200万元，交易费用为10万元，该债券在第五年兑付(不能提前兑付)时可得本金1 500万元。2019年末按票面利率3%收到利息，2019年末公允价值为 1 300万元，则该交易性金融资产影响2019年投资收益的金额为(　　)万元。

A. 20　　B. 35　　C. 45　　D. 55

9. 甲公司2018年1月1日购入面值为200万元、年利率为4%的A债券；取得时支付价款208万元(含已到付息期尚未发放的利息8万元)，另支付交易费用1万元，甲公司将该项金融资产划分为交易性金融资产。2018年1月5日，收到购买时价款中所含的利息8万元；2018年12月31日，A债券的公允价值为212万元；2019年1月5日，收到A债券2018年度的利息8万元；2019年4月20日，甲公司出售A债券售价为216万元。甲公司出售A债券时应确认投资收益的金额为(　　)万元。

A. 4　　B. 12　　C. 16　　D. 3

10. 甲股份有限公司于2019年4月1日购入面值为1 000万元的3年期债券并分类为债权投资，实际支付的价款为1 500万元，其中包含已到付息期但尚未领取的债券利息20万元，另支付相关税费10万元。该项债券投资的初始入账金额为(　　)万元。

A. 1 510　　B. 1 490　　C. 1 500　　D. 1 520

11. 某企业为增值税一般纳税人，适用的增值税税率为13%。2019年5月对外赊销商品一批，售价20 000元(不含增值税)，给予客户的商业折扣为10%。同时该企业为了及早收回货款，提供的现金折扣为“2/10，1/20，n/30”(假定计算现金折扣时不考虑增值税)。企业销售商品时代垫运费1 000元，增值税90元，则该企业应收账款的入账价值为(　　)元。

A. 22 400　　B. 21 826　　C. 21 430　　D. 21 660

12. A公司于2019年4月5日从证券市场上购入B公司发行在外的股票200万股作为其

他权益工具投资，每股支付价款 4 元(含已宣告但尚未发放的现金股利 0.5 元)，另支付相关费用 12 万元。A 公司其他权益工具投资取得时的入账价值为(　　)万元。

A. 700　　B. 800　　C. 712　　D. 812

二、多项选择题

1. 下列项目中，属于金融资产的有(　　)。

A. 现金　　B. 持有至到期投资

C. 应收款项　　D. 应付款项

2. 下列项目中，可以作为交易性金融资产的有(　　)。

A. 企业以赚取差价为目的从二级市场购入的股票

B. 企业以赚取差价为目的从二级市场购入的债券

C. 企业以赚取差价为目的从二级市场购入的基金

D. 企业管理该金融资产的业务模式是以收取合同现金流量为目标的债券投资

3. 企业对下列金融资产进行初始计量时，应将发生的相关交易费用计入初始确认金额的有(　　)。

A. 其他权益工具投资　　B. 债权投资

C. 交易性金融资产　　D. 其他债权投资

4. 企业发生的下列事项中，不影响“投资收益”金额的有(　　)。

A. 交易性金融资产在持有期间取得的现金股利

B. 购买交易性金融资产支付的交易费用

C. 期末交易性金融资产的公允价值小于账面价值

D. 交易性金融资产持有期间收到包含在购买价格中的现金股利

5. 下列项目中，属于交易费用的是(　　)。

A. 支付给代理机构的手续费　　B. 支付给代理机构的佣金

C. 债券溢价　　D. 内部管理费用

6. 企业计提坏账准备时，本期以下事项应记入“坏账准备”科目贷方的有(　　)。

A. 发生的坏账损失

B. 已经作为坏账核销的应收账款又收回

C. 期末估计将发生的坏账损失与调整前“坏账准备”科目借方余额的合计金额

D. 期末估计将发生的坏账损失大于调整前“坏账准备”科目贷方余额的差额部分

7. 下列关于金融资产后续计量的表述中，正确的有(　　)。

A. 贷款和应收款项应采用实际利率法，按摊余成本计量

B. 债权投资应采用实际利率法，按摊余成本计量

C. 交易性金融资产应按公允价值计量，并扣除处置时可能发生的交易费用

D. 其他权益工具投资应按公允价值计量，并扣除处置时可能发生的交易费用

8. 金融资产的摊余成本是指该金融资产的初始确认金额经下列(　　)调整后的结果。

A. 扣除已收回的本金

B. 加上或减去采用实际利率法将该初始确认金额与到期日金额之间的差额进行摊销形成的累计摊销额

C. 加上或减去采用直线法进行摊销形成的累计摊销额

D. 扣除已发生的减值损失

9. 下列有关金融资产减值损失的计量中，正确的处理方法有（　　）。

A. 对于债权投资，预期发生减值的，应当根据其账面价值与预计未来现金流量现值之间的差额计算确认减值损失

B. 如果其他债权投资的公允价值发生较大幅度下降，或在综合考虑各种相关因素后，预期这种下降趋势属于非暂时性的，可以认定该其他债权投资已发生减值，应当确认减值损失

C. 对于已确认减值损失的其他债权投资，在随后的会计期间公允价值已上升且客观上与原减值损失确认后发生的事项有关的，原确认的减值损失应当予以转回，计入当期损益

D. 对于其他权益工具投资不提减值准备

10. 下列有关其他债权投资计量的说法中，正确的有（　　）。

A. 企业取得其他债权投资时支付的相关税费应计入当期损益

B. 其他债权投资应当以公允价值进行后续计量，其公允价值变动计入其他综合收益

C. 处置其他债权投资时，应将原计入其他综合收益的公允价值变动累计额对应处置部分的金额转出，计入投资收益

D. 对于已确认减值损失的其他债权投资在随后的会计期间公允价值上升且客观上与原减值损失确认后发生的事项有关的，原确认的减值损失应当予以转回，计入当期损益

11. 下列关于作为债务工具的金融资产重分类的表述中，正确的有（　　）。

A. 初始确认为债权投资的，可重分类为交易性金融资产

B. 初始确认为交易性金融资产的，可重分类为其他债权投资

C. 初始确认为债权投资的，可重分类为其他债权投资

D. 初始确认为其他债权投资的，可重分类为债权投资

12. 企业将无息应收票据贴现时，影响贴现利息计算的因素有（　　）。

A. 票据的面值　　B. 票据的期限　　C. 票据的种类　　D. 贴现的利率

三、判断题

1. 2019 年 12 月 31 日，甲公司因改变持有目的，将原作为交易性金融资产核算的乙公司普通股股票重新分类为其他权益工具投资。（　　）

2. 企业持有的证券投资基金通常划分为交易性金融资产，不应划分为债权投资或其他债权投资。（　　）

3. 对于权益工具投资，如果归类为金融资产，则可以分类为交易性金融资产或其他权益工具投资。（　　）

4. 企业在持有交易性金融资产期间取得的利息或现金股利，应当冲减该金融资产的账面价值。（　　）

5. 债权投资在持有期间应当按照实际利率法确认利息收入，其在各期的实际利率应当分别按照各期期初市场利率计算确定。（　　）

6. 处置其他权益工具投资时，应按取得的价款与该金融资产账面价值之间的差额，确认为投资收益；原直接计入其他综合收益的公允价值变动累计额也应转入投资收益。（　　）

7. 债权投资在持有期间应当按照实际利率法确认利息收入，其实际利率应当按照各期期初市场利率计算确定。（　）

8. 其他债权投资和其他权益工具投资应当按取得该金融资产的公允价值作为初始确认金额，相关交易费用计入当期损益，支付的价款中包含了已到付息期但尚未领取的债券利息或已宣告但尚未发放的现金股利的，应单独确认为应收项目。（　）

9. 资产负债表日，其他债权投资应当以公允价值计量，且公允价值变动计入当期损益。（　）

10. 处置其他权益工具投资时，应按取得的价款与原直接计入所有者权益的公允价值变动累计额对应处置部分的金额，与该金融资产账面价值之间的差额，确认为投资收益。（　）

11. 其他债权投资和其他权益工具投资符合一定条件时可重分类为交易性金融资产。（　）

12. 对于投资者有权要求发行方赎回的债务工具投资，投资者不能将其划分为债权投资。（　）

四、业务题

1. 甲公司 2019 年 3 月 10 日购买了 B 公司发行的股票 300 万股，成交价为每股 14.7 元，另支付交易费用 90 万元，增值税 5.4 万元。2019 年 4 月 20 日，B 公司宣告分派现金股利，每股 0.2 元，5 月 20 日甲公司收到现金股利。2019 年 6 月 30 日，B 公司股票市价为每股 13 元，甲公司预计股票价格下跌是暂时的。

要求：如果甲公司将上述取得的股票投资作为交易性金融资产，做出相关的会计分录。

2. A 公司于 2019 年 1 月 2 日从证券市场上购入 B 公司于 2018 年 1 月 1 日发行的债券，该债券为 4 年期，票面年利率为 4%，实际年利率为 5%，每年 1 月 5 日支付上年度的利息，到期日为 2022 年 1 月 1 日，到期日一次归还本金和最后一次利息。A 公司购入债券的面值总额为 1 000 万元，实际支付价款为 992.77 万元，另支付相关费用 20 万元，增值税 1.2 万元。A 公司购入后将其划分为债权投资。假定按年支付利息。

要求：编制 A 公司从 2019 年 1 月 2 日至 2022 年 1 月 1 日上述有关业务的会计分录。

3. 长江公司 2018 年 4 月 10 日通过拍卖方式取得甲上市公司的法人股 100 万股作为其他权益工具投资，每股 3 元，另支付相关费用 2 万元。6 月 30 日每股公允价值为 2.8 元，9 月 30 日每股公允价值为 2.6 元，12 月 31 日由于甲上市公司发生严重财务困难，每股公允价值为 1 元。2019 年 1 月 5 日，长江公司将上述甲上市公司的法人股对外出售，每股售价为 0.9 元。长江公司对外提供季度财务报告。

要求：根据上述资料编制长江公司有关会计分录。

五、综合题

1. 乙公司按年对外提供财务报表。

(1)2018 年 2 月 11 日，乙公司从二级市场购入 A 公司发行的股票 600 万股，取得时公允价值为每股 8.3 元，含已宣告但尚未发放的现金股利为每股 0.3 元，另支付交易费用 8 万元，全部价款以银行存款支付。

(2)2018 年 2 月 16 日，收到最初支付价款中所含现金股利。

(3)2018 年 12 月 31 日，该股票公允价值为每股 8.9 元。

(4)2019 年 2 月 3 日，A 公司宣告发放股利，其中现金股利每股 0.4 元，股票股利每 10 股派 2 股。

(5)2019 年 3 月 6 日，收到现金股利和股票股利。

(6)2019 年 12 月 31 日，该股票公允价值为每股 7.5 元。

(7)2020 年 1 月 6 日，出售该股票 576 万股，每股 6 元，交易费用为 6 万元。

要求：分别编制该项股票投资（划分为其他权益工具投资、交易性金融资产）的会计分录。

2. 甲公司有关债券投资业务如下：

(1)2018 年 1 月 1 日，甲公司从活跃市场上购买了一项乙公司债券，年限为 5 年，债券面值为 1 100 万元，公允价值为 961 万元（含交易费用 10 万元）。次年 1 月 5 日按票面利率 3% 支付利息，该债券在第五年兑付本金及最后一期利息。实际利率为 6%。

(2)2018 年末，公允价值为 1 000 万元。

要求：分别编制 2018 年该项债券投资（划分为交易性金融资产、债权投资、其他债权投资）的相关会计分录。

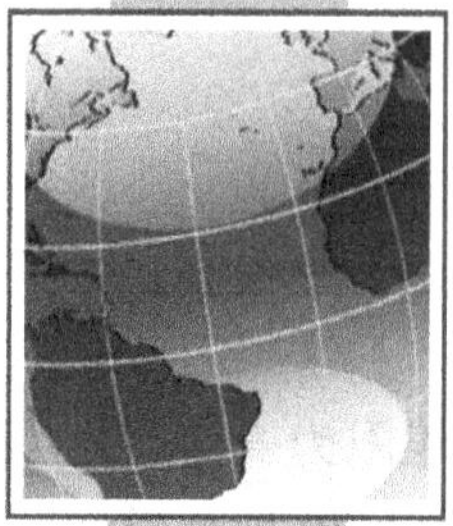

第八章
长期股权投资

一、单项选择题

1. 企业合并方式取得的长期股权投资,发生的审计、法律服务、评估咨询费用应计入(　　)。

A. 其他综合收益　　B. 长期股权投资

C. 管理费用　　D. 财务费用

2. 某投资企业于2018年1月1日取得对联营企业30%的股权,取得投资时被投资单位无形资产的公允价值为300万元,账面价值为600万元,无形资产的预计使用年限为10年,净残值为零,按照直线法摊销。被投资单位2018年度利润表中净利润为1 000万元。不考虑所得税和其他因素的影响,投资企业按权益法核算2018年应确认的投资收益为(　　)万元。

A. 300　　B. 291　　C. 309　　D. 210

3. 甲公司和A公司均为M集团公司内的子公司,2019年1月1日,甲公司以2 600万元购入A公司60%的普通股权,并准备长期持有,甲公司同时支付相关税费20万元。A公司2019年1月1日的所有者权益账面价值总额为4 000万元,可辨认净资产的公允价值为4 800万元。则甲公司应确认的长期股权投资初始投资成本为(　　)万元。

A. 2 600　　B. 2 620　　C. 2 400　　D. 2 880

4. 对同一控制下的企业合并,合并方以发行权益性证券作为合并对价的,下列说法中正确的是(　　)。

A. 应当在合并日按照取得被合并方所有者权益账面价值的份额作为长期股权投资的初始投资成本,按照发行股份的面值总额作为股本

B. 应当在合并日按照取得被合并方所有者权益公允价值的份额作为长期股权投资的初始投资成本,按照发行股份的面值总额作为股本

C. 应当在合并日按照取得被合并方可辨认净资产公允价值的份额作为长期股权投资的初始投资成本,按照发行股份的面值总额作为股本

D. 应当在合并日按照取得被合并方所有者权益账面价值的份额作为长期股权投资的初始投资成本,按照发行股份的面值总额作为股本,长期股权投资初始投资成本与所发行股份面值总额之间的差额,应当计入当期损益

5. 甲公司2019年4月1日与乙公司原投资者A公司签订协议，甲公司以存货和承担A公司的短期还贷款义务换取A持有的乙公司股权，2019年7月1日合并日乙公司可辨认净资产公允价值为2 000万元，所有者权益账面价值为1 800万元，甲公司取得70%的份额。甲公司投出存货的公允价值为1 000万元，增值税130万元，账面成本800万元，承担归还贷款义务400万元。甲公司和乙公司不属于同一控制下的公司。甲公司取得乙公司长期股权投资的入账价值为(　　)万元。

A. 1 400　　B. 1 260　　C. 1 530　　D. 1 117

6. 2019年1月1日，A公司将一项固定资产转让给B公司，同时承担B公司的短期借款作为合并对价换取B公司持有的C公司70%的股权，A公司该固定资产原值为400万元，已累计折旧100万元，未计提减值准备，其公允价值为360万元；B公司短期借款的账面价值和公允价值均为40万元。另发生评估费、律师咨询费等5万元。股权购买日，C公司可辨认资产的公允价值为650万元，负债的公允价值为100万元，可辨认净资产的公允价值为550万元。假定A公司、B公司和C公司无关联方关系。则A公司合并时产生的合并成本为(　　)万元。

A. 60　　B. 400　　C. 330　　D. 20

7. AS企业2018年1月1日对乙公司的初始投资成本为165万元，占乙公司30%的股权，乙公司可辨认净资产公允价值为500万元，采用权益法核算。当年乙公司实现净利润150万元，2019年乙公司发生净亏损750万元(不存在长期应收款、预计负债的内容)，2020年乙企业实现净利润300万元。假定取得投资时点被投资单位各资产公允价值等于账面价值，双方采用的会计政策、会计期间相同。则2020年末AS公司长期股权投资的账面价值是(　　)万元。

A. 75　　B. 90　　C. 165　　D. 0

8. 自2016年起，甲公司一直持有乙公司20%的股权，并采用权益法核算。因乙公司以前年度连续亏损，2018年初甲公司备查账簿中显示，对于该项长期股权投资，甲公司尚有未确认的亏损分担额60万元。2018年度，乙公司实现净利润200万元。不考虑其他因素，则2018年底对于该项长期股权投资，甲公司应确认的投资收益金额是(　　)万元。

A. 40　　B. －20　　C. 0　　D. 60

9. A公司拥有B公司60%的股份，A公司拥有C公司30%的股份，B公司拥有C公司25%的股份，则A公司直接和间接拥有C公司的股份份额为(　　)。

A. 43%　　B. 60%　　C. 30%　　D. 55%

10. 甲公司持有乙公司35%的股权，采用权益法核算。2018年12月31日，该项长期股权投资的账面价值为1 260万元。此外，甲公司还有一笔金额为300万元的应收乙公司的长期债权，该项债权没有明确的清收计划，且在可预见的未来期间不准备收回。乙公司2019年发生净亏损5 000万元。假定取得投资时被投资单位各项资产和负债的公允价值等于账面价值，双方采用的会计政策、会计期间相同，且投资双方未发生任何内部交易，则甲公司2019年应确认的投资损失是(　　)万元。

A. 1 650　　B. 1 260　　C. 1 560　　D. 1 750

11. 甲公司2019年1月1日以3 000万元的价格购入丙公司30%的股份，对丙公司具有重大影响，另支付相关费用10万元。购入时丙公司可辨认净资产的公允价值为11 000万元(与账面价值相等)。丙公司2019年实现净利润600万元。假定不考虑其他因素，该投资对甲公司 2019 年度利润总额的影响为(　　)万元。

A. 470　　B. 180　　C. 290　　D. 480

12. 甲公司于 2018 年 1 月 1 日与乙公司签订协议,以 4 000 万元购入乙公司持有的 B 公司 20%股权从而对 B 公司有重大影响。投资日 B 公司可辨认净资产账面价值与公允价值均为 22 000 万元。2018 年 B 公司实现净利润 2 000 万元,B 公司持有可供出售金融资产公允价值上升,增加其他综合收益的金额为 400 万元。甲公司 2019 年 1 月 2 日将该投资以 4 920 万元转让,不考虑所得税等其他因素,甲公司转让时应确认的投资收益为(　　)万元。

A. 120　　B. 1 000　　C. 920　　D. 40

二、多项选择题

1. 同一控制下的企业合并,合并方以支付现金、转让非现金资产或承担债务方式作为合并对价的,合并日其正确的会计处理方法有(　　)。

A. 按照取得被合并方所有者权益账面价值的份额作为长期股权投资的初始投资成本

B. 按照取得被合并方可辨认净资产公允价值的份额作为长期股权投资的初始投资成本

C. 长期股权投资初始投资成本与支付的现金、转让的非现金资产以及所承担债务账面价值之间的差额,如果为借方差额,应当调整资本公积;资本公积不足冲减的,调整留存收益

D. 长期股权投资初始投资成本与支付的现金、转让的非现金资产以及所承担债务账面价值之间的差额,如果为贷方差额,应当作为资本公积

2. 下列有关业务中,长期股权投资(非企业合并)初始投资成本表述正确的有(　　)。

A. 以支付现金取得的长期股权投资,应当按照实际支付的购买价款和直接相关的费用、税金及其他必要支出作为初始投资成本。初始投资成本不包括取得长期股权投资时已宣告但尚未领取的现金股利

B. 投资者投入的长期股权投资,应当按照投资合同或协议约定的价值作为初始投资成本,但合同或协议约定价值不公允的除外

C. 企业接受的债务人以非现金资产抵偿债务方式取得的长期股权投资,按取得的长期股权投资公允价值加上应支付的相关税费,作为初始投资成本

D. 因非货币性资产交换而换入的长期股权投资,不具有商业实质或公允价值不能够可靠计量的,收到补价方,应当以换出资产账面价值减去收到的补价加上应支付的相关税费,作为换入长期股权投资的成本

3. 通常可确认为实现了控制权的转移,应同时满足的条件有(　　)。

A. 企业合并合同或协议已获股东大会通过

B. 企业合并事项需要经过国家有关主管部门审批的,已获得批准

C. 参与合并各方已办理了必要的财产交接手续

D. 合并方已支付了合并价款的大部分(一般应超过 50%),并且有能力、有计划支付剩余款项

4. 下列事项中,投资企业应确认为投资收益的有(　　)。

A. 成本法核算的被投资企业宣告发放投资后产生累计净利润分配的现金股利

B. 权益法核算的初始投资成本小于占被投资单位可辨认净资产公允价值份额的差额

C. 出售长期股权投资时,实际收到的金额与其账面余额及尚未领取的现金股利或利润

的差额

D. 出售采用权益法核算的长期股权投资时，结转原记入“资本公积——其他资本公积”科目的金额

5. 采用权益法核算的，能引起长期股权投资账面价值发生增减变动的事项有(　　)。

A. 转让长期股权投资　　B. 被投资企业宣告分派现金股利

C. 计提长期股权投资减值准备　　D. 被投资单位提取盈余公积

6. 采用权益法核算时，可能记入“长期股权投资”科目贷方发生额的是(　　)。

A. 被投资企业宣告分派现金股利　　B. 投资企业收回长期股权投资

C. 被投资企业发生亏损　　D. 被投资企业实现净利润

7. 投资企业与被投资企业存在(　　)关系时，投资方应采用权益法核算该长期股权投资。

A. 控制　　B. 重大影响　　C. 无重大影响　　D. 共同控制

8. 下列关于长期股权投资会计处理的表述中，正确的有(　　)。

A. 成本法下，按被投资方实现净利润应享有的份额确认投资收益

B. 对子公司长期股权投资应采用成本法核算

C. 处置长期股权投资时，应结转其已计提的减值准备

D. 成本法下，按被投资方宣告发放现金股利应享有的份额确认投资收益

9. 下列各项中，关于资产减值的表述正确的是(　　)。

A. 长期股权投资减值损失一经确认，在以后会计期间不得转回

B. 投资性房地产减值损失一经确认，在以后会计期间不得转回

C. 可供出售金融资产减值损失一经确认，在以后会计期间不得转回

D. 持有至到期投资已确认减值损失在以后又得以恢复的，可以在原计提的减值准备金额内转回

10. 下列情形中，形成控制关系的是(　　)。

A. 投资单位直接拥有被投资单位50%以上的表决权资本

B. 投资单位与另一企业分别拥有被投资单位50%的表决权资本

C. 投资单位直接拥有被投资单位30%的表决权资本，且投资单位与其他投资者(享有25%股份)达成协议，代表其他投资者行使在被投资单位的权益

D. 投资单位有权任免被投资单位董事会等类似权力机构的多数成员，并且董事会能够控制被投资单位

11. 下列各项中，在相关资产处置时应计入当期损益的有(　　)。

A. 可供出售金融资产因公允价值变动计入其他综合收益的部分

B. 交易性金融资产因公允价值变动计入公允价值变动损益的部分

C. 同一控制下企业合并取得长期股权投资入账价值与支付对价账面价值差额计入资本公积的部分

D. 自用房地产转为以公允价值计量的投资性房地产在转换日计入其他综合收益的部分

12. 下列有关长期股权投资权益法核算的会计论述中，正确的是(　　)。

A. 当投资方对被投资方影响程度达到控制时，应采用权益法核算长期股权投资

B. 因被投资方除净损益、其他综合收益和利润分配以外所有者权益的其他变动应计入资本公积，此项资本公积在投资处置时应转入投资收益

C. 初始投资成本如果高于投资当日在被投资方拥有的可辨认净资产公允价值的份额，

应作为投资损失，在以后期间摊入各期损益

D. 当被投资方的亏损使得投资方的账面价值减至零时，如果投资方拥有被投资方的长期债权，实际上构成权益性投资，则应冲减此债权，如果依然不够冲抵，当投资方对被投资方承担连带亏损责任时，应贷记“预计负债”，否则将超额亏损列入备查簿中，等到将来被投资方实现盈余时，先冲减备查簿中的未入账亏损，再依次冲减“预计负债”，恢复长期债权价值，最后追加投资价值

三、判断题

1. 因增加投资，将长期股权投资自权益法转按成本法核算的，应采用追溯调整法进行会计处理。 （ ）

2. 处置长期股权投资时，不同时结转已计提的长期股权投资减值准备，待期末一并调整。 （ ）

3. 在持股比例不变的情况下，被投资单位除净损益和其他综合收益变动以外所有者权益的其他变动，企业按持股比例计算应享有的份额，借记或贷记“长期股权投资——其他权益变动”科目，贷记或借记“资本公积——其他资本公积”科目。 （ ）

4. 非同一控制下企业合并，企业合并成本的确定按所放弃的资产、发生或承担的负债及发行的权益性证券的公允价值计量，付出资产公允价值与账面价值的差额计入合并当期损益。 （ ）

5. 企业在确定能否对被投资单位实施控制或施加重大影响时，应当考虑投资企业和其他方持有的被投资单位当期可转换公司债券、当期可执行认股权证等潜在表决权因素。 （ ）

6. 以支付现金取得的长期股权投资，应当按照实际支付的购买价款作为初始投资成本。初始投资成本包括与取得长期股权投资直接相关的费用、税金及其他必要支出。 （ ）

7. 以发行权益性证券取得的长期股权投资，应当按照被投资单位可辨认净资产公允价值的份额作为初始投资成本。 （ ）

8. 投资者投入的长期股权投资，一律按照投资合同或协议约定的价值作为初始投资成本。 （ ）

9. 采用成本法核算的长期股权投资应当按照初始投资成本计价。追加或收回投资应当调整长期股权投资的成本。被投资单位宣告分派的现金股利或利润，确认为当期投资收益。投资企业确认投资收益，仅限于被投资单位接受投资后产生的累积净利润的分配额，所获得的利润或现金股利超过上述数额的部分作为初始投资成本的收回。 （ ）

10. 无论是成本法还是权益法下，被投资方宣告分派的股票股利，投资企业均不需要作账务处理。 （ ）

11. 投资企业对被投资单位具有共同控制，若被投资单位的股票在活跃市场上有报价，则该投资不能按长期股权投资准则进行核算。 （ ）

12. A 公司于 2018 年 3 月以 3 000 万元取得 B 公司 30%的股权，因而能够派人参与 B 公司的生产经营决策，对所取得的长期股权投资按照权益法核算，并于 2018 年确认对 B 公司的投资收益 150 万元（该项投资的初始投资成本与投资时应享有被投资单位可辨认净资产公允价值的份额相等）。2019 年 4 月，A 公司又斥资 4 000 万元取得 B 公司另外 30%的股权。假定 A 公司在取得对 B 公司的长期股权投资以后，B 公司并未宣告发放现金股利或利润；A 公司按净利润的 10%计提盈余公积，则 A 公司的合并成本为 7 000 万元。 （ ）

四、业务题

1. 甲公司于2018年1月1日与乙公司签订协议，以4 000万元购入乙公司持有的B公司20%股权从而对B公司有重大影响。投资日B公司可辨认净资产账面价值与公允价值均为22 000万元。2018年B公司实现净利润2 000万元，B公司持有其他债权投资公允价值上升，增加其他综合收益的金额为400万元。甲公司2019年1月2日将该投资以4 920万元转让。

要求：不考虑所得税等其他因素，计算甲公司转让时应确认的投资收益金额，并编制从取得到转让该长期股权投资的会计分录。

2. 2018年1月1日，甲公司支付现金800万元取得同受M公司控制的A公司60%的股权，发生相关税费2万元，假定该项投资在活跃市场上没有报价。取得投资时A公司所有者权益账面价值为1 500万元。

(1)2018年4月1日，A公司宣告分配2017年实现的净利润，分配现金股利100万元。

(2)2018年4月10日，收到现金股利。

(3)2018年A公司实现净利润500万元，2019年3月20日，A公司宣告分配现金股利150万元。

(4)2019年4月1日，收到现金股利。

要求：假定不考虑其他因素，确定甲公司取得该长期股权投资的入账成本，编制与甲公司上述业务有关的会计分录。

3. 甲公司适用的增值税税率为13%，甲公司2019～2020年有关长期股权投资资料如下：

(1)2019年4月1日，甲公司以一项固定资产与一批存货作为对价，取得乙公司60%的股权。甲公司所付出固定资产的原价为3 000万元，累计折旧为1 800万元，公允价值为1 500万元，存货的成本为500万元，公允价值(等于计税价格)为600万元。合并日乙公司所有者权益账面价值总额为5 000万元，可辨认净资产的公允价值为5 400万元。在企业合并过程中，甲公司支付相关法律咨询费用40万元，相关手续均已办理完毕。

(2)2019年4月21日，乙公司宣告分派2018年度的现金股利300万元。

(3)2019年5月10日，甲公司收到乙公司分派的2018年度现金股利。

(4)2019年度，乙公司实现净利润800万元(其中4～12月份实现利润600万元)。

(5)2020年4月25日，甲公司处置该项股权投资，取得价款3 500万元。

假定合并前，甲公司与乙公司不具有关联关系。

要求：

(1)计算确定2019年初甲公司取得长期股权投资的入账价值，并编制与取得投资业务有关的会计分录。

(2)计算确定2019年甲公司应确认的投资收益，并编制与确认投资收益业务有关的会计分录。

(3)计算确定2020年甲公司处置该长期股权投资的损益，并编制与处置投资业务有关的会计分录(单位用万元表示)。

五、综合题

1. A、B公司同为甲公司的子公司。有关资料如下：

(1)2019年4月1日，A公司以一台生产设备、一批原材料以及发行1 000万股普通股作为合并对价，自甲公司取得B公司80%的股份。A公司所付出的生产设备原价为1 000万元，已计提折旧300万元，未计提减值准备，合并当日的公允价值（计税价格）为500万元；原材料成本为200万元，公允价值（计税价格）为300万元；所发行普通股每股面值1元，合并当日每股公允价值3元。A公司为发行普通股支付佣金、手续费共计40万元。合并当日，B公司所有者权益的账面价值为3 000万元。

（2）2019年4月20日，B公司宣告分配2018年度现金股利200万元，5月3日A公司收到股利，2019年度B公司实现净利润400万元。

（3）2020年5月10日，A公司将该项股权投资全部对外出售，取得价款4 000万元。

其他相关资料：A公司属于增值税一般纳税人，适用的增值税税率为13%，A公司与B公司采用的会计期间和会计政策相同；除增值税外不考虑其他因素。

要求：

（1）编制A公司上述事项的相关会计分录。

（2）假如A、B公司投资前期无关联关系，做出A公司取得长期股权投资时的会计处理（答案中的金额单位用万元表示）。

2. 甲公司于2015～2019年有关投资业务如下：

（1）甲公司于2015年1月1日以银行存款5 000万元取得乙公司30%的股权，采用权益法核算长期股权投资。2015年1月1日，乙公司可辨认净资产的公允价值为17 000万元，取得投资时被投资单位仅有一项管理用固定资产的公允价值与账面价值不相等，除此以外，其他可辨认资产、负债的账面价值与公允价值相等。该固定资产原值为2 000万元，已计提折旧400万元，乙公司预计总的使用年限为10年，净残值为零，按照直线法计提折旧；甲公司预计该固定资产公允价值为4 000万元，且预计其剩余使用年限为8年，净残值为零，按照直线法计提折旧。双方采用的会计政策、会计期间相同，不考虑所得税因素。2015年度，乙公司实现净利润为1 000万元。

（2）2016年3月5日，乙公司宣告发放现金股利400万元。

（3）2016年度，乙公司发生净亏损为600万元，当年乙公司因可供出售金融资产公允价值变动导致其他综合收益净增加100万元。

（4）2017年度，乙公司发生净亏损为17 000万元。假定甲公司应收乙公司长期款项250万元，没有清收计划。

（5）2018年度，乙公司实现净利润为5 000万元。2019年1月10日，甲公司出售对乙公司的投资，出售价款为10 000万元。

假设投资双方未发生任何内部交易事项。

要求：

（1）计算确定2015年初甲公司取得长期股权投资的入账价值，并编制会计分录。

（2）计算确定2015年末甲公司长期股权投资的账面价值，并编制会计分录。

（3）计算确定2016年末甲公司长期股权投资的账面价值，并编制会计分录。

（4）编制2017年度乙公司发生净亏损和2018年度乙公司实现净利润时甲公司的会计分录。

（5）编制2019年1月10日甲公司出售该投资的会计分录。

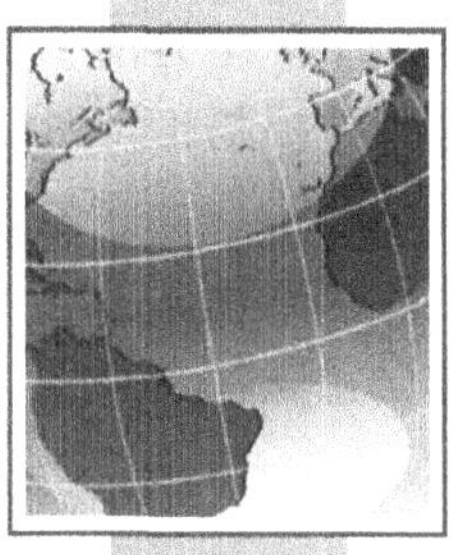

第九章 非货币性资产交换

一、单项选择题

1. 在非货币性资产交换中，如果同时换入多项资产，非货币性资产交换具有商业实质，且换入资产的公允价值能够可靠计量的，应当按照(　　)的比例，对换入资产的成本总额进行分配，确定各项换入资产的入账价值。

A. 换入各项资产的公允价值与换入资产公允价值总额

B. 换出各项资产的公允价值与换出资产公允价值总额

C. 换入各项资产的账面价值与换入资产账面价值总额

D. 换出各项资产的账面价值与换出资产账面价值总额

2. 以下交易形式中，属于非货币性资产交换的有(　　)。

A. 以准备持有至到期的债券投资与固定资产交换

B. 以固定资产与无形资产交换

C. 以准备持有至到期的债券投资与股权投资交换

D. 以无形资产与准备持有至到期的债券投资交换

3. A公司以一台甲设备换入D公司的一台乙设备。甲设备的账面原价为220万元，已提折旧30万元，已提减值准备30万元，其公允价值为200万元。D公司另向A公司支付补价20万元。两公司资产交换具有商业实质，A公司换入乙设备应计入当期收益的金额为(　　)万元。

A. 40	B. 0	C. 144	D. －40

4. 下列项目中，不属于非货币性资产交换的有(　　)。

A. 以公允价值100万元的无形资产换取一项专利权

B. 以公允价值500万元的长期股权投资换取一台设备

C. 以公允价值200万元的A车床换取B车床，同时收到40万元的补价

D. 以公允价值70万元的电子设备换取一辆小汽车，同时支付30万元的补价

5. A公司以一项无形资产与B公司的一项固定资产进行资产置换，资料如下：A公司换出无形资产：原值为180万元，已提摊销额80万元，公允价值为110万元；增值税税率为6%；A公司另向B公司支付补价5万元。假定该项交换具有商业实质且其换入或换出资产的公

允价值能够可靠地计量。则 A 公司换入固定资产入账价值为(　　)万元。

A. 120.5　　B. 110　　C. 115.5　　D. 115

6. A 公司以一项固定资产与 B 公司的一项长期股权投资进行资产置换，A 公司另向 B 公司支付补价 3 万元。资料如下：①A 公司换出固定资产：原值为 30 万元，已计提折旧 4.5 万元，公允价值为 27 万元，另支付清理费用 0.5 万元；②B 公司换出长期股权投资：账面余额为 28.50 万元，已计提减值准备 6 万元，公允价值为 30 万元。假定该项交换具有商业实质且其换入或换出资产的公允价值能够可靠地计量。则 A 公司应计入资产处置损益金额为(　　)万元。

A. 1.50　　B. 1　　C. 22.50　　D. 27

7. A 公司以库存商品交换 B 公司生产经营中使用的固定资产，B 公司另向 A 公司支付补价 112.5 万元。A 公司、B 公司适用的增值税税率均为 13%，计税价格为公允价值。有关资料如下：①A 公司换出：库存商品的账面余额为 1 080 万元，已计提跌价准备为 90 万元，计税价格为 1 125 万元；②B 公司换出：固定资产的原值为 1 350 万元，累计折旧为 270 万元，公允价值为 1 012.5 万元。假定该项交换不具有商业实质。则 B 公司换入库存商品入账价值为(　　)万元。

A. 1 001.25　　B. 1 192.5　　C. 1 102.5　　D. 1 082.25

8. 2019 年，甲公司以公允价值为 560 万元的生产经营用设备换入乙公司公允价值为 500 万元的交易性金融资产，另从乙公司收取现金 132.8 万元，其中包括应收取的补价 60 万元、应收取的设备增值税销项税额 72.8 万元。甲公司换出固定资产的账面原价为 700 万元，已计提折旧 200 万元，已计提减值准备 50 万元；在清理过程中，发生清理费用 30 万元。乙公司换出的交易性金融资产账面余额为 520 万元。该非货币性资产交换具有商业实质，假定交易双方的增值税税率为 13%，甲公司换入的交易性金融资产入账价值为(　　)万元。

A. 530　　B. 500　　C. 480　　D. 300

9. 以公允价值计量的非货币性资产交换，换出资产的公允价值与其账面价值的差额处理，下列表述不正确的有(　　)。

A. 换出资产为存货的，应当视同销售处理，按其公允价值确认销售收入，同时结转相应的销售成本

B. 换出资产为固定资产和无形资产的，换出资产的公允价值与其账面价值的差额，计入资产处置损益

C. 换出资产为债权投资、其他债权投资的，换出资产的公允价值与其账面价值的差额，计入投资收益，持有期间形成的“其他综合收益”不做处理

D. 换出资产为交易性金融资产的，换出资产的公允价值与其账面价值的差额，计入投资收益，同时将持有期间形成的“公允价值变动损益”转入“投资损益”

10. 甲公司以一栋厂房和一项土地使用权换入乙公司持有的对丙公司的长期股权投资。换出厂房的账面原价为 2 000 万元，已计提折旧 600 万元，计提减值准备 200 万元，公允价值为 1 400 万元；土地使用权的账面余额为 1 800 万元，未计提减值准备，公允价值为 1 400 万元。该交换具有商业实质，且假定不考虑相关税费，甲公司换入的对丙公司的长期股权投资的入账价值为(　　)万元。

A. 2 800　　B. 3 000　　C. 4 000　　D. 4 200

11. A 公司以一项无形资产交换 B 公司一项其他债权投资，该交易具有商业实质。A 公

司换出无形资产的原值为 1 850 万元，累计摊销为 900 万元，公允价值为 1 000 万元，公允价值等于计税价格，增值税税率为 6%。A 公司另向 B 公司支付补价 5 万元(收取银行存款 55 万元)，另以银行存款支付换入其他债权投资相关税费 10 万元。则 A 公司换入其他债权投资的入账成本为(　　)万元。

A. 1 065　　B. 965　　C. 915　　D. 1 015

12. 下列情形中，不属于换入资产或换出资产公允价值能够可靠计量的有(　　)。

A. 换入资产或换出资产存在活跃市场，以市场价格为基础确定公允价值

B. 换入资产或换出资产不存在活跃市场，但同类或类似资产存在活跃市场，以同类或类似资产市场价格为基础确定公允价值

C. 换入资产或换出资产不存在同类或类似资产可比市场交易，采用估值技术确认公允价值

D. 换入资产或换出资产不存在同类或类似资产可比市场交易，可以使用同类或类似资产的账面价值

二、多项选择题

1. 下列各项交易中，属于非货币性资产交换的有(　　)。

A. 以固定资产换入股权　　B. 以银行汇票购买原材料

C. 以银行本票购买固定资产　　D. 以长期股权投资换入原材料

2. 下列各项中，属于货币性资产的有(　　)。

A. 存出投资款　　B. 银行本票存款

C. 交易性金融资产中的股票投资　　D. 债权投资

3. 甲股份有限公司发生的下列非关联交换中，不属于非货币性资产交换的有(　　)。

A. 以公允价值为 260 万元的固定资产换入乙公司账面价值为 320 万元的无形资产，并支付补价 80 万元

B. 以账面价值为 280 万元的固定资产换入丙公司公允价值为 200 万元的一项专利权，并支付补价 80 万元

C. 以公允价值为 320 万元的长期股权投资换入乙公司账面价值为 460 万元的交易性金融资产，并收到补价 140 万元

D. 以账面价值为 420 万元的债权投资换入戊公司公允价值约 390 万元的一台设备，并收到补价 30 万元

4. 按照公允价值计量的情况下，在涉及补价的情况下，以下关于非货币性资产交换的会计处理，正确的有(　　)。

A. 支付补价的企业，以换出资产的公允价值，加上支付补价和应支付的相关税费，作为换入资产的入账价值

B. 收到补价的企业，以换出资产的公允价值，减去收到补价，加上应支付的相关税费，作为换入资产的入账价值

C. 收到补价的企业，换出资产公允价值与其账面价值的差额计入当期损益

D. 支付补价的企业，换出资产公允价值与其账面价值的差额计入当期损益

5. 企业发生的非货币性资产交换中，具有商业实质情况且其换入或换出资产的公允价值能够可靠计量，可能影响换入资产入账价值的因素有(　　)。

A. 换出资产应交的增值税销项税额

B. 换入资产可抵扣的增值税进项税额

C. 支付或收到的补价

D. 换入资产的公允价值

6. 关于非货币性资产交换，下列说法中正确的有(　　)。

A. 只要非货币性资产交换具有商业实质，就应当以公允价值和应支付的相关税费作为换入资产的成本

B. 若换入资产的未来现金流量在风险、时间和金额方面与换出资产显著不同，则该非货币性资产交换具有商业实质

C. 若换入资产与换出资产的预计未来现金流量现值不同，且其差额与换入资产和换出资产的公允价值相比是重大的，则该非货币性资产交换具有商业实质

D. 在确定非货币性资产交换是否具有商业实质时，企业应当关注交易各方之间是否存在关联方关系。关联方关系的存在可能导致发生的非货币性资产交换不具有商业实质

7. 对于具有商业实质并且公允价值能够可靠计量的非货币性资产交换，在收到补价情况下，如果换入单项固定资产，影响固定资产入账价值的因素有(　　)。

A. 收到的补价　　B. 换入资产账面价值

C. 换出资产公允价值　　D. 换出资产账面价值

8. 非货币性资产交换符合下列(　　)条件之一的，视为具有商业实质。

A. 换入资产的未来现金流量在风险、时间和金额方面与换出资产显著不同

B. 换入资产与换出资产的预计未来现金流量现值相同

C. 换入资产与换出资产的预计未来现金流量现值不同，且其差额与换入资产和换出资产的公允价值相比是重大的

D. 换入资产的未来现金流量在风险、时间和金额方面与换出资产相同

9. 企业在按照公允价值和应支付的相关税费作为换入资产成本的情况下，发生补价的，下列说法中正确的有(　　)。

A. 支付补价的，换入资产成本与换出资产账面价值加支付的补价、应支付的相关税费之和的差额，应当计入当期损益

B. 支付补价的，换入资产成本与换出资产账面价值加支付的补价、应支付的相关税费之和的差额，应当计入资本公积

C. 收到补价的，换入资产成本加收到的补价之和与换出资产账面价值加应支付的相关税费之和的差额，应当计入当期损益

D. 收到补价的，换入资产成本加收到的补价和与换出资产账面价值加应支付的相关税费之和的差额，应当计入资本公积

10. 在不具有商业实质、不涉及补价的非货币性资产交换中，确定换入资产入账价值时应考虑的因素有(　　)。

A. 换出资产公允价值　　B. 换出资产计提的减值准备

C. 应支付的与换入资产相关的税费　　D. 换出资产账面价值与其公允价值的差额

11. 非货币性资产交换中，在满足下列(　　)条件中的任何一个时，应以换出资产的账面价值和应支付的相关税费为基础计算换入资产的成本。

A. 该项交换不具有商业实质

B. 虽具有商业实质，但换入资产和换出资产的公允价值均不能可靠计量

C. 该项交换具有商业实质

D. 换入资产或换出资产的公允价值能够可靠地计量

12. 下列关于非货币性资产交换涉及相关税费的处理中，正确的有（　　）。

A. 换出固定资产支付的清理费用影响资产处置损益

B. 换出自用厂房应交的增值税影响资产处置损益

C. 换出投资性房地产应交的增值税影响资产处置损益

D. 换入其他权益工具投资支付的交易费用计入换入资产的成本

三、判断题

1. 当非货币性资产交换同时满足“交换具有商业实质”和“换入资产或换出资产的公允价值能够可靠地计量”两个条件时，应当以公允价值和应支付的相关税费作为换入资产的成本，公允价值与换出资产账面价值的差额计入当期损益。（　　）

2. 企业购入的债券投资作为其他债权投资核算，该债券投资属于货币性资产。（　　）

3. 非货币性资产交换具有商业实质，且换入资产的公允价值能够可靠计量的，应当按照换入各项资产的账面价值占换入资产账面价值总额的比例，对换入资产的成本总额进行分配，确定各项换入资产的成本。（　　）

4. 当换入资产和换出资产的公允价值不能够可靠地计量时，若不涉及补价，应当以换出资产的账面价值和应支付的相关税费作为换入资产的成本，确认损益。（　　）

5. 非货币性资产交换不具有商业实质，或者虽具有商业实质但换入资产的公允价值不能可靠计量的，应当按照换入各项资产的公允价值占换入资产公允价值总额的比例，对换入资产的成本总额进行分配，确定各项换入资产的成本。（　　）

6. A 公司以一台设备交换 B 公司的一项无形资产，该设备账面原价为 30 万元，累计折旧为 7.50 万元，公允价值为 18 万元；无形资产的账面价值和公允价值均为 23.25 万元。A 公司另行向 B 公司支付补价 5.25 万元，则该交换不能确认为非货币性资产交换。（　　）

7. 支付的货币性资产占换入资产公允价值的比例或者收到的货币性资产占换出资产公允价值的比例低于 25%的，视为非货币性资产交换，高于 25%（含 25%）的，视为以货币性资产取得非货币性资产，适用《企业会计准则第 14 号——收入》等相关准则。（　　）

8. 非货币性资产交换是否具有商业实质，应根据换入资产的性质和换入企业经营活动的特征等因素，换入资产与换入企业其他现有资产相结合能够产生更大的作用，使换入企业受该换入资产影响产生的现金流量与换出资产明显不同，表明两项资产的交换具有商业实质。（　　）

9. 非货币性资产交换的核算中，无论是支付补价的一方还是收到补价的一方，都要解决换入资产的入账价值和确认换出资产的资产处置损益的问题。（　　）

10. 在非货币性资产交换中，如果换出资产的公允价值小于其账面价值，按照谨慎性要求采用公允价值作为换入资产入账价值的基础。（　　）

11. 因为应收账款可能发生坏账，将来收取的货币是不确定的，因此，应收账款属于非货币性资产。（　　）

12. 公允价值模式下，换出资产为其他债权投资的，换出资产公允价值和换出资产账面价

值的差额，计入投资收益，但不需要将持有期间因公允价值变动形成的其他综合收益转入投资收益。 （ ）

四、业务题

1. A 公司用一批库存商品与 B 公司一台设备交换。A 公司该批库存商品成本为 60 万元，公允价值为 100 万元。B 公司用于交换的设备原值为 90 万元，已计提折旧 10 万元，公允价值为 100 万元。双方适用增值税率均为 13%，该交换具有商业实质。

要求：分别编制 A 公司和 B 公司非货币性资产交换业务的会计分录。

2. A 公司 2019 年 4 月 1 日用一批库存商品与 B 公司一批原材料进行交换。A 公司库存商品账面价值为 60 万元，公允价值为 100 万元(不含税价)，未计提跌价准备，B 公司原材料成本为 80 万元，已计提跌价准备 10 万元，公允价值为 95 万元，另收到银行存款 5.65 万元(其中，补价 5 万元，增值税差额 0.65 万元)。双方适用增值税率均为 13%，假设该交换具有商业实质。

要求：

(1)判断该项资产交换的性质；

(2)分别编制 A 公司和 B 公司关于该项资产交换的会计分录。

3. 香河股份有限公司(以下简称香河公司)2019 年度发生如下经济业务：

(1)香河公司以其持有的其他权益工具投资交换大明公司的原材料。在交换日，香河公司的其他权益工具投资——A 股票的账面价值为 32 万元(其中成本为 24 万元，公允价值变动收益为 8 万元)，公允价值为 36 万元。大明公司原材料的账面价值为 28 万元，未计提跌价准备，不含增值税的公允价值为 30 万元，公允价值等于计税价格，增值税税额为 3.9 万元。香河公司收到大明公司支付的银行存款 2.1 万元。该交换具有商业实质。

(2)香河公司将拥有的一个离生产基地较远的仓库与乙公司拥有的专用设备进行交换。香河公司换出仓库原值 350 万元，已计提折旧 235 万元，未计提减值准备，应缴纳的增值税税额为 10.35 万元，公允价值不能可靠取得。乙公司换出专用设备原值 205 万元，已计提折旧 100 万元，未计提减值准备，公允价值不能可靠取得，支付清理费用 0.5 万元，核定增值税的销项税额为 13.65 万元。交换前后的用途一致。双方商定以账面价值为基础进行交换，香河公司收到补价 10 万元(不含税)，收到银行存款 6.7 万元。

(3)香河公司以一幢办公楼换入向南公司的专利权。办公楼的原价为 60 万元，已计提折旧 22 万元，已计提减值准备 4 万元，公允价值为 40 万元，增值税 3.6 万元。专利权的账面原价为 50 万元，累计摊销 15 万元，公允价值为 38 万元，增值税 2.28 万元。香河公司收到向南公司支付的现金 2 万元作为补价。该交换具有商业实质。假定不考虑其他因素。

要求：分别判断香河公司上述资产交换的性质，并编制相关的会计分录。

五、综合题

M 公司为增值税一般纳税人，适用的增值税税率为 13%，所得税税率为 25%。M 公司固定资产采用直线法计提折旧，原材料采用实际成本核算，期末采用成本与可变现净值孰低计价，按单个存货项目计提存货跌价准备。假定不考虑除增值税以外的其他税费，在核算中，以万元为单位，保留小数点后两位。M 公司 2019～2020 年发生如下经济业务事项：

(1)2019 年 2 月 1 日，M 公司为建一新项目，接受 N 公司投入一台不需安装的设备，该设备在N公司的账面原值为400万元，未计提折旧，投资合同约定的价值为400万元(假定是公允的)。按照投资协议规定，M公司接受投资后，N公司占增资后注册资本1 600万元中的20%。该设备预计使用年限5年，假设净残值率为4%。

(2)2019年4月8日，新项目投产，生产A产品。M公司购入生产A产品的丙材料，取得的增值税专用发票上注明的价款为200万元，增值税26万元，另外支付运费6万元、增值税0.54万元。

(3)2019年12月31日，结存的丙材料的实际成本160万元，市场购买价格为145万元；生产的A产品的预计售价为225万元，预计销售费用及税金为7万元，生产A产品尚需投入90万元，生产A产品的总成本为250万元。

(4)2019年12月31日，由于生产的A产品销售不佳，上述设备的可收回金额为300万元，计提资产减值准备。计提减值准备后，重新估计的设备尚可使用年限为4年，预计净残值为12万元。

(5)2020年7月1日，由于新项目经济效益很差，M公司决定停止生产A产品，将不需用的丙材料全部对外销售。已知丙材料出售前的账面余额为80万元，计提的跌价准备为16万元。丙材料销售后，取得收入70万元，增值税9.1万元，收到的款项已存入银行。

(6)2020年7月1日，A产品停止生产后，设备已停止使用。9月1日M公司将设备与丁公司的钢材相交换，换入的钢材用于建造新的生产线。双方商定设备的公允价值为250万元，M公司收到丁公司支付的补价10万元。假定交易具有商业实质。

要求：编制M公司接受投资、购买原材料、计提资产减值准备、存货出售和非货币性资产交换相关的会计分录。

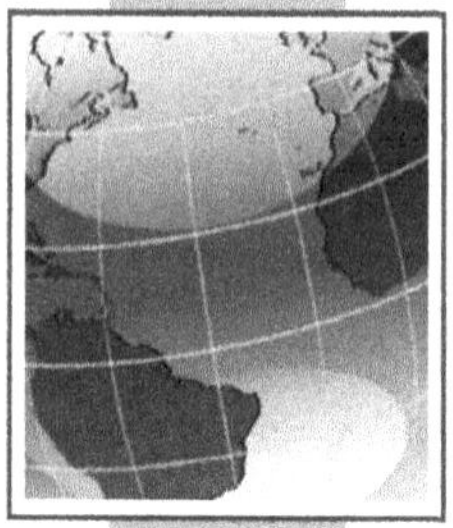

第十章 流动负债

一、单项选择题

1. 甲公司为货物运输公司，适用的增值税税率为 9%，2019 年 4 月承担了 A 公司一批货物的运输，将一批货物从北京运往西藏，其中从北京到四川由甲公司负责运输，从四川到西藏由乙公司负责运输，甲公司单独支付乙公司运输费用。该业务甲公司从 A 公司取得含税价款 16.35 万元，并开具增值税专用发票，注明价款为 15 万元，增值税 1.35 万元。另支付给乙公司 6.54 万元，并取得增值税专用发票，注明价款为 6 万元，增值税 0.54 万元。不考虑其他因素，甲公司因该项业务应计算缴纳的增值税为(　　)万元。

A. 1.65　　B. 0.66　　C. 0　　D. 0.81

2. 2018 年 10 月 1 日，A 公司经批准在全国银行间债券市场公开发行 10 000 万元人民币短期融资券，期限为 1 年，票面年利率为 5%，每张面值为 100 元，每半年付息一次、到期一次还本。A 公司将该短期融资券指定为以公允价值计量且其变动计入当期损益的金融负债。该短期融资券发行时产生的交易费用为 10 万元。2018 年年末，该短期融资券的市场价格为每张 110 元(不含利息)。下列 2018 年有关该短期融资券的会计处理中，不正确的是(　　)。

A. 2018 年 10 月 1 日发行短期融资券时，应贷记“交易性金融负债——成本”科目 10 000 万元

B. 2018 年年末，应借记“公允价值变动损益”科目 1 000 万元，贷记“交易性金融负债——公允价值变动”科目 1 000 万元

C. 2018 年年末计息，应借记“投资收益”科目 125 万元，贷记“应付利息”科目 125 万元

D. 2018 年年末计息，应借记“财务费用”科目 125 万元，贷记“应付利息”科目 125 万元

3. 某增值税一般纳税企业因暴雨毁损库存材料一批，该批原材料实际成本为 20 000 元，收回残料价值 800 元，保险公司赔偿 9 200 元。该企业购入材料的增值税税率为 13%，该批毁损原材料造成的非常损失净额是(　　)元。

A. −2 400　　B. 8 800　　C. −2 600　　D. 10 000

4. 按照《企业会计准则第 9 号——职工薪酬》的规定，不属于职工薪酬准则规范的内容是(　　)。

A. 医疗保险费等社会保险费　　B. 住房公积金

C. 工会经费和职工教育经费　　D. 以股份为基础的薪酬

5. 非货币性薪酬主要为非货币性福利，通常不包括的内容有（　　）。

A. 企业以自己的产品发放给职工作为福利

B. 向职工无偿提供企业拥有的住房等固定资产使用

C. 为职工无偿提供类似医疗保健等服务

D. 向社会保险机构缴纳的社会保险费

6. 因解除与生产工人的劳动关系给予的补偿，借记的会计科目是（　　）。

A. “管理费用”　　B. “生产成本”

C. “应付职工薪酬”　　D. “制造费用”

7. 下列有关负债的表述，正确的是（　　）。

A. 职工薪酬，包括提供给职工配偶、子女或其他被赡养人的福利等

B. 如果带有现金折扣的应付账款，其入账金额应按发票记载应付金额的总金额扣除现金折扣后的净额记账

C. 企业如有将应付账款划转出去或者由于债权人的原因确实无法支付的应付账款，将其账面余额转入“资本公积——其他资本公积”科目

D. 企业按规定计算应交的教育费附加、矿产资源补偿费，借记“税金及附加”、“其他业务成本”、“管理费用”等科目，贷记“其他应交款——应交教育费附加、应交矿产资源补偿费”科目

8. 某一般纳税人企业适用的增值税税率为13%，本期收购免税农产品一批，购买时实际支付价款180万元，税法规定，企业收购免税农产品适用的扣除率为10%。则记入“应交税费——应交增值税（进项税额）”科目借方的金额为（　　）万元。

A. 18　　B. 29.07　　C. 153.85　　D. 18

9. 下列各项属于短期职工薪酬的是（　　）。

A. 因解除与职工的劳动关系给予的补偿　　B. 职工缴纳的养老保险

C. 失业保险　　D. 医疗保险

10. 丙公司于2018年初制定和实施了两项短期利润分享计划：(1)对公司管理层进行激励计划。计划规定，公司全年的净利润指标为10 000万元，如果在公司管理层的努力下完成净利润超过10 000万元，公司管理层将可以分享超过10 000万元净利润部分的10%作为额外报酬。假定至2018年12月31日，丙公司实际完成净利润15 000万元。(2)对公司销售人员进行激励计划。计划规定，公司全年的每人销售指标为10台，超过10台销售指标的部分每台提成1 000元作为额外报酬。假定至2018年12月31日，丙公司销售人员为200人，其中150人超过10台销售指标，每人销售数量均为18台。假定不考虑离职等其他因素，丙公司按照利润分享计划可以分享利润额外的薪酬为（　　）万元。

A. 620　　B. 120　　C. 500　　D. 0

11. 甲公司有500名职工，从2018年开始实行累积带薪缺勤制度。该制度规定，每个职工每年可享受6个工作日带薪病假，未使用的病假只能向后结转一个日历年度，超过一年未使用的权利作废，不能在职工离职时获得现金支付。2018年12月31日，每个职工当年平均使用年休假为2天半，甲公司预计2019年有400名职工将享受不超过6天的带薪病假，剩余的100名职工每人将平均享受7天半休假，假定这100名职工全部为公司销售部门的销售人员，该公司平均每名职工每个工作日工资为200元。甲公司在2018年末因累积带薪缺勤应确认

的职工薪酬为(　　)元。

A. 50 000　　B. 30 000　　C. 20 000　　D. 15 000

12. 下列各项有关职工薪酬的会计处理中,正确的是(　　)。

A. 与设定受益计划相关的当期服务成本应计入当期损益

B. 与设定受益计划负债相关的利息费用应计入其他综合收益

C. 与设定受益计划相关的过去服务成本应计入期初留存收益

D. 因重新计量设定受益计划净负债产生的精算损失应计入当期损益

二、多项选择题

1.“应交税费”科目核算企业按照税法规定计算应交的各种税费,包括(　　)。

A. 教育费附加　　B. 矿产资源补偿费

C. 企业代扣代交的个人所得税　　D. 耕地占用税

2. 下列有关金融工具的表述中,正确的有(　　)。

A. 企业初始确认以公允价值计量且其变动计入当期损益的金融资产或金融负债时,应当按照公允价值计量

B. 对于以公允价值计量且其变动计入当期损益的金融资产或金融负债,相关交易费用应计入投资收益

C. 对于以公允价值计量且其变动计入当期损益的金融资产或金融负债以外的其他类别的金融资产或金融负债,相关交易费用应计入初始确认金额

D. 对于以公允价值计量且其变动计入当期损益的金融资产或金融负债,应当按公允价值进行后续计量,公允价值变动的金额计入公允价值变动损益

3. 对于增值税一般纳税人,下列经济业务所涉及的增值税,不应作进项税额转出处理的有(　　)。

A. 自行建造生产经营设备领用原材料

B. 原材料因管理不善发生被盗损失

C. 以自产商品作为福利发放给职工

D. 以原材料作为合并对价进行非同一控制下控股合并

4. 对于增值税一般纳税人,下列经济业务所涉及的增值税,应确认销项税额的有(　　)。

A. 因管理不善造成的自产产品霉烂变质

B. 企业以存货清偿债务

C. 在不具有商业实质的情况下以库存商品换入长期股权投资

D. 作为股利分配给股东的自产产品

5. 下列税费中,不应记入“管理费用”科目的有(　　)。

A. 房产税　　B. 车船税

C. 矿产资源补偿费　　D. 土地使用税

6. 企业应通过“税金及附加”科目核算的有(　　)。

A. 教育费附加　　B. 消费税

C. 房产税　　D. 城市维护建设税

7. 根据《企业会计准则第 9 号——职工薪酬》的规定,属于企业职工范围的有(　　)。

A. 全职职工

B. 兼职职工

C. 临时职工

D. 与装修公司签订合同为本企业提供装修服务的人员

8. 根据《企业会计准则第9号——职工薪酬》规定，企业应当在附注中披露与职工薪酬有关的信息包括（ ）。

A. 应当为职工缴纳的医疗保险费、养老保险费、失业保险费、工伤保险费和生育保险费等社会保险费，及其期末应付未付金额

B. 应当为职工缴存的住房公积金，及其期末应付未付金额

C. 为职工提供的非货币性福利，及其计算依据

D. 因自愿接受裁减建议的职工数量、补偿标准等不确定而产生的或有负债

9. 长期职工薪酬折现时可以采用折现率包括（ ）。

A. 国债利率

B. 银行同期贷款利率

C. 活跃市场上的高质量公司债券的市场收益率

D. 非活跃市场上的公司债券的市场收益率

10. 下列有关带薪缺勤的表述中，正确的有（ ）。

A. 累积带薪缺勤，是指带薪缺勤权利可以结转下期的带薪缺勤，本期尚未用完的带薪缺勤权利可以在未来期间使用

B. 企业应当在职工提供服务从而增加其未来享有的带薪缺勤权利时，确认与累积带薪缺勤相关的职工薪酬，并以累积未行使权利而增加的预期支付金额计量

C. 非累积带薪缺勤，是指带薪缺勤权利不能结转下期的带薪缺勤，本期尚未用完的带薪缺勤权利将予以取消，并且职工离开企业时也无权获得现金支付

D. 企业应当在职工实际发生缺勤的会计期间确认与非累积带薪缺勤相关的职工薪酬

11. 属于设定提存计划的职工薪酬有（ ）。

A. 工伤保险　　B. 住房公积金

C. 失业保险　　D. 职工养老保险

12. 下列有关职工薪酬的说法中，正确的有（ ）。

A. 企业向职工提供非货币性福利的，一定要按照公允价值计量

B. 企业发生的职工工资、津贴和补贴等短期薪酬，应当按照受益对象计入当期损益或相关资产成本

C. 我国企业职工休婚假期间的工资通常属于累积带薪缺勤

D. 非累积带薪缺勤应当在缺勤期间计提应付工资时一并处理

三、判断题

1. 因解除与职工的劳动关系给予的补偿，应当根据职工提供服务的受益对象分别计入成本费用。（ ）

2. 企业生产工人的医疗保险费、养老保险费、失业保险费、工伤保险费和生育保险费等社会保险费，应计入当期管理费用。（ ）

3. 职工薪酬中的非货币性福利应当根据职工提供服务的受益对象分别计入成本费用。（ ）

4. 企业在职工劳动合同到期之前解除与职工的劳动关系，或者为鼓励职工自愿接受裁减而提出给予补偿的建议，满足准则规定条件的，可以确认因解除与职工的劳动关系给予补偿而产生的预计负债，同时计入当期损益。（　）

5. 计量应付职工薪酬时，国家规定了计提基础和计提比例的，应当按照国家规定的标准计提；没有规定计提基础和计提比例的，企业不得预计当期应付职工薪酬。（　）

6. 职工薪酬，是指企业在职工在职期间和离职后提供给职工的全部货币性薪酬和非货币性薪酬，既包括提供给职工本人的薪酬，也包括提供给职工配偶、子女或其他被赡养人的福利等。（　）

7. 非货币性福利属于《企业会计准则第 9 号——职工薪酬》规范的内容，核算时应通过“应付职工薪酬”科目核算。（　）

8. 股份支付分为以权益结算的股份支付和以现金结算的股份支付。（　）

9. 企业在采购材料物资，对于先收到材料物资而月末尚未收到发票账单的情况，按会计准则规定在月度终了将所购物资的应付债务估价记入“应付账款”科目，下月初红字冲回。（　）

10. 交本月增值税时，借记“应交税费——应交增值税（已交税金）”科目，贷记“银行存款”科目。（　）

四、业务题

1. 甲公司为增值税一般纳税人，适用的增值税税率为 13%。2019 年 6 月，甲公司以其生产的成本为 0.3 万元/台的洗衣机作为福利发放给 200 名职工，每台洗衣机的市场售价为 0.6 万元/台；同时将公司外购的 200 套百变衣柜发放给上述人员，企业购买这些衣柜的不含税价格为 0.5 万元/套，已取得增值税专用发票；假定 200 名职工中 120 名为企业生产人员，30 名为销售精英，50 名为总部管理人员。

要求：

(1)根据资料，说明甲公司作为福利发放的自产洗衣机是否应确认收入，并说明理由。

(2)根据资料，编写相关的会计分录。

2. BS 公司实行累积带薪缺勤货币补偿制度，补偿金额为放弃带薪休假期间平均日工资的 2 倍。2018 年 BS 公司有 25 名管理人员放弃 5 天的带薪年休假，该公司平均每名职工每个工作日工资为 300 元。

要求：根据资料，编写相关的会计分录。

3. 2018 年 1 月 1 日，B 公司为其 100 名中层以上管理人员每人授予 100 份现金股票增值权，这些人员从 2018 年 1 月 1 日起必须在该公司连续服务 3 年，即可自 2020 年 12 月 31 日根据股价的增长幅度获得现金，该增值权应在 2022 年 12 月 31 日之前行使完毕。B 公司估计，该增值权在负债结算之前的每一资产负债表日以及结算日的公允价值和可行权后的每份增值权现金支出额如下：

单位:元

年　份	公允价值	支付现金
2018	12	
2019	14	
2020	15	16
2021	20	18
2022		22

2018年,有10名管理人员离开B公司,B公司估计三年中还将有8名管理人员离开;2019年,又有6名管理人员离开公司,公司估计还将有6名管理人员离开;2020年,又有4名管理人员离开,假定有40人行使股票增值权取得了现金,2021年有30人行使股票增值权取得了现金,2022年有10人行使股票增值权取得了现金。

要求:计算2018～2022年每年应确认的费用(或损益)、应付职工薪酬余额和支付的现金,并编制相关会计分录。

4. A公司2019年6月有关职工薪酬业务如下:

(1)按照工资总额的标准分配工资费用,其中生产工人工资为100万元,车间管理人员工资为20万元,总部管理人员工资为30万元,专设销售部门人员工资为10万元,内部开发人员工资为40万元(符合资本化条件),已通过银行支付。

(2)按照所在地政府规定,按照工资总额的10%、12%、2%和10.5%计提医疗保险费、养老保险费、失业保险费和住房公积金;以银行存款向社会保险经办机构缴纳社会保险费和住房公积金管理机构缴纳住房公积金。根据2018年实际发放的职工福利情况,公司预计2019年应承担职工福利费义务的金额为工资总额的5%,按照工资总额的2%和1.5%计提工会经费和职工教育经费。

要求:

(1)计算各成本费用科目核算的职工薪酬;

(2)编制相关会计分录。

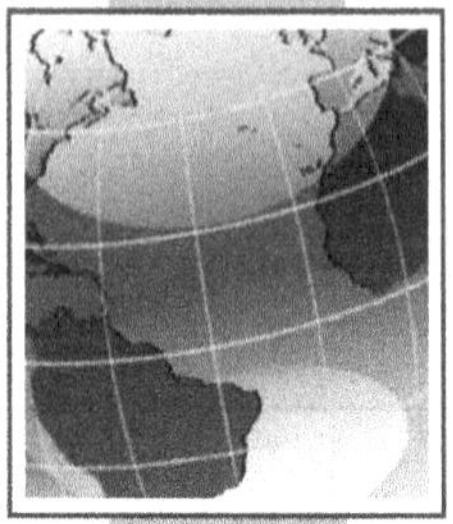

第十一章 非流动负债

一、单项选择题

1. 企业发行债券时的发行费用，应记入的会计科目是(　　)。

A.“资本公积”　　B.“财务费用”

C.“应付债券——利息调整”　　D.“在建工程”

2. 对于分期付息、一次还本的应付债券，应于资产负债表日按摊余成本和实际利率计算确定的债券利息，不应借记的会计科目是(　　)。

A.“制造费用”　　B.“财务费用”

C.“研发支出”　　D.“销售费用”

3. 甲上市公司于2019年1月1日发行总额为60 600万元的公司债券，期限为3年，票面利率为3%，面值为60 000万元。发行费用为60万元，实际收到的现金净额为60 540万元，半年实际利率为1.34%，每半年末付息。发行债券所得款项已收存银行，采用实际利率法摊销。则2019年7月1日应付债券摊余成本为(　　)万元。

A. 811.24　　B. 60 451.24　　C. 180　　D. 88.76

4. 2018年1月1日，甲公司发行3年期公司债券，实际收到发行款项52 802.1万元，债券面值50 000万元，每半年付息一次，到期还本，票面利率6%，实际利率4%。采用实际利率法摊销。则甲公司2018年12月31日“应付债券——利息调整”科目的余额为(　　)万元。

A. 443.96　　B. 1 905.3　　C. 1 056.04　　D. 1 047.16

5. AS公司2019年1月1日发行了200万份可转换债券，每份面值为1 000元，发行价格为1 020元，取得总收入204 000万元。该债券期限为4年，票面利率为4%，利息按年支付；发行1年后，每份债券可转换为60股普通股。该公司发行该债券时，二级市场上与之类似但没有转股权的债券的市场利率为6%[$(P/F,6\%,4)=0.792\ 1$；$(P/A,6\%,4)=3.465\ 1$]。则负债部分的初始入账金额为(　　)万元。

A. 186 140.8　　B. 200 000　　C. 204 000　　D. 4 000

6. 甲公司2018年1月1日按面值发行三年期可转换公司债券，每年1月1日付息，到期一次还本，面值总额为10 000万元，票面年利率为4%，实际利率为6%。债券的公允价值为9 465.40万元，2019年1月1日，某债券持有人将其持有的5 000万元(面值)本公司可转换公司债券转换为 100 万股普通股(每股面值 1 元)。甲公司按实际利率法确认利息费用。2019 年 1 月 1 日甲公司转换债券时应确认的“资本公积——股本溢价”的金额为(　　)万元。

A. 4 983.96　　B. 534.60　　C. 4 716.66　　D. 4 616.66

7. 某股份有限公司于 2019 年 1 月 1 日发行 3 年期、每年 1 月 1 日付息、到期一次还本的公司债券,债券面值为 100 万元,票面年利率为 5%,实际利率为 4%,发行价格为 102.78 万元。按实际利率法确认利息费用。该债券 2021 年度确认的利息费用为(　　)万元。

A. 4.11　　B. 5　　C. 4.08　　D. 4.033 2

8. 某公司签订租赁协议,租入设备及配套工具价款、国外运保费等共 13 万元,其中设备款 12 万元,配件及工具款 1 万元。该租赁设备进关时,又支付进口关税及国内运费 8 000 元,其中设备负担 7 000 元,配件及工具负担 1 000 元。根据此项业务,企业“长期应付款”账户的金额应为(　　)万元。

A. 13　　B. 14　　C. 14.7　　D. 14.8

9. 甲公司 2019 年 1 月 1 日发行 5 万份可转换公司债券,取得发行总收入 480 万元。该债券期限为 3 年,面值总额为 500 万元,票面年利率为 3%,利息按年支付;每份债券均可在债券发行 1 年后转换为 40 股该公司普通股。公司发行该债券时,二级市场上与之类似但没有转股权的债券市场利率为 6%。已知$(P/F,6\%,3)=0.839\ 6$,$(P/A,6\%,3)=2.673\ 0$。不考虑其他因素,2019 年 1 月 1 日权益成分的初始入账金额为(　　)万元。

A. 20.10　　B. 0　　C. 459.90　　D. 480

10. 下列关于可转换公司债券的说法中,正确的是(　　)。

A. 可转换公司债券应将其价值在负债成分与权益成分之间进行分配

B. 为发行可转换公司债券发生的手续费应计入负债成分的入账价值

C. 可转换公司债券的权益成分应记入“资本公积——其他资本公积”科目

D. 转股时应将可转换公司债券中所包含的权益成分从资本公积转销

二、多项选择题

1. 在我国会计实务中,生产经营期间为购建固定资产而发生的长期借款利息费用,可能记入(　　)科目。

A. “在建工程”　　B. “财务费用”

C. “长期借款”　　D. “长期待摊费用”

2. 对于分期付息、一次还本的债券,应于资产负债表日按摊余成本和实际利率计算确定的债券利息,可能借记的会计科目有(　　)。

A. “在建工程”　　B. “制造费用”

C. “财务费用”　　D. “研发支出”

3. 关于可转换公司债券,下列说法中正确的有(　　)。

A. 发行可转换公司债券时,应按实际收到的款项记入“应付债券——可转换公司债券”科目

B. 发行可转换公司债券时,应按该项可转换公司债券包含的负债成分的公允价值,记入“应付债券——可转换公司债券”科目

C. 发行可转换公司债券时,实际收到的金额与该项可转换公司债券包含的负债成分的公允价值的差额,记入“其他权益工具”科目

D. 发行可转换公司债券时，应按该项可转换公司债券包含的权益成分的公允价值，记入“应付债券——可转换公司债券”科目

4. 下列通过“其他应付款”科目核算的业务包括（　　）。

A. 应付分期付息债券利息　　B. 存入保证金
C. 应付租入包装物租金　　D. 售后回购方式融入资金

5. 应通过“长期应付款”科目核算的经济业务有（　　）。

A. 以分期付款方式购入固定资产发生的应付款
B. 以分期付款方式购入无形资产发生的应付款
C. 应付经营租入固定资产的租赁费
D. 应付融资租入固定资产的租赁费

6. 对债券发行者来讲，采用实际利率法摊销债券溢折价时（不考虑相关交易费用），以下说法中正确的有（　　）。

A. 随着各期债券溢价的摊销，债券的摊余成本、利息费用应逐期地减少
B. 随着各期债券溢价的摊销，债券的摊余成本减少、利息费用应逐期地增加
C. 随着各期债券折价的摊销，债券的摊余成本、利息费用应逐期地增加
D. 随着各期债券折价的摊销，债券的折价摊销额应逐期地增加

7. 长期借款进行明细核算应当设置的明细科目包括（　　）。

A.“本金”　　B.“应计利息”
C.“交易费用”　　D.“利息调整”

8. 资产负债表日，有关应付债券和债权投资的核算方法，正确的有（　　）。

A. 应按期初摊余成本和实际利率计算确定应付债券的利息费用
B. 应按期初摊余成本和实际利率计算确定应付债券的票面利息
C. 对于分期付息、到期一次还本的应付债券，应于资产负债表日按期初摊余成本和实际利率计算确定的债券利息费用，与按票面利率计算确定的应付未付利息的差额，借记或贷记“应付债券——利息调整”科目
D. 对于分期付息、到期一次还本的债权投资，应于资产负债表日按期初摊余成本和实际利率计算确定的债券利息收入，与按票面利率计算确定的应收利息金额的差额，借记或贷记“债权投资——利息调整”科目

三、判断题

1. 交易费用，是指可直接归属于购买、发行或处置金融工具新增的外部费用。交易费用包括支付给代理机构、咨询公司、券商等的手续费和佣金及其他必要支出，不包括债券溢价、折价、融资费用、内部管理成本及其他与交易不直接相关的费用。（　　）

2. 如果债券交易费用大于发行期间冻结资金所产生的利息收入，按其差额根据发行债券的用途予以资本化或计入财务费用。如果交易费用小于发行期间冻结资金所产生的利息收入，其差额作为溢价收入。（　　）

3. 对于固定资产借款发生的利息支出，在交付使用前发生的，应予资本化，将其计入固定资产的建造成本；在交付使用后发生的，则应作为当期费用处理。（　　）

4. 当可转换公司债券持有人行使转换权利时，应减少“其他权益工具”科目中属于该项可转换公司债券的权益成分的金额。（　　）

四、业务题

1. 某企业经批准于 2018 年 1 月 1 日起发行两年期面值为 100 元的债券 200 000 张，债券年利率为 3%，每年 7 月 1 日和 12 月 31 日付息两次，到期时归还本金和最后一次利息。该债券发行收款为 1 961.92 万元，债券实际利率为年利率 4%。该债券所筹资金全部用于新生产线的建设，该生产线于 2018 年 6 月底完工交付使用。债券溢折价采用实际利率法摊销，每年 6 月 30 日和 12 月 31 日计提利息。

要求：编制该企业从债券发行到债券到期的全部会计分录（金额单位用万元表示）。

2. A 公司于 2018 年 4 月 1 日发行公司债券一批，面值为 1 000 万元，发行价格为 1 060 万元，期限 3 年，票面年利率为 5%，每年付息一次，到期一次还本并支付最后一期利息，付息日为每年的 4 月 1 日；另支付发行费用 3.43 万元，实际收到发行价款 1 056.57 万元存入银行。A 公司每年 3 月 31 日及 12 月 31 日计息。该债券专门用于购建固定资产，2018 年 7 月 1 日开始资本化，专门借款中未支出部分全部存入银行，其中，2018 年 4 月 1 日～6 月 30 日存款利息收入为 3 万元，2018 年 7 月 1 日～12 月 31 日存款利息收入为 2 万元；至 2018 年末，该专门借款已全部用于工程建造。假定上述存款利息收入已经实际收到。2019 年 7 月 1 日，工程完工并达到预定可使用状态。相关复利现值系数如下：

$(P/F,2\%,1)=0.980\,4$；$(P/F,2\%,2)=0.961\,2$；$(P/F,2\%,3)=0.942\,3$；$(P/F,4\%,1)=0.961\,5$；$(P/F,4\%,2)=0.924\,6$；$(P/F,4\%,3)=0.889\,0$

要求：

(1)计算 A 公司债券的实际利率 r。

(2)编制发行日的会计分录。

(3)计算债券发行期间各年有关应付债券的利息费用，并编制每期计提利息的相关会计分录（实际利率的计算结果以百分数形式表示，且小数点之后保留 0 位；其他金额计算结果保留两位小数）。

五、综合题

仁达公司 2018 年 1 月 1 日按每份面值 1 000 元发行了 300 万份可转换公司债券，取得总收入 300 000 万元。该债券期限为 3 年，票面利率为 6%，利息按年支付；每份债券按面值均可在债券发行 1 年后转换为 80 股该公司普通股，每股价值 1 元。该公司发行该债券时，二级市场上与之类似但没有转股权的债券的市场利率为 9%。假定不考虑其他相关因素。发行可转换公司债券所筹集的资金用于补充流动资金。2019 年 4 月 1 日，债券持有者申请将面值为 300 000 万元可转换公司债券转换为股份，并于当日办妥相关手续。假定未支付的应付利息不再支付。

要求：计算并编制有关会计分录（金额单位用万元表示）。

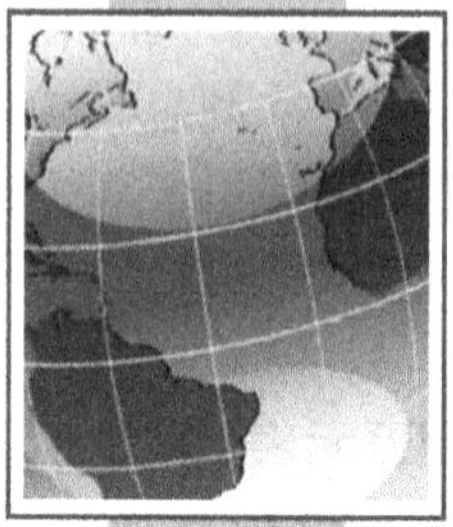

第十二章 借款费用

一、单项选择题

1. A 公司 2019 年 1 月 8 日决定建造固定资产，2 月 18 日取得专门借款存入银行；3 月 17 日支付工程款项；4 月 16 日正式动工建造。A 公司专门借款利息开始资本化的时间是(　　)。

A. 3 月 17 日　　B. 4 月 16 日

C. 2 月 18 日　　D. 1 月 8 日

2. 下列符合资本化条件的资产所发生的借款费用在予以资本化时，要与资产支出挂钩的是(　　)。

A. 专门借款利息　　B. 专门借款的辅助费用

C. 一般借款利息　　D. 外币专门借款的汇兑差额

3. 在确定借款费用资本化金额时，与专门借款有关的利息收入应(　　)。

A. 计入营业外收入　　B. 冲减所购建的固定资产成本

C. 计入当期财务费用　　D. 冲减借款费用资本化的金额

4. 在资本化期间，每一会计期间的利息资本化金额的限额条件是(　　)。

A. 不应当超过当期相关借款实际发生的利息金额

B. 应当以当期专门借款实际发生的利息、折价或者溢价的摊销额和汇兑差额为限

C. 不应当超过专门借款和一般借款的总额

D. 没有规定

5. B 企业于 2018 年 1 月 1 日进行一项固定资产的建造，2018 年 12 月 31 日该项固定资产全部完工并投入使用。企业为建造固定资产，于 2018 年 1 月 1 日专门借入一笔款项，本金为 1 000 万元，年利率为 9%，期限为 2 年。企业另外借入两笔一般借款：第一笔为 2018 年 1 月 1 日借入的 800 万元，借款年利率为 8%，期限为 2 年；第二笔为 2018 年 4 月 1 日借入的 500 万元，借款年利率为 6%，期限为 3 年。全部借款均于借款当日用于建造固定资产。假定该企业按年计算资本化金额，不考虑其他因素，2018 年为购建固定资产而占用的一般借款的资本化率为(　　)。

A. 7.36%　　B. 7%　　C. 6%　　D. 8%

6. 下列项目中，不属于借款费用的是(　　)。

A. 发行公司股票佣金　　B. 发行公司债券佣金

C. 借款手续费　　D. 借款利息

7. 某公司于 2019 年 1 月 1 日开工兴建一幢办公楼，工期为 1 年，公司为建造办公楼发生有关借款业务如下：(1)专门借款有两笔，分别为：①2019 年 1 月 1 日专门借款 2 000 万元，借款期限为 3 年，年利率为 6%，利息按年支付；②2019 年 7 月 1 日专门借款 2 000 万元，借款期限为 3 年，年利率为 8%，利息按年支付。闲置专门借款资金均存入银行，假定存款利率为 4%。(2)工程采用出包方式，2019 年支出如下：①1 月 1 日支付工程进度款 1 500 万元；②7 月 1 日支付工程进度款 4 000 万元。则 2019 年借款利息资本化金额为(　　)万元。

A. 190　　B. 200　　C. 180　　D. 210

8. 为购建或者生产符合资本化条件的资产而借入专门借款的，其资本化金额的正确处理方法是(　　)。

A. 应当以专门借款当期实际发生的利息费用的金额确定

B. 应当以专门借款当期实际发生的利息费用，减去将尚未动用的借款金额存入银行取得的利息收入或者进行暂时性投资取得的投资收益后的金额确定

C. 应当根据累计资产支出加权平均数乘以专门借款的资本化率后的金额确定

D. 应当根据累计资产支出加权平均数乘以专门借款的资本化率，减去将尚未动用的借款金额存入银行取得的利息收入或者进行暂时性投资取得的投资收益后的金额确定

9. 下列情况中，不应暂停借款费用资本化的是(　　)。

A. 由于劳务纠纷而造成连续整 3 个月的固定资产的建造中断

B. 由于资金周转困难而造成连续超过 3 个月的固定资产的建造中断

C. 由于发生安全事故而造成连续超过 3 个月的固定资产的建造中断

D. 由于可预测的气候影响而造成连续超过 3 个月的固定资产的建造中断

10. 2018 年 1 月 1 日，甲企业取得专门借款 4 000 万元，年利率为 5%；2018 年 3 月 1 日，开工建设一栋办公楼；2018 年 4 月 1 日，发生建造支出 3 600 万元。2019 年 1 月 1 日，该企业取得一笔一般借款，本金为 1 000 万元，年利率为 6%，期限为 2 年，当天发生建造支出 600 万元。甲企业无其他一般借款，至 2019 年第一季度末尚未完工。假定不考虑其他因素，甲企业按季计算利息费用资本化金额，2019 年第一季度该企业应予资本化的借款利息费用为(　　)万元。

A. 3　　B. 50　　C. 53　　D. 15

11. A 公司拟建造一栋新厂房，工期预计 2 年。有关资料如下：(1)2018 年 1 月 1 日，从银行取得专门借款 10 000 万元，期限为 3 年，年利率为 8%，每年 1 月 1 日付息。(2)除专门借款外，公司只有一笔一般借款，为公司于 2017 年 1 月 1 日借入的长期借款 4 000 万元，期限为 5 年，年利率为 8%，每年 1 月 1 日付息。(3)厂房于 2018 年 4 月 1 日才开始动工兴建，2018 年工程建设期间的支出分别为 4 月 1 日 4 000 万元、7 月 1 日 8 000 万元、10 月 1 日 2 000 万元。(4)专门借款中未支出部分全部存入银行，假定月利率为 0.5%。假定全年按照 360 天计算，每月按照 30 天计算。2018 年度应予资本化的利息费用为(　　)万元。

A. 510　　B. 540　　C. 600　　D. 630

12. 2017 年 2 月 1 日，甲公司为采用自营方式扩建厂房向商业银行借入 3 年期专门借款 700 万元。2018 年 10 月 6 日，厂房扩建工程达到预定可使用状态；2018 年 11 月 6 日，厂房扩

建工程验收合格；2018 年 12 月 31 日，办理工程竣工结算；2019 年 1 月 6 日，扩建后的厂房投入使用。假定不考虑其他因素，甲公司借入专门借款利息费用停止资本化的时点是（　　）。

A. 2019 年 1 月 6 日　　B. 2018 年 12 月 31 日

C. 2018 年 11 月 6 日　　D. 2018 年 10 月 6 日

二、多项选择题

1. 关于资本化期间和借款费用利息资本化金额限额，下列说法中正确的有（　　）。

A. 资本化期间是指从借款费用开始资本化时点到停止资本化时点的期间，借款费用暂停资本化的期间不包括在内

B. 资本化期间是指从借款费用开始资本化时点到停止资本化时点的全部期间，借款费用暂停资本化的期间也包括在内

C. 在资本化期间内，每一会计期间的利息资本化金额，不应当超过当期相关借款实际发生的利息金额

D. 在资本化期间内，每一会计期间的利息资本化金额，不应当超过当期专门借款实际发生的利息金额

2. 关于借款费用暂停资本化，下列说法中正确的有（　　）。

A. 符合资本化条件的资产在购建或者生产过程中发生非正常中断且中断时间连续超过 3 个月的，应当暂停借款费用的资本化

B. 符合资本化条件的资产在购建或者生产过程中发生非正常中断且中断时间非连续超过 3 个月的，应当暂停借款费用的资本化

C. 暂停借款费用的资本化，在中断期间发生的借款费用应当确认为费用，计入当期损益

D. 如果因进行工程质量和安全检查停工中断借款费用的资本化应当继续进行

3. 企业为购建固定资产专门借入的款项所发生的借款费用，停止资本化的时点有（　　）。

A. 符合资本化条件的资产的实体建造（包括安装）或者生产工作已经全部完成或者实质上已经完成

B. 继续发生在所购建或生产的符合资本化条件的资产上的支出金额很少或者几乎不再发生

C. 购建的符合资本化条件的资产的各部分分别完工，且每部分在其他部分继续建造过程中可供使用或者可对外销售，且为使该部分资产达到预定可使用状态所必要的购建活动实质上已经完成的

D. 购建的资产的各部分分别完工，但必须等到整体完工后才可使用

4. 甲公司于 2019 年 1 月 1 日动工兴建一幢写字楼自用，在该写字楼建造过程中发生的下列支出或者费用中，属于规定的资产支出的有（　　）。

A. 用银行存款购买工程物资

B. 用银行存款支付建设工人工资

C. 将企业自己生产的电梯用于装备写字楼

D. 计提建设工人职工福利费

5. 借款费用同时满足有关条件时才能开始资本化，其条件包括（　　）。

A. 资产支出已经发生

B. 借款费用已经发生

C. 为使资产达到预定可使用或者可销售状态所必要的购建或者生产活动已经开始

D. 为使资产达到预定可使用或者可销售状态所必要的购建或者生产活动已经完成

6. 根据《企业会计准则第 17 号——借款费用》的规定，下列有关借款费用的会计处理正确的有（　　）。

A. 借款存在折价或者溢价的，应当按照实际利率法确定每一会计期间应摊销的折价或者溢价金额，调整每期利息金额，核算时通过“利息调整”明细科目处理

B. 在资本化期间内，每一会计期间的利息资本化金额不应当超过当期相关借款实际发生的利息金额

C. 在资本化期间内，外币专门借款本金及利息的汇兑差额，应当予以资本化，计入符合资本化条件的资产成本

D. 专门借款发生的辅助费用，在所购建或者生产的符合资本化条件的资产达到预定可使用或者可销售状态之前发生的，应当在发生时根据其发生额予以资本化，计入符合资本化条件的资产成本

7. 借款费用开始资本化条件中，符合“资产支出已经发生”的业务有（　　）。

A. 用其他货币资金购买工程物资　　B. 将本企业产品用于固定资产的建造

C. 承担带息债务而取得工程用材料　　D. 支付工程款项

8. 以下属于非正常停工的情况有（　　）。

A. 因可预见的不可抗力因素而停工　　B. 因与工程建设有关的劳动纠纷而停工

C. 资金周转困难而停工　　D. 与施工方发生质量纠纷而停工

9. 下列不应予以资本化的借款费用有（　　）。

A. 符合资本化条件的资产在购建或者生产过程中发生了非正常中断，且中断时间连续超过 3 个月的借款费用

B. 购建或者生产符合资本化条件的资产未达到预定可使用或者可销售状态前因占用专门借款发生的辅助费用

C. 因生产周期较长的大型船舶制造而借入的专门借款在资本化期间发生的利息费用

D. 购建或者生产符合资本化条件的资产已经达到预定可使用或者可销售状态，但尚未办理决算手续而继续占用的专门借款发生的利息

10. 符合资本化条件的资产，是指需要经过相当长时间的购建或者生产活动才能达到预定可使用或者可销售状态的资产，包括（　　）。

A. 研发支出

B. 投资性房地产

C. 房地产开发企业开发的用于出售的房地产开发产品

D. 机械制造企业制造的用于对外出售的大型机械设备

三、判断题

1. 借款存在折价或者溢价的，应当按照实际利率法确定每一会计期间应摊销的折价或者溢价金额，调整每期利息金额。（　　）

2. 在资本化期间内，每一会计期间的利息资本化金额，不应当超过当期相关借款实际发生的利息金额。（　　）

3. 在资本化期间内，外币专门借款本金的汇兑差额，应当予以资本化，计入符合资本化条件的资产的成本；利息的汇兑差额应计入当期损益。 （ ）

4. 符合资本化条件的资产在购建或者生产过程中发生非正常中断且中断时间非连续超过3个月的，应当暂停借款费用的资本化。 （ ）

5. 购建或者生产符合资本化条件的资产达到预定可使用或者可销售状态时，借款费用应当停止资本化。在符合资本化条件的资产达到预定可使用或者可销售状态之后所发生的借款费用，应当在发生时根据其发生额确认为费用，计入当期损益。 （ ）

6. 专门借款和一般借款发生的辅助费用，在所购建或者生产的符合资本化条件的资产达到预定可使用或者可销售状态之前发生的，应当在发生时根据其发生额予以资本化，计入符合资本化条件的资产成本。 （ ）

7. 在资本化期间内，外币专门借款及一般借款的本金及利息的汇兑差额，应当予以资本化，计入符合资本化条件的资产成本。 （ ）

8. 专门借款发生的利息费用，在资本化期间内，应当全部计入符合资本化条件的资产成本，但仍需要计算借款资本化率。 （ ）

9. 符合借款费用资本化条件的存货包括：房地产开发企业开发的用于出售的房地产开发产品、机械制造企业制造的用于对外出售的大型机械设备等。这些存货需要经过相当长时间的建造或者生产活动，才能达到预定可使用或者可销售状态。 （ ）

10. 为购建或者生产符合资本化条件的资产而借入专门借款的，应当以专门借款当期实际发生的利息费用，减去将尚未动用的借款金额存入银行取得的利息收入或者进行暂时性投资取得的投资收益后的金额确定。 （ ）

四、业务题

1. 北方公司于2018年1月1日正式动工兴建办公楼，工期预计为1年零6个月，工程采用出包方式，每月1日支付工程进度款。公司为建造办公楼于2018年1月1日专门借款本金2 000万元，借款期限为两年，票面年利率为6%，每年1月1日支付上年的利息，到期时归还本金和最后一次利息，实际收到款项1 992.69万元，实际利率为6.2%。2018年1月1日至4月30日期间发生的专门借款的利息收入为10万元，2018年5月1日至8月31日发生的专门借款的利息收入为12万元，2018年9月1日至12月31日发生的专门借款的利息收入为4万元，公司按年计算应予资本化的利息金额，工程项目于2019年6月30日达到预定可使用状态，2019年没有发生专门借款的利息收入，2020年1月1日北方公司偿还上述专门借款并支付最后一次利息。

因发生质量纠纷，该工程项目于2018年5月1日至2018年8月31日发生中断。

要求：

(1)计算2018年应予资本化的利息。

(2)计算2019年应予资本化的利息。

(3)编制从取得专门借款到归还专门借款有关业务的会计分录（假定按年计提利息，利息收入按年结算）。

2. 甲公司为了扩大生产规模，经研究决定，采用出包方式建造一栋生产用厂房，预计工期两年。2018年7～12月发生的有关借款及工程支出业务资料如下：

(1)7月1日，为建造生产用厂房从银行借入3年期的专门借款15 000万元，年利率为

7.2%，于每季度末支付借款利息。当日，该工厂建造工程正式开工。

(2)7 月 1 日，以银行存款支付工程款 9 500 万元。暂时闲置的专门借款在银行的存款年利率为 1.2%，于每季度末收取存款利息。

(3)10 月 1 日，借入一般借款 1 500 万元，年利率为 4.8%，期限为 6 个月，利息于每季度末支付。

(4)10 月 1 日，甲公司与施工单位发生纠纷，工程暂时停工。

(5)11 月 1 日，甲公司与施工单位达成谅解协议，工程恢复施工，以银行存款支付工程款 6 250 万元。

(6)12 月 1 日，借入一般借款 3 000 万元，年利率为 6%，期限为 1 年，利息于每季度末支付。

(7)12 月 1 日，以银行存款支付工程款 6 250 万元。

假定工程支出超过专门借款时占用一般借款；仍不足的，占用自有资金。

要求：

(1)计算甲公司 2018 年第三季度专门借款利息支出、暂时闲置专门借款的存款利息收入和专门借款利息支出资本化金额。

(2)计算甲公司 2018 年第四季度专门借款利息支出、暂时闲置专门借款的存款利息收入和专门借款利息支出资本化金额。

(3)计算甲公司 2018 年第四季度一般借款利息支出、占用一般借款工程支出的累计支出加权平均数、一般借款平均资本化率和一般借款利息支出资本化金额(一般借款平均资本化率的计算结果在百分号前保留两位小数，答案中的金额单位用万元表示)。

3. 华远公司于 2018 年 1 月 1 日动工兴建一幢办公楼，工程采用出包方式，每半年支付一次工程进度款。工程于 2019 年 6 月 30 日完工，达到预定可使用状态。

华远公司建造工程资产支出如下：

(1)2018 年 1 月 1 日，支出 3 000 万元；

(2)2018 年 7 月 1 日，支出 5 000 万元，累计支出 8 000 万元；

(3)2019 年 1 月 1 日，支出 3 000 万元，累计支出 11 000 万元。

华远公司为建造办公楼于 2018 年 1 月 1 日专门借款 4 000 万元，借款期限为 3 年，年利率为 8%，按年支付利息。除此之外，无其他专门借款。

办公楼的建造还占用两笔一般借款：

(1)从 A 银行取得长期借款 4 000 万元，期限为 2017 年 12 月 1 日至 2020 年 12 月 1 日，年利率为 6%，按年支付利息。

(2)发行公司债券 2 亿元，发行日为 2017 年 1 月 1 日，期限为 5 年，年利率为 8%，按年支付利息。

闲置专门借款资金用于固定收益债券暂时性投资，假定暂时性投资月收益率为 0.5%。假定全年按 360 天计。

要求：

(1)计算 2018 年和 2019 年专门借款利息资本化金额。

(2)计算 2018 年和 2019 年一般借款利息资本化金额。

(3)计算 2018 年和 2019 年利息资本化金额。

(4)编制 2018 年和 2019 年与利息资本化金额相关的会计分录。

4. 长江公司于2018年4月1日动工兴建一幢办公楼，工程于2019年9月30日完工，达到预定可使用状态。

长江公司建造工程资产支出如下：

(1)2018年4月1日，支出3 000万元；

(2)2018年6月1日，支出1 000万元；

(3)2018年7月1日，支出3 000万元；

(4)2019年1月1日，支出3 000万元；

(5)2019年4月1日，支出2 000万元；

(6)2019年7月1日，支出1 000万元。

长江公司为建造办公楼于2018年1月1日专门借款5 000万元，借款期限为3年，年利率为6%，按年支付利息。除此之外，无其他专门借款。

办公楼的建造还占用两笔一般借款：

(1)从A银行取得长期借款4 000万元，期限为2017年12月1日至2020年12月1日，年利率为6%，按年支付利息。

(2)发行公司债券2亿元，发行日为2017年1月1日，期限为5年，年利率为8%，按年支付利息。闲置专门借款资金用于固定收益债券暂时性投资，假定暂时性投资的月收益率为0.25%，并收到款项存入银行。假定全年按360天计。

因原料供应不及时，工程项目于2018年8月1日～11月30日发生中断。

要求：

(1)计算2018年和2019年专门借款利息资本化金额及应计入当期损益的金额。

(2)计算2018年和2019年一般借款利息资本化金额及应计入当期损益的金额。

(3)计算2018年和2019年利息资本化金额及应计入当期损益的金额。

(4)编制2018年和2019年与利息资本化金额相关的会计分录。

五、综合题

1. 2019年甲公司为购建生产车间发生有关经济业务如下：

(1)2019年4月1日开始建造一生产车间，预计2020年3月31日建造完工。

(2)2019年4月1日取得专门借款，本金为3 000万元，利率为9%，3年期，每年付息到期还本。

(3)另外有两笔一般借款：2018年11月1日取得一般借款，本金为1 860万元，年利率为6%，3年期，每年付息到期还本；2018年12月1日取得一般借款，本金为1 500万元，年利率为8%，5年期，每年付息到期还本。

(4)2019年支出如下：

①4月1日，支付购买工程物资价款1 800万元和增值税162万元。

②5月1日，支付建造人员职工薪酬315万元。

③6月1日，将企业自己生产的产品用于建造生产车间，该产品的成本为 1 800万元，其中材料成本1 500万元，当初购买该材料时支付的增值税进项税额为195万元(款项已支付)，该产品计税价格为3 000万元，增值税税率为13%。

④6月30日，假定公司按月计算应予资本化的利息金额，每月按30天计算，假定全年按360天计算。闲置专门借款资金用于固定收益债券短期投资，假定短期投资年收益率为4%，

假定于每个月末收取。

要求:编制 2019 年 4～6 月份每个月末的会计分录。

2. 乙公司有关借款费用资料如下:

(1)2017 年 1 月 1 日,购入一项土地使用权,支付价款 12 000 万元,同时取得国有土地使用权证。上述土地使用权准备建造自用厂房,自取得之日起采用直线法摊销,预计使用年限为 50 年,预计净残值为零。2017 年 1 月 1 日,乙公司经批准发行到期还本、分期付款的公司债券 400 万张。该债券每张面额 100 元,期限为 3 年,票面年利率为 5%,每年 1 月 1 日支付上一年利息,该债券实际年利率为 6%。乙公司发行债券实际募得资金 38 930 万元,债券发行公告明确上述募集资金专门用于新厂房建设,并且当所募集资金不足时,乙公司用其自有资金补足。

(2)乙公司采用出包方式将厂房建设工程交由丙公司建设。按照双方签订的合同规定:厂房建设工程工期为两年半,应于 2019 年 9 月 30 日前完工,合同总价款为 50 600 万元。2017 年 4 月 1 日,厂房建设工程正式开工,当日,乙公司按合同约定支付丙公司工程款 8 930 万元。2017 年 12 月 31 日,乙公司按合同支付约定支付丙公司工程款 20 000 万元。

乙公司发行的债券,2017 年 4 月 1 日前用于固定收益的债券投资,累计取得投资收益 380 万元并存入银行。之后未动用的专门借款存入银行,年存款利率为 3%,取得后均存入银行。

(3)2018 年 2 月 1 日,乙公司按合同约定支付丙公司工程款 10 000 万元,当日,因施工现场发生火灾,厂房建设工程被迫停工。在评价主体结构受损程度不影响厂房安全性后,厂房建设工程于 2018 年 7 月 1 日恢复施工。乙公司新建厂房项目为当地政府的重点支持项目。2018 年 12 月 20 日,乙公司收到政府拨款 3 000 万元,用于补充厂房建设资金。

(4)2019 年 9 月 30 日,厂房建设工程完工并达到预定可使用状态,乙公司按合同约定支付丙公司工程款 1 670 万元。

要求:

(1)编制 2017 年 1 月 1 日乙公司取得土地使用权及发行债券的会计分录。

(2)计算 2017 年有关借款费用资本化及费用化的金额,并编制乙公司 2017 年有关借款费用的会计分录。

(3)计算 2018 年有关借款费用资本化及费用化的金额,并编制乙公司收到政府拨款的会计分录。

(4)计算 2019 年有关借款费用资本化、费用化的金额及厂房达到预定可使用状态时的入账价值(计算结果保留两位小数)。

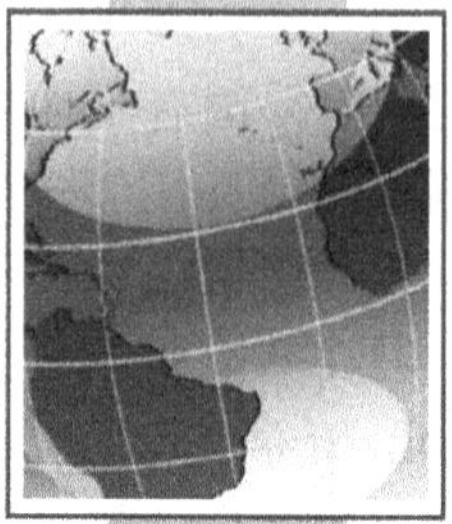

第十三章 债务重组

一、单项选择题

1. 甲公司应收乙公司货款800万元。经磋商，双方同意按600万元结清该笔货款。甲公司已经为该笔应收账款计提了100万元坏账准备。在债务重组日，该事项对甲公司和乙公司的影响分别为(　　)。

A. 甲公司资本公积减少200万元，乙公司资本公积增加200万元

B. 甲公司营业外支出增加100万元，乙公司资本公积增加200万元

C. 甲公司营业外支出增加200万元，乙公司营业外收入增加200万元

D. 甲公司营业外支出增加100万元，乙公司营业外收入增加200万元

2. 2018年7月2日，B公司从A公司购买一批原材料，含税价为500万元，至2019年1月2日尚未支付货款。双方协议，B公司以一项专利技术偿还债务。该专利技术账面余额为405万元，B公司对该专利已提减值准备30万元，公允价值为420万元，增值税25.2万元。A公司已对该债权计提坏账准备45万元。不考虑其他费用。则A公司债务重组损失为(　　)万元。

A. 420　　B. 9.8　　C. 80　　D. 45

3. 甲公司销售一批商品给乙公司，开出的增值税专用发票上注明销售价款为200万元，增值税为26万元。乙公司到期无力支付款项，甲公司同意乙公司将其拥有的一项固定资产用于抵偿债务，乙公司固定资产的账面原值200万元，已累计计提折旧为80万元，公允价值为160万元，增值税20.8万元；甲公司为该项应收账款计提20万元坏账准备。则乙公司债务重组利得、资产处置损益分别为(　　)万元。

A. 40、74　　B. 40、0　　C. 114、0　　D. 45.2、40

4. 2019年2月10日，深广公司销售一批材料给红星公司(股份有限公司)，同时收到红星公司签发并承兑的一张面值100 000元、年利率7%、6个月期、到期还本付息的票据。8月10日，红星公司由于发生财务困难无法承兑到期票据，与深广公司协商，以其普通股抵偿该债务。红星公司用于抵债的普通股为10 000股，股票市价为每股9.6元。假定印花税税率为0.4%(假定印花税计入税金及附加)，不考虑其他税费。红星公司应确认的债务重组利得为(　　)元。

A. 93 500　　B. 93 884　　C. 7 500　　D. 103 500

5. 深广公司销售一批商品给红星公司，价款 5 200 000 元(含增值税)。按双方协议规定，款项应于 2019 年 3 月 20 日之前付清。由于连年亏损，资金周转发生困难，红星公司不能在规定的时间内将款项偿付深广公司。经协商，于 2019 年 3 月 20 日进行债务重组。重组协议如下：深广公司同意豁免红星公司债务 200 000 元，其余款项于重组日起一年后付清；债务延长期间，深广公司按年加收余款 2%的利息，假定实际利率为 2%，利息与债务本金一同支付。假定深广公司为债权计提的坏账准备为 520 000 元。红星公司应确认的债务重组利得为(　　)元。

A. 100 000　　B. 200 000　　C. －104 000　　D. 0

6. 2019 年 4 月 1 日，深广公司销售一批材料给红星公司，含税价为 105 000 元。2019 年 10 月 1 日，红星公司发生财务困难，无法按合同规定偿还债务，经双方协议，深广公司同意红星公司用产品抵偿该应收账款。该产品市价为 80 000 元，增值税税率为 13%，产品成本为 70 000 元。红星公司为转让的产品计提了存货跌价准备 500 元，深广公司为债权计提了坏账准备 500 元。假定增值税不单独结算，不考虑其他税费。红星公司应确认的债务重组利得为(　　)元。

A. 22 400　　B. 21 900　　C. 25 000　　D. 14 600

7. 2019 年 4 月 1 日，深广公司销售一批材料给红星公司，含税价为 105 000 元。2019 年 10 月 1 日，红星公司发生财务困难，无法按合同规定偿还债务，经双方协议，深广公司同意红星公司用产品抵偿该应收账款。该产品市价为 80 000 元，增值税税率为 13%，产品成本为 70 000 元。红星公司为转让的产品计提了存货跌价准备 500 元，深广公司为债权计提了坏账准备 500 元。假定不考虑其他税费。深广公司接受的存货的入账价值为(　　)元。

A. 400　　B. 80 000　　C. 90 900　　D. 7 000

8. 下列关于债务重组会计处理的表述中，不正确的是(　　)。

A. 债权人将很可能发生的或有应收金额确认为应收债权

B. 债权人将实际收到的原未确认的或有应收金额计入当期损益

C. 债务人将很可能发生的或有应付金额确认为预计负债

D. 债务人确认的或有应付金额在随后不需支付时转入当期损益

9. 2019 年 4 月 1 日，甲公司因发生财务困难，无力偿还所欠乙公司 900 万元款项。经双方协商同意，甲公司以自有的一栋办公楼和一批存货抵偿所欠债务。用于抵债的办公楼原值为 700 万元，已计提折旧为 200 万元，公允价值为 600 万元，增值税 54 万元；用于抵债的存货账面价值为 90 万元，公允价值为 120 万元，增值税 15.6 万元。不考虑税费等其他因素，下列有关甲公司对该项债务重组的会计处理中，正确的是(　　)。

A. 确认债务重组收益 110.4 万元　　B. 确认商品销售收入 90 万元

C. 确认其他综合收益 100 万元　　D. 确认资产处置利得 130 万元

10. A 公司销售给 B 公司一批库存商品，A 公司收到 B 公司签发的商业承兑汇票面值为 82.5 万元。到期日由于 B 公司财务困难，经修改债务条件，A 公司同意将此债务延期 1 年，并按 8%的利率计算延期 1 年的利息，债务本金减至 60 万元，免除剩余债务，但附或有条件，即如果展期期间 B 公司取得利润，原免除的债务也一并归还，如果亏损则不再归还。A 公司已计提坏账准备 5 万元。A 公司的债务重组损失是(　　)万元。

A. 17.5　　B. 12.7　　C. 22.5　　D. 25.2

二、多项选择题

1. 关于债务重组准则中修改其他债务条件的，下列说法中正确的有（　　）。
   A. 修改其他债务条件的，债务人应当将修改其他债务条件后债务的公允价值作为重组后债务的入账价值。重组债务的账面价值与重组后债务的入账价值之间的差额，计入当期损益
   B. 修改其他债务条件的，债务人应当将修改其他债务条件后债务的公允价值作为重组后债务的入账价值。重组债务的账面价值与重组后债务的入账价值之间的差额，确认为资本公积
   C. 修改后的债务条款如涉及或有应付金额，且该或有应付金额符合《企业会计准则第13号——或有事项》中有关预计负债确认条件的，债务人应当将该或有应付金额确认为预计负债。重组债务的账面价值，与重组后债务的入账价值与预计负债金额之和的差额，计入当期损益
   D. 修改后的债务条款如涉及或有应付金额，无论是否符合预计负债确认条件，根据谨慎性原则，债务人应当将该或有应付金额确认为预计负债。重组债务的账面价值，与重组后债务的入账价值与预计负债金额之和的差额，计入当期损益
2. 关于债务重组中的混合重组，下列说法中正确的有（　　）。
   A. 债务人应当依次以支付的现金、转让的非现金资产公允价值、债权人享有股份的公允价值冲减重组债务的账面价值，再按照修改其他债务条件的相关规定处理
   B. 债权人应当依次以收到的现金、接受的非现金资产公允价值、债权人享有股份的公允价值冲减重组债权的账面余额，再按债权人修改其他债务条件的规定进行会计处理
   C. 债务人应当依次以支付的现金、转让的非现金资产账面价值、债权人享有股份的账面价值冲减重组债务的账面价值，再按照修改其他债务条件的相关规定处理
   D. 债权人应当依次以收到的现金、接受的非现金资产账面价值、债权人享有股份的账面价值冲减重组债权的账面余额，再按债权人修改其他债务条件的规定进行会计处理
3. 关于债务重组，下列说法中不正确的有（　　）。
   A. 以非现金资产清偿债务的，债权人应当对接受的非现金资产按其公允价值入账，重组债权的账面余额与接受的非现金资产的公允价值之间的差额，计入当期损益。债权人已对债权计提减值准备的，应当先将该差额冲减减值准备；减值准备不足以冲减的部分，计入当期损益
   B. 以非现金资产清偿债务的，债权人应当对接受的非现金资产按其公允价值入账，债权人已对债权计提减值准备的，债权人应将重组债权的账面余额与接受的非现金资产的公允价值之间的差额，计入当期损益
   C. 以非现金资产清偿债务的，债权人应当对接受的非现金资产按其账面价值入账，重组债权的账面余额与接受的非现金资产的账面价值之间的差额，计入当期损益。债权人已对债权计提减值准备的，应当先将该差额冲减减值准备；减值准备不足以冲减的部分，计入当期损益
   D. 以非现金资产清偿债务的，债权人应当对接受的非现金资产按其账面价值入账，债权人已对债权计提减值准备的，债权人应将重组债权的账面余额与接受的非现金资产的账面价值之间的差额，计入当期损益

4. 甲、乙公司均为增值税一般纳税人,适用的增值税税率均为13%。有关债务重组的资料如下:2019年4月6日,甲公司因购买商品而欠乙公司购货款及税款合计700万元。由于甲公司财务发生困难,不能按照合同规定支付货款。2019年4月15日,经双方协商确定,甲公司以其生产的产品和其所拥有并作为以公允价值计量且其变动计入当期损益的金融资产核算的某公司股票抵偿债务。该产品的销售价格为220万元,增值税28.6万元,实际成本为180万元,已计提存货跌价准备1万元;该股票的账面价值为300万元(其中取得时的成本为200万元,公允价值变动为100万元),公允价值为400万元。乙公司将该产品作为生产经营用固定资产入账;将该股票作为其他权益工具投资核算。乙公司对该项应收账款已经计提了2.5万元的坏账准备。2019年4月30日,乙公司取得的其他权益工具投资的公允价值变为420万元。下列关于甲、乙公司债务重组的会计处理中,正确的有(　　)。

A. 乙公司取得的固定资产入账价值为220万元,其他权益工具投资入账价值为400万元

B. 乙公司确认债务重组损失48.9万元

C. 甲公司确认营业外收入(债务重组利得)51.4万元

D. 甲公司影响营业利润的金额为200万元

5. 在债务重组的会计处理中,以下说法中正确的有(　　)。

A. 无论债权人或债务人,均不确认债务重组收益

B. 重组债务的账面价值与重组后债务的公允价值之间的差额,确认为债务重组利得,计入当期损益

C. 债务重组中,债权人必须作出让步

D. 准则中规定,债务重组必须是在债务人处于财务困难条件下的有关重组事项

6. 债务重组准则规定的不属于债务重组范围的有(　　)。

A. 债务人改组

B. 延长债务偿还期限并豁免部分债务

C. 债务人借新债偿旧债

D. 可转换公司债券转换为普通股股票

7. 有关债务重组的基本特征,下列表述中正确的有(　　)。

A. 债务重组是指在债务人发生财务困难的情况下,债权人按照其与债务人达成的协议或者法院的裁定作出让步的事项

B. "债务人发生财务困难",是指因债务人出现资金周转困难,经营陷入困境或者其他方面的原因等,导致其无法或者没有能力按原定条件偿还债务的情况

C. "债权人作出让步",是指债权人同意发生财务困难的债务人现在或者将来以低于重组债务账面价值的金额或者价值偿还债务

D. 在认定债务重组时,应当遵循实质重于形式的要求,综合考虑债权人和债务人是否在自愿基础上达成重组协议,是否有法院作出裁定,债权人和债务人是否相互独立,是否构成关联方关系或者关联方关系是否对债务重组产生实质影响等情形加以判断

8. 债务人以非现金资产清偿债务时,影响债权人债务重组损失的项目有(　　)。

A. 债权人计提的坏账准备

B. 债务人计提的该资产的减值准备

C. 可抵扣的增值税进项税额

D. 债权人为取得受让资产而支付的税费

9. 债务重组中对于债务人而言，抵债资产公允价值与账面价值的差额，处理正确的有（　　）。

A. 抵债资产为长期股权投资的，其公允价值和账面价值的差额，计入投资收益

B. 抵债资产为存货的，不作销售处理，其公允价值和账面价值的差额，计入营业外收入或营业外支出

C. 抵债资产为交易性金融资产的，其公允价值和账面价值的差额，计入营业外收入或营业外支出

D. 抵债资产为其他债权投资的，其公允价值和账面价值的差额，计入投资收益

10. 对于债权人而言，有关债务重组正确的处理有（　　）。

A. 应将重组债权的账面余额与受让资产的公允价值，所转股份的公允价值，或者重组后债权的账面价值之间的差额，确认为债务重组损失，计入营业外支出

B. 重组债权已经计提了减值准备的，应当先将上述差额冲减减值准备，以冲减后的余额，作为债务重组损失，计入营业外支出

C. 债权人收到存货、固定资产、无形资产、长期股权投资等抵债资产的，应当以应收账款的账面价值入账

D. 或有应收金额属于或有资产，由于或有资产不予确认，债权人不应确认或有应收金额

三、判断题

1. 债务重组采用债务转为资本方式的，债权人应当将享有股份的公允价值确认为对债务人的投资，重组债权的账面余额与股份的公允价值之间的差额，计入当期损益。债权人已对债权计提减值准备的，应当先将该差额冲减减值准备；减值准备不足以冲减的部分，计入当期损益。（　　）

2. 修改其他债务条件的，若涉及该或有应付金额，债务人应当将修改其他债务条件后债务的公允价值作为重组后债务的入账价值。重组债务的账面价值与重组后债务的入账价值之间的差额，计入当期损益。（　　）

3. 或有应付金额，是指需要根据未来某种事项出现而发生的应付金额，而且该未来事项的出现具有不确定性。（　　）

4. 债务重组以修改其他债务条件进行的，债权人应当将修改其他债务条件后债权的公允价值作为重组后债权的账面价值，重组债权的账面余额与重组后债权的账面价值之间的差额，计入当期损益。债权人已对债权计提减值准备的，应当先将该差额冲减减值准备；减值准备不足以冲减的部分，计入当期损益。（　　）

5. 或有应收金额，是指需要根据未来某种事项出现而发生的应收金额，而且该未来事项的出现具有不确定性。（　　）

6. 对于债务人而言，发生债务重组时，应当将重组债务的账面价值超过抵债资产的公允价值、所转股份的公允价值，或者重组后债务账面价值之间的差额，确认为债务重组利得计入资本公积。（　　）

7. 在债务重组会计处理中，债务人应确认债务重组利得。（　　）

8. 修改其他债务条件涉及的或有应收金额，在债权人方面，或有应收金额属于或有资产，债权人应确认或有应收金额。（　　）

9. 债务重组日指债务重组完成日，即债务人履行协议或法院裁定，将相关资产转让给债权人、将债务转为资本或修改后的债务条件开始执行的日子。债务重组日方可进行债务重组的会计处理。（　）

10. 债务人破产清算时发生的债务重组、债务人改组、借新债还旧债属于准则所规范的债务重组范围。（　）

四、业务题

1. 甲、乙企业为一般纳税企业，增值税税率为13%。2019年4月6日，甲企业因购买商品而欠乙企业购货款及税款合计260万元。由于甲企业财务发生困难，不能按照合同规定支付货款。于2019年4月15日，双方经协商，甲企业以其生产的产品偿还债务，该产品的销售价格220万元，实际成本180万元，已计提存货跌价准备1万元。乙企业接受甲企业以产品偿还债务时，将该产品作为库存商品入库；乙企业对该项应收账款计提了0.4万元的坏账准备。

要求：根据上述资料，编制甲、乙企业的会计分录。

2. 2019年4月1日，乙公司销售一批商品给甲公司，收到商业承兑汇票，票面价值为268万元，6个月期限，8月1日到期。由于甲公司发生财务困难，不能按合同规定支付货款，经与乙公司协商，乙公司同意甲公司以一台机器设备偿还债务。该项设备的账面原价为280万元，已提折旧10万元，计提的减值准备为40万元，支付清理费用1万元。该机器设备公允价值为220万元等于计税价格，增值税28.6万元。乙公司对该项应收票据计提坏账准备20万元。

要求：根据上述资料，编制甲、乙公司债务重组的会计分录。

3. 2018年6月甲公司销售商品给乙公司，含税价值为800万元，到期时由于乙公司财务发生困难，不能按照合同规定支付货款。2018年10月5日，经双方协商，甲公司同意乙公司用对M公司的长期股权投资偿债。该投资为乙公司2016年1月1日对M公司的投资，占M公司30%的表决权比例，采用权益法核算。2018年初乙公司“长期股权投资”账面余额为500万元，其中“投资成本”明细科目400万元，“损益调整”明细科目(借方)100万元；“长期股权投资减值准备”余额20万元。2018年11月6日，甲、乙企业临时股东会议通过此方案，2019年1月1日办理完毕股权划转手续。另外，2018年末M公司实现净利润60万元，乙公司长期股权投资减值准备未发生变动。2019年初对M公司的长期股权投资公允价值为700万元。甲、乙公司转让该项长期股权投资时各发生相关费用1.50万元。甲公司已计提坏账准备0.50万元。甲公司接受的长期股权投资按照权益法核算，2019年1月1日M公司可辨认净资产公允价值为3 000万元。

要求：确定债务重组日，并根据上述资料编制甲、乙公司债务重组日的会计分录。

4. 2019年4月3日，甲公司因购买材料而欠乙公司购货款及税款合计为800万元，由于甲公司无法偿付应付账款，2019年7月2日经双方协商同意，甲公司以普通股偿还债务，假设普通股每股面值为1元，股票市价为每股3元，甲公司以200万股偿还该项债务。2019年8月1日办理完毕增资手续，乙公司对应收账款提取坏账准备10万元。假定乙公司将债权转为股权后，取得甲公司40%的股权，长期股权投资按照权益法核算。2019年8月1日甲公司可辨认净资产公允价值为2 000万元。

要求：根据上述资料，编制甲公司、乙公司的会计分录。

5. 2019年3月8日，A企业持有B企业的应收票据为150万元。由于B企业资金周转发生困难，当年9月8日双方企业协商进行债务重组，协议如下：

(1)B企业以一台设备清偿债务,该设备原价75万元,已计提折旧30万元;公允价值为54万元,增值税7.02万元。

(2)将剩余的债务转为5%的股权,股权公允价值为81万元。B企业新注册资本为1 500万元,A企业已计提坏账准备20万元,A企业将该股权作为其他权益工具投资核算。假定不考虑其他税费。

要求:根据上述资料,编制A、B企业的会计分录。

五、综合题

1. 新东方股份有限公司(以下简称新东方公司)系工业生产企业,为增值税一般纳税人,适用的增值税税率为13%,所得税税率为25%。新东方公司采用实际成本对发出材料进行日常核算。期末存货采用成本与可变现净值孰低计价,按单个存货项目计提存货跌价准备。假定在本题核算时,新东方公司和北方公司均不考虑增值税以外的其他税费。新东方公司2019年和2020年发生如下交易或事项:

(1)2019年4月10日,新东方公司购入一台不需安装的甲设备用于生产新产品,取得的增值税专用发票上注明设备买价为100万元(不含增值税额)、增值税进项税额为13万元。新东方公司以银行存款支付运杂费及途中保险费3万元。购入的设备采用年限平均法计提折旧,预计使用年限为5年,无残值。

(2)2019年12月31日,甲设备的可收回金额为86.4万元,此时预计设备尚可使用年限为4年。

(3)2020年4月20日,因新产品停止生产,新东方公司不再需要甲设备。新东方公司将甲设备与南方公司的一批A材料进行交换,换入的A材料用于生产B产品。双方商定设备的公允价值为70万元,增值税9.1万元,换入原材料的发票上注明的价款为60万元,增值税额为7.8万元,新东方公司收到补价10万元,收到银行存款11.3万元。

(4)由于市场供需发生变化,新东方公司决定停止生产B产品。2020年6月30日,按市场价格计算的该批A材料的价值为60万元(不含增值税额)。销售该批A材料预计发生销售费用及相关税费为3万元。该批A材料在6月30日仍全部保存在仓库中。2020年6月30日前,该批A材料未计提跌价准备。

(5)按购货合同规定,新东方公司应于2020年7月2日前付清所欠北方公司的款项101.7万元(含增值税额)。新东方公司因现金流量严重不足,无法支付到期款项,经双方协商于2020年7月5日进行债务重组。债务重组协议的主要内容如下:①新东方公司以上述该批A材料抵偿所欠北方公司的全部债务,该批材料的公允价值为65万元,计税价格等于公允价值,且此次债务重组之前,新东方公司尚未领用该批A材料;②如果新东方公司2020年7月至11月实现的利润总额超过200万元,则应于2020年12月10日另向北方公司支付10万元现金,新东方公司2020年7月至11月实现的利润总额很可能超过200万元。北方公司为增值税一般纳税人,适用的增值税税率为13%。北方公司对该项应收账款已计提坏账准备5万元;接受的A材料作为原材料核算。

(6)2020年7月6日,新东方公司将该批A材料运抵北方公司,双方已办妥该债务重组的相关手续。

(7)新东方公司2020年7月至11月实现的利润总额为220万元。

要求:

(1)编制新东方公司购买甲设备、甲设备计提减值准备、非货币性资产交换和债务重组相关的会计分录。

(2)编制北方公司债务重组相关的会计分录。

2. 甲公司和乙公司均为增值税一般纳税人，适用的增值税税率均为13%，所得税均采用资产负债表债务法核算，适用的所得税税率为25%。甲公司和乙公司有关资料如下：

(1)甲公司2018年12月31日应收乙公司账款账面余额为10 140万元，已提坏账准备1 140万元。由于乙公司连年亏损，资金周转困难，不能偿付应于2018年12月31日前支付的应付账款。经双方协商，于2019年1月2日进行债务重组。乙公司用于抵债资产的公允价值和账面价值如下表所示。

乙公司用于抵债资产的价值　　金额单位：万元

项　目	公允价值	账面价值
其他权益工具投资(系对丙公司股票投资)	800	790(2017年12月5日取得时的成本为700)
无形资产——土地使用权	5 000	3 000
库存商品	2 000	1 500

甲公司减免扣除上述资产抵偿债务后剩余债务的60%，其余债务延期2年，每年按2%收取利息，利息于年末按年收取。债务到期日为2020年12月31日。

(2)甲公司取得的上述其他权益工具投资仍作为其他权益工具投资核算。2019年6月30日，其公允价值为795万元；2019年12月31日，其公允价值为700万元(跌幅较大)；2020年1月10日，甲公司将其他权益工具投资对外出售，收到款项710万元存入银行。

(3)甲公司取得的土地使用权按50年、采用直线法摊销。

(4)2019年10月20日，甲公司将上述土地对外出租作为投资性房地产，并采用公允价值模式进行后续计量，租赁开始日的公允价值为6 000万元。合同规定每季度租金为100万元、增值税13万元，于每季度末收取。

(5)2019年12月31日，收到第一笔租金100万元、增值税13万元，同日，上述投资性房地产的公允价值为6 100万元。

(6)甲公司取得的库存商品仍作为库存商品核算。

假定：

①不考虑增值税以外其他税费的影响。

②甲公司和乙公司每年6月30日和12月31日对外提供财务报告。

要求：

(1)分别编制2019年1月2日甲公司和乙公司债务重组的会计分录。

(2)分别编制甲公司和乙公司剩余债务期末计提利息及到期清偿债务的会计分录(假定按年计提利息)。

(3)编制甲公司债务重组取得的其他权益工具投资期末公允价值变动及出售金融资产的会计分录。

(4)计算无形资产转换为投资性房地产前应摊销的金额，并编制相关会计分录。

(5)编制租赁开始日无形资产转换为投资性房地产的会计分录。

(6)编制2019年12月31日投资性房地产公允价值变动及收取租金的会计分录。

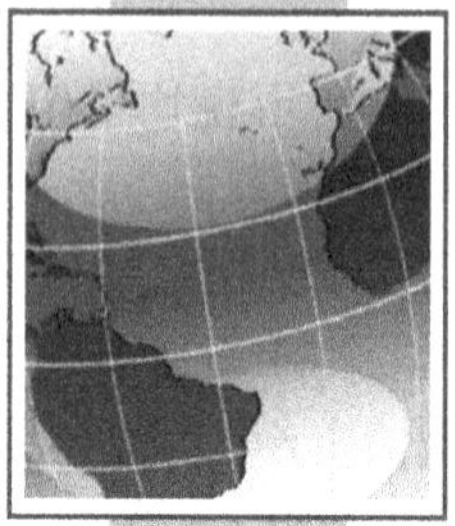

第十四章 所有者权益

一、单项选择题

1. 企业的组织形式不同，对会计要素影响最大的差别体现在（　　）的核算内容。

A. 资产　　B. 负债

C. 所有者权益　　D. 费用

2. 下列所有者权益的项目中，属于所有者共有、非收益性转化的是（　　）。

A. 实收资本　　B. 资本公积

C. 盈余公积　　D. 未分配利润

3. 企业无法支付的应付账款，应该贷记（　　）账户。

A.“营业外收入”　　B.“投资收益”

C.“补贴收入”　　D.“资本公积”

4.“资本公积——资本溢价”产生于（　　）这一企业组织形式。

A. 国有独资公司　　B. 有限责任公司

C. 股份有限公司　　D. 独资企业

5. 对有限责任公司而言，如新投资者介入，新介入的投资者缴纳的出资额大于按约定比率计算的其在注册资本中所占的份额部分，应记入（　　）账户。

A.“实收资本”　　B.“营业外收入”

C.“资本公积”　　D.“盈余公积”

6. 某公司委托证券公司发行股票 1 000 万股，每股面值 1 元，每股发行价格 8 元，向证券公司支付佣金 150 万元。该公司应贷记“资本公积——股本溢价”账户的金额为（　　）万元。

A. 6 750　　B. 6 850　　C. 6 950　　D. 7 000

7. 下列各项中，以后会计期间不能重分类进损益的其他综合收益项目是（　　）。

A. 重新计量设定受益计划净负债或净资产导致的变动

B. 因享有联营企业可供出售金融资产公允价值变动而确认的其他综合收益

C. 可供出售金融资产公允价值变动形成的其他综合收益

D. 自用房地产转为公允价值模式计量的投资性房地产在转换日公允价值大于账面价值形成的其他综合收益

8. 下列选项中，会引起留存收益总额发生增减变动的是(　　)。

A. 盈余公积转增资本　　B. 盈余公积补亏

C. 资本公积转增资本　　D. 用税后利润补亏

9. 甲公司回购股票等相关业务如下：甲公司截至 2018 年 12 月 31 日共发行股票 20 000 万股，股票面值为每股 1 元，“资本公积——股本溢价”科目余额为 55 260 万元，“盈余公积”科目余额为 2 000 万元，“利润分配——未分配利润”贷方余额为 3 000 万元。经股东大会批准，甲公司以现金回购本公司股票 3 000 万股并注销。假定甲公司按照每股 21 元的价格回购股票。甲公司按照 10%计提盈余公积。下列关于甲公司回购、注销本公司股票会计处理的说法中，不正确的是(　　)。

A. 回购本公司股票的库存股成本为 63 000 万元

B. 注销本公司股票时冲减股本的金额为 3 000 万元

C. 注销本公司股票时冲减股本溢价的金额为 55 260 万元

D. 注销本公司股票时冲减利润分配的金额为 4 266 万元

10. 下列各项中，不影响其他综合收益的是(　　)。

A. 发行可转换公司债券包含的权益成分的价值

B. 应享有联营企业其他综合收益的份额

C. 可供出售金融资产公允价值变动收益

D. 自用房地产转为公允价值模式计量的投资性房地产在转换日公允价值大于账面价值的差额

二、多项选择题

1. 在我国下列企业的组织形式中，投资人对企业的债务承担无限清偿责任的是(　　)。

A. 独资企业　　B. 合伙企业

C. 国有独资公司　　D. 股份有限公司

2. 下列表述中，符合股份有限公司特征的是(　　)。

A. 公司的设立可采用发起式，也可以采用募集式

B. 公司的全部资本分为不等额股份

C. 公司的股东有权交易或转让其持有的股权份额

D. 公司的股东人数有下限，但没有上限

3. 企业实收资本(或股本)增加的主要途径有(　　)。

A. 资本公积转入　　B. 盈余公积转入

C. 投资人追加投资转入　　D. 分派股票股利转入

4. 盈余公积的主要用途是(　　)。

A. 转增资本　　B. 特殊情况下发放现金股利

C. 弥补亏损　　D. 用于职工个人福利方面的支出

5. 企业发生经营性亏损，其弥补的主要渠道是(　　)。

A. 以后年度实现的税前利润　　B. 以后年度实现的税后利润

C. 法定盈余公积　　D. 任意盈余公积

6.“库存股”科目核算的内容包括(　　)。

A. 企业为鼓励本公司职工而收购本公司股份

B. 企业为减资而收购本公司股份

C. 股东因对股东大会作出的公司合并、分立决议持有异议而要求公司收购其股份的，企业实际支付的金额

D. 企业转让库存股或注销库存股

7. 下列项目中，应通过“资本公积——其他资本公积”科目核算的有（　　）。

A. 无法支付的应付账款

B. 债权人豁免的债务

C. 长期股权投资采用权益法核算的，被投资单位除净损益、其他综合收益和利润分配以外的所有者权益的其他变动，投资企业按照持股比例应享有的份额

D. 以权益结算的股份支付换取职工或其他方提供服务的，资产负债表日按规定确定的成本费用金额

8. 企业收到国家拨入的专门用于技术改造、技术研究等的拨款项目完成后，对于形成各项资产的部分，应按实际成本，借记“固定资产”等科目，贷记有关科目；同时进行的会计处理包括（　　）。

A. 冲减专项应付款　　B. 转入资本公积——其他资本公积

C. 转入资本公积——资本溢价　　D. 转入实收资本

9. 下列有关资本公积核算的表述中，正确的有（　　）。

A. 与发行权益性证券直接相关的手续费、佣金等交易费用，借记“资本公积——股本溢价”科目，贷记“银行存款”等科目

B. 同一控制下控股合并形成的长期股权投资，应在合并日按取得被合并方所有者权益账面价值的份额与支付的合并对价的账面价值的差额，调整“资本公积——资本溢价（或股本溢价）”科目

C. 长期股权投资采用权益法核算的，被投资单位除净损益、其他综合收益以及利润分配以外的因素导致的其他所有者权益的变动，企业按持股比例计算应享有的份额，借记或贷记“长期股权投资——其他权益变动”科目，贷记或借记“资本公积——其他资本公积”科目

D. 处置采用权益法核算的长期股权投资，还应结转原计入资本公积的相关金额，借记或贷记“资本公积——其他资本公积”科目，贷记或借记“投资收益”科目

10. 下列交易或事项形成的其他综合收益、其他权益工具或资本公积，当其减少时可能转入当期资本溢价或股本溢价的有（　　）。

A. 自用房地产转换为采用公允价值模式计量的投资性房地产时形成的其他综合收益

B. 以权益结算的股份支付换取职工或其他方服务形成的资本公积

C. 发行可转换公司债券时形成的其他权益工具

D. 债权投资重分类为其他债权投资时形成的其他综合收益

三、判断题

1. 我国不允许折价发行股票。（　　）

2. 有限责任公司在增资扩股时，新的投资者如果投入的资本与原投资者持有的份额相等，那么，新投资者对该公司所拥有的权利也与原投资者相等。（　　）

3. “利润分配——未分配利润”账户的期末余额，表示企业本期末累计的尚未分配完的利

润。（　　）

4. 用以后年度实现的利润弥补亏损无须作专门的会计分录。（　　）

5. 企业在对以前年度发生的经营性亏损进行弥补时，既可以选择用税前利润弥补，也可以选择用税后利润弥补，关键是考虑企业年度税收任务的完成情况。（　　）

6. 企业无论是以盈余公积转增资本还是弥补亏损，均不会影响企业所有者权益总额的变化，但可能会产生所有者权益项目之间的结构变化。（　　）

7. 企业接受外币资本投资时，如合同约定汇率高于收到外币当日汇率，则外币资本按合同约定汇率折合的人民币金额与按接收到外币当日汇率折合的人民币金额之间的差额，应计入当期损益。（　　）

8. 收入能够导致企业所有者权益增加，但导致所有者权益增加的不一定都是收入。（　　）

9. 企业用盈余公积弥补亏损，会导致留存收益减少。（　　）

四、业务题

1. 练习有限责任公司投入资本的会计处理。

资料：甲公司发生如下经济业务。

(1)甲有限责任公司由 A、B、C 三方共同出资组成。按其公司章程规定：A 投资方以货币资金 300 万元出资；B 投资方以固定资产出资，投资各方确认的出资成本为 200 万元；C 投资方以货币资金 240 万元和无形资产出资，投资各方确认的无形资产出资成本为 60 万元。现各出资方投入的资产均已全部到位，该公司的注册资本为 800 万元，各投资方按其出资金额比例享有其所有者权益份额。

(2)上述甲公司经过两年的经营，所有者权益总额已达 1 000 万元，其中实收资本为 800 万元，盈余公积为 60 万元，未分配利润为 140 万元。此时，又有 D 投资方要求加入该公司，并要求拥有该公司所有者权益份额的 20%。现经原投资者同意，D 投资者投入的资金已全部到位入账。

(3)假设经批准，将该企业资本公积的 60%转增资本。

要求：

(1)根据上述资料，编制甲公司相关的会计分录(金额单位以万元表示)。

(2)列出“实收资本”和“资本公积”的明细账户。

2. 练习股份有限公司投入资本的会计处理。

资料：某国有独资公司经批准改为股份有限公司，并以募集的方式设立，核定注册资本 2 000 万元(每股面值 1 元)。除公司发起人认购其股份的 40%以外，其余的 60%委托证券发行机构向社会公开发行，每股发行价格为 6 元，发行机构按股票发行收入的 2%收取发行费用，并直接从股票发行收入扣除。现股票发行成功，发行收入全部收妥入账。

要求：根据上述资料，编制该企业对外筹集股款取得时的会计分录。

注：①不考虑国有独资公司资产评估、转换及发起人认购所涉及的相关业务；
　　②金额单位以万元表示。

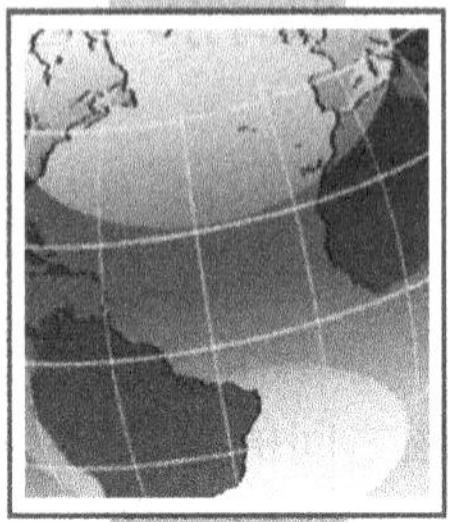

第十五章
收　入

一、单项选择题

1. 嘉利公司销售的产品包括甲产品、乙产品和丙产品。甲产品经常单独出售，其可直接观察的单独售价为 60 万元；乙产品和丙产品的单独售价不可直接观察，嘉利公司采用市场调整法估计乙产品单独售价为 30 万元，采用成本加成法估计丙产品的单独售价为 10 万元。2019 年嘉利公司与客户签订合同，向其销售甲、乙、丙三种产品，合同总价款为 80 万元，这三种产品构成三个单项履约义务。不考虑相关税费，2019 年嘉利公司确认甲产品、乙产品和丙产品的收入金额不正确的是(　　)。

A. 甲产品确认收入 60 万元

B. 乙产品确认收入 24 万元

C. 丙产品确认收入 8 万元

D. 甲产品、乙产品和丙产品确认总收入 80 万元

2. 甲公司生产和销售电视机。2019 年 4 月，甲公司向零售商乙公司销售 1 000 台电视机，每台价格 3 000 元，合同价款 300 万元。甲公司向乙公司提供价格保护，同意在未来 6 个月内，如果同款电视机售价下降，则按照合同价格与最低售价之间的差额向乙公司支付差价。甲公司根据以往执行类似合同的经验预计各种结果发生的概率如下表所示。上述价格均不包含增值税。

未来 6 个月内的降价金额(元/台)	预计各种结果发生概率
0	40%
200	30%
500	20%
1 000	10%

甲公司生产和销售电视机估计交易价格每台的金额为(　　)元。

A. 1 000　　B. 2 000　　C. 3 000　　D. 2 740

3. 康乐公司是一家咨询公司，其通过竞标赢得一个新客户，为取得该客户的合同，康乐公

司发生的下列支出中，属于为取得合同发生的增量成本的是(　　)。

A. 聘请外部律师进行尽职尽责调查的支出 5 万元

B. 因投标发生的投标费和差旅费 2 万元

C. 如果取得该新客户，将支付销售人员佣金 1 万元，康乐公司预期这些支出未来能够收回

D. 根据其年度销售目标、整体盈利情况及个人业绩等向销售部门经理支付年度奖金 20 万元

4. 乙公司签订了一项合同，合同总价为 1 000 万元，根据合同，如果企业完成了合同目标，可获得 100 万元的奖金，没有完成则没有奖金。乙公司估计完成业绩目标可能性为 90%，完不成的可能性为 10%。乙公司确认的交易价格为(　　)万元。

A. 1 000　　B. 1 100　　C. 1 090　　D. 1 001

5. 2019 年 5 月 3 日，甲企业与 H 公司签订协议销售商品一批，增值税专用发票上注明价格为 675 万元，增值税额为 87.75 万元。商品已发出，款项已收到。该协议规定，该批商品销售价格的 25%属于商品售出后 5 年内提供修理服务的服务费。则甲企业 2019 年 5 月应确认的收入为(　　)万元。

A. 675　　B. 168.75　　C. 135　　D. 506.25

6. 下列项目中，应计入营业外支出的是(　　)。

A. 计提存货跌价准备

B. 自然灾害造成的存货损失

C. 研究与开发无形资产过程中发生的各项支出

D. 计提固定资产减值准备

7. 下列关于收入确认的表述中，错误的是(　　)。

A. 卖方仅仅为了到期收回货款而保留商品的法定产权，则销售成立，相应的收入应予以确认

B. 合同或协议价款的收取采用递延方式，如分期收款销售商品，实质上具有融资性质的，应当按照应收的合同或协议价款确定销售商品收入金额

C. 销售商品涉及商业折扣的，应当按照扣除商业折扣后的金额确定销售商品收入金额

D. 收入和费用需要配比，与同一项销售有关的收入和成本应在同一会计期间予以确认。成本不能可靠计量，相关的收入也不能确认

8. 企业在资产负债表日，对某项劳务，如不能可靠地估计所提供劳务的交易结果，则对该项劳务正确的会计处理是(　　)。

A. 不确认利润，但可能确认损失　　B. 既不确认利润，也不确认损失

C. 确认利润，但不确认损失　　D. 可能确认利润，也可能确认损失

9. 企业发生以前年度的销售退回时(非资产负债表日后事项)，其冲减的销售收入应在退回当期记入(　　)科目。

A.“以前年度损益调整”　　B.“营业外支出”

C.“营业外收入”　　D.“主营业务收入”

10. A 公司为增值税一般纳税人，适用的增值税税率为 13%。2019 年 4 月 1 日与丁公司签订购销合同，合同规定，丁公司以 100 万元的价格购入 A 公司产品，A 公司已于当日收到货款，并开出增值税专用发票。商品尚未发出，该商品成本为 80 万元，已计提跌价准备 10 万元。

同时，双方还签订了补充协议，规定A公司于2019年8月31日按110万元的价格回购全部商品。下列关于A公司与丁公司销售业务的表述中，正确的是（　　）。

A. 2019年确认收入为100万元

B. 2019年确认成本为70万元

C. 2019年确认财务费用为10万元

D. 2019年8月31日按110万元的价格回购全部商品，回购存货的入账价值为110万元

11. 2019年4月1日，甲公司向乙公司销售商品5 000件，每件售价为20元（不含增值税），甲、乙公司均为增值税一般纳税人，适用的增值税税率为13%。甲公司向乙公司销售商品给予10%的商品折扣，提供的现金折扣条件为"2/10，1/20，n/30"，并代垫运费1 000元，增值税90元。乙公司于2019年4月15日付款。不考虑其他因素，甲公司在该项交易中应确认的收入是（　　）元。

A. 90 000　　B. 99 000　　C. 100 000　　D. 101 000

12. 甲公司为设备安装企业，2018年10月1日，甲公司接受一项设备安装任务，安装期为4个月，合同总收入480万元。至2018年12月31日，甲公司已预收合同价款350万元，实际发生安装费200万元，预计还将发生安装费100万元。假定甲公司按实际发生的成本占预计总成本的比例确定劳务完工进度。甲公司2018年该设备安装业务应确认的收入是（　　）万元。

A. 320　　B. 350　　C. 450　　D. 480

二、多项选择题

1. 下列选项中，属于收入确认内容的有（　　）。

A. 识别与客户订立的合同　　B. 识别合同中的单项履约义务

C. 确定交易价格　　D. 将交易价格分摊至各单项履约义务

2. 在判断客户是否取得控制权时，应考虑的因素有（　　）。

A. 企业就该商品享有现时收款权利，即客户就该商品负有现时付款义务

B. 企业已将该商品的法定所有权转移给客户，即该客户已拥有该商品的法定所有权

C. 企业已将该商品实物转移给客户，即客户已占用该商品实物

D. 企业已将该商品所有权上的主要风险和报酬转移给客户

3. 甲公司与客户签订合同，向其销售A、B、C三种产品，合同总价款为120万元，这三种产品构成三个单项履约义务。企业经常以50万元单独出售A产品，其单独售价可直接观察；企业采用市场调整法估计的B产品单独售价为25万元，采用成本加成法估计的C产品单独售价为75万元。甲公司通常以50万元的价格单独销售A产品，并将B产品和C产品组合在一起以70万元的价格销售。上述价格均不包含增值税。下列甲公司与收入计量相关的会计处理表述中，正确的有（　　）。

A. 该合同的整体折扣为30万元

B. A产品应分摊的合同价格为50万元

C. B产品应分摊的合同价格为17.5万元

D. C产品应分摊的交易价格为52.5万元

4. 下列关于履约进度的说法中，正确的有（　　）。

A. 当履约进度不能合理确定时，企业已经发生的成本预计能够得到补偿的，应当按照已经发生的成本金额确认收入，直到履约进度能够合理确定为止

B. 当客观环境发生变化时，企业需要重新评估履约进度是否发生变化，该变化应当作为会计估计变更进行会计处理

C. 对于每一项履约义务，企业只能采用一种方法来确定其履约进度

D. 资产负债表日，企业应当对履约进度进行重新估计

5. 甲公司系增值税一般纳税人。2019 年 12 月 1 日，甲公司以赊销方式向乙公司销售一批成本为 75 万元的商品。开出的增值税专用发票上注明的销售价款为 80 万元，增值税税额为 10.4 万元，满足销售商品收入确认条件。合同约定乙公司有权在三个月内退货，根据以往经验，甲公司估计退货率为 12%。2019 年 12 月 31 日，甲公司尚未收到上述款项。下列关于甲公司 2019 年该项业务会计处理的表述中，正确的有(　　)。

A. 确认预计负债 9.6 万元　　B. 确认营业收入 70.4 万元

C. 确认应收退货成本 9 万元　　D. 确认营业成本 66 万元

6. 天利公司经营一家电商平台，平台商家自行负责商品的采购、定价、发货以及售后服务，天利公司仅提供平台供商家与消费者进行交易并负责协助商家和消费者结算货款，天利公司按照货款的 5%向商家收取佣金，并判断自己在商品买卖交易中是代理人。2019 年，甲公司向平台的消费者销售 1 000 张不可退的电子购物卡，每张面值为 200 元，总额 20 万元。假设不考虑相关税费的影响，天利公司 2019 年会计处理正确的有(　　)。

A. 天利公司在商品买卖交易中为代理人

B. 确认收入 20 万元

C. 确认合同负债 1 万元

D. 确认其他应付款 19 万元

7. 我国企业会计准则规定，下列项目中，不应确认为收入的有(　　)。

A. 企业代国家收取增值税

B. 出售飞机票时代收的保险费

C. 旅行社代客户购买景点门票收取的款项

D. 销售商品的货款

8. 下列各项收入中，属于工业企业其他业务收入的有(　　)。

A. 提供运输劳务所取得的收入　　B. 提供加工装配劳务所取得的收入

C. 出租无形资产所取得的收入　　D. 销售材料产生的收入

9. 下列项目中，属于其他业务成本核算内容的有(　　)。

A. 随同产品出售单独计价的包装物的成本

B. 出租无形资产支付的服务费

C. 销售材料结转的材料成本

D. 出售无形资产结转的无形资产的摊余价值

10. 建造合同收入包括(　　)。

A. 合同规定的初始收入　　B. 因合同变更形成的收入

C. 因奖励形成的收入　　D. 零星收益

11. 下列经济业务取得的收入应通过“其他业务收入”科目核算的有(　　)。

A. 出租无形资产取得的租金收入

B. 出租固定资产取得的租金收入
C. 采用公允价值模式计量的投资性房地产取得的租金收入
D. 采用成本模式计量的投资性房地产取得的租金收入

12. 下列各项中,属于计入损益的利得有(　　)。
A. 处置固定资产产生的净收益
B. 重组债务形成的债务重组收益
C. 持有可供出售金融资产公允价值增加额
D. 对联营企业投资的初始投资成本小于应享有投资时联营企业可辨认净资产公允价值份额的差额

三、判断题

1. 企业采用具有融资性质的分期收款方式销售商品时,应按照销售合同约定的收款日期分期确认收入。(　　)

2. 合同变更增加了可明确区分的商品及合同价款,且新增合同价款反映了新增商品单独售价的,应当将该合同变更作为一份单独的合同进行会计处理(即一项新的合同)。(　　)

3. 企业在采用成本法确定履约进度时,非正常消耗的直接材料、直接人工和制造费用等,应包括在累计实际发生的成本中。(　　)

4. 合同履约成本发生减值时需要计提减值准备,且日后期间不可以转回。(　　)

5. 资产负债表日企业重新评估履约进度发生变化的,应当作为会计估计变更进行会计处理。(　　)

6. 企业在特定商品转让给客户之前不控制该商品的,企业为主要责任人。(　　)

7. 企业负有应客户要求回购商品义务,客户具有行使该要求权的重大经济动因且回购价格不低于原售价时,应视为融资交易。(　　)

8. 以旧换新业务应按照非货币资产交换原则进行会计处理。(　　)

9. 企业发生收入往往表现为货币资产的流入,但是并非所有货币资产的流入都是企业的收入。(　　)

10. 如果企业保留与商品所有权相联系的继续管理权,则在发出商品时不能确认该项商品销售收入。(　　)

四、业务题

1. 甲股份有限公司(以下简称甲公司)为增值税一般纳税企业,适用的增值税税率为13%。2019年4月2日,与C公司签订协议,向C公司销售商品一批,销售价格为200万元;该协议规定,甲公司应在2019年9月2日将该批商品购回,回购价为220万元,商品已发出,已开具增值税发票,款项已收到。该批商品的实际成本为150万元。

要求:编制甲公司与售后回购有关的会计分录。

2. A公司2019年有关委托代销的资料如下:

(1)2019年6月6日,A公司委托B公司销售甲商品1 000件,每件单位成本为0.8万元,每件协议价为1万元(不含增值税额),商品已发出。合同约定,B公司对外销售价格可自行决定,但最高不得超过每件1.5万元。

(2)2019年6月8日,A公司委托C公司销售乙商品2 000件,每件单位成本为0.3万元,每件协议价为 0.6 万元(不含增值税额),商品已发出。合同约定,C 公司对外销售价格不得改变,即仍然为每件 0.6 万元。A 公司按照销售收入的 10%向 C 公司支付代销手续费。

(3)B 公司于 2019 年 6 月 30 日实际对外销售甲商品 200 件,开具增值税专用发票,售价为每件 1.2 万元,货款已经收到。同日 A 公司收到 B 公司开来的甲商品代销清单,注明已销售代销商品 200 件,A 公司给 B 公司开具增值税专用发票,当日收到货款。

(4)C 公司于 2019 年 6 月 30 日实际对外销售乙商品 800 件,开具增值税专用发票,售价为每件 0.6 万元,货款已经收到。同日 A 公司收到 C 公司开来的乙商品代销清单,注明已销售代销商品 800 件,A 公司给 C 公司开具增值税专用发票,当日收到货款(已扣除手续费)。

(5)B 公司于 2019 年 9 月 30 日实际对外销售甲商品 700 件,开具增值税专用发票,售价为每件 1.3 万元,货款已经收到。同日 A 公司收到 B 公司开来的甲商品代销清单,注明已销售代销商品 700 件,A 公司给 B 公司开具增值税专用发票,当日未收到货款。此外,B 公司将剩余的 100 件甲商品退还给 A 公司,A 公司收到入库。2019 年 10 月 20 日 A 公司收到货款。

(6)C 公司于 2019 年 9 月 30 日实际对外销售乙商品 1 000 件,开具增值税专用发票,售价为每件 0.6 万元,货款已经收到。同日 A 公司收到 C 公司开来的乙商品代销清单,注明已销售代销商品 1 000 件,A 公司给 C 公司开具增值税专用发票,当日未收到货款。此外,C 公司将剩余的 200 件乙商品退还给 A 公司,A 公司收到入库。2019 年 10 月 6 日 A 公司收到货款(已扣除手续费)。

(7)假设委托方和受托方之间协议标明,如果 B 公司和 C 公司没有将商品售出,可将商品退还给 A 公司。假定上述公司均为增值税一般纳税人,适用的增值税税率均为 13%,不考虑其他因素。

要求:

(1)分别编制 2019 年 A 公司、B 公司相关的会计分录,并计算 A 公司、B 公司该业务在 2019 年二季度、三季度末会计报表存货、营业利润项目影响的金额。

(2)分别编制 2019 年 A 公司、C 公司相关的会计分录,并计算 A 公司、C 公司该业务在 2019 年二季度、三季度末会计报表存货、营业利润项目影响的金额。

3. 甲、乙公司均为增值税一般纳税人,适用的增值税税率均为 13%。2019 年甲公司发生的销售业务资料如下:

(1)2019 年 4 月 1 日,甲公司向乙公司销售一批商品共计 100 件,单位销售价格为 10 万元,单位成本为 8 万元,开出的增值税专用发票上注明的销售价格为 1 000 万元,增值税税额为 130 万元。协议约定,如果乙公司于 5 月 1 日支付货款,在 2019 年 6 月 30 日之前有权退回商品。商品已经发出,5 月 1 日收到货款。甲公司根据过去的经验,估计该批商品退货率为 10%(10 件)。

(2)4 月 30 日前发生销售退回 5 件,商品已经入库,款项已经支付,并已取得红字增值税专用发票。

(3)6 月 30 日前发生销售退回,商品已经入库,款项已经支付,并已取得红字增值税专用发票。甲公司发生退货存在以下三个假定条件:假定①再发生销售退回为 1 件;假定②再发生销售退回为 6 件;假定③如果没有再发生销售退回。

要求:根据上述资料,编制甲公司 2019 年与该销售业务相关的会计分录。

4. 甲建筑公司签订了一项总额为 4 000 万元的建造合同,承建一座桥梁。工程已于 2019

年7月开工，预计2021年9月完工。最初，预计工程总成本为3 600万元，到2020年底，由于材料价格上涨等因素调整了预计总成本，预计工程总成本已为4 200万元。该项工程于2021年6月提前3个月完成了建造合同，客户同意支付奖励款600万元。建造该项工程的其他有关资料如下表所示：

单位：万元

项　目	2019年	2020年	2021年
至目前为止已发生的成本	1 260	3 150	4 160
完成合同尚需发生成本	2 340	1 050	—
已结算工程价款	1 800	1 800	1 000
实际收到价款	1 700	1 720	1 180

要求：根据上述资料，编制甲建筑公司2019年、2020年和2021年相关业务的会计分录(金额单位用万元表示)。

5. 2019年1月1日，甲公司采用分期收款方式向乙公司出售大型设备一套，合同约定的价款为20 000万元，分5年于每年末分期收款，每年收取4 000万元。该套设备的成本为15 000万元，若购货方在销售当日支付货款，只需付16 000万元即可。假定甲公司在每年收回款项时开具增值税专用发票，同时收取增值税税额680万元，企业经计算得出实际利率为7.93%。不考虑其他因素。

要求：

(1)计算2019年至2023年每年末未实现融资收益的摊销额。

(2)编制2019年1月1日至2023年有关业务的会计分录。

6. A公司是一家销售美容仪器及经营连锁美容店的企业。2018年与B公司签订一项美容仪器产品销售合同，合同约定A公司向B公司销售一批美容仪器产品，售价为100万元，增值税13万元。A公司承诺该批美容仪器售出后一年内如出现非意外事件造成的故障或质量问题，A公司根据“三包”规定，免费负责保修(含零部件的更换)；同时A公司还向B公司提供一项延保服务，即在法定保修期一年之外，延长保修期三年。该批美容仪器产品和延保服务的单独标价分别为100万元和4万元。A公司根据以往经验估计在法定保修期(一年)内将很可能发生的保修费用为3万元。该批产品的成本为30万元。合同签订当日，A公司将该批仪器交付给B公司，同时B公司向A公司支付了104万元的价款和销售仪器增值税13万元。

要求：根据以上资料编制A公司相关会计分录(答案中的金额单位以万元表示)。

五、综合题

北方股份有限公司(以下简称北方公司)为增值税一般纳税企业，适用的增值税税率为13%。商品销售价格均不含增值税额，所有劳务均属于工业性劳务。销售实现时结转销售成本。北方公司销售商品和提供劳务均为主营业务。2019年12月，北方公司销售商品和提供劳务的资料如下：

(1)12月6日，与F公司签订协议，委托其代销商品一批。根据代销协议，F公司按代销商品实际售价的10%收取手续费。该批商品的协议价为100万元(不含增值税额)，实际成本为60万元。商品已运往F公司。12月31日，北方公司收到F公司开来的代销清单，列明已售出该商品的60%，款项尚未收到。

(2)12月13日，企业销售材料一批，价款为20万元，该材料发出成本为16万元。当日收取面值为22.6万元的银行承兑汇票一张。

(3)12月20日，收到I公司本年度使用本公司专有技术使用费40万元，增值税税率为6%。

(4)12月22日，G公司向北方公司订购一商品。按合同规定，商品总价款为100万元（不含增值税额），自合同签订日起3个月内交货，合同签订日，收到G公司预付的款项80万元，并存入银行。商品制造工作尚未开始。

(5)12月26日转让一商标权，取得转让收入200万元，该商标权成本为200万元，累计摊销40万元，已提无形资产减值准备10万元，增值税税率为6%。

(6)12月31日转让一台设备，该设备原价200万元，已提折旧100万元，取得转让收入90万元，并支付清理费用2万元，款项均已通过银行存款收付。

要求：编制北方公司12月份发生的上述经济业务的会计分录（"应交税费"科目要求写出明细科目，答案中的金额单位用万元表示）。

第十六章
费　用

一、单项选择题

1. 下列选项中，不属于管理费用支出项目的是（　　）。

A. 业务招待费　　B. 商标权摊销
C. 无形资产摊销　　D. 借款利息

2. 下列选项中，不属于期间费用的是（　　）。

A. 销售费用　　B. 制造费用
C. 管理费用　　D. 财务费用

3. 企业的营业外支出不包括（　　）。

A. 债务重组损失　　B. 支付的违约金
C. 救济性捐赠支出　　D. 无法收回的应收账款

4. 下列项目中，不属于其他业务成本的有（　　）。

A. 其他业务耗用的原材料　　B. 固定资产清理支出
C. 出租无形资产的成本　　D. 其他业务收入应计的成本

5. 按照会计准则规定，销货方应作为财务费用处理的是（　　）。

A. 购货方放弃的现金折扣　　B. 购货方获得的销售折让
C. 购货方获得的现金折扣　　D. 购货方的购货退出

6. 企业生产经营期间因银行存款而产生的利息收入，应贷记（　　）账户。

A.“在建工程”　　B.“营业外收入”
C.“财务费用”　　D.“长期待摊费用”

7. 按会计准则规定，下列各项中应计入管理费用的是（　　）。

A. 出租包装物摊销　　B. 出借包装物摊销
C. 车间领用低值易耗品摊销　　D. 无形资产摊销

8. 专设销售机构发生的办公费用，应当记入的会计账户是（　　）。

A.“营业外支出”　　B.“销售费用”
C.“管理费用”　　D.“财务费用”

9. 下列各项费用中，应计入财务费用的是（　　）。

A. 筹建期间长期借款利息
B. 支付的购买短期债券的手续费
C. 支付银行承兑汇票手续费
D. 固定资产达到预定可使用状态前的借款利息

10. 企业发生的存货盘亏经批准转销后不应借记(　　)账户。
A.“管理费用”　　B.“其他应收款”
C.“生产成本”　　D.“营业外支出”

二、多项选择题

1. 下列费用中,属于“销售费用”账户核算的有(　　)。
A. 展览费　　B. 广告费
C. 销售产品应负担的运输费　　D. 企业专设销售机构的经营费用

2. 财务费用包括(　　)。
A. 利息支出　　B. 金融机构手续费
C. 汇兑损失　　D. 购建固定资产(尚未完工)的筹资费用

3. 一般情况下,在劳务完成时确认收入,并将发生的有关支出直接借记“主营业务成本”账户的劳务有(　　)。
A. 饮食　　B. 远洋运输
C. 理发　　D. 照相

4. 企业销售商品应交的下列各项税金中,需在“税金及附加”账户核算的有(　　)。
A. 资源税　　B. 所得税
C. 城市维护建设税　　D. 消费税

5. 下列各项中,应通过“销售费用”账户核算的有(　　)。
A. 销售商品发生的运输费
B. 工业企业购入材料支付的保险费
C. 为销售商品而发生的招待费
D. 随同商品出售且不单独计价的包装物成本

6. 下列各项中,不应通过“管理费用”账户核算的有(　　)。
A. 支付职工教育经费　　B. 劳动保护费
C. 存货盘盈　　D. 包装费

7.“生产成本”科目一般包括(　　)。
A. 直接材料　　B. 直接人工
C. 制造费用　　D. 待摊费用

8. 下列支出中,属于营业外支出的有(　　)。
A. 捐赠支出　　B. 税款滞纳金支出
C. 转销的固定资产盘亏　　D. 非常损失

9. 下列费用中,属于期间费用的有(　　)。
A. 股票发行费　　B. 技术开发费
C. 产品展览费　　D. 咨询费

10. 下列项目中,属于其他业务成本核算内容的有(　　)。

A. 固定资产清理支出　　　　B. 无形资产使用权转让的费用

C. 出租包装物的摊销价值　　　　D. 销售不动产应交的增值税

三、判断题

1. 制造费用可直接计入当期损益。 (　　)
2. 产品成本由直接材料、直接人工和制造费用组成。 (　　)
3. 企业以银行存款偿还一项负债形成的支出构成企业的一项费用。 (　　)
4. 可以与营业收入配比的生产费用是完工产品成本。 (　　)
5. 广告费支出可以为企业营业带来长期效益,因此应当将其分配于各受益期间分别确认费用。 (　　)
6. 与同一项销售有关的收入,其成本不一定在同一会计期间予以确认。 (　　)
7. 在采用完工百分比法确认劳务收入时,其相关的销售成本应以实际发生的全部成本确定。 (　　)
8. 产品成本与制造周期有关,而期间费用只与会计期间有关。 (　　)

四、业务题

甲公司 12 月份发生的经济业务如下:

(1)5 日,以银行存款支付印花税 1 000 元。

(2)10 日,以银行存款支付乙广告公司广告费 20 000 元、增值税 1 200 元。

(3)15 日,以银行存款支付某法律顾问咨询费 1 000 元,支付办理银行承兑汇票手续费 300 元。

(4)20 日,收到银行存款利息入账通知单,计利息收入 2 500 元。

(5)30 日,本月预提银行短期借款利息 10 000 元。

(6)31 日,分配销售机构人员工资 200 000 元,计提职工福利费 28 000 元;分配管理部门人员工资 400 000 元,计提职工福利费 56 000 元。

要求:根据以上经济业务,编制会计分录。

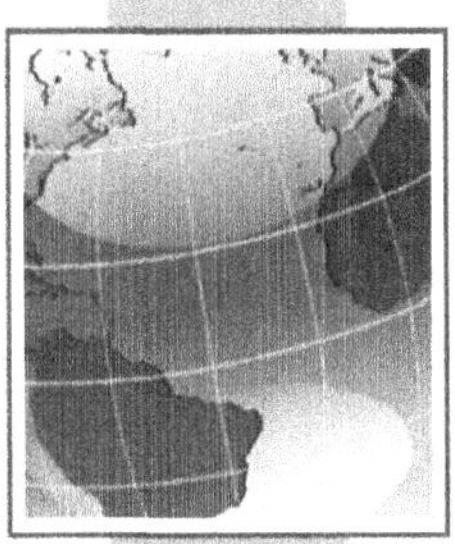

第十七章 利　润

一、单项选择题

1. 下列项目中的(　　)不包括在营业利润中。

A. 主营业务利润　　B. 其他业务利润

C. 期间费用　　D. 所得税费用

2. 甲公司2018年10月1日与乙公司签订一项咨询合同，该合同于当日生效。合同约定，咨询期为2年，咨询费为500万元。甲公司估计咨询劳务总成本为300万元。2018年发生的成本为30万元，预计还将发生270万元；2019年发生160万元，预计还将发生成本120万元。甲公司按已经提供的劳务期间占应提供劳务期间总量的比例确认收入。甲公司2019年度因该项劳务合同确认营业利润的金额为(　　)万元。

A. 250　　B. 156.25　　C. 100　　D. 93.75

3. 甲公司适用的所得税税率为25%，2019年初递延所得税资产余额为50万元(均为预提产品保修费用形成)，2019年初"预计负债"账面余额为200万元(预提产品保修费用)，2019年产品销售收入为5 000万元。按照2%的比例计提产品保修费用，税法规定产品保修费用在实际支付时可以税前扣除，2019年未发生产品保修费用。不考虑其他因素，下列有关2019年12月31日甲公司所得税的表述不正确的是(　　)。

A. 递延所得税资产余额为75万元　　B. 可抵扣暂时性差异余额为300万元

C. 递延所得税负债余额为12.5万元　　D. 确认递延所得税资产发生额25万元

4. A公司适用的所得税税率为25%。有关研究开发费用资料如下：2019年A公司发生研究开发费用共100万元，其中，费用化支出40万元，已经计入管理费用，符合资本化条件的支出为60万元。2019年7月10日研发完成，相关资产达到预定可使用状态，确认为无形资产。该无形资产预计使用年限为6年，采用直线法摊销，税法与会计规定的使用年限和摊销方法相同。A公司2019年税前会计利润为1 000万元。税法规定，企业为开发新技术、新产品、新工艺发生的研究开发费用，未形成无形资产计入当期损益的，在按照规定据实扣除的基础上，按照研究开发费用的50%加计扣除；形成无形资产的，按照无形资产成本的150%摊销。下列有关A公司2019年的会计处理中，正确的是(　　)。

A. 应交所得税为244.38万元，递延所得税负债为15万元

B. 应交所得税为 244.38 万元,不确认递延所得税
C. 应交所得税为 233.13 万元,递延所得税负债为 15 万元
D. 应交所得税为 233.13 万元,递延所得税资产为 15 万元

5. 发放股票股利后,公司的财务结果是(　　)。
A. 资产增加　　B. 负债增加
C. 资产、负债同时减少　　D. 所有者权益总额不变

6. 以下项目中,可用以弥补亏损的是(　　)。
A. 应交税费　　B. 盈余公积
C. 公益金　　D. 实收资本

7. 甲公司年初未分配利润为贷方余额 1 000 万元,本年净利润为 800 万元。若按 10%计提法定盈余公积,则本年应提取的法定盈余公积金为(　　)万元。
A. 80　　B. 20　　C. 0　　D. 180

8. 属于纳税调整减少额的项目是(　　)。
A. 超过税法规定标准的业务招待费支出　　B. 罚款支出
C. 罚款收入　　D. 国债利息收入

9. "本年利润"账户年末结转前贷方余额,表示(　　)。
A. 历年累计实现的利润总额　　B. 历年累计实现的净利润
C. 当年实现的净利润　　D. 当年实现的利润总额

10. 企业所得税的计税依据是(　　)。
A. 利润总额　　B. 应纳税所得额
C. 主营业务利润　　D. 营业利润

11. 下列各项资产和负债中,因账面价值和计税基础一致不会形成暂时性差异的是(　　)。
A. 使用寿命不确定的无形资产
B. 已计提减值准备的无形资产
C. 已确认公允价值变动损益的交易性金融资产
D. 因违反税法规定应缴纳但尚未缴纳的滞纳金

12. 下列各项负债中,计税基础为零的是(　　)。
A. 因欠税产生的应交税款滞纳金　　B. 因购入存货形成的应付账款
C. 因确认保修费用形成的预计负债　　D. 为职工计提的养老保险金

二、多项选择题

1. 影响企业营业利润的因素有(　　)。
A. 主营业务成本　　B. 财务费用
C. 税金及附加　　D. 投资收益

2. 年度终了,转入"利润分配——未分配利润"账户贷方的一般有(　　)账户的余额。
A. "本年利润"　　B. "利润分配——应付现金股利或利润"
C. "利润分配——提取盈余公积"　　D. "利润分配——盈余公积补亏"

3. 下列各项中,不需要进行特殊会计处理的业务是(　　)。
A. 盈余公积转增资本　　B. 资本公积转增资本

C. 税前利润弥补亏损　　D. 税后利润弥补亏损

4. 属于暂时性差异的项目有（　　）。

A. 会计折旧期与税法规定不同　　B. 对本期销售的产品保修费的提取

C. 国债利息收入　　D. 各种赞助费

5. 应通过“利润分配”账户核算的内容有（　　）。

A. 弥补以前年度亏损　　B. 提取法定盈余公积

C. 提取任意盈余公积　　D. 调整以前年度损益

6. 下列项目中，构成利润总额因素的有（　　）。

A. 所得税费用　　B. 营业利润

C. 投资净收益　　D. 营业外收支净额

7. 下列各项收入中，可增加企业营业利润的有（　　）。

A. 其他业务取得的收入　　B. 销售自制半成品的收入

C. 销售固定资产的收入　　D. 银行存款的利息收入

8. 下列有关企业应在会计利润的基础上进行纳税调整的表述中，正确的是（　　）。

A. 支付违反税收的罚款支出应进行纳税调增

B. 国债利息收入应进行纳税调减

C. 计提资产减值准备应进行纳税调增

D. 长期股权投资采用权益法核算的，被投资单位宣告发放现金股利不需要纳税调整

9. 根据《企业会计准则第 18 号——所得税》计量的规定，下列表述正确的有（　　）。

A. 资产负债表日，对于当期和以前期间形成的当期所得税负债（或资产），应当按照税法规定计算的预期应缴纳（或返还）的所得税金额计量

B. 资产负债表日，对于递延所得税资产和递延所得税负债，应当根据税法规定，按照当期适用的所得税税率计算

C. 适用税率发生变化的，应对已确认的递延所得税资产和递延所得税负债进行重新计量，除直接计入所有者权益的交易或者事项产生的递延所得税资产和递延所得税负债以外，应当将其影响数计入变化当期的所得税费用

D. 递延所得税资产和递延所得税负债的计量，应当反映资产负债表日企业预期收回资产或清偿债务方式的所得税影响，即在计量递延所得税资产和递延所得税负债时，应当采用与收回资产或清偿债务的预期方式相一致的税率和计税基础

10. 下列有关所得税列报的表述中，不正确的有（　　）。

A. 递延所得税资产应当作为非流动资产在资产负债表中列示

B. 递延所得税资产应当作为流动资产在资产负债表中列示

C. 递延所得税负债应当作为非流动负债在资产负债表中列示

D. 递延所得税负债应当作为流动负债在资产负债表中列示

三、判断题

1. 企业某月份未实现营业收入，则其利润总额为零。（　　）

2. 企业确实无法收回的应收账款，可以列为营业外支出。（　　）

3. 增值税的计算错误并不影响企业利润计算的正确性，消费税的计算错误影响企业利润计算的正确性。（　　）

4. 期末,“以前年度损益调整”账户的余额应转入“本年利润”账户,结转后均无余额。（ ）

5. 所得税费用是企业的一项费用支出,而非利润分配。（ ）

6. 企业在提取法定盈余公积金前不得向投资者分配利润。（ ）

7. 所得税是企业根据应纳税所得额的一定比例上交的一种税金。应纳税所得额是在企业税前会计利润(即利润总额)的基础上调整确定的。（ ）

四、业务题

1. 甲公司5月末各损益类账户金额如下表所示。

甲公司5月末损益类账户金额

单位:元

会计账户	金　额
主营业务收入	6 000 000(贷)
主营业务成本	4 600 000(借)
其他业务收入	200 000(贷)
税金及附加	80 000(借)
营业外收入	70 000(贷)
其他业务成本	130 000(借)
投资收益	350 000(贷)
营业外支出	50 000(借)
管理费用	400 000(借)
销售费用	280 000(借)
财务费用	120 000(借)
所得税费用	325 000(借)

要求:根据上述资料,计算营业利润、利润总额、净利润。

2. 甲公司2019年年底结转前损益类账户的发生额如下表所示。

甲公司2019年年底结转前损益类账户余额

单位:万元

会计账户	借方发生额	贷方发生额
主营业务收入		3 000
其他业务收入		200
投资收益		180
营业外收入		70
主营业务成本	2 100	
税金及附加	70	
其他业务成本	130	
销售费用	80	
管理费用	190	
财务费用	20	
营业外支出	40	

(1)上表中除“所得税费用”账户外,不存在其他未列损益类账户。

(2)除下列纳税调整事项外,无其他纳税调整事项:

①企业实际支付工资总额 500 万元,实际缴拨工会经费 12 万元;按税法规定企业缴拨的工会经费,不超过工资薪金总额 2%的部分,准予扣除。

②税法规定允许扣除的业务招待费标准为 30 万元,该企业实际业务招待费 50 万元。

③投资收益中,国债利息收入 20 万元。

④"利润分配——未分配利润"账户的期初借方余额 35 万元,系 2018 年发生的未弥补亏损。

⑤营业外支出中赔款支出 20 万元。

(3)该企业适用的所得税税率为 25%。

(4)该企业权力机构决定按 10%的比例提取法定盈余公积,向投资者分配利润 200 万元。

要求:根据上述资料,计算营业利润、利润总额、应纳税所得额、应交所得税、所得税费用、净利润和期末未分配利润,并编制相关的会计分录(计算所得税时,假设所有资产、负债的账面价值和计税基础一致;金额单位可用万元表示)。

3. 乙公司 2019 年实现税前利润 150 万元,按照企业会计准则规定,乙公司用 2019 年税前会计利润弥补 2018 年度的亏损 15 万元。2020 年 2 月 15 日经股东大会批准,按以下分配方案分配:

(1)按净利润的 10%提取法定盈余公积;

(2)分配给普通股股东现金股利 20 万元。

要求:假设乙公司的所得税税率为 25%,请编制相关的利润分配的会计分录。

五、综合题

甲公司为上市公司,2019 年有关资料如下:

(1)甲公司 2019 年初的递延所得税资产借方余额为 190 万元,递延所得税负债贷方余额为 10 万元,具体构成项目如下:

单位:万元

项　目	可抵扣暂时性差异	递延所得税资产	应纳税暂时性差异	递延所得税负债
应收账款	60	15		
交易性金融资产			40	10
其他债权投资	200	50		
预计负债	80	20		
可税前抵扣的经营亏损	420	105		
合　计	760	190	40	10

(2)甲公司 2019 年度实现的利润总额为 1 610 万元。2019 年度相关交易或事项如下:

①年末应收账款的余额为 400 万元,2019 年转回应收账款坏账准备 20 万元。根据税法规定,转回的坏账准备不计入应纳税所得额。

②年末交易性金融资产账面价值为 420 万元,其中成本 360 万元,累计公允价值变动 60 万元(包含本年公允价值变动 20 万元)。根据税法规定,交易性金融资产公允价值变动不计入应纳税所得额。

③年末其他债权投资账面价值为400万元，其中成本为560万元，累计公允价值变动减少其他综合收益160万元(包含本年增加其他综合收益40万元)。根据税法规定，其他债权投资公允价值变动不计入应纳税所得额。

④当年实际支付产品保修费用50万元，冲减前期确认的预计负债；当年又确认产品保修费用10万元，增加相关预计负债。根据税法规定，实际支付的产品保修费用允许税前扣除，但预计的产品保修费用不允许税前扣除。

⑤当年发生研究开发费用100万元，全部费用化计入当期损益。根据税法规定，计算应纳税所得额时，当年实际发生的费用化的研究开发支出可以按50%加计扣除。

(3)甲公司适用的所得税税率为25%，预计未来期间适用的所得税税率不会发生变化，未来期间能够产生足够的应纳税所得额用以抵扣可抵扣暂时性差异，不考虑其他因素。

要求：

(1)根据上述资料，计算甲公司2019年应纳税所得额和应交所得税的金额。

(2)根据上述资料，计算甲公司各项目2019年末的暂时性差异金额，计算结果填列在以下表格中(单位：万元)。

项　目	账面价值	计税基础	累计可抵扣暂时性差异	累计应纳税暂时性差异
应收账款				
交易性金融资产				
可供出售金融资产				
预计负债				

(3)根据上述资料，编制与递延所得税资产、递延所得税负债相关的会计分录。

(4)根据上述资料，计算甲公司2019年应确认的所得税费用金额。

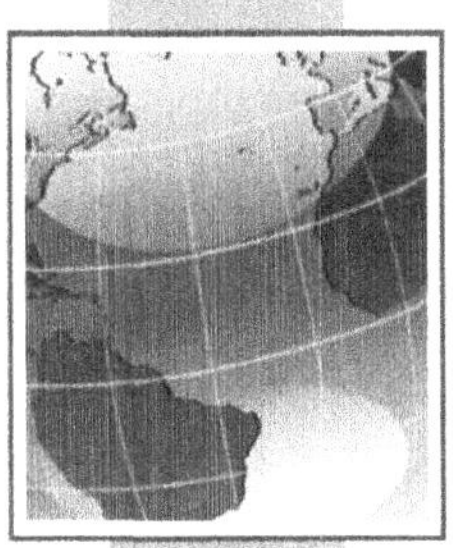

第十八章 财务报告

一、单项选择题

1. 下列属于经营活动产生的现金流量项目的是(　　)。

   A. 出售无形资产收到现金　　　　B. 出租无形资产收到现金

   C. 固定资产清理收到现金　　　　D. 固定资产盘盈

2. 下列业务中不影响现金流量的是(　　)。

   A. 期末交易性金融资产的公允价值高于其账面余额的差额

   B. 收到包装物押金

   C. 收回以前年度核销的坏账

   D. 收到银行存款利息

3. 以下不属于投资活动产生的现金流量的是(　　)。

   A. 收回作为交易性金融资产的股票投资时已宣告分配但尚未领取的现金股利

   B. 收回作为交易性金融资产债券投资时已到付息期但尚未领取的债券利息

   C. 支付融资租入固定资产的租赁费

   D. 购买无形资产支付的现金

4. “预付账款”科目明细账中若有贷方余额,应将其记入资产负债表中的(　　)项目。

   A. “应收账款”　　　　B. “预收款项”

   C. “应付账款”　　　　D. “预付款项”

5. “应收账款”科目明细账中若有贷方余额,应将其记入资产负债表中的(　　)项目。

   A. “应收账款”　　　　B. “预收款项”

   C. “应付账款”　　　　D. “预付款项”

6. 资产负债表中的“未分配利润”项目,应根据(　　)填列。

   A. “利润分配”科目余额

   B. “本年利润”科目余额

   C. “本年利润”和“利润分配”科目的余额计算后

   D. “盈余公积”科目余额

7. 某企业“应付账款”科目月末贷方余额 40 000 元,其中,“甲公司”明细科目贷方余额

35 000 元,“乙公司”明细科目贷方余额 5 000 元;“预付账款”科目月末贷方余额 30 000 元,其中,“A 工厂”明细科目贷方余额 50 000 元,“B 工厂”明细科目借方余额 20 000 元。该企业月末资产负债表中“应付账款”项目的金额为(　　)元。

A. 90 000　　B. 30 000　　C. 40 000　　D. 70 000

8. 某企业“应收账款”总账科目月末借方余额 400 万元,其中,“甲公司”明细科目借方余额 350 万元,“乙公司”明细科目借方余额 50 万元;“预收账款”科目月末贷方余额 300 万元,其中,“A 工厂”明细科目贷方余额 500 万元,“ B 工厂”明细科目借方余额 200 万元。与应收账款有关的“坏账准备”明细科目贷方余额为 10 万元,与其他应收款有关的“坏账准备”明细科目贷方余额为 5 万元。该企业月末资产负债表中“应收账款”项目的金额为(　　)万元。

A. 400　　B. 600　　C. 590　　D. 585

9. 甲公司以人民币为记账本位币,发生外币交易时采用当日的即期汇率折算。2018 年甲公司当期出口商品一批,售价 1 000 万欧元,款项已收到,收汇当日汇率为 1∶6.90;当期进口货物一批,价值 500 万欧元,款项已支付,结汇当日汇率为 1∶6.92。资产负债表日的即期汇率为 1∶6.93。假定银行存款(欧元)的期初余额为 0,甲公司当期没有发生过其他业务。下列汇率变动对现金影响额的计算中,不正确的是(　　)。

A. 汇率变动对现金流入的影响额为 30 万元

B. 汇率变动对现金流出的影响额为 5 万元

C. 汇率变动对现金流量净额的影响额为 25 万元

D. 汇率变动对现金流量净额的影响额为 0

10. 影响所有者权益(股东权益)变动表“本年年初余额”项目的因素是(　　)。

A. 会计政策变更、重大前期差错更正　　B. 净利润

C. 其他综合收益　　D. 提取盈余公积

11. 下列有关编制中期财务报告的表述中,不正确的是(　　)。

A. 企业在编制中期财务报告时,不能根据会计年度内以后中期将要发生的交易或者事项来判断当前中期的有关项目是否符合会计要素的定义,也不能人为均衡会计年度内各中期的收益

B. 企业在中期资产负债表日对于待处理的财产损溢项目,也应当像会计年度末一样,将其计入当前损益,不能递延到以后中期,因为它已经不符合资产的定义和确认标准

C. 企业在中期资产负债表日不能把潜在义务(即使该义务很可能在会计年度的以后中期变为现时义务)确认为负债

D. 企业在中期资产负债表日可以把当时已经符合负债确认条件的现时义务但履行该义务的时间和金额还需要等到会计年度以后中期才能完全确定的事项递延到以后中期进行确认

12. 下列有关现金流量表项目填列的表述中,正确的是(　　)。

A. 以银行存款向税务部门缴纳税费填列在“支付的各项税费”项目中

B. 以银行存款支付生产车间的制造费用填列在“购买商品、接受劳务支付的现金”项目中

C. 投资性房地产收到的租金收入填列在“取得投资收益收到的现金”项目中

D. 除税费返还外的其他政府补助收入填列在“收到其他与筹资活动有关的现金”项目中

二、多项选择题

1. 下列属于投资活动产生的现金流量的有（　　）。

A. 购入固定资产支付的增值税进项税额

B. 收到联营企业分回的利润

C. 购入无形资产支付的税费

D. 以现金形式收回债权性投资的利息收入

2. 某企业 2018 年度发生的下列交易或事项中，会引起投资活动产生的现金流量发生变化的有（　　）。

A. 向投资者派发现金股利 20 万元

B. 转让一项专利权，取得价款 800 万元

C. 购入一项专有技术用于日常经营，支付价款 80 万元

D. 采用权益法核算的长期股权投资，实现投资收益 700 万元

3. 下列事项中，影响现金流量变动的项目有（　　）。

A. 用固定资产清偿债务　　B. 支付应付账款

C. 发行债券收到现金　　D. 用现金购买普通股股票

4. 下列属于筹资活动产生的现金流量的有（　　）。

A. 融资租赁固定资产支付的租金

B. 支付购建固定资产而发生的资本化借款利息费用

C. 经营租赁固定资产支付的租金

D. 支付购建固定资产而发生的费用化借款利息费用

5. “支付的其他与经营活动有关的现金”项目，反映现金流出的有（　　）。

A. 支付业务招待费　　B. 经营租赁支付的租金

C. 罚款支出　　D. 支付的保险费

6. 根据会计准则的规定，下列各项中，属于企业经营活动产生的现金流量的有（　　）。

A. 收到的出口退税款

B. 收到长期股权投资的现金股利

C. 转让无形资产所有权取得的收入

D. 出租无形资产使用权取得的收入

7. 下列交易或事项产生的现金流量中，属于投资活动产生的现金流量的有（　　）。

A. 为购建固定资产支付的耕地占用税

B. 为购建固定资产支付的已资本化的利息费用

C. 因火灾造成固定资产损失而收到的保险赔款

D. 最后一次支付分期付款购入固定资产的价款

8. 下列各项中，属于现金流量表中投资活动产生的现金流量的有（　　）。

A. 购建固定资产支付的现金

B. 转让无形资产所有权收到的现金

C. 购买三个月内到期的国库券支付的现金

D. 收到分派的现金股利

9. 按照会计准则的规定，在资产负债表中应作为“存货”项目列示的有（　　）。

A. 生产成本　　B. 制造费用
C. 未确认融资费用　　D. 发出商品

10. 甲公司当期发生的交易或事项中，会引起现金流量表中筹资活动产生的现金流量发生增减变动的有（　　）。

A. 支付短期借款利息
B. 向投资者分派现金股利 300 万元
C. 收到被投资企业分来的现金股利 500 万元
D. 发行股票时由证券商支付的股票印刷费用

11. 下列各项关于现金流量表列报的表述中，正确的有（　　）。

A. 支付融资租赁固定资产的租金在“支付其他与筹资活动有关的现金”项目列示
B. 支付经营租赁固定资产的租金在“支付其他与经营活动有关的现金”项目列示
C. 支付购建固定资产而发生的资本化借款利息费用、费用化借款利息费用在“分配股利、利润或偿付利息支付的现金”项目列示
D. 支付分期付款方式购建固定资产的款项在“支付其他与筹资活动有关的现金”项目列示

12. 在现金流量表附注中的补充资料，将净利润调节为经营活动产生的现金流量，下列各调整项目中，属于调增的项目有（　　）。

A. 投资收益　　B. 递延所得税负债增加
C. 公允价值变动损失　　D. 固定资产报废损失

三、判断题

1. 2019 年 12 月 1 日购入 2017 年 1 月 1 日发行的三年期、到期一次还本付息的债券作为交易性金融资产，此项业务不影响现金流量。（　　）

2. 现金流量表补充资料中“经营性应付项目的增加”项目，反映企业本期经营性应付项目（包括应付票据、应付账款、预收款项、应付职工薪酬、应交税费、应付利息、应付股利、长期应付款、其他应付款中与经营活动有关的部分及应付的增值税进项税额等）的期初余额与期末余额的差额。（　　）

3. “长期应付款”项目反映企业除长期借款、应付债券外的其他各种长期应付款项。其中，融资租赁承租方以及分期付款购买固定资产且实质上具有融资性质的，反映扣减相应的“未确认融资费用”后的净额（折现值）。（　　）

4. 稀释每股收益金额小于基本每股收益金额。（　　）

5. 现金流量表只反映企业与现金有关的经营活动、投资活动和筹资活动。（　　）

6. 企业在编制现金流量表时，对企业为职工支付的住房公积金、为职工缴纳的商业保险金、社会保障基金等，应按照职工的工作性质和服务对象分别在经营活动和投资活动产生的现金流量有关项目中反映。（　　）

7. 现金流量表补充资料中的固定资产折旧项目反映的是企业本期计提的固定资产折旧费。（　　）

四、业务题

1. 某企业 2019 年有关报表和补充资料如下（单位为万元）：

(1)资产负债表部分资料

项　目	年初余额	期末余额
应收票据	450	480
应收账款	360	320
存货	9 760	7 840
应付票据	750	890
应付账款	670	540
预收款项	100	200

(2)利润表部分资料

项　目	本期金额
营业收入	53 400
营业成本	26 500

(3)补充资料

①本期计提坏账准备 8 万元；

②本期应交增值税的销项税额为 9 078 万元；

③本期应交增值税的进项税额为 465 万元；

④本期支付并分配计入存货成本的生产工人薪酬 130 万元，车间人员薪酬 80 万元；

⑤计提车间折旧费 70 万元。

要求：计算现金流量表中：

(1)“销售商品、提供劳务收到的现金”项目的金额；

(2)“购买商品、接受劳务支付的现金”项目的金额。

2. E 企业 2019 年资产负债表有关资料如下：

(1)应收票据期初余额 7 380 万元，期末余额 1 380 万元；

(2)应收账款期初余额 9 000 万元(未扣除坏账准备)，期末余额 18 000 万元(未扣除坏账准备)；

(3)应付票据期初余额 6 000 万元，期末余额 3 000 万元；

(4)应付账款期初余额 2 000 万元，期末余额 3 000 万元；

(5)应付职工薪酬期初余额 300 万元，期末余额 2 400 万元(包含本期发生的在建工程人员未支付职工薪酬 840 万元)；

(6)应交税费期初余额 900 万元，期末余额 7 715.99 万元(包含本期发生的固定资产负担的税费 3 000 万元)。

要求：计算现金流量表附注中：

(1)“经营性应收项目的减少(减：增加)”项目的金额；

(2)“经营性应付项目的增加(减：减少)”项目的金额。

五、综合题

W 公司 2019 年度资产负债表和利润表如下表所示：

资产负债表(简表)

编制单位:W 公司　　2019 年 12 月 31 日　　单位:元

资　产	上年年末数	期末数	负债和股东权益	上年年末数	期末数
流动资产:			流动负债:		
货币资金	80 500	89 200	应付票据	120 000	0
交易性金融资产	20 000	28 000	应付账款	49 500	93 000
应收账款	54 000	39 000	短期借款	0	50 000
存货	80 000	165 000	流动负债合计	169 500	143 000
流动资产合计	234 500	321 200	非流动负债:		
			应付债券	80 000	225 000
非流动资产:			长期负债合计	80 000	225 000
固定资产原价	250 000	507 000	负债合计	249 500	368 000
减:累计折旧	15 000	31 500	股东权益:		
固定资产净值	235 000	475 500	股本	190 000	240 000
长期待摊费用	0	15 000	未分配利润	30 000	203 700
非流动资产合计	235 000	490 500	股东权益合计	220 000	443 700
资产总计	469 500	811 700	负债和股东权益总计	469 500	811 700

利润表(简表)

编制单位:W 公司　　2019 年　　单位:元

项　目	本期金额	上期金额
一、营业收入	738 000	
减:营业成本	360 000	
税金及附加	2 000	
销售费用	18 000	
管理费用	41 000	
财务费用	10 000	
资产减值损失	0	
加:公允价值变动损益(损失以"—"号列示)	0	
投资收益(损失以"—"号列示)	3 000	
其中:对联营企业和合营企业的投资收益	(略)	
二、营业利润(亏损以"—"号填列)	310 000	
加:营业外收入	3 000	
减:营业外支出	10 000	
其中:非流动资产处置损失	(略)	
三、利润总额(亏损以"—"号填列)	303 000	

续表

项　目	本期金额	上期金额
减:所得税费用	102 300	
四、净利润(净亏损以"—"号填列)	200 700	
(一)基本每股收益	(略)	
(二)稀释每股收益	(略)	

其他有关资料:

(1)本年度应交增值税(销项税额)为 125 460 元,应交增值税(进项税额)为 41 650 元,应交增值税(已交税金)为 83 810 元。

(2)本年度支付工资费用 165 000 元(均为生产经营人员工资)。

(3)本年度支付现金股利 27 000 元,支付所得税 102 300 元。

(4)本年度支付所得税 102 300 元,支付教育费附加 2 000 元,支付其他费用 39 500 元。

(5)本年度出售固定资产一台,原价 60 000 元,已提折旧 5 000 元,处置价格为 58 000 元,已收到现金。

(6)本年度购入固定资产,价款 317 000 元,以银行存款支付。

(7)本年度购入股票投资作为交易性金融资产,支付价款 23 000 元。

(8)本年度出售交易性金融资产收到现金 18 000 元,成本 15 000 元。

(9)本年度偿付应付公司债券 70 000 元,新发行债券 215 000 元,已收到现金。

(10)本年度发生火灾造成存货损失 10 000 元,已计入营业外支出。

(11)本年度支付经营租赁方式租入的固定资产发生的改良支出 15 000 元。

(12)本年度发行新股 50 000 元,已收到现金。

(13)财务费用 10 000 元系支付的债券利息。

(14)本年度从银行取得短期借款 50 000 元。

假定 W 公司没有现金等价物,应收账款全部为应收销货款,应付账款全部为应付购货款。

要求:根据上述资料,编制 W 公司的现金流量表。

现金流量表

编制单位:W 公司　　　　2019 年度　　　　单位:元

项　目	本期金额	上期金额
一、经营活动产生的现金流量		
销售商品、提供劳务收到的现金		
收到的税费返还		
收到的其他与经营活动有关的现金		
经营活动现金流入小计		
购买商品、接受劳务支付的现金		
支付给职工以及为职工支付的现金		
支付的各项税费		
支付的其他与经营活动有关的现金		

续表

项　目	本期金额	上期金额
经营活动现金流出小计		
经营活动产生的现金流量净额		
二、投资活动产生的现金流量		
收回投资所收到的现金		
取得投资收益收到的现金		
处置固定资产、无形资产和其他长期资产而收回的现金净额		
处置子公司及其他营业单位收到的现金净额		
收到其他与投资活动有关的现金		
投资活动现金流入小计		
购建固定资产、无形资产和其他长期资产所支付的现金		
投资支付的现金		
取得子公司及其他营业单位支付的现金净额		
支付的其他与投资活动有关的现金		
投资活动现金流出小计		
投资活动产生的现金流量净额		
三、筹资活动产生的现金流量		
吸收投资所收到的现金		
取得借款所收到的现金		
收到的其他与筹资活动有关的现金		
筹资活动现金流入小计		
偿还债务支付的现金		
分配股利、利润或偿付利息支付的现金		
支付其他与筹资有关的现金		
筹资活动现金流出小计		
筹资活动产生的现金流量净额		
四、汇率变动对现金及现金等价物的影响		
五、现金及现金等价物净增加额		
加：期初现金及现金等价物余额		
六、期末现金及现金等价物余额		
补充资料		
1. 将净利润调节为经营活动现金流量：		
净利润		

续表

项 目	本期金额	上期金额
加:资产减值准备		
固定资产折旧、油气资产折耗、生产性生物资产折旧		
无形资产摊销		
长期待摊费用摊销		
处置固定资产、无形资产和其他长期资产的损失(收益以“—”号填列)		
固定资产报废损失(收益以“—”号填列)		
公允价值变动损失(收益以“—”号填列)		
财务费用(收益以“—”号填列)		
投资损失(收益以“—”号填列)		
递延所得税资产减少(增加以“—”号填列)		
递延所得税负债增加(减少以“—”号填列)		
存货的减少(增加以“—”号填列)		
经营性应收项目的减少(增加以“—”号填列)		
经营性应付项目的增加(减少以“—”号填列)		
其他		
经营活动产生的现金流量净额		
2. 不涉及现金收支的重大投资和筹资活动:		
债务转为资本		
一年内到期的可转换公司债券		
融资租入固定资产		
3. 现金及现金等价物净变动情况:		
现金的期末余额		
减:现金的期初余额		
加:现金等价物的期末余额		
减:现金等价物的期初余额		
现金及现金等价物净增加额		

21 世纪普通高等教育“十三五”规划教材·会计系列

中级财务会计

（第六版）

主编　韩冬芳

上海财经大学出版社

图书在版编目(CIP)数据

中级财务会计/韩冬芳主编．—6版．—上海：上海财经大学出版社，2019.8
(21世纪普通高等教育“十三五”规划教材·会计系列)
ISBN 978-7-5642-3347-1/F·3347

Ⅰ.①中…　Ⅱ.①韩…　Ⅲ.①财务会计-高等学校-教材
Ⅳ.①F234.4

中国版本图书馆CIP数据核字(2019)第169900号

□ 责任编辑　黄　荟
□ 封面设计　张克瑶

中级财务会计
(第六版)

主编　韩冬芳

上海财经大学出版社出版发行
(上海市中山北一路369号　邮编200083)
网　　址:http://www.sufep.com
电子邮箱:webmaster@sufep.com
全国新华书店经销
上海华业装璜印刷厂有限公司印刷装订
2019年8月第6版　2025年6月第4次印刷

787mm×1092mm　1/16　22印张　563千字
(习题集　7.5印张　192千字)
印数:84 301—84 800　定价:59.00元
(本教材免费赠送配套习题集,请直接向售书单位索取)

前 言

随着我国市场经济的长足发展以及世界经济一体化进程的加快，我国的经济和社会状况发生了深刻的变革，社会对会计人才的需求在数量、结构、质量和规格方面都有很大的变化；同时，2006 年财政部发布了新的《企业会计准则——基本准则》、《企业会计准则第 1 号——存货》等 38 个具体准则和《企业会计准则——应用指南》，于 2007 年 1 月 1 日起首先在上市公司开始实施，随后其他企业跟进实施，确立了以基本准则为主导、具体准则和应用指南为具体规范的企业会计准则体系，创造了一个既坚持中国特色又与国际惯例趋同的会计准则制定实施模式，这一切都对会计人才培养提出了新的挑战。为适应新的要求，我们于 2007 年编写了《中级财务会计》一书，并不断修订改版，2016 年修订出版了第五版。但是，由于近年来新的经济业务的大量涌现及新的法律法规的实施，特别是 2017 年，财政部新颁布了《企业会计准则第 42 号——持有待售的非流动资产、处置组和终止经营》，修订了《企业会计准则第 14 号——收入》、《企业会计准则第 16 号——政府补助》、《企业会计准则第 22 号——金融工具确认和计量》、《企业会计准则第 23 号——金融资产转移》、《企业会计准则第 24 号——套期会计》和《企业会计准则第 37 号——金融工具列报》等具体会计准则，并陆续施行，加之 2019 年 4 月 1 日，我国减税降费政策的实施，这些都导致会计业务处理发生了很大的变化，为此，我们对本书第五版进行修订，出版第六版。

本书始终以市场为导向，以培养高级应用型会计人才为目标，以新的企业会计准则体系为准绳，创建立体会计知识实训体系，将理论和实务融为一体，在理论上博采众长，力求引进最新观点、最新成果，在实务上具有很强的操作性，力争为培养高级应用型会计人才提供通用、新颖且能反映会计前沿的知识体系。

修订后的第六版具有以下特色：

1. 内容新颖

本书内容以最新的会计法律法规、相关法律法规和企业会计准则体系为指导，汲取、借鉴近年来我国财会研究的最新成果和中外著作的精华，并结合作者自身多年从事会计理论研究、会计实务和会计教学的经验编纂而成，力争体现新颖性、前瞻性、实用性。

2. 突出会计专业素质和操作技能的培养

本书以市场为导向，紧密结合社会对会计人才的要求，将理论和实务紧密结合在一起，将专业素质、操作技能的培养融合在各章节的具体内容中，使学生在学习理论的同时进行能力的培养，创建立体会计知识实训体系。

3. 深入浅出，易于理解掌握

本书在表述的过程中，图文并茂，力争使复杂问题简单化、条理化，简单问题通俗化、直观化。

总之，本书具有浓厚的时代特色，适合当今高校会计学专业学生使用，也适合会计人员使用。

本书由山西省教学名师、山西省精品资源共享课“财务会计学”项目负责人、山西大学商务学院韩冬芳教授担任主编，并对全书进行了总纂。具体编写分工如下：韩冬芳编写第一章、第二章、第十五章和第十八章；长春大学管理学院张兴东编写第十章和第十七章；山西大学商务学院贾小能编写第七章、第八章、第十一章和第十二章，张晋侠编写第六章、第九章和第十六章，薛洋编写第四章、第五章和第十三章；中国地质大学江城学院董利军编写第三章、第十四章。

在本书编写和修订的过程中，得到了许多专家、学者的大力支持，本书出版后，深得广大读者的厚爱，并对本书提出了宝贵建议，在此我们一并表示感谢。为把本书做成精品，我们做了不懈的努力，但由于作者水平有限，书中不足之处恳请专家和学者指正。

编　者

2019年8月

目　录

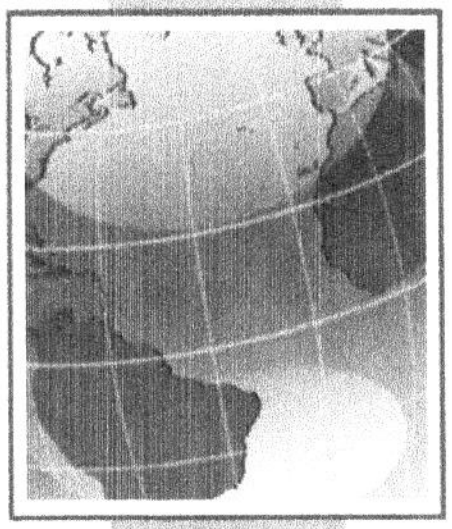

第一章 总 论

【本章要点提示】

- 财务会计的概念、目标和会计信息质量要求。
- 会计的基本假设和会计基础。
- 财务会计要素及其确认与计量。
- 我国会计标准建设过程中新的会计规范体系。

会计起源于生产实践。会计是随着人类社会生产的发展和经济管理的需要而产生、发展并不断完善起来的。20 世纪初，近代会计进入现代会计阶段，现代化的管理方法和技术渗透到会计领域，使传统会计分化为财务会计和管理会计。

《中级财务会计》课程的开篇总论部分一方面介绍财务会计中涉及的会计的基本理论，另一方面介绍财务会计的内容体系和会计规范。

第一节 财务会计概述

会计起源于生产实践。

会计是随着人类社会生产的发展和经济管理的需要而产生、发展并不断完善起来的。会计最初表现为人类对经济活动的计量与记录行为，是生产职能的附带部分，如我国的结绳记事，简单刻记的出现就是会计产生的萌芽阶段，即使随后会计从生产职能中分离出来，也主要是计算劳动成果，为劳动成果的分配服务，与统计和其他核算是混在一起的，属于古代会计时期。

随着社会经济的不断发展，剩余产品的大量出现，会计由以实物量度为主要计量单位，进展到以货币量度为主要计量单位，从而使会计与统计相区别，是古代会计向近代会计转变的开始。随着资本主义经济的产生，生产力的不断提高，13 世纪意大利复式记账法的建立和应用，标志着近代会计最终形成。

会计伴随着经济的发展而发展，到了 20 世纪初，近代会计进入现代会计阶段，公认会计原则和执业会计师制度是现代会计最基本的特征，现代化的管理方法和技术渗透到会计领域，使传统会计分化为财务会计和管理会计。

一、财务会计的概念和特征

（一）财务会计的概念

财务会计是现代会计的一个分支，它是以会计标准为依据，通过确认、计量、记录和报告等程序，对企业的资金及其运动进行反映和控制，旨在为企业外部会计信息使用者提供会计信息的对外报告会计。其实质是一套信息系统，也是一种管理活动，信息为管理提供，管理是信息提供的目的。

财务会计同旨在为企业内部管理当局提供经营决策所需信息的管理会计相配合，共同服务于市场经济条件下的现代企业。

（二）财务会计的特征

财务会计与管理会计相比有如下特征：

1. 以会计标准为依据

会计标准是处理会计业务的规范，财务会计必须以它们为依据。

2. 通过确认、计量、记录和报告等程序

财务会计在数据处理和信息加工过程中，是通过使用传统会计模式的确认、计量、记录和报告等程序进行的。

3. 以财务会计报告作为财务会计工作的核心

财务会计报告又称财务报告，是反映企业财务状况、经营成果和现金流量等信息的载体，所以它是财务会计工作的核心。

4. 以计量和输出会计信息为主要目标

财务会计的主要目标是计量和输出会计信息，为外部会计信息使用者了解评价企业并进行相关决策提供依据。

二、财务会计的目标

财务会计作为一个以提供财务信息为主的经济信息系统，是以一定目标作为系统运行的基本条件和最终归宿的。一般来讲，财务会计的主要目标是为企业外部信息使用者提供与企业财务状况、经营成果和现金流量等有关的会计信息，反映企业管理层受托责任履行情况，有助于财务报告使用者作出经济决策。财务报告使用者包括投资者、债权人、政府及其有关部门和社会公众等。

第二节 会计基本假设与会计基础

一、会计基本假设

会计基本假设是企业会计确认、计量和报告的前提，是对会计核算所处的时间、空间环境等所作的合理设定。会计基本假设包括会计主体、持续经营、会计分期和货币计量。

（一）会计主体

会计主体，是指企业会计确认、计量和报告的空间范围。

在会计主体假设下，财务会计应当对企业本身发生交易或事项进行确认、计量和报告。只有明确会计主体，才能划定会计所要处理的各项交易或事项的范围，才能把握会计处理的立场，才能将会计主体的经济活动与会计主体所有者的经济活动区分开来。

值得注意的是，会计主体不同于法律主体，法律主体必然是一个会计主体，但是会计主体不一定是法律主体。

（二）持续经营

持续经营，指企业在可以预见的未来，会按照当前的规模和状态继续经营下去，不会停业，也不会大规模削减业务。

在持续经营假设下，会计确认、计量和报告应当以企业持续、正常的生产经营活动为前提。

(三)会计分期

会计分期，是指将一个企业持续正常的生产经营活动划分为一个个连续的、长短相同的期间。

在会计分期假设下，企业应当划分会计期间，分期结算账目和编制财务报告。会计期间通常分为年度和中期。中期是指短于一个完整的会计年度的报告期间，年度和中期均按公历起讫日期确定。

由于会计分期，产生了当期与以前期间、以后期间的差别，才使不同类型的会计主体有了记账的基准，进而出现了折旧、摊销等会计处理方法。

(四)货币计量

货币计量，是指会计主体在会计确认、计量和报告时以货币计量，反映会计主体的生产经营活动。

在会计的确认、计量和报告过程中之所以选择货币为基础进行计量，是由货币本身的属性决定的。货币是商品的一般等价物，是衡量一般商品价值的共同尺度，其他计量单位，无法在量上进行汇总和比较，只有选择货币尺度进行计量，才能充分反映企业的生产经营情况。

二、会计基础

企业会计的确认、计量和报告应当以权责发生制为基础。权责发生制基础要求，凡是当期已经实现的收入和已经发生或应当负担的费用，无论款项是否收付，都应当作为当期的收入和费用，记入利润表；凡是不属于当期的收入和费用，即使款项已在当期收付，也不应当作为当期的收入和费用。

在实务中，企业交易或者事项的发生时间与相关货币收支时间有时并不完全一致。例如，款项已经收到，但销售并未实现；或者款项已经支付，但并不是为本期生产经营活动而发生的。为了更加真实、公允地反映特定会计期间的财务状况和经营成果，企业会计准则基本准则明确规定，企业在会计确认、计量和报告中应当以权责发生制为基础。

收付实现制是与权责发生制相对应的一种会计基础，它是以收到或支付的现金作为确认收入和费用等的依据。目前，我国的行政单位会计采用收付实现制，事业单位会计除经营业务可以采用权责发生制外，其他大部分业务采用收付实现制。

第三节 会计信息质量要求

会计信息质量要求是对企业财务报告中所提供会计信息质量的基本要求，是使财务报告中所提供会计信息对投资者等使用者决策有用所应具备的基本特征，它主要包括可靠性、相关性、可理解性、可比性、实质重于形式、重要性、谨慎性和及时性等。

一、可靠性

可靠性要求企业应当以实际发生的交易或事项为依据进行会计确认、计量和报告，如实反映符合确认和计量要求的各项会计要素及其他相关信息，保证会计信息真实可靠，内容完整。

会计信息要有用，必须以可靠为基础，如果财务报告所提供的会计信息是不可靠的，就会给投资者等使用者的决策产生误导甚至损失。为了贯彻可靠性要求，企业应当做到：

(1)以实际发生的交易或事项为依据进行会计确认、计量和报告，不得根据虚构的、尚未发生的交易或者事项为依据进行会计确认、计量和报告。

(2)在符合重要性和成本效益原则的前提下,保证会计信息的完整性,其中包括编报的报表及其附注内容等应当保持完整,不能随意遗漏或减少应予披露的信息,与使用者决策相关的有用信息都应当充分披露。

(3)包括在财务报告中的会计信息应当是中立的、无偏的。如果企业在财务报告中为了达到事先设定的结果或效果,通过选择或列示有关会计信息以影响决策和判断的,这样的财务报告信息就不是中立的。

二、相关性

相关性要求企业提供的会计信息应当与投资者等财务报告使用者的经济决策需要相关,有助于财务报告使用者对企业过去、现在或者未来的情况作出评价或者预测。

会计信息的价值,关键是看其与使用者的决策需要是否相关,是否有助于决策或者提高决策水平。相关的会计信息应当能够有助于使用者评价企业过去的决策,证实或者修正过去的有关预测,因而具有反馈价值。相关的会计信息还应当具有预测价值,有助于使用者根据财务报告所提供的会计信息预测企业未来的财务状况、经营成果和现金流量。如区分收入和利得、费用和损失,区分流动资产和非流动资产、流动负债和非流动负债,适度引入公允价值等,都可以提高会计信息的预测价值,进而提升会计信息的相关性。

会计信息质量的相关性要求,需要企业在确认、计量和报告会计信息的过程中,充分考虑使用者的决策模式和信息需要。但是,相关性是以可靠性为基础的,两者之间并不矛盾。会计信息在可靠性前提下,尽可能做到相关性,以满足投资者等财务报告使用者的决策需要。

三、可理解性

可理解性要求企业提供的会计信息应当清晰明了,便于投资者等财务报告使用者理解和使用。

企业编制财务报告、提供会计信息的目的在于使用,使会计信息使用者易于理解,只有这样才能实现财务报告的目标。

鉴于会计信息是一种专业性较强的信息产品,因此,在强调会计信息的可理解性要求的同时,还应假定使用者具有一定的有关企业生产经营活动和会计核算方面的知识,并且愿意付出努力去研究这些信息。对于某些复杂的信息,如交易本身较为复杂或者会计处理较为复杂,但其对使用者的经济决策是相关的,企业就应当在财务报告中予以充分披露。

四、可比性

可比性要求企业提供的会计信息应当相互可比,具体包括两方面要求:一是同一企业不同时期发生的相同或者相似的交易或者事项,应当采用一致的会计政策,不得随意变更,确需变更的,应当在附注中说明;二是不同企业相同会计期间发生的相同或者相似的交易或者事项,应当采用规定的会计政策,确保会计信息口径一致、相互可比。

五、实质重于形式

实质重于形式要求企业应当按照交易或者事项的经济实质进行会计确认、计量和报告,不应仅以交易或者事项的法律形式为依据。

企业发生的交易或者事项在多数情况下，其经济实质和法律形式是一致的。但在有些情况下会出现不一致。例如，以融资租赁方式租入的资产，虽然从法律形式来讲，企业并不拥有其所有权，但是从其经济实质来看，企业能够控制其创造的未来经济利益，所以，会计核算上将以融资租赁方式租入的资产视为企业的资产进行管理，列入企业的资产负债表。

六、重要性

重要性要求企业提供的会计信息应当反映与企业财务状况、经营成果和现金流量等有关的所有重要交易或者事项。

在实务中，如果会计信息的省略或者误报会影响投资者等财务报告使用者据此作出经济决策的，该信息就具有重要性。重要性的应用需要依赖职业判断，企业应当根据其所处环境和实际情况，从项目性质和金额大小两个方面加以判断。

七、谨慎性

谨慎性要求企业对交易或者事项进行会计确认、计量和报告应当保持应有的谨慎，不应高估资产或者收益、低估负债或者费用。

在市场经济环境下，企业的生产经营活动面临着许多风险和不确定性，如应收账款的可收回性、固定资产的使用寿命、无形资产的使用寿命、售出存货可能发生的退货或者返修等。会计信息质量的谨慎性要求，需要企业在面临不确定因素的情况下作出职业判断时，应当保持必要的谨慎，充分估计到各种风险和损失，既不高估资产或者收益，也不低估负债或者费用。

谨慎性的应用也不允许企业设置秘密准备，故意低估资产或者收益，故意高估负债或者费用，违背会计信息质量的可靠性和相关性，损害会计信息质量，从而对使用者的决策产生误导。

八、及时性

及时性要求企业对于已经发生的交易或者事项，应当及时进行会计确认、计量和报告，不得提前或者延后。

会计信息的价值在于帮助使用者作出经济决策，因此具有时效性。企业在会计确认、计量和报告过程中贯彻及时性，主要是及时搜集会计信息、及时处理会计信息和及时传递输出会计信息。

第四节 会计要素及其确认与计量

会计要素是根据交易或者事项的经济特征所确定的财务会计对象的基本分类。会计要素按照其性质分类，可分为资产、负债、所有者权益、收入、费用和利润，其中，资产、负债和所有者权益要素侧重于反映企业的财务状况，收入、费用和利润要素侧重于反映企业的经营成果。会计要素的界定和分类可以使财务会计系统更加科学严密，为投资者等财务报告使用者提供更加有用的信息。

一、会计要素及其确认条件

(一)资产

1. 资产的概念

资产是指企业过去的交易或者事项形成的、由企业拥有或者控制的、预期会给企业带来经济利益的资源。

资产包括流动资产和非流动资产。

2. 资产的特征

企业的资产具有以下特征：

(1)资产预期会给企业带来经济利益

资产预期会给企业带来经济利益，是指资产具有直接或者间接导致现金和现金等价物流入企业的潜力。这种潜力可以来自企业日常的生产经营活动，也可以是非日常活动；带来的经济利益可以是现金或者现金等价物，或者是可以转化为现金或者现金等价物的形式，或者是可以减少现金或者现金等价物流出的形式。

预期会给企业带来经济利益是资产的重要特征，如果某项目不能给企业带来经济利益，那么就不能将其确认为企业的资产。

(2)资产应为企业拥有或者控制的资源

企业拥有资产，能够排他性地从中获取经济利益，如果企业不能拥有或控制资产所能带来的经济利益，那么就不能将其作为企业的资产予以确认。

(3)资产是由企业过去的交易或者事项形成的

资产应当由企业过去的交易或者事项所形成，过去的交易或者事项包括购买、生产、建造行为或者其他交易或事项。企业预期在未来发生的交易或者事项不形成资产。

3. 资产的确认条件

符合规定的资产概念的资源，在同时满足以下条件时确认为资产：

(1)与该资源有关的经济利益很可能流入企业

能够带来经济利益是资产的一个本质特征，但是由于经济环境的变化，与资源有关的经济利益能否流入企业或者能够流入多少具有不确定性。因此，资产的确认应当与经济利益流入的不确定性程度的判断结合起来，如果根据编制财务报表时所取得的证据，与该资源有关的经济利益很可能流入企业，就应当将其作为资产进行确认。

(2)该资源的成本或者价值能够可靠地计量

可计量性是所有会计要素确认的重要前提，资产的确认也是如此。企业拥有或者控制的资源，只要实际发生的购买或者生产成本能够可靠地计量，就应视为符合了资产可计量性的确认条件，在某些情况下，企业取得的资源没有实际成本或实际成本很小，但是其公允价值能够可靠计量的，也被认为符合了资产可计量性的确认条件。

资产项目应当列入资产负债表。

(二)负债

1. 负债的概念

负债是指企业过去的交易或者事项形成的、预期会导致经济利益流出企业的现时义务。

负债包括流动负债和非流动负债。

2. 负债的特征

企业的负债具有以下特征：

(1)负债是企业承担的现时义务

企业承担的现时义务，是负债的一个基本特征。现时义务是指企业在现行条件下已承担的义务，未来发生的交易或者事项形成的义务，不属于现时义务，不应当确认为负债。义务可以是法定义务，也可以是推定义务。法定义务是指具有约束力的合同或者法律、法规规定的义务，通常在法律意义上需要强制执行；推定义务是指根据企业多年来的习惯做法、公开的承诺或者公开宣布的政策而导致企业将承担的责任，这些责任也使有关各方形成了企业将履行义务解脱责任的合理预期。

(2)负债预期会导致经济利益流出企业

预期会导致经济利益流出企业是负债的另一个重要特征。企业在履行现时义务清偿负债时，导致经济利益流出企业的形式多种多样，包括以现金偿还或以实物资产形式偿还，以提供劳务形式偿还，部分转移资产、部分提供劳务偿还，将负债转为资本，等等。

(3)负债是由企业过去的交易或者事项形成的

负债应当由企业过去的交易或者事项所形成，过去的交易或者事项包括购买货物、使用劳务、接受银行贷款等，企业将在未来发生的承诺、签订的合同等交易或者事项，不形成负债。

3. 负债的确认条件

符合负债概念的义务，在同时满足以下条件时，确认为负债：

(1)与该义务有关的经济利益很可能流出企业

由于企业履行偿债义务所需流出的经济利益带有不确定性，特别是与推定义务相关的经济利益通常需要依赖于大量的估计，因此，负债的确认应当与经济利益流出的不确定性程度的判断结合起来，如果有确凿证据表明与现时义务有关的经济利益很可能流出企业，就应当将其作为负债予以确认。

(2)未来流出的经济利益的金额能够可靠地计量

企业的负债也要符合可计量性的要求，对于未来流出的经济利益的金额应当能够可靠地计量。具体来讲，与法定义务有关的经济利益流出金额，可以根据合同或者法律规定的金额予以确定，在未来期间较长的情况下，要考虑货币的时间价值等因素的影响。与推定义务有关的经济利益流出金额，通常需要较大程度的估计，根据最佳估计数进行确定，在未来期间较长的情况下，要考虑货币的时间价值、风险等因素的影响。

负债项目应当列入资产负债表。

(三)所有者权益

1. 所有者权益的概念

所有者权益是指企业资产扣除负债后由所有者享有的剩余权益。公司的所有者权益又称为股东权益。所有者权益既可反映所有者投入资本的保值增值，又体现了保护债权人权益的理念。

所有者权益的来源包括所有者投入的资本、直接计入所有者权益的利得和损失(其他综合收益)、留存收益等，通常由实收资本(或股本)、资本公积(含资本溢价或股本溢价、其他资本公积)、盈余公积和未分配利润构成。

所有者投入的资本是指所有者投入企业的所有资本，它既包括构成企业注册资本或者股本部分的金额，也包括投入资本超过注册资本或者股本部分的金额，即资本溢价或股本溢价，这部分投入资本在我国会计准则体系中被计入资本公积，并在资产负债表中的“资本公积”项目下反映。

直接计入所有者权益的利得和损失，是指不应计入当期损益、会导致所有者权益发生增减变动、与所有者投入资本或者向所有者分配利润无关的利得或者损失。

利得是指由企业非日常活动所形成、会导致所有者权益增加、与所有者投入资本无关的经济利益的流入。损失是指由企业非日常活动所发生、会导致所有者权益减少、与向所有者分配利润无关的经济利益的流出。

留存收益是企业历年实现的净利润留存于企业的部分，主要包括累计计提的盈余公积和未分配利润。

2. 所有者权益的特征

(1)除非发生减资清算，企业不需要偿还所有者权益。

(2)企业清算时，只有在清偿所有的负债后，所有者权益才返还给所有者。

(3)所有者凭借所有者权益能够参与利润分配。

3. 所有者权益的确认条件

所有者权益的确认，主要依赖于资产和负债的确认，其金额的确定也主要取决于资产和负债的计量。

所有者权益项目应当列入资产负债表。

(四)收入

1. 收入的概念

收入是指企业在日常活动中形成的、会导致所有者权益增加的、与所有者投入资本无关的经济利益的总流入。

企业的收入包括销售商品收入、提供劳务收入、让渡资产使用权收入和建造合同收入等。

2. 收入的特征

(1)收入是企业在日常活动中形成的

日常活动是指企业为完成其经营目标所从事的经常性活动以及与之相关的活动，明确界定日常活动是为了将收入与利得相区分，企业非日常活动所形成的经济利益的流入不能确认为收入，而应当确认为利得。

(2)收入是与所有者投入资本无关的经济利益的总流入

企业经济利益的流入有时是由所有者投入资本所导致的，因此，与收入相关的经济利益的流入应当将所有者投入的资本排除在外。

(3)收入会导致所有者权益的增加

收入的实现，表现为资产增加或负债减少，或二者兼而有之，不论哪一种情况都会导致所有者权益的增加。

3. 收入的确认条件

企业收入的来源渠道多种多样，不同收入来源的特征有所不同，其收入确认条件也存在差别。一般而言，收入只有在经济利益很可能流入从而导致企业资产增加或者负债减少且经济利益的流入额能够可靠计量时才能予以确认。

收入的确认至少应当同时符合下列条件：

(1)与收入相关的经济利益应当很可能流入企业；

(2)经济利益流入企业的结果会导致资产的增加或者负债的减少；

(3)经济利益的流入额能够可靠地计量。

收入项目应当列入利润表。

(五)费用

1. 费用的概念

费用是指企业在日常活动中发生的、会导致所有者权益减少的、与向所有者分配利润无关的经济利益的总流出。

2. 费用的特征

(1)费用是企业在日常活动中发生的

费用概念中所指的日常活动与收入概念中所指的日常活动一致。日常活动中所产生的费用通常包括销售成本(营业成本)、职工薪酬、折旧费、无形资产摊销费等。明确界定日常活动是为了将费用与损失相区分,企业非日常活动所形成的经济利益的流出不能确认为费用,而应当确认为损失。

(2)费用是与向所有者分配利润无关的经济利益的总流出

费用导致企业经济利益流出的表现形式包括现金或现金等价物的流出,存货、固定资产和无形资产等的流出或者消耗等。企业经济利益的流出有时是由向所有者分配利润所导致的,因此与费用相关的经济利益的流出应当将向所有者分配利润排除在外。

(3)费用会导致所有者权益的减少

费用的发生表现为资产减少或负债增加,或二者兼而有之,不论哪一种情况都会导致所有者权益的减少。

3. 费用的确认条件

费用只有在经济利益很可能流出从而导致企业资产减少或者负债增加,并且经济利益的流出额能够可靠计量时,才能予以确认。

费用的确认至少应当符合下列条件:

(1)与费用相关的经济利益应当很可能流出企业;

(2)经济利益流出企业的结果会导致企业资产的减少或者负债的增加;

(3)经济利益的流出额能够可靠地计量。

企业在对费用进行确认过程中,应当注意:

企业为生产产品、提供劳务等发生的可归属于产品成本、劳务成本等的费用,应当在确认产品销售收入、劳务收入等时,将已销售产品、已提供劳务的成本等计入当期损益。

企业发生的支出不产生经济利益的,或者即使能够产生经济利益但不符合或者不再符合资产确认条件的,应当在发生时确认为费用,计入当期损益。

企业发生的交易或者事项导致其承担了一项负债而又不确认为一项资产的,应当在发生时确认为费用,计入当期损益。

费用项目应当列入利润表。

(六)利润

1. 利润的概念

利润是指企业在一定会计期间的经营成果。通常情况下,如果企业实现了利润,表明企业所有者权益增加,业绩得到了提升;反之,如果企业发生了亏损(即利润为负数),表明企业所有者权益减少,业绩下滑。利润包括收入减去费用后的净额、直接计入当期利润的利得和损失等。其中,收入减去费用后的净额反映的是企业日常活动的业绩,直接计入当期利润的利得和损失反映的是企业非日常活动的业绩。

直接计入当期利润的利得和损失,是指应当计入当期损益、会导致所有者权益发生增减变动、与所有者投入资本或者向所有者分配利润无关的利得或者损失。

2. 利润的确认条件

利润的确认主要依赖于收入和费用、直接计入当期利润的利得和损失的确认,利润的金额取决于收入和费用、直接计入当期利润的利得和损失金额的计量。

利润项目应当列入利润表。

二、会计要素计量属性及其应用原则

会计计量是为了将符合确认条件的会计要素登记入账并列报于财务报表而确定其金额的过程。企业应当按照规定的会计计量属性进行计量，确定相关金额。

(一)会计要素计量属性

计量属性是指所予计量的某一要素的特性方面。从会计角度，计量属性反映的是会计要素金额的确定基础，会计计量属性主要包括历史成本、重置成本、可变现净值、现值和公允价值等。

1. 历史成本

历史成本，又称为实际成本，就是取得或制造某项财产物资时所实际支付的现金或者其他等价物。在历史成本计量下，资产按照购置时支付的现金或现金等价物的金额，或者按照购置资产时所付出的对价的公允价值计量；负债按照因承担现时义务而实际收到的款项或者资产的金额，或者承担现时义务的合同金额，或者按照日常活动中为偿还负债预期需要支付的现金或者现金等价物的金额计量。

2. 重置成本

重置成本，又称现行成本，是指按照当前市场条件，重新取得同样一项资产所需支付的现金或现金等价物金额。在重置成本计量下，资产按照现在购买相同或者相似资产所需支付的现金或者现金等价物的金额计量，负债按照现在偿付该项债务所需支付的现金或者现金等价物的金额计量。

3. 可变现净值

可变现净值，是指在正常生产经营过程中，以预计售价减去进一步加工成本和销售所必需的预计税金、费用后的净值。在可变现净值计量下，资产按照其正常对外销售所能收到现金或者现金等价物的金额扣减该资产至完工时估计将要发生的成本、估计的销售费用以及相关税费后的金额计量。

4. 现值

现值，是指对未来现金流量以恰当的折现率进行折现后的价值，是考虑货币时间价值因素等的一种计量属性。在现值计量下，资产按照预计从其持续使用和最终处置中所产生的未来净现金流入量的折现金额计量；负债按照预计期限内需要偿还的未来净现金流出量的折现金额计量。

5. 公允价值

公允价值，是指市场参与者在计量日发生的有序交易中，出售一项资产所能收到或者转移一项负债所需支付的价格。

(二)会计要素计量属性之间的关系

在各种会计要素计量属性中，历史成本通常反映的是资产或者负债过去的价值，而重置成本、可变现净值、现值以及公允价值通常反映的是资产或者负债的现时成本或者现时价值，是与历史成本相对应的计量属性。这种关系也并不是绝对的，资产或负债的历史成本许多是根据交易时有关资产或负债的公允价值确定的，在应用公允价值时，当相关资产或者负债不存在活跃市场的报价或者不存在同类或者类似资产的活跃市场报价，需要采用估值技术估计相关资产或者负债的公允价值时，现值往往是比较普遍采用的一种估值方法，在这种情况下，公允价值是以现值为基础确定的。

(三)会计要素计量属性应用的原则

企业在对会计要素进行计量时,一般应当采用历史成本。采用重置成本、可变现净值、现值、公允价值计量的,应当保证所确定的会计要素金额能够取得并可靠计量。

我国在会计准则体系建设中,适度、谨慎地引入公允价值计量属性,是因为随着我国资本市场的发展,越来越多的股票、债券和基金等金融产品在交易所挂牌上市,使得这类金融资产的交易已经形成了较为活跃的市场,所以,我国已经具备了引入公允价值的条件。在这种情况下,引入公允价值,更能反映企业的现实情况,对投资者等财务报告使用者的决策更加有用,也才能实现我国会计准则与国际财务报告准则的趋同发展。

值得一提的是,我国引入公允价值是适度、谨慎和有条件的。原因是考虑到我国尚属新型的市场经济国家,如果不加限制地引入公允价值,有可能出现公允价值计量不可靠,甚至借此人为操纵利润的现象。因此,在投资性房地产和生物资产等具体会计准则中规定,只有在公允价值能够取得并可靠计量的情况下,才能采用公允价值计量。

三、会计要素的基本特征

(一)可认定性

每一会计要素都有自己的确认条件,这样才能使不同会计要素区别开来。

(二)可计量性

每一会计要素都可用货币计量,但可用货币计量的并不一定是企业的会计要素,如经营性租入固定资产。

(三)可分割性

(1)会计要素可以按一定标准进行分类。如资产可以按照变现能力进行分类,负债可以按照偿还期限分类,所有者权益可以按照其来源进行分类,收入可以按照主次关系进行分类,费用可以按照用途及主次关系进行分类,利润可以按照形成情况分类。

(2)可分割性表现形式是通过设置会计科目体现出来的。

(3)可分割性反映了会计要素的相对独立性。

(四)可转化性

(1)经济业务发生后,可以使一个会计要素转化为另一个会计要素,如资产转化为费用、负债转化为所有者权益等。

(2)会计要素的转化具有必然性和必要性。会计要素在企业持续经营的过程中必然发生转化,一般来讲,转化快表明资金周转快,带来经济效益多。

(3)会计要素的转化具有规律性。会计要素之间转化的规律性可用图1—1表示。

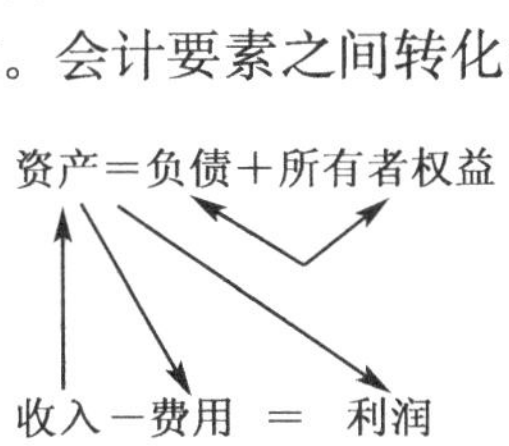

图1—1 会计要素转化示意

(五)相关性

会计要素之间相互依赖,其相关性表现如下:

(1)每一会计要素的存在都以其他相关要素为依托。

(2)相关性表现为正相关和逆相关。

一般情况下,处于会计等式两边的要素是正相关关系,处于会计等式一边的要素是逆相关关系。

第五节 会计规范

目前,我国的会计规范体系由会计法律、会计法规、会计规章和规范性文件等组成。

经第九届全国人民代表大会常务委员会第十二次会议修订、于2000年7月1日起施行的《中华人民共和国会计法》(简称《会计法》),属于会计法律;国务院于2000年6月21日发布、于2001年1月1日起施行的《企业财务会计报告条例》,属于会计法规;而在会计法律、法规指导下由财政部制定的企业会计准则体系,属于部门规章和会计规范性文件。

企业会计准则是企业会计人员从事会计活动所应遵循的规范和标准,也是对企业会计工作进行评价、鉴定的依据,按照所规范和约束的范围、内容和要求不同,企业会计准则体系由基本会计准则、具体会计准则、会计准则应用指南和企业会计准则解释构成,是会计规范的核心内容。

一、《企业会计准则——基本准则》

基本会计准则是为了规范会计确认、计量和报告行为,保证会计信息质量,根据《中华人民共和国会计法》和其他有关法律、行政法规制定的会计规范,属于部门会计规章。

基本会计准则主要是对会计核算的基本假设、会计信息质量要求、会计要素、会计计量以及财务报告所作的规范。在企业会计准则体系中,基本会计准则起着导向作用,它是制定具体会计准则的依据,我国财政部于2014年7月23日修订了2007年1月1日起施行的企业会计准则为《企业会计准则——基本准则》,并予以施行。

二、《企业会计准则第1号——存货》等具体准则

具体会计准则主要是对具体会计业务的处理原则、程序和方法所做的规定,属于会计规范性文件。一般由三个部分组成:一是各行业共同业务的具体准则,如收入、长期股权投资和存货等具体准则;二是有关会计信息披露的具体准则,如关联方披露、现金流量表和资产负债表日后事项等;三是特殊行业基本业务的具体准则,如建造合同等。具体会计准则是企业会计准则体系的主要内容,是直接规范和约束企业会计工作的准则,其制定依据是基本会计准则。

我国财政部在2006年2月15日发布、2007年1月1日起施行的具体会计准则体系由38个具体会计准则组成。2014年,我国财政部颁布了《企业会计准则第39号——公允价值计量》、《企业会计准则第40号——合营安排》和《企业会计准则第41号——在其他主体中权益的披露》三个会计准则,并修订了《企业会计准则第2号——长期股权投资》等四个会计准则,并于2014年7月1日起施行。2017年,财政部新颁布了《企业会计准则第42号——持有待售的非流动资产、处置组和终止经营》,修订了《企业会计准则第14号——收入》等六个具体会计准则,并陆续施行。

三、《企业会计准则——应用指南》

企业会计准则应用指南不仅对具体会计准则的应用作出了解释,而且对会计科目和主要账务处理作出了规范,是会计工作的操作性规范,属于会计规范性文件。

根据我国《企业会计准则——应用指南》，企业设置和使用的主要会计科目如表1—1所示。

表1—1 主要会计科目表

顺序号	编号	会计科目名称	顺序号	编号	会计科目名称
		一、资产类	38	1451	损余物资
1	1001	库存现金	39	1461	融资租赁资产
2	1002	银行存款	40	1471	存货跌价准备
3	1003	存放中央银行款项	41	1481	持有待售资产
4	1011	存放同业	42	1482	持有待售资产减值准备
5	1012	其他货币资金	43	1501	债权投资
6	1021	结算备付金	44	1502	债权投资减值准备
7	1031	存出保证金	45	1507	其他债权投资
8	1101	交易性金融资产	46	1511	长期股权投资
9	1111	买入返售金融资产	47	1512	长期股权投资减值准备
10	1121	应收票据	48	1521	投资性房地产
11	1122	应收账款	49	1528	其他权益工具投资
12	1123	预付账款	50	1531	长期应收款
13	1131	应收股利	51	1532	未实现融资收益
14	1132	应收利息	52	1541	存出资本保证金
15	1201	应收代位追偿款	53	1601	固定资产
16	1211	应收分保账款	54	1602	累计折旧
17	1212	应收分保合同准备金	55	1603	固定资产减值准备
18	1221	其他应收款	56	1604	在建工程
19	1231	坏账准备	57	1605	工程物资
20	1301	贴现资产	58	1606	固定资产清理
21	1302	拆出资金	59	1611	未担保余值
22	1303	贷款	60	1621	生产性生物资产
23	1304	贷款损失准备	61	1622	生产性生物资产累计折旧
24	1311	代理兑付证券	62	1623	公益性生物资产
25	1321	代理业务资产	63	1631	油气资产
26	1401	材料采购	64	1632	累计折耗
27	1402	在途物资	65	1701	无形资产
28	1403	原材料	66	1702	累计摊销
29	1404	材料成本差异	67	1703	无形资产减值准备
30	1405	库存商品	68	1711	商誉
31	1406	发出商品	69	1801	长期待摊费用
32	1407	商品进销差价	70	1811	递延所得税资产
33	1408	委托加工物资	71	1821	独立账户资产
34	1411	周转材料	72	1901	待处理财产损溢
35	1421	消耗性生物资产			二、负债类
36	1431	贵金属	73	2001	短期借款
37	1441	抵债资产	74	2002	存入保证金

续表

顺序号	编号	会计科目名称	顺序号	编号	会计科目名称
75	2003	拆入资金	112	3201	套期工具
76	2004	向中央银行借款	113	3202	被套期项目
77	2011	吸收存款			四、所有者权益类
78	2012	同业存放	114	4001	实收资本
79	2021	贴现负债	115	4002	资本公积
80	2101	交易性金融负债	116	4101	盈余公积
81	2111	卖出回购金融资产款	117	4102	一般风险准备
82	2201	应付票据	118	4103	本年利润
83	2202	应付账款	119	4104	利润分配
84	2203	预收账款	120	4105	其他综合收益
85	2211	应付职工薪酬	121	4201	库存股
86	2221	应交税费	122	4401	其他权益工具
87	2231	应付利息			五、成本类
88	2232	应付股利	123	5001	生产成本
89	2241	其他应付款	124	5101	制造费用
90	2245	持有待售负债	125	5201	劳务成本
91	2251	应付保单红利	126	5301	研发支出
92	2261	应付分保账款	127	5401	工程施工
93	2311	代理买卖证券款	128	5402	工程结算
94	2312	代理承销证券款	129	5403	机械作业
95	2313	代理兑付证券款			六、损益类
96	2314	代理业务负债	130	6001	主营业务收入
97	2401	递延收益	131	6011	利息收入
98	2501	长期借款	132	6021	手续费及佣金收入
99	2502	应付债券	133	6031	保费收入
100	2601	未到期责任准备金	134	6041	租赁收入
101	2602	保险责任准备金	135	6051	其他业务收入
102	2611	保户储金	136	6061	汇兑损益
103	2621	独立账户负债	137	6101	公允价值变动损益
104	2701	长期应付款	138	6111	投资收益
105	2702	未确认融资费用	139	6115	资产处置损益
106	2711	专项应付款	140	6117	其他收益
107	2801	预计负债	141	6201	摊回保险责任准备金
108	2901	递延所得税负债	142	6202	摊回赔付支出
		三、共同类	143	6203	摊回分保费用
109	3001	清算资金往来	144	6301	营业外收入
110	3002	货币兑换	145	6401	主营业务成本
111	3101	衍生工具	146	6402	其他业务成本

续表

顺序号	编号	会计科目名称	顺序号	编号	会计科目名称
147	6403	税金及附加	156	6542	分保费用
148	6411	利息支出	157	6601	销售费用
149	6421	手续费及佣金支出	158	6602	管理费用
150	6501	提取未到期责任准备金	159	6603	财务费用
151	6502	提取保险责任准备金	160	6604	勘探费用
152	6511	赔付支出	161	6701	资产减值损失
153	6521	保单红利支出	162	6711	营业外支出
154	6531	退保金	163	6801	所得税费用
155	6541	分出保费	164	6901	以前年度损益调整

四、《企业会计准则解释第 1 号》等规范性文件

企业会计准则基本准则、具体准则和会计准则应用指南实施后，财政部于 2007 年 11 月 16 日至 2017 年 6 月 12 日，以规范性文件的形式印发了《企业会计准则解释第 1 号》至《企业会计准则解释第 12 号》共 12 个企业会计准则解释，根据上市公司执行新准则过程中的有关情况和问题，同时考虑到会计准则趋同与等效的要求，结合上市公司执行新准则全面深度分析，有针对性地作出了解释，为全面贯彻实施企业会计准则、进一步提升企业会计信息质量提供了保证。

企业会计准则的建设和应用，体现了我国会计规范与国际会计规范趋同和等效发展的趋势。

本章小结

本章主要介绍了财务会计的概念及其目标、会计核算的基本假设、会计信息质量要求、财务会计要素及其确认与计量和我国会计规范体系。一方面，对财务会计的基本理论基础进行了回顾，在会计知识链中起到了承前启后、继往开来的作用；另一方面，对围绕会计六要素展开的财务会计作了总括的介绍。

复习思考题

1. 财务会计的目标是什么？
2. 我国《企业会计准则——基本准则》中规定的会计信息质量要求包括哪些内容？
3. 会计要素包括哪些？各自的概念、特征以及确认条件是怎样的？
4. 会计要素计量属性包括哪些？
5. 我国的会计规范体系由哪些方面组成？企业会计准则体系由哪些内容构成？

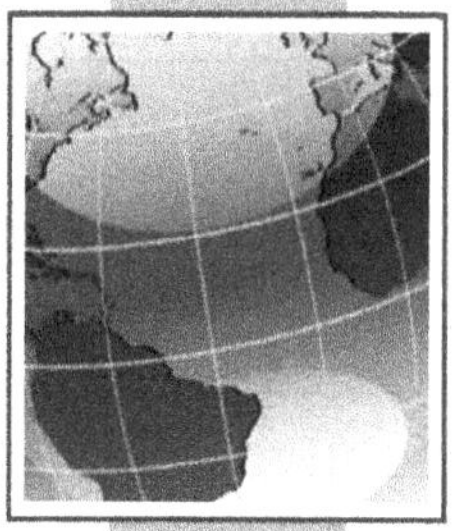

第二章 货币资金

【本章要点提示】

- 库存现金管理办法和现金收支的规定。
- 库存现金收支的会计处理。
- 银行存款管理制度和支付结算方式的相关规定。
- 不同支付结算方式下企业银行存款增减变化的依据及其会计处理。
- 银行存款的清查。
- 外币交易中货币性项目会计处理的理论、方法和技能。

货币资金是以货币形态存在的资产，货币资金是企业资产的重要组成部分，是企业资产中流动性较强的一类资产。任何企业要进行生产经营活动都必须拥有货币资金，持有货币资金是企业进行生产经营活动的基本条件。货币资金从本质上讲属于金融资产范畴，由于其会计处理的特殊性，本章单独加以阐述。

货币资金按存放地点和用途不同，分为库存现金、银行存款和其他货币资金。

第一节 库存现金

一、库存现金及其范围的界定

现金是流动性最强的一种货币性资产，可以随时用其购买所需的物资、支付有关的费用、偿还债务，也可以随时存入银行。现金的定义有狭义和广义之分。狭义的现金是指企业的库存现金；广义的现金是指除了库存现金外，还包括银行存款和其他符合现金定义的票证等。我国日常会计核算中所指的现金是狭义的现金，仅指库存现金，包括库存的人民币现金和外币现金。

二、库存现金的管理

企业除应遵守货币资金管理和控制的原则、货币资金内部控制的规定外，还要按照现金管理办法对库存现金进行管理。

（一）现金的使用范围

根据国家《现金管理暂行条例》的规定，企业应该在下列范围内使用现金结算：

(1)职工工资、津贴；

(2)个人劳务报酬；

(3)根据国家规定颁发给个人的科学技术、文化艺术、体育等各种奖金；

(4)各种劳保、福利费用以及国家规定对个人的其他支出；

(5)向个人收购农副产品和其他物资的价款；

(6)出差人员必须随身携带的差旅费；

(7)结算起点(1 000元)以下的零星支出；

(8)中国人民银行确定需要支付现金的其他支出。

属于上述现金结算范围的支出，企业可以根据需要向银行提取现金支付；不属于上述现金结算范围的款项支付，一律通过银行进行转账结算。

(二)库存现金的限额

库存现金限额是指为保证各单位日常零星支付，按规定允许留存现金的最高数额。

库存现金的限额，由开户银行根据开户单位实际需要和距银行远近等情况核定，其限额一般按单位3～5天日常零星开支所需现金核定，边远地区和交通不便地区的开户单位，银行最多可以根据企业15天正常开支需要量核定限额，不包括企业每月发放工资和不定期差旅费等大额现金支出。

库存现金限额一经确定，要求企业必须严格遵守，不能任意超过，超过限额的现金应及时存入银行；库存现金低于限额的，可以签发现金支票从银行提取现金。

(三)现金收支的规定

企业应当按照中国人民银行规定的现金管理办法和财政部关于各单位货币资金管理和控制的规定，办理有关现金收支业务。办理现金收支业务时，应当遵守以下几项规定：

(1)企业现金收入应于当日送存开户银行。当日送存有困难的，由开户银行确定送存时间。

(2)企业支付现金，可以从本单位库存现金限额中支付或者从开户银行提取，不得从本单位的现金收入中直接支付(坐支)。因特殊情况需要坐支现金的，应当事先报经开户银行审查批准，由开户银行核定坐支范围和限额。企业应定期向银行报送坐支金额和使用情况。

(3)企业从开户银行提取现金，应当写明用途，由本单位财会部门负责人签字盖章，经开户银行审核后，予以支付现金。

(4)企业因采购地点不固定、交通不便以及其他特殊情况必须使用现金的，应向开户银行提出申请，经开户银行审核后，予以支付现金。

(5)不准用不符合制度的凭证顶替库存现金；不准编造用途套用现金；不准用银行存款账户代其他单位和个人存入或支取现金；不准将单位的现金收入按个人储蓄方式存入银行；不准保留账外公款等。

对于违反上述规定的企业，开户银行应当依照中国人民银行的规定，予以警告或者罚款，情节严重的，可以在一定期限内停止对该单位的贷款或者停止对该单位的现金支付。

为了加强对现金的管理，企业应坚持每日进行现金的账实核对，经常检查库存现金限额执行情况，定期每月进行现金的账账核对。

三、库存现金的会计处理

企业对库存现金的核算，通过设置和使用“库存现金”科目进行。企业有内部周转使用备用金的，也可以单独设置“备用金”科目进行核算。

企业增加库存现金，借记本科目，贷记“银行存款”等科目；减少库存现金作相反的会计分录。“库存现金”科目期末借方余额，反映企业持有的库存现金。

企业应当设置“现金日记账”，根据收付款凭证，按照业务发生顺序逐笔登记。每日终了，应当计算当日的现金收入合计额、现金支出合计额和结余额，将结余额与实际库存额核对，做到账款相符。月份终了,“现金日记账”余额必须与“库存现金”总账余额核对相符。

(一)库存现金收支的会计处理

1. 提现取得现金

[例 2—1] 企业从银行提取现金 20 000 元备用。财会部门根据现金支票存根(如表 2—1 所示)作会计分录如下:

借:库存现金　　20 000

　贷:银行存款　　20 000

表 2—1

中国工商银行
现金支票存根(晋)

石家庄石钞证券印制有限责任公司2005年印制

XV00063112

附加信息

签发日期　2016 年 5 月 4 日

收款人:本单位	
金额:20 000	
用途:备用	

单位主管　　会计

2. 报销差旅费余款交回现金

[例 2—2] 采购员李军出差归来,报销差旅费 3 798 元,由于其原借款 5 000 元,交回现金 1 202 元。财会部门根据差旅费报销单(如表 2—2 所示)和现金收据会计联(如表 2—3 所示)作:

借:库存现金　　1 202

　管理费用——差旅费　　3 798

　贷:其他应收款——李军　　5 000

表 2—2

差旅费报销单　　现金付讫

单位:业务科　　日期:2019 年 5 月 10 日　　第 1 页

起止时间								车船费			其他	住宿费	生活补助			火车卧铺补助	合计
月	日	时	起点	月	日	时	终点	火车	汽车				天数	标准	金额		
5	5			5	10			1 680	650		868	400	5	40	200		
合　计								1 680	650		868	400			200		3 798
出差事由						采购商品											
总计报销金额						人民币(大写)叁仟柒佰玖拾捌元整							附单据 12 张				

单位负责人:王进　　出差人:李军

表 2—3

收　据

2019 年 5 月 10 日　　　　NO

今　收　到	采购员李军
交　　　来	报销差旅费款
人民币(大写)	伍仟元整　　　　¥5 000
机关印章××单位	会计主管　孔荣　　经手人　李炎

第三联　会计

3. 现金送存银行

[**例 2—3**]　企业将现金 60 000 元存入银行。财会部门经办人员要填制现金交款单(格式如表 2—4 所示),根据银行盖章后第一联作会计分录如下:

借:银行存款　　　　60 000

　贷:库存现金　　　　60 000

表 2—4

中国建设银行现金交款单

账别:　　　　年　　月　　日

交款单位													收款单位														
款项来源													账　号				开户银行										
大写金额	(币种)															十	亿	千	百	十	万	千	百	十	元	角	分
券别													合计金额	收款银行盖章 年　月　日													
整把券																											
零张券																											

第一联:银行盖章后退交款人

请在提交本凭条前认真阅读凭条背面的“客户须知”。　　复核　　　　经办

4. 预借差旅费支付现金

[**例 2—4**]　采购员李军因公出差,预借差旅费 5 000 元。财会部门开出借款单(如表 2—5 所示)。

表 2—5 **借　款　单**

2019 年 5 月 4 日

<table>
<tr><td>借款部门</td><td colspan="3">业务科</td></tr>
<tr><td>借款理由</td><td colspan="3">采购商品差旅费</td></tr>
<tr><td>借款金额</td><td colspan="3">人民币(大写)伍仟元整</td></tr>
<tr><td colspan="2">单位负责人意见
准借
回来及时清算</td><td>会计主管核批
准暂借</td><td>借款人:李军</td></tr>
</table>

若采购员李军出差归来,报销差旅费 5 500 元,则另 500 元支付现金。财会部门根据差旅费报销单与现金收据会计联作会计分录如下:

借:管理费用——差旅费　　5 500

　贷:库存现金　　500

　　其他应收款——李军　　5 000

(二)现金溢缺的会计处理

为了保证库存现金实物与账面金额相符,企业应定期或不定期地对库存现金进行清查,清查结果如发现账款不符,发生的现金溢余或短缺,在未查明原因确定处理意见时,先通过"待处理财产损溢——待处理流动资产损溢"科目进行核算,待查明原因后予以处理。

1. 现金溢余

企业在现金清查的过程中,如发现现金溢余,应借记"库存现金"科目,贷记"待处理财产损溢——待处理流动资产损溢"科目。查明原因后,属于应支付给有关人员或单位的,应借记"待处理财产损溢——待处理流动资产损溢"科目,贷记"其他应付款——应付现金溢余(××个人或单位)"科目;属于无法查明原因的,借记"待处理财产损溢——待处理流动资产损溢"科目,贷记"营业外收入——现金溢余"科目。

2. 现金短缺

企业在现金清查的过程中,如发现现金短缺,应借记"待处理财产损溢——待处理流动资产损溢"科目,贷记"库存现金"科目。查明原因后,属于应由责任人赔偿的部分,应借记"其他应收款——应收现金短缺款(××个人)"或"库存现金"等科目,贷记"待处理财产损溢——待处理流动资产损溢"科目;属于应由保险公司赔偿的部分,应借记"其他应收款——应收保险赔款"科目,贷记"待处理财产损溢——待处理流动资产损溢"科目;属于无法查明的其他原因,根据管理权限,经批准后记入"管理费用——现金短缺"科目,贷记"待处理财产损溢——待处理流动资产损溢"科目。

第二节　银行存款

一、银行存款账户

银行存款是企业存放在银行或其他金融机构的货币资金。按照国家有关规定,凡是独立核算的单位都必须在当地银行开设账户。企业在银行开设账户后,除按核定的限额保留库存现金外,超过限额的现金必须存入银行;除了在规定的范围内可以用现金直接支付的款项外,在经营过程中所发生的一切货币收支业务,都必须通过银行存款账户进行结算。

二、银行存款的管理

企业除应遵守货币资金管理和控制原则、货币资金内部控制的规定外，还要按照银行存款的管理规定对银行存款进行管理。

(一)银行存款账户的管理

根据中国人民银行《人民币银行结算账户管理办法》，企业在银行开设的人民币存款账户包括四种：

1. 基本存款

基本存款账户是存款人的主办账户，存款人日常经营活动的资金收付及其工资、奖金和现金的支取，应通过本账户办理。

2. 一般存款

一般存款账户用于办理存款人银行借款转存、借款归还和其他结算的资金收付。该账户可以办理现金缴存，不能办理现金支取。

3. 临时存款

临时存款账户用于办理临时机构以及存款人临时经营活动发生的资金收付。

4. 专用存款

专用存款账户用于办理各项专用资金的收付。

在上述四种银行账户中，企业只能选择一家银行的一个营业机构开设一个基本存款账户，一般存款账户不得在同一家银行的几个分支机构开立。

(二)银行的结算纪律

根据中国人民银行颁布的《支付结算办法》规定，单位和个人办理支付结算，要遵守的银行结算纪律如下：

(1)不准签发没有资金保证的票据或远期支票，套取银行信用；

(2)不准签发、取得和转让没有真实交易和债权债务的票据，套取银行和他人资金；

(3)不准无理拒绝付款，故意占用他人资金；

(4)不准违反规定开立和使用账户。

三、银行支付结算方式及其会计处理

企业应设置和使用“银行存款”科目，核算存入银行或其他金融机构的各种款项。

企业可按开户银行和其他金融机构、存款种类等，设置“银行存款日记账”，根据收付款凭证，按照业务发生顺序逐笔登记。每日终了应结出余额。“银行存款日记账”应定期与“银行对账单”核对，至少每月核对一次。企业银行存款账面余额与银行对账单之间如有差额，应编制“银行存款余额调节表”调节相符。

有外币业务的企业，应在“银行存款”科目下分别针对人民币和各种外币设置“银行存款日记账”进行明细核算。

“银行存款”科目期末借方余额，反映企业存在银行或其他金融机构的各种款项。

企业在不同支付结算方式下，银行存款增减变化使用原始凭证、会计处理情况不尽相同。

(一)支票结算方式及其会计处理

1. 概念

支票是出票人签发的、委托办理支票存款业务的银行在见票时无条件支付确定金额给收款人或者持票人的票据。支票由银行统一印制，支票上印有现金字样的为现金支票，现金支票(格式如表2—6所示)只能用于支取现金；印有转账字样的为转账支票(格式如表2—7所示)，转账支票只能用于转账；未注明现金或转账字样的为普通支票，普通支票可以用于支取现金，也可以用于转账。

表 2—6

中国建设银行
现金支票存根（晋）
XV02679001
附加信息

出票日期　年　月　日
收款人：
金　额：
用　途：
单位主管　会计

中国建设银行 现金支票（晋）　XV02679001

出票日期(大写)　年　月　日　付款行名称：
收款人：　出票人账号：

本支票付款期限十天

人民币（大写）	亿	千	百	十	万	千	百	十	元	角	分

用途
上列款项请从
我账户内支付
出票人签章　复核　记账

表 2—7

中国建设银行
转账支票存根（晋）
XV00063172
附加信息

出票日期　年　月　日
收款人：
金　额：
用　途：
单位主管　会计

中国建设银行 转账支票（晋）　XV00063172

出票日期(大写)　年　月　日　付款行名称：
收款人：　出票人账号：

本支票付款期限十天

人民币（大写）	亿	千	百	十	万	千	百	十	元	角	分

用途
上列款项请从
我账户内支付
出票人签章　复核　记账

表 2—8

1100143160　北京增值税专用发票　№

此联不作报销、扣税凭证使用　开票日期：

税总函[2014]××号××××公司

购买方	名称： 纳税人识别号： 地址、电话： 开户行及账号：					密码区		
货物或应税劳务、服务名称	规格型号	单位	数量	单价	金额	税率	税额	
合计								
价税合计（大写）				（小写）				
销售方	名称： 纳税人识别号： 地址、电话： 开户行及账号：					备注		

收款人：　复核：　开票人：　销售方：（章）

第一联：记账联 销售方记账凭证

表 2—9　　中国建设银行　进账单(回　单)　1

年　月　日

<table>
<tr><td rowspan="3">出票人</td><td>全　称</td><td colspan="2"></td><td rowspan="3">收款人</td><td>全　称</td><td colspan="11"></td></tr>
<tr><td>账　号</td><td colspan="2"></td><td>账　号</td><td colspan="11"></td></tr>
<tr><td>开户银行</td><td colspan="2"></td><td>开户银行</td><td colspan="11"></td></tr>
<tr><td rowspan="2">金额</td><td colspan="5" rowspan="2">人民币
（大写）</td><td>亿</td><td>千</td><td>百</td><td>十</td><td>万</td><td>千</td><td>百</td><td>十</td><td>元</td><td>角</td><td>分</td></tr>
<tr><td></td><td></td><td></td><td></td><td></td><td></td><td></td><td></td><td></td><td></td><td></td></tr>
<tr><td>票据种类</td><td></td><td>票据张数</td><td></td><td colspan="13" rowspan="3">开户银行签章</td></tr>
<tr><td>票据号码</td><td colspan="3"></td></tr>
<tr><td colspan="4">复核　　记账</td></tr>
</table>

此联是开户银行交给持(出)票人的回单

2. 适用范围及条件

(1)适用于单位和个人同一票据交换区域各种款项的结算，包括商品交易、劳务供应、付费、清理债务。

(2)支票一律记名，可根据需要在票据交换区域内背书转让。

(3)提示付款期限自出票日起 10 天。

(4)签发空头支票，银行除退票外，还按票面金额处以 5%但不低于 1 000 元罚款，持票人有权要求出票人赔偿支票金额 2%赔偿金。

3. 结算程序

支票结算方式的结算程序如图 2—1 所示。

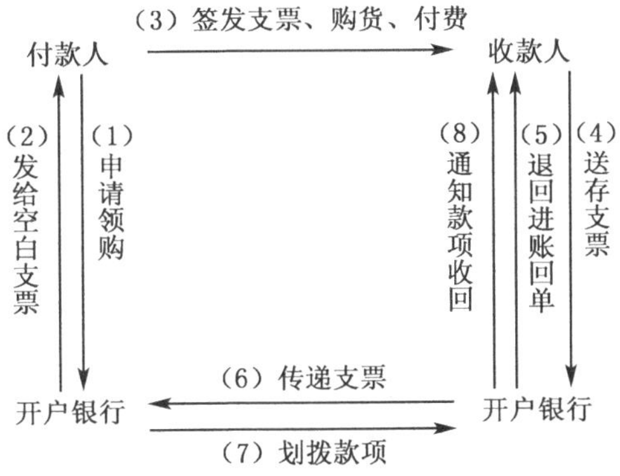

图 2—1　支票结算程序

企业使用支票结算方式，首先要填制“票据和结算凭证领用单”，并加盖预留银行印鉴，向银行购得空白支票。在开展经济业务过程中，除提现时开出并使用“现金支票”外，其他往来结算款项一律开出并使用“转账支票”进行。企业签发支票后，留存根作为付款记账的依据，将转账支票交收款人，收款人填写“进账单”(如表 2—9 所示)连同转账支票一并送交开户银行办理转账，银行受理后退回进账单第 1 联(回单联)，第 2 联银行留存，将转账支票传递给付款人开户银行，凭以划拨款项，收款人开户银行收回款项时，交收款人进账单第 3 联(收账通知联)，作为收回款项的凭证。

4. 会计处理

企业使用现金支票提取现金，根据现金支票存根借记“库存现金”科目，贷记“银行存款”科目。企业使用转账支票购进货物付款后，根据增值税专用发票(如表2—8所示)，借记有关科目，根据转账支票存根，贷记“银行存款”科目。

对于销售商品或提供劳务的企业，将收到的转账支票送存银行后，可根据进账单的第1联(回单联)，借记“银行存款”科目，根据增值税专用发票等，贷记有关科目。

(二)银行本票结算方式及其会计处理

1. 概念

银行本票是由银行签发的，承诺自己在见票时无条件支付确定金额给收款人或者持票人的票据。

2. 适用范围及条件

(1)银行本票适用于单位或者个人在同一票据交换区域各种款项结算。

(2)银行本票有定额本票和不定额本票两种，定额本票面值分别为1 000元、5 000元、10 000元、50 000元。

(3)银行本票付款期限为自出票日起不超过2个月时间。

3. 结算程序

银行本票结算方式的结算程序如图2—2所示。

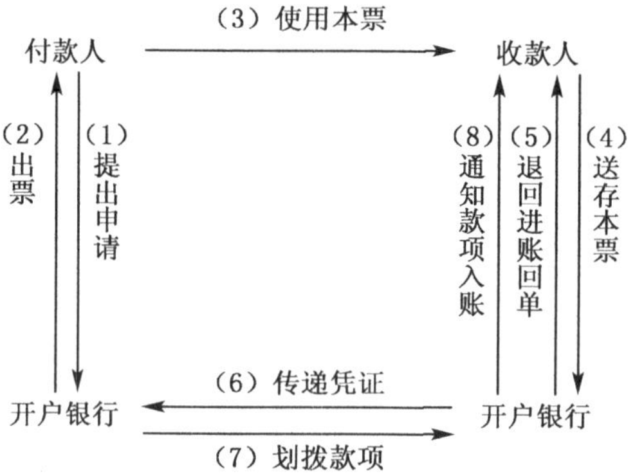

图2—2 银行本票结算程序

企业向银行申请银行本票，要填制一式三联的“银行本票申请书”(其格式如表2—10所示)。出票银行受理后，签发或给付银行本票。不定额银行本票一式2联(格式如表2—11所示)，不定额银行本票压数机压印出票金额，第1联签发银行留存卡片，第2联为正票；定额银行本票在一张上分为存根和正联两部分。银行本票的传递过程与转账支票基本一致。

表 2—10

中国建设银行本票申请书（存 根） 0321801

申请日期 年 月 日 1 第 号

申请人		收款人	
账 号 或住址		账 号 或住址	
用 途		代 理 付款行	
汇票金额	人民币 （大写）		千 百 十 万 千 百 十 元 角 分

此联申请人留存

备 注

科 目______________

对方科目______________

财务主管 复核 经办

表 2—11

付款期限
贰 个 月

中国工商银行 本 票 2 重庆 BB/03 00000000

出票日期（大写） 年 月 日

收款人：		申请人：
凭票即付 人民币（大写）		
转账 现金		
备注：	出票行签章	出纳 复核 经办

此联出票行结清本票时作借方凭证

西安西钞证券印制有限责任公司·2006年印制

4. 会计处理

企业向银行提交"银行本票申请书"并将款项交存银行，取得银行本票时，根据银行盖章退回的申请书存根联，借记"其他货币资金——银行本票"科目，贷记"银行存款"科目；使用银行本票购货或付费时，借记有关科目，贷记"其他货币资金——银行本票"科目；如企业因本票超过付款期限等原因未曾使用而要求银行退款时，应填制进账单，连同本票一并送交银行，根据银行收回本票时盖章退回的一联进账单，借记"银行存款"科目，贷记"其他货币资金——银行本票"科目。

（三）银行汇票结算方式及其会计处理

1. 概念

银行汇票结算方式是使用银行汇票进行的结算方式。银行汇票是出票银行签发的，由其在见票时按照实际结算金额无条件支付给收款人或者持票人的票据。银行汇票的出票银行为银行汇票付款人。

2. 适用范围及条件

(1)单位和个人同城或异地各种款项结算,一般为异地。

(2)起点金额无限制,提示付款期限为自出票日起 1 个月。

3. 结算程序

银行汇票结算程序如图 2—3 所示。

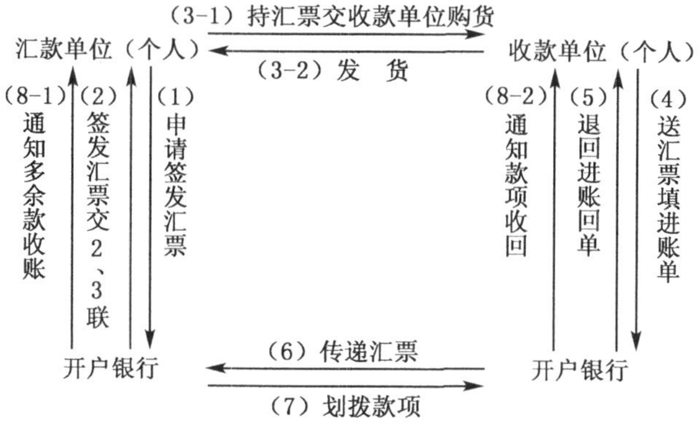

图 2—3 银行汇票结算程序

企业申请办理银行汇票时,要填制一式三联的"银行汇票申请书"(格式比照表 2—10 银行本票申请书),除留存第 1 联存根外,将第 2 联(借方凭证)和第 3 联(贷方凭证)交当地开户银行。银行同意后,签发一式四联的银行汇票(格式如表 2—12 所示),用压数机压印出票金额,将第 2 联(正票)、第 3 联(解讫通知)交汇款人。

表 2—12

付款期限 壹 个 月

中国建设银行

银 行 汇 票

2 地名　$\frac{E}{0}\frac{B}{1}$00000000

西安西钞证券印制有限公司·2005年印制

出票日期(大写)　年　月　日		代理付款行:　行号	
收款人:		账号:	
出票金额	人民币(大写)		
实际结算金额	人民币(大写)		千 百 十 万 千 百 十 元 角 分

此联代理付款行付款后作联行往账借方凭证附件

申请人:______　账号:______

出票行:______ 行号:______　密押:

备　注:______

多余金额									
千	百	十	万	千	百	十	元	角	分

凭票付款

出票行签章

复核　记账

汇款人持银行汇票可向外地或当地收款人办理结算，将实际结算金额准确、清晰地填入汇票的有关栏内，持票人在银行提示付款处盖章交收款人。在银行开立账户的收款人收到后应及时填写进账单(格式如表 2—9 所示)连同银行汇票一并送交银行办理转账；填明“现金”字样的银行汇票可以用于支取现金。兑付银行受理或兑付后，将银行汇票第 2 联、第 3 联传递给签发银行，签发银行按实际结算款项划付并结清汇票款后，将第 4 联(多余款收账通知联)交付款人。

4. 会计处理

在银行汇票结算方式下，付款单位取得汇票后，根据银行盖章的“银行汇票申请书”第 1 联(存根联)，借记“其他货币资金——银行汇票”科目，贷记“银行存款”科目；企业使用银行汇票支付款项后，依据发票账单及开户行转来的有关副联等凭证，根据实际结算金额，借记有关科目，贷记“其他货币资金——银行汇票”科目；如实际采购支付后银行汇票有余额，企业根据“银行汇票”第 4 联(多余款收账通知联)借记“银行存款”科目，贷记“其他货币资金——银行汇票”科目。

收款单位将银行汇票送存银行，根据“进账单”第 1 联(回单)借记“银行存款”科目，贷记有关科目。

(四)商业汇票结算方式及其会计处理

1. 概念

商业汇票结算方式是使用商业汇票进行的结算方式。

商业汇票是由出票人签发的、委托付款人在指定日期无条件支付确定的金额给收款人或者持票人的票据。包括商业承兑汇票(格式如表 2—13 所示)和银行承兑汇票(格式如表 2—14 所示)。

表 2—13

商业承兑汇票　　**2**　　AB/01 00000000

出票日期(大写)　　年　月　日

<table>
<tr><td rowspan="3">付款人</td><td>全　称</td><td colspan="3"></td><td rowspan="3">收款人</td><td>全　称</td><td colspan="11"></td></tr>
<tr><td>账　号</td><td colspan="3"></td><td>账　号</td><td colspan="11"></td></tr>
<tr><td>开户银行</td><td colspan="3"></td><td>开户银行</td><td colspan="11"></td></tr>
<tr><td colspan="2" rowspan="2">出票金额</td><td colspan="5" rowspan="2">人民币
(大写)</td><td>亿</td><td>千</td><td>百</td><td>十</td><td>万</td><td>千</td><td>百</td><td>十</td><td>元</td><td>角</td><td>分</td></tr>
<tr><td></td><td></td><td></td><td></td><td></td><td></td><td></td><td></td><td></td><td></td><td></td></tr>
<tr><td colspan="2">汇票到期日
(大写)</td><td colspan="2"></td><td rowspan="2" colspan="2">付款人
开户行</td><td>行号</td><td colspan="11"></td></tr>
<tr><td colspan="2">交易合同号码</td><td colspan="2"></td><td>地址</td><td colspan="11"></td></tr>
<tr><td colspan="5">本汇款已经承兑，到期无条件支付票款。

承兑人签章
承兑日期　　年　月　日</td><td colspan="13">本汇票请予以承兑于到期日付款。

出票人签章</td></tr>
</table>

西安西钞证券印制有限责任公司·2006年印制

此联持票人开户行随托收凭证寄付款人开户行作借方凭证附件

商业承兑汇票可以由付款人签发并承兑，也可以由收款人签发交由付款人承兑。

银行承兑汇票应由在承兑银行开立存款账户的存款人签发。

表 2—14　　银行承兑汇票　　2　B/0 B/1　00000000

出票日期（大写）　　年　　月　　日

出票人全称		收款人	全　　称	
出票人账号			账　　号	
付款行全称			开户银行	
出票金额	人民币（大写）			亿 千 百 十 万 千 百 十 元 角 分
汇票到期日（大写）		付款行	行号	
承兑协议编号			地址	
本汇票请你行承兑，到期无条件付款。 出票人签章		本汇票已经承兑，到期日由本行付款。 承兑日期　承兑行签章 年 月 日 备注：		复核　　记账

西安西钞证券印制有限责任公司·2005年印制

此联收款人开户行随托收凭证寄付款行作借方凭证附件

2. 适用范围及条件

(1)商业汇票一律记名，允许背书转让或向银行贴现。

(2)在银行开立账户的法人以及其他经济组织之间须有真实交易关系或债权债务关系才能使用。

(3)付款期限由交易双方协商确定，最长不超过 6 个月。商业汇票的提示付款期限自汇票到期日起 10 日内。

3. 结算程序

商业汇票按照承兑人不同分为商业承兑汇票和银行承兑汇票，不同商业汇票的结算程序不同。

(1)商业承兑汇票结算程序

商业承兑汇票结算程序如图 2—4 所示。

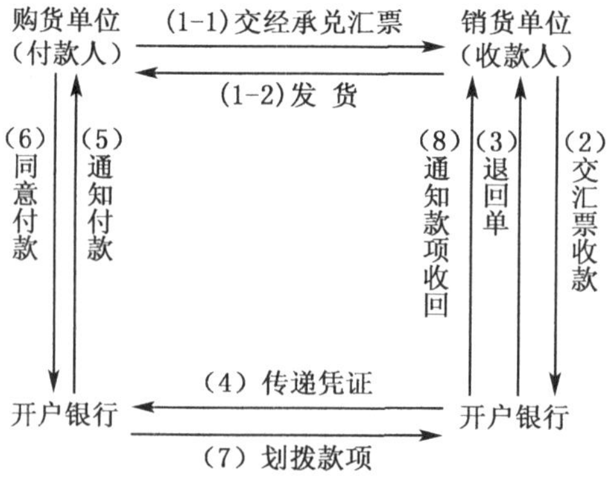

图 2—4　商业承兑汇票结算程序

企业之间商品交易款项结算采用商业承兑汇票结算方式，首先应由收款人或付款人填制一式三联的“商业承兑汇票”，第 1 联卡片联由付款人持有，第 2 联正票联应该由付款人承兑，承兑时付款人应在汇票正面记载承兑日期并签章。承兑后交收款人，第 3 联为存根联，收款人与付款人哪方签发商业承兑汇票哪方留存。

在采用商业承兑汇票结算过程中，付款人应在汇票到期前，备足资金存入其开户银行，以备付款，收款人在汇票提示付款期限内，填制“托收凭证”（格式如表 2—15 所示），连同到期的商业承兑汇票一并送交银行，委托银行收取票款（或直接向付款人提示付款），银行审核受理后，退回回单联，将汇票及有关凭证传递给付款人开户银行；付款人开户银行收到到期的汇票及有关凭证后，通知付款单位付款，付款单位同意付款后，划拨款项，收款人开户银行收到款项后，通知收款人款项收回。汇票到期时，如果购货企业的存款不足以支付票款，开户银行应将汇票退还销货企业，银行不负责付款，由购销双方自行处理。

表 2—15

托收凭证（受理回单）　　**1**

委托日期　　年　　月　　日

业务类型	委托收款（□邮划、□电划）			托收承付（□邮划、□电划）			
付款人	全　称			收款人	全　称		
	账　号				账　号		
	地　址	省　　市县	开户行		地　址	省　　市县	开户行
金额	人民币（大写）					亿 千 百 十 万 千 百 十 元 角 分	
款项内容		托收凭据名　称		附寄单证张数			
商品发运情况				合同名称号码			
备注： 复核　　记账		款项收妥日期 年　月　日		收款人开户银行签章 年　月　日			

此联作收款人开户银行给收款人的受理回单

(2)银行承兑汇票结算程序

银行承兑汇票结算程序如图 2—5 所示。

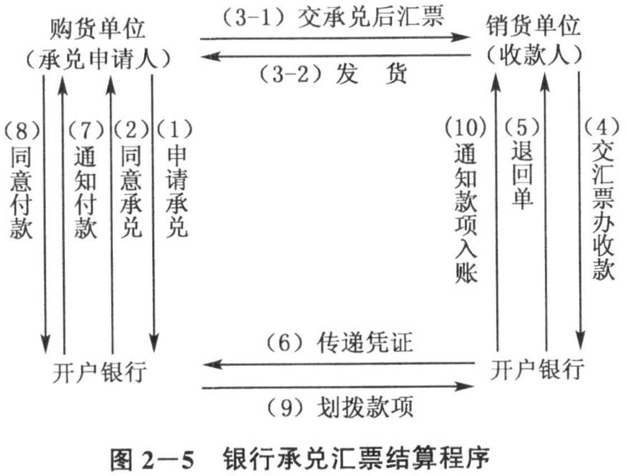

图 2—5　银行承兑汇票结算程序

企业之间商品交易款项结算采用银行承兑汇票结算方式，首先要由承兑申请人填写一式三联的“银行承兑汇票”，第 1 联为卡片联，由承兑银行留存，第 2 联为正票联，由承兑申请人交开户银行承兑后给收款人，第 3 联为存根联，由承兑申请人留存。

在采用银行承兑汇票结算款项的过程中，由承兑申请人签发汇票，向其开户银行申请承兑。与银行签订“承兑协议”，承兑银行按票面金额向出票人收取万分之五的手续费，银行在汇票第 2 联正票联上签章后退给承兑申请人，并将一联承兑协议交承兑申请人，作为双方执行的依据，银行承兑汇票经过承兑，可交给收款人作为到期收款的依据；在银行承兑汇票到期日前，承兑申请人要向银行存足款项，以备到期支付，如果到期存款不足支付，承兑银行除凭票向持票人无条件付款外，对出票人尚未支付的汇票金额按照每天万分之五计收罚息。在银行承兑汇票提示付款期，由收款人填制“托收凭证”，并交银行商业汇票第 2 联，通过银行收款，银行将商业汇票第 2 联传递于承兑申请人开户银行后，由其通知申请人付款，承兑申请人同意付款，银行之间划拨款项，收款人开户银行划拨收回款项时，通知收款人款项已进账。

4. 商业汇票的贴现

收款人持有的商业汇票，意为在某个到期日才能兑换现款，收款人在到期日前需使用这些款项，可持汇票到开户银行申请贴现，以便获得所需资金。贴现是指票据持有人将未到期的票据在背书后送交银行，银行受理后从票据到期值中扣除按银行贴现率计算确定的贴现利息，然后将余额垫付给持票人，待商业汇票到期日，银行是否能够向付款单位收回款项，企业不负有连带责任，贴现时票据转让给银行，企业负有连带责任，贴现作为银行对企业的短期贷款。

持票人向银行申请贴现时，应填制一式五联的“贴现凭证”（格式如表 2—16 所示），第 1 联为代申请书，第 2、第 3 联为收入凭证，第 4 联为收账通知，第 5 联为到期卡。

表 2—16

中国建设银行
China Construction Bank

贴现凭证（代申请书） 1

币种： 年 月 日 流水号：

<table>
<tr><td rowspan="3">贴现汇票</td><td>种 类</td><td></td><td>号码</td><td></td><td rowspan="3">持票人</td><td>名 称</td><td colspan="2"></td></tr>
<tr><td>出票日</td><td colspan="3">年 月 日</td><td>账 号</td><td colspan="2"></td></tr>
<tr><td>到期日</td><td colspan="3">年 月 日</td><td>开户银行</td><td colspan="2"></td></tr>
<tr><td colspan="2">汇票承兑人</td><td>名称</td><td colspan="2"></td><td>账号</td><td></td><td>开户银行</td><td></td></tr>
<tr><td colspan="2">汇票金额</td><td colspan="6">人民币
（大写）</td><td></td></tr>
<tr><td>贴现率</td><td>‰</td><td>贴现利息</td><td colspan="4"></td><td>实付贴现金额</td><td></td></tr>
<tr><td colspan="2">附送承兑汇票申请贴现，请审核。
持票人签章</td><td>银行审批</td><td colspan="3">负责人 信贷员</td><td colspan="3">科目（借）
对方科目（贷）</td></tr>
</table>

此联银行作贴现借方凭证

会计主管： 授权： 复核： 录入：

5. 会计处理

在商业汇票结算方式下，收款人收到经承兑的商业汇票，借记“应收票据”科目，待到期日收回款项，根据银行收款凭证，借记“银行存款”科目，贷记“应收票据”科目。

付款人申请银行承兑汇票，根据承兑协议支付手续费，根据银行收费凭证，借记“财务费用——手续费”科目，贷记“银行存款”科目；将经承兑的汇票第2联交收款人换回发票货物，根据商业汇票第3联等，借记有关科目，贷记“应付票据”科目；待到期日企业支付款项，根据银行付款凭证，借记“应付票据”科目，贷记“银行存款”科目。

(五)信用卡结算方式及其会计处理

1. 概念

信用卡结算方式是使用信用卡进行的结算方式。

信用卡是指商业银行向个人和单位发行的，凭以向特约单位购物、消费和向银行存取现金，且具有消费信用的特制载体卡片。信用卡按使用对象分为单位卡和个人卡，按信誉等级分为金卡和普通卡。

2. 适用范围及条件

(1)凡在中国境内金融机构开立基本存款账户的单位可申请单位卡。

(2)单位卡可申请若干张，持卡人资格由单位法定代表人或其委托代理人书面指定和注销，持卡人不得出租或转借信用卡。

(3)单位卡账户资金一律从其基本存款账户转账存入，不得交存现金，不得将销货收入款项存入其账户。

(4)单位卡不得用于10万元以上商品交易、劳务供应款项结算，不得支取现金。

(5)信用卡在规定的限额和期限内允许善意透支。具体规定如下：

金　额	期　限
金卡不超过10 000元	最长不超过60天
普通卡不超过5 000元	

目前，许多银行推出信用卡使用优惠政策，善意透支在一定金额范围、一定时间范围内可以不计利息。如民生卡信用卡透支分为透支取现与透支消费两种，前一种透支从取现即日起每日万分之五计息；后一种透支从消费即日免息，至最迟还款日止，如还未还款，则每日万分之五计息并加收滞纳金。企业应根据银行具体规定执行。

3. 结算程序

信用卡结算方式的结算程序如图2—6所示。

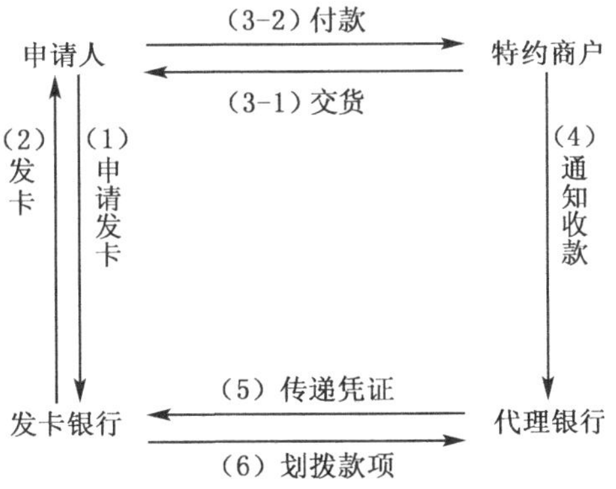

图2—6　信用卡结算程序

企业申请信用卡，按照有关规定填制申请表，连同有关资料一并送交发卡银行。符合条件并按银行要求交存备用金（如中国银行长城卡的起存点为 5 000 元），银行开立信用卡存款账户，并发给信用卡。

企业持信用卡向特约商户购物或消费，特约商户向持卡人提供商品或劳务，持卡人刷卡并在签购单上签字。签购单一式四联，第 1 联持卡人存根，第 2 联发卡银行信用卡部存根，第 3 联代理银行存根，第 4 联特约商户存根，需开发票时特约商户收款员另开发票。

4. 会计处理

企业办理信用卡，根据银行盖章退回的交存备用金的进账单，借记“其他货币资金——信用卡”科目，贷记“银行存款”科目；企业使用信用卡消费后，根据签购单和发票账单等凭证，借记有关科目，贷记“其他货币资金——信用卡”科目。

（六）信用证结算方式及其会计处理

1. 概念

信用证结算方式是国际结算的一种主要方式。

信用证是开证银行依照申请人的申请开出的、凭符合信用条款的单据支付的付款承诺。

国际商会第 500 号出版物（UCP500）A 总则与定义第二条的表述如下：信用证意指一项约定，不论其如何命名或描述，系指一家银行（开证行）应客户（申请人）的要求和指示或其自身的名义，在与信用证条款相符的条件下，凭规定的单据：

（1）向第三者（受益人）或其指定人付款或承兑并支付受益人出具的汇票；

（2）授权另一家银行付款或承兑并支付该汇票；

（3）授权另一家银行议付。

2. 结算程序

信用证结算方式的结算程序如图 2－7 所示。

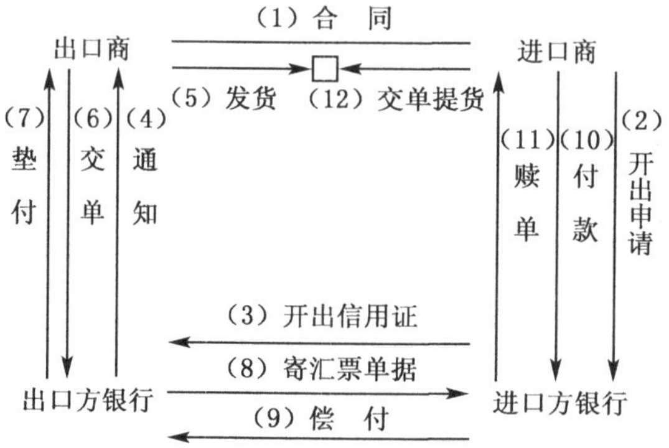

图 2－7　信用证结算程序

3. 会计处理

（1）进口方的账务处理

企业从国外进口商品，办理信用证后，根据银行盖章退回的“信用证委托书”回单，借记“其他货币资金——信用证保证金”科目，贷记“银行存款”科目；使用信用证进行结算后，财会部门根据发票及付款凭证，借记“在途物资”、“应交税费——应交增值税（进项税额）”科目，贷记“其他货币资金——信用证保证金”科目；收到货物后，财会部门根据入库单借记“原材料”或“库存商品”科目，贷记“在途物资”科目。

(2)出口方的账务处理

企业向国外销售商品,采用信用证结算方式,在办妥出口手续时,财会部门根据发票和有关凭证,借记“应收账款”科目,贷记“主营业务收入”及有关科目;收到款项时,财会部门根据收款凭证,借记“银行存款”科目,贷记“应收账款”科目。

四、银行存款的清查

企业在银行存取款项,委托银行转账结算款项,企业与银行都要进行记账,为了保证双方账面记录的正确与一致,每月月末,企业都要与银行进行对账(银行存款日记账与银行对账单核对)。对账的结果表明,双方账面记录不尽一致,不一致的主要原因是由于存在未达账项,有时账面记录有错误。

(一)未达账项

由于原始凭证的转递和入账时间不尽一致,企业与银行之间往往出现一方已入账、另一方尚未入账的账项。

(二)未达账项的内容

(1)企业已经收款入账、银行尚未收款入账的账项;

(2)企业已经付款入账、银行尚未付款入账的账项;

(3)银行已经收款入账、企业尚未收款入账的账项;

(4)银行已经付款入账、企业尚未付款入账的账项。

上述四类内容不能抵消,其中发生第 1、第 4 类账项时,会使企业的银行存款日记账余额大于银行对账单余额;发生第 2、第 3 类账项时,会使银行对账单余额大于企业的银行存款日记账余额。

(三)未达账项的调节

未达账项的调节,可通过编制银行存款余额调节表实现。该方法是指企业和银行都以对方账为依据,将各自账面记录的余额进行调节。

[**例 2—5**] 兴华公司 2019 年 6 月 30 日银行基本存款账户的余额为 108 230 元,银行对账单余额为 108 030 元,经逐笔核对后,查明有以下几笔未达账项:

(1)公司月末送存银行的万达公司转账支票一张,金额为 15 000 元,银行尚未入账;

(2)公司支付兴业工厂货款的转账支票(号码为 4720),金额为 12 500 元,银行尚未入账;

(3)公司委托银行收取的货款(委托号码为 031204),金额为 12 800 元,公司尚未收到银行的收账通知,未入账;

(4)银行代付电话费 10 500 元,公司尚未收到银行付款通知,未入账。

根据上述资料,财会部门编制“银行存款余额调节表”,如表 2—17 所示。

在上述未达账项余额调节表中的项目,不一定每项内容都存在,也不一定每项内容是一笔经济业务、一个数额。

企业对账后,要将对账的结果总括情况填制对账单(如表 2—18 所示)送交银行。对账单一式三联,第一联经办行留底,第二联客户留存,第三联客户核对签章后交经办行。

表 2—17

银行存款余额调节表

2019 年 6 月 30 日

单位:元

项 目	金 额	项 目	金 额
银行存款日记账余额	108 230	银行对账单余额	108 030
加:银行记收企业未记收的账项 银行代收销货款	12 800	加:企业记收银行未记收的账项 公司存入转账支票	15 000
减:银行记付企业未记付的账项 银行代付电话费	10 500	减:企业记付银行未记付的账项 公司转账付款	12 500
调节后的余额	110 530	调节后的余额	110 530

表 2—18

中国建设银行 China Construction Bank

对 账 单

年 月 日

NO. 140000593523

单位名称: 对账截止日期: 年 月 日

账 号	币种	余额(元)	核对结果
			□相符□不相符
			□相符□不相符

1. 请核对上列金额。核对相符的,请在核对结果栏"□相符"内打"√",不符的在"□不相符"内打"√",并列明不符款项。 2. 不论是否相符,请于对账截止日期后 10 日内反馈对账结果。 3. 逾期不退、我行视为核对相符,不承担由此带来的相关责任。 银行盖章 年 月 日	(单位加盖预留印鉴) 年 月 日

兹将不符款项列示如下:

账 号	发生日期	凭证号	我单位账上无以下款项		你行账上无以下款项	
			借方	贷方	借方	贷方

第一联 经办行留底

(四)结果分析

(1)未达账项调节,仅作为检查企业和银行双方账面记录有无差错的方法,即使编制了银行存款余额调节表,也不能当作原始凭证使用,据以调整账面记录。

(2)调节后余额不能当作企业当天可以动用的银行存款金额,企业当天可以动用的银行存款实际金额要以银行账为依据。

(3)检查出账面记录有差错时,要进行相应处理。

第三节 其他货币资金

一、其他货币资金的内容

其他货币资金是指除库存现金、银行存款以外的货币资金,其内容包括外埠存款、银行汇票存款、银行本票存款、信用卡存款、信用证保证金存款、存出投资款等其他货币资金。这些货币资金的存款地点和用途与库存现金和银行存款不同。

二、会计处理

企业对其他货币资金的核算，通过设置和使用“其他货币资金”科目进行，企业增加其他货币资金，借记“其他货币资金”科目，贷记“银行存款”科目；减少其他货币资金，借记有关科目，贷记“其他货币资金”科目。

其他货币资金下设“外埠存款”、“银行汇票”、“银行本票”、“信用卡”、“信用证保证金”、“存出投资款”等明细科目，并按外埠存款的开户银行，银行汇票或本票、信用证的收款单位设置明细账，进行明细分类核算。

“其他货币资金”期末借方余额，反映企业持有的其他货币资金。

本章小结

货币资金是企业在生产经营过程中重要的流动资产，本章对货币资金的管理以及库存现金、银行存款、其他货币资金的相关知识和会计处理进行了介绍，理论和实务相结合，特别是其中银行凭证和其他原始凭证的传递和使用，为从事实际工作奠定了良好的基础。

复习思考题

1. 企业只能在哪些情况下使用现金？
2. 企业应如何对现金的收支进行控制？
3. 目前我国主要的银行支付结算方式有哪几种？哪些适用于同城结算，哪些适用于异地结算？
4. 常见的未达账项有哪些情况？
5. 其他货币资金包括哪些内容？

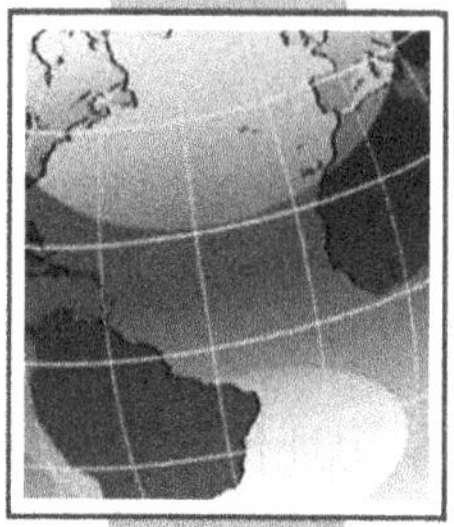

第三章
存　货

【本章要点提示】

- 存货的范围和确认条件。
- 存货取得和发出的计量方法。
- 实际成本法对存货进行日常核算。
- 存货的简化核算方法及其应用。
- 存货的期末计量。

存货是企业生产经营过程中的重要资产，是企业流动资产的重要内容。没有了原材料存货，工业企业的生产过程便成了“无米之炊”，没有了产成品和商品存货，便没有了工业企业和商品流通企业的销售过程、实现价值增值过程，企业的简单再生产和扩大再生产将无从谈起。不仅如此，包装物、低值易耗品等周转材料也是企业在生产经营过程中必不可少的资产。

第一节　存货及其确认条件

一、存货的概念

存货是指企业在日常活动中持有以备出售的产成品或商品、处在生产过程中的在产品、在生产过程或提供劳务过程中耗用的材料和物料等。

存货是企业的流动资产，具体来讲存货包括以下内容：

(一)原材料

原材料是指企业在生产过程中经加工改变其形态或性质并构成产品主要实体的各种原料及主要材料、辅助材料、外购半成品(外购件)、修理用备件(备品备件)、包装材料和燃料等。

(二)在产品

在产品是指企业正在制造尚未完工的生产物，包括正在各个生产工序加工的产品和已加工完毕但尚未检验或已检验但尚未办理入库手续的产品。

(三)半成品

半成品是指经过一定生产过程并已验收合格交付半成品库保管，但尚未制造完工成为产成品，仍需进一步加工的中间产品，不包括一个车间直接转移到下一个车间或不能单独计算成本的自制半成品。

(四)产成品

产成品是指工业企业已经完成全部生产过程并验收入库，可以按照合同规定的条件交订货单位，或者可以作为商品对外销售的产品。企业接受外来原材料加工制造的代制品和为外单位加工修理的代修品，制造和修理完成验收入库后，应视同企业产成品。

(五)商品

商品是指商品流通企业外购和委托加工完工验收入库用于销售的各种商品。

(六)周转材料

周转材料是指企业能够多次使用,不确认为固定资产的材料,如包装物和低值易耗品。

包装物是指为了包装本企业商品而储备的各种包装容器,如桶、箱、瓶、坛、袋等,其主要作用是盛装、装潢产品或商品。但是,下列包装物在会计上不作为周转材料包装物进行核算:

(1)各种包装用的纸、绳、铁丝、铁皮等,应作为原材料核算。

(2)企业在生产经营过程中用于储存和保管产品或商品、材料、半成品、零部件等,而不随产品或商品出售、出租或出借的包装物,如企业在经营过程中周转使用的包装容器,应按其价值大小、使用期限长短作为固定资产或低值易耗品核算。

低值易耗品是指不符合固定资产确认条件的各种用具物品,如工具、管理用具、玻璃器皿、劳动保护用品以及周转使用的容器。

值得注意的是,工程用物资材料不作为存货核算;按国家指令专项储存的资产不属于企业存货。

二、存货的确认条件

根据《企业会计准则第 1 号——存货》的规定,存货在同时满足下列两个条件时,才能予以确认:

(一)与该存货有关的经济利益很可能流入企业

作为企业存货予以确认的项目,必须具备产生的经济利益很可能流入企业这项基本条件。一般来讲,具有存货所有权时,其产生的经济利益能够流入企业。

(二)该存货的成本能被可靠地计量

成本能被可靠地计量是资产确认的一项基本条件,存货属于企业的资产,所以在确认存货过程中,必须满足该条件。

存货的成本必须以取得的确凿证据为依据,并且具有可验证性。如企业承诺的订货合同,由于并未实际发生,不能可靠确定其成本,因此不能确认为购买企业的存货。

第二节 存货取得和发出的计量及核算

一、存货的初始计量

存货应当按照成本进行初始计量。存货成本包括采购成本、加工成本和使存货达到目前场所和状态所发生的其他成本三个组成部分。企业存货的取得主要是通过外购和自制两个途径。

(一)外购存货的成本

企业外购存货主要包括原材料和商品。外购存货的成本即存货的采购成本,指企业物资从采购到入库前所发生的全部支出,包括购买价款、相关税费、运输费、装卸费、保险费以及其他可归属于存货采购成本的费用。

商品流通企业在采购商品过程中发生的运输费、装卸费、保险费以及其他可归属于存货采购成本的费用等进货费用,应当计入存货采购成本,也可以先进行归集,期末根据所购商品的存销情况进行分摊。对于已售商品的进货费用，计入主营业务成本；对于未售商品的进货费用，计入期末存货成本。企业采购商品的进货费用金额较小的，可以在发生时直接计入销售费用。

(二)加工取得存货的成本

通过进一步加工取得的存货，主要包括产成品、在产品、半成品、委托加工物资等，其成本由采购成本、加工成本构成，某些存货还包括使存货达到目前场所和状态所发生的其他成本，如可直接认定的产品设计费用等。通过进一步加工取得存货的成本中，采购成本是由所使用或消耗的原材料采购成本转移来的，因此，计量加工取得存货的成本，重点是要确定存货的加工成本。

存货加工成本由直接人工和制造费用构成，其实质是企业在进一步加工存货的过程中追加发生的生产成本。其中，直接人工是指企业在生产产品过程中直接从事产品生产的工人的职工薪酬；制造费用是指企业为生产产品和提供劳务而发生的各项间接费用。企业应当根据制造费用的性质，合理地选择制造费用的分配方法。

在同一生产过程中，同时生产两种或两种以上的产品，并且每种产品的加工成本不能直接区分的，其加工成本应当按照合理的方法在各种产品之间进行分配。

(三)其他方式取得存货的成本

企业取得存货的其他方式主要包括接受投资者投资、非货币性资产交换、债务重组、企业合并以及存货盘盈等。

1. 投资者投入存货的成本

投资者投入存货的成本，应当按照投资合同或协议约定的价值确定，但合同或协议约定的价值不公允的除外。在投资合同或协议约定价值不公允的情况下，按照该存货的公允价值作为其入账价值。

2. 通过非货币性资产交换、债务重组、企业合并等方式取得存货的成本

企业通过非货币性资产交换、债务重组、企业合并等方式取得的存货，其成本应当分别按照《企业会计准则第 7 号——非货币性资产交换》、《企业会计准则第 12 号——债务重组》和《企业会计准则第 20 号——企业合并》等的规定确定。但是，其后续计量和披露应当执行《企业会计准则第 1 号——存货》的规定。

3. 盘盈存货的成本

盘盈的存货应按其重置成本作为入账价值，并通过“待处理财产损溢”科目进行会计处理，按管理权限报经批准后，冲减当期管理费用。

(四)通过提供劳务取得存货的成本

通过提供劳务取得的存货，其成本按从事劳务提供人员的直接人工和其他直接费用以及可直接归属于该存货的间接费用确定。

在确定存货成本的过程中，下列费用应当在发生时确认为当期损益，不计入存货成本：

(1)非正常消耗的直接材料、直接人工和制造费用。

(2)仓储费用(不包括在生产过程中为达到下一个生产阶段所必需的费用)。

(3)不能归属于使存货达到目前场所和状态的其他支出。

二、取得存货的核算(实际成本核算)

企业存货的日常核算可采用实际成本核算，也可采用计划成本核算，在按实际成本核算的

情况下，要求存货日常收发凭证与明细账、总账都按实际成本计量。

(一)取得原材料的核算

在实际成本法下，取得原材料可通过"在途物资"和"原材料"科目核算。

"在途物资"科目核算企业采用实际成本(或进价)进行材料、商品等物资的日常核算、货款已付尚未验收入库的在途物资的采购成本。该科目可按供应单位和物资品种进行明细核算。"在途物资"科目期末借方余额，反映企业在途材料、商品等物资的采购成本。

"原材料"科目核算企业库存的各种材料，包括原料及主要材料、辅助材料、外购半成品(外购件)、修理用备件(备品备件)、包装材料、燃料等的实际成本。该科目可按材料的保管地点(仓库)、材料的类别、品种和规格等设置明细账，进行明细核算。"原材料"科目期末借方余额，反映企业库存材料的实际成本。

1. 外购原材料的核算

企业外购材料时，由于结算方式和采购地点不同，材料入库和货款支付在时间上不一定完全一致，相应的账务处理也有所不同。

(1)对于发票账单与材料同时到达的采购业务，企业在支付货款或开出、承兑商业汇票，材料验收入库后，应根据发票账单等结算凭证确定的材料成本，借记"原材料"科目；根据取得的增值税专用发票上注明的(不计入材料采购成本的)税额，借记"应交税费——应交增值税(进项税额)"(一般纳税人，下同)科目；按照实际支付的款项或应付票据的面值，贷记"银行存款"或"应付票据"等科目。

(2)对于已经付款或已开出、承兑商业汇票，但材料尚未到达或尚未验收入库的采购业务，应根据发票账单等结算凭证，借记"在途物资"、"应交税费——应交增值税(进项税额)"科目，贷记"银行存款"或"应付票据"等科目；待材料到达、验收入库后，再根据收料单，借记"原材料"科目，贷记"在途物资"科目。

(3)对于材料已到达并已验收入库，但发票账单等结算凭证未到、货款尚未支付的采购业务，应于月末，按材料的暂估价值，借记"原材料"科目，贷记"应付账款——暂估应付账款"科目。下月初用红字作同样的记账凭证予以冲回，以便在付款或开出、承兑商业汇票后，按正常程序，借记"原材料"、"应交税费——应交增值税(进项税额)"科目，贷记"银行存款"或"应付票据"等科目。

(4)采用预付货款的方式采购材料，应在预付材料价款时，按照实际预付金额，借记"预付账款"科目，贷记"银行存款"科目；已经预付货款的材料验收入库，根据发票账单等结算凭证所列的价款、税额等，借记"原材料"和"应交税费——应交增值税(进项税额)"科目，贷记"预付账款"科目；预付款项不足，补付上述款项，按补付金额，借记"预付账款"科目，贷记"银行存款"科目；退回上述多付的款项，借记"银行存款"科目，贷记"预付账款"科目。

(5)企业外购原材料过程中发生的毁损、短缺等，除合理的损耗应作为"其他可直接归属于存货采购成本的费用"计入采购成本，相应地提高入库材料的实际单位成本外，应区别不同情况进行会计处理：

凡属由供应单位发货等原因造成的短缺，应分别两种情况处理：一是货款尚未支付的情况，企业应按短缺的数量和发票单价计算拒付金额，填制拒付理由书，向银行办理拒付手续，经银行同意后即可根据收料单、发票账单、拒付理由书和银行结算凭证，按实际支付金额，借记"在途物资"、"应交税费——应交增值税(进项税额)"科目，贷记"银行存款"科目；二是货款已经支付的情况，企业应将短缺部分的成本和增值税转入"应付账款"科目。同时，按收到的材料的实际成本，借记“原材料”科目，贷记“在途物资”科目。

凡属由运输机构或过失人造成的短缺，应将短缺部分的成本和增值税转入“其他应收款”科目，借记“其他应收款”科目，贷记“在途物资”、“应交税费——应交增值税（进项税额转出）”科目；以后收到赔偿款时，借记“银行存款”等科目，贷记“其他应收款”科目。

因遭受意外灾害发生的损失和尚待查明原因的途中损耗，不得增加材料的采购成本，应暂作为待处理财产损溢进行核算，待查明原因后再作处理。

［例 3—1］ 兴业公司为一般纳税人，9 月份发生的材料采购业务及其账务处理如下：

9 月 2 日，从本地购入 A 原材料一批，价款 40 000 元，增值税专用发票上注明的增值税进项税额 5 200 元，材料已验收入库，发票等结算凭证同时收到，货款已通过银行支付。

借：原材料——A　　40 000
　应交税费——应交增值税（进项税额）　　5 200
　　贷：银行存款　　45 200

9 月 4 日，从辽宁采购 B 原材料一批，价款 10 000 元，增值税专用发票上注明的进项税额为 1 300 元，发票等结算凭证已经到达，货款已经通过银行支付，但材料尚未到达。

借：在途物资——B　　10 000
　应交税费——应交增值税（进项税额）　　1 300
　　贷：银行存款　　11 300

9 月 7 日，从江西采购 A 原材料一批，价款 25 000 元，供应单位代垫运费及税款 1 090 元，货物增值税专用发票上注明的进项税额为 3 250 元，运费增值税专用发票上注明的运费 1 000 元，进项税额 90 元，发票账单等结算凭证已到，签发、承兑一张 2 个月后到期商业汇票，结算材料价款和运杂费，材料尚未验收入库。

借：在途物资——A　　26 000
　应交税费——应交增值税（进项税额）　　3 340
　　贷：应付票据　　29 340

9 月 10 日，从辽宁采购的 B 原材料到达并验收入库。

借：原材料——B　　10 000
　　贷：在途物资——B　　10 000

9 月 15 日，根据合同规定，向本地华洋公司预付货款 20 000 元用于采购 A 原材料。

借：预付账款——华洋公司　　20 000
　　贷：银行存款　　20 000

9 月 25 日，预付货款采购的 A 原材料到达并验收入库，收到发票账单等结算凭证，共计应支付货款 60 000 元，增值税进项税额 7 800 元，当即通过银行补付款 47 800 元。

根据发票等结算凭证作会计分录如下：

借：原材料——A　　60 000
　应交税费——应交增值税（进项税额）　　7 800
　　贷：预付账款——华洋公司　　67 800

补付货款时：

借：预付账款——华洋公司　　47 800
　　贷：银行存款　　47 800

9 月 28 日，根据合同从安泰公司采购的 A 原材料已经到达并验收入库，但是发票账单等凭证尚未到达，货款尚未支付，暂不进行会计处理。

对于从安泰公司采购的材料，月末按暂估价入账：

借：原材料——A 18 000

贷：应付账款——暂估应付账款 18 000

下月初用红字冲回：

借：原材料——A [18 000]

贷：应付账款——暂估应付账款 [18 000]

2. 自制原材料的核算

企业辅助生产车间自制材料，应先通过"生产成本——辅助生产成本"科目核算其发生的料、工、费支出，自制完成的材料验收入库时，应填制"材料交库单"，并按其实际生产成本，借记"原材料"科目，贷记"生产成本——辅助生产成本"科目。

［例3—2］ 企业自制材料完工验收入库，实际成本为6 800元。财会部门根据材料入库单作会计分录如下：

借：原材料 6 800

贷：生产成本 6 800

3. 接受投资者投入原材料的核算

接受投资者投入的原材料，应当按照投资合同或协议约定的公允价值确定其成本，借记"原材料"科目；按专用发票上注明的增值税额，借记"应交税费——应交增值税（进项税额）"科目；按照在企业占有股权份额的比例，贷记"实收资本"（或"股本"）科目；按借贷双方的差额，贷记"资本公积"科目。

（二）委托加工物资的核算

在企业的生产经营活动中，往往会将一些物资，委托外单位进行加工，委托加工的物资虽然存放在外单位，但其所有权属委托企业，加工完成后要收回，所以委托加工物资的核算主要包括拨付加工物资、支付加工费、运杂费和税金、收回加工物资和剩余物资等几个环节。

企业应设置"委托加工物资"科目，核算委托外单位加工的各种材料、商品等物资的实际成本。本科目可按加工合同、受托加工单位以及加工物资的品种等进行明细核算。"委托加工物资"科目期末借方余额反映企业委托外单位加工尚未完成物资的实际成本。

1. 拨付委托加工物资

企业发给外单位加工的物资，应按实际成本，借记"委托加工物资"科目，贷记"原材料"或"库存商品"科目。

2. 支付加工费、增值税和运杂费

企业支付加工费、增值税以及应负担的运杂费等，借记"委托加工物资"、"应交税费——应交增值税（进项税额）"科目，贷记"银行存款"等科目。

3. 缴纳的消费税

需要缴纳消费税的委托加工物资，由受托方代收代交的消费税，借记"委托加工物资"科目（收回后用于直接销售的）或"应交税费——应交消费税"科目（收回后用于继续加工的），贷记"应付账款"、"银行存款"等科目。

4. 加工完成收回加工物资

加工完成验收入库的物资和剩余物资，按加工收回物资的实际成本和剩余物资的实际成本，借记“库存商品”、“原材料”等科目，贷记“委托加工物资”科目。

[例 3—3] 南洋公司委托安庆工厂加工材料一批（属于应税消费品），原材料成本为 10 000 元，支付的加工费为 8 000 元（不含增值税），消费税税率为 10%，材料加工完成验收入库，加工费用等已经支付。双方适用的增值税税率为 13%。南洋公司按实际成本对原材料进行日常核算，有关会计处理如下：

(1)发出委托加工物资：

发出委托加工材料时，财会部门根据出库单作：

借：委托加工物资——安庆工厂	10 000	
贷：原材料		10 000

(2) 支付加工费用：

企业支付加工费 8 000 元，增值税进项税额为 1 040 元（8 000×13%）。

$$消费税组成计税价格=\frac{10\ 000+8\ 000}{1-10\%}=20\ 000(元)$$

（受托方）代收代交的消费税＝20 000×10%＝2 000（元）

南洋公司收回加工后的材料用于连续生产应税消费品：

借：委托加工物资——安庆工厂	8 000	
应交税费——应交增值税（进项税额）	1 040	
——应交消费税	2 000	
贷：银行存款		11 040

南洋公司收回加工后的材料直接用于销售：

借：委托加工物资——安庆工厂	10 000	
应交税费——应交增值税（进项税额）	1 040	
贷：银行存款		11 040

(3)加工完成收回委托加工材料：

南洋公司收回加工后的材料用于连续生产应税消费品：

借：原材料	18 000	
贷：委托加工物资——安庆工厂		18 000

南洋公司收回加工后的材料直接用于销售：

借：库存商品	20 000	
贷：委托加工物资——安庆工厂		20 000

(三)取得周转材料的核算

企业的周转材料包括包装物、低值易耗品等。企业应设置“周转材料”科目，核算企业周转材料的实际成本。本科目可按周转材料的种类，并分别“在库”、“在用”和“摊销”进行明细核算。“周转材料”科目期末借方余额，反映在库周转材料的实际成本以及在用周转材料的摊余价值。

企业购入、自制、委托外单位加工完成并已验收入库的周转材料等，比照“原材料”科目的相关规定进行处理。

企业的包装物、低值易耗品，也可单独设置“包装物”、“低值易耗品”科目进行核算。

三、发出存货的计量

企业应当根据各类存货的实物流转方式、企业管理的要求、存货的性质等实际情况，合理地选择发出存货成本的计算方法，以合理确定当期发出存货的实际成本。

企业应当采用个别计价法、先进先出法、月末一次加权平均法、移动加权平均法确定发出存货的实际成本。

对于性质和用途相似的存货，应当采用相同的成本计算方法确定发出存货的成本。

(一)个别计价法

个别计价法，亦称个别认定法、具体辨认法、分批实际法，其特征是注重存货实物流转与成本流转之间的关系，按照实际取得时的单位成本确定发出存货、结存存货实际成本的方法。

企业对于不能替代使用的存货、为特定项目专门购入或者制造的存货以及提供的劳务，通常采用个别计价法确定发出存货的成本。

在实际工作中，越来越多的企业采用计算机信息系统进行会计处理，个别计价法可以广泛应用于发出存货的计价，并且该方法确定的存货成本最为准确。

(二)先进先出法

先进先出法是以先购入的存货先发出(销售或耗用)这样一种存货实物流转假设为前提，对发出存货进行计价的方法。采用这种方法，先购入的存货成本在后购入的存货成本之前转出，据此确定发出存货和期末存货的成本。

采用这种计价方法，收入存货时要逐笔登记每一批存货的数量、单价和金额；发出存货时按照先进先出的原则确定单价，逐笔登记存货的发出金额和结存金额。

[例3－4]　根据强声公司5月份M存货的收发存数据资料，采用先进先出法计算的发出存货实际成本和结存存货实际成本如表3－1所示。

表3－1　　**M(存货)明细账**

类别：××　　计量单位：千克

编号：××　　最高存量：××

名称及规格：M　　最低存量：××

2019年		凭证		摘要	收入			发出			结存		
月	日	字	号		数量	单价	金额	数量	单价	金额	数量	单价	金额
5	1	略		期初余额							1 000	10	10 000
	6		03	购入	500	11	5 500				1 000 500	10 11	10 000 5 500
	8		07	领用				800	10	8 000	200 500	10 11	2 000 5 500
	13		12	购入	700	9	6 300				200 500 700	10 11 9	2 000 5 500 6 300
	22		18	领用				200 500 100	10 11 9	2 000 5 500 900	600	9	5 400

续表

2019年		凭证		摘要	收入			发出			结存		
月	日	字	号		数量	单价	金额	数量	单价	金额	数量	单价	金额
	26		21	购入	500	9.5	4 750				600 500	9 9.5	5 400 4 750
	27		40	领用				300	9	2 700	300 500	9 9.5	2 700 4 750
	31			本月合计	1 700		16 550	1 900		19 100	300 500	9 9.5	2 700 4 750

采用先进先出法，能够随时结转成本，期末存货成本比较接近现行的市场价值。但是，在存货收发业务频繁和单价经常变动的情况下，先进先出法计价的工作量较大。另外，当物价上涨时，会高估企业当期利润；反之，会低估企业当期利润。

一般来讲，经营活动受存货形态影响较大的存货，容易腐烂变质的存货可采用先进先出法。

（三）月末一次加权平均法

月末一次加权平均法，是指以月初存货数量和本月全部收入存货数量作为权数，去除月初存货成本加上本月全部收货成本，计算出存货的加权平均单位成本，从而确定发出存货和期末库存存货成本的一种方法。这种方法的计算公式如下：

$$存货单位成本=\frac{月初结存存货实际成本+本月收入存货实际成本}{月初结存存货数量+本月收入存货数量}$$

$$本月发出存货成本=本月发出存货数量\times存货单位成本$$

$$月末结存存货成本=月末结存存货数量\times存货单位成本$$

用以上公式计算出的加权平均存货单位成本不一定是整数，往往要小数点后四舍五入，为了保持账面金额之间的平衡关系，一般采用倒挤成本法计算本月发出存货的成本，具体计算步骤和公式如下：

$$月末结存存货成本=月末结存存货数量\times存货单位成本$$

$$本月发出存货成本=月初结存存货成本+本月收入存货成本-月末结存存货成本$$

［例3—5］ 根据［例3—4］中强声公司M存货收、发、存数据资料，采用加权平均法计算该存货发出实际成本和结存实际成本如表3—2所示。

表3—2 **M(存货)明细账**

类别：××　　计量单位：千克

编号：××　　最高存量：××

名称及规格：M　　最低存量：××

2019年		凭证		摘要	收入			发出			结存		
月	日	字	号		数量	单价	金额	数量	单价	金额	数量	单价	金额
5	1	略		期初余额							1 000	10	10 000
	6		03	购入	500	11	5 500				1 500		
	8		07	领用				800			700		
	13		12	购入	700	9	6 300				1 400		
	22		18	领用				800			600		

续表

2019年		凭证		摘 要	收 入			发 出			结 存		
月	日	字	号		数量	单价	金额	数量	单价	金额	数量	单价	金额
	26		21	购入	500	9.50	4 750				1 100		
	27		40	领用				300			800		
	31		88	结转成本				1 900	9.83	18 686	800	9.83	7 864
				本月合计	1 700		16 550	1 900	9.83	18 686	800	9.83	7 864

有关计算过程如下：

$$存货单位成本=\frac{10\ 000+(5\ 500+6\ 300+4\ 750)}{1\ 000+(500+700+500)}=9.83(元)$$

月末结存存货成本＝800×9.83＝7 864(元)

本月发出存货成本＝10 000＋(5 500＋6 300＋4 750)－7 864＝18 686(元)

月末一次加权平均法手续简便，计算工作量小，而且在市场价格上涨或下跌时所计算出来的单位成本是一个平均数，对存货成本的分摊较为折中。但是，这种方法平时从账面上无法提供发出存货和结存存货的单位成本及金额，不利于加强对存货的管理。

(四)移动加权平均法

移动加权平均法是指每次收货后，根据收货前库存存货数量和本次收货数量，去除收货前库存存货成本和该次收货成本之和，计算出加权平均单位成本，据以计算每次发出存货实际成本的一种方法。采用这种方法，每收一批存货，就需要重新计算一次加权平均单位成本，并以此作为日常发出存货计算成本的依据。具体计算公式如下：

$$存货单位成本=\frac{原有库存存货实际成本+本次收货实际成本}{原有库存存货数量+本次收货数量}$$

本次发出存货的成本＝本次发出存货数量×本次发货前的存货单位成本

本月月末库存存货成本＝月末库存存货数量×本月月末存货单位成本

［例3－6］ 根据［例3－4］中强声公司M存货收、发、存数据资料，采用移动平均法计算的发出存货和结存存货实际成本如表3－3所示。

表3－3 **M(存货)明细账**

类别：×× 计量单位：千克

编号：×× 最高存量：××

名称及规格：M 最低存量：××

2019年		凭证		摘 要	收 入			发 出			结 存		
月	日	字	号		数量	单价	金额	数量	单价	金额	数量	单价	金额
5	1	略		期初余额							1 000	10	10 000
	6		03	购入	500	11	5 500				1 500	10.33	15 500
	8		07	领用				800		8 269	700	10.33	7 231
	13		12	购入	700	9	6 300				1 400	9.665	13 531
	22		18	领用				800		7 732	600	9.665	5 799
	26		21	购入	500	9.50	4 750				1 100	9.59	10 549
	27		40	领用				300		2 877	800	9.59	7 672

续表

2019年		凭证		摘要	收入			发出			结存		
月	日	字	号		数量	单价	金额	数量	单价	金额	数量	单价	金额
	31		88	结转成本				1 900		18 878	800	9.59	7 672
				本月合计	1 700		16 550	1 900		18 878	800	9.59	7 672

具体计算过程如下：

第一批收货后的单位成本$=\dfrac{10\ 000+5\ 500}{1\ 000+500}=10.33$(元)

第一批发货成本$=15\ 500-700\times 10.33=8\ 269$(元)

第二批收货后的单位成本$=\dfrac{7\ 231+6\ 300}{700+700}=9.665$(元)

第二批发货成本$=13\ 531-600\times 9.665=7\ 732$(元)

第三批收货后的单位成本$=\dfrac{5\ 799+4\ 750}{600+500}=9.59$(元)

第三批发货成本$=10\ 549-800\times 9.59=2\ 877$(元)

移动加权平均法可以把计算工作分散到月份内进行，每收入一批存货计算一次单位成本，克服了先进先出法查阅资料的麻烦，也避免了加权平均法把工作量集中到月末的缺点，有利于企业管理部门及时了解存货的收发及结存情况。其缺点是，每收入一批存货计算一次单位成本，平时计算工作量很大，对收发货频繁的企业不适用。

四、发出存货的核算

(一)发出原材料的核算

企业生产经营领用材料，按实际成本，借记“生产成本”、“制造费用”、“销售费用”、“管理费用”等科目，贷记“原材料”科目；企业发出委托外单位加工的材料，借记“委托加工物资”科目，贷记“原材料”科目。

特殊用途领用的原材料，按实际成本加上不予抵扣的增值税额等，借记有关科目；按实际成本，贷记“原材料”科目；按不予抵扣的增值税额，贷记“应交税费——应交增值税(进项税额转出)”科目。

对于出售的材料结转成本，企业应当借记“其他业务成本”科目，贷记“原材料”科目。

若企业日常发出材料业务频繁，为了简化日常核算工作，平时购进材料入库，在材料明细分类账中登记数量、单价和金额，而发出材料时，除委托加工物资等特殊情况要确定成本外，其他用途发出原材料一般只登记数量，结存栏次也登记数量，月末根据领用部门和用途，汇总编制“发料凭证汇总表”，据以编制记账凭证，一次计算登记发出材料的实际成本。

[例3—7] 华丰公司本月份的“发料凭证汇总表”中列明，各部门领用A原材料情况如下：

生产产品共计领用30 000元；车间管理部门共计领用5 000元，产品销售部门共计领用8 000元，企业管理部门共计领用6 000元，基建工程共计领用10 000元，销售成本5 000元。根据上述汇总情况，编制会计分录如下：

借：生产成本　　30 000

　　制造费用　　5 000

销售费用	8 000
管理费用	6 000
在建工程	10 000
其他业务成本	5 000
贷:原材料——A	64 000

(二)销售存货成本的结转

企业销售存货,应当将已售存货的成本结转为当期损益,计入营业成本。即企业在确认存货销售收入的当期,应当将已经销售存货的成本结转为当期营业成本。

存货为商品、产成品的,企业应采用个别计价法、先进先出法、加权平均法和移动加权平均法确定已销售商品的实际成本。存货为非商品存货的,如材料等,应将已出售材料的实际成本予以结转,计入当期其他业务成本。因为材料销售不构成企业的主营业务。如果材料销售构成了企业的主营业务,则该材料为企业的商品存货,而不是非商品存货。

对已售存货计提了存货跌价准备的,还应结转已计提的存货跌价准备,冲减当期主营业务成本或其他业务成本,实际上是按已售产成品或商品的账面价值结转主营业务成本或其他业务成本。企业按存货类别计提存货跌价准备的,也应按比例结转相应的存货跌价准备。

(三)发出周转材料的核算

企业的周转材料(如包装物和低值易耗品)符合存货概念和确认条件的,按照使用次数分次计入成本费用。金额较小的,可以在领用时一次计入成本费用,以简化核算,但为了加强实物管理,应当在备查簿进行登记。

企业因非货币性资产交换、债务重组等转出的存货成本,分别参见第九章“非货币性资产交换”和第十三章“债务重组”。

第三节 存货的简化核算方法

一、计划成本法

(一)计划成本法概述

1. 概念

计划成本法是指企业对存货的收入、发出和结存均按预先制定的计划成本计价核算,同时设置“材料成本差异”科目,对存货计划成本与实际成本差额进行核算,将存货计划成本调整为实际成本。

2. 核算程序

在计划成本法下,企业应首先制定每一品种规格存货的计划单位成本,平时收到存货时,一方面按照计划成本计入存货科目,另一方面按照实际成本与计划成本的差额,作材料成本差异核算,平时发出存货时,按用途将计划成本转入有关成本费用科目,月末将所有发出存货应负担的差异进行转销,使期末存货科目反映其结存的计划成本,使材料成本差异科目反映结存存货保留的成本差异,以便反映存货的实际成本。

3. 适用范围

大中型企业存货品种繁多、收发频繁,对原材料、低值易耗品的核算可用此法。自制半成品、产成品采用该种方法核算时,还会涉及“产品成本差异”科目。

(二)计划成本法下取得存货的核算

计划成本法下与实际成本法下取得存货的渠道相同，由于存货按计划成本计价，企业除设置各个存货科目采用计划成本计价外，还应设置“材料采购”、“材料成本差异”等科目。

“材料采购”科目核算企业采用计划成本进行材料日常核算而购入材料的采购成本。本科目可按供应单位和材料品种进行明细核算。“材料采购”科目期末借方余额，反映企业在途材料的采购成本。

“材料成本差异”科目核算企业采用计划成本进行日常核算的材料计划成本与实际成本的差额。企业也可以在“原材料”、“周转材料”等科目设置“成本差异”明细科目。“材料成本差异”科目可以分别“原材料”、“周转材料”等，按照类别或品种进行明细核算。本科目期末借方余额，反映企业库存材料等的实际成本大于计划成本的超支差异；贷方余额反映企业库存材料等的实际成本小于计划成本的节约差异。

1. 取得原材料的核算

(1)外购原材料的核算

企业购入原材料的核算，主要包括三方面内容：一是反映材料采购成本的发生，二是按计划成本反映材料验收入库，三是结转材料的成本差异。

[例 3—8] 利华公司经税务部门核定为一般纳税人，某月份该企业发生的材料采购业务如下：

2 日，购入材料一批，取得的增值税专用发票上注明的价款为 80 000 元，增值税额为 10 400 元，发票等结算凭证已经收到，货款已通过银行转账支付。材料已验收入库，该批材料的计划成本为 70 000 元。有关会计分录如下：

借：材料采购	80 000	
应交税费——应交增值税(进项税额)	10 400	
贷：银行存款		90 400

5 日，购入材料一批，取得的增值税专用发票上注明价款为 40 000 元，增值税额为 5 200 元，发票等结算凭证已经收到，货款已通过银行转账支付，材料已验收，该批材料的计划成本为 36 000 元。有关会计分录如下：

借：材料采购	40 000	
应交税费——应交增值税(进项税额)	5 200	
贷：银行存款		45 200

13 日，购进材料一批，取得的增值税专用发票上注明的价款为 100 000 元，增值税额为 13 000 元。双方商定采用商业承兑汇票结算方式支付款项，付款期限为 3 个月。材料已经到达并验收入库，已开出、承兑商业汇票。该批材料的计划成本为 90 000 元。有关会计分录如下：

借：材料采购	100 000	
应交税费——应交增值税(进项税额)	13 000	
贷：应付票据		113 000

29 日，购入材料一批，材料已经运到，并已验收入库，但发票等结算凭证尚未收到，货款尚未支付。该批材料的计划成本为 50 000 元。企业应于月末按计划成本估价入账。有关会计分录如下：

借:原材料　　50 000

　　贷:应付账款——暂估应付账款　　50 000

下月初用红字将上述分录予以冲回:

借:原材料　　[50 000]

　　贷:应付账款——暂估应付账款　　[50 000]

收到有关发票等结算凭证并支付货款时,按正常程序记账。取得的增值税专用发票上注明的价款为60 000元,增值税额为7 800元。有关会计分录如下:

借:材料采购　　60 000

　　应交税费——应交增值税(进项税额)　　7 800

　　贷:银行存款　　67 800

月末,汇总本月已经付款或已开出、承兑商业汇票入库材料的计划成本为196 000元。有关会计分录如下:

借:原材料　　196 000

　　贷:材料采购　　196 000

月末,结转本月已经付款或已开出承兑商业汇票的入库原材料成本差异,其实际成本为220 000元,材料成本差异额为24 000元(220 000−196 000)(超支额)。有关会计分录如下:

借:材料成本差异——原材料　　24 000

　　贷:材料采购　　24 000

(2)自制原材料的核算

企业自制的原材料完工入库时,根据“材料入库单”和“材料成本计算单”,按计划成本,借记“原材料”科目;按实际成本,贷记“生产成本”科目;按计划成本与实际成本的差异,借(或贷)记“材料成本差异”科目。

(3)接受投资原材料的核算

企业根据投资合同规定,收到投资者投入的原材料时,根据“材料入库单”,按计划成本,借记“原材料”科目;按专用发票上注明的增值税额,借记“应交税费——应交增值税(进项税额)”科目;按计划成本与投资合同或协议约定的实际成本之间的差额,借(或贷)记“材料成本差异”科目;按投资合同或协议约定的价值在企业占有股权的份额,贷记“实收资本”科目;按其差额,贷记“资本公积”科目。

2. 委托加工物资的核算

企业将委托加工的物资发出时,根据发料凭证,借记“委托加工物资”科目,贷记“原材料”科目、贷记或借记“材料成本差异”科目。委托加工物资收回入库时,根据入库凭证,借记“原材料”科目,贷记“委托加工物资”科目,借记或贷记“材料成本差异”科目。

3. 取得周转材料的核算

企业如果对包装物和低值易耗品也采用计划成本核算法核算其成本,材料成本差异明细账要按照不同周转材料开设,不能与原材料的成本差异合并。

(三)计划成本法下发出存货的核算

采用计划成本法对存货进行核算,是指日常会计处理时,存货的收、发、存都以计划成本进行,通过设置“材料成本差异”科目反映其实际成本与计划成本之间的差异,平时发出存货一般情况不减少成本差异,而在会计期末,要通过调整“材料成本差异”科目,将发出存货的计划成本调整为实际成本。

调整的基本公式如下：

$$实际成本=计划成本\pm成本差异$$

材料成本差异随着材料的入库而形成，包括外购材料、自制材料、委托加工完成材料入库等；同时也应随着材料出库而减少，如领用材料、出售材料、消耗材料等。期初和当期形成的材料成本差异，应在当期已发出材料和期末结存材料之间进行分配，属于已发出材料应负担的材料成本差异，从“材料成本差异”科目转入有关科目。

发出材料应负担的成本差异应当按期(月)分摊，不得在季末或年末一次计算。发出材料应负担的成本差异，除委托外部加工发出材料可按期初成本差异率计算外，应使用当期实际差异率；期初成本差异率与本期成本差异率相差不大的，也可按期初成本差异率计算。材料成本差异率的计算公式如下：

$$\begin{array}{c}本期材料\\成本差异率\end{array}=\frac{期初结存材料的成本差异+本期验收入库材料的成本差异}{期初结存材料的计划成本+本期验收入库材料的计划成本}\times100\%$$

或者：

$$期初材料成本差异率=\frac{期初结存材料的成本差异}{期初结存材料的计划成本}\times100\%$$

$$发出材料应负担的成本差异=发出材料的计划成本\times材料成本差异率$$

需要说明的是，本期验收入库材料的计划成本中不包括暂估入账的材料的计划成本。材料成本差异率的计算方法一经确定，不得随意变更。如果确需变更，应在财务报表附注中予以说明。材料成本差异在已发出材料和期末结存材料之间的分配，应分别原材料、周转材料等，按照类别或品种进行。

经过材料成本差异的分配，本月发出材料应分配的成本差异从“材料成本差异”科目转出之后，属于月末库存材料应负担的成本差异仍保留在“材料成本差异”科目内，作为库存材料的调整项目，编制资产负债表时，存货项目中的材料存货，应当列示加(减)材料成本差异后的实际成本。

[例 3－9] 红星工厂材料存货采用计划成本法进行日常核算，2019 年 8 月份“原材料”科目，某类材料的期初余额为 56 000 元，“材料成本差异”科目期初借方余额为 4 500 元，原材料单位计划成本为 12 元，本月 10 日进货 1 500 千克，进价 10 元；20 日进货 2 000 千克，进价 13 元，本月 15 日和 25 日车间分别领用材料 2 000 千克。

根据上述资料进行如下会计处理：

(1)8 月 10 日进货，支付材料货款 15 000 元，运费 500 元，货款进项税额 1 950 元(货款增值税率为 13%)，运费的增值税进项税额为：500×9%＝45(元)(运费增值税率为 9%)，进项税额合计 1 995 元。

借：材料采购	15 500	
应交税费——应交增值税(进项税额)	1 995	
贷：银行存款		17 495

(2)8 月 11 日，第一批材料验收入库：

借：原材料	18 000	
贷：材料采购		15 500
材料成本差异		2 500

(3)8 月 15 日,车间领料 2 000 千克:

借:生产成本　　24 000

　　贷:原材料　　24 000

(4)8 月 20 日进货,支付材料货款 26 000 元,货款进项税额 3 380 元,运费 1 000 元,增值税 90 元,进项税额合计 3 470 元。

借:材料采购　　27 000

　应交税费——应交增值税(进项税额)　　3 470

　　贷:银行存款　　30 470

(5)8 月 22 日,第二批材料验收入库:

借:原材料　　24 000

　材料成本差异　　3 000

　　贷:材料采购　　27 000

(6)8 月 25 日,车间第二次领料 2 000 千克:

借:生产成本　　24 000

　　贷:原材料　　24 000

(7)8 月 31 日,计算分摊本月领用材料的成本差异:

$$本月材料成本差异率=\frac{4\ 500-2\ 500+3\ 000}{56\ 000+18\ 000+24\ 000}\times 100\%=5.102\%$$

本月领用材料应负担的成本差异=(24 000+24 000)×5.102%=2 449(元)

借:生产成本　　2 449

　　贷:材料成本差异　　2 449

将上述会计分录过入“原材料”和“材料成本差异”科目,并结出余额。

原材料

月初余额	56 000		
(2)	18 000	(3)	24 000
(5)	24 000	(6)	24 000
月末余额	50 000		

材料成本差异

月初余额	4 500		
(5)	3 000	(2)	2 500
		(7)	2 449
月末余额	2 551		

月末编制资产负债表时,存货项目中的原材料存货,应当根据“原材料”科目的借方余额 50 000 元加上“材料成本差异”科目的借方余额 2 551 元,以 52 551 元列示。

计划成本法简便易行,它既可以简化会计处理工作,也可以考核采购部门的业绩,所以是我国制造业采用的一种存货日常核算方法。

二、零售价法

(一)概念

零售价法是指用成本占零售价的百分比计算期末存货成本的一种方法。

(二)计算原理

期初存货和本期增加存货同时按成本和零售价记录,销货按售价记录,从而能确定期末存货售价金额,根据成本率又可知它的进价金额,于是发出存货进价金额可确定。

期初存货＋本期增加存货＝本期减少存货＋期末存货

若进价　已知　＋　已知　＝　倒减　＋售价×成本率

若售价　已知　＋　已知　＝　已知　＋未知可算出

$$成本率=\frac{期初存货成本+本期增加存货成本}{期初存货售价+本期增加存货售价}\times 100\%$$

期末存货成本＝期末存货售价总额×成本率

本期销售成本＝期初存货成本＋本期增加存货成本－期末存货成本

(三)售价金额核算法

售价金额核算法在我国会计实务中是商业零售企业可采用的一种方法，采用这一方法时，平时商品的购进、储存、销售均按售价记账，售价与进价的差额通过“商品进销差价”科目核算，期末计算进销差价率和本期已销商品应分摊的进销差价，并据以调整本期销售成本。有关计算公式如下：

$$进销差价率=\frac{期初库存商品进销差价+本期购入商品进销差价}{期初库存商品售价+本期购入商品售价}\times 100\%$$

本期已销商品应分摊的进销差价＝本期商品销售收入×进销差价率

本期已销商品的实际成本＝本期商品销售收入－本期已销商品应分摊的进销差价

$$\begin{matrix}期末结存商品\\的实际成本\end{matrix}=\begin{matrix}期初库存商品\\的进价成本\end{matrix}+\begin{matrix}本期购进商品\\的进价成本\end{matrix}-\begin{matrix}本期销售商品\\的实际成本\end{matrix}$$

[例3－10]　阳光商场2019年5月初“库存商品”科目的售价余额为120 000元，“商品进销差价”科目余额为10 000元，本月购进该商品的进价成本为70 000元，售价总额为80 000元，本月销售收入为130 000元。有关计算如下：

$$进销差价率=\frac{10\ 000+10\ 000}{120\ 000+80\ 000}\times 100\%=10\%$$

已销商品应分摊的进销差价＝130 000×10％＝13 000(元)

本期销售商品的实际成本＝130 000－13 000＝117 000(元)

期末结存商品的实际成本＝110 000＋70 000－117 000＝63 000(元)

[例3－11]　某零售企业发生下列经济业务：

(1)本月购进商品一批，增值税专用发票上注明价款100 000元，增值税13 000元，款项以银行存款支付。该商品含税零售价为146 900元。

企业在购进商品付款时，财会部门作会计分录如下：

借：在途物资——××单位	100 000	
应交税费——应交增值税(进项税额)	13 000	
贷：银行存款		113 000

企业在收货后，财会部门作会计分录如下：

借：库存商品——××实物负责人	146 900	
贷：在途物资——××单位		100 000
商品进销差价		46 900

(2)若企业本月销售该商品50％，收到含税销售收入73 450元，已送存银行。

财会部门反映销售收入实现作会计分录如下：

借:银行存款　　73 450

　　贷:主营业务收入　　73 450

同时结转成本:

借:主营业务成本　　73 450

　　贷:库存商品——××实物负责人　　73 450

(3)企业在月末将该商品售价金额中包含的增值税销项税额进行价税分离,售价中包含增值税 8 450 元$\left(\frac{73\ 450}{1+13\%}\times 13\%\right)$,财会部门根据计算结果作会计分录如下:

借:主营业务收入　　8 450

　　贷:应交税费——应交增值税(销项税额)　　8 450

(4)企业在月末计算销售该商品已实现进销差价为:

$$\frac{46\ 900}{146\ 900}\times 73\ 450=23\ 450(\text{元})$$

财会部门根据计算结果作会计分录如下:

借:商品进销差价　　23 450

　　贷:主营业务成本　　23 450

第四节　存货的期末计量

一、存货数量的盘存方法

企业存货的数量需要通过盘存来确定,常用的存货数量盘存方法主要有实地盘存制和永续盘存制两种。

(一)实地盘存制

实地盘存制也称定期盘存制,指会计期末通过对全部存货进行实地盘点,以确定期末存货的结存数量,然后分别乘以各项存货的盘存单价,计算出期末存货的总金额,记入各有关存货科目,倒轧本期已耗用或者已销售存货的成本。

采用这种方法,平时对有关存货账户只记借方,然后计算出当期耗用或者销货成本,记入有关存货账户的贷方。这一方法用于工业企业,称为“以存计耗”或“盘存计耗”;用于商品流通企业,称为“以存计销”或“盘存计销”。

“以存计耗”和“以存计销”以下列存货的基本等式为依据:

期初存货+本期增加存货=本期耗用或销售存货+期末存货

本期耗用或销售存货成本=期初存货成本+本期增加存货成本-期末存货成本

期初存货成本和本期增加存货成本这两项数字都不难从账上取得,待通过实地盘存,确定期末存货成本,则本期销货成本可用上述公式进行计算。

(二)永续盘存制

永续盘存制也称账面盘存制,指对存货项目设置经常性的库存记录,即分别品名、规格设置存货明细账,逐笔或逐日地登记收入发出的存货,并随时记列结存数。通过会计账簿资料,就可以完整地反映存货的收入、发出和结存情况。在没有发生丢失和被盗的情况下,存货账户的余额应当与实际库存相符。

采用永续盘存制，并不排除对存货的实物盘点，为了核对存货账面记录，加强对存货实物的管理，企业至少每年应对存货进行一次全面盘点。具体盘点次数视企业内部控制要求而定。

事实上，企业是将永续盘存制和实地盘存制结合使用的。

二、存货盘存的会计处理

企业应设置“待处理财产损溢”科目，核算在清查财产过程中查明的各种财产盘盈、盘亏和毁损的价值。物资在运输途中发生的非正常短缺与损耗，也通过本科目核算。本科目可按盘盈、盘亏的资产种类和项目进行明细核算。企业的财产损溢，应查明原因，在期末结账前处理完毕，处理后本科目应无余额。

（一）存货盘盈的核算

存货发生盘盈，主要是由于收发计量或核算上的误差等原因造成的，盘盈的存货，应按其重置成本作为入账价值，并通过“待处理财产损溢”科目进行会计处理，按管理权限报经批准后，应冲减管理费用或作为营业外收入处理。

［例 3—12］ 大华工厂在年末进行存货清查，发生盘盈情况见表 3—4。编制会计分录如下：

借：库存商品——甲产品　　2 500
　贷：待处理财产损溢——待处理流动资产损溢　　2 500

甲产品盘盈的原因已查明，属记账错误造成，经批准后进行处理。编制会计分录如下：

借：待处理财产损溢——待处理流动资产损溢　　2 500
　贷：管理费用　　2 500

表 3—4　存货盘点报告表

2018 年 12 月 31 日

存货类别	名称规格	计量单位	数量		单价（元）	盘盈		盘亏		原　因
			账存	实存		数量	金额	数量	金额	
原材料	A 料	千克	2 300	2 250	40			50	2 000	管理不善毁损
原材料	B 料	千克	4 750	2 100	15			2 650	39 750	自然灾害毁损
库存商品	甲产品	件	180	185	500	5	2 500			记账差错
备注	（1）A 料残料入库作价 100 元 （2）B 料毁损应收保险公司赔偿款 29 000 元									

（二）存货盘亏和毁损的核算

造成企业存货盘亏和毁损的原因有多种，报经批准后，应根据不同的原因，分别不同的情况进行处理。

企业盘亏的各种存货，按管理权限报经批准后按残料价值，借记“原材料” 等科目，按可收回的保险赔偿或过失人赔偿，借记“其他应收款”科目，贷记“待处理财产损溢”科目，按其借方差额，借记“管理费用”、“营业外支出”科目。

［例 3—13］ 大华工厂在年末进行存货清查，发生盘亏、毁损情况见表 3—4。编制会计分录如下：

借:待处理财产损溢——待处理流动资产损溢　　　41 750
　　贷:原材料——A料　　　2 000
　　　　　　——B料　　　39 750

由于A料毁损是属于非正常损失,按照有关规定,企业发生的非正常损失(指因管理不善造成被盗、丢失、霉烂变质的损失)的购进货物以及非正常损失的在产品、产成品所耗用的购进货物或应税劳务的进项税额不得从销项税额中抵扣,所以,毁损的A料价值还应包括其应负担的进项税额。此例中,A料的实际成本为2 000元,扣除残料价值100元,实际发生非正常净损失为1 900元,应负担的进项税额为247元。编制会计分录如下:

借:待处理财产损溢——待处理流动资产损溢　　　247
　　贷:应交税费——应交增值税(进项税额转出)　　　247

A料、B料毁损的原因已查明,A料属管理不善造成,扣除残料价值100元后,净损失2 147元(2 000−100+247),应记入"管理费用"科目;B料是由于自然灾害造成,扣除应收保险公司赔偿款29 000元之后,净损失10 750元(39 750−29 000),应记入"营业外支出"科目。编制会计分录如下:

借:原材料　　　100
　　管理费用　　　2 147
　　其他应收款——应收保险赔偿款　　　29 000
　　营业外支出——非常损失　　　10 750
　　贷:待处理财产损溢——待处理流动资产损溢　　　41 997

若企业存货是采用计划成本(或售价)核算的,盘亏和毁损的存货还应当同时结转成本差异(或进销差价)。

三、存货期末的计量原则及账务处理

(一)存货期末的计量原则

根据《企业会计准则第1号——存货》的规定,资产负债表日,存货应当按照成本与可变现净值孰低计量。存货成本高于其可变现净值的,应当计提存货跌价准备,计入当期损益。

存货成本指存货历史成本,即期末存货成本等于期初存货成本加本期增加存货成本减本期减少存货成本,当存货采用简化的核算方法时(如计划成本法),是调整为实际成本后的期末存货价值。可变现净值是指在日常活动中,存货的估计售价减去至完工时估计将要发生的成本、估计的销售费用以及相关税费后的金额。若存货成本大于可变现净值,期末存货按可变现净值计价;若成本小于可变现净值,期末存货按成本计价。

"成本与可变现净值孰低法"的理论基础主要是使存货符合资产的概念。当存货的可变现净值下跌至成本以下时,表明该存货给企业带来的未来经济利益低于其账面价值,由此所形成的损失已不符合资产的概念,因而应将这部分损失在资产价值中抵消,列入当期损益。否则,当存货的可变现净值低于其成本价值时,如果仍然以其历史成本计价,就会出现虚计资产的现象。

(二)可变现净值的基本特征

1. 确定存货可变现净值的前提是企业在进行日常活动

如果企业不是在进行正常的生产经营活动,比如企业处于清算过程,就不能按照存货准则的规定确定存货的可变现净值。

2. 可变现净值为存货的预计未来净现金流量,而不是简单地等于存货的售价或合同价企业预计的销售存货现金流量,并不完全等于存货的可变现净值。存货在销售过程中可能发生的销售费用和相关税费,以及为达到预定可销售状态还可能发生的加工成本等支出,构成现金流入的抵减项目。企业预计的销售存货现金流量,扣除这些抵减项目后,才能确定存货的可变现净值。

3. 不同存货可变现净值的构成不同

(1)产成品、商品和用于出售的材料等直接用于出售的商品存货,在正常生产经营过程中,应当以该存货的估计售价减去估计的销售费用和相关税费后的金额,确定其可变现净值。

(2)需要经过加工的材料存货,在正常生产经营过程中,应当以所生产的产成品的估计售价减去至完工时估计将要发生的成本、估计的销售费用和相关税费后的金额,确定其可变现净值。

(三)确定存货可变现净值时应考虑的因素

企业在确定存货可变现净值时,应当以取得的确凿证据为基础,并且考虑持有存货的目的、资产负债表日后事项的影响等因素。

1. 确定存货的可变现净值应当以取得确凿证据为基础

确定存货的可变现净值必须建立在取得确凿证据的基础上。确凿证据是指对确定存货的可变现净值和成本有直接影响的客观证明。

(1)存货成本的确凿证据

存货的采购成本、加工成本和其他成本以及其他方式取得存货的成本,应当以取得外来原始凭证、生产成本账簿记录等为确凿证据。

(2)存货可变现净值的确凿证据

存货可变现净值的确凿证据,是指对确定存货的可变现净值有直接影响的确凿证明,如产成品或商品的市场销售价格、与产成品或商品相同或类似商品的市场销售价格、销货方提供的有关资料和生产成本资料等。

2. 确定存货的可变现净值应当考虑持有存货的目的

由于企业持有存货的目的不同,确定存货可变现净值的计算方法也不同。如用于出售的存货和用于继续加工的存货,其可变现净值的计算就不相同。企业持有存货的目的,通常可以分为:

(1)持有以备出售的存货,如商品、产成品,其中又分为有合同约定的存货和没有合同约定的存货;

(2)将在生产过程或提供劳务过程中耗用的存货,如原材料等。

3. 确定存货的可变现净值应当考虑资产负债表日后事项等的影响

确定存货的可变现净值时,应当根据资产负债表日存货所处状况应估计的售价为基础并考虑持有存货的目的,资产负债表日至财务报告批准报出日之间发生的有关价格波动,如果有确凿证据表明是对资产负债表日的存货存在情况提供了新的或进一步的证据,则在确定存货可变现净值时应当予以考虑,否则,不应予以考虑。

(四)存货可变现净值的确定

对于企业持有的各类存货,在确定其可变现净值时,关键是确定估计售价。企业应当区别如下情况确定存货的估计售价:

1. 企业用于销售的商品产品、原材料

(1)为执行销售合同或者劳务合同而持有的存货,其可变现净值通常应当以合同价格为基础计量。

(2)企业持有存货的数量多于销售合同订购数量的,超出部分的存货可变现净值应当以一般销售价格为基础计量。

(3)企业持有存货的数量少于销售合同订购数量的,可按持有存货的数量与合同价格为基础计量。

2. 企业用于消耗的原材料

(1)为生产而持有的材料等,用其生产的产成品的可变现净值高于成本的,则该材料仍然应当按成本计量;

(2)材料价格的下降表明产成品的可变现净值低于成本的,该材料应当按照可变现净值计量。

(五)存货跌价准备的计提

根据存货准则的规定,企业应当按照单个存货项目计提存货跌价准备。对于数量繁多、单价较低的存货,可以按照存货类别计提存货跌价准备。

与具有类似目的或最终用途并在同一地区生产和销售的产品系列相关,且难以与其他项目分开计量的存货,可以合并计提存货跌价准备。

资产负债表日,企业应当确定存货的可变现净值。以前减记存货价值的影响因素已经消失的,减记的金额应当予以恢复,并在原已计提的存货跌价准备的金额内转回,转回的金额计入当期损益。

[例 3-14] 甲公司按单项存货、按年计提跌价准备。2018 年 12 月 31 日,公司期末存货有关资料如下:

(1)N 产品库存 100 台,单位成本 15 万元,市场销售价格为每台 19 万元,预计平均运杂费等销售费用为每台 1 万元,未签订不可撤销合同。N 产品期初未计提跌价准备。

N 产品成本=100×15=1 500(万元)

N 产品可变现净值=100×(19-1)=1 800(万元)

则 N 产品不需要计提存货跌价准备。

(2)2018 年 1 月 1 日 B 产品"存货跌价准备"余额 10 万元。B 产品年末库存 300 台,单位成本 4.5 万元,市场销售价格每台 4.4 万元。甲公司已经与长期客户签订不可撤销销售合同,约定 2019 年 2 月 10 日向该企业销售 B 产品 200 台,合同价格为每台 5 万元。向长期客户销售的 B 产品平均运杂费等销售费用为每台 0.3 万元;向其他客户销售为每台 0.4 万元。

有合同部分:

B 产品成本=200×4.5=900(万元)

可变现净值=200×(5-0.3)=940(万元)

无合同部分:

B 产品成本=100×4.5=450(万元)

可变现净值=100×(4.4-0.4)=400(万元)

假定期初存货跌价准备均为未签订合同部分计提,2018 年 12 月 31 日,企业对无合同部分计提跌价准备 40 万元(50-10),做如下会计分录:

借:资产减值损失　　400 000

　　贷:存货跌价准备——B 产品　　400 000

(3)2018 年 1 月 1 日 C 产品"存货跌价准备"余额 100 万元。2018 年 5 月销售上年结存 C

产品的70%，并结转存货跌价准备70万元。C产品年末库存600台，单位成本为2.55万元，C产品市场销售价格为每台3万元，预计平均运杂费等销售费用为每台0.3万元。未签订不可撤销合同。

2018年5月销售C产品时结转存货跌价准备：

借：存货跌价准备——C产品　　700 000

　　贷：主营业务成本　　700 000

2018年12月31日，C产品成本=600×2.55=1 530(万元)

C产品可变现净值=600×(3−0.3)=1 620(万元)

C产品未跌价，转回已计提的存货跌价准备：

借：存货跌价准备——C产品　　300 000

　　贷：资产减值损失　　300 000

[例3—15] M公司按单项存货计提存货跌价准备。有关资料如下：

(1)2018年初"库存商品——甲产品"科目的账面余额800万元，数量800件，每件成本为1万元，"存货跌价准备——甲产品"科目余额100万元，"原材料——A料"科目余额为0万元，库存A材料未计提跌价准备。

(2)至2018年末，甲产品对外销售300件，年末库存500件。甲产品无不可撤销合同，市场价格总额为每件0.7万元，预计销售甲产品发生的相关税费总额18万元。假定不考虑其他因素。

(3)2018年年末"原材料——A料"科目余额1 000万元，库存A材料将全部用于生产乙产品共计100件，每件产品成本直接材料费用10万元。80件乙产品已经签订销售合同，合同价格为每件11.25万元，其余20件乙产品未签订销售合同，预计乙产品的市场价格为每件11万元；预计生产乙产品还需发生除A原材料以外的成本为每件3万元，预计为销售乙产品发生的相关税费每件为0.55万元。

根据上述资料，做如下会计处理：

1. 计算并编制2018年12月31日有关甲产品存货跌价准备的会计分录

甲产品成本=500×1=500(万元)

甲产品可变现净值=500×0.7−18=332(万元)

"存货跌价准备——甲产品"期末余额=500−332=168(万元)

销售商品结转已计提存货跌价准备=300×100/800=37.5(万元)

甲产品应计提的存货跌价准备=168−100+37.5=105.5(万元)

借：存货跌价准备——甲产品　　375 000

　　贷：主营业务成本　　375 000

借：资产减值损失——计提存货跌价准备　　1 055 000

　　贷：存货跌价准备——甲产品　　1 055 000

2. 计算并编制2018年12月31日库存A材料应计提的存货跌价准备的会计分录

(1)有合同的部分

乙产品成本=80×10+80×3=1 040(万元)

乙产品可变现净值=80×11.25−80×0.55=856(万元)

由于用A材料生产的有合同部分乙产品成本大于可变现净值，需进一步判断库存A材料是否计提存货跌价准备。

用于生产有合同部分乙产品库存A材料的成本为800万元。

库存A材料可变现净值=80×11.25−80×3−80×0.55=616(万元)

库存A材料应计提的存货跌价准备=800−616=184(万元)

(2)无合同的部分

乙产品成本=20×10+20×3=260(万元)

乙产品可变现净值=20×11−20×0.55=209(万元)

由于用A材料生产的无合同部分乙产品成本大于可变现净值,需进一步判断库存A材料是否计提存货跌价准备。

用于生产无合同部分乙产品库存A材料的成本为200万元。

库存A材料可变现净值=20×11−20×3−20×0.55=149(万元)

库存A材料应计提的存货跌价准备=200−149=51(万元)

(3)库存A材料应计提的存货跌价准备合计=184+51=235(万元)

借:资产减值损失——计提存货跌价准备 2 350 000

贷:存货跌价准备——A料 2 350 000

(六)表明存货可变现净值低于成本的迹象

存在下列情形之一的,通常表明存货的可变现净值低于成本:

(1)该存货的市场价格持续下跌,而且在可预见的未来无回升的希望。

(2)企业用该原材料生产的产品成本大于产品销售价格。

(3)企业因产品更新换代,原有库存原材料已不适应新产品的需求,而该原材料的市场价格又低于其账面价值。

(4)因企业提供的商品或劳务过时或消费者偏好改变而使市场需求发生变化,导致市场价格逐渐下跌。

(5)其他足以证明该项存货实质上已经发生减值的情形。

(七)表明存货可变现净值为零的迹象

企业存货的可变现净值为零时,可将存货的账面价值全部转入当前损益,表明存货可变现净值为零的迹象可根据下列情况判断:

(1)已霉烂变质的存货。

(2)已过期无转让价值的存货。

(3)生产中不再需要,而且无使用价值和转让价值的存货。

(4)其他足以证明无使用价值和转让价值的存货。

存货可变现净值为零时,全额计提跌价准备。

本章小结

存货是企业在生产经营过程中的重要资产,本章根据我国《企业会计准则第1号——存货》的具体规定,结合《企业会计准则——应用指南》的相关规定,介绍了存货的内容,存货的确认和计量,存货日常核算的实际成本法,以及包括计划成本法、毛利率法和零售价法在内的存货的简化核算方法,存货价值的期末计量。

复习思考题

1. 存货的范围如何确定？
2. 存货的成本包括哪些内容？不同方式取得的存货其成本如何确定？
3. 企业发出存货的计价方法有哪些？使用范围如何？
4. 表明存货可变现净值为零的迹象主要有哪些？
5. 存货的可变现净值如何确定？

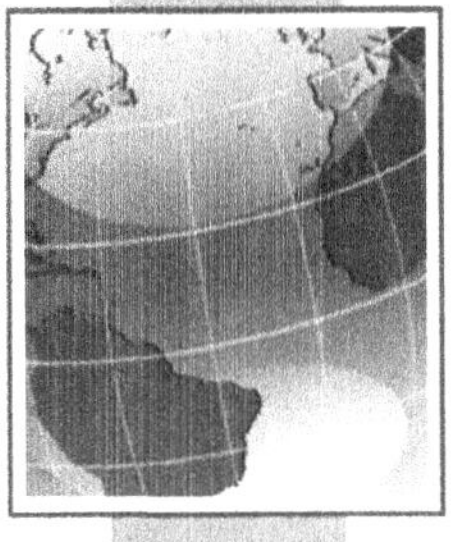

第四章 固定资产

【本章要点提示】

- 固定资产的确认和计量。
- 固定资产取得的会计处理。
- 根据不同固定资产选择使用折旧方法并且计提折旧。
- 固定资产后续支出的资本化和费用化。
- 固定资产处置和减值的会计处理。

固定资产是企业非流动资产中的一项重要内容，在企业的资产负债表中占有重要地位，固定资产的确认和计量、取得、折旧、减值和处置等方面核算的正确与否直接关系到企业财务状况和经营成果的恰当反映，进而影响到会计信息使用者的经济决策。本章对固定资产的核算加以阐述。

第一节　固定资产的确认和初始计量

一、固定资产及其特征

根据《企业会计准则第4号——固定资产》规定，固定资产是指同时具有下列特征的有形资产：(1)为生产商品、提供劳务、出租或经营管理而持有的；(2)使用寿命超过一个会计年度。

从固定资产定义看，固定资产具有以下三个特征：

(一)为生产商品、提供劳务、出租或经营管理而持有

企业持有固定资产的目的是为了生产商品、提供劳务、出租或经营管理，即企业持有的固定资产是企业的劳动工具或手段，而不是用于出售的产品。其中“出租”的固定资产，是指企业以经营租赁方式出租的机器设备类固定资产，不包括以经营租赁方式出租的建筑物，后者属于企业的投资性房地产，不属于固定资产。

(二)使用寿命超过一个会计年度

固定资产的使用寿命，是指企业使用固定资产的预计期间，或者该固定资产所能生产产品或者提供劳务的数量。通常情况下，固定资产的使用寿命是使用固定资产的预计期间，比如自用房屋建筑物的使用寿命表现为企业对该建筑物的预计使用年限。对于某些机器设备或运输设备等固定资产，其使用寿命表现为以该固定资产所能生产产品或提供劳务的数量，例如，汽车或飞机等，按其预计行驶或飞行里程估计使用寿命。

固定资产使用寿命超过一个会计年度，意味着固定资产属于非流动资产，随着使用的磨损，通过计提折旧方式逐渐减少账面价值。对固定资产计提折旧和减值准备，均属于固定资产的后续计量。

(三)固定资产是有形资产

固定资产具有实物特征,这一特征将固定资产与无形资产区别开来。有些无形资产可能同时符合固定资产的其他特征,如无形资产为生产商品、提供劳务而持有,使用寿命超过一个会计年度,但是,由于其没有实物形态,所以不属于固定资产。

一般来讲,企业符合上述条件的有房屋、建筑物、机器设备、运输工具及其他工具器具。

具体来讲,企业应根据固定资产概念,结合本企业特定情况,制定本企业的固定资产目录和分类方法,每类或每项固定资产折旧年限、折旧方法,作为固定资产核算的依据,按照管理权限经批准后生效,置于单位所在地,以供投资者或其他有关各方查阅。

二、固定资产的确认条件

根据固定资产会计准则规定,固定资产同时满足下列条件的,才能予以确认。

(一)与该固定资产有关的经济利益很可能流入企业

在实务中,判断与该固定资产有关的经济利益很可能流入企业时,主要通过判断与该固定资产所有权相关的风险和报酬是否转移给了企业来确定,而取得所有权是判断与该固定资产所有权相关的风险和报酬是否转移给了企业的一个重要标志。凡是所有权已归属于企业的,不论放置地点如何,均可作为企业的固定资产。有些特殊情况下,固定资产的所有权虽然不属于本企业,但企业能够控制与该项固定资产有关的经济利益流入企业,就意味着与该项固定资产所有权相关的风险和报酬实质上已转移到了企业,在这种情况下,企业应该将该项固定资产予以确认。如融资租赁固定资产,承租人要将该资产确认为企业固定资产。

对于购置的环保设备和安全生产设备等资产,其使用不能直接给企业带来经济利益,但是有助于企业从相关资产获得经济利益,或者将减少企业未来经济利益的流出,因此,对于这类设备,企业应将其确认为固定资产。例如,为净化环境或者满足国家有关排污标准的需要购置的环保设备,这些设备的使用虽然不会为企业带来直接的经济利益,却有助于企业提高对废水、废气、废渣的处理能力,有利于净化环境,企业为此将减少未来由于污染环境需要支付的环境净化费或罚款,因此,也符合固定资产确认的第一个条件。

固定资产的各组成部分,如果各自具有不同使用寿命或者以不同方式为企业提供经济利益,从而适用不同折旧率或者折旧方法的,该各组成部分实际上是以独立的方式为企业提供经济利益,企业应当分别将各组成部分确认为单项固定资产。例如,飞机的引擎,如果其与飞机机身具有不同的使用寿命,适用不同折旧率或折旧方法,则企业应当将其确认为单项固定资产。

(二)该固定资产的成本能够可靠地计量

企业要将一项资产确认为固定资产,其成本必须能够可靠地计量,成本通常是取得该固定资产发生的支出,有时固定资产的成本需要合理的估计。如对于已达到预定可使用状态的固定资产,在尚未办理竣工决算前,企业需要根据工程预算、工程造价或者工程实际发生的成本等资料,按暂估价值确定固定资产的成本,待办理了竣工决算手续后再作调整。

三、固定资产的初始计量

固定资产应当按照成本进行初始计量。

固定资产的成本,是指企业购建某项固定资产达到预定可使用状态前所发生的一切合理的、必要的支出。这些支出包括直接发生的价款、运杂费、包装费和安装成本等,也包括间接发生的，如承担的利息、外币借款折算差额以及应分摊的其他间接费用。对于特定行业的特定固定资产，确定其成本时，还应考虑预计弃置费用因素，如核电站核废料的处置等。

固定资产取得的方式不同，其初始计量的成本构成也各不相同。

第二节　固定资产的取得

一、外购固定资产

（一）外购固定资产的成本

企业外购固定资产的成本，包括购买价款、相关税费、使固定资产达到预定可使用状态前所发生的可归属于该项资产的运输费、装卸费、安装费和专业人员服务费等。

在实务中，企业可能以一笔款项购入多项没有单独标价的固定资产，如果这些资产均符合固定资产的定义，并满足固定资产的确认条件，则应当将各项资产单独确认为固定资产，并按照各项固定资产公允价值比例对总成本进行分配，分别确定各项固定资产的成本。

购买固定资产的价款超过正常信用条件延期支付，实质上具有融资性质的，固定资产的成本以购买价款的现值为基础确定。实际支付的价款与购买价款的现值之间的差额，除按照借款费用会计准则应予资本化的以外，应当在信用期间内计入当期损益。

（二）外购固定资产的会计处理

企业应设置“固定资产”科目，核算持有固定资产的原价。建造承包商的临时设施，以及企业购置计算机硬件所附带的、未单独计价的软件，也通过本科目核算。“固定资产”科目可按资产类别和项目进行明细核算。融资租入的固定资产，可在本科目设置“融资租入固定资产”明细科目。本科目期末借方余额，反映企业固定资产的原价。

企业购入的固定资产有两种形式，有的可以不通过安装直接投入使用，有的则需要安装才能投入使用。

企业购入不需要安装的固定资产，按应计入固定资产成本的金额，借记“固定资产”科目，贷记“银行存款”科目。购入需要安装的固定资产，应先通过“在建工程”科目核算，达到预定可使用状态时，转入“固定资产”科目。

“在建工程”科目核算企业基建、更新改造等在建工程发生的支出。本科目可按“建筑工程”、“安装工程”、“在安装设备”、“待摊支出”以及单项工程等进行明细核算。“在建工程”科目期末借方余额，反映企业尚未达到预定可使用状态的在建工程的成本。

［例 4－1］　2019 年 5 月 5 日，企业购入一台不需要安装的设备。设备买价 60 000 元，增值税税额为 7 800 元，运费 1 200 元，增值税 108 元。价税款项均以银行存款支付。

借：固定资产——×设备	61 200	
应交税费——应交增值税（进项税额）	7 908	
贷：银行存款		69 108

如无特殊说明，例题中的企业均为增值税一般纳税人，其发生在购建固定资产上的增值税进项税额符合规定可以抵扣。

［例 4－2］　大洋公司为增值税一般纳税人，2019 年 8 月 1 日购入一栋办公楼，取得的增值税专用发票上注明的价款为 8 000 万元，增值税税额为 720 万元。款项已经支付，不考虑其他因素。2019 年 8 月 1 日会计处理如下：

借:固定资产——办公楼　　80 000 000
　应交税费——应交增值税(进项税额)　　7 200 000
　贷:银行存款　　87 200 000

[例 4—3]　2019 年 1 月 1 日,科利公司与乙公司签订一项购货合同,从乙公司购入一台不需要安装大型设备,价款 1 000 万元(不含增值税),合同约定,款项分三次支付,2019 年 12 月 31 日支付 400 万元,2020 年 12 月 31 日支付 300 万元,2021 年 12 月 31 日支付 300 万元。假定科利公司综合各方面因素后决定采用 10%作为折现率,无其他相关税费。

科利公司根据上述经济业务,所作账务处理如下:

(1)2019 年 1 月 1 日购入固定资产:

借:固定资产　　8 369 647
　未确认融资费用　　1 630 353
　贷:长期应付款　　10 000 000

$$购入固定资产入账成本=4\ 000\ 000/(1+10\%)+3\ 000\ 000/(1+10\%)^2+3\ 000\ 000/(1+10\%)^3=8\ 369\ 647(元)$$

(2)确定未确认融资费用在信用期间的分摊额见表 4—1。

表 4—1　　**未确认融资费用分摊表**

日　期	分期付款额 (1)	确认的融资费用 (2)=期初(4)×10%	应付本金减少额 (3)=(1)-(2)	应付本金余额期末 (4)=期初(4)-(3)
2019 年 1 月 1 日				8 369 647
2019 年 12 月 31 日	4 000 000	836 964.7	3 163 035.3	5 206 611.7
2020 年 12 月 31 日	3 000 000	520 661.17	2 479 338.83	2 727 272.87
2021 年 12 月 31 日	3 000 000	272 727.13	2 727 272.87	0
合　计	10 000 000	1 630 353	8 369 647	

(3)2019 年 12 月 31 日分摊未确认融资费用和支付款项。

2019 年 12 月 31 日分摊未确认融资费用:

借:财务费用　　836 964.7
　贷:未确认融资费用　　836 964.7

2019 年 12 月 31 日支付款项:

借:长期应付款　　4 000 000
　应交税费——应交增值税(进项税额)　　520 000
　贷:银行存款　　4 520 000

(4)2020 年 12 月 31 日分摊未确认融资费用和支付款项。

2020 年 12 月 31 日分摊未确认融资费用:

借:财务费用　　520 661.17
　贷:未确认融资费用　　520 661.17

2020 年 12 月 31 日支付款项：

借：长期应付款　　3 000 000

　应交税费——应交增值税（进项税额）　　390 000

　　贷：银行存款　　3 390 000

(5)2021 年 12 月 31 日分摊未确认融资费用和支付款项。

2021 年 12 月 31 日分摊未确认融资费用：

借：财务费用　　272 727.13

　　贷：未确认融资费用　　272 727.13

2021 年 12 月 31 日支付款项：

借：长期应付款　　3 000 000

　应交税费——应交增值税（进项税额）　　390 000

　　贷：银行存款　　3 390 000

未确认融资费用在资产负债表上作为长期应付款减项列示。

二、自行建造固定资产

（一）自行建造固定资产的成本

企业自行建造固定资产的成本，由建造该项资产达到预定可使用状态前所发生的必要支出构成，包括工程用物资成本、人工成本、缴纳的相关税费、应予资本化的借款费用以及应分摊的间接费用等。

（二）自行建造固定资产的会计处理

企业通过使用“在建工程”科目，核算自行建造固定资产工程发生的支出。

企业为工程所购入的工程材料、物资，通过“工程物资”科目核算。该科目核算企业为在建工程准备的各种物资的成本，包括工程用材料、尚未安装的设备以及为生产准备的工器具等。“工程物资”科目可按“专用材料”、“专用设备”、“工器具”等进行明细核算。

企业自行建造的固定资产按其营建方式分为自营和出包两种方式，其会计处理有所不同。

1. 自营方式建造固定资产

企业自营的在建工程领用工程物资、原材料或库存商品的，借记“在建工程”科目，贷记“工程物资”、“原材料”、“库存商品”等科目。采用计划成本核算的，应同时结转应分摊的成本差异。

在建工程应负担的职工薪酬，借记“在建工程”科目，贷记“应付职工薪酬”科目。

辅助生产部门为工程提供的水、电、设备安装、修理、运输等劳务，借记“在建工程”科目，贷记“生产成本——辅助生产成本”等科目。

在建工程发生的借款费用满足借款费用资本化条件的，借记“在建工程”科目，贷记“长期借款”、“应付利息”等科目。

在建工程进行负荷联合试车发生的费用，借记“在建工程——待摊支出”科目，贷记“银行存款”、“原材料”等科目；试车形成的产品或副产品对外销售或转为库存商品的，借记“银行存款”、“库存商品”等科目，贷记“在建工程——待摊支出”科目。

在建工程达到预定可使用状态时，应计算分配待摊支出，借记“在建工程——××工程”科目，贷记“在建工程——待摊支出”科目；结转在建工程成本，借记“固定资产”科目，贷记“在建工程——××工程”科目。

［**例4—4**］ 某企业采用自营方式建造厂房一幢，为工程购置物资支付买价340 000元，增值税44 200元，全部用于工程建设，应支付工程人员薪酬90 000元，为工程借款而发生的利息40 000元，工程完工交付使用。

(1)购入工程物资：

借：工程物资——专用材料	340 000	
应交税费——应交增值税(进项税额)	44 200	
贷：银行存款		384 200

(2)领用工程物资：

借：在建工程——厂房建筑工程	340 000	
贷：工程物资——专用材料		340 000

(3)计提工程人员薪酬：

借：在建工程——厂房建筑工程	90 000	
贷：应付职工薪酬		90 000

(4)结转为工程借款而发生的利息：

借：在建工程——厂房建筑工程	40 000	
贷：应付利息		40 000

(5)厂房工程完工达到预定可使用状态，结转工程成本：

借：固定资产——厂房	470 000	
贷：在建工程——厂房建筑工程		470 000

在实务中，企业较少采用自营方式建造固定资产，多数情况下采用出包方式。

2. 出包方式建造固定资产

在出包方式下，企业通过招标方式将工程项目发包给建造承包商(即施工企业)，由建造承包商组织工程项目施工。企业要与建造承包商签订建造合同，企业是建造合同的甲方，负责筹集资金和组织管理工程建设，通常称为建设单位，建造承包商是建造合同的乙方，负责建筑安装施工任务。

企业以出包方式建造固定资产，其成本由建造该项固定资产达到预定可使用状态前所发生的必要支出构成，包括发生的建筑工程支出、安装工程支出，以及需分摊计入各固定资产的待摊支出。建筑工程、安装工程支出，如人工费、材料费、机械使用费等由建造承包商核算。

企业出包的在建工程，应按合理估计的出包工程进度和合同规定结算的进度款，借记“在建工程”科目，贷记“银行存款”、“预付账款”等科目。将设备交付建造承包商建造安装时，借记“在建工程——在安装设备”科目，贷记“工程物资”科目。工程完工时，按合同规定补付的工程款，借记“在建工程”科目，贷记“银行存款”科目。

工程达到预定可使用状态交付使用时，借记“固定资产”科目，贷记“在建工程”科目。

［**例4—5**］ 企业将新建厂房工程出包给第一建筑工程公司进行建造。

(1)根据工程进度企业支付工程款项300 000元，增值税27 000元：

借：在建工程——厂房建筑工程	300 000	
应交税费——应交增值税(进项税额)	27 000	
贷：银行存款		327 000

(2)厂房建造完工，经验收合格，第一建筑工程公司交来账单，企业补付工程款250 000元，增值税22 500元：

借:在建工程——厂房建筑工程　　250 000
　应交税费——应交增值税(进项税额)　　22 500
　　贷:银行存款　　272 500

(3)厂房达到预定可使用状态,交付使用:

借:固定资产——厂房　　550 000
　　贷:在建工程——厂房建筑工程　　550 000

三、投资者投入固定资产

投资者投入固定资产的成本,应当按照投资合同或协议约定的价值确定,但合同或协议约定价值不公允的除外。

对于接受固定资产投资的企业,在办理了固定资产移交手续之后,按投资各方确认的价值加上应支付的相关税费,借记"固定资产"科目;按投资各方确认的价值在企业注册资本中占有的份额,贷记"实收资本(或股本)"科目;按其差额,贷记"资本公积"科目;按应支付的相关税费,贷记"银行存款"或"应交税费"科目。

[例 4-6]　2019 年 4 月 9 日,企业接受投资者投入设备一台,接收投资时,双方确认固定资产的价值为 28 000 元。增值税额 3 640 元,假定在注册资本中占有份额为 20 000 元。会计分录为:

借:固定资产——×设备　　28 000
　应交税费——应交增值税(进项税额)　　3 640
　　贷:实收资本　　20 000
　　　资本公积——资本溢价　　11 640

四、租入固定资产

租赁是指在约定的期间内,出租人将资产使用权让与承租人,以获取租金的协议。承租人和出租人应当在租赁开始日将租赁分为融资租赁和经营租赁。租赁开始日是指租赁协议日与租赁各方就主要租赁条款作出承诺日中的较早者。

企业租入的固定资产按租赁的性质,分为融资性租入的固定资产和经营性租入的固定资产两种。由于二者具有不同的性质和特征,因此,所采用的会计处理方法也不同。

(一)融资租赁

1. 融资租赁及其确认的条件

融资租赁是指实质上转移了与资产所有权有关的全部风险和报酬的租赁。其所有权最终可能转移,也可能不转移。

根据《企业会计准则第 21 号——租赁》的规定,符合下列一项或数项标准的,应当认定为融资租赁:

(1)在租赁期届满时,租赁资产的所有权转移给承租人。

(2)承租人有购买租赁资产的选择权,所订立的购买价款预计将远低于行使选择权时租赁资产的公允价值,因而在租赁开始日就可以合理确定承租人将会行使这种选择权。

(3)即使资产的所有权不转移,但租赁期占租赁资产使用寿命的大部分。这里的"大部分"掌握在租赁期占租赁资产使用寿命的 75%以上(含 75%)。需要注意的是,这条标准强调的是租赁期占租赁资产使用寿命的比例,而非租赁期占该项资产全部可使用年限的比例。如果租赁资产是旧的资产，在租赁前已使用年限超过资产自全新时起算可使用年限的75%以上时，则这条判断标准不适用，不能使用这条标准确定租赁的分类。

(4)承租人在租赁开始日的最低租赁付款额现值，几乎相当于租赁开始日租赁资产公允价值；出租人在租赁开始日的最低租赁收款额现值，几乎相当于租赁开始日租赁资产公允价值。这里的“几乎相当于”通常掌握在90%以上(含90%)。需要说明的是，这里的量化标准是指导性标准，企业在具体运用时，必须以准则规定的相关条件进行判断。

(5)租赁资产性质特殊，如果不作较大改造，只有承租人才能使用。

最低租赁付款额是指在租赁期内，承租人应支付或可能被要求支付的款项(不包括或有租金和履约成本)，加上由承租人或者与其有关的第三方担保的资产余值。

承租人有购买租赁资产选择权，所订立的购买价款预计将远低于行使选择权时租赁资产的公允价值，因而在租赁开始日就可以合理确定承租人将会行使这种选择权的，购买价款应当计入最低租赁付款额。

或有租金是指金额不固定、以时间长短以外的其他因素(如销售量、使用量、物价指数等)为依据计算的租金。

履约成本是指租赁期内为租赁资产支付的各种使用费用，如技术咨询和服务费、人员培训费、维修费、保险费等。

2. 融资租赁中承租人会计处理的原则

(1)在租赁期开始日，承租人应当将租赁开始日租赁资产公允价值与最低租赁付款额现值两者中较低者作为租入资产的入账价值，将最低租赁付款额作为长期应付款的入账价值，其差额作为未确认融资费用。

承租人在租赁谈判和签订租赁合同过程中发生的，可归属于租赁项目的手续费、律师费、差旅费、印花税等初始直接费用，应当计入租入资产价值。

租赁期开始日，是指承租人有权行使其使用租赁资产权利的日期，表明租赁行为的开始。

(2)承租人在计算最低租赁付款额的现值时，能够取得出租人租赁内含利率的，应当采用租赁内含利率作为折现率；否则，应当采用租赁合同规定的利率作为折现率。承租人无法取得出租人的租赁内含利率且租赁合同没有规定利率的，应当采用同期银行贷款利率作为折现率。

(3)租赁内含利率是指在租赁开始日，使最低租赁收款额的现值与未担保余值的现值之和等于租赁资产公允价值与出租人的初始直接费用之和的折现率。

(4)担保余值，就承租人而言，是指由承租人或者与其有关的第三方担保的资产余值；就出租人而言，是指就承租人而言的担保余值加上独立于承租人和出租人的第三方担保的资产余值。

资产余值是指在租赁开始日估计的租赁期届满时租赁资产的公允价值。

未担保余值是指租赁资产余值中扣除就出租人而言的担保余值以后的资产余值。

(5)未确认融资费用应当在租赁期内各个期间进行分摊。

承租人应当采用实际利率法计算、确认当期的融资费用。

(6)承租人应当采用与自有固定资产相一致的折旧政策计提租赁资产折旧。

能够合理确定租赁期届满时取得租赁资产所有权的，应当在租赁资产使用寿命内计提折旧。

无法合理确定租赁期届满时能够取得租赁资产所有权的，应当在租赁期与租赁资产使用寿命两者中较短的期间内计提折旧。

(7)或有租金应当在实际发生时计入当期损益。

3. 融资租入固定资产的会计处理

[例 4—7] 新天地有限责任公司(以下简称“新天地公司”)2018 年 12 月 28 日与西部开发租赁公司(以下简称“西部公司”)签订了一份租赁合同。合同主要条款如下:新天地公司租入北方公司的一套程控生产线(不需安装),起租日为 2019 年 1 月 1 日租赁物运抵新天地公司生产车间之日;租赁期为 3 年;自租赁日起每年年末支付租金 1 000 000 元;该生产线在 2019 年 1 月 1 日的公允价值为 2 600 000 元;租赁合同规定的利率为 8%(年利率),该生产线为全新设备,估计使用年限为 5 年。租赁期满,该生产线的公允价值预计 80 000 元,新天地公司选择优先购买权需支付的价款为 8 000 元。企业会行使该优先购买权。

新天地公司采用实际利率法对未确认融资费用进行摊销,采用年限平均法计提固定资产折旧。

根据上述经济业务,新天地公司所作会计处理如下:

(1)租赁开始日

第一步,判断租赁类型。根据融资租赁的判定标准,本项租赁为融资租赁。

第二步,计算租赁开始日最低租赁付款额的现值,确定租赁资产的入账价值。本例中新天地公司不知道出租人的租赁内含利率,因此应该选择租赁合同规定的 8%作为最低租赁付款额的折现率。

最低租赁付款额=各期租金之和+购买价款

=1 000 000×3+8 000=3 008 000(元)

最低租赁付款额的现值=1 000 000×PVA(3,8%)+8 000×PV(3,8%)

=1 000 000×2.577+8 000×0.794=2 583 352(元)

小于租赁资产公允价值 2 600 000 元。

根据孰低原则,租赁资产的入账价值应为其折现值 2 583 352 元。

第三步,计算未确认融资费用。

未确认融资费用=最低租赁付款额-租赁开始日租赁资产的入账价值

=3 008 000-2 583 352=424 648(元)

第四步,会计处理。

2019 年 1 月 1 日,租入程控生产线:

借:固定资产——融资租入固定资产	2 583 352	
未确认融资费用	424 648	
贷:长期应付款——应付融资租赁款		3 008 000

(2)未确认融资费用摊销

第一步,确定融资费用分摊率。

企业应当采用实际利率法对未确认融资费用进行分摊。

由于本项租赁资产在租赁期开始日的入账价值为其最低租赁付款的折现值,因此该折现率 8%就是未确认融资租赁费分摊所使用的实际利率。

第二步,在租赁期内采用实际利率法分摊未确认融资费用(见表 4—2)。

表 4—2　　未确认融资费用分摊表(实际利率法)

日　期	租金(最低租赁付款额)(1)	确认的融资费用(2)=期初(4)×8%	应付本金减少额(3)=(1)-(2)	应付本金期末余额(4)=期初(4)-(3)
2019年1月1日				2 583 352
2019年12月31日	1 000 000	206 668.16	793 331.84	1 790 020.16
2020年12月31日	1 000 000	143 201.61	856 798.39	933 221.77
2021年12月31日	1 000 000+8 000	74 778.23①	933 221.77②	0
合　计	3 008 000	424 648	2 583 352	

注:①做尾数调整。1 000 000+8 000-933 221.77=74 778.23

②933 221.77=933 221.77-0

第三步,会计处理。

2019年12月31日,支付第一期租金:

借:长期应付款——应付融资租赁款　　1 000 000
　　应交税费——应交增值税(进项税额)　　130 000
　贷:银行存款　　1 130 000

2019年未确认融资费用摊销:

借:财务费用　　206 668.16
　贷:未确认融资费用　　206 668.16

2020年12月31日,支付第二期租金:

借:长期应付款——应付融资租赁款　　1 000 000
　　应交税费——应交增值税(进项税额)　　130 000
　贷:银行存款　　1 130 000

2020年未确认融资费用摊销:

借:财务费用　　143 201.61
　贷:未确认融资费用　　143 201.61

2021年12月31日,支付第三期租金:

借:长期应付款——应付融资租赁款　　1 000 000
　　应交税费——应交增值税(进项税额)　　130 000
　贷:银行存款　　1 130 000

2021年未确认融资费用摊销:

借:财务费用　　74 778.23
　贷:未确认融资费用　　74 778.23

(3)计提租赁资产折旧

第一步,融资租入固定资产折旧的计算。

根据合同规定,由于新天地公司能够确定在租赁期届满时取得租赁资产的所有权,因此,应当在租赁资产的使用寿命内计提折旧。本例中,租赁资产使用寿命为5年,因此应按5年计提折旧。同时,根据"当月增加的固定资产,当月不提折旧,从下月起计提折旧"这一规定,2019年应按11个月计提折旧,2024年按照1个月计提折旧,其他4年分别按12个月计提折旧。

2019年应计折旧额=2 583 352/5×11/12=473 614.53(元)

2020～2023 年每年应计折旧额＝2 583 352/5＝516 670.4(元)

2024 年应计折旧额＝2 583 352－473 614.53－516 670.4×4＝43 055.87(元)

第二步,会计处理。

公司每月计提折旧:

借:制造费用——折旧费　43 055.87

　贷:累计折旧　43 055.87

(4)租赁期届满时

2021 年 12 月 31 日,选择优先购买固定资产,支付款项 8 000 元,固定资产归本企业所有:

借:长期应付款——应付融资租赁款　8 000

　应交税费——应交增值税(进项税额)　1 040

　贷:银行存款　9 040

固定资产所有权转移:

借:固定资产——程控生产线　2 583 352

　贷:固定资产——融资租入固定资产　2 583 352

(二)经营租赁

经营租赁是指除融资租赁以外的其他租赁。

在经营租赁下,与租赁资产有关的风险和报酬并没有实质上转移给承租人,承租人不承担租赁资产的主要风险,承租人在经营租赁下发生的租金应当在租赁期内的各个期间按直线法确认为费用;如果其他方法更合理,可以采用其他方法。

在某些情况下,出租人可能对经营租赁提供激励措施,如免租期、承担承租人某些费用等。在出租人提供了免租期的情况下,应将租金总额在整个租期内,而不是在租赁期扣除免租期后的期间内按直线法或其他合理的方法进行分摊,免租期内应确认租金费用;在出租人承担了承租人某些费用的情况下,应当从租金总额中扣除,并将租金余额在租赁期内进行分摊。

此外,为了保证租赁资产的安全和有效使用,承租人应设置"经营租赁资产"备查簿做备查登记,以反映和监督租赁资产的使用、归还和结存情况。

承租人发生的初始直接费用,应当计入当期损益,借记"管理费用"等科目,贷记"银行存款"等科目;或有租金应当在发生时计入当期损益,借记"销售费用"等科目,贷记"银行存款"等科目。

第三节　固定资产折旧

一、固定资产折旧

折旧是指在固定资产使用寿命内,按照确定的方法对应计折旧额进行系统分摊。

应计折旧额是指应当计提折旧的固定资产的原价扣除其预计净残值后的金额。已计提减值准备的固定资产,还应当扣除已计提的固定资产减值准备累计金额。

根据固定资产会计准则规定,企业应当对所有固定资产计提折旧。但是,已提足折旧仍继续使用的固定资产和单独计价入账的土地除外。

二、影响固定资产折旧的因素

影响固定资产折旧的因素主要有以下几个方面:

(一)固定资产原价

计算固定资产折旧的基数一般为取得固定资产的历史成本(原始成本),即固定资产的账面原价。以原价作为计提折旧的基数,可以使折旧的计算建立在客观的基础之上,不受主观因素的影响。

(二)预计净残值

预计净残值是指假定固定资产预计使用寿命已满并处于使用寿命终了时的预期状态,企业目前从该项资产处置中获得的扣除预计处置费用后的金额。

(三)固定资产减值准备

固定资产减值准备指已计提的固定资产减值准备累计金额。固定资产计提减值准备后,应当在剩余使用寿命内根据调整后的账面价值和预计净残值重新计算折旧率和折旧额。

(四)固定资产使用寿命

固定资产使用寿命是指企业使用固定资产的预计期间,或者该固定资产所能生产产品或提供劳务的数量。企业确定固定资产使用寿命时,应当考虑下列因素:

(1)该项资产预计生产能力或实物产量;

(2)该项资产预计有形损耗,指固定资产在使用过程中,由于正常使用和自然力的作用引起的使用价值和价值的损失,如设备使用中发生磨损、房屋建筑物受到自然侵蚀等;

(3)该项资产预计无形损耗,指由于科学技术的进步和劳动生产率的提高而带来的固定资产价值上的损失,如因新技术的出现而使现有的资产技术水平相对陈旧、市场需求变化使其所生产的产品过时等;

(4)法律或者类似规定对该项资产使用的限制。某些固定资产的使用寿命可能受法律或者类似规定的约束。如对于融资租入的固定资产,根据《企业会计准则第 21 号——租赁》的规定,能够合理确定租赁期届满时将会取得租赁资产所有权的,应当在租赁资产使用寿命内计提折旧;如果无法合理确定租赁期届满时能够取得租赁资产所有权的,应当在租赁期与租赁资产使用寿命两者较短的期间内计提折旧。

企业应当根据固定资产的性质和使用情况,合理确定固定资产的使用寿命和预计净残值。固定资产的使用寿命、预计净残值一经确定,不得随意变更。

三、固定资产折旧的范围

企业应当对所有的固定资产计提折旧,但是已提足折旧仍继续使用的固定资产和单独计价入账的土地除外。在确定计提折旧的范围时还应注意以下几点:

(1)固定资产应当按月计提折旧,并根据用途计入相关资产的成本或者当期损益。当月增加的固定资产,当月不计提折旧,从下月起计提折旧;当月减少的固定资产,当月仍计提折旧,从下月起不计提折旧。

(2)固定资产提足折旧后,不论能否继续使用,均不再计提折旧,提前报废的固定资产也不再计提折旧。所谓提足折旧,是指已经提足该项固定资产的应计折旧额。

(3)已达到预定可使用状态但尚未办理竣工决算的固定资产,应当按照估计价值确定其成本,并计提折旧;待办理竣工决算手续后再按实际成本调整原来的暂估价值,但不需要调整原已计提的折旧额。

四、固定资产折旧的方法

企业应当根据与固定资产有关的经济利益预期实现方式,合理选择固定资产折旧方法。

可选用的折旧方法包括年限平均法、工作量法、双倍余额递减法和年数总和法等。

固定资产的折旧方法一经确定，不得随意变更。

（一）年限平均法

年限平均法又称直线法，是将固定资产应提折旧总额均衡地分摊到固定资产预计使用寿命内的一种方法。采用这种方法计提折旧，各期固定资产折旧额均相等。其计算公式如下：

$$年折旧率=\frac{1-预计净残值率}{预计使用寿命(年)}\times 100\%$$

$$月折旧率=年折旧率\div 12$$

$$月折旧额=固定资产原价\times 月折旧率$$

［**例4—8**］　企业的厂房一幢，原值为2 400 000元，预计使用年限20年，预计净残值率为4%，则：

$$年折旧率=\frac{1-4\%}{20}\times 100\%=4.8\%$$

$$月折旧率=4.8\%\div 12=0.4\%$$

$$月折旧额=2\ 400\ 000\times 0.4\%=9\ 600(元)$$

年限平均法计提折旧简便易行，容易理解，因而是会计实务中常使用的一种方法。但这种方法没有考虑固定资产在不同使用期限提供效益不同的因素，同时也忽视了各期固定资产维修费用将随着其使用时间的延长而不断增加的情况。

当固定资产各期负荷程度相同，各期应分摊相同的折旧额，这时采用年限平均法计算折旧是合理的。但是，如果固定资产各期负荷程度不同，采用年限平均法计算折旧时，则不能反映固定资产的实际使用情况，计提的折旧额与固定资产的损耗程度也不相符。

（二）工作量法

工作量法是以固定资产预计可完成的工作量为分摊标准，根据各期实际完成的工作量计算折旧额的一种方法。采用这种方法计提折旧，各期固定资产的折旧额随工作量的变动而成正比例变动。计算公式如下：

$$单位工作量折旧额=\frac{固定资产原价\times(1-预计净残值率)}{预计总工作量}$$

$$某项固定资产月折旧额=该项固定资产当月工作量\times 单位工作量折旧额$$

［**例4—9**］　企业有运输货车一辆，原值300 000元，预计净残值率5%，预计总行驶里程600 000公里，当月行驶4 000公里。该项固定资产的月折旧额计算如下：

$$每公里折旧额=\frac{300\ 000\times(1-5\%)}{600\ 000}=0.475(元/公里)$$

$$本月折旧额=4\ 000\times 0.475=1\ 900(元)$$

采用工作量法计提折旧简单实用，而且应提的折旧额与资产的使用成正比例，使资产的使用效益与成本较为合理地配比起来。但这种方法未考虑无形损耗的因素，更何况资产在预计使用寿命内究竟能完成多少工作量也是很难测定的。因此，工作量法适用于大型专业设备和运输设备的计提折旧。

（三）双倍余额递减法

双倍余额递减法是指在不考虑固定资产预计净残值的情况下，根据每期期初固定资产折余价值（即固定资产净值）和双倍的直线法折旧率计算固定资产折旧额的一种方法。计算公式如下：

$$年折旧率=\frac{2}{预计使用寿命(年)}\times 100\%$$

$$月折旧率=年折旧率\div 12$$

$$月折旧额=固定资产账面净值\times 月折旧率$$

由于双倍余额递减法不考虑固定资产的预计净残值，因此，采用这种方法时必须注意不能使固定资产的账面折余价值降低到它的预计净残值以下。所以采用双倍余额递减法计提折旧时，应当在固定资产折旧年限到期前两年内，将固定资产净值扣除预计净残值后的余额平均摊销。

[例 4—10] 企业生产设备一台，经批准采用加速折旧法计提折旧。该设备购置成本为 640 000 元，预计使用寿命为 5 年，预计净残值 20 000 元，采用双倍余额递减法计提折旧。

$$年折旧率=\frac{2}{5}\times 100\%$$

企业编制折旧计算表，见表 4—3。

表 4—3 **折旧计算表(双倍余额递减法)**

年　份	折旧计算	每年折旧额	累计折旧余额	账面净值
购置时				640 000
第 1 年	640 000×40%	256 000	256 000	384 000
第 2 年	384 000×40%	153 600	409 600	230 400
第 3 年	230 400×40%	92 160	501 760	138 240
第 4 年	(138 240—20 000)÷2	59 120	560 880	79 120
第 5 年		59 120	620 000	20 000

各月的折旧额也可用年折旧额除以 12 计算。

(四)年数总和法

年数总和法是将固定资产的原价减去预计净残值后的余额乘以一个逐年递减的分数计算每年的折旧额，这个分数的分子代表固定资产尚可使用的寿命，分母代表使用寿命的逐年数字总和。计算公式如下：

$$年折旧率=\frac{尚可使用年数}{预计使用寿命的年数总和}$$

$$月折旧率=年折旧率\div 12$$

$$月折旧额=(固定资产原价-预计净残值)\times 月折旧率$$

[例 4—11] 企业有设备一项，购置成本为 640 000 元，预计使用年限为 5 年，预计净残值 20 000 元，采用年数总和法计提折旧，见表 4—4。

表 4—4 **折旧计算表(年数总和法)**

年　份	折旧率	折旧计算	每年折旧额	累计折旧余额	账面净值
购置时					640 000
第 1 年	$\frac{5}{15}$	$(640\,000-20\,000)\times\frac{5}{15}$	206 667	206 667	433 333
第 2 年	$\frac{4}{15}$	$(640\,000-20\,000)\times\frac{4}{15}$	165 333	372 000	268 000

续表

年　份	折旧率	折旧计算	每年折旧额	累计折旧余额	账面净值
第 3 年	$\frac{3}{15}$	$(640\ 000-20\ 000)\times\frac{3}{15}$	124 000	496 000	144 000
第 4 年	$\frac{2}{15}$	$(640\ 000-20\ 000)\times\frac{2}{15}$	82 667	578 667	61 333
第 5 年	$\frac{1}{15}$	$(640\ 000-20\ 000)\times\frac{1}{15}$	41 333	620 000	20 000

双倍余额递减法和年数总和法都属于加速折旧法，其特点是在固定资产使用的早期多提折旧，后期少提折旧，从而相对加快折旧的速度，目的是使固定资产成本在估计使用寿命内加快得到补偿。

企业至少应当于每年年度终了，对固定资产的使用寿命、预计净残值和折旧方法进行复核。

使用寿命预计数与原先估计数有差异的，应当调整固定资产使用寿命。

预计净残值预计数与原先估计数有差异的，应当调整预计净残值。

与固定资产有关的经济利益预期实现方式有重大改变的，应当改变固定资产折旧方法。

企业应当根据《企业会计准则第 4 号——固定资产》的规定，结合企业的实际情况，制定固定资产目录、分类方法、每类或每项固定资产的使用寿命、预计净残值、折旧方法等。固定资产使用寿命、预计净残值和折旧方法的改变应作为会计估计变更，按照《企业会计准则第 28 号——会计政策、会计估计变更和差错更正》处理。

[例 4—12]　红星公司 2016 年 12 月购置了一台半自动车床，价格 800 万元，预计使用寿命为 10 年，预计净残值为 60 万元，企业采用直线法对固定资产计提折旧。2018 年 1 月，该车床经使用磨损太大，加之该种类型的全自动型车床问世，导致半自动车床价格大跌。企业于是在 2018 年 12 月对该半自动车床重新预计其使用寿命为 6 年，预计净残值为 40 万元，并变直线折旧法为加速折旧法，采用双倍余额递减法进行折旧。

本例中，2017～2018 年 12 月按年限平均法对该机床计提折旧额为：

(800－60)/10×2＝148(万元)

该车床的账面价值＝800－148＝652(万元)

2019 年改变使用寿命、预计净残值和折旧方法后，各年的折旧计算如表 4—5 所示。

表 4—5　　**固定资产折旧计算表**　　单位：万元

年　份	年折旧额计算	累计折旧额
2019	652×2/4＝326	326
2020	(652－326)×2/4＝163	489
2021	(652－489－40)/2＝61.5	550.5
2022	(652－489－40)/2＝61.5	612

五、固定资产折旧的账务处理

企业应设置“累计折旧”科目，核算固定资产累计折旧。本科目可按固定资产的类别或项目进行明细核算。

企业按月计提固定资产折旧时，借记“制造费用”、“销售费用”、“管理费用”、“研发支出”、“其他业务成本”等科目，贷记“累计折旧”科目；处置固定资产时应同时结转累计折旧，“累计折旧”科目期末贷方余额，反映企业固定资产的累计折旧额。

[例 4－13] 甲公司 2019 年 1 月固定资产计提折旧情况如下：

第一生产车间厂房计提折旧 6.6 万元，机器设备计提折旧 9 万元。管理部门房屋建筑物计提折旧 12 万元，运输工具计提折旧 4.8 万元。销售部门房屋建筑物计提折旧 5.4 万元，运输工具计提折旧 5.26 万元。此外，本月第一生产车间新购置一台设备，原价 122 万元，预计使用寿命 10 年，预计净残值 1 万元，按年限平均法计提折旧。

甲公司 2019 年 1 月计提折旧的账务处理如下：

借：制造费用——第一生产车间	156 000	
管理费用	168 000	
销售费用	106 600	
贷：累计折旧		430 600

在实际工作中，企业计提固定资产折旧，是由财会部门编制“固定资产折旧计算表”或者先由各使用单位编制“固定资产折旧计算表”，再由财会部门汇总编制“固定资产折旧计算(汇总)表”来完成。

值得注意的是，企业在编制“固定资产折旧计算(汇总)表”时，要认真审核应计提折旧的固定资产是否全部列入，不应计提折旧的固定资产是否已经全部剔除，折旧率及表内数字是否正确，经审核无误后，方可进行折旧的账务处理。

第四节　固定资产的后续支出

固定资产的后续支出，是指固定资产使用过程中发生的更新改造支出、修理费用等。

后续支出的处理原则为：与固定资产有关的更新改造等后续支出，符合固定资产确认条件的，应当计入固定资产成本，同时将被替换部分的账面价值扣除；与固定资产有关的修理费用等后续支出，不符合固定资产确认条件的，应当计入当期损益。

一、资本化的后续支出

企业将固定资产进行更新改造的，如符合资本化条件，应将该固定资产的原价、已计提的累计折旧和减值准备转销，将其账面价值转入在建工程，并停止计提折旧。固定资产发生的可资本化的后续支出，通过“在建工程”科目核算。待更新改造等工程达到预定可使用状态时，再从在建工程转为固定资产，并按重新确定的使用寿命、预计净残值和折旧方法计提折旧。

企业发生的某些固定资产后续支出可能涉及替换原固定资产的某组成部分，当发生的后续支出符合固定资产确认条件时，应将其计入固定资产成本，同时将被替换部分的账面价值扣除。这样可以避免将替换部分的成本和被替换部分的成本同时计入固定资产成本，导致固定资产成本高估。

[例 4－14] A 公司 2015 年 12 月购入一项固定资产，原价为 600 万元，采用年限平均法计提折旧，使用寿命为 10 年，预计净残值为零。2018 年 12 月，该公司对该项固定资产的某一主要部件电动机进行更换。2019 年 1 月新购置电动机的价款为 390 万元，增值税为 50.7 万元，款项已经支付；发生其他支出 10 万元，符合固定资产确认条件，被更换部件的原价为 300

万元，此外更换的主要部件变价收入 100 万元，已收存银行。2019 年 3 月 31 日达到预定可以使用状态，仍然采用年限平均法计提折旧，尚可使用年限为 5 年，预计净残值为零。

根据上述资料，A 公司做如下会计处理：

对该项固定资产进行更换部件前的账面价值＝600－600/10×3＝420(万元)

加上：发生的后续支出：400 万元

减去：被更换部件的账面价值：300－300/10×3＝210(万元)

对该项固定资产进行更换部件后的原价＝420＋400－210＝610(万元)

(1)2018 年 12 月固定资产账面价值转入在建工程：

借：在建工程	4 200 000	
累计折旧	1 800 000	
贷：固定资产		6 000 000

(2)2019 年被更换部件进行处理：

借：银行存款	1 000 000	
资产处置损益	1 100 000	
贷：在建工程		2 100 000

(3)2019 年 1 月安装新发动机：

借：在建工程	4 000 000	
应交税费——应交增值税(进项税额)	507 000	
贷：银行存款等		4 507 000

(4)2019 年 3 月固定资产达到预定可使用状态投入使用：

借：固定资产	6 100 000	
贷：在建工程		6 100 000

企业对固定资产进行定期检查发生的大修理费用，符合资本化条件的，可以计入固定资产成本；不符合资本化条件的，应当费用化，计入当期损益。固定资产在定期大修理间隔期间，照提折旧。

二、费用化的后续支出

与固定资产有关的后续支出，若不能同时满足固定资产确认的两个条件，则应将其支出计入当期损益，作为费用化的后续支出处理。

[例 4－15]　胜利机械厂某月对生产设备进行日常修理，领用原材料 400 元，用银行存款支付其他费用 500 元，作会计处理如下：

借：管理费用——修理费	900	
贷：原材料		400
银行存款		500

第五节　固定资产的处置

固定资产满足下列条件之一的，应当予以终止确认：一是该固定资产处于处置状态，二是该固定资产预期通过使用或处置不能产生经济利益。

固定资产的处置包括固定资产的出售、报废、毁损、对外投资、非货币性资产交换、债务重组等。

企业应设置"固定资产清理"科目，核算因出售、报废、毁损、对外投资、非货币性资产交换、债务重组等原因转出的固定资产价值，以及在清理过程中发生的费用等。本科目可按被清理的固定资产项目进行明细分类核算。该科目期末借方余额，反映企业尚未清理完毕的固定资产清理净损失。

一、出售、报废和毁损固定资产

企业出售、转让、报废固定资产或发生固定资产毁损，应当将处置收入扣除账面价值和相关税费后的金额计入当期损益。

企业因出售、转让、报废或毁损、对外投资、非货币性资产交换、债务重组等处置固定资产，其会计处理一般经过以下几个步骤：

第一，固定资产转入清理。固定资产转入清理时，按固定资产账面价值，借记"固定资产清理"科目；按已计提的累计折旧，借记"累计折旧"科目；按已计提的减值准备，借记"固定资产减值准备"科目；按固定资产账面余额，贷记"固定资产"科目。

第二，发生的清理费用。固定资产清理过程中发生的有关费用以及应支付的相关税费，借记"固定资产清理"科目，贷记"银行存款"、"应交税费"科目。

第三，出售收入和残料等的处理。企业收回出售固定资产的价款、残料价值和变价收入等，应冲减清理支出。按实际收到的出售价款以及材料变价收入等，借记"银行存款"、"原材料"等科目，贷记"固定资产清理"、"应交税费——应交增值税"等科目。

第四，保险赔偿的处理。企业计算或收到的应由保险公司或者过失人赔偿的损失，应冲减清理支出，借记"其他应收款"、"银行存款"等科目，贷记"固定资产清理"科目。

第五，清理净损益的处理。固定资产清理完成后的净损失，属于生产经营期间正常的损失，借记"资产处置损益"科目，贷记"固定资产清理"科目；属于生产经营期间由于自然灾害等非正常原因造成的，借记"营业外支出——非常损失"科目，贷记"固定资产清理"科目；固定资产清理完成后的净收益，借记"固定资产清理"科目，贷记"资产处置损益"科目。

二、持有待售的固定资产

同时满足下列条件的非流动资产应当划分为持有待售：

(1)企业已经就处置该非流动资产作出决议；

(2)企业已经与受让方签订了不可撤销的转让协议；

(3)该项转让将在一年内完成。

持有待售的非流动资产包括单项资产和处置组。单项资产包括固定资产、无形资产、长期股权投资；处置组是指作为整体出售或其他方式一并处置的一组资产。如果处置组是一个资产组，并且按照《企业会计准则第 8 号——资产减值》的规定将企业合并中取得的商誉分摊至该资产组，或者该处置组是这种资产组中的一项经营，则该处置组应当包括企业合并中取得的商誉。

企业对于持有待售的固定资产，应当调整该项固定资产的预计净残值，使该项固定资产的预计净残值能够反映其公允价值减去处置费用后的金额，但不得超过符合持有待售条件时该项固定资产的原账面价值，原账面价值高于调整后预计净残值的差额，应作为资产减值损失计入当期损益。

持有待售的固定资产不计提折旧，按照账面价值与公允价值减去处置费用后的净额孰低进行计量。

某项资产或处置组被划归为持有待售，但后来不再满足持有待售的固定资产的确认条件，企业应当停止将其划归为持有待售，并按照下列两项金额中较低者计量：

(1)该资产或处置组被划归为持有待售之前的账面价值，按照其假定在没有被划归为持有待售的情况下原应确认的折旧、摊销或减值进行调整后的金额；

(2)决定不再出售之日的可收回金额。

被划分为持有待售的非流动资产应当归类为流动资产，无论是被划分为持有待售的单项非流动资产还是处置组中的资产，都应当在资产负债表的流动资产部分单独列报；类似地，被划分为持有待售的处置组中的与转让资产相关的负债，应当在资产负债表的流动负债部分单独列报。

［**例 4—16**］ 2019 年 4 月 30 日，A 公司与 B 公司签订不可撤销合同，将固定资产某设备出售，当日该固定资产的原值 1 000 万元，已提折旧 700 万元，未计提减值准备。2019 年 6 月 30 日，办理完毕产权过户手续。

2019 年 4 月 30 日的会计处理为：

(1)假定该设备合同约定价格(公允价值)为 350 万元，估计处置费用为 10 万元。

按照账面价值与公允价值减去处置费用后的净额孰低进行计量。按照账面价值(300 万元)与公允价值减去处置费用后的净额(350－10＝340)孰低进行计量。不调整固定资产账面价值。

(2)假定该设备合同约定价格(公允价值)为 280 万元，处置费用为 10 万元。

按照账面价值(300 万元)与公允价值减去处置费用后的净额(280－10＝270)孰低进行计量。调整固定资产账面价值：

借：资产减值损失	300 000	
贷：固定资产减值准备		300 000

第六节 固定资产的期末计量

一、固定资产的盘盈和盘亏

为了保证固定资产账实相符，企业应当定期或不定期对固定资产盘点清查。年度终了前必须进行一次全面的盘点清查。对清查过程中发生的盘盈和盘亏，企业应当正确地进行处理。

(一)固定资产的盘盈

企业在期末清查中发现盘盈的固定资产，应作为前期差错，按重置成本，借记“固定资产”科目，贷记“以前年度损益调整”科目。

［**例 4—17**］ 企业在固定资产清查中发现账外设备一台，该设备的重置成本为 150 000 元。

(1)发生盘盈登记入账：

借：固定资产——××设备	150 000	
贷：以前年度损益调整		150 000

(2)调整应交所得税(所得税税率按 25％计算)：

借:以前年度损益调整　　37 500
　贷:应交税费——应交所得税　　37 500

(3)结转以前年度损益调整:

借:以前年度损益调整　　112 500
　贷:利润分配——未分配利润　　112 500

(4)调整按税后盈余10%计提的法定盈余公积:

借:利润分配——未分配利润　　11 250
　贷:盈余公积——法定盈余公积　　11 250

(二)固定资产的盘亏

企业在期末清查中发现盘亏的固定资产,在未查明原因及未报经批准处理前,应先按盘亏固定资产账面净值借记"待处理财产损溢"科目,按已提折旧,借记"累计折旧"科目,按固定资产账面原价,贷记"固定资产"科目;待查明原因并报经批准处理后,再借记"营业外支出"科目,贷记"待处理财产损溢" 科目。

[例4—18] 企业在清查中发现少了一台设备,该设备账面原价为6 000元,已提折旧2 800元,应转出的增值税进项税额为416元。

(1)发现盘亏注销固定资产记录:

借:待处理财产损溢——待处理固定资产损溢　　3 616
　累计折旧　　2 800
　贷:固定资产——×设备　　6 000
　　应交税费——应交增值税(进项税额转出)　　416

(2)经批准后转入营业外支出:

借:营业外支出——盘亏损失　　3 616
　贷:待处理财产损溢——待处理固定资产损溢　　3 616

二、固定资产减值的处理

(一)固定资产减值

资产减值是指资产的可收回金额低于其账面价值。固定资产减值是指固定资产的可收回金额低于其账面价值。企业应当在资产负债表日,判断资产是否存在可能发生减值的迹象。

(二)表明资产可能发生减值的迹象

根据《企业会计准则第8号——资产减值》的规定,存在下列迹象的,表明资产可能发生了减值:

(1)资产的市价当期大幅度下跌,其跌幅明显高于因时间的推移或者正常使用而预计的下跌。

(2)企业经营所处的经济、技术或者法律等环境以及资产所处的市场在当期或者将在近期发生重大变化,从而对企业产生不利影响。

(3)市场利率或者其他市场投资回报率在当期已经提高,从而影响企业计算资产预计未来现金流量现值的折现率,导致资产可收回金额大幅度降低。

(4)有证据表明资产已经陈旧过时或者其实体已经损坏。

(5)资产已经或者将被闲置、终止使用或者计划提前处置。

(6)企业内部报告的证据表明资产的经济绩效已经低于或者将低于预期,如资产所创造的净现金流量或者实现的营业利润(或者损失)远远低于(或者高于)预计金额等。

(7)其他表明资产可能已经发生减值的迹象。

(三)资产可收回金额的估计

资产存在减值迹象的,应当估计其可收回金额。资产的可收回金额,应当根据资产的公允价值减去处置费用后的净额与资产预计未来现金流量的现值两者之间较高者确定。

处置费用包括与处置有关的法律费用、相关税费、搬运费以及为使资产达到可销售状态所发生的直接费用等。

(四)固定资产减值损失的确定

根据资产减值会计准则的规定,资产的可收回金额低于其账面价值的,应当将资产的账面价值减记至可收回金额,减记的金额确认为资产减值损失,计入当期损益,同时计提相应的资产减值准备。固定资产可收回金额低于其账面价值时,要计提减值准备。

固定资产减值损失确认后,减值资产的折旧或者摊销费用应当在未来期间作相应调整,以使该资产在剩余使用寿命内,系统地分摊调整后的资产账面价值(扣除预计净残值)。

固定资产减值损失一经确认,在以后会计期间不得转回。

处置固定资产时,或涉及债务重组、非货币性资产交换等,应当同时结转已计提的固定资产减值准备。

(五)固定资产减值的会计处理

企业应设置"固定资产减值准备"科目,核算企业固定资产的减值准备。资产负债表日,固定资产发生减值的,按应减记的金额,借记"资产减值损失"科目,贷记"固定资产减值准备"科目。处置固定资产还应同时结转减值准备。本科目期末贷方余额,反映企业已计提但尚未转销的固定资产减值准备。

[例4-19] 2018年12月31日,旺旺公司对一台账面原价240 000元、已提折旧65 000元的闲置设备计提了50 000元的减值准备。会计处理如下:

借:资产减值损失	50 000	
贷:固定资产减值准备		50 000

[例4-20] 综合出租汽车公司某类出租汽车原价2 000万元,按照5年平均计提折旧,不考虑净残值,第一年折旧为400万元,第一年末按照预计现金流量的现值小于账面价值计提了300万元减值准备,第二年折旧额为325万元[(2 000－400－300)÷4],第三年末减值因素消失。按照新的企业会计准则的规定,资产减值损失一经确定,在以后会计期间不得转回。所以,该类出租汽车账面价值不随可收回金额的提高而恢复,下一年仍然按照325万元计提折旧。

本章小结

固定资产是企业在生产经营过程中必备的劳动工具或手段,本章根据《企业会计准则第4号——固定资产》和《企业会计准则——应用指南》的相关规定,介绍了固定资产的确认和计量、固定资产的取得、固定资产折旧、固定资产的后续支出、固定资产处置和固定资产减值的会计处理原则、方法及其相关的会计处理。

复习思考题

1. 采用延期付款、实质上具有融资性质方式购入的固定资产，其入账价值如何确定？
2. 自营方式和出包方式建造的固定资产应当如何进行会计处理？
3. 融资租赁方式取得的固定资产，其入账价值如何确定？
4. 存在弃置费用的固定资产入账价值如何确定？
5. 固定资产的后续支出如何进行会计处理？
6. 为什么要计提固定资产折旧？计提固定资产折旧应考虑哪些因素？

第五章 无形资产

【本章要点提示】

- 无形资产及其确认。
- 无形资产的计量。
- 无形资产取得、摊销和处置的会计处理。

在企业的生产经营过程中，除了必须具备货币资金、存货和固定资产这些重要的有形资产，产生应收款项，形成金融资产和长期股权投资外，往往还会具有一些特殊的资产，如无形资产，在企业经济活动中发挥不可替代的作用。

第一节　无形资产的确认和初始计量

一、无形资产及其特征

无形资产是指企业拥有或者控制的没有实物形态的可辨认非货币性资产，主要包括专利权、非专利技术、商标权、著作权、土地使用权和特许权等。

无形资产具有以下特征：

(一)由企业拥有或者控制并能为其带来未来经济利益的资源

通常情况下，企业拥有无形资产所有权时，该无形资产能够为企业带来未来经济利益。但在某些情况下企业拥有无形资产使用权并受法律保护时，说明企业控制了该无形资产，同样能够为其带来未来经济利益。

(二)不具有实物形态

无形资产所体现的是一种权利、某项技术或获得某种超额利润的能力，本身没有实物形态，这是无形资产区别于其他资产的显著标志。需要指出的是，某些无形资产的存在有赖于实物载体。比如，计算机软件需要存储在介质中，但这并不改变无形资产本身不具有实物形态的特征。在确定一项包含无形和有形要素的资产是属于固定资产，还是属于无形资产时，需要通过判断来加以确定，通常以哪个要素更重要作为判断的依据。如计算机控制的机械工具没有特定计算机软件就不能运行时，则说明该软件是构成相关硬件不可缺少的组成部分，该软件应作为固定资产处理；如果计算机软件不是相关硬件不可缺少的组成部分，则该软件应作为无形资产核算。

(三)无形资产具有可辨认性

要作为无形资产进行核算，该资产必须是能够区别于其他资产可单独辨认的。商誉的存在无法与企业自身分离，不具有可辨认性，不作为企业无形资产核算。符合下列条件之一的，则认为其具有可辨认性：

(1)能够从企业中分离或划分出来，并能单独用于出售或转让等，而不需要同时处置在同一获利活动中的其他资产，则说明无形资产可以辨认。在某些情况下无形资产可能需要与有关的合同一起用于出售、转让等，这种情况下也视为可辨认无形资产。

(2)源自合同性权利或其他法定权利，无论这些权利是否可以从企业或其他权利和义务中转移或者分离。如一方通过与另一方签订特许权而获得的特许使用权，通过法律程序申请获得的商标权、专利权等。

(四)无形资产属于非货币性资产

无形资产由于没有发达的交易市场，一般不容易转化成现金，在持有过程中为企业带来未来经济利益的情况不确定，属于非货币性资产。

二、无形资产的内容

无形资产具体包括专利权、非专利技术、商标权、著作权、土地使用权和特许权等。

(一)专利权

专利权，是指国家专利主管机关依法授予发明创造专利申请人，对其发明创造在法定期限内所享有的专有权利，包括发明专利权、实用新型专利权和外观设计专利权。发明专利权的期限为20年，实用新型专利权和外观设计专利权的期限为10年，均自申请日起计算。

(二)非专利技术

非专利技术也称专有技术，是指不为外界所知、在生产经营过程中已被采用、不享有法律保护、可以带来经济效益的各种技术和诀窍，如先进技术、资料、技能、知识等。非专利技术一般包括工业专有技术、商业贸易专有技术、管理专有技术等。

非专利技术并不是专利法的保护对象。但它有专利权的效用，无法定有效期限，主要是依靠自我保密的方式来维持其独占性，具有经济性、机密性、动态性等特征。

(三)商标权

商标是用来辨认特定的商品或者劳务的标记。商标权指专门在某类指定的商品或者产品上使用特定的名称或图案的权利。经商标局核准注册的商标为注册商标，包括商品商标、服务商标、集体商标和证明商标，商标注册人享有商标专用权，受法律保护。注册商标的有效期10年，每次续展注册的有效期为10年。

(四)著作权

著作权也称版权，是指作者对其创作的文学、科学和艺术作品依法享有的某些特殊权利。著作权包括作品署名权、发表权、修改权和保护作品完整权，还包括复制权、发行权等等。著作权属于作者，创作作品的公民属于作者。由法人或者其他组织主持，代表法人或者其他组织意志创作，并由法人或者其他组织承担责任的作品，法人或者其他组织视为作者。这种专有权利可转让、出售或赠与。但未经著作权人许可或转让，他人不得占有和使用。

(五)土地使用权

土地使用权也称场地使用权，是指国家准许某企业在一定期限内对国有土地享有开发、利用、经营的权利。

通常情况下，以缴纳土地出让金等方式外购的土地使用权、投资者投入等方式取得的土地使用权，作为无形资产核算。土地使用权符合一定条件时，作为投资性房地产或固定资产核算。

(六)特许权

特许权也称经营特许权,是指企业在某一地区经营或者销售某种特定商品的权利或者是一家企业接受另一家企业使用其商标、商号、技术秘密等的权利。通常有两种形式,一种是由政府机构授权,准许企业使用或在一定地区享有经营某种业务的特权,如水、电、邮电、通信等专营权,烟草专卖权等;另一种指企业间依照签订的合同,有限期或无限期使用另一家企业的某些权利,如连锁店分店使用总店的名称等。特许权业务涉及特许权受让人和让与人两个方面。通常在特许权转让合同中规定了特许权转让的期限、转让人和受让人的权利和义务。转让人一般要向受让人提供商标、标号等使用权,传授专有技术,并负责培训营业人员,提供经营所必需的设备和特殊材料。受让人则需要向转让人支付取得特许权的费用,开业后则按营业收入的一定比例或其他计算方法支付享用特许权费用。

三、无形资产的确认

(一)无形资产的确认条件

根据我国《企业会计准则第 6 号——无形资产》规定,无形资产同时满足下列两个条件的,才能予以确认:

(1)与该无形资产有关的经济利益很可能流入企业。

(2)该无形资产的成本能够可靠地计量。

企业在判断无形资产产生的经济利益是否很可能流入时,应对无形资产在预计使用寿命内可能存在的各种经济因素作出合理估计,并且应当有确凿的证据支持。

企业无形项目的支出,除下列情形外,均应于发生时计入当期损益:

一是符合无形资产会计准则规定的确认条件、构成无形资产成本的部分;二是非同一控制下企业合并中取得的、不能单独确认为无形资产、构成购买日确认的商誉的部分。

(二)企业内部研究开发无形资产的确认

企业内部研究开发项目的支出,应当区分研究阶段支出与开发阶段支出。

1. 研究阶段

内部研究开发项目的研究,是指为获取新的科学或技术知识并理解它们而进行的独创性的有计划调查。

研究阶段是探索性的,为进一步开发活动进行资料及相关方面的准备,已进行的研究活动将来是否会转入开发、开发后是否会形成无形资产等均具有较大的不确定性。比如,意在获取知识而进行的活动,研究成果或其他知识的应用研究、评价和最终选择,材料、设备、产品、工序、系统或服务替代品的研究,新的或经改进的材料、设备、产品、工序、系统或服务的可能替代品的配制、设计、评价和最终选择等,均属于研究活动。

研究阶段具有计划性和探索性的特征。

2. 开发阶段

内部研究开发项目的开发,是指在进行商业性生产或使用前,将研究成果或其他知识应用于某项计划或设计,以生产出新的或具有实质性改进的材料、装置、产品等。

相对于研究阶段而言,开发阶段应当是已完成研究阶段的工作,在很大程度上具备了形成一项新产品或者新技术的基本条件。比如,生产前或使用前的原型和模型的设计、建造和测试,不具有商业性生产经济规模的试生产设施的设计、建造和运营等,均属于开发活动。

开发阶段具有针对性,形成成果的可能性较大。

3. 企业研究与开发费用的费用化或资本化

企业内部研究开发项目研究阶段的支出，应当于发生时计入当期损益。

企业内部研究开发项目开发阶段的支出，同时满足下列条件的，应当确认为无形资产：

(1)完成该无形资产以使其能够使用或出售在技术上具有可行性。

判断无形资产的开发在技术上是否具有可行性，应当以目前阶段的成果为基础，并提供相关证据和材料，证明企业进行开发所需要的技术条件等已经具备，不存在技术上的障碍或者其他不确定性，比如，企业已经完成了全部计划、设计和测试活动，这些活动是使资产能够达到设计规划书中的功能、特征和技术必需的活动，或经过专家鉴定等。

(2)具有完成该无形资产并使用或出售的意图。

企业能够说明其开发无形资产的目的。

(3)无形资产产生经济利益的方式。

无形资产产生经济利益的方式，包括能够证明运用该无形资产生产的产品存在市场或无形资产自身存在市场；无形资产将在内部使用时，应当证明其有用性。

无形资产是否能够为企业带来经济利益，应当对运用该无形资产生产产品的市场情况进行可靠预计，以证明所生产的产品存在市场并能够带来经济利益，或者能够证明市场上存在对该无形资产的需求。

(4)有足够的技术、财务资源和其他资源支持，以完成该无形资产的开发，并有能力使用或出售该无形资产。

企业能够证明可以取得无形资产开发所需的技术、财务和其他资源，以及获得这些资源的相关计划。企业自有资金不足以提供支持的，应能够证明存在外部其他方面的资金支持，如银行等金融机构声明愿意为该无形资产的开发提供所需资金等。

(5)归属于该无形资产开发阶段的支出能够可靠地计量。

企业对研究开发的支出应当单独核算，比如，直接发生的研究人员工资、材料费，以及相关设备折旧费等。同时从事多项研究开发活动的，所发生的支出应当按照合理的标准在各项研究开发活动之间进行分配；无法合理分配的，应当计入当期损益。

四、无形资产的初始计量

企业应当根据取得无形资产的不同途径，依照会计准则的规定对无形资产成本进行计量。

(一)外购无形资产的成本

包括购买价款、相关税费以及直接归属于使该项资产达到预定用途所发生的其他支出。

其中，直接归属于使该项资产达到预定用途所发生的其他支出，包括使无形资产达到预定用途所发生的专业服务费用、测试无形资产是否能够发挥作用的费用等。

下列各项不包括在无形资产的初始成本中：

(1)为引入新产品进行宣传发生的广告费、管理费用及其他间接费用；

(2)无形资产已达到预定用途以后发生的费用。

购买无形资产的价款超过正常信用条件延期支付，实质上具有融资性质的，无形资产的成本以购买价款的现值为基础确定。实际支付的价款与购买价款的现值之间的差额，除按照借款费用准则应予资本化的以外，应当在信用期间内计入当期损益。

(二)自行开发的无形资产的成本

包括自满足资本化条件后至达到预定用途前所发生的支出总额，但是对于以前期间已经费用化的支出不再调整。

(三)投资者投入无形资产的成本

应当按照投资合同或协议约定的价值确定,但合同或协议约定价值不公允的除外。

(四)非货币性资产交换、债务重组、政府补助和企业合并取得的无形资产的成本

应当分别按照非货币性资产交换准则、债务重组准则、政府补助准则和企业合并准则进行确定。

第二节　无形资产的取得

无形资产的取得途径主要有购入、自行研究开发、接受投资等。

企业应设置"无形资产"科目,核算持有无形资产的成本,包括专利权、非专利技术、商标权、著作权、土地使用权等。本科目可按无形资产项目进行明细核算。"无形资产"科目期末借方余额,反映企业无形资产的成本。

一、购入无形资产

企业外购的无形资产,应按计入无形资产成本的金额,借记"无形资产"科目,贷记"银行存款"等科目。

[例5—1]　长江公司从外单位购得一项专利权,用银行存款支付买价300 000元、增值税18 000元和手续费12 000元。长江公司预计使用了该项专利技术,会使其生产能力提高20%,从而使利润增加。根据上述资料,作如下会计分录:

借:无形资产——专利权	312 000	
应交税费——应交增值税(进项税额)	18 000	
贷:银行存款		330 000

企业购入专利权,是指购入专利的所有权,而不是指专利的使用权。如果企业购入的是专利的使用权,所支付的专利使用费不能作为无形资产入账,则应记入管理费用、销售费用或制造费用;如果一次支付金额较大,可以作为长期待摊费用,在专利使用期内分期摊销。

[例5—2]　万科公司为增值税一般纳税人,2019年7月2日,从公开市场获得一宗土地使用权,买价1 000万元,增值税按照9%计算,为90万元。款项均以银行存款支付,土地使用权准备建造办公楼自用。万科公司作如下会计处理:

借:无形资产——土地使用权	10 000 000	
应交税费——应交增值税(进项税额)	900 000	
贷:银行存款		10 900 000

企业取得的土地使用权,通常应当按照取得时所支付的价款及相关税费确认为无形资产。土地使用权用于自行开发建造厂房等地上建筑物时,土地使用权的账面价值不与地上建筑物合并计算其成本,而仍作为无形资产进行核算,土地使用权和地上建筑物分别进行摊销和提取折旧。但下列情况除外:

(1)如果房地产开发企业取得的土地使用权用于建造对外出售的房屋建筑物的,其相关的土地使用权的价值应当记入所建造的房屋建筑物成本。

(2)企业外购房屋建筑物所支付的价款中包括土地使用权以及建筑物的价值的,则应当对实际支付的价款按照合理的方法(如公允价值相对比例)在土地使用权和地上建筑物之间进行分配;如果确实无法在土地使用权和地上建筑物之间进行合理分配的,应当全部作为固定资产，按照固定资产确认和计量的规定进行处理。

企业改变土地使用权的用途，停止使用土地使用权而用于赚取租金或资本增值时，应将其账面价值转为投资性房地产。

［例 5—3］ 长江公司为了扩大生产规模，拟建造一条新的生产线，向政府管理部门申请土地使用权，公司支付土地出让金 1 000 000 元。根据上述资料，作如下会计分录：

借：无形资产——土地使用权　　1 000 000
　　贷：银行存款　　1 000 000

二、自行开发无形资产

企业在研究开发无形资产过程中发生的各项支出，应通过设置和使用“研发支出”科目，按研究开发项目，分别按“资本化支出”、“费用化支出”进行明细核算。

企业自行开发无形资产发生的研发支出，不满足资本化条件的，借记“研发支出——费用化支出”科目；满足资本化条件的，借记“研发支出——资本化支出”科目，贷记“原材料”、“银行存款”、“应付职工薪酬”等科目。

研究开发项目达到预定用途形成无形资产的，应按本科目（资本化支出）的余额，借记“无形资产”科目，贷记“研发支出——资本化支出”科目。

期（月）末，应将本科目归集的费用化支出金额转入“管理费用”科目，借记“管理费用”科目，贷记“研发支出——费用化支出”科目。

“研发支出”科目期末借方余额，反映企业正在进行无形资产研究开发项目满足资本化条件的支出。

［例 5—4］ 利新公司自行研制取得了一项专利，在研究阶段发生调研费 15 000 元，以银行存款支付；开发阶段发生材料费 44 000 元，职工薪酬 30 800 元，其他支出 28 200 元以银行存款支付，假定开发阶段的支出全部为资本化的支出。

（1）研究阶段发生调研费：

借：研发支出——费用化支出　　15 000
　　贷：银行存款　　15 000

（2）期末调研费计入管理费用：

借：管理费用——研究费用　　15 000
　　贷：研发支出——费用化支出　　15 000

（3）开发阶段发生资本化支出：

借：研发支出——资本化支出　　103 000
　　贷：原材料　　44 000
　　　　应付职工薪酬　　30 800
　　　　银行存款　　28 200

（4）无形资产达到预定的用途：

借：无形资产——专利权　　103 000
　　贷：研发支出——资本化支出　　103 000

三、投资者投入无形资产

投资者投入的无形资产，按投资各方确认的价值，借记“无形资产”科目；按照在企业占有股权份额的比例，贷记“实收资本”或“股本”科目；按其差额，贷记“资本公积——资本溢价(股本溢价)”科目。

[例 5—5]　恒通公司于 2019 年 4 月 20 日接受欣欣公司作为投资转入的一项专利权，双方协商作价(等于公允价值)为 500 000 元，增值税 30 000 元，其中 400 000 元能够在注册资本中享有份额。企业另支付印花税及其他相关税费 2 000 元，款项已通过银行转账支付。根据上述资料，作如下会计分录：

借：无形资产——专利权	502 000	
应交税费——应交增值税(进项税额)	30 000	
贷：实收资本		400 000
资本公积——资本溢价		130 000
银行存款		2 000

第三节　无形资产的摊销

使用寿命有限的无形资产，其应摊销金额应当在使用寿命内系统合理摊销。企业摊销无形资产，应当自无形资产可供使用时起，至不再作为无形资产确认时止。

使用寿命不确定的无形资产不予摊销。

一、无形资产使用寿命的确定

企业应当于取得无形资产时分析判断其使用寿命。

企业持有的无形资产，通常来源于合同性权利或其他法定权利，且合同规定或法律规定有明确的使用年限。

来源于合同性权利或其他法定权利的无形资产，其使用寿命不应超过合同性权利或其他法定权利的期限；但如果企业使用资产预期的期限短于合同性权利或其他法定权利规定的期限的，则应当按照企业预期使用的期限确定其使用寿命。合同性权利或其他法定权利在到期时因续约等延续，且有证据表明企业续约不需要付出大额成本的，续约期应当计入使用寿命。合同或法律没有规定使用寿命的，企业应当综合各方面因素判断，以确定无形资产能为企业带来经济利益的期限。比如，与同行业的情况进行比较，参考历史经验，或聘请相关专家进行论证等。

企业确定无形资产使用寿命通常应当考虑的因素如下：

(1)运用该无形资产生产的产品通常的生命周期、可获得的类似资产使用寿命的信息；

(2)技术、工艺等方面的现阶段情况及对未来发展趋势的估计；

(3)以该资产生产的产品或提供服务的市场需求情况；

(4)现在或潜在的竞争者预期采取的行动；

(5)为维持该资产带来经济利益能力的预期维护支出，以及企业预计支付有关支出的能力；

(6)对该资产控制期限的相关法律规定或类似限制，如特许使用期、租赁期等；

(7)与企业持有其他资产使用寿命的关联性等。

无形资产的使用寿命为有限的，应当估计该使用寿命的年限或者构成使用寿命的产量等类似计量单位数量；无法预见无形资产为企业带来未来经济利益期限的，应当视为使用寿命不确定的无形资产。

二、无形资产摊销方法的确定

企业选择的无形资产摊销方法，应当反映与该项无形资产有关的经济利益的预期实现方式。无法可靠确定预期实现方式的，应当采用直线法摊销。

企业至少应当于每年年度终了，对无形资产的使用寿命及摊销方法进行复核，如果有证据表明无形资产的使用寿命及摊销方法不同于以前的估计，对于使用寿命有限的无形资产，应改变其摊销年限和摊销方法，并按照会计估计变更进行处理。某项无形资产计提了减值准备，也可能表明企业原估计的摊销期限需要作出变更。

对于使用寿命不确定的无形资产，如果有证据表明其使用寿命是有限的，则应视为会计估计变更，应当估计其使用寿命并按照使用寿命有限的无形资产处理原则进行处理。

三、无形资产摊销金额的确定

无形资产的摊销金额一般应当计入当期损益。某项无形资产包含的经济利益通过所生产的产品或其他资产实现的，其摊销金额应当计入相关资产的成本。例如，某项专门用于生产过程中的专利技术，其摊销费用应当构成所生产产品成本的一部分，计入制造该产品的制造费用。

持有待售的无形资产不进行摊销，按照账面价值与公允价值减去处置费用后的净额孰低进行计量。

无形资产的应摊销金额为其成本扣除残值后的金额，已计提减值准备的无形资产，还应扣除已计提的无形资产减值准备累计金额。使用寿命有限的无形资产，其残值应当视为零，但下列情况除外：

（1）有第三方承诺在无形资产使用寿命结束时购买该无形资产。

（2）可以根据活跃市场得到预计残值信息，并且该市场在无形资产使用寿命结束时很可能存在。

四、无形资产摊销的会计处理

企业应设置“累计摊销”科目核算使用寿命有限的无形资产计提的累计摊销额，本科目可按无形资产项目进行明细核算。企业按期（月）计提无形资产的摊销，借记“制造费用”、“管理费用”、“其他业务成本”等科目，贷记“累计摊销”科目；处置无形资产还应同时结转累计摊销。“累计摊销”科目期末贷方余额，反映企业无形资产的累计摊销额。

［例5－6］ 金星公司以银行存款支付价款6 000 000元和增值税360 000元，购入一项专利权，估计该专利权的使用寿命为8年，该项专利权用于产品生产；同时支付价款8 000 000元和增值税480 000元，购入一项商标权，估计该商标权的使用寿命为10年，假定这两项无形资产的净残值均为零。

根据上述经济业务，公司所作会计处理如下：

（1）取得无形资产时：

借：无形资产——专利权	6 000 000	
——商标权	8 000 000	
应交税费——应交增值税（进项税额）	840 000	
贷：银行存款		14 840 000

（2）按年摊销时：

借：制造费用——专利权摊销　　750 000
　　管理费用——商标权摊销　　800 000
　　贷：累计摊销　　1 550 000

第四节　无形资产的处置

无形资产的处置主要是指无形资产出售、对外出租，或者是无法为企业带来经济利益时，应予终止确认并转销。

一、无形资产出售

企业出售无形资产，是转让无形资产的所有权，出售以后，企业不再对该无形资产拥有占有、使用、收益的权利。企业出售无形资产，应按实际取得的转让收入，借记“银行存款”等科目；按该无形资产已计提的累计摊销和减值准备，借记“累计摊销”、“无形资产减值准备”科目；按无形资产的账面成本，贷记“无形资产”科目；按支付的相关税费，贷记“银行存款”、“应交税费”科目；按其差额，贷记或借记“资产处置损益”科目。

[例 5—7]　华强公司将拥有的一项专利权出售，取得收入 300 000 元，增值税 18 000 元。该专利权的账面成本为 1 200 000 元，累计摊销为 960 000 元，已计提的减值准备为 10 000 元。根据上述资料，作如下会计分录：

借：银行存款　　318 000
　　累计摊销　　960 000
　　无形资产减值准备　　10 000
　　贷：无形资产　　1 200 000
　　　　应交税费——应交增值税（销项税额）　　18 000
　　　　资产处置损益　　70 000

二、无形资产出租

企业出租无形资产，是转让无形资产的使用权，将无形资产的使用权让渡给其他企业，而本企业仍然对转让的无形资产拥有所有权。租入方只能根据合同的规定合理使用。

企业转让无形资产使用权时，应按取得的租金收入，借记“银行存款”等科目，贷记“其他业务收入”等科目。由于企业仍然拥有无形资产的所有权，该项无形资产仍应作为企业的资产进行核算，也就是仍应保留其账面价值，不能从账面上转销该项无形资产的摊余价值。企业按出租过程发生的相关费用，借记“其他业务成本”科目，贷记“银行存款”等科目。

三、无形资产报废

根据企业会计准则的规定，无形资产预期不能为企业带来未来经济利益时，应当将该无形资产进行报废并转销其账面价值，将其账面价值转作当期损益。转销时，按其账面价值，借记“累计摊销”、“无形资产减值准备”科目，贷记“无形资产”科目，按其差额借记“营业外支出——处置非流动资产损失”科目。

第五节 无形资产的期末计量

一、无形资产的减值

无形资产减值是指无形资产的可收回金额低于其账面价值。由于无形资产给企业带来的经济利益具有很大的不确定性，在当今科技飞速发展、市场竞争日趋激烈的时代，企业原先所拥有的某项无形资产的先进性可能很快被其他更先进的无形资产所取代，从而使企业拥有的无形资产发生减值甚至毫无价值可言。

无形资产的减值，应当按照资产减值会计准则的规定处理。

二、无形资产减值损失的确定

根据资产减值准则规定，当无形资产存在减值迹象的，应当估计其可收回金额。可收回金额应当根据资产的公允价值减去处置费用后的净额与资产预计未来现金流量的现值两者之间的较高者确定。

处置费用包括与资产处置有关的法律费用、相关税费以及为使资产达到可销售状态所发生的直接费用等。

比如，一家公司拥有一项专利权，如果将其对外出售，销售价格 150 000 元，出售该专利发生律师费 8 000 元，其他相关税费 7 500 元，专利权销售净额为 134 500 元。该公司如果继续持有该专利权，预期从专利权持续使用中产生预计未来现金流量的现值为 100 000 元，预期在使用年限结束时的处置中产生预计未来现金流量现值为 20 000 元，两者合计为 120 000 元，由于专利权的销售净额 134 500 元大于预计的未来现金流量的现值 120 000 元，因此可收回金额为 134 500 元。

无形资产的可收回金额低于其账面价值的，应当将无形资产的账面价值减记至可收回金额，减记的金额确认为无形资产减值损失，计入当期损益，同时计提相应的无形资产减值准备。

无形资产减值损失确认后，减值无形资产的摊销费用应当在未来期间作相应调整，以使该无形资产在剩余使用寿命内，系统地分摊调整后的资产账面价值。

无形资产减值损失一经确认，在以后会计期间不得转回。

三、无形资产减值的会计处理

［例 5—8］ 华强公司于 2018 年 1 月 1 日从外单位购入专利权 A 用于产品生产，支付买价 143 600 元和增值税 8 616 元，发生律师费 8 000 元，注册登记费 2 000 元。华强公司预计该项专利权的使用年限为 8 年。2019 年底华强公司得知另一家公司注册登记的专利权 B 具有同样用途，但比专利权 A 更先进。如果华强公司将专利权 A 出售，其出售价格 80 000 元，发生律师费 8 000 元，其他相关税费 2 000 元；如果华强公司继续持有专利权 A，预计从专利权的持续使用中产生的未来现金流量的现值为 70 000 元，预计从专利权 A 使用年限结束时的处置中产生的未来现金流量的现值为 5 000 元。

根据以上资料，作以下会计分录：

(1)2018 年 1 月 1 日华强公司购入专利权 A：

借：无形资产——A 专利权　　　　153 600

应交税费——应交增值税(进项税额)　　8 616

贷:银行存款　　162 216

(2)对专利权 A 的价值按月摊销:

借:制造费用——专利权摊销　　1 600

贷:累计摊销　　1 600

到 2019 年 12 月 31 日,华强公司专利权 A 账面摊余价值为 115 200 元。专利权 A 的销售净额=80 000－(8 000＋2 000)＝70 000(元),专利权 A 的预计未来现金流量的现值＝70 000＋5 000＝75 000(元),专利权 A 的可收回金额为 75 000 元。

可见,专利权 A 的账面价值超过可收回金额 40 200 元(115 200－75 000),应提取减值准备 40 200 元。这时,应作如下会计分录:

借:资产减值损失　　40 200

贷:无形资产减值准备　　40 200

本章小结

本章根据《企业会计准则第 6 号——无形资产》和《企业会计准则——应用指南》的相关规定,介绍了无形资产的概念、内容和特征,无形资产的确认和计量,无形资产的取得、价值摊销、处置和报废以及期末计量的会计处理。

复习思考题

1. 无形资产通常包括哪些项目?其确认的条件是什么?
2. 开发阶段发生的支出是否应全部资本化?为什么?
3. 预计无形资产使用寿命应当考虑哪些因素?
4. 转让无形资产所有权和使用权时会计处理有何不同?
5. 无形资产与固定资产在会计核算上主要有哪些区别?
6. 无形资产摊销期限是如何确定的?
7. 对于使用寿命不确定的无形资产应如何进行后续计量?

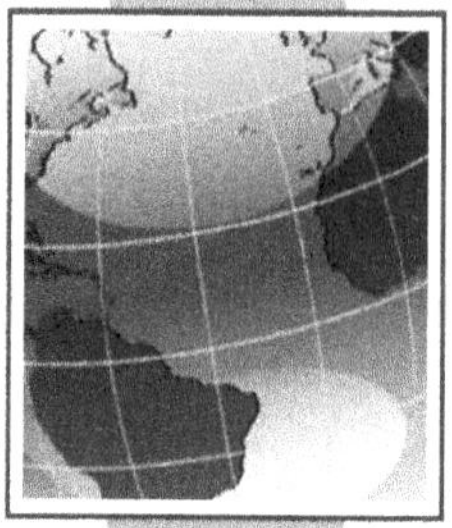

第六章 投资性房地产

【本章要点提示】

- 投资性房地产的确认和计量。
- 以成本模式计量投资性房地产的形成及其折旧(摊销)的会计处理。
- 以公允价值模式计量投资性房地产的形成及其期末计量的会计处理。
- 投资性房地产的转换和处置。

随着我国社会主义市场经济的发展和完善,房地产市场日益活跃,企业持有的房地产除了用作自身管理、生产经营活动场所和对外销售之外,出现了将房地产用于赚取租金或增值收益的活动,甚至是个别企业的主营业务。用于出租或增值的房地产就是投资性房地产,它在用途、状态、目的等方面与企业自用房地产(固定资产、无形资产)和房地产开发企业用于销售的房地产(存货)不同,但有时会发生转换。

第一节 投资性房地产的确认和初始计量

一、投资性房地产的概念及其范围

(一)投资性房地产及其特征

投资性房地产是指为赚取租金或资本增值,或两者兼有而持有的房地产,包括已出租的土地使用权、持有并准备增值后转让的土地使用权、已出租的建筑物。投资性房地产应当能够单独计量和出售。

投资性房地产主要有以下特征:

1. 投资性房地产是一种经营性活动

投资性房地产的主要形式是出租建筑物、出租土地使用权,实质上属于让渡资产使用权行为。房地产租金是让渡资产使用权取得的使用费收入,投资性地产的另一种形式是持有并准备增值后转让的土地使用权,其目的是为了增值后转让以赚取增值收益,虽然形式有别,但都是企业为完成其经营目标所从事的经营活动以及与之相关的其他活动形成的经济利益的总流入。

2. 投资性房地产在用途、状态、目的等方面区别于作为生产经营场所的房地产和用于销售的房地产

企业持有的房地产除了用作生产经营活动场所之外,出现了将房地产用于赚取租金或增值收益的活动,甚至是个别企业的主营业务。这就需要将投资性房地产单独作为一项资产核算和反映,与自用的厂房、办公楼等房地产和作为存货(已建完工商品房)的房地产加以区别,

从而更加清晰地反映企业所持有房地产的构成情况和盈利能力。

3. 投资性房地产有两种后续计量模式

企业通常采用成本模式对投资性房地产进行后续计量，在满足特定条件情况下，即有确凿证据表明其所有投资性房地产的公允价值能够持续可靠取得的，才可以使用公允价值模式进行后续计量。

(二)投资性房地产的范围

(1)已出租的土地使用权和已出租的建筑物，是指以经营租赁方式出租的土地使用权和建筑物。其中，用于出租的土地使用权是指企业通过出让或转让方式取得的土地使用权；用于出租的建筑物是指企业拥有产权的建筑物。

(2)持有并准备增值后转让的土地使用权，是指企业取得的、准备增值后转让的土地使用权。按照国家有关规定认定的闲置土地，不属于持有并准备增值后转让的土地使用权。

(3)某项房地产部分用于赚取租金或资本增值、部分用于生产商品、提供劳务或经营管理，能够单独计量和出售的、用于赚取租金或资本增值的部分，应当确认为投资性房地产；不能够单独计量和出售的、用于赚取租金或资本增值的部分，不确认为投资性房地产。

(4)企业将建筑物出租，按租赁协议向承租人提供的相关辅助服务在整个协议中不重大的，如企业将办公楼出租并向承租人提供保安、维修等辅助服务，应当将该建筑物确认为投资性房地产。

(三)不属于投资性房地产的范围

下列房地产不属于投资性房地产：

(1)自用房地产，即为生产商品、提供劳务或者经营管理而持有的房地产，包括自用建筑物(固定资产)和自用土地使用权(无形资产)。企业拥有并自行经营的旅馆饭店，其经营目的主要是通过提供客房服务赚取服务收入，该旅馆饭店不确认为投资性房地产。

(2)作为存货的房地产，通常指房地产开发企业在正常经营过程中销售的或为销售而正在开发的商品房和土地。

二、投资性房地产的确认和初始计量

(一)投资性房地产的确认

根据《企业会计准则第3号——投资性房地产》的规定，投资性房地产同时满足下列条件的，才能予以确认：

(1)与该投资性房地产有关的经济利益很可能流入企业。

(2)该投资性房地产的成本能够可靠地计量。

对已出租的土地使用权、已出租的建筑物，其作为投资性房地产的确认时点一般为租赁期开始日，即土地使用权、建筑物进入出租状态、开始赚取租金的日期。但对企业持有以备经营出租的空置建筑物，董事会或类似机构作出书面决议，明确表明将其用于经营出租且短期内不再发生变化的，即使尚未签订租赁协议，也视为投资性房地产。这里的“空置建筑物”是指企业新购入、自行建造或开发完工但尚未使用的建筑物，以及不再用于日常生产经营活动且经整理后达到可经营出租状态的建筑物。对持有并准备增值后转让的土地使用权，其作为投资性房地产确认时点为企业将土地使用权停止自用，准备增值后转让的日期。

(二)投资性房地产的初始计量

投资性房地产应当按照成本进行初始计量。

(1)外购投资性房地产的成本,包括购买价款、相关税费和可直接归属于该资产的其他支出。

企业购入房地产,自用一段时间之后再改为出租或用于资本增值的,应当先将外购的房地产确认为固定资产或无形资产,自租赁期开始日或用于资本增值之日起,再从固定资产或无形资产转换为投资性房地产。

(2)自行建造投资性房地产的成本,由建造该项房地产达到预定可使用状态前发生的必要支出构成。包括土地开发费、建筑成本、安装成本、应于资本化的借款费用、支付的其他费用和分摊的间接费用等。建造过程中发生非正常性损失,直接计入当期损益,不计入建造成本。

(3)以其他方式取得的投资性房地产的成本,按照相关会计准则的规定确定。

第二节　投资性房地产的取得

企业投资性房地产的取得包括外购、自行建造或其他方式取得。投资性房地产取得的方式不同,其初始计量和会计处理也有所不同。但是,不论何种途径取得的投资性房地产,企业都要设置"投资性房地产"科目进行核算。

"投资性房地产"科目核算企业采用成本模式计量的投资性房地产成本和采用公允价值模式计量的投资性房地产的公允价值。本科目可按投资性房地产类别和项目进行明细核算,采用公允价值模式计量的投资性房地产,还应当分别"成本"和"公允价值变动"进行明细核算。

一、外购投资性房地产

企业外购投资性房地产,按应计入投资性房地产成本的金额,借记"投资性房地产"科目,贷记"银行存款"等科目。

[例 6-1]　甲企业是一家商贸企业,为了拓展经营规模,2019 年 5 月 1 日以银行存款购得位于繁华商业区的一层商务用楼,并当即进行招租给乙公司。该层商务楼的买价为 600 万元,增值税 54 万元,其他相关税费 30 万元。根据投资性房地产准则,甲企业所购商务用楼符合投资性房地产的界定条件。

甲企业所作的会计处理如下:

借:投资性房地产	6 300 000	
应交税费——应交增值税(进项税额)	540 000	
贷:银行存款		6 840 000

二、自行建造投资性房地产

企业自行建造投资性房地产,达到预定可使用状态时,租赁期开始,应按计入投资性房地产成本的金额,借记"投资性房地产"科目,贷记"在建工程"等科目。

[例 6-2]　鑫迪公司为了降低经营风险,于 2018 年 1 月 1 日开始在企业所拥有的一块土地上自行建造一幢商务办公楼,拟用于招租。工程期为 1 年,于 2019 年 1 月 1 日完工,达到预定可使用状态。工程期间投入工程物资 2 500 万元,发生人工费 600 万元,假定其他相关支出 500 万元。工程开工时,所占土地的账面价值为 4 000 万元,在"无形资产"科目核算。公司与甲企业签订了房产租赁合同,商务办公楼的交付使用日也是租赁期开始日,公司所建商务楼符合投资性房地产的界定条件,其会计处理如下:

(1)工程领用物资：

借：在建工程　　25 000 000

　　贷：工程物资　　25 000 000

(2)计算职工薪酬：

借：在建工程　　6 000 000

　　贷：应付职工薪酬　　6 000 000

(3)发生其他支出：

借：在建工程　　5 000 000

　　贷：银行存款等　　5 000 000

(4)工程完工转账：

借：投资性房地产——商务办公楼　　36 000 000

　　贷：在建工程　　36 000 000

(5)土地使用权中的对应部分转换为投资性房地产：

借：投资性房地产——已出租土地使用权　　40 000 000

　　贷：无形资产——土地使用权　　40 000 000

三、其他方式取得投资性房地产

企业以其他方式取得的投资性房地产，原则上按照取得时的实际成本进行计量，作为入账价值，有相关准则予以规定的，按照相关准则的规定予以确认。

企业若将非投资性房地产转换为投资性房地产，实质上是因房地产用途发生改变而对房地产进行的重新分类。转换日通常为租赁期开始日。房地产转换的计量在本章第四节“投资性房地产的转换和处置”中进行介绍。

第三节　投资性房地产的后续计量

投资性房地产的后续计量有成本和公允价值两种模式，企业通常应当在资产负债表日采用成本模式对投资性房地产进行后续计量，有确凿证据表明投资性房地产的公允价值能够持续可靠取得的，可以对投资性房地产采用公允价值进行后续计量。但同一企业只能采用一种模式对所有投资性房地产进行后续计量，不得同时采用两种计量模式。

一、采用成本模式进行后续计量的投资性房地产

采用成本模式进行后续计量的投资性房地产，应当按照固定资产会计准则和无形资产会计准则的规定，对投资性房地产进行后续计量，计提折旧或摊销；存在减值迹象的，应当按照资产减值的规定进行处理。

按照固定资产或无形资产准则的有关规定，企业按期(月)对投资性房地产计提折旧或进行摊销时，借记“其他业务成本”等科目，贷记“投资性房地产累计折旧(摊销)”科目；投资性房地产取得的租金收入，借记“银行存款”等科目，贷记“其他业务收入”等科目；投资性房地产存在减值迹象的，适用资产减值的有关规定。经减值测试后确定发生减值的，应当计提减值准备，借记“资产减值损失”科目，贷记“投资性房地产减值准备”科目。已经计提减值准备的投资性房地产，其减值损失在以后的会计期间不得转回。

二、采用公允价值模式进行后续计量的投资性房地产

企业有确凿证据表明投资性房地产的公允价值能够持续可靠取得，可以采用公允价值模式对投资性房地产进行后续计量。采用公允价值模式进行后续计量的投资性房地产，应当同时满足下列条件：

第一，投资性房地产所在地有活跃的房地产交易市场。投资性房地产所在地，通常是指投资性房地产所在的城市。对于大中城市，应当为投资性房地产所在的城区。

第二，企业能够从活跃的房地产交易市场上取得同类或类似房地产的市场价格及其他相关信息，从而对投资性房地产的公允价值做出合理的估计。同类或类似的房地产，对建筑物而言，是指所处地理位置和地理环境相同、性质相同、结构类型相同或相近、新旧程度相同或相近、可使用状况相同或相近的建筑物；对土地使用权而言，是指同一城区、同一位置区域、所处地理环境相同或相近、可使用状况相同或相近的土地。

企业采用公允价值模式对投资性房地产进行后续计量的，不对投资性房地产计提折旧或进行摊销，应当以资产负债表日投资性房地产的公允价值为基础调整其账面价值，公允价值与原账面价值之间的差额计入当期损益。

已采用公允价值模式计量的投资性房地产，不得从公允价值模式转为成本模式。

企业采用公允价值模式对投资性房地产进行后续计量时，资产负债表日，投资性房地产的公允价值高于原账面价值的差额，借记"投资性房地产——公允价值变动"科目，贷记"公允价值变动损益"科目；公允价值低于原账面价值之间的差额，做相反的会计处理。

[例 6—3] 亨通公司 2017 年 1 月 1 日将自行建造的一幢建筑物，装修后对外出租，采用公允价值模式计量。其建造成本为 1 000 万元，花费装修费 500 万元，款项全部以银行存款支付。2017 年 12 月 31 日，该投资性房地产期末公允价值为 1 600 万元。假定 2018 年 12 月 31 日该投资性房地产期末公允价值为 1 580 万元。

根据上述经济业务，亨通公司所作会计处理如下：

(1)2017 年 1 月 1 日，取得投资性房地产：

借：投资性房地产——成本	15 000 000	
贷：银行存款		15 000 000

(2)2017 年 12 月 31 日，调整投资性房地产账面价值：

借：投资性房地产——公允价值变动	1 000 000	
贷：公允价值变动损益		1 000 000

(3)2018 年 12 月 31 日，调整投资性房地产账面价值：

借：公允价值变动损益	200 000	
贷：投资性房地产——公允价值变动		200 000

三、与投资性房地产有关的后续支出

(一)资本化的后续支出

与投资性房地产有关的后续支出，满足投资性房地产确认条件的，应当计入投资性房地产成本。例如企业为了提高投资性房地产的使用效能，往往需要对投资性房地产进行改建、扩建而使其更加坚固耐用，或者通过装修而改善其室内装潢，改扩建或装修支出满足确认条件的，应当将其资本化。

采用成本模式计量的，投资性房地产进入改扩建或装修阶段后，应当将其账面价值转入改扩建工程，借记“投资性房地产——在建”、“投资性房地产累计折旧”等科目，贷记“投资性房地产”科目。发生资本化的改良或装修支出，通过“投资性房地产——在建”科目归集，借记“投资性房地产——在建”科目，贷记“银行存款”、“应付账款”等科目。在改扩建或装修完成后，借记“投资性房地产”科目，贷记“投资性房地产——在建”科目。

采用公允价值模式计量的，投资性房地产进入改扩建或装修阶段，借记“投资性房地产——在建”科目，贷记“投资性房地产——成本”、“投资性房地产——公允价值变动”等科目；在改扩建或装修完成后，借记“投资性房地产”科目，贷记“投资性房地产——在建”科目。

企业对某项投资性房地产进行改扩建等再开发且将来仍作为投资性房地产的，再开发期间应继续将其作为投资性房地产，不计提折旧或摊销。

(二)费用化的后续支出

与投资性房地产有关的后续支出，不满足投资性房地产确认条件的，如企业对投资性房地产进行日常维护所发生的支出，应当在发生时计入当期损益，借记“其他业务成本”等科目，贷记“银行存款”等科目。

四、投资性房地产计量模式的变更

企业对投资性房地产的计量模式一经确定，不得随意变更。成本模式转为公允价值模式的，应当作为会计政策的变更处理，将计量模式变更时公允价值与账面价值的差额，调整期初留存收益(未分配利润)。企业变更投资性房地产计量模式时，应当按照变更日投资性房地产的公允价值，借记“投资性房地产——成本”科目；按照已计提的折旧或摊销，借记“投资性房地产累计折旧(摊销)”科目。原已计提减值准备的，借记“投资性房地产减值准备”科目；按照原账面余额，贷记“投资性房地产”科目；按照公允价值与账面价值之间的差额，贷记或借记“利润分配——未分配利润”、“盈余公积”等科目。

已采用公允价值模式计量的投资性房地产，不得从公允价值模式转为成本模式。

[例6—4]　甲企业于2014年1月1日以银行存款10 000 000元取得一项土地使用权并将其对外出租，每年获得租金2 000 000元。企业对该投资性房地产采用成本模式进行计量，该土地使用权按20年进行分摊。2018年12月31日，该土地使用权的摊余价值为7 500 000元。2019年1月1日，企业认为所在地的房地产交易市场比较成熟，具备了采用公允价值模式计量的条件，决定对该土地使用权由成本模式转换为公允价值模式计量。经测算转换日的公允价值为7 800 000元。假定企业按照净利润的10%计提法定盈余公积。

根据上述经济业务，企业所作会计处理如下：

(1)2014年1月1日：

借：投资性房地产——土地使用权　　10 000 000

　　贷：银行存款　　10 000 000

(2)每年确认租金收入：

借：银行存款或应收账款　　2 180 000

　　贷：其他业务收入　　2 000 000

　　　　应交税费——应交增值税(销项税额)　　180 000

(3)每年摊销投资性房地产的价值：

借：其他业务成本　　500 000

贷:投资性房地产累计摊销	500 000

(4)2019 年 1 月 1 日改为公允价值模式计量:

借:投资性房地产——土地使用权(成本)	7 800 000	
投资性房地产累计摊销	2 500 000	
贷:投资性房地产——土地使用权		10 000 000
利润分配——未分配利润		270 000
盈余公积		30 000

第四节　投资性房地产的转换和处置

一、投资性房地产的转换

(一)房地产的转换形式和转换日

房地产的转换,实际上是因房地产用途发生改变而对房地产进行的重新分类。这里所指的房地产转换是针对房地产用途发生改变而言,而不是后续计量模式的转变。企业必须有确凿证据表明房地产用途发生改变,才能将投资性房地产转换为非投资性房地产或者将非投资性房地产转换为投资性房地产。确凿证据包括两个方面:一是企业董事会或类似机构应当就改变房地产用途形成正式的书面决议;二是房地产因用途改变而发生实质状态上的改变,如从自用状态改为出租状态。满足下列条件之一的,应当将投资性房地产转换为其他资产或者将其他资产转换为投资性房地产:

1. 投资性房地产开始自用

企业持有投资性房地产,是以赚取租金、资本增值为目的的,投资性房地产转为自用,改变了用途,企业应当将投资性房地产转换为固定资产或无形资产进行确认和核算。转换日为房地产达到自用状态,开始用于生产商品、提供劳务或者经营管理的日期。

2. 投资性房地产转为存货

房地产企业将用于经营出租的房地产重新开发用于对外销售,应将投资性房地产转换为存货,进行确认和核算。转换日为租赁期届满、企业董事会或类似机构作出书面决议明确表明其重新开发用于对外销售的日期。

3. 作为存货的房地产改为出租

房地产开发企业将其拥有的开发产品以经营租赁的方式出租,存货相应地转换为投资性房地产进行确认和核算。转换日为承租人有权行使其使用资产的租赁期开始日。

4. 自用土地使用权停止自用,用于赚取租金或资本增值

企业将原本用于生产商品、提供劳务或者经营管理的土地使用权改用于出租或资本增值,应当相应转换为投资性房地产进行确认和核算。转换日为土地使用权停止自用且管理当局作出房地产转换决议的日期。

5. 自用建筑物停止自用改为出租

企业将原本用于生产商品、提供劳务或者经营管理的建筑物改用于出租,应当将固定资产相应转换为投资性房地产进行确认和核算。转换日为租赁期开始日。

(二)成本模式下投资性房地产的转换

在成本模式下,应当将房地产转换前的账面价值作为转换后的入账价值。

1．投资性房地产转为自用房地产

企业将采用成本模式计量的投资性房地产转为自用房地产时，应当按该投资性房地产在转换日的账面余额、累计折旧、减值准备等，分别转入“固定资产”、“累计折旧”、“固定资产减值准备”等科目。按其账面余额，借记“固定资产”或“无形资产”科目，贷记“投资性房地产”科目；按已计提的折旧或摊销，借记“投资性房地产累计折旧(摊销)”科目，贷记“累计折旧”或“累计摊销”科目；原已计提减值准备的，借记“投资性房地产减值准备”科目，贷记“固定资产减值准备”或“无形资产减值准备”科目。

[例6—5] 2019年8月1日，康泰企业将出租在外的建筑物收回，开始用于本企业的商品生产，该建筑物相应由投资性房地产转换为自用房地产。该项房地产在转换前采用成本模式计量，该项房地产的账面价值为15 000 000元，其中原价22 500 000元，累计已提折旧7 500 000元。

根据上述经济业务，企业所作的会计处理如下：

借：固定资产	22 500 000	
投资性房地产累计折旧	7 500 000	
贷：投资性房地产——××建筑物		22 500 000
累计折旧		7 500 000

2．投资性房地产转换为存货

房地产开发企业将用于经营出租的房地产重新开发用于对外销售的，从投资性房地产转换为存货。在这种情况下，转换日为租赁期届满日、企业董事会或类似机构作出书面决议明确表明其重新开发用于对外销售的日期。

企业将投资性房地产转换为存货时，应当按照该项房地产在转换日的账面价值，借记“开发产品”科目；按照已计提的折旧或摊销，借记“投资性房地产累计折旧(摊销)”科目；原已计提减值准备的，借记“投资性房地产减值准备”科目；按其账面余额，贷记“投资性房地产”科目。

3．作为存货的房地产转换为投资性房地产

企业将作为存货的房地产转换为采用成本模式计量的投资性房地产时，应当按照该项存货转换日的账面价值，借记“投资性房地产”科目；原已计提跌价准备的，还应借记“存货跌价准备”科目；按其账面余额，贷记“开发产品”等科目。

[例6—6] 新天地公司是从事房地产开发业务的企业，2018年3月15日，与甲企业签订了租赁协议，将其开发的一栋写字楼整体出租给甲企业使用，租赁期开始日为2018年4月15日。2018年4月15日，该写字楼的账面余额为65 000 000元，未计提跌价准备，转换后采用成本模式计量。

公司根据上述经济业务，作会计处理如下：

借：投资性房地产——××写字楼	65 000 000	
贷：开发产品		65 000 000

4．自用土地使用权或建筑物转换为以成本模式计量的投资性房地产

企业将自用土地使用权或建筑物转换为以成本模式计量的投资性房地产时，应当按该项土地使用权或建筑物在转换日的原价、累计折旧、减值准备等，分别转入“投资性房地产”、“投资性房地产累计折旧(摊销)”、“投资性房地产减值准备”科目。按其账面余额，借记“投资性房地产”科目，贷记“固定资产”或“无形资产”科目；按已计提的折旧或摊销，借记“累计折旧”或“累计摊销”科目，贷记“投资性房地产累计折旧(摊销)”科目；原已计提减值准备的，借记“固定

资产减值准备”或“无形资产减值准备”科目，贷记“投资性房地产减值准备”科目。

［例 6—7］ 沿用［例 6—5］资料，假定康泰企业将用于本企业商品生产的建筑物，签订租赁协议于 8 月 1 日对外出租，8 月 1 日开始该建筑物相应由自用房地产转换为投资性房地产。该项房地产账面价值为 15 000 000 元，其中原价 22 500 000 元，累计已提折旧 7 500 000 元，在转换后采用成本模式计量。

根据上述经济业务，企业所作的会计处理如下：

借：投资性房地产——××建筑物	22 500 000	
累计折旧	7 500 000	
贷：固定资产		22 500 000
投资性房地产累计折旧		7 500 000

（三）公允价值模式下投资性房地产的转换

1. 投资性房地产转换为自用房地产

采用公允价值模式计量的投资性房地产转换为自用房地产时，应当以其转换当日的公允价值作为自用房地产的账面价值，公允价值与原账面价值的差额计入当期损益。转换日，按该项投资性房地产的公允价值，借记“固定资产”或“无形资产”科目；按该项投资性房地产的成本，贷记“投资性房地产——成本”科目；按该项投资性房地产的累计公允价值变动，贷记或借记“投资性房地产——公允价值变动”科目；按其差额，贷记或借记“公允价值变动损益”科目。

［例 6—8］ 兴业公司将原采用公允价值模式计量的建筑物收回，作为企业自用的固定资产处理。在出租资产收回时，该建筑物账面价值为 8 000 000 元，其中成本 7 000 000 元，公允价值变动 1 000 000 元，转换当日该建建筑物的公允价值为 8 400 000 元。

根据上述经济业务，兴业公司所作会计处理如下：

借：固定资产	8 400 000	
贷：投资性房地产——成本		7 000 000
——公允价值变动		1 000 000
公允价值变动损益		400 000

如果转换时该资产的公允价值为 7 800 000 元，其他条件不变，则企业作如下的会计处理：

借：固定资产	7 800 000	
公允价值变动损益	200 000	
贷：投资性房地产——成本		7 000 000
——公允价值变动		1 000 000

2. 投资性房地产转换为存货

企业将采用公允价值模式计量的投资性房地产转换为存货时，应当以其转换当日的公允价值作为存货的账面价值，公允价值与原投资性房地产账面价值的差额计入当期损益。

转换日，按该项房地产的公允价值，借记“开发产品”等科目；按该项投资性房地产的成本，贷记“投资性房地产——成本”科目；按该项投资性房地产的累计公允价值变动，贷记或借记“投资性房地产——公允价值变动”科目；按其差额，贷记或借记“公允价值变动损益”科目。

3. 作为存货的房地产转换为采用公允价值模式计量的投资性房地产

企业将作为存货的房地产转换为采用公允价值模式计量的投资性房地产时，应当按该项房地产在转换日的公允价值，借记“投资性房地产——成本”科目；原已计提跌价准备的，借记“存货跌价准备”科目；按其账面余额，贷记“开发产品”等科目。同时，转换日的公允价值小于账面价值的，按其差额，借记“公允价值变动损益”科目；转换日的公允价值大于账面价值的，按其差额，贷记“其他综合收益”科目。待该项投资性房地产处置时，将因转换时计入其他综合收益的部分转入当期的其他业务成本。

[例 6—9] 沿用[例 6—6]资料，假定新天地公司作为存货的房地产转换为投资性房地产后采用公允价值模式计量。2018 年 4 月 15 日，该写字楼的公允价值为 68 000 000 元，2018 年 12 月 31 日，该项写字楼的公允价值为 70 000 000 元。2019 年 4 月租赁期届满，公司收回该项投资性房地产，并于 2019 年 6 月以 74 000 000 元的价格进行出售，增值税 6 660 000 元，出售款项已收讫。

公司根据上述经济业务，作会计处理如下：

(1)2018 年 4 月 15 日：

借：投资性房地产——××写字楼(成本)	68 000 000	
贷：开发产品		65 000 000
其他综合收益		3 000 000

(2)2018 年 12 月 31 日：

借：投资性房地产——××写字楼(公允价值变动)	2 000 000	
贷：公允价值变动损益		2 000 000

(3)2019 年 6 月：

反映出售收入：

借：银行存款	80 660 000	
贷：其他业务收入		74 000 000
应交税费——应交增值税(销项税额)		6 660 000

结转成本：

借：其他业务成本	65 000 000	
公允价值变动损益	2 000 000	
其他综合收益	3 000 000	
贷：投资性房地产——××写字楼(成本)		68 000 000
——××写字楼(公允价值变动)		2 000 000

4. 自用土地使用权或建筑物转换为投资性房地产

企业将自用建筑物或土地使用权转换为采用公允价值模式计量的投资房地产时，应当按该项建筑物或土地使用权在转换日的公允价值，借记“投资性房地产——成本”科目；按其账面余额，贷记“固定资产”或“无形资产”科目；按已计提的累计折旧或累计摊销，借记“累计折旧”或“累计摊销”科目，原已计提减值准备的，借记“固定资产减值准备”、“无形资产减值准备”科目，同时，转换日的公允价值小于账面价值的，按其差额借记“公允价值变动损益”科目；转换日的公允价值大于账面价值的，按其差额，贷记“其他综合收益”科目。待该项投资性房地产处置时，因转换计入其他综合收益的部分应转入当期的其他业务成本。

二、投资性房地产的处置

当投资性房地产被处置，或者永久退出使用且预计不能从其处置中取得经济利益时，应当终止确认该项投资性房地产。

企业出售、转让、报废投资性房地产或者发生投资性房地产毁损，应当将处置收入扣除其账面价值和相关税费后的金额计入当期损益。将实际收到的处置收入计入其他业务收入，所处置投资性房地产的账面价值计入其他业务成本。

（一）成本模式计量的投资性房地产

处置采用成本模式计量的投资性房地产时，应当按实际收到的金额，借记“银行存款”等科目，贷记“其他业务收入”科目；按该项投资性房地产的累计折旧或累计摊销，借记“投资性房地产累计折旧(摊销)”科目；按该项投资性房地产的账面余额，贷记“投资性房地产”科目；按其差额，借记“其他业务成本”科目。已计提减值准备的，还应同时结转减值准备。

（二）公允价值模式计量的投资性房地产

处置采用公允价值模式计量的投资性房地产时，应按实际收到的金额，借记“银行存款”等科目，贷记“其他业务收入”科目。按该项投资性房地产的账面余额，借记“其他业务成本”科目，按其成本贷记“投资性房地产——成本”科目，按其累计公允价值变动贷记或借记“投资性房地产——公允价值变动”科目；同时，结转“公允价值变动损益”科目和“其他综合收益”科目相应金额。

[例6—10] 公司将其出租的一栋写字楼确认为投资性房地产。租赁期满后，公司将该栋写字楼出售给乙公司，不含税合同价款为38 000 000元，增值税3 420 000元，乙公司已用银行存款付清。

(1)假定该写字楼原采用成本模式计量。出售时，该栋写字楼的成本为28 000 000元，已计提折旧3 000 000元。

根据经济业务，公司所做账务处理如下：

借：银行存款	41 420 000	
贷：其他业务收入		38 000 000
应交税费——应交增值税(销项税额)		3 420 000
借：其他业务成本	25 000 000	
投资性房地产累计折旧	3 000 000	
贷：投资性房地产——××写字楼		28 000 000

(2)假设这栋写字楼原采用公允价值模式计量，出售时，该栋写字楼的成本为31 000 000元，公允价值变动为借方余额3 000 000元，原固定资产转换为投资性房地产时产生的其他综合收益为4 000 0000元。

根据经济业务，公司所作的会计处理如下：

借：银行存款	41 420 000	
贷：其他业务收入		38 000 000
应交税费——应交增值税(销项税额)		3 420 000
借：其他业务成本	27 000 000	
其他综合收益	4 000 000	
公允价值变动损益	3 000 000	
贷：投资性房地产——××写字楼(成本)		31 000 000
——××写字楼(公允价值变动)		3 000 000

投资性房地产作为企业主营业务的，应通过“主营业务收入”和“主营业务成本”科目核算相关的损益。

本章小结

本章根据《企业会计准则第 3 号——投资性房地产》和《企业会计准则——应用指南》的相关规定，介绍了投资性房地产的概念、确认条件和初始计量、投资性房地产的取得、成本模式计量的投资性房地产和公允价值模式计量的投资性房地产的价值变动、投资性房地产的转换和处置及其会计处理。

复习思考题

1. 举例说明投资性房地产的范围。
2. 举例说明哪些房地产不属于投资性房地产。
3. 投资性房地产的初始计量应遵循什么原则？
4. 投资性房地产采用成本模式进行后续计量和采用公允价值模式进行后续计量有何不同？
5. 投资性房地产采用公允价值模式计量的条件是什么？

第七章 金融资产

【本章要点提示】

- 金融资产的分类和重分类。
- 以摊余成本计量的金融资产的确认、计量和会计处理。
- 以公允价值计量且其变动计入其他综合收益的金融资产的确认、计量和会计处理。
- 以公允价值计量且其变动计入当期损益的金融资产的确认、计量和会计处理。
- 金融资产一般减值模型、预期信用损失的计量和会计处理。

金融工具是指形成一方的金融资产并形成其他方的金融负债或权益工具的合同。如甲公司发行公司债券,形成了甲公司的金融负债,乙公司购买甲公司的债券,形成了乙公司的金融资产;甲公司发行普通股股票,形成了甲公司的权益工具,乙公司购买甲公司股票,形成了乙公司的金融资产。

金融工具包括基本金融工具和衍生金融工具。

金融资产属于企业资产的重要组成部分,主要包括库存现金、银行存款、应收账款、应收票据、其他应收款项、股权投资、债权投资、衍生金融工具形成的资产等。

本章不涉及以下金融资产的会计处理:

(1)货币资金,其会计处理见第二章“货币资金”;

(2)对子公司、联营企业、合营企业投资,其会计处理见第八章“长期股权投资”。

第一节 金融资产概述

一、金融资产的概念

金融资产,是指企业持有的现金、其他方的权益工具以及符合下列条件之一的资产:

(1)从其他方收取现金或其他金融资产的合同权利。例如,企业的银行存款、应收账款、应收票据和贷款等均属于金融资产。再如,预付账款不是金融资产,因其产生的未来经济利益是商品或服务,不是收取现金或其他金融资产的权利。

(2)在潜在有利条件下,与其他方交换金融资产或金融负债的合同权利。例如,企业持有的看涨期权或看跌期权等。

(3)将来须用或可用企业自身权益工具进行结算的非衍生工具合同,且企业根据该合同将收到可变数量的自身权益工具。

(4)将来须用或可用企业自身权益工具进行结算的衍生工具合同,但以固定数量的自身权益工具交换固定金额的现金或其他金融资产的衍生工具合同除外。其中,企业自身权益工具不包括应当按照《企业会计准则第37号——金融工具列报》分类为权益工具的可回售工具或发行方仅在清算时才有义务向另一方按比例交付其净资产的金融工具，也不包括本身就要求在未来收取或交付企业自身权益工具的合同。

二、金融资产的分类

企业应当根据其管理金融资产的业务模式和金融资产的合同现金流量特征，将金融资产划分为以下三类：(1)以摊余成本计量的金融资产；(2)以公允价值计量且其变动计入其他综合收益的金融资产；(3)以公允价值计量且其变动计入当期损益的金融资产。

上述分类一经确定，不得随意变更。

(一)企业管理金融资产的业务模式

1. 业务模式评估

企业管理金融资产的业务模式，是指企业如何管理其金融资产以产生现金流量。业务模式决定企业所管理金融资产现金流量的来源是收取合同现金流量、出售金融资产还是两者兼有。

一个企业可能会采用多个业务模式管理其金融资产。例如，企业持有一组以收取合同现金流量为目标的合同组合，同时还持有另一组既以收取合同现金流量为目标又以出售该金融资产为目标的投资组合。

企业确定其管理金融资产的业务模式时，应当注意以下方面：

(1)企业应当在金融资产组合的层次上确定管理金融资产的业务模式，而不必按照单项金融资产逐项确定业务模式。金融资产组合的层次应当反映企业管理该金融资产的层次。

(2)企业应当以企业关键管理人员决定的对金融资产进行管理的特定业务目标为基础，确定管理金融资产的业务模式。

(3)企业应当以客观事实为依据，确定管理金融资产的业务模式，不得以按照合理预期不会发生的情形为基础确定管理金融资产的业务模式。例如，对于某金融资产组合，如果企业预期仅会在压力情形下将其出售，且企业合理预期该压力情形不会发生，则该压力情形不得影响企业对该类金融资产的业务模式的评估。

此外，如果金融资产实际现金流量的实现方式不同于评估业务模式时的预期，只要企业在评估业务模式时已经考虑了当时所有可获得的相关信息，这一差异不构成企业财务报表的前期差错，也不改变企业在该业务模式下持有的剩余金融资产的分类。但是，企业在评估新的金融资产的业务模式时，应当考虑这些信息。

2. 以收取合同现金流量为目标的业务模式

在以收取合同现金流量为目标的业务模式下，企业管理金融资产旨在通过在金融资产存续期内收取合同付款来实现现金流量，而不是通过持有并出售金融资产产生整体回报。

[例7—1]　甲企业购买了一个贷款组合，且该组合中包含已发生信用减值的贷款。如果贷款不能按时偿付，甲企业将通过各种方式尽可能实现合同现金流量，例如通过邮件、电话或其他方法与借款人联系催收。同时，甲企业签订了一项利率互换合同，将贷款组合的利率由浮动利率转换为固定利率。

本例中，甲企业管理该贷款组合的业务模式是以收取合同现金流量为目标。即使甲企业预期无法收取全部合同现金流量(部分贷款已发生信用减值)，但并不影响其业务模式。此外，该企业签订利率互换合同也不影响贷款组合的业务模式。

以收取合同现金流量为目标的业务模式包括贷款、应收账款、债权投资等，即根据企业会计准则规定分类为以摊余成本计量的金融资产。

3. 以收取合同现金流量和出售金融资产为目标的业务模式

在同时以收取合同现金流量和出售金融资产为目标的业务模式下，企业的关键管理人员认为收取合同现金流量和出售金融资产对于实现其管理目标而言都是不可或缺的。例如，企业的目标是管理日常流动性需求同时维持特定的收益率，或将金融资产的存续期与相关负债的存续期进行匹配。

［**例 7—2**］ 甲银行持有金融资产组合以满足其每日流动性需求。甲银行为了降低其管理流动性需求的成本，高度关注该金融资产组合的回报，包括收取的合同现金流量和出售金融资产的利得或损失。

本例中，甲银行管理该金融资产组合的业务模式是以收取合同现金流量和出售金融资产为目标。

以收取合同现金流量和出售金融资产为目标的业务模式包括债务工具投资等其他债权投资，即根据企业会计准则规定分类为以公允价值计量且其变动计入其他综合收益的金融资产。

4. 其他业务模式

如果企业管理金融资产的业务模式不是以收取合同现金流量为目标，也不是以收取合同现金流量和出售金融资产为目标，则该企业管理金融资产的业务模式是其他业务模式。该金融资产应当分类为以公允价值计量且其变动计入当期损益的金融资产。例如，企业持有金融资产的目的是交易性的或者基于金融资产的公允价值作出决策并对其进行管理。在这种情况下，企业管理金融资产的目标是通过出售金融资产以实现现金流量。即使企业在持有金融资产的过程中会收取合同现金流量，企业管理金融资产的业务模式也不是以收取合同现金流量和出售金融资产为目标，因为收取合同现金流量对实现该业务模式目标来说只是附带性质的活动。

以公允价值计量且其变动计入当期损益的金融资产，即交易性金融资产，属于兜底分类的金融资产。

(二)金融资产的合同现金流量特征

金融资产的合同现金流量特征，是指金融工具合同约定的、反映相关金融资产经济特征的现金流量属性。企业分类为以摊余成本计量的金融资产和以公允价值计量且其变动计入其他综合收益的金融资产，其合同现金流量特征应当与基本借贷安排相一致。即相关金融资产在特定日期产生的合同现金流量仅为对本金和以未偿付本金金额为基础的利息的支付。

(三)金融资产分类的特殊规定

权益工具投资一般不符合本金加利息的合同现金流量特征，因此应当分类为以公允价值计量且其变动计入当期损益的金融资产。然而在初始确认时，企业可以将非交易性权益工具投资指定为以公允价值计量且其变动计入其他综合收益的金融资产，并按照规定确认股利收入。该指定一经做出，不得撤销。企业投资其他上市公司股票或者非上市公司股权的，都可能属于这种情形。

三、金融资产的重分类

(一)金融资产重分类的原则

企业改变其管理金融资产的业务模式时，应当按照本章相关内容对所有受影响的相关金融资产进行重分类。所以，金融资产（即非衍生债权资产）可以在以摊余成本计量、以公允价值计量且其变动计入其他综合收益和以公允价值计量且其变动计入当期损益之间进行重分类。

企业对金融资产进行重分类，应当自重分类日起采用未来适用法进行相关会计处理，不得对以前已经确认的利得、损失（包括减值损失或利得）或利息进行追溯调整。重分类日，是指导致企业对金融资产进行重分类的业务模式发生变更后的首个报告期间的第一天。例如，甲上市公司决定于 2019 年 3 月 22 日改变其管理某金融资产的业务模式，则重分类日为 2019 年 4 月 1 日（即下一个季度会计期间的期初）；乙上市公司决定于 2018 年 10 月 15 日改变其管理某金融资产的业务模式，则重分类日为 2019 年 1 月 1 日。

需要注意的是，如果企业管理金融资产的业务模式没有发生变更，而金融资产的条款发生变更但未导致终止确认的，不允许重分类。如果金融资产条款发生变更导致金融资产终止确认的，不涉及重分类问题，企业应当终止确认原金融资产，同时按照变更后的条款确认一项新金融资产。

（二）金融资产重分类的计量

1. 以摊余成本计量的金融资产的重分类

（1）企业将一项以摊余成本计量的金融资产重分类为以公允价值计量且其变动计入当期损益的金融资产的，应当按照该金融资产在重分类日的公允价值进行计量。原账面价值与公允价值之间的差额计入当期损益。

（2）企业将一项以摊余成本计量的金融资产重分类为以公允价值计量且其变动计入其他综合收益的金融资产的，应当按照该金融资产在重分类日的公允价值进行计量。原账面价值与公允价值之间的差额计入其他综合收益。该金融资产重分类不影响其实际利率和预期信用损失的计量。

2. 以公允价值计量且其变动计入其他综合收益的金融资产的重分类

（1）企业将一项以公允价值计量且其变动计入其他综合收益的金融资产重分类为以摊余成本计量的金融资产的，应当将之前计入其他综合收益的累计利得或损失转出，调整该金融资产在重分类日的公允价值，并以调整后的金额作为新的账面价值，即视同该金融资产一直以摊余成本计量。该金融资产重分类不影响其实际利率和预期信用损失的计量。

（2）企业将一项以公允价值计量且其变动计入其他综合收益的金融资产重分类为以公允价值计量且其变动计入当期损益的金融资产的，应当继续以公允价值计量该金融资产。同时，企业应当将之前计入其他综合收益的累计利得或损失从其他综合收益转入当期损益。

3. 以公允价值计量且其变动计入当期损益的金融资产的重分类

（1）企业将一项以公允价值计量且其变动计入当期损益的金融资产重分类为以摊余成本计量的金融资产的，应当以其在重分类日的公允价值作为新的账面余额。

（2）企业将一项以公允价值计量且其变动计入当期损益的金融资产重分类为以公允价值计量且其变动计入其他综合收益的金融资产的，应当继续以公允价值计量该金融资产。

对以公允价值计量且其变动计入当期损益的金融资产进行重分类的，企业应当根据该金融资产在重分类日的公允价值确定其实际利率。同时，企业应当自重分类日起对该金融资产适用金融工具减值的相关规定，并将重分类日视为初始确认日。

第二节　以摊余成本计量的金融资产

一、以摊余成本计量的金融资产的确认和计量

（一）以摊余成本计量的金融资产的确认

根据《企业会计准则第22号——金融工具确认和计量》，金融资产同时符合下列条件的，应当分类确认为以摊余成本计量的金融资产：

（1）企业管理该金融资产的业务模式是以收取合同现金流量为目标。

（2）该金融资产的合同条款规定，在特定日期产生的现金流量，仅为对本金和以未偿付本金金额为基础的利息的支付。

例如，银行向企业客户发放的固定利率贷款，在没有其他特殊安排的情况下，贷款通常可能符合本金加利息的合同现金流量特征。如果银行管理该贷款的业务模式是以收取合同现金流量为目标，则该贷款可以分类为以摊余成本计量的金融资产。再如，普通债券的合同现金流量是到期收回本金及按约定利率在合同期间按时收取固定或浮动利息。在没有其他特殊安排的情况下，普通债券通常可能符合本金加利息的合同现金流量特征。如果企业管理该债券的业务模式是以收取合同现金流量为目标，则该债券可以分类为以摊余成本计量的金融资产。

（二）以摊余成本计量的金融资产的计量

1. 以摊余成本计量的金融资产的初始计量

企业初始确认金融资产，应当按照公允价值计量。对于以摊余成本计量的金融资产，相关交易费用应当计入初始确认金额。

交易费用，是指可直接归属于购买、发行或处置金融工具的增量费用。增量费用是指企业没有发生购买、发行或处置相关金融工具的情形就不会发生的费用，包括支付给代理机构、咨询机构、券商、证券交易所、政府有关部门等的手续费、佣金、相关税费以及其他必要支出，不包括债券溢价、折价、融资费用、内部管理成本和持有成本等与交易不直接相关的费用。

企业取得以摊余成本计量的金融资产所支付的价款中包含的已宣告但尚未发放的利息或现金股利，应当单独确认为应收项目处理。

2. 以摊余成本计量的金融资产的后续计量

金融资产的后续计量与金融资产的分类密切相关。企业对分类确认为以摊余成本计量的金融资产，应以摊余成本进行后续计量。

二、以摊余成本计量的金融资产的会计处理

（一）以摊余成本计量的金融资产的会计处理原则

1. 实际利率

实际利率法，是指计算金融资产的摊余成本以及将利息收入或利息费用分摊计入各会计期间的方法。

实际利率，是指将金融资产在预计存续期的估计未来现金流量，折现为该金融资产账面余额（不考虑减值）所使用的利率。在确定实际利率时，应当在考虑金融资产所有合同条款（如提前还款、展期、看涨期权或其他类似期权等）的基础上估计预期现金流量，但不应当考虑预期信用损失。

合同各方之间支付或收取的、属于实际利率组成部分的各项费用、交易费用及溢价或折价等，应当在确定实际利率时予以考虑。

2. 摊余成本

金融资产的摊余成本，应当以该金融资产的初始确认金额经下列调整后的结果确定：

(1)扣除已偿还的本金。

(2)加上或减去采用实际利率法将该初始确认金额与到期日金额之间的差额进行摊销形成的累计摊销额。

(3)扣除计提的累计信用减值准备。

3. 利息收入

企业应当按照实际利率法确认利息收入。

利息收入＝金融资产账面余额(没有扣除减值准备前的金额)×实际利率

但下列情况除外：

(1)对于购入或源生的已发生信用减值的金融资产，企业应当自初始确认起，按照该金融资产的摊余成本和经信用调整的实际利率计算确定其利息收入。

(2)对于购入或源生的未发生信用减值但在后续期间成为已发生信用减值的金融资产，企业应当在后续期间，按照该金融资产的摊余成本和实际利率计算确定其利息收入。企业按照上述规定对金融资产的摊余成本运用实际利率法计算利息收入的，若该金融工具在后续期间因其信用风险有所改善而不再存在信用减值，并且这一改善在客观上可与应用上述规定之后发生的某一事件相联系(如债务人的信用评级被上调)，企业应当转按实际利率乘以该金融资产账面余额来计算确定利息收入。

(3)已发生信用减值的金融资产，当对金融资产预期未来现金流量具有不利影响的一项或多项事件发生时，该金融资产成为已发生信用减值的金融资产。

(二)以摊余成本计量的金融资产的会计处理

以摊余成本计量的金融资产的会计处理，主要包括该金融资产实际利率的计算、摊余成本的确定、持有期间的收益确认及将其处置时损益的处理。以摊余成本计量的金融资产所产生的利得或损失，应当在终止确认、按照规定重分类、按照实际利率法摊销或确认减值时，计入当期损益。

与以摊余成本计量的债权投资相关的会计处理如下：

1. 债权投资的取得

企业取得债权投资，应按该投资的面值，借记“债权投资——成本”科目，按支付的价款中包含的已宣告但尚未领取的利息，借记“应收利息”科目，按实际支付的金额，贷记“银行存款”等科目，按其差额，借记或贷记“债权投资——利息调整” 科目。

2. 债权投资的计息

资产负债表日，债权投资为分期付息、一次还本债券投资的，应按票面利率计算确定的应收未收利息，借记“应收利息” 科目，按该金融资产摊余成本和实际利率计算确定的利息收入，贷记“投资收益”科目，按其差额，借记或贷记“债权投资——利息调整”科目。

债权投资为一次还本付息债券投资的，应按票面利率计算确定的应收未收利息，借记“债权投资——应计利息”科目，按该金融资产摊余成本和实际利率计算确定的利息收入，贷记“投资收益”科目，按其差额，借记或贷记“债权投资——利息调整”科目。

3. 债权投资的出售

企业出售债权投资，应按实际收到的金额，借记“银行存款”等科目，按其账面余额，贷记“债权投资——成本、应计利息”科目，贷记或借记“债权投资——利息调整”科目，按其差额，贷记或借记“投资收益”科目。已计提信用减值准备的，还应同时结转信用减值准备。

[例7—3] 2016年1月1日，大洋公司支付价款100 000元(含交易费用)从活跃市场购入甲公司5年期债券，该债券面值125 000元，票面利率4.72%，利息按年支付(每年5 900元)，本金最后一次支付。合同约定，该债券的发行方在遇到特定情况时可以将债券赎回，且不需为提前赎回支付额外款项。大洋公司在购买该债券时，预计发行方不会提前赎回。大洋公司在初始确认时根据其管理该债券的业务模式和该债券的合同现金流量，将该债券分类为以摊余成本计量的金额资产。不考虑所得税、减值损失等因素。

计算确定实际利率：

$$5\,900/(1+r)+5\,900/(1+r)^2+5\,900/(1+r)^3+5\,900/(1+r)^4+(125\,000+5\,900)/(1+r)^5=100\,000$$

$r=10\%$

公司现金流入(票面利息和面值)和实际利息计算如表7—1所示。

表7—1　　大洋公司现金流入和实际利息计算表　　单位：元

年　份	年初摊余成本(1)	实际利息 (2)=(1)×10%	现金流入(3)(票面利息+面值)	利息调整摊销 (4)=(2)−(3)(票面利息)	年末摊余成本 (5)=(1)+(4)
2016	100 000	10 000	5 900	4 100	104 100
2017	104 100	10 410	5 900	4 510	108 610
2018	108 610	10 861	5 900	4 961	113 571
2019	113 571	11 357.1	5 900	5 457.1	119 028.1
2020	119 028.1	11 871.9②	5 900+125 000	5 971.9①	0
合　计		54 500	154 500	25 000	

注：①5 971.9=125 000−119 028.1

②11 871.9=5 900+5 971.9

根据上述经济业务，公司所作会计处理如下：

(1)2016年1月1日购入债券：

借：债权投资——成本　　125 000
　　贷：银行存款　　100 000
　　　　债权投资——利息调整　　25 000

(2)2016年12月31日，确认实际利息收入，收到票面利息等：

借：应收利息　　5 900
　　债权投资——利息调整　　4 100
　　贷：投资收益　　10 000

借：银行存款　　5 900
　　贷：应收利息　　5 900

(3)2017年12月31日，确认实际利息收入，收到票面利息等：

借：应收利息　　5 900
　债权投资——利息调整　　4 510
　　贷：投资收益　　10 410
借：银行存款　　5 900
　　贷：应收利息　　5 900

(4)2018 年 12 月 31 日，确认利息收入，收到票面利息等：

借：应收利息　　5 900
　债权投资——利息调整　　4 961
　　贷：投资收益　　10 861
借：银行存款　　5 900
　　贷：应收利息　　5 900

(5)2019 年 12 月 31 日，确认利息收入，收到票面利息等：

借：应收利息　　5 900
　债权投资——利息调整　　5 457.1
　　贷：投资收益　　11 357.1
借：银行存款　　5 900
　　贷：应收利息　　5 900

(6)2020 年 12 月 31 日，确认利息收入，收回本金收到票面利息等：

借：应收利息　　5 900
　债权投资——利息调整　　5 971.9
　　贷：投资收益　　11 871.9
借：银行存款　　130 900
　　贷：债权投资——成本　　125 000
　　　　应收利息　　5 900

假定 2018 年 1 月 1 日，大洋公司得知甲公司将于 2018 年末支付本金的 50%，剩余的 50%在 2020 年末支付。大洋公司应调整 2018 年初的摊余成本，计入当期损益；调整时采用最初确定的实际利率 10%，调整表 7—1 中相关数据资料，如表 7—2 所示。

表 7—2　　大洋公司现金流入和实际利息计算表　　单位：元

年　份	年初摊余成本 (1)	实际利息 (2)＝(1)×10%	现金流入(3) (票面利息＋面值)	利息调整摊销 (4)＝(2)－(3) (票面利息)	年末摊余成本 (5)＝(1)＋(4)
2016	100 000	10 000	5 900	4 100	104 100
2017	104 100	10 410	5 900	4 510	108 610
2018	113 793①	11 379②＋5 183	5 900＋62 500	5 183＋5 479	56 772③
2019	56 772	5 677.2	2 950④	2 727.2	59 499.2
2020	59 500.2	5 950.8	2 950＋62 500	3 000.8	0
合　计		48 600	148 600	25 000	

注：①(62 500＋5 900)/(1＋10%)＋2 950/$(1+10\%)^2$＋(62 500＋2 950)/$(1+10\%)^3$＝113 793(元)(四

舍五入）

②113 793×10％＝11 379(元)

③113 793－62 500＋5 479＝56 772(元)

④62 500×4.72％＝2 950(元)

(1)2018 年 1 月 1 日，调整期初摊余成本：

借：债权投资——利息调整(113 793－108 610)	5 183	
贷：投资收益		5 183

(2)2018 年 12 月 31 日，确认实际利息、收回本金和利息：

借：应收利息	5 900	
债权投资——利息调整	5 479	
贷：投资收益		11 379
借：银行存款	68 400	
贷：债权投资——成本		62 500
应收利息		5 900

(3)2019 年 12 月 31 日，确认实际利息、收回利息：

借：应收利息	2 950	
债权投资——利息调整	2 727.2	
贷：投资收益		5 677.2
借：银行存款	2 950	
贷：应收利息		2 950

(4)2020 年 12 月 31 日，确认实际利息、收回本金和利息：

借：应收利息	2 950	
债权投资——利息调整	3 000.8	
贷：投资收益		5 950.8
借：银行存款	65 450	
贷：债权投资——成本		62 500
应收利息		2 950

[例 7—4] 乙公司于 2016 年 1 月 2 日购买某企业 5 年期债券，票面利率为 6.5％，票面价值总额为 1 000 000 元，实际利率为 5％，利息按年支付，本金最后一次支付。购买时该债券的公允价值为 1 064 946 元(含交易费用)，企业以银行存款支付款项。

乙公司初始确认时根据其管理该债券的业务模式和该债券的合同现金流量，将该债券分类为以摊余成本计量的金融资产。

根据上述经济业务，乙公司所作会计处理如下：

(1)购买债券：

借：债权投资——成本	1 000 000	
——利息调整	64 946	
贷：银行存款		1 064 946

(2)计算利息收益，确认实际利息：

乙公司现金流入和实际利息计算如表 7—3 所示。

表 7—3 乙公司现金流入和实际利息计算表 单位:元

时 间	实际利息 (1)=上期(4)×5%	现金流入 (2)=票面利息+面值	利息调整摊销 (3)=(2)-(1)	摊余成本 (4)=上期初(4)-(3)
2016 年 1 月 2 日				1 064 946
2016 年 12 月 31 日	53 247.3	65 000	11 752.7	1 053 193.3
2017 年 12 月 31 日	52 659.67	65 000	12 340.33	1 040 852.97
2018 年 12 月 31 日	52 042.65	65 000	12 957.35	1 027 895.62
2019 年 12 月 31 日	51 394.78	65 000	13 605.22	1 014 290.4
2020 年 12 月 31 日	50 709.6	65 000+1 000 000	14 290.4	0

(3)2016 年 12 月 31 日,对债权投资进行后续计量:

借:应收利息 65 000
　　贷:债权投资——利息调整 11 752.7
　　　　投资收益 53 247.3
借:银行存款 65 000
　　贷:应收利息 65 000

此时,债权投资的账面价值减少至摊余成本 1 053 193.3 元。

(4)2017 年 12 月 31 日,对债权投资进行后续计量:

借:应收利息 65 000
　　贷:债权投资——利息调整 12 340.33
　　　　投资收益 52 659.67

收到利息时:

借:银行存款 65 000
　　贷:应收利息 65 000

(5)假设 2017 年 12 月 31 日,由于对方企业信用状况恶化,乙公司打算不再持有该项投资至到期,并决定将其重分类为其他债权投资,并在 2018 年出售。此时,该项投资的摊余成本为 1 040 852.97 元,公允价值为 1 055 000 元。

乙公司将债权投资重分类为其他债权投资时,应以重分类日的公允价值结转,在重分类日,该剩余部分的摊余价值与公允价值之间的差额,计入当期其他综合收益。

借:其他债权投资——成本 1 000 000
　　　　　　　——利息调整 40 852.97
　　　　　　　——公允价值变动 14 147.03
　　贷:债权投资——成本 1 000 000
　　　　　　　——利息调整 40 852.97
　　　　其他综合收益 14 147.03

(6)若乙公司将该项投资于 2018 年 2 月进行出售,收回款项 1 050 000 元:

借:银行存款 1 050 000
　　投资收益 5 000

贷:其他债权投资——成本		1 000 000
——利息调整		40 852.97
——公允价值变动		14 147.03
借:其他综合收益	14 147.03	
贷:投资收益		14 147.03

第三节　贷款和应收款项

一、贷款和应收款项及其确认和计量

(一)贷款和应收款项及其确认

企业的贷款和应收款项,一般属于以收取合同现金流量为目标的业务模式,应分类确认为以摊余成本计量的金融资产。

例如,银行向企业客户发放的固定利率贷款,在没有其他特殊安排的情况下,贷款通常可能符合本金加利息的合同现金流量特征。如果银行管理该贷款的业务模式是以收取合同现金流量为目标,则该贷款可以分类为以摊余成本计量的金融资产。再如,普通债券的合同现金流量是到期收回本金及按约定利率在合同期间按时收取固定或浮动利息。在没有其他特殊安排的情况下,普通债券通常可能符合本金加利息的合同现金流量特征。如果企业管理该债券的业务模式是以收取合同现金流量为目标,则该债券可以分类为以摊余成本计量的金融资产。又如,企业正常商业往来形成的具有一定信用期限的应收账款,如果企业拟根据应收账款的合同现金流量收取现金,且不打算提前处置应收账款,则该应收账款可以分类为以摊余成本计量的金融资产。

(二)贷款和应收款项的计量

1. 贷款和应收款项的初始计量

按照《企业会计准则第 22 号——金融工具确认和计量》规定,贷款和应收款项应该按照公允价值进行初始计量。相关交易费用应当计入初始确认金额。

但是,企业初始确认的应收账款未包含本书第十五章所定义的重大融资成分的,应当按照交易价格进行初始计量。

2. 贷款和应收款项的后续计量

企业的贷款和应收款项应按照摊余成本进行后续计量。

本节就一般企业销售商品或提供劳务形成的应收款项进行介绍。

二、应收票据

(一)应收票据及其分类

应收票据是指企业因销售商品、提供劳务等而收到的商业汇票,包括银行承兑汇票和商业承兑汇票。应收票据是企业持有的未兑现的票据,属于企业的流动资产。

如前所述,商业汇票按承兑人的不同,分为商业承兑汇票和银行承兑汇票。商业汇票按是否计息可分为不带息商业汇票和带息商业汇票。不带息商业汇票是指商业汇票到期时,承兑人只按票面金额(面值)向收款人或被背书人支付款项的汇票。带息票据是指商业汇票到期时,承兑人必须按票面金额加上应计利息向收款人或被背书人支付票款的票据。

带息应收票据的利息，是对他人占用资金收取的费用，短期应收票据利息按单利计算。

（二）应收票据的会计处理

企业在对应收票据进行核算的过程中，通过设置"应收票据"科目进行。本科目可按开出、承兑商业汇票的单位进行明细核算。"应收票据"科目期末借方余额，反映企业持有商业汇票的票面金额。

企业因销售商品、提供劳务等而收到开出、承兑的商业汇票，按商业汇票的票面金额，借记"应收票据"科目；按确认的营业收入，贷记"主营业务收入"等科目；涉及增值税销项税额的，还应贷记"应交税费——应交增值税（销项税额）"科目。

企业持有未到期的商业汇票向银行贴现，应按实际收到的金额（减去贴现利息后的净额），借记"银行存款"等科目；按贴现息部分，借记"财务费用"等科目；按商业汇票的票面金额，贷记"应收票据"或"短期借款"科目。

企业将持有的商业汇票背书转让以取得所需物资，按应计入取得物资成本的金额，借记"材料采购"或"原材料"、"库存商品"等科目；按商业汇票的票面金额，贷记"应收票据"科目；如有差额，借记或贷记"银行存款"等科目；涉及增值税进项税额的，还应进行相应的处理，借记"应交税费——应交增值税（进项税额）" 科目。

商业汇票到期，应按实际收到的金额，借记"银行存款"科目；按商业汇票的票面金额，贷记"应收票据"科目。

企业应当设置"应收票据备查簿"，逐笔登记商业汇票的种类、号数和出票日、票面金额、交易合同号和付款人、承兑人、背书人的姓名或单位名称、到期日、背书转让日、贴现日、贴现率和贴现净额以及收款日和收回金额、退票情况等资料。商业汇票到期结清票款或退票后，在备查簿中应予注销。

三、应收账款

（一）应收账款的概念及其范围

应收账款是指企业因销售商品、提供劳务等经营活动应收取的款项。具体来讲，包括应收的货款、增值税、代垫运杂费和包装费等。

会计上的应收账款，其特定的范围如下：

（1）应收账款是指因销售活动形成的债权，不包括应收职工欠款、应收债务人利息等其他应收款。

（2）应收账款是指流动资产性质的债权，不包括长期的债权，如购买长期债券。

（3）应收账款是指本企业应收客户的款项，不包括本企业付出的各类存出保证金，如投标保证金和包装物押金（租入包装物保证金）。

（二）应收账款的计量

如前所述，企业应收账款通常没有标明利率，与实际交易价格相差很少，因此应收账款通常按照实际交易价格计量。由于应收账款是在销售时形成的债权，因此在应收账款计价时要考虑商业折扣因素的影响。

1. 商业折扣

商业折扣是指企业为促进商品销售而在商品标价上给予的价格扣除。存在商业折扣的情况下，应收账款按照折扣后金额核算，因为商业折扣在交易时已发生。

此外，应收账款收回时，会受到现金折扣因素的影响。

2. 现金折扣

现金折扣是指债权人为鼓励债务人在规定的期限内付款而向债务人提供的债务扣除。存在现金折扣的情况下，将折扣前的金额作应收账款入账。

(三)应收账款的会计处理

企业应设置“应收账款”科目，核算因销售商品、提供劳务等经营活动应收取的款项。本科目可按债务人进行明细核算。“应收账款”科目期末如为借方余额，反映企业尚未收回的应收账款；期末如为贷方余额，反映企业预收的账款。

企业因销售商品、提供劳务等，采用递延方式收取合同或协议价款、实质上具有融资性质的，在“长期应收款”科目核算。

企业发生应收账款，按应收金额，借记“应收账款”科目；按确认的营业收入，贷记“主营业务收入”等科目；涉及增值税销项税额的，还应贷记“应交税费——应交增值税(销项税额)”科目。收回应收款项时，借记“银行存款”等科目，贷记“应收账款”等科目。

代购货单位垫付的包装费、运杂费，借记“应收账款”科目，贷记“银行存款”等科目。收回代垫费用时，借记“银行存款”科目，贷记“应收账款”科目。

如果应收账款改用商业汇票结算，在收到经承兑的商业汇票时，按照票面价值，借记“应收票据”科目，贷记“应收账款”科目。

企业的应收账款如果因债务方发生财务困难等原因而无法如期收回的，可与债务方协商进行债务重组。有关的账务处理将在以后章节介绍。

按照企业会计准则的规定，企业向购货单位预收账款，如果预收账款的情况不多，可以将预收账款直接记入“应收账款”科目核算。但在期末编制财务报表时，需要对“应收账款”科目的明细科目余额进行分析，分别填列“应收账款”和“预收款项”项目。

第四节　以公允价值计量且其变动计入其他综合收益的金融资产

一、以公允价值计量且其变动计入其他综合收益的金融资产的确认和计量

(一)以公允价值计量且其变动计入其他综合收益的金融资产的确认

金融资产同时符合下列条件的，应当分类确认为以公允价值计量且其变动计入其他综合收益的金融资产：

(1)企业管理该金融资产的业务模式既以收取合同现金流量为目标，又以出售该金融资产为目标。

(2)该金融资产的合同条款规定，在特定日期产生的现金流量，仅为对本金和以未偿付本金金额为基础的利息的支付。

符合上述条件的债券投资，通过“其他债权投资”科目核算。

根据金融资产分类的特殊规定，在初始确认时，企业可以将非交易性权益工具投资指定为以公允价值计量且其变动计入其他综合收益的金融资产，通过“其他权益工具投资”科目核算。

(二)以公允价值计量且其变动计入其他综合收益的金融资产的计量

1. 以公允价值计量且其变动计入其他综合收益的金融资产的初始计量

企业初始确认金融资产，应当按照公允价值计量。对于以公允价值计量且其变动计入其

他综合收益的金融资产，相关交易费用应当计入初始确认金额。

企业取得以公允价值计量且其变动计入其他综合收益的金融资产所支付的价款中包含的已宣告但尚未发放的利息或现金股利，应当单独确认为应收项目处理。

2. 以公允价值计量且其变动计入其他综合收益的金融资产的后续计量

以公允价值计量且其变动计入其他综合收益的金融资产应以公允价值进行后续计量。

(1)分类为以公允价值计量且其变动计入其他综合收益的金融资产(其他债权投资)所产生的所有利得或损失，除减值损失或利得和汇兑损益之外，均应当计入其他综合收益，直至该金融资产终止确认或被重分类。但是，采用实际利率法计算的该金融资产的利息应当计入当期损益。该金融资产计入各期损益的金额应当与视同其一直按摊余成本计量而计入各期损益的金额相等。

该金融资产终止确认时，之前计入其他综合收益的累计利得或损失应当从其他综合收益中转出，计入当期损益。

(2)指定为以公允价值计量且其变动计入其他综合收益的非交易性权益工具投资(其他权益工具投资)，除了获得的股利(明确代表投资成本部分收回的股利除外)计入当期损益外，其他相关的利得和损失(包括汇兑损益)均应当计入其他综合收益，且后续不得转入当期损益。

当其终止确认时，之前计入其他综合收益的累计利得或损失应当从其他综合收益中转出，计入留存收益。

二、以公允价值计量且其变动计入其他综合收益的金融资产的会计处理

(一)其他债权投资的会计处理

企业分类为以公允价值计量且其变动计入其他综合收益的金融资产，即其他债权投资，相关的会计处理如下：

1. 其他债权投资的取得

企业取得其他债权投资，应按该金融资产投资的面值，借记“其他债权投资——成本”科目，按支付的价款中包含的已宣告但尚未领取的利息，借记“应收利息”科目，按实际支付的金额，贷记“银行存款”等科目，按其差额，借记或贷记“其他债权投资——利息调整”科目。

2. 其他债权投资的计息

资产负债表日，其他债权投资为分期付息、一次还本债券投资的，应按票面利率计算确定的应收未收利息，借记“应收利息”科目，按债券的摊余成本和实际利率计算确定的利息收入，贷记“投资收益”科目，按其差额，借记或贷记“其他债权投资——利息调整”科目。

其他债权投资为一次还本付息债券投资的，应按票面利率计算确定的应收未收利息，借记“其他债权投资——应计利息”科目，按债券的摊余成本和实际利率计算确定的利息收入，贷记“投资收益”科目，按其差额，借记或贷记“其他债权投资——利息调整”科目。

3. 其他债权投资的公允价值变动

资产负债表日，其他债权投资的公允价值高于其账面余额的差额，借记“其他债权投资——公允价值变动”科目，贷记“其他综合收益——其他债权投资公允价值变动”科目；公允价值低于其账面余额的差额，作相反的会计分录。

确定其他债权投资发生减值的，应按减记的金额，借记“信用减值损失”科目，按从其他综合收益中转出的累计损失金额，贷记“其他综合收益——信用减值准备”科目。

4. 其他债权投资的出售

出售其他债权投资，应按实际收到的金额，借记“银行存款”等科目，按其账面余额，贷记“其他债权投资——成本、应计利息”科目，贷记或借记“其他债权投资——公允价值变动、利息调整”科目；按应从其他综合收益中转出的公允价值累计变动额，借记或贷记“其他综合收益——其他债权投资公允价值变动”科目；按应从其他综合收益中转出的信用减值准备累计金额，贷记或借记“其他综合收益——信用减值准备”科目，按其差额，贷记或借记“投资收益”科目。

[例7—5] 沿用[例7—3]资料，2016年1月1日，大洋公司支付价款100 000元(含交易费用)从活跃市场购入甲公司5年期债券，该债券面值125 000元，票面利率4.72%，利息按年支付(每年5 900元)，本金最后一次支付。合同约定，该债券的发行方在遇到特定情况时可以将债券赎回，且不需为提前赎回支付额外款项。大洋公司在初始确认时将购入的该公司债券划分为其他债权投资。其他资料如下：

(1)2016年12月31日，该债券的公允价值为120 000元(不包括利息)；

(2)2017年12月31日，该债券的公允价值为130 000元(不包括利息)；

(3)2018年12月31日，该债券的公允价值为124 000元(不包括利息)；

(4)2019年1月20日，该债券以125 000元的公允价值出售。

根据上述经济业务，公司所作会计处理如下：

(1)2016年1月1日购入债券：

借：其他债权投资——成本	125 000	
贷：银行存款		100 000
其他债权投资——利息调整		25 000

(2)2016年12月31日，确认实际利息收入、收到票面利息和公允价值变动：

借：应收利息	5 900	
其他债权投资——利息调整	4 100	
贷：投资收益		10 000
借：银行存款	5 900	
贷：应收利息		5 900
借：其他债权投资——公允价值变动	15 900	
贷：其他综合收益		15 900

(3)2017年12月31日，确认实际利息收入、收到票面利息和公允价值变动：

借：应收利息	5 900	
其他债权投资——利息调整	4 510	
贷：投资收益		10 410
借：银行存款	5 900	
贷：应收利息		5 900
借：其他债权投资——公允价值变动	5 490	
贷：其他综合收益		5 490

(4)2018年12月31日，确认实际利息收入、收到票面利息和公允价值变动：

借：应收利息	5 900	
其他债权投资——利息调整	4 961	
贷：投资收益		10 861

借:银行存款　　5 900
　　贷:应收利息　　5 900
借:其他综合收益　　10 961
　　贷:其他债权投资——公允价值变动　　10 961

(5)2019年1月20日出售:

借:银行存款　　125 000
　　其他债权投资——利息调整　　11 429
　　其他综合收益　　10 429
　　贷:其他债权投资——成本　　125 000
　　　　　　　　　——公允价值变动　　10 429
　　　　投资收益　　11 429

(二)其他权益工具投资的会计处理

企业指定为以公允价值计量且其变动计入其他综合收益的非交易性权益工具投资,即其他权益工具投资,相关的会计处理如下:

1. 其他权益工具投资的取得

企业取得其他权益工具投资,应按该投资的公允价值与交易费用之和,借记“其他权益工具投资——成本”科目,按支付的价款中包含的已宣告但尚未发放的现金股利,借记“应收股利”科目,按实际支付的金额,贷记“银行存款”等科目。

2. 其他权益工具投资的公允价值变动

资产负债表日,其他权益工具投资的公允价值高于其账面余额的差额,借记“其他权益工具投资——公允价值变动”科目,贷记“其他综合收益——其他权益工具投资公允价值变动”科目;公允价值低于其账面余额的差额,作相反的会计分录。

3. 其他权益工具投资的出售

企业出售其他权益工具投资,应按实际收到的金额,借记“银行存款”等科目,按其账面余额,贷记“其他权益工具投资——成本、公允价值变动”科目,按应从其他综合收益中转出的公允价值累计变动额,借记或贷记“其他综合收益——其他权益工具投资公允价值变动”科目,按其差额,贷记或借记“盈余公积”、“利润分配——未分配利润”等科目。

[例7—6]　2019年5月12日,甲公司支付1 080 000元从二级市场购入乙公司发行的普通股100 000股(占其股份比例0.2%),每股价格10.8元(含已宣告但尚未发放的现金股利0.8元),另支付交易费用10 000元,增值税600元。甲公司将该股票指定为以公允价值计量且其变动计入其他综合收益的非交易性权益工具投资。

甲公司购入该股票,其他相关资料如下:

(1)5月26日,收到乙公司发放的现金股利;

(2)6月30日,乙公司股票价格上涨到每股13元;

(3)8月15日,将持有的乙公司股票全部售出,每股售价15元。

假定不考虑其他因素,甲公司的账务处理如下:

(1)5月12日,购入乙公司股票:

借:其他权益工具投资——成本　　1 010 000
　　应交税费——应交增值税(进项税额)　　600
　　应收股利　　80 000

贷:银行存款		1 090 600
(2)5 月 26 日,收到乙公司发放的现金股利:		
借:银行存款	80 000	
贷:应收股利		80 000
(3)6 月 30 日,确认股票价格变动:		
借:其他权益工具投资——公允价值变动	290 000	
贷:其他综合收益		290 000
(4)8 月 15 日,将持有的乙公司股票全部售出:		
借:银行存款	1 500 000	
贷:其他权益工具投资——成本		1 010 000
——公允价值变动		290 000
盈余公积——法定盈余公积		20 000
利润分配——未分配利润		180 000
借:其他综合收益——其他权益工具投资公允价值变动	290 000	
贷:盈余公积——法定盈余公积		29 000
利润分配——未分配利润		261 000

第五节　以公允价值计量且其变动计入当期损益的金融资产

一、以公允价值计量且其变动计入当期损益的金融资产的确认和计量

(一)以公允价值计量且其变动计入当期损益的金融资产的确认

1. 以公允价值计量且其变动计入当期损益的金融资产确认的一般规定

企业分类确认为以摊余成本计量的金融资产和以公允价值计量且其变动计入其他综合收益的金融资产之外的金融资产,应当分类为以公允价值计量且其变动计入当期损益的金融资产。例如,企业持有的下列投资产品通常应当分类为以公允价值计量且其变动计入当期损益的金融资产:

(1)股票

股票的合同现金流量源自收取被投资企业未来股利分配以及其清算时获得剩余收益的权利。由于股利及获得剩余收益的权利均不符合本章关于本金和利息的定义,因此股票不符合本金加利息的合同现金流量特征。在不考虑指定的情况下,企业持有的股票应当分类为以公允价值计量且其变动计入当期损益的金融资产。

(2)基金

常见的有股票型基金、债券型基金、货币基金或混合基金,一般情况下不符合本金加利息的合同现金流量特征。企业持有的基金份额通常应当分类为以公允价值计量且其变动计入当期损益的金融资产。

(3)可转换债券

可转换债券除按一般债权类投资的特性到期收回本金、获取约定利息或收益外,还嵌入了一项转股权。通过嵌入衍生工具,企业获得的收益在基本借贷安排的基础上,会产生基于其他因素变动的不确定性。可转换债券作为一个整体进行评估,由于其不符合本金加利息的合同

现金流量特征，企业持有的可转换债券投资应当分类为以公允价值计量且其变动计入当期损益的金融资产。

此外，在初始确认时，如果能够消除或显著减少会计错配，企业可以将金融资产指定为以公允价值计量且其变动计入当期损益的金融资产。该指定一经做出，不得撤销。

2. 以公允价值计量且其变动计入当期损益的金融资产确认的特殊规定

权益工具投资一般不符合本金加利息的合同现金流量特征，因此应当分类为以公允价值计量且其变动计入当期损益的金融资产。然而在初始确认时，企业可以将非交易性权益工具投资指定为以公允价值计量且其变动计入其他综合收益的金融资产，并按照规定确认股利收入。该指定一经做出，不得撤销。企业投资其他上市公司股票或者非上市公司股权的，都可能属于这种情形。

金融资产满足下列条件之一的，表明企业持有该金融资产的目的是交易性的：

(1)取得相关金融资产的目的主要是为了近期出售。例如，企业以赚取差价为目的从二级市场购入的股票、债券和基金等，或者发行人根据债务工具的公允价值变动计划在近期回购的、有公开市场报价的债务工具。

(2)相关金融资产在初始确认时属于集中管理的可辨认金融工具组合的一部分，且有客观证据表明近期实际存在短期获利模式。在这种情况下，即使组合中有某个组成项目持有的期限稍长也不受影响。其中，"金融工具组合"指金融资产组合或金融负债组合。

(3)相关金融资产属于衍生工具，但符合财务担保合同定义的衍生工具以及被指定为有效套期工具的衍生工具除外。例如，未作为套期工具的利率互换或外汇期权。

企业在非同一控制下的企业合并中确认的或有对价构成金融资产的，该金融资产应当分类为以公允价值计量且其变动计入当期损益的金融资产，不得指定为以公允价值计量且其变动计入其他综合收益的金融资产。

(二)以公允价值计量且其变动计入当期损益的金融资产的计量

对于企业分类确认为以公允价值计量且其变动计入当期损益的金融资产，初始计量应当按照公允价值计量。相关交易费用应当直接计入当期损益。后续计量也按照公允价值进行计量。

二、以公允价值计量且其变动计入当期损益的金融资产的会计处理

企业通过设置和使用"交易性金融资产"科目，核算为交易目的所持有的债券投资、股票投资、基金投资等交易性金融资产的公允价值。企业持有的直接指定为以公允价值计量且其变动计入当期损益的金融资产，也通过本科目核算。本科目期末借方余额，反映企业持有的交易性金融资产的公允价值。

"交易性金融资产"科目可按资产类别和品种，分别"成本"、"公允价值变动"等进行明细核算。

(一)交易性金融资产的取得

企业取得交易性金融资产，按其公允价值，借记"交易性金融资产——成本"科目；按发生的交易费用，借记"投资收益"科目；按已到付息期但尚未领取的利息或已宣告但尚未发放的现金股利，借记"应收利息"或"应收股利"科目；按实际支付的金额，贷记"银行存款"等科目。

收到取得金融资产时实际支付的价款中包含的已到付息期但尚未领取的利息或已宣告但尚未发放的现金股利，应借记"银行存款"科目，贷记"应收利息"或"应收股利"科目。

(二)交易性金融资产的投资收益

交易性金融资产持有期间被投资单位宣告发放的现金股利,或在资产负债表日按分期付息、一次还本债券投资的票面利率计算的利息,借记"应收股利"或"应收利息"科目,贷记"投资收益"科目。

(三)交易性金融资产的价值变动

在资产负债表日,交易性金融资产的公允价值高于其账面价值的差额,借记"交易性金融资产——公允价值变动"科目,贷记"公允价值变动损益"科目;公允价值低于账面价值的差额,做相反的会计分录。

(四)交易性金融资产的出售

企业出售交易性金融资产,应按实际收到的金额,借记"银行存款"科目;按该金融资产的账面余额,贷记"交易性金融资产"科目;按其差额,贷记或借记"投资收益"科目。同时,将原计入该金融资产的公允价值变动转出,借记或贷记"公允价值变动损益"科目,贷记或借记"投资收益"科目。

[例 7—7] 沿用[例 7—6]资料,2019 年 5 月 12 日,甲公司支付 1 080 000 元从二级市场购入乙公司发行的普通股 100 000 股(占其股份比例 0.2%),每股价格 10.8 元(含已宣告但尚未发放的现金股利 0.8 元),另支付交易费用 10 000 元,增值税 600 元。甲公司将持有的乙公司股权划分为交易性金融资产。其他相关资料同前。

假定不考虑其他因素,甲公司的账务处理如下:

(1)5 月 12 日,购入乙公司股票:

借:交易性金融资产——成本	1 000 000	
应收股利	80 000	
投资收益	10 000	
应交税费——应交增值税(进项税额)	600	
贷:银行存款		1 090 600

(2)5 月 26 日,收到乙公司发放的现金股利:

借:银行存款	80 000	
贷:应收股利		80 000

(3)6 月 30 日,确认股票价格变动:

借:交易性金融资产——公允价值变动	300 000	
贷:公允价值变动损益		300 000

(4)8 月 15 日,将持有的乙公司股票全部售出:

借:银行存款	1 500 000	
公允价值变动损益	300 000	
贷:交易性金融资产——成本		1 000 000
——公允价值变动		300 000
投资收益		500 000
借:投资收益	28 302	
贷:应交税费——转让金融商品应交增值税		28 302

[例 7—8] 星源公司于 2018 年 1 月 1 日支付 1 025 000 元(含已到付息期但尚未领取的利息 25 000 元)从二级市场购入甲企业发行的债券,另支付交易费用 10 000 元,增值税 600

元。该债券面值1 000 000元，剩余期限为2年，票面年利率为5%，每半年付息一次，公司根据其管理该债券的业务模式和该债券的合同现金流量特征，将该债券分类为以公允价值计量且其变动计入当期损益的金融资产。

星源公司的其他资料如下：

(1)2018年1月5日，收到甲企业债券利息；

(2)2018年6月30日，甲企业债券的公允价值为1 130 000元(不包括利息)；

(3)2018年7月5日，收到该债券上半年的利息；

(4)2018年12月31日，该债券的公允价值为1 080 000元(不包括利息)；

(5)2019年1月5日，收到该债券2018年下半年的利息；

(6)2019年3月31日，将持有的甲企业债券进行出售，取得价款1 160 000元(包括一季度利息12 500元)。

假定不考虑其他因素，星源公司的会计处理如下：

(1)2018年1月1日，购入债券：

借：交易性金融资产——成本	1 000 000	
投资收益	10 000	
应交税费——应交增值税(进项税额)	600	
应收利息	25 000	
贷：银行存款		1 035 600

(2)2018年1月5日，收到甲企业债券利息：

借：银行存款	25 000	
贷：应收利息		25 000

(3)2018年6月30日，确认债券利息收入和公允价值变动损益：

借：应收利息	25 000	
贷：投资收益		25 000
借：交易性金融资产——公允价值变动	130 000	
贷：公允价值变动损益		130 000

(4)2018年7月5日，收到利息：

借：银行存款	25 000	
贷：应收利息		25 000

(5)2018年12月31日，确认债券利息收入和公允价值变动：

借：应收利息	25 000	
贷：投资收益		25 000
借：公允价值变动损益	50 000	
贷：交易性金融资产——公允价值变动		50 000

(6)2019年1月5日，收到利息：

借：银行存款	25 000	
贷：应收利息		25 000

(7)2019年3月31日，将持有的甲企业债券进行出售：

借：银行存款	1 160 000	
公允价值变动损益	80 000	

贷:交易性金融资产——成本		1 000 000
——公允价值变动		80 000
投资收益		160 000
借:投资收益	9 057	
贷:应交税费——转让金融商品应交增值税		9 057

第六节　金融资产减值

一、金融资产减值概述

企业应当以预期信用损失为基础,对下列项目进行减值会计处理并确认损失准备:

(1)分类为以摊余成本计量的金融资产和以公允价值计量且其变动计入其他综合收益的金融资产。

(2)租赁应收款。

(3)合同资产。合同资产是指《企业会计准则第 14 号——收入》定义的合同资产。

(4)部分贷款承诺和财务担保合同。

损失准备,是指针对以摊余成本计量的金融资产、租赁应收款和合同资产的预期信用损失计提的准备,以及针对贷款承诺和财务担保合同的预期信用损失计提的准备。

预期信用损失,是指以发生违约的风险为权重的金融工具信用损失的加权平均值。

信用损失,是指企业按照原实际利率折现的、根据合同应收的所有合同现金流量与预期收取的所有现金流量之间的差额,即全部现金短缺的现值。其中,对于企业购买或源生的已发生信用减值的金融资产,应按照该金融资产经信用调整的实际利率折现。

二、一般减值模型

一般情况下,企业应当在每个资产负债表日评估相关金融工具的信用风险自初始确认后是否已显著增加,并按照下列情形分别计量其损失准备、确认预期信用损失及其变动。

(1)如果该金融工具的信用风险自初始确认后已显著增加,企业应当按照相当于该金融工具整个存续期内预期信用损失的金额计量其损失准备。无论企业评估信用损失的基础是单项金融工具还是金融工具组合,由此形成的损失准备的增加或转回金额,应当作为减值损失或利得计入当期损益。

(2)如果该金融工具的信用风险自初始确认后并未显著增加,企业应当按照相当于该金融工具未来 12 个月内预期信用损失的金额计量其损失准备。无论企业评估信用损失的基础是单项金融工具还是金融工具组合,由此形成的损失准备的增加或转回金额,应当作为减值损失或利得计入当期损益。

未来 12 个月内预期信用损失,是指因资产负债表日后 12 个月内(若金融工具的预计存续期少于 12 个月,则为预计存续期)可能发生的金融工具违约事件而导致的预期信用损失,是整个存续期预期信用损失的一部分。

根据企业持有金融资产信用风险自初始确认后的变化,金融资产减值的三阶段减值模型如表 7—4 所示。

表 7—4　　信用风险自初始确认后的变动对应减值确认表

	阶段 1	阶段 2	阶段 3
减值确认	未来 12 个月信用损失	整个存续期预期信用损失	整个存续期预期信用损失
利息收入确认	基于总额	基于总额	基于净额
	信用质量良好（初始确认）	信用质量下降（自初始确认后信用风险显著增加）	信用不良（发生信用减值）

金融资产在信用风险自初始确认后并未显著增加和具有较低的信用风险的情况下，确认 12 个月预期信用损失；对信用质量下降的资产（信用风险自初始确认后显著增加）和不良资产（资产已发生信用减值），确认整个存续期预期信用损失。

三、对风险显著增加的判断

企业在评估金融工具的信用风险自初始确认后是否已显著增加时，应当考虑金融工具预计存续期内发生违约风险的变化，而不是预期信用损失金额的变化。企业应当通过比较金融工具在资产负债表日发生违约的风险与在初始确认日发生违约的风险，以确定金融工具预计存续期内发生违约风险的变化情况。

企业通常应当在金融工具逾期前确认该工具整个存续期预期信用损失。企业在确定信用风险自初始确认后是否显著增加时，企业无须付出不必要的额外成本或努力即可获得合理且有依据的前瞻性信息的，不得仅依赖逾期信息来确定信用风险自初始确认后是否显著增加；企业必须付出不必要的额外成本或努力才可获得合理且有依据的、逾期信息以外的、单独或汇总的前瞻性信息的，可以采用逾期信息来确定信用风险自初始确认后是否显著增加。

无论企业采用何种方式评估信用风险是否显著增加，通常情况下，如果逾期超过 30 日，则表明金融工具的信用风险已经显著增加。除非企业在无须付出不必要的额外成本或努力的情况下即可获得合理且有依据的信息，证明即使逾期超过 30 日，信用风险自初始确认后仍未显著增加。如果企业在合同付款逾期超过 30 日前已确定信用风险显著增加，则应当按照整个存续期的预期信用损失确认损失准备。如果交易对手方未按合同规定时间支付约定的款项，则表明该金融资产发生逾期。

企业在评估金融工具的信用风险自初始确认后是否已显著增加时，应当考虑违约风险的相对变化，而非违约风险变动的绝对值。在同一后续资产负债表日，对于违约风险变动的绝对值相同的两项金融资产，初始确认时违约风险较低的金融工具比初始确认时违约风险较高的金融工具的信用风险变化更为显著。

企业确定金融工具在资产负债表日只具有较低的信用风险的，可以假设该金融工具的信用风险自初始确认后并未显著增加。如果金融工具的违约风险较低，借款人在短期内履行其合同现金流量义务的能力很强，并且即便较长时期内经济形势和经营环境存在不利变化，但未必一定降低借款人履行其合同现金流量义务的能力，该金融工具被视为具有较低的信用风险。

四、预期信用损失的计量

企业计量金融工具预期信用损失的方法应当反映下列各项要素：

(1)通过评价一系列可能的结果而确定的无偏概率加权平均金额。

(2)货币时间价值。

(3)在资产负债表日无须付出不必要的额外成本或努力即可获得的有关过去事项、当前状况以及未来经济状况预测的合理且有依据的信息。

企业金融资产信用损失应为企业应收取的合同现金流量与预期收取的现金流量之间差额的现值。

企业应当以概率加权平均为基础对预期信用损失进行计量。企业对预期信用损失的计量应当反映发生信用损失的各种可能性,但不必识别所有可能的情形。在计量预期信用损失时,企业需考虑的最长期限为企业面临信用风险的最长合同期限(包括考虑续约选择权),而不是更长期间,即使该期间与业务实践相一致。

五、金融资产减值的会计处理

(1)对于购买或源生的已发生信用减值的金融资产,企业应当在资产负债表日仅将自初始确认后整个存续期内预期信用损失的累计变动确认为损失准备。

在每个资产负债表日,企业应当将整个存续期内预期信用损失的变动金额作为减值损失或利得计入当期损益。即使该资产负债表日确定的整个存续期内预期信用损失小于初始确认时估计现金流量所反映的预期信用损失的金额,企业也应当将预期信用损失的有利变动确认为减值利得。

(2)企业在前一会计期间已经按照相当于金融工具整个存续期内预期信用损失的金额计量了损失准备,但在当期资产负债表日,该金融工具已不再属于自初始确认后信用风险显著增加的情形的,企业应当在当期资产负债表日按照相当于未来 12 个月内预期信用损失的金额计量该金融工具的损失准备,由此形成的损失准备的转回金额应当作为减值利得计入当期损益。

(3)对于分类为以公允价值计量且其变动计入其他综合收益的金融资产,企业应当在其他综合收益中确认其损失准备,并将减值损失或利得计入当期损益,且不应减少该金融资产在资产负债表中列示的账面价值。

[例 7—9] 红星公司仅在单一区域经营,2018 年其应收账款组合为 1 200 万元,其客户群由众多小客户组成,并且根据风险特征分类应收账款,该应收账款不包括重大融资成分。上述应收账款应始终按照整个存续期预期信用损失计量损失准备。

红星公司运用了准备矩阵确定该组合的预期信用损失。该准备矩阵基于该应收账款预期存续期的历史观察拖欠率,并根据前瞻性估计予以调整,在每一报告日,对历史观察拖欠率予以更新,并对前瞻性估计的变动予以分析。在本例中,预计下一年的经济情况恶化,红星公司对准备矩阵做出估计,如表 7—5 所示。

表 7—5　　红星公司准备矩阵估计表

	当期	预期 1~30 天	预期 31~60 天	预期 61~90 天	预期>90 天
拖欠率	0.3%	1.6%	3.6%	6.6%	10.6%

来自众多小客户的应收账款合计 1 200 万元,准备矩阵计量的信用损失准备计算如表 7—6 所示。

表 7—6 **准备矩阵计量的信用损失准备计算表**

	账面总额（万元）	整个存续期预期信用损失准备（万元）（账面总额×整个存续期预期信用损失率）
当期	600	600×0.3%＝1.8
预期 1～30 天	300	300×1.6%＝4.8
预期 31～60 天	160	160×3.6%＝5.76
预期 61～90 天	100	100×6.6%＝6.6
预期＞90 天	40	40×10.6%＝4.24
合　计	1 200	23.2

红星公司根据计算结果，作如下会计处理：

借：信用减值损失　　232 000

　贷：坏账准备　　232 000

本章小结

金融工具是指形成一方的金融资产并形成其他方的金融负债或权益工具的合同。在企业的生产经营过程中，购买股票、债券或基金会形成企业的股权债权投资，与其他单位进行经济交往常常会发生应收款项，这些都属于企业的金融资产。本章根据修订后的《企业会计准则第 22 号——金融工具确认和计量》规定，对除货币资金和长期股权投资以外的金融资产，按照业务类型和现金流量特征分类为以摊余成本计量的金融资产、以公允价值计量且其变动计入其他综合收益的金融资产和以公允价值计量且其变动计入当期损益的金融资产，并介绍了这些金融资产的确认、计量和会计处理，以及这些金融资产减值的一般减值模型、预期信用损失的计量和会计处理。

复习思考题

1. 企业对金融资产如何进行分类和重分类？
2. 根据修订后的《企业会计准则第 22 号——金融工具确认和计量》规定，金融资产分为哪几类？
3. 以摊余成本计量的金融资产如何进行确认、计量和会计处理？
4. 以公允价值计量且其变动计入其他综合收益的金融资产如何进行确认、计量和会计处理？
5. 以公允价值计量且其变动计入当期损益的金融资产如何进行确认、计量和会计处理？
6. 企业购买债券分类确认为债权投资、其他债权投资或交易性金融资产在会计处理方面有何区别？
7. 企业将购买的股票分类确认为其他权益工具或交易性金融资产在会计处理方面有何区别？
8. 如何理解金融资产一般减值模型的“三阶段”减值模型？

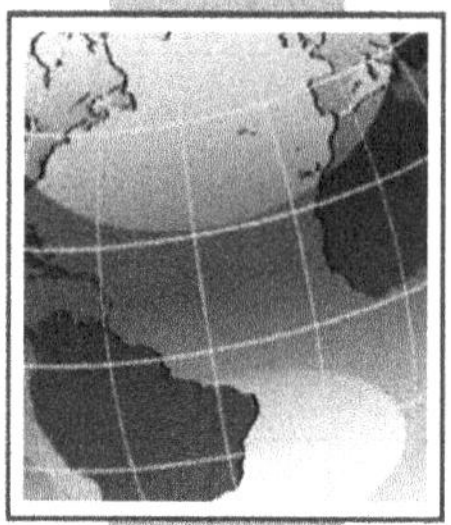

第八章
长期股权投资

【本章要点提示】

- 长期股权投资的范围。
- 长期股权投资初始投资成本的计量。
- 长期股权投资成本法与权益法的适用范围及特征。
- 成本法与权益法核算长期股权投资的会计处理。
- 长期股权投资减值的判断和减值准备的计提。

市场经济条件下，企业生产经营日趋多元化，除传统的经过原材料投入、加工、销售方式获取利润外，通常采用投资、收购、兼并、重组等方式拓宽生产经营渠道、提高获利能力。投资是企业为了获得收益或实现资本增值向被投资单位投放资金的经济行为。企业对外进行的投资，从性质上划分，可以分为权益性投资和债权性投资。本章就适用《企业会计准则第2号——长期股权投资》规范的权益性投资加以阐述。

第一节　长期股权投资的确认和初始计量

一、长期股权投资及其范围

根据《企业会计准则第2号——长期股权投资》及应用指南的规定，下列内容属于长期股权投资核算范围，应当作为长期股权投资进行确认：

(1)企业持有的能够对被投资单位实施控制的权益性投资，即对子公司投资。

(2)企业持有的能够与其他合营方一同对被投资单位实施共同控制的权益性投资，即对合营企业投资。

(3)企业持有的能够对被投资单位施加重大影响的权益性投资，即对联营企业投资。

控制，是指投资方拥有对被投资方的权力，通过参与被投资方的相关活动而享有可变回报，并且有能力运用对被投资方的权力影响其可变回报。

共同控制，是指按照相关约定对某项安排所共有的控制，并且该安排的相关活动必须经过分享控制权的参与方一致同意后才能决策。合营安排分为共同经营和合营企业。共同经营，是指合营方享有该安排相关资产且承担该安排相关负债的合营安排。合营企业，是指合营方仅对该安排的净资产享有权利的合营安排。

重大影响，是指投资方对被投资单位的财务和经营政策有参与表决的权利，但并不能够控制或者与其他方一起共同控制这些政策的制定。

二、长期股权投资的初始投资成本

长期股权投资在取得时，应按初始投资成本入账。长期股权投资的初始投资成本，应分别形成企业控股合并和不形成企业控股合并两种情况确定。

(一)形成企业控股合并的长期股权投资

1. 企业合并

企业合并，是指将两个或者两个以上单独的企业合并形成一个报告主体的交易或事项。本章所指企业合并是指企业控股合并。

企业合并按照是否在同一控制下进行合并，分为同一控制下的企业合并和非同一控制下的企业合并。

(1)同一控制下的企业合并

参与合并的企业在合并前后均受同一方或相同的多方最终控制且该控制并非暂时性的，为同一控制下的企业合并。

同一控制下的企业合并，在合并日取得对其他参与合并企业控制权的一方为合并方，参与合并的其他企业为被合并方。

合并日是指合并方实际取得对被合并方控制权的日期。

(2)非同一控制下的企业合并

参与合并的各方在合并前后不受同一方或相同的多方最终控制的，为非同一控制下的企业合并。

非同一控制下的企业合并，在购买日取得对其他参与合并企业控制权的一方为购买方，参与合并的其他企业为被购买方。

购买日是指购买方实际取得对被购买方控制权的日期。

2. 企业合并形成的长期股权投资的初始计量

(1)同一控制下的企业合并，合并方以支付现金、转让非现金资产或承担债务方式作为合并对价的，应当在合并日按照取得被合并方所有者权益账面价值的份额作为长期股权投资的初始投资成本。长期股权投资初始投资成本与支付的现金、转让的非现金资产以及所承担债务账面价值之间的差额，应当调整资本公积；资本公积不足冲减的，调整留存收益。

合并方以发行权益性证券作为合并对价的，应当在合并日按照取得被合并方所有者权益账面价值的份额作为长期股权投资的初始投资成本。按照发行股份的面值总额作为股本，长期股权投资初始投资成本与所发行股份面值总额之间的差额，应当调整资本公积；资本公积不足冲减的，调整留存收益。

(2)非同一控制下的企业合并，控股合并中，购买方应当按照企业合并准则确定的合并成本作为长期股权投资的初始投资成本。企业合并成本包括购买方付出的资产、发生或承担的负债、发行的权益性证券的公允价值之和。

不论同一控制下企业合并还是非同一控制下企业合并，合并方或购买方为进行企业合并发生的审计、法律服务、评估咨询等中介费用以及其他相关管理费用，应当于发生时计入当期管理费用。

(二)不形成企业控股合并的长期股权投资

除企业合并形成的长期股权投资以外，其他方式取得的长期股权投资，应当按照下列规定确定其初始投资成本：

(1)以支付现金取得的长期股权投资,应当按照实际支付的购买价款作为初始投资成本。初始投资成本包括与取得长期股权投资直接相关的费用、税金及其他必要支出,但实际支付的价款中包含的已宣告但尚未发放的现金股利或利润,应作为应收项目单独核算。

(2)以发行权益性证券取得的长期股权投资,应当按照发行权益性证券的公允价值作为初始投资成本。

(3)投资者投入的长期股权投资,应当按照投资合同或协议约定的价值作为初始投资成本,但合同或协议约定价值不公允的除外。

(4)通过非货币性资产交换或债务重组取得的长期股权投资,其初始投资成本应当按照非货币性资产交换或债务重组会计准则的规定确定。

第二节　长期股权投资的会计处理

一、长期股权投资的取得

(一)形成企业控股合并的长期股权投资

1. 同一控制下企业控股合并形成长期股权投资的会计处理

同一控制下企业合并形成的长期股权投资,合并方在合并日按取得被合并方所有者权益账面价值的份额,借记“长期股权投资”科目;按享有被投资单位已宣告但尚未发放的现金股利或利润,借记“应收股利”科目;按支付的合并对价的账面价值,贷记有关资产或借记有关负债科目;按其差额,贷记“资本公积——资本溢价或股本溢价”科目;如为借方差额,借记“资本公积——资本溢价或股本溢价”科目,资本公积(资本溢价或股本溢价)不足冲减的,借记“盈余公积”、“利润分配——未分配利润”科目。

[例 8—1]　甲公司和乙公司同为丙公司的子公司。2019 年 2 月 1 日,甲公司以固定资产、无形资产和银行存款 1 200 万元向乙公司进行投资,作为合并对价取得乙公司股份总额的 60%。2019 年 2 月 1 日,乙公司所有者权益总额为 4 000 万元;甲公司参与企业合并的固定资产原价为 1 400 万元,已提折旧 400 万元,未计提固定资产减值准备;无形资产账面原价为 1 000 万元,已摊销 500 万元,未计提无形资产减值准备。假定甲公司所有者权益中资本公积余额为 400 万元。

根据上述经济业务,甲公司所做会计处理如下:

借:固定资产清理	10 000 000	
累计折旧	4 000 000	
贷:固定资产		14 000 000
借:长期股权投资——乙公司	24 000 000	
累计摊销	5 000 000	
资本公积——资本溢价(股本溢价)	3 000 000	
贷:固定资产清理		10 000 000
无形资产		10 000 000
银行存款		12 000 000

合并方以发行权益证券作为合并对价的,在合并日应按取得被合并方所有者权益账面价值的份额,借记“长期股权投资”科目;按应享有被投资单位已宣告但尚未发放的现金股利或利

润，借记“应收股利”科目；按发行权益性证券的面值总额，贷记“股本”科目；按照发生的相关税费，贷记“银行存款”科目；按其差额，贷记“资本公积——股本溢价”科目；如为借方差额的，借记“资本公积——股本溢价”科目，资本公积（股本溢价）不足冲减的，借记“盈余公积”、“利润分配——未分配利润”科目。

企业合并中发行权益性证券发生的手续费、佣金等费用，应当抵减权益性证券溢价收入；溢价收入不足冲减的，冲减留存收益。

［例 8—2］　甲公司与丙公司同为丁公司的子公司，2019 年 3 月 1 日，甲公司与丁公司达成协议，约定甲公司定向增发权益性证券作为对价，取得丙公司 55%的股权。2019 年 3 月 1 日，甲公司增发的权益性证券成功，共增发普通股 1 500 万股，每股面值 1 元，实际发行价格为 1.5 元；丙公司所有者权益总额为 4 000 万元。在发行普通股过程中，发生直接相关的手续费、佣金 123 万元，均以银行存款支付。假定甲公司所有者权益中资本公积余额为 1 500 万元。

根据上述经济业务，甲公司所做的会计处理如下：

借：长期股权投资——丙公司	22 000 000	
贷：股本		15 000 000
资本公积——股本溢价		7 000 000
借：资本公积——股本溢价	1 230 000	
贷：银行存款		1 230 000

2. 非同一控制下企业控股合并形成长期股权投资的会计处理

非同一控制下的企业合并形成的长期股权投资，应在购买日按企业合并成本（不含应自被投资单位收取的现金股利或利润），借记“长期股权投资”科目；按享有被投资单位已宣告但尚未发放的现金股利或利润，借记“应收股利”科目；按支付合并对价的账面价值，贷记有关资产科目，如“固定资产清理”、“无形资产”和“交易性金融资产”等科目；按其差额，贷记或借记“资产处置损益”科目，贷记或借记“投资收益”科目。非同一控制下的企业合并涉及以库存商品等作为合并对价的，应按库存商品的公允价值，贷记“主营业务收入”等科目，并同时结转相关的成本。涉及增值税的，还应贷记“应交税费——应交增值税（销项税额）”科目。

［例 8—3］　企业于 2019 年 5 月 31 日取得了大运公司 70%的股权。合并中，企业以银行存款向大运公司支付款项 800 万元，转让无形资产土地使用权一项，其账面原价 2 000 万元，公允价值 3 200 万元，增值税 288 万元；转让无形资产专利技术一项，其账面原价 1 000 万元，累计摊销额 200 万元，公允价值 1 000 万元，增值税 60 万元。合并中，企业为核实大运公司的资产价值，聘请有关机构对该项合并进行咨询，支付咨询费用 100 万元。假定合并前后本企业与大运公司不存在任何关联方关系。

根据上述经济业务，企业所做的会计处理如下：

借：长期股权投资——大运公司	53 480 000	
累计摊销	2 000 000	
贷：无形资产		30 000 000
银行存款		8 000 000
资产处置损益		14 000 000
应交税费——应交增值税（销项税额）		3 480 000
借：管理费用	1 000 000	
贷：银行存款		1 000 000

(二)不形成企业控股合并的长期股权投资

1. 以支付现金方式取得的长期股权投资

以支付现金方式取得的长期股权投资，应当按照实际支付的购买价款作为长期股权投资的初始投资成本。初始投资成本包括与取得长期股权投资直接相关的费用、税金及其他必要支出。企业取得长期股权投资，实际支付的价款中包含的已宣告但尚未发放的现金股利或利润，应作为应收项目处理。

[例8—4] 2019年1月2日，永安股份有限公司在公开交易的股票市场上购买了财远股份有限公司30%的股份，实际支付价款4 500 000元。另外在购买过程中支付手续费等相关税费112 500元。取得该部分股权后，能够对财远公司的生产经营决策施加重大影响。

根据上述经济业务，永安公司的会计处理如下：

借：长期股权投资——财远公司(投资成本)	4 612 500	
贷：银行存款		4 612 500

2. 以发行权益性证券方式取得的长期股权投资

以发行权益性证券方式取得的长期股权投资，其成本为所发行权益性证券的公允价值。为发行权益性证券支付的手续费、佣金等应自权益性证券的溢价收入中扣除，溢价收入不足冲减的，应冲减盈余公积和未分配利润。

[例8—5] 2019年3月，恒大公司通过增发2 000万股(每股面值1元)自身的股份取得对天利公司20%的股权，按照增发前后的平均股价计算，该2 000万股股份的公允价值为3 600万元。为增发该部分股份，恒大公司支付了80万元的佣金和手续费。

根据上述经济业务，恒大公司所作会计处理如下：

借：长期股权投资——天利公司(投资成本)	36 000 000	
贷：股本		20 000 000
资本公积——股本溢价		16 000 000
借：资本公积——股本溢价	800 000	
贷：银行存款		800 000

3. 投资者投入的长期股权投资

投资者投入的长期股权投资，应当按照投资合同或协议约定的价值作为初始投资成本，但合同或协议约定的价值不公允的除外。

4. 通过非货币性资产交换、债务重组等方式取得的长期股权投资

企业通过非货币性资产交换、债务重组等方式取得的长期股权投资，其初始投资成本应当按照非货币性资产交换和债务重组会计准则的相关规定确定。

(三)投资总额中包含的已宣告但尚未发放的现金股利或利润的处理

企业无论以何种方式取得长期股权投资，取得投资时，对于投资总额中包含的应享有被投资单位已经宣告但尚未发放的现金股利或利润，应作为应收项目单独核算，不构成取得长期股权投资的初始投资成本。即企业在支付对价取得长期股权投资时，对于实际支付的价款中包含的对方已经宣告但尚未发放的现金股利或利润，应作为预付款，构成企业的一项债权，与取得的对被投资单位长期股权投资应作为两项金融资产。

[例8—6] 沿用[例8—4]资料，假定永安公司取得该项投资时，财远公司已经宣告尚未发放现金股利，永安公司按其持股比例计算确定可分得150 000元。则公司在确认该长期股权投资时，应将包含的现金股利部分单独核算，相应的账务处理为：

借:长期股权投资——财远公司(投资成本)　　　4 462 500
　应收股利　　　150 000
　贷:银行存款　　　4 612 500

长期股权投资在持有期间,根据投资企业对被投资单位的影响程度进行划分,分别采用成本法或权益法进行核算。

二、长期股权投资核算的成本法

(一)成本法及其适用范围

成本法是指投资按成本计价的方法。长期股权投资的成本法适用于投资企业能够对被投资单位实施控制的长期股权投资。

投资企业对子公司的长期股权投资应当采用相应准则规定的成本法核算,编制合并财务报表时,应当按照权益法进行调整。

(二)成本法下长期股权投资的计量

采用成本法核算的长期股权投资应当按照初始投资成本计价。追加或收回投资应当调整长期股权投资的成本。被投资单位宣告分派的现金股利或利润,确认为当期投资收益。

(三)会计处理

企业采用成本法核算长期股权投资时,在"长期股权投资"科目下按照被投资单位进行明细核算。

初始投资或追加投资时,按照初始投资或追加投资时的成本增加长期股权投资的账面价值。

除取得投资时实际支付的价款或对价中包含的已宣告但尚未发放的现金股利或利润外,投资企业应当按照享有被投资单位宣告发放的现金股利或利润确认投资收益,不论有关利润分配是属于对取得投资前还是取得投资后被投资单位实现净利润的分配。

投资企业在确认自被投资单位应分得的现金股利或利润后,应当考虑长期股权投资是否发生减值。在判断该类长期股权投资是否存在减值迹象时,应当关注长期股权投资的账面价值是否大于享有被投资单位净资产(包括相关商誉)账面价值的份额等情况。出现类似情况时,应当按照《企业会计准则第 8 号——资产减值》的规定对长期股权投资进行减值测试,可收回金额低于长期股权投资账面价值时,应当计提减值准备。

[例 8—7]　甲公司和乙公司均为我国境内居民企业。2018 年 1 月 2 日,甲公司自非关联方处以银行存款 6 800 万元取得对乙公司 60%的股权,另支付评估、审计费用 40 万元,相关手续于当日完成,并能够对乙公司实施控制。2018 年 4 月 20 日,乙公司宣告分派 2017 年度现金股利 100 万元。2018 年乙公司实现净利润 600 万元,2019 年 4 月 20 日,乙公司宣告分派 2018 年度现金股利 120 万元。不考虑相关税费等其他因素的影响。

根据上述经济业务,甲公司作如下会计处理:

(1)2018 年 1 月 2 日取得长期股权投资:

借:长期股权投资——乙公司　　　68 000 000
　管理费用　　　400 000
　贷:银行存款　　　68 400 000

(2)2018 年 4 月 20 日确认现金股利收入:

借:应收股利　　600 000
　　贷:投资收益　　600 000

收到现金股利:

借:银行存款　　600 000
　　贷:应收股利　　600 000

(3)2019 年 4 月 20 日确认现金股利收入:

借:应收股利　　720 000
　　贷:投资收益　　720 000

收到现金股利:

借:银行存款　　720 000
　　贷:应收股利　　720 000

三、长期股权投资核算的权益法

(一)权益法及其适用范围

权益法,是指投资以初始投资成本计量后,在投资持有期间根据投资企业享有被投资单位所有者权益份额的变动对投资的账面价值进行调整的方法。

投资企业对被投资单位具有共同控制或重大影响的长期股权投资,应当按照会计准则规定,采用权益法核算。

(二)权益法下长期股权投资的计量

(1)长期股权投资的初始投资成本大于投资时应享有被投资单位可辨认净资产公允价值份额的,不调整长期股权投资的初始投资成本;长期股权投资的初始投资成本小于投资时应享有被投资单位可辨认净资产公允价值份额的,其差额应当计入当期损益,同时调整长期股权投资的成本。

被投资单位可辨认净资产公允价值,是指取得长期股权投资时,被投资单位可辨认资产的公允价值减去负债及或有负债公允价值后的余额。

(2)投资企业取得长期股权投资后,应当按照应享有或应分担的被投资单位实现的净损益的份额,确认投资损益并调整长期股权投资的账面价值。投资企业按照被投资单位宣告分派的现金股利或利润计算应分得的部分,一般应冲减长期股权投资的账面价值。

(3)投资企业确认被投资单位发生的净亏损,应当以长期股权投资的账面价值以及其他实质上构成对被投资单位净投资的长期权益减记至零为限,投资企业负有承担额外损失弥补义务的除外。

被投资单位以后实现净利润的,投资企业在其收益分享额弥补未确认的亏损分担额后,恢复确认收益分享额。

投资企业在确认应享有被投资单位净损益的份额时,应当以取得投资时被投资单位各项可辨认资产等的公允价值为基础,对被投资单位的净利润进行调整后确认。

被投资单位采用的会计政策及会计期间与投资企业不一致的,应当按照投资企业的会计政策及会计期间对被投资单位的财务报表进行调整,并据以确认投资损益。

(4)投资企业对于被投资单位除净损益以外所有者权益的其他变动,应当调整长期股权投资的账面价值并计入所有者权益。

(三)会计处理

企业采用权益法核算长期股权投资时,应在"长期股权投资"科目下,按照被投资单位结合"投资成本"、"损益调整"、"其他综合收益"和"其他权益变动"进行明细核算。

1. 初始投资的调整

企业在对长期股权投资进行初始投资或追加投资时,根据会计准则的规定,长期股权投资的初始投资成本大于投资时应享有被投资单位可辨认净资产公允价值份额的,不调整长期股权投资的初始投资成本;长期股权投资的初始投资成本小于投资时应享有被投资单位可辨认净资产公允价值份额的,应按其差额,借记"长期股权投资——投资成本"科目,贷记"营业外收入"科目。

[例 8—8] 凯丰公司于 2018 年 12 月 23 日支付 700 万元取得甲企业 30%的股权,取得投资时被投资单位可辨认净资产的公允价值为 2 000 万元,凯丰公司能够对甲企业施加重大影响。

公司根据上述经济业务,作如下的会计处理:

借:长期股权投资——甲企业(投资成本)　　7 000 000

　　贷:银行存款　　7 000 000

长期股权投资的初始投资成本 700 万元大于投资时应享有被投资单位可辨认净资产公允价值份额 600 万元(2 000×30%),不调整长期股权投资的初始投资成本。

[例 8—9] 上例中,如果凯丰公司投资时被投资甲企业可辨认净资产公允价值为 2 500 万元,则公司的账务处理如下:

借:长期股权投资——甲企业(投资成本)　　7 000 000

　　贷:银行存款　　7 000 000

长期股权投资的初始投资成本 700 万元小于投资时应享有被投资单位可辨认净资产公允价值份额 750 万元(2 500×30%),调整长期股权投资的初始投资成本,并确认营业外收入。

借:长期股权投资——甲企业(投资成本)　　500 000

　　贷:营业外收入——捐赠利得　　500 000

2. 投资损益的确认

被投资单位实现净损益,投资企业在确认投资损益时,应当以取得投资时被投资单位各项可辨认资产等的公允价值为基础,对被投资单位的净利润进行调整后加以确定。如以取得投资时被投资单位固定资产、无形资产的公允价值为基础计提的折旧额或摊销额,相对于被投资单位已计提的折旧额、摊销额之间存在差额的应按其差额对被投资单位净损益进行调整,并按调整后净损益和持股比例计算确认投资损益。在进行有关调整时,应当考虑具有重要性的项目。

存在下列情况之一的,可以按照被投资单位的账面净损益与持股比例计算确认投资损益,但应当在附注中说明这一事实及其原因:第一,无法可靠确定投资时被投资单位各项可辨认资产等的公允价值;第二,投资时被投资单位可辨认资产等的公允价值与账面价值之间的差额较小;第三,其他原因导致无法对被投资单位净损益进行调整。

[例 8—10] 承[例 8—8],凯丰公司于 2018 年 12 月 23 日支付 700 万元取得甲企业 30%的股权,取得投资时被投资单位可辨认净资产的公允价值为 2 000 万元,除表 8—1 中项目外,甲企业其他资产、负债的公允价值与账面价值相同,凯丰公司能够对甲企业施加重大影响。

表 8—1　　甲企业资产中公允价值与账面价值之间的差异

2018 年 12 月 23 日　　单位:万元

项　目	账面原价	已提折旧或摊销	公允价值	甲企业预计使用年限	凯丰公司取得投资后剩余使用年限
存　货	500		700		
固定资产	1 000	200	1 200	20	16
无形资产	600	120	800	10	8
合　计	2 100	200	2 700		

假定甲企业 2019 年实现净利润 500 万元,其中在凯丰公司取得投资时的账面存货有 80%对外出售,上述固定资产和无形资产为甲企业管理用,凯丰公司和甲企业均采用直线法计提折旧和摊销。凯丰公司与甲企业的会计年度及采用的会计政策相同。假定两家公司间未发生任何内部交易。

凯丰公司计算应享有的投资收益时,应在甲公司实现净利润的基础上,根据取得投资时有关资产的账面价值与其公允价值差额的影响进行调整(假定不考虑所得税影响)。

存货公允价值与账面价值的差额应调减的利润 =(700—500)×80%=160(万元)

固定资产公允价值与账面价值差额应调整增加的折旧额 =1 200÷16—1 000÷20=25(万元)

无形资产公允价值与账面价值差额应调整增加的摊销额 =800÷8—600÷10=40(万元)

调整后的净利润=500—160—25—40=275(万元)

凯丰公司应享有份额=275×30%=82.5(万元)

公司根据上述经济业务,作如下会计处理:

借:长期股权投资——甲企业(损益调整)　　825 000

　贷:投资收益　　825 000

3. 取得现金股利或利润的处理

按照权益法核算的长期股权投资,投资企业自被投资单位取得的现金股利或利润,应抵减长期股权投资的账面价值,在被投资单位宣告分派现金股利或利润时,借记“应收股利”科目,贷记“长期股权投资——损益调整”科目;自被投资单位取得的现金股利或利润超过已确认损益调整的部分,应视同投资成本的收回,冲减长期股权投资的账面价值。

4. 被投资单位发生超额亏损的处理

按照权益法核算的长期股权投资,投资企业在分担被投资单位发生的亏损时,应当按照下列顺序进行处理:

首先,冲减长期股权投资的账面价值。

其次,长期股权投资的账面价值不足以冲减的,应当以其他实质上构成对被投资单位净投资的长期权益账面价值为限继续确认投资损失,冲减长期应收项目等的账面价值。

其他实质上构成对被投资单位净投资的长期权益,通常指长期应收项目,如企业对被投资单位的长期债权,该债权没有明确的清收计划且在可预见的未来期间不准备收回的,实质上构成对被投资单位的净投资。

最后，经过上述处理，按照投资合同或协议约定企业仍承担额外损失弥补义务的，应按预计承担的义务确认预计负债，计入当期投资损失。

被投资单位以后期间实现盈利的，企业扣除未确认的亏损分担额后，应按与上述相反的顺序处理，减记已确认预计负债的账面余额、恢复其他实质上构成对被投资单位净投资的长期权益及长期股权投资的账面价值，同时确认投资收益。

[例 8－11]　南方公司持有乙企业 40%的股权，2018 年 12 月 31 日投资的账面价值为 1 000 万元，包括投资成本以及因乙企业以前期间实现净利润而确认的投资收益。2019 年由于一些主要经营业务市场条件发生变化，乙企业当年度发生亏损 2 000 万元。假定南方公司在取得投资的时点上，乙企业各项可辨认资产、负债的公允价值与其账面价值相等，双方所采用的会计政策及会计期间也相同。

根据上述经济业务，南方公司在乙企业发生亏损时，确认投资损失的会计处理如下：

借：投资收益	8 000 000	
贷：长期股权投资——乙企业（损益调整）		8 000 000

[例 8－12]　承[例 8－11]，若被投资单位 2019 年度发生亏损 2 600 万元，南方公司账上还有应收乙企业的长期应收款 50 万元（该长期应收款从实质上构成对乙企业的长期权益）。

根据上述经济业务，南方公司在乙企业发生亏损时，确认投资损失的会计处理如下：

借：投资收益	10 400 000	
贷：长期股权投资——乙企业（损益调整）		10 000 000
长期应收款——乙企业		400 000

若在乙企业发生亏损 2 600 万元时，南方公司没有其他构成对乙企业的长期权益项目，则南方公司作如下的会计处理：

借：投资收益	10 000 000	
贷：长期股权投资——乙企业（损益调整）		10 000 000

此时由南方公司负担的超额亏损额在账外进行备查登记。

5. 被投资单位其他综合收益变动的会计处理

长期股权投资采用权益法核算，被投资单位确认的其他综合收益及其变动，也会影响被投资单位所有者权益总额，进而影响投资企业应享有被投资单位所有者权益的份额。因此，当被投资单位其他综合收益发生变动时，投资企业应当按照归属于本企业的部分，相应调整长期股权投资的账面价值，同时增加或减少其他综合收益。

[例 8－13]　甲公司持有乙公司 30%的股份，并能对乙公司施加重大影响。当期乙公司将作为存货的房地产转换为采用公允价值模式计量的投资性房地产，转换日公允价值大于账面价值 1 200 万元，并计入其他综合收益。不考虑其他因素，甲公司当期按照权益法核算应确认其他综合收益的会计处理如下：

借：长期股权投资——乙公司（其他综合收益）	3 600 000	
贷：其他综合收益		3 600 000

6. 被投资单位所有者权益的其他变动

长期股权投资采用权益法核算，投资企业对于被投资单位除净损益、其他综合收益以及利润分配以外所有者权益的其他变动，应按照持股比例与被投资单位所有者权益的其他变动计算的归属于本企业的部分，相应调整长期股权投资的账面价值，同时增加或减少资本公积（其他资本公积）。被投资单位除净损益、其他综合收益以及利润分配以外的所有者权益的其他变动，主要包括被投资单位接受其他股东的资本性投入、被投资单位发行可分离交易的可转换公司债券中包含的权益成分、以权益结算的股份支付等。

[例 8－14] A 企业持有 B 公司 25%的股份，能够对 B 公司施加重大影响。B 公司为上市公司，当期 B 公司的母公司给予 B 公司捐赠 1 000 万元，该捐赠实质上属于资本性投入，B 公司将其计入资本公积(股本溢价)。不考虑其他因素，A 企业按权益法作如下会计处理：

借：长期股权投资——B 公司(其他权益变动)	2 500 000	
贷：资本公积——其他资本公积		2 500 000

四、长期股权投资核算方法的转换

长期股权投资在持有期间，因增资或减资等各方面情况的变化，可能导致其核算需要由一种方法转换为另一种方法。

(一)增资导致长期股权投资核算方法的转换

1. 公允价值计量转换为权益法核算

投资企业对原持有的被投资单位的股权不具有控制、共同控制或重大影响的，按照金融工具确认和计量准则进行会计处理的，因追加投资等原因导致持股比例上升，使其能够对被投资单位实施共同控制或重大影响而转按权益法核算的，应在转换日，按照金融工具确认和计量准则确定的原股权投资的公允价值加上为取得新增投资而应支付对价的公允价值，作为改按权益法核算的初始投资成本；原持有的股权投资被分类为以公允价值计量且其变动计入当期损益的交易性金融资产的，其公允价值与账面价值之间的差额，以及原计入公允价值变动损益的累计公允价值变动应当转入改按权益法核算的当期损益(投资收益)；原持有的非交易性权益工具投资被分类为以公允价值计量且其变动计入其他综合收益的金融资产(其他权益工具投资)的，其公允价值与账面价值之间的差额，以及原计入其他综合收益的累计公允价值变动应当转入改按权益法核算的当期留存收益。

在此基础上，比较上述计算所得的初始投资成本，与按照追加投资后全新的持股比例计算确定的应享有被投资单位在追加投资日可辨认净资产公允价值份额之间的差额：前者大于后者的，不调整长期股权投资的账面价值；前者小于后者的，差额应调整长期股权投资的账面价值，并计入当期营业外收入。

[例 8－15] 2018 年 1 月 2 日，万科公司以银行存款 250 万元购入甲公司 5%有表决权股份，万科公司将其划分为其他权益工具投资；2018 年 12 月 31 日，该股票的公允价值为 300 万元；2019 年 4 月，甲公司宣告派发现金股利共 120 万元。

2019 年 7 月 1 日，万科公司又以 825 万元的价格从甲公司的其他股东处取得该公司 15%的股权，至此持股比例达到 20%。取得该部分股权后，按照甲公司章程规定，万科公司能够派人参与甲公司的生产经营决策，对该项股权投资由其他权益工具投资转换为采用权益法核算的长期股权投资。当日原持有的作为其他权益工具投资的股权投资公允价值为 320 万元。2019 年 7 月 1 日，甲公司可辨认净资产公允价值总额为 6 050 万元(包括甲公司一项存货公允价值高于账面价值的差额 90 万元)，不考虑所得税影响。

根据上述经济业务，万科公司进行如下会计处理：

(1)2018 年 1 月 2 日，取得 5%股份：

借：其他权益工具投资——甲股票(成本)	2 500 000	
贷：银行存款		2 500 000

(2)2018 年 12 月 31 日,确认公允价值变动:

借:其他权益工具投资——甲股票(公允价值变动)　　500 000

　贷:其他综合收益　　500 000

(3)2019 年 4 月,确认投资收益和收到现金股利:

借:应收股利——甲公司　　60 000

　贷:投资收益　　60 000

借:银行存款　　60 000

　贷:应收股利　　60 000

(4)2019 年 7 月 1 日,追加投资(持股比例 15%):

借:长期股权投资——甲公司(投资成本)　　8 250 000

　贷:银行存款　　8 250 000

(5)2019 年 7 月 1 日,原其他权益工具投资(持股比例 5%)转换为长期股权投资:

借:长期股权投资——甲公司(投资成本)　　3 200 000

　贷:其他权益工具投资——甲股票(成本)　　2 500 000

　　——甲股票(公允价值变动)　　500 000

　　盈余公积　　20 000

　　利润分配——未分配利润　　180 000

借:其他综合收益　　500 000

　贷:盈余公积　　50 000

　　利润分配——未分配利润　　450 000

(6)2019 年 7 月 1 日比较调整:

追加投资后长期股权投资初始投资成本 1 145 万元小于被投资单位可辨认净资产公允价值的份额 1 210 万元(6 050×20%)。

借:长期股权投资——甲公司(投资成本)　　650 000

　贷:营业外收入——捐赠利得　　650 000

2. 公允价值计量转换为成本法核算

这种转换属于通过多次交换交易,分步取得股权最终形成非同一控制企业合并。

投资企业原持有的对被投资单位不具有控制、共同控制或重大影响的按照金融工具确认和计量准则进行会计处理的权益性投资,因追加投资等原因,能够对被投资单位实施控制的,购买日之前持有的股权投资,应当将按照金融工具确认和计量准则确定的股权投资的公允价值加上新增投资成本(公允价值)之和,作为改按成本法核算的初始投资成本;原计入公允价值变动损益的累计公允价值变动应当全部转入改按成本法核算的当期投资收益;原计入其他综合收益的累计公允价值变动全部转入留存收益。

3. 权益法转换为成本法的核算

这种转换也属于通过多次交换交易,分步取得股权最终形成非同一控制企业合并。

投资企业原持有对联营企业、合营企业的长期股权投资,形成控股合并前对长期股权投资采用权益法核算的,购买日长期股权投资的初始投资成本为权益法下的账面价值加上购买日为取得新的股份所支付对价的公允价值之和;购买日之前因权益法核算形成的其他综合收益、资本公积暂时不作处理,待处置该项投资时将与其相关的其他综合收益和资本公积相应转入处置期间的当期损益。

(二)减资导致长期股权投资核算方法的转换

1. 权益法转换为公允价值计量

投资企业原持有的对被投资单位具有共同控制或重大影响的长期股权投资,因部分处置等原因导致持股比例下降,不能再对被投资单位实施共同控制或重大影响的,应于失去共同控制或重大影响时,改按金融工具确认和计量准则对剩余股权进行会计处理。

对剩余股权在改按公允价值计量时,公允价值与其原账面价值之间的差额计入当期损益。原采用权益法核算的相关其他综合收益应当在终止采用权益法核算时转入投资收益,采用与被投资单位直接处置相关资产或负债相同的基础进行会计处理;因被投资单位除净损益、其他综合收益和利润分配以外的其他所有者权益变动而确认的所有者权益,应当在终止采用权益法核算时全部转入当期损益。

[例 8—16] 2018 年 7 月 1 日,麦利公司以银行存款 1 400 万元购入乙公司 40%股权,对乙公司具有重大影响,乙公司可辨认净资产公允价值为 3 750 万元(包含一项存货评估增值 100 万元,另一项固定资产评估增值 200 万元,尚可使用年限为 10 年,采用年限平均法计提折旧)。

2018 年,乙公司全年实现净利润 800 万元(上半年发生净亏损 500 万元),投资时评估增值的存货已经全部对外销售,乙公司其他综合收益增加 120 万元。

2019 年 1~6 月,乙公司宣告并发放现金股利 300 万元,实现净利润 370 万元,其他综合收益减少 100 万元,除净损益、其他综合收益和利润分配以外的其他权益变动增加 80 万元。不考虑所得税等其他因素的影响。

2019 年 7 月 1 日,麦利公司决定出售其持有的乙公司 25%的股权(即出售其持有乙公司股权总数的 62.5%),出售股权后麦利公司持有乙公司 15%的股权,对乙公司不具有重大影响,剩余股权投资作为以公允价值计量且其变动计入当期损益的金融资产进行核算。出售取得价款 1 450 万元,剩余 15%股权的公允价值为 805 万元。

根据上述经济业务,麦利公司对乙公司长期股权投资做如下会计处理:

(1)2018 年 7 月 1 日取得投资时:

初始投资成本 1 400 万元入账(持股比例 40%):

借:长期股权投资——乙公司(投资成本)　　14 000 000
　　贷:银行存款　　14 000 000

比较调整:1 400<3 750×40%=1 500(万元)。

借:长期股权投资——乙公司(投资成本)　　1 000 000
　　贷:营业外收入——捐赠利得　　1 000 000

(2)2018 年 12 月 31 日持有投资当年(下半年):

被投资单位实现净利润 1 300 万元,调整后净利润=1 300－100－200/10÷2=1 190(万元),麦利公司应享有份额 476 万元(1 190×40%)。

借:长期股权投资——乙公司(损益调整)　　4 760 000
　　贷:投资收益　　4 760 000

被投资单位其他综合收益变动 120 万元,麦利公司确认 48 万元。

借:长期股权投资——乙公司(其他综合收益)　　480 000
　　贷:其他综合收益　　480 000

(3)持有投资第二年(上半年):

应收股利＝300×40％＝120(万元)。

确认现金股利：

借:应收股利　　1 200 000

　　贷:长期股权投资——乙公司(损益调整)　　1 200 000

收到现金股利：

借:银行存款　　1 200 000

　　贷:应收股利　　1 200 000

2019 年 6 月 30 日被投资单位实现净利润 370 万元,调整后净利润＝370－200/10÷2＝360(万元),麦利公司享有份额 144 万元(360×40％)。

借:长期股权投资——乙公司(损益调整)　　1 440 000

　　贷:投资收益　　1 440 000

被投资单位其他综合收益变动－100 万元,麦利公司确认－40 万元。

借:其他综合收益　　400 000

　　贷:长期股权投资——乙公司(其他综合收益)　　400 000

被投资单位其他所有者权益变动：

借:长期股权投资——乙公司(其他权益变动)　　320 000

　　贷:资本公积——其他资本公积　　320 000

(4)2019 年 7 月 1 日处置持股比例 25％(持股总数的 62.5％)：

借:银行存款　　14 500 000

　　贷:长期股权投资——乙公司(投资成本)　　9 375 000

　　　　——乙公司(损益调整)　　3 125 000

　　[(476－120＋144)×62.5％＝500×62.5％]

　　　　——乙公司(其他综合收益)　　50 000

　　[(48－40)×62.5％＝8×62.5％]

　　　　——乙公司(其他权益变动)　　200 000

　　投资收益　　1 750 000

(5) 2019 年 7 月 1 日剩余 15％股权转账(总持股数的 37.5％)：

借:交易性金融资产——乙股票(成本)　　8 050 000

　　贷:长期股权投资——乙公司(投资成本)　　5 625 000

　　　　——乙公司(损益调整)　　1 875 000

　　[(476－120＋144)×37.5％＝500×37.5％]

　　　　——乙公司(其他综合收益)　　30 000

　　[(48－40)×37.5％＝8×37.5％]

　　　　——乙公司(其他权益变动)　　120 000

　　投资收益　　400 000

(6)处置时其他综合收益和资本公积转账：

借:其他综合收益　　80 000

　　资本公积——其他资本公积　　320 000

　　贷:投资收益　　400 000

2. 成本法转换为公允价值计量

投资企业对被投资单位具有控制的长期股权投资，其后因部分处置等原因导致持股比例下降，不能再对被投资单位实施控制的，也不能实施共同控制或重大影响的，应将剩余股权改按金融工具确认和计量准则的要求进行处理，并于丧失控制权日将剩余股权按公允价值重新计量，公允价值与账面价值之间的差额计入当期损益。

3. 成本法转换为权益法的核算

投资企业对被投资单位具有控制的长期股权投资，其后因部分处置等原因导致对被投资单位的影响力由控制转为具有重大影响或者与其他投资方一起实施共同控制的情况下，按下列会计处理方法核算：

(1)首先按处置投资的比例结转应终止确认的长期股权投资成本。

(2)在此基础上，应当比较剩余长期股权投资的成本与按照剩余持股比例计算原投资时应享有被投资单位可辨认净资产公允价值的份额：前者大于后者的，属于投资作价中体现的商誉部分，不调整长期股权投资的账面价值；前者小于后者的，在调整长期股权投资成本的同时，调整留存收益。

(3)对于原取得投资时至处置投资时(转为权益法核算)之间被投资单位实现净损益中投资方应享有的份额，一方面应当调整长期股权投资的账面价值；同时，对于原取得投资时至处置投资当期期初被投资单位实现的净损益(扣除已宣告发放的现金股利和利润)中应享有的份额，调整留存收益，对于处置投资当期期初至处置投资之日被投资单位实现的净损益中应享有的份额，调整当期损益。

在被投资单位其他综合收益变动中应享有的份额，在调整长期股权投资账面价值的同时，应当计入其他综合收益；除净损益、其他综合收益和利润分配外的其他原因导致被投资单位其他所有者权益变动中应享有的份额，在调整长期股权投资账面价值的同时，应当计入资本公积(其他资本公积)。

[例 8—17] A 公司原持有 C 公司 60%的股权，其账面余额为 6 000 万元，未计提减值准备。2019 年 1 月 6 日，A 公司将其持有的对 C 公司长期股权投资中的 1/3 出售给某企业，出售取得价款 3 600 万元，当日被投资单位可辨认净资产公允价值总额为 16 000 万元。A 公司原取得 C 公司 60%股权时，C 公司可辨认净资产公允价值总额为 9 000 万元(假定公允价值与账面价值相同)。自 A 公司取得对 C 公司长期股权投资后至部分处置投资前，C 公司实现净利润 5 000 万元，发放现金股利 800 万元。除所实现净损益外，C 公司其他综合收益增加 300 万元，未发生其他计入资本公积的交易或事项。本例中 A 公司按净利润的 10%提取盈余公积。

在出售 20%的股权后，A 公司对 C 公司的持股比例为 40%，在被投资单位董事会中派有代表，但不能对 C 公司生产经营决策实施控制。对 C 公司长期股权投资应由成本法改为按照权益法核算。

(1)确认长期股权投资处置损益

借：银行存款	36 000 000	
贷：长期股权投资——C 公司		20 000 000
投资收益		16 000 000

(2)调整长期股权投资账面价值

剩余长期股权投资的账面价值为 4 000 万元，与原投资时应享有被投资单位可辨认净资产公允价值份额之间的差额 400 万元(4 000－9 000×40%)为商誉，该部分商誉的价值不需要对长期股权投资的成本进行调整，但需进行明细科目调整。

借:长期股权投资——C 公司(投资成本)　　40 000 000

　　贷:长期股权投资——C 公司　　40 000 000

处置投资以后按照持股比例计算享有被投资单位自购买日至处置投资日期间实现的净损益扣除发放现金股利后的份额为 1 680 万元(4 200×40%)，被投资单位其他综合收益增加企业应享有的份额 120 万元，应调整增加长期股权投资的账面价值，同时调整留存收益和其他综合收益。企业应进行以下账务处理：

借:长期股权投资——C 公司(损益调整)　　16 800 000

　　　　　　　　——C 公司(其他综合收益)　　1 200 000

　　贷:盈余公积　　1 680 000

　　　　利润分配——未分配利润　　15 120 000

　　　　其他综合收益　　1 200 000

五、股票股利的处理

股票股利是企业用增发的股票代替现金派发给股东的股利。当作股利发放的股票，又称红股，俗称送股。当被投资单位实现净利润但现金不足时，为了满足股东的要求，通常派发股票股利。

股票股利不会增加被投资单位的所有者权益，也不会增加投资企业的收益，所以投资企业对股票股利不作为一种收益加以确认，但为了反映收到股票股利的情况，企业应在备查簿中登记所增加的股份数，以表明每股投资成本的减少。部分处置该项收到股票股利的投资时，应按投资成本与全部股份计算的平均每股成本结转处置部分的成本。

六、长期股权投资的处置

企业处置长期股权投资，应相应结转与所售股权相对应的长期股权投资的账面价值，出售所得价款与处置长期股权投资账面价值之间的差额，应确认为处置损益。其账面价值与实际取得价款的差额，应当计入当期损益。采用权益法核算的长期股权投资，因被投资单位除净损益以外其他综合收益和所有者权益的其他变动而计入所有者权益的，处置该项投资时应当将原计入所有者权益的部分按相应比例转入当期损益。

处置长期股权投资，应按实际收到的金额，借记“银行存款”等科目；按已计提的减值准备，借记“长期股权投资减值准备”科目；按照长期股权投资的账面余额，贷记“长期股权投资”科目；按尚未领取的现金股利或利润，贷记“应收股利”科目；按其差额，贷记或借记“投资收益”科目。按照权益法核算的长期股权投资，因被投资单位除净损益以外其他综合收益和所有者权益的其他变动，企业以持股比例计算原记入“其他综合收益”和“资本公积——其他资本公积”科目的金额，在处置长期股权投资时，应按相应的比例进行结转，借记或贷记“其他综合收益”和“资本公积——其他资本公积”科目，贷记或借记“投资收益”科目。

七、长期股权投资减值

长期股权投资减值，是指长期股权投资未来可收回金额低于账面价值所发生的损失。企业应该定期或至少于每年年末对长期股权投资进行逐项检查，可收回金额低于账面价值的损失要计提减值准备。

企业应设置“长期股权投资减值准备”科目，核算长期股权投资的减值准备。本科目可按被投资单位进行明细核算。

资产负债表日，长期股权投资发生减值的，按应减记的金额，借记“资产减值损失”科目，贷记“长期股权投资减值准备”科目。

该科目期末贷方余额，反映企业已计提但尚未转销的长期股权投资减值准备。

本章小结

本章所指的投资是企业在生产经营过程中进行的对外投资，本章根据《企业会计准则第 2 号——长期股权投资》、《企业会计准则——应用指南》和《企业会计准则解释第 4 号》的相关规定，介绍了长期股权投资的确认和计量、长期股权投资不同取得方式下的会计处理、长期股权投资核算的成本法和权益法，以及长期股权投资核算方法的转换，并且对长期股权投资的减值理论和方法进行了介绍。

复习思考题

1. 同一控制下的企业合并和非同一控制下的企业合并形成的长期股权投资取得成本的确定有何区别？
2. 同一控制下的企业合并取得的长期股权投资支付的价款中包含的已宣告发放但尚未领取的现金股利应如何进行处理？
3. 举例说明长期股权投资成本法的适用范围及其应用。
4. 举例说明长期股权投资权益法的适用范围及其应用。
5. 长期股权投资处置时收益的确认应在什么情况下进行？

第九章 非货币性资产交换

【本章要点提示】

- 非货币性资产交换的确认和计量。
- 非货币性资产交换具有商业实质的判定。
- 具有商业实质且公允价值能够可靠计量的非货币性资产交换的会计处理。
- 不具有商业实质或公允价值不能可靠计量的非货币性资产交换的会计处理。

企业在生产经营过程中所进行的各类交易，按照交易对象的不同属性，可分为货币性资产交易和非货币性资产交换。在现代社会中，由于以货币作为固定充当一般等价物的特殊商品，因此，企业的大多数交易是以货币作为交换媒介，也就是货币性资产交易，然而，随着我国证券市场的迅速发展以及企业经营方式的不断变化，包括资产置换、股权交换在内的非货币性资产交换也越来越多，使得非货币性资产交换的核算成为企业资产核算的不可或缺的内容。

第一节　非货币性资产交换及其确认和计量

一、非货币性资产交换及其特征

(一)非货币性资产交换的概念

非货币性资产交换是指交易双方主要以存货、固定资产、无形资产和长期股权投资等非货币性资产进行的交换。该交换不涉及或只涉及少量的货币性资产(即补价)。在这一概念中，区分货币性资产和非货币性资产是正确理解非货币性资产交换的基础。

非货币性资产是相对于货币性资产而言的。资产的本质属性是能够给企业带来预期经济利益，非货币性资产和货币性资产区分的主要标志是资产在将来为企业带来的经济利益，即货币金额，是不是固定的或可确定的。如果货币金额是固定的或可确定的，该资产为货币性资产；反之，则为非货币性资产。

具体而言，货币性资产是指企业持有的货币资金和将以固定或可确定的金额收取的资产，包括现金、银行存款、应收账款和应收票据以及准备持有至到期的债券投资等。

非货币性资产，指货币性资产以外的资产，包括存货、固定资产、无形资产、股权投资以及不准备持有至到期的债券投资等。

(二)非货币性资产交换的特征

一般而言，非货币性资产交换具有以下特征：

1. 非货币性资产交换主要以非货币性资产作为交换对象

在通常情况下，企业进行的商品交易主要是以货币性资产（如现金）来交换非货币性资产（如存货、固定资产、无形资产等）。但是，有些商品交易不涉及货币性资产，只是非货币性资产之间的交换。

2. 非货币性资产交换是互惠资产转让

企业在生产经营过程中所进行的各类交易，按照交易行为的性质，可以分为互惠转让和非互惠转让。互惠转让，是指支付了对价的资产转让，即企业以换出资产为代价从其他企业换入资产；非互惠转让，是指未支付对价的资产转让，或者说是资产的单方面转让，具体包括企业与所有者的非互惠转让和企业与所有者以外的其他单位或个人的非互惠转让。例如，企业清算时，把非货币性资产转让给企业的所有者，属于企业与所有者的非互惠转让；企业将非货币性资产捐赠给红十字会等慈善组织，属于企业与所有者以外的其他单位或个人的非互惠转让。本章所述的非货币性资产交换是以非货币性资产进行交换的行为，因而只是互惠转让，不涉及非互惠转让。

3. 非货币性资产交换有时也可能涉及少量的货币性资产

在现实经济生活中，纯粹的易货贸易并不多见，如果换出非货币性资产与换入非货币性资产的公允价值不相等，则交易双方一般采用货币性资产结清差价。涉及少量货币性资产的交易，仍属于非货币性资产交换。为便于判断，一般以补价占整个资产交换金额的比例低于25%作为参考。

支付的货币性资产占换入资产公允价值（或占换出资产公允价值与支付的货币性资产之和）的比例，或者收到的货币性资产占换出资产公允价值（或占换入资产公允价值与收到的货币性资产之和）的比例低于25%的，视为非货币性资产交换。

二、非货币性资产交换的确认和计量

在非货币性资产交换的情况下，不论是一项资产换入一项资产、一项资产换入多项资产、多项资产换入一项资产，还是多项资产换入多项资产，换入资产的成本都有两种计量基础。

(一)公允价值

根据《企业会计准则第7号——非货币性资产交换》的规定，非货币性资产交换同时满足下列条件的，应当以公允价值和应支付的相关税费作为换入资产的成本，公允价值与换出资产账面价值的差额计入当期损益：

1. 该项交换具有商业实质

企业应当根据实质重于形式的要求判断非货币性资产交换是否具有商业实质。根据换入资产的性质和换入企业经营活动的特征等，换入资产与换入企业其他现有资产相结合能够产生更大的效用，从而导致换入企业受该换入资产影响产生的现金流量与换出资产明显不同，表明该项资产交换具有商业实质。

根据企业会计准则规定，满足下列条件之一的非货币性资产交换具有商业实质：

(1)换入资产的未来现金流量在风险、时间和金额方面与换出资产显著不同。这种情况通常包括但不限于下列情形：

第一，未来现金流量的风险、金额相同，时间不同。此种情形是指换入资产和换出资产产生的未来现金流量总额相同，获得这些现金流量的风险相同，但现金流量流入企业的时间明显不同。比如，某企业以一批存货换入一项设备，因存货流动性强，能够在较短的时间内产生现金流量，设备作为固定资产要在较长时间内为企业带来现金流量，两者产生现金流量的时间相差较大,则可以判断两项资产交换具有商业实质。

第二,未来现金流量的时间、金额相同,风险不同。此种情形是指换入资产和换出资产产生的未来现金流量时间和金额相同,但企业获得现金流量的不确定性程度存在明显差异。比如,甲企业以其用于经营出租的一幢公寓楼,与乙企业同样用于经营出租的一幢公寓楼进行交换。两幢公寓楼的租期、每期租金总额均相同,但是甲企业是租给一家财务和信用状况良好的企业用于单身职工居住,乙企业的客户则都是单个租户,相比较而言,甲企业取得租金的风险较小,则可以判断两项资产交换具有商业实质。

第三,未来现金流量的风险、时间相同,金额不同。此种情形是指换入资产和换出资产产生的未来现金流量总额相同,预计为企业带来现金流量的时间跨度相同,风险也相同,但各年产生的现金流量金额存在明显差异。比如,某企业以一项商标权换入另一企业的一项专利技术,预计两项资产的使用寿命相同,在使用寿命内预计为企业带来的现金流量总额相同,但是换入的专利技术是新开发的,预计开始阶段产生的未来现金流量明显少于后期,而该企业拥有的商标每年产生的现金流量比较均衡,则可以判断两项资产交换具有商业实质。

(2)换入资产与换出资产的预计未来现金流量现值不同,且其差额与换入资产和换出资产的公允价值相比是重大的。

企业如果按照上述第一个条件难以判断某项非货币性资产交换是否具有商业实质,即可根据第二个条件,通过计算换入资产和换出资产的预计未来现金流量现值进行比较后判断。

资产的预计未来现金流量现值,应当按照资产在持续使用过程中和最终处置时所产生的预计税后未来现金流量,根据企业自身而不是市场参与者对资产特定风险的评价,选择恰当的折现率对其进行折现后的金额加以确定。

在确定非货币性资产交换是否具有商业实质时,企业应当关注交易各方之间是否存在关联方关系。关联方关系的存在可能导致发生的非货币性资产交换不具有商业实质。

2. 换入资产或换出资产的公允价值能够可靠计量

资产存在活跃市场,是资产公允价值能够可靠计量的明显证据,但不是唯一的要求。

符合下列情形之一的,表明资产的公允价值能够可靠地计量:

(1)换入资产或换出资产存在活跃市场。对于存在活跃市场的存货、长期股权投资、固定资产、无形资产等非货币性资产,应当以该资产的市场价格为基础确定其公允价值。

(2)换入资产或换出资产不存在活跃市场、但同类或类似资产存在活跃市场。对于同类或类似资产存在活跃市场的存货、长期股权投资、固定资产、无形资产等非货币性资产,应当以同类或类似资产市场价格为基础确定其公允价值。

(3)换入资产或换出资产不存在同类或类似资产的可比市场交易,应当采用估值技术确定其公允价值。该公允价值估计数的变动区间很小,或者在公允价值估计数变动区间内,各种用于确定公允价值估计数的概率能够合理确定的,视为公允价值能够可靠计量。

换入资产和换出资产公允价值均能可靠计量的,应当以换出资产公允价值作为确定换入资产成本的基础;如果有确凿证据表明换入资产的公允价值更加可靠的,应当以换入资产的公允价值为基础确定换入资产的成本,这种情况多发生在非货币性资产交换存在补价的情况,因为存在补价表明换入资产和换出资产的公允价值不相等,一般不能以换出资产的公允价值作为换入资产的成本。

(二)账面价值

如果企业的非货币性资产交换不具有商业实质,或者虽具有商业实质但交换涉及资产的公允价值不能可靠计量，应当以换出资产的账面价值和应支付的相关税费作为换入资产的成本，无论是否支付补价，均不确认损益；收到或支付的补价作为确定换入资产成本的调整因素。

第二节　非货币性资产交换的会计处理

非货币性资产交换换入资产成本的计量方法可以公允价值为基础，也可以账面价值为基础，计量方法不同，会计处理过程也不同。

下面分不同情况对非货币性资产交换的会计处理进行介绍。

一、以公允价值计量的会计处理

(一)会计处理的原则

根据非货币性资产交换会计准则，非货币性资产交换具有商业实质且公允价值能够可靠计量的，应当以换出资产的公允价值和应支付的相关税费，作为换入资产的成本。

换出资产公允价值与其账面价值之间的差额，应当分别不同情况进行处理：

(1)换出资产为存货的，应当作为销售处理，按照收入会计准则，以其公允价值确认收入，同时结转相应的成本。

(2)换出资产为固定资产、无形资产的，换出资产公允价值与其账面价值之间的差额，计入资产处置损益。

(3)换出资产为长期股权投资、金融资产的，换出资产公允价值与其账面价值的差额，计入投资收益。

换入资产和换出资产涉及相关税费的，如换出资产视同销售计算的销项税额、换入资产应当确认的可抵扣增值税进项税额，按照相关税收规定计算确定。除增值税以外应支付的其他相关税费，如果是为换出资产而发生的，计入换出资产处置损益；如果是为换入资产而发生的，则计入换入资产的成本。

(二)不涉及补价的会计处理

根据非货币性资产交换会计准则，非货币性资产交换具有商业实质且公允价值能够可靠计量的，在不涉及补价的情况下，应当按照换出资产的公允价值作为确定换入资产成本的基础，但有确凿证据表明换入资产的公允价值更加可靠的除外。

[例9—1]　黄河股份有限公司以其生产的汽车(账面价值为260 000元)交换安远股份有限公司生产的一批钢材，钢材的账面价值为254 000元，黄河公司换入钢材作为原材料管理和使用，安远公司换入的汽车作为固定资产管理。汽车的公允价值为350 000元，钢材的公允价值为350 000元。黄河公司和安远公司均为增值税一般纳税人，适用的增值税税率均为13%，计税价格等于公允价值。假定黄河公司和安远公司不存在关联方关系，交易价格公允，且双方均未对其存货计提跌价准备。在整个交易过程中没有发生除增值税以外的其他税费，安远公司换入汽车涉及的增值税进项税额可以抵扣。

在此项非货币性资产交换过程中，双方交易具有商业实质，且汽车和钢材的公允价值是可靠的，换入资产采用公允价值计量。

(1)黄河股份有限公司的会计处理如下：

借：原材料——钢材	350 000
应交税费——应交增值税(进项税额)	45 500

贷:主营业务收入　　350 000
　应交税费——应交增值税(销项税额)　　45 500
借:主营业务成本　　260 000
　贷:库存商品——汽车　　260 000

(2)安远股份有限公司的会计处理如下:

借:固定资产——汽车　　350 000
　应交税费——应交增值税(进项税额)　　45 500
　贷:主营业务收入　　350 000
　　应交税费——应交增值税(销项税额)　　45 500
借:主营业务成本　　254 000
　贷:库存商品——钢材　　254 000

(三)涉及补价的会计处理

在发生补价的情况下,支付补价方,应当以换出资产的公允价值加上支付的补价(即换入资产的公允价值)和应支付的相关税费,作为换入资产的成本;换入资产成本与换出资产账面价值加支付的补价、应支付的相关税费之和的差额,应当计入当期损益。

收到补价方,应当以换入资产的公允价值(或换出资产的公允价值减去补价)和支付的相关税费,作为换入资产的成本;换入资产成本加收到的补价之和与换出资产账面价值加应支付的相关税费之和的差额,应当计入当期损益。

在涉及补价的情况下,对于支付补价方而言,作为补价的货币性资产构成换入资产所放弃对价的一部分,对于收到补价方而言,作为补价的货币性资产构成换入资产的一部分。

[例 9—2]　承[例 9—1],假定黄河股份有限公司以其生产的汽车(公允价值为 350 000 元,账面价值为 260 000 元)交换安远股份有限公司的一台设备,公允价值为 400 000 元,黄河公司另支付补价 50 000 元。该设备在安远公司的账面原价为 450 000 元,已提折旧 120 000 元。黄河公司换入该设备作为固定资产进行管理,换入过程中涉及的增值税进项税额可以抵扣。黄河公司支付银行存款 56 500 元。

在本例中,资产交换涉及补价,确定是否为非货币性资产交换:

黄河公司:支付补价 50 000 元÷换入资产公允价值 400 000 元=12.5%

安远公司:收到补价 50 000 元÷换出资产公允价值 400 000 元=12.5%

由于该项交易涉及的补价占交换资产公允价值的比例低于 25%,属于具有商业实质且公允价值能够可靠计量,又涉及补价的非货币性资产交换。

(1)黄河股份有限公司的会计处理如下:

借:固定资产——设备　　400 000
　应交税费——应交增值税(进项税额)　　52 000
　贷:主营业务收入　　350 000
　　应交税费——应交增值税(销项税额)　　45 500
　　银行存款　　56 500
借:主营业务成本　　260 000
　贷:库存商品——汽车　　260 000

(2)安远股份有限公司的会计处理如下:

借:固定资产清理　　330 000

累计折旧	120 000	
贷:固定资产——设备		450 000
借:固定资产——汽车	350 000	
应交税费——应交增值税(进项税额)	45 500	
银行存款	56 500	
贷:固定资产清理		330 000
应交税费——应交增值税(销项税额)		52 000
资产处置损益		70 000

(四)涉及多项资产的非货币性资产交换

在非货币性资产过程中,如果同时涉及多项资产,即企业以一项非货币性资产同时换入另一企业的多项非货币性资产,或同时以多项非货币性资产换入另一企业的一项非货币性资产,或以多项非货币性资产同时换入多项非货币性资产。涉及多项资产的非货币性资产交换,企业无法将换出的某一资产与换入的某一特定资产相对应。此外,还可能涉及补价;并且对资产计量时,会根据不同情况采用公允价值或账面价值进行计量。

具有商业实质且交换资产的公允价值能够可靠计量的非货币性资产交换,在同时换入多项资产的情况下,应当按照换入各项资产的公允价值占换入资产公允价值总额的比例,对换入资产的成本总额进行分配,确定各项换入资产的成本。

[例 9—3] 西京公司与高乐公司均为增值税一般纳税企业,其适用的增值税税率均为13%。西京公司为适应经营业务发展的需要,经与高乐公司协商,将公司原生产用的厂房、机床以及库存材料,与高乐公司办公楼、小轿车、客运大轿车交换(均作为固定资产核算)。西京公司换出厂房的账面原价为 15 000 000 元,已提折旧为 5 000 000 元,公允价值为 10 000 000 元;换出机床的账面原价为 1 200 000 元,已提折旧为 360 000 元,公允价值和计税价格均为 800 000 元;换出原材料的账面价值为 3 000 000 元,公允价值和计税价格均为 3 500 000 元。高乐公司换出办公楼的账面原价为 20 000 000 元,已提折旧为 10 000 000 元,公允价值为 11 000 000 元;换出小轿车的账面原价为 2 000 000 元,已提折旧为 900 000 元,公允价值和计税价格均为 900 000 元;客运大轿车的账面原价为 2 400 000 元,已提折旧为 800 000 元,公允价值和计税价格均为 2 000 000 元,另支付补价 400 000 元。支付银行存款 492 000 元。假定西京公司和高乐公司换出资产均未计提减值准备,不动产增值税税率 9%。

西京公司换入的高乐公司办公楼、小轿车和客运大轿车均作为固定资产核算。高乐公司换入的西京公司厂房、机床作为固定资产核算,换入的西京公司原材料作为库存原材料核算。

本例涉及收付货币性资产(补价),应当计算收到的货币性资产(补价)占换出资产公允价值的比例。即:

400 000÷(10 000 000+800 000+3 500 000)=2.8%<25%

可以认定该业务为非货币性资产交换。经分析交易具有商业实质,且公允价值能够可靠计量。

(1)根据上述经济业务,西京公司进行的会计处理如下:

第一步,计算换出资产的账面价值和公允价值:

换出资产的账面价值合计为 13 840 000 元,公允价值合计为 14 300 000 元。

第二步,计算换入资产总成本:

换入资产总成本＝换出资产公允价值－收到的补价＋应支付的相关税费

＝14 300 000－400 000＋0＝13 900 000(元)

第三步,计算换入各项资产的成本:

办公楼的成本＝13 900 000×11 000 000÷13 900 000

＝11 000 000(元)

小轿车的成本＝13 900 000×900 000÷13 900 000

＝900 000(元)

客运大轿车的成本＝13 900 000×2 000 000÷13 900 000

＝2 000 000(元)

第四步,账务处理:

借:固定资产清理	10 840 000	
累计折旧	5 360 000	
贷:固定资产——厂房		15 000 000
——机床		1 200 000
借:固定资产——办公楼	11 000 000	
——小轿车	900 000	
——客运大轿车	2 000 000	
应交税费——应交增值税(进项税额)	1 367 000	
银行存款	492 000	
资产处置损益	40 000	
贷:固定资产清理		10 840 000
其他业务收入		3 500 000
应交税费——应交增值税(销项税额)		1 459 000
借:其他业务成本	3 000 000	
贷:原材料		3 000 000

(2)根据上述经济业务,高乐公司进行的会计处理如下:

第一步,计算换出资产的账面价值和公允价值:

换出资产的账面价值合计为 12 700 000 元,公允价值合计为 13 900 000 元,支付补价 400 000 元。

第二步,计算换入资产总成本:

换入资产总成本＝换出资产公允价值＋支付的补价＋应支付的相关税费

＝13 900 000＋400 000＋0

＝14 300 000(元)

第三步,计算换入各项资产的成本:

厂房的成本＝14 300 000×10 000 000÷14 300 000

＝10 000 000(元)

机床的成本＝14 300 000×800 000÷14 300 000＝800 000 (元)

原材料的成本＝14 300 000×3 500 000÷14 300 000＝3 500 000(元)

第四步,账务处理:

借:固定资产清理	12 700 000	

累计折旧	11 700 000	
贷:固定资产——办公楼		20 000 000
——小轿车		2 000 000
——客运大轿车		2 400 000
借:固定资产——厂房	10 000 000	
——机床	800 000	
原材料	3 500 000	
应交税费——应交增值税(进项税额)	1 459 000	
贷:固定资产清理		12 700 000
应交税费——应交增值税(销项税额)		1 367 000
银行存款		492 000
资产处置损益		1 200 000

二、以换出资产账面价值计量的会计处理

(一)会计处理原则

如果非货币性资产交换不具有商业实质,换入资产的成本按照换出资产的账面价值加上应支付的相关税费确定,无论是否支付补价,均不确认损益。一般来讲,如果换入资产和换出资产的公允价值都不能可靠计量的,该项非货币性资产交换通常不具有商业实质。因为在这种情况下,很难比较两项资产产生的未来现金流量在风险、时间和金额方面的差异,很难判断两项资产交换后对企业经济状况改变所起的不同效用,因此这类交换通常不具有商业实质。

(二)不涉及补价的会计处理

在不具有商业实质的非货币性资产交换中,不涉及补价的,企业应当按换出资产的账面价值加上应支付的相关税费,作为换入资产成本。

(三)涉及补价的会计处理

不具有商业实质的非货币性资产交换中,在涉及补价的情况下,换入资产的入账价值应分别确定:

1. 支付补价方

支付补价方,按换出资产账面价值加上支付的补价和应支付的相关税费,作为换入资产的成本,不确认损益。

2. 收取补价方

收取补价方,按换出资产的账面价值,减去收到的补价加上应支付的相关税费,作为换入资产的成本,不确认损益。

[例 9—4] 万嘉公司拥有一台专有设备,该设备账面原价 300 万元,已计提折旧 220 万元,税务机关核定的增值税计税价格为 70 万元;科勒公司拥有一项长期股权投资,账面价值 60 万元,两项资产均未计提减值准备。万嘉公司决定以其专有设备交换科勒公司长期股权投资,该专有设备是生产某种产品必需的设备。由于专有设备系当时专门制造,性质特殊,其公允价值不能可靠计量;科勒公司拥有的长期股权投资在活跃市场中没有报价,其公允价值也不能可靠计量。双方商定,科勒公司以两项资产账面价值的差额为基础,支付万嘉公司 10 万元补价,增值税 9.1 万元。假定交易不考虑其他相关税费。

该项资产交换涉及收付货币性资产,即补价 10 万元。对万嘉公司而言,收到的补价 10 万

元÷换出资产账面价值 80 万元＝12.5%＜25%，因此，该项交换属于非货币性资产交换。科勒公司的情况也类似。由于两项资产的公允价值不能可靠计量，因此，万嘉公司和科勒公司换入资产的成本均应当按照换出资产的账面价值确定。

(1)万嘉公司的账务处理如下：

借：固定资产清理　800 000
　　累计折旧　2 200 000
　　贷：固定资产——专有设备　3 000 000
借：长期股权投资　700 000
　　银行存款　191 000
　　贷：固定资产清理　800 000
　　　　应交税费——应交增值税(销项税额)　91 000

(2)科勒公司的账务处理如下：

借：固定资产——专有设备　700 000
　　应交税费——应交增值税(进项税额)　91 000
　　贷：长期股权投资　600 000
　　　　银行存款　191 000

(四)涉及多项资产的非货币性资产交换

如果涉及多项资产的非货币性资产交换不具有商业实质，或者虽具有商业实质，但资产的公允价值不能可靠计量的，应当按照换入各项资产的原账面价值占换入资产原账面价值总额的比例，对换入资产的成本总额进行分配，确定各项换入资产的成本。

1. 不涉及补价

不涉及补价、涉及多项资产的非货币性资产交换不具有商业实质，或者虽具有商业实质，但交换涉及资产的公允价值不能可靠计量的，首先应当以换出资产的账面价值总额和应支付的相关税费作为换入资产的成本总额；其次应当按照各项换入资产的原账面价值占换入资产原账面价值总额的比例，对换入资产的成本总额进行分配，确定各项换入资产的成本。

2. 涉及补价

涉及补价且涉及多项资产的非货币性资产交换，不具有商业实质，或者虽具有商业实质，但交换涉及资产的公允价值不能可靠计量的，应当分别支付补价方和收取补价方进行处理。

对于支付补价方，首先应当计算确定该项交易是否为非货币性资产交换；其次应当以换出资产的账面价值总额和应支付的相关税费加上支付的补价作为换入资产的成本总额；最后应当按照各项换入资产的原账面价值占换入资产原账面价值总额的比例，对换入资产的成本总额进行分配，确定各项换入资产的成本。

对于收到补价方，首先应当计算确定该项交易是否为非货币性资产交换；其次应当以换出资产的账面价值总额和应支付的相关税费减去收到的补价作为换入资产的成本总额；最后应当按照各项换入资产的原账面价值占换入资产原账面价值总额的比例，对换入资产的成本总额进行分配，确定各项换入资产的成本。

本章小结

本章根据《企业会计准则第 7 号——非货币性资产交换》和《企业会计准则——应用指南》的相关规定，介绍了非货币性资产交换及其特征,具有商业实质且其公允价值能够可靠计量的非货币性资产交换换入资产成本的计量,涉及单项资产的非货币性资产交换、涉及多项资产的非货币性资产交换,不涉及补价的非货币性资产交换和涉及补价的非货币性资产交换的会计处理;不具有商业实质或者公允价值不能够可靠计量的非货币性资产交换换入资产成本的计量,涉及单项资产的非货币性资产交换、涉及多项资产的非货币性资产交换,不涉及补价的非货币性资产交换和涉及补价的非货币性资产交换的会计处理。

复习思考题

1. 举例说明哪些交易属于非货币性资产交换。
2. 货币性资产交换交易和非货币性资产交换交易主要有哪些区别?
3. 什么是商业实质? 判断是否具有商业实质的主要依据有哪些?
4. 具有商业实质且公允价值能够可靠计量的非货币性资产交换交易,换入资产的成本如何计量?
5. 具有商业实质但公允价值不能够可靠计量的非货币性资产交换交易,换入资产的成本如何计量?
6. 换入多项非货币性资产时,换入各项资产的成本应如何计量?

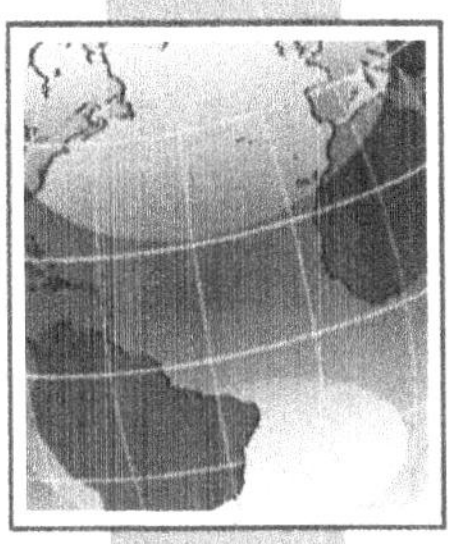

第十章 流动负债

【本章要点提示】

- 流动负债的内容。
- 应付职工薪酬的确认、计量和会计处理。
- 应交税费的计算和会计处理。
- 短期借款、应付票据、应付账款及其他流动负债的会计处理。

负债是指企业过去的交易或者事项形成的、预期会导致经济利益流出企业的现时义务。负债在资产负债表上按照流动负债和非流动负债列示。

流动负债是指将在一年(含一年)或者超过一年的一个营业周期内偿还的债务。流动负债主要包括短期借款、交易性金融负债、应付票据、应付账款、预收款项、应付职工薪酬、应交税费、应付利息、应付股利、其他应付款、一年内到期的非流动负债和其他流动负债等。

第一节　短期借款

一、短期借款的含义

短期借款是企业向银行或其他金融机构等借入的期限在一年以下(含一年)的各种借款。企业借入的短期借款,无论用于哪方面,只要借入了这笔资金,就构成了企业的一项负债。

二、短期借款的会计处理

企业为了核算短期借款的取得和偿还情况,应设置"短期借款"科目。本科目可按借款种类、贷款人和币种进行明细核算。

企业借入的各种短期借款,借记"银行存款"科目,贷记"短期借款"科目;归还借款时,作相反的会计分录。

资产负债表日,企业应按计算确定的短期借款利息费用,借记"财务费用"科目,贷记"银行存款"、"应付利息"等科目。

"短期借款"科目期末贷方余额,反映企业尚未偿还的短期借款。

第二节　以公允价值计量且其变动计入当期损益的金融负债

一、金融负债的含义

金融负债是负债的组成部分,主要包括短期借款、应付票据、应付债券、长期借款等。金融负债应按照企业会计准则中关于金融工具的确认和计量的规定进行会计处理。

企业应当结合自身业务特点和风险管理要求，将承担的金融负债在初始确认时分为以下两类：(1)以公允价值计量且其变动计入当期损益的金融负债；(2)其他金融负债。

其他金融负债是指没有划分为以公允价值计量且其变动计入当期损益的金融负债。通常情况下，包括企业购买商品或服务形成的应付账款、长期借款、商业银行吸收的客户存款等。

企业应当在成为金融工具合同的一方时确认金融资产或金融负债；在金融负债的现时义务全部或部分已经解除时，终止确认该金融负债或其一部分。

二、以公允价值计量且其变动计入当期损益的金融负债的确认和计量

以公允价值计量且其变动计入当期损益的金融负债，应按照公允价值进行初始计量和后续计量。其他金融负债应按照公允价值和相关交易费用作为初始确认金额，按照实际利率法计算确定的摊余成本进行后续计量(财务担保合同和贷款承诺除外)。

以公允价值计量且其变动计入当期损益的金融负债，包括交易性金融负债和直接指定为以公允价值计量且其变动计入当期损益的金融负债。

(一)交易性金融负债

满足下列条件之一的金融负债，应当划分为交易性金融负债：

(1)承担该金融负债的目的，主要是为了近期内回购。

(2)属于进行集中管理的可辨认金融工具组合的一部分，且有客观证据表明企业近期采用短期获利方式对该组合进行管理。在这种情况下，即使组合中有某个组成项目持有的期限稍长也不受影响。

(3)属于衍生工具。但是，被指定为有效套期工具的衍生工具、属于财务担保合同的衍生工具、与在活跃市场中没有报价且其公允价值不能可靠计量的权益工具投资挂钩并须通过交付该权益工具结算的衍生工具除外。其中财务担保合同是指保证人和债权人约定，当债务人不履行债务时，保证人按照约定履行债务或者承担责任的合同。

(二)直接指定为以公允价值计量且其变动计入当期损益的金融负债

通常情况下，对于混合工具以外的金融负债，只有能够产生更相关的会计信息时，才能将该项金融负债直接指定为以公允价值计量且其变动计入当期损益的金融负债。

符合下列条件之一的金融负债，说明直接指定能够产生更相关的会计信息，可以在初始确认时指定为以公允价值计量且其变动计入当期损益的金融负债：

(1)该指定可以消除或明显减少由于该金融负债的计量基础不同所导致的相关利得或损失在确认或计量方面不一致的情况。

设立这项条款，目的在于通过直接指定为以公允价值计量，并将其变动计入当期损益，以消除会计上可能存在的不配比现象。如金融资产可以直接指定为交易性金融资产，其公允价值的变动可计入当期损益，金融负债也可以直接指定为交易性金融负债，其公允价值变动可以计入当期损益，体现了会计的配比。

(2)企业风险管理或投资策略的正式书面文件已载明，该金融负债组合或该金融资产和金融负债组合，以公允价值为基础进行管理、评价并向关键管理人员报告。

三、以公允价值计量且其变动计入当期损益的金融负债的会计处理

企业通过设置“交易性金融负债”科目，核算企业承担的交易性金融负债的公允价值。本

科目可按交易性金融负债的类别，分别“本金”、“公允价值变动”等进行明细核算。“交易性金融负债”科目期末贷方余额，反映企业承担的交易性金融负债的公允价值。

(一)交易性金融负债的发生

企业承担的交易性金融负债，应按实际收到的金额，借记“银行存款”科目；按发生的交易费用，借记“投资收益”科目；按交易性金融负债的公允价值，贷记“交易性金融负债——本金”科目。

(二)交易性金融负债的计息

资产负债表日，按交易性金融负债票面利率计算的利息，借记“投资收益”科目，贷记“应付利息”科目。

(三)交易性金融负债价值的变动

资产负债表日，交易性金融负债的公允价值高于其账面余额的差额，借记“公允价值变动损益”科目，贷记“交易性金融负债——公允价值变动”科目；公允价值低于其账面余额的差额，作相反的会计分录。

(四)交易性金融负债的处置

企业处置交易性金融负债，应按该金融负债的账面余额，借记“交易性金融负债——本金、公允价值变动”科目；按实际支付的金额，贷记“银行存款”科目；按其差额，贷记或借记“投资收益”科目。同时，按该金融负债的公允价值变动，借记或贷记“公允价值变动损益”科目，贷记或借记“投资收益”科目。

第三节　应付票据

一、应付票据的含义

应付票据是指企业购买材料、商品和接受劳务供应等而开出、承兑的商业汇票，包括银行承兑汇票和商业承兑汇票。商业汇票按是否带息，分为带息商业汇票和不带息商业汇票两种。带息商业汇票有确定的票面利率，票据到期时除应支付票面金额外，还应按票面利率计算支付利息。

二、应付票据的会计处理

为了核算企业商业汇票的签发、承兑和支付情况，应设置“应付票据”科目。本科目可按债权人进行明细核算。“应付票据”科目期末贷方余额，反映企业尚未到期的商业汇票的票面金额。

企业应当设置“应付票据备查簿”，详细登记商业汇票的种类、号数和出票日期、到期日、票面金额、交易合同号和收款人姓名或单位名称以及付款日期和金额等资料。应付票据到期结清时，在备查簿中应予注销。

(一)带息应付票据的处理

应付票据如为带息票据，其票据的面值就是票据的现值，由于我国商业汇票的期限较短，因此，通常在资产负债表日，对尚未支付的应付票据计提利息，计入当期财务费用；票据到期支付票款时，尚未计提的利息部分，直接计入当期财务费用。

(二)不带息应付票据的处理

不带息应付票据，其面值就是票据到期时的应付金额。

不论企业应付票据是否带息，企业开出、承兑商业汇票或以承兑商业汇票抵付货款、应付账款等，应借记“材料采购”、“库存商品”、“应交税费”、“应付账款”等科目，贷记“应付票据”科目。

企业支付银行承兑汇票的手续费，借记“财务费用”科目，贷记“银行存款”科目。支付票款，借记“应付票据”科目，贷记“银行存款”科目。

企业开出并承兑的商业承兑汇票如果不能如期支付，应在票据到期时将“应付票据”的账面价值转入“应付账款”科目，待协商后再行处理。如果重新签发新的票据以清偿原应付票据的，再从“应付账款”科目转入“应付票据”科目。银行承兑汇票如果票据到期，企业无力支付到期票款，承兑银行除凭票向持票人无条件付款外，对出票人尚未支付的到期银行承兑汇票，在接到银行转来的“××号汇票无款支付转入逾期贷款户”等有关凭证时，借记“应付票据”科目，贷记“短期借款”科目。对计收的利息，按短期借款利息的处理方法处理。

[例 10－1] 某企业从利达公司购入材料一批，货款 400 000 元，增值税 52 000 元，当日签发并承兑一张为期 3 个月、面额为 452 000 元的不带息商业承兑汇票结算，材料已验收入库。编制会计分录如下：

(1)购入材料入库时：

借：原材料	400 000	
应交税费——应交增值税(进项税额)	52 000	
贷：应付票据——利达公司		452 000

(2)到期支付票款时：

借：应付票据——利达公司	452 000	
贷：银行存款		452 000

(3)如果上述汇票到期，企业暂时无力付款：

借：应付票据——利达公司	452 000	
贷：应付账款——利达公司		452 000

[例 10－2] 某公司从赛阳公司购入乙材料一批，货款 60 000 元，增值税 7 800 元，价税款当日签发并通过银行承兑一张为期 3 个月、面额为 67 800 元的带息银行承兑汇票结算。支付承兑手续费 34.8 元，其中，增值税 1.97 元，年利率 5%，材料已验收入库。编制会计分录如下：

(1)向银行申请承兑，支付承兑手续费：

借：财务费用——手续费	32.83	
应交税费——应交增值税(进项税额)	1.97	
贷：银行存款		34.8

(2)持商业汇票购材料：

借：原材料	60 000	
应交税费——应交增值税(进项税额)	7 800	
贷：应付票据——赛阳公司		67 800

(3)票据到期企业支付票据本息：

借：应付票据——赛阳公司	67 800	

财务费用——利息　847.5
　贷:银行存款　68 647.5

(4)若票据到期,企业无力付款,则由承兑银行承担付款责任,代其付款:
借:应付票据——银行承兑汇票(赛阳公司)　67 800
　财务费用——利息　847.5
　　贷:短期借款——逾期贷款　68 647.5

第四节　应付及预收款项

一、应付账款

应付账款是指企业因购买材料、商品和接受劳务等经营活动应支付的款项,是买卖双方在购销活动中取得物资与支付货款时间上不一致而产生的负债。

(一)应付账款的确认和计量

1. 应付账款的确认

应付账款入账时间的确定,应以与所购买物资所有权有关的风险和报酬已经转移或劳务已经接受为标志。在实际工作中,应区别情况处理:在货物和发票账单同时到达的情况下,应付账款一般待货物验收入库后,才按发票账单所列金额登记入账;在货物验收入库、发票账单未到的情况下,月内应付账款可暂不入账,待收到发票账单后再根据情况处理;月份终了仍未收到发票账单的,应暂估价入账,下月初用红字冲销,待以后收到发票账单时,再按具体情况处理。

2. 应付账款的计量

应付账款通常是在购销活动中由于取得物资与支付货款的时间不一致造成的,往往在短期内需付款,因此,应付账款应按发票记载的应付金额入账。

在存在购货折扣的情况下,应区别情况处理:若系商业折扣,购货方应根据发票价格,也就是按扣除了商业折扣以后的金额入账;若系现金折扣,应先按发票上记载的应付金额记账,即按不扣除折扣金额入账,待实际发生折扣时,再将折扣金额计入当期财务费用。现金折扣的这种处理方法,也称为总价法。

(二)应付账款的会计处理

企业为了核算和监督应付账款的发生及偿还情况,应设置"应付账款"科目。本科目应按债权人进行明细核算。"应付账款"科目期末贷方余额反映企业尚未支付的应付账款余额。

[例 10—3]　企业从康乐公司购甲材料一批,货款 90 000 元,增值税额 14 400 元,材料已验收入库,款项尚未支付。若在 10 天内付款,可享受 2%的现金折扣(协议约定按应付账款总额计算)。编制会计分录如下:

(1)材料验收入库时:
借:原材料　90 000
　应交税费——应交增值税(进项税额)　11 700
　　贷:应付账款——康乐公司　101 700

(2)企业在 10 天内向康乐公司付款时:
借:应付账款——康乐公司　101 700
　　贷:财务费用——现金折扣　2 034

银行存款　　99 666

(3)如果企业超过10天付款：

借：应付账款——康乐公司　　101 700

　贷：银行存款　　101 700

[例10-4]　某公司5月30日根据有关资料分配本月应付电费16 000元，其中基本生产车间产品生产用13 000元，车间照明用1 000元，厂部照明用2 000元。6月2日以存款支付上月应付电费16 000元，增值税2 080元。根据上述资料，编制会计分录如下：

(1)5月30日，分配应付电费：

借：生产成本——基本生产成本　　13 000

　制造费用　　1 000

　管理费用　　2 000

　贷：应付账款——供电局　　16 000

(2)6月2日，以存款支付应付电费：

借：应付账款——供电局　　16 000

　应交税费——应交增值税(进项税额)　　2 080

　贷：银行存款　　18 080

在实际工作中，往往是月内先付电费，月末分配电费。

二、预收账款

预收账款是买卖双方协议商定，由购货方预先支付一部分货款给供应方而发生的一项负债。这项负债，要用以后的商品、劳务等偿付。由于预收账款的期限较短，应于实际收到时确认为一项流动负债，并按照实际收到的金额计量。

在实务中，企业预收账款的核算，应视具体情况而定。如果企业的预收账款比较多，可设置“预收账款”科目单独反映；预收账款不多的企业，可不设“预收账款”科目，将预收的账款直接记入“应收账款”科目的贷方。

单独设置“预收账款”科目的企业，向购货单位预收的款项，借记“银行存款”等科目，贷记“预收账款”科目；销售实现时，按实现的收入，借记“预收账款”科目，贷记“主营业务收入”、“应交税费——应交增值税(销项税额)”等科目。购货单位补付的款项，借记“银行存款”科目，贷记“预收账款”科目；退回多付的款项时，作相反的会计处理。

第五节　应付职工薪酬

一、职工和职工薪酬

(一)职工

职工是指与企业订立劳动合同的所有人员，含全职、兼职和临时职工，也包括虽未与企业订立劳动合同但由企业正式任命的人员，如董事会成员、监事会成员等。

在企业的计划控制下，虽未与企业订立劳动合同或未由企业正式任命，但为其提供与职工类似服务的人员，也纳入职工范畴，如劳务用工合同人员。

(二)职工薪酬

职工薪酬，是指企业为获得职工提供的服务或解除劳动关系而给予的各种形式的报酬或补偿。企业提供给职工配偶、子女、受赡养人、已故员工遗属及其他受益人等的福利，也属于职工薪酬。职工薪酬主要包括短期薪酬、离职后福利、辞退福利和其他长期职工福利。

1. 短期薪酬

短期薪酬，是指企业在职工提供相关服务的年度报告期间结束后十二个月内需要全部予以支付的职工薪酬，因解除与职工的劳动关系给予的补偿除外。短期薪酬具体包括职工工资、奖金、津贴和补贴，职工福利费，医疗保险费和工伤保险费等社会保险费，住房公积金，工会经费和职工教育经费，短期带薪缺勤，短期利润分享计划，非货币性福利以及其他短期薪酬。

(1)职工工资、奖金、津贴和补贴

职工工资、奖金、津贴和补贴，是指按照国家统计局的规定构成工资总额的计时工资、计件工资、支付给职工的超额劳动报酬等的劳动报酬。

计时工资是指按照职工的计时工资标准和工作时间支付给职工的劳动报酬。实行结构工资制企业的计时工资包括基础工资和职务(或岗位)工资。

计件工资是指企业对职工已做工作按计件单价支付给职工的劳动报酬。计件工资分为个人计件工资和集体计件工资。

奖金是指支付给职工的超额劳动报酬和增收节支的劳动报酬，如生产奖、节约奖、劳动竞赛奖等。企业的短期奖金计划属于短期薪酬，长期奖金计划属于其他长期职工福利。

津贴是为了补偿职工特殊或额外的劳动消耗和因其他特殊原因支付给职工的劳动报酬，如保健津贴等；补贴是为了保证职工的工资水平不受物价变动的影响支付给职工的报酬，如物价补贴等。

(2)职工福利费

职工福利费，是指企业为职工提供的除职工工资、奖金、津贴和补贴，职工教育经费，社会保险费及住房公积金等以外的福利待遇支出，包括发放给职工或为职工支付的以下各项现金补贴和非货币性福利：一是为职工卫生保健、生活等发放或支付的各项现金补贴和非货币性福利，包括职工因工外地就医费用、职工疗养费用、防暑降温费等；二是企业尚未分离的内设福利部门所发生的设备、设施和人员费用；三是发放给在职职工的生活困难补助以及按照规定发生的其他职工福利支出，如丧葬补助费、抚恤费、职工异地安家费等。

(3)医疗保险费、工伤保险费和生育保险费等社会保险费

医疗保险费、工伤保险费和生育保险费等社会保险费，是指企业按照国家规定的基准和比例计算，向社会保险经办机构缴纳的医疗保险费、工伤保险费和生育保险费等社会保险费。

(4)住房公积金

住房公积金，是指企业按照国家《住房公积金管理条例》规定的基准和比例计算，向住房公积金的管理机构缴存的住房公积金。

(5)工会经费和职工教育经费

工会经费和职工教育经费，是指企业为了改善职工文化生活，为职工学习先进技术、提高文化水平和业务素质，用于开展工会活动和职工教育及职业技能培训等相关支出。

(6)短期带薪缺勤

短期带薪缺勤，是指企业支付工资或提供补偿的职工缺勤，包括年休假、病假、短期伤残、

婚假、产假、丧假、探亲假等。

(7)短期利润分享计划

短期利润分享计划,是指因职工提供服务而与职工达成的基于利润或其他经营成果提供薪酬的协议。长期利润分享计划属于其他长期职工福利。

(8)非货币性福利

非货币性福利,是指企业以自己生产的产品或外购商品发放给职工作为福利、企业提供给职工无偿使用自己拥有的资产或租赁资产供职工无偿使用等。

(9)其他短期薪酬

其他短期薪酬,是指除上述薪酬以外的其他为获得职工提供的服务而给予的短期薪酬。

2. 离职后福利

离职后福利,是指企业为获得职工提供的服务而在职工退休或与企业解除劳动关系后,提供的各种形式的报酬和福利,短期薪酬和辞退福利除外。

离职后福利计划,是指企业与职工就离职后福利达成的协议,或者企业为向职工提供离职后福利制定的规章或办法等。离职后福利计划按其特征可以分为设定提存计划和设定受益计划。其中,设定提存计划,是指向独立的基金缴存固定费用后,企业不再承担进一步支付义务的离职后福利计划;设定受益计划,是指除设定提存计划以外的离职后福利计划。

3. 辞退福利

辞退福利,是指企业在职工劳动合同到期之前解除与职工的劳动合同关系,或者为鼓励职工自愿接受裁减而给予职工的补偿。辞退福利主要包括:(1)职工劳动合同到期前,不论职工本人是否愿意,企业决定解除与职工的劳动关系而给予的补偿;(2)职工劳动合同到期前,为鼓励职工自愿接受裁减而给予的补偿,职工有权选择继续在职或接受补偿离职。

4. 其他长期职工福利

其他长期职工福利,是指除短期薪酬、离职后福利、辞退福利之外所有的职工薪酬,包括长期带薪缺勤、长期残疾福利、长期利润分享计划等。

上述内容为《企业会计准则第9号——职工薪酬》规范的内容,除此之外还有其他与获得职工提供的服务相关的支出,如股份支付,是指企业为获取职工和其他方服务而授予权益工具或者承担以权益工具为基础确定的负债的交易,适用《企业会计准则第11号——股份支付》的规定。

股份支付分为以权益结算的股份支付和以现金结算的股份支付,本节所指股份支付为以现金结算的股份支付,通过应付职工薪酬核算。

二、短期薪酬

企业应当在职工为其提供服务的会计期间,将实际发生的短期薪酬确认为负债,并计入当期损益,其他会计准则要求或允许计入资产成本的除外。

(一)货币性短期薪酬

职工的工资、奖金、津贴和补贴,大部分的职工福利费,医疗保险费、工伤保险费等社会保险费,住房公积金,工会经费和职工教育经费一般属于货币性短期薪酬。

企业应当根据职工提供服务情况和工资标准计算应计入职工薪酬的工资总额,按照受益对象计入当期损益或相关资产成本,借记"生产成本"、"制造费用"、"管理费用"等科目,贷记"应付职工薪酬"科目。发放时,借记"应付职工薪酬"科目,贷记"银行存款"等科目。企业发生的职工福利费，应当在实际发生时根据实际发生额计入当期损益或相关资产成本。

企业为职工缴纳的医疗保险费、工伤保险费等社会保险费和住房公积金，以及按规定提取的工会经费和职工教育经费，应当在职工为其提供服务的会计期间，根据规定的计提基础和计提比例计算确定相应的职工薪酬金额，并确认相关负债，按照受益对象计入当期损益或相关资产成本，借记“生产成本”、“制造费用”、“管理费用”等科目，贷记“应付职工薪酬”科目。

企业应设置“应付职工薪酬”科目，核算企业根据有关规定应付给职工的各种薪酬。本科目贷方反映应付职工薪酬的发生增加数，借方反映应付职工薪酬发放减少数，期末贷方余额反映企业应付未付的职工薪酬。

对于货币性短期薪酬，本科目按照“工资”、“职工福利”、“社会保险费”、“住房公积金”、“工会经费”、“职工教育经费”等进行明细核算。

1. 应付职工薪酬——工资

应付职工薪酬——工资，核算企业应付职工的工资总额。

随同工资一起支付给职工的福利性项目，不计入工资总额，直接记入“应付职工薪酬——职工福利”科目的借方。

工资核算的原始凭证是工资表。工资表一式三份，一份由劳动工资部门存查，一份由财会部门作为核算工资的原始凭证，一份裁成工资条发给职工个人。

为了反映企业职工工资总额的构成，便于进行工资结算的核算，企业应编制工资结算汇总表。工资结算汇总表应按照职工类别和工资总额构成项目分别反映。

工资的会计处理分为工资的结算、工资费用的分配和代扣款项的结算等内容。

(1)工资的结算

［例 10—5］ 莲花公司 11 月份的工资结算汇总表如表 10—1 所示。

表 10—1　　**工资结算汇总表**　　单位:元

项　目	应付职工薪酬							代扣款项	代扣个人所得税	实发工资
	计时工资	计件工资	奖金	津贴和补贴	加班加点工资	其他工资	合计			
生产人员	50 000	10 000	8 000	4 000	6 000	2 000	80 000	5 000	3 000	72 000
车间管理人员	3 000		1 000	500			4 500	500	100	3 900
企业管理人员	11 000		2 500	1 200			14 700	1 600	530	12 570
销售人员	2 000		1 000	300			3 300	200	70	3 030
在建工程人员	4 000		1 500	1 000			6 500	200	200	6 100
合　计	70 000	10 000	14 000	7 000	6 000	2 000	109 000	7 500	3 900	97 600

企业发放工资时，可发放现金，也可用银行存款发放，将工资输入职工工资卡。

［例 10—6］ 莲花公司 11 月份根据有关的工资结算业务，支付银行存款 97 600 元发放职工工资，结转代扣款 7 500 元，结转代扣个人所得税 3 900 元。编制会计分录如下：

借:应付职工薪酬——工资　　109 000

　贷:银行存款　　97 600

　　其他应付款　　7 500

　　应交税费——应交个人所得税　　3 900

(2)工资费用的分配

企业向职工发放的工资，于月末按照用途进行分配。按照权责发生制原则，企业当月分配的工资额，应为按照职工当月的出勤或产量记录计算的工资额，但是采用这种方法，月末计算职工工资的工作量很大，影响财务报表的及时报送。在企业各月工资总额相差不多的情况下，为了简化核算工作，也可以按照当月实际支付的工资额进行分配，也就是说，当月分配的工资额，为按照职工上月出勤或产量记录计算的工资额，采用这种方法，“应付职工薪酬——工资”科目月末没有余额。

企业进行工资费用分配时，生产车间职工工资应计入产品成本，其中生产工人的工资借记“生产成本”科目，车间管理人员的工资借记“制造费用”科目，管理部门人员的工资借记“管理费用”科目，销售人员的工资借记“销售费用”科目，在建工程、研发人员工资借记“在建工程”或“研发支出”科目；贷记“应付职工薪酬——工资”科目。

为了便于进行工资分配的总分类核算，企业应编制工资分配汇总表。

[例10—7] 莲花公司11月份的工资分配汇总表如表10—2(工资额按上月出勤和产量记录计算)所示。

表10—2 **工资分配汇总表** 单位：元

应借科目	生产人员	车间管理人员	企业管理人员	销售人员	在建工程人员	合　计
生产成本	80 000					80 000
制造费用		4 500				4 500
管理费用			14 700			14 700
销售费用				3 300		3 300
在建工程					6 500	6 500
合　计	80 000	4 500	14 700	3 300	6 500	109 000

根据工资分配汇总表，编制会计分录如下：

借：生产成本　80 000
　制造费用　4 500
　管理费用　14 700
　销售费用　3 300
　在建工程　6 500
　贷：应付职工薪酬——工资　109 000

2. 应付职工薪酬——职工福利

企业根据工资总额的一定比例计提职工福利费，应借记“生产成本”、“制造费用”、“管理费用”、“销售费用”、“在建工程”、“研发支出”等科目，贷记“应付职工薪酬——职工福利”科目。

[例10—8] 以[例10—7]资料为例，莲花公司根据以前期间发生的职工福利费情况，预计应承担的职工福利费义务金额为工资总额的2%。计提职工福利时，编制会计分录如下：

借：生产成本　1 600
　制造费用　90
　管理费用　294
　销售费用　66

在建工程　　130

贷:应付职工薪酬——职工福利　　2 180

企业提取的应付职工薪酬——职工福利,用于补助职工食堂、职工生活困难补助等企业为职工提供的福利方面的支出。发生应付职工薪酬支出时,应借记“应付职工薪酬——职工福利”科目,贷记有关科目。

3. 应付职工薪酬——社会保险费

企业计提医疗保险费、工伤保险费等社会保险费,按照国务院、所在地政府规定的计提基础和计提比例计算当期应付职工薪酬。计提时,借记相关资产成本或当期损益科目,贷记“应付职工薪酬——社会保险费”科目。

企业按照国家有关规定缴纳社会保险费时,借记“应付职工薪酬——社会保险费”科目,贷记“银行存款”科目。

4. 应付职工薪酬——住房公积金

企业计提住房公积金,根据国家规定按照工资总额6%～12%的比例计提。计提时,借记相关资产成本或当期损益科目,贷记“应付职工薪酬——住房公积金”科目。

企业按照国家有关规定缴纳住房公积金时,借记“应付职工薪酬——住房公积金”科目,贷记“银行存款”科目。

5. 应付职工薪酬的工会经费和职工教育经费

根据国家规定,企业按照工资总额的2%计提工会经费,按照工资总额的1.5%计提职工教育经费。从业人员技术要求高、培训任务重、经济效益好的企业,可根据国家相关规定,按照职工工资总额的2.5%计提职工教育经费。计提时,记入相关资产成本或当期损益科目借方,贷记“应付职工薪酬——工会经费”或“应付职工薪酬——职工教育经费”科目。

企业支付工会经费时,借记“应付职工薪酬——工会经费”科目,贷记“银行存款”科目;支付职工教育经费时,借记“应付职工薪酬——职工教育经费”科目,贷记“银行存款”科目。

(二)带薪缺勤

带薪缺勤应当根据其性质及其职工享有的权利,分为累积带薪缺勤和非累积带薪缺勤两类。

1. 累积带薪缺勤及其会计处理

累积带薪缺勤,是指带薪权利可以结转下期的带薪缺勤,本期尚未用完的带薪缺勤权利可以在未来期间使用。企业应当在职工提供了服务从而增加了其未来享有的带薪缺勤权利时,确认与累积带薪缺勤相关的职工薪酬,并以累积未行使权利而增加的预期支付金额计量。

有些累积带薪缺勤在职工离开企业时,对于未行使的权利,职工有权获得现金支付。职工在离开企业时能够获得现金支付的,企业应当确认企业必须支付的、职工全部累积未使用权利的金额。企业应当根据资产负债表日因累积未使用权利而导致的预期支付的追加金额,作为累积带薪缺勤费用进行预计。

[例10—9]　旺利公司共有1 000名职工,从2018年1月1日起,实行累积带薪缺勤制度。该制度规定,每个职工每年可享受5个工作日带薪年休假,未使用的年休假只能向后结转一个日历年度,超过1年未使用的权利作废,不能在职工离开公司时获得现金支付;职工休年休假是以后进先出为基础,即首先使用当年可享受的权利,不足部分再从上年结转的带薪年休假中扣除。

2018年12月31日,每个职工当年平均未使用带薪年休假为2天。旺利公司预计2019

年有 950 名职工将享受不超过 5 天的带薪年休假，剩余 50 名职工每人将平均享受 6 天半年休假，假定这 50 名职工全部为总部管理人员，该公司平均每名职工每个工作日工资为 400 元。

分析：旺利公司职工 2018 年已休带薪年休假的，由于在休假期间照发工资，因此相应的薪酬已经计入公司每月确认的薪酬金额中。与此同时，公司还需要预计职工 2018 年享有但尚未使用的、预期将在下一年度使用的累积带薪缺勤，并计入当期损益或者相关资产成本。在本例中，旺利公司在 2018 年 12 月 31 日预计由于职工累积未使用的带薪年休假权利而导致预期将支付的工资负债，即为 75 天(50×1.5 天)的年休假工资金额 30 000 元(75×400)，并作如下账务处理：

借：管理费用　　30 000
　　贷：应付职工薪酬——累积带薪缺勤　　30 000

2019 年如果 40 名职工享受了累积带薪缺勤，企业随工资发放累积带薪缺勤。

借：应付职工薪酬——累积带薪缺勤　　24 000
　　贷：银行存款　　24 000

另外 10 名职工未享受累积未使用的带薪年休假，则冲回上年度确认的费用。

借：应付职工薪酬——累积带薪缺勤　　6 000
　　贷：管理费用　　6 000

2. 非累积带薪缺勤及其会计处理

非累积带薪缺勤，是指带薪权利不能结转下期的带薪缺勤，本期尚未用完的带薪缺勤权利将予以取消，并且职工离开企业时也无权获得现金支付。我国企业职工休婚假、产假、丧假、探亲假、病假期间的工资通常属于非累积带薪缺勤。由于职工提供服务本身不能增加其能够享受的福利金额，企业在职工未缺勤时不应当计提相关费用和负债。企业应当在职工实际发生缺勤的会计期间确认与非累积带薪缺勤相关的职工薪酬。企业确认职工享有的与非累积带薪缺勤权利相关的薪酬，视同职工出勤确认的当期损益或相关资产成本。通常情况下，与非累积带薪缺勤相关的职工薪酬已经包括在企业每期向职工发放的工资等薪酬中，因此，不必额外作相应的账务处理。

(三)短期利润分享计划

企业制订短期利润分享计划的，如当职工完成规定业绩指标，或者在企业工作了特定期限后，能够享有按照企业净利润的一定比例计算的薪酬，企业应当按照准则的规定，进行有关会计处理。

短期利润分享计划同时满足下列条件的，企业应当确认相关的应付职工薪酬，并计入当期损益或相关资产成本：

(1)企业因过去事项导致现在具有支付职工薪酬的法定义务或推定义务；

(2)因利润分享计划所产生的应付职工薪酬义务能够可靠估计。

属于下列三种情形之一的，视为义务金额能够可靠估计：在财务报告批准报出之前企业已确定应支付的薪酬金额；该利润分享计划的正式条款中包括确定薪酬金额的方式；过去的惯例为企业确定推定义务金额提供了明显证据。

企业根据经营业绩或职工贡献等情况提取的奖金，属于奖金计划，应当比照短期利润分享计划进行。

企业在计量利润分享计划产生的应付职工薪酬时，应当反映职工因离职而没有得到利润分享计划支付的可能性。如果企业预期在职工为其提供相关服务的年度报告期间结束后十二个月内，不需要全部支付利润分享计划产生的应付职工薪酬，该利润分享计划应当适用其他长期职工福利的有关规定。

［例 10－10］ 科勒公司于 2019 年初制订和实施了一项短期利润分享计划，以对公司管理层进行激励。该计划规定，公司全年的净利润指标为 1 000 万元，如果在公司管理层的努力下完成的净利润超过 1 000 万元，公司管理层将可以分享超过 1 000 万元净利润部分的 10％作为额外报酬。假定至 2019 年 12 月 31 日，科勒公司全年实际完成净利润 1 500 万元。假定不考虑离职等其他因素，则科勒公司管理层按利润分享计划可以分享利润 50 万元［(1 500－1 000)×10％］作为其额外的薪酬。科勒公司 2019 年 12 月 31 日的相关账务处理如下：

借：管理费用　　500 000
　贷：应付职工薪酬——利润分享计划　　500 000

（四）非货币性福利

企业向职工提供非货币性福利的，应当按照公允价值计量。公允价值不能可靠取得，可以采用成本计量。

企业向职工提供的非货币性福利，应当分别情况处理。

1. 以自产产品或外购商品发放给职工作为福利

企业以其生产的产品作为非货币性福利提供给职工的，应当按照该产品的公允价值和相关税费，计量应计入成本费用的职工薪酬金额，相关收入的确认、销售成本的结转和相关税费的处理与正常商品销售相同。以外购商品作为非货币性福利提供给职工的，应当按照该商品的公允价值和相关税费计入成本费用。

值得注意的是，在以自产产品或外购商品发放给职工作为福利的情况下，企业在进行账务处理时，应当先通过"应付职工薪酬"科目归集当期应计入成本费用的非货币性薪酬金额。

［例 10－11］ 甲公司是一家洗衣机生产企业，有职工 200 名，其中一线生产工人为 180 名，总部管理人员为 20 名。2019 年 5 月，公司决定以其生产的洗衣机作为福利发给职工。该洗衣机单位成本为 2 000 元，单位计税价格（公允价值）为 3 000 元，适用的增值税税率为 13％。

根据上述经济业务，甲公司作如下账务处理：

(1)决定发放非货币性福利时：

借：生产成本　　610 200
　　管理费用　　67 800
　贷：应付职工薪酬——非货币性福利　　678 000

计入生产成本的金额＝180×3 000×(1＋13％)＝610 200(元)

计入管理费用的金额＝20×3 000×(1＋13％)＝67 800(元)

(2)实际发放非货币性福利时：

借：应付职工薪酬——非货币性福利　　678 000
　贷：主营业务收入　　600 000
　　　应交税费——应交增值税(销项税额)　　78 000

应交的增值税销项税额＝200×3 000×13％＝78 000(元)

借：主营业务成本　　400 000
　贷：库存商品　　400 000

2. 将拥有的房屋等资产无偿提供给职工使用

企业将拥有的房屋等资产无偿提供给职工使用的，应当根据受益对象，将该资产每期应计提的折旧计入相关资产成本或当期损益，同时确认应付职工薪酬。

[例 10－12] 甲公司决定为企业的部门经理提供自建单位宿舍免费使用，同时为每位副总裁租赁一套住房免费使用。甲公司部门经理共有 20 名，副总裁共有 5 名。假定每间单位宿舍月折旧额为 1 000 元，每套住房月租金为 6 000 元。

甲公司每月所作的账务处理如下：

借：管理费用	50 000	
贷：应付职工薪酬——非货币性福利		50 000
借：应付职工薪酬——非货币性福利	50 000	
贷：累计折旧		20 000
其他应付款		30 000

三、离职后福利

离职后福利，是指企业为获得职工提供的服务而在职工退休或与企业解除劳动关系后，提供的各种形式的报酬和福利，短期薪酬和辞退福利除外。离职后福利，包括退休福利（如养老金和一次性的退休支付）及其他离职后福利（如离职后人寿保险和离职后医疗保障）。企业提供此类福利，无论其是否设立了一个单独的主体来接受提存金和支付福利，均要求对离职后福利进行会计处理。

职工的离职后福利，如在正常退休时获得的养老金，是其与企业签订的劳动合同到期时，或者职工达到了国家规定的退休年龄时获得的离职后生活补偿金额，此种情况下给予补偿的事项是职工在职时提供的服务而不是退休本身，因此，企业应当在职工提供服务的会计期间进行确认和计量。

离职后福利计划，是指企业与职工就离职后福利达成的协议，或者企业为向职工提供离职后福利制定的规章或办法等。企业应当将离职后福利计划分类为设定提存计划和设定受益计划两种类型。

（一）设定提存计划

设定提存计划，是指企业向单独主体（如基金等）缴存固定费用后，不再承担进一步支付义务的离职后福利计划（如职工缴纳的养老、失业保险）。

设定提存计划的会计处理比较简单，因为企业在每一期间的义务取决于该期间将要提存的金额。因此，在计量义务或费用时不需要精算假设，通常也不存在精算利得或损失。

企业应在资产负债表日确认为换取职工在会计期间内为企业提供的服务而应付给设定提存计划的提存金，确认为职工薪酬负债，并计入当期损益或相关资产成本。

（二）设定受益计划

设定受益计划，是指除设定提存计划以外的离职后福利计划。两者的区分取决于计划的主要条款和条件所包含的经济实质。在设定提存计划下，企业的法定义务是以企业同意向基金的缴存额为限，职工所取得的离职后福利金额取决于向离职后福利计划或保险公司支付的提存金金额，以及提存金所产生的投资回报，从而精算风险（即福利将少于预期）和投资风险（即投资的资产将不足以支付预期的福利）实质上要由职工来承担。在设定受益计划下，企业的义务是为现在及以前的职工提供约定的福利，并且精算风险和投资风险实质上由企业来承担，因此，如果精算或者投资的实际结果比预期差，则企业的义务可能会增加。

当企业通过以下方式负有法定义务时，该计划就是一项设定受益计划：

第一，计划福利公式不仅仅与提存金金额相关，且要求企业在资产不足以满足该公式的福利时提供进一步的提存金；

第二，通过计划间接地或直接地对提存金的特定回报作出担保。

设定受益计划核算涉及四个步骤：

步骤一：确定设定受益计划义务的现值和当期服务成本。

企业应当通过下列两步确定设定受益计划义务的现值和当期服务成本。

(1)根据预期累计福利单位法，采用无偏且相互一致的精算假设对有关人口统计变量(如职工离职率和死亡率)和财务变量(如未来薪金和医疗费用的增加)等作出估计，计量设定受益计划所产生的义务，并确定相关义务的归属期间。

(2)根据资产负债表日与设定受益计划义务期限和币种相匹配的国债或活跃市场上的高质量公司债券的市场收益率确定折现率，将设定受益计划所产生的义务予以折现，以确定设定受益计划义务的现值和当期服务成本。

设定受益计划义务的现值，是指企业在不扣除任何计划资产的情况下，为履行当期和以前期间职工服务产生的义务，所需的预期未来支付额的现值。

企业应当通过预期累计福利单位法确定其设定受益计划义务的现值、相关的当期服务成本和过去服务成本。根据预期累计福利单位法，职工每提供一个期间的服务，就会增加一个单位的福利权利，企业应当对每一单位的福利权利进行单独计量，并将所有的单位福利权利累计形成最终义务。企业应当将福利归属于提供设定受益计划的义务发生的期间。

企业在确定设定受益计划义务的现值、当期服务成本以及过去服务成本时，应当根据预期累计福利单位法确定的公式将设定受益计划产生的福利义务归属于职工提供服务的期间，并计入当期损益或相关资产成本。

精算假设，是指企业对确定离职后福利最终义务的各种变量的最佳估计。精算假设应当是客观公正和相互可比的、无偏且相互一致的。精算假设包括人口统计假设和财务假设。人口统计假设包括死亡率、职工的离职率、伤残率、提前退休率等。财务假设包括折现率、福利水平和未来薪酬等。

步骤二：确定设定受益计划净负债或净资产。

设定受益计划存在资产的，企业应当将设定受益计划义务的现值减去设定受益计划资产公允价值所形成的赤字或盈余确认为一项设定受益计划净负债或净资产。

设定受益计划存在盈余的，企业应当以设定受益计划的盈余和资产上限两项的孰低者计量设定受益计划净资产。其中，资产上限是指企业可从设定受益计划退款或减少未来对设定受益计划缴存资金而获得的经济利益的现值。

计划资产包括长期职工福利基金持有的资产以及符合条件的保险单，不包括企业应付但未付给基金的提存金以及由企业发行并由基金持有的任何不可转换的金融工具。

步骤三：确定应当计入当期损益的金额。

报告期末，企业应当在损益中确认的设定受益计划产生的职工薪酬成本包括服务成本、设定受益计划净负债或净资产的利息净额。服务成本包括当期服务成本、过去服务成本和结算利得或损失。

(1)当期服务成本，是指因职工当期服务导致的设定受益计划义务现值的增加额。

(2)过去服务成本，是指设定受益计划修改所导致的与以前期间职工服务相关的设定受益计划义务现值的增加或减少。

(3)结算利得和损失。

步骤四：确定应当计入其他综合收益的金额。

企业应当将重新计量设定受益计划净负债或净资产所产生的变动计入其他综合收益，并且在后续会计期间不允许转回至损益，但企业可以在权益范围内转移这些在其他综合收益中确认的金额。

重新计量设定受益计划净负债或净资产所产生的变动包括下列部分：

(1)精算利得或损失，即由于精算假设和经验调整导致之前所计量的设定受益计划义务现值的增加或减少。

(2)计划资产回报，扣除包括在设定受益计划净负债或净资产的利息净额中的金额。计划资产回报，指计划资产产生的利息、股利和其他收入，以及计划资产已实现和未实现的利得或损失。

(3)资产上限影响的变动，扣除包括在设定受益计划净负债或净资产的利息净额中的金额。

[例 10－13] 2018 年 1 月 1 日，甲企业设定为部分员工提供统筹外的福利，每年额外 10 万元，符合计划的 10 人，平均 50 岁，退休前无人离职，60 岁退休，假定平均寿命 70 岁，折现率 10%。

计算设定受益计划负债＝100×6.14＝614(万元)

每年服务成本＝61.4(万元)

第一年(2018 年)确认服务成本＝$61.4/(1+10\%)^{9}$＝61.4×0.424 1＝26(万元)

借：管理费用　　260 000

　　贷：应付职工薪酬——设定受益计划　　260 000

第二年(2019 年)确认服务成本＝$61.4/(1+10\%)^{8}$＝61.4×0.466 5＝28.64(万元)

借：管理费用　　286 400

　　贷：应付职工薪酬——设定受益计划　　286 400

并计提第一年利息：

借：财务费用　　26 000

　　贷：应付职工薪酬——设定受益计划　　26 000

以后年份类推。

重新计量设定受益计划影响其他综合收益，形成不能重分类进损益的其他综合收益。

四、辞退福利

辞退福利通常采用在解除劳动关系时一次性支付补偿的方式，也有通过提高退休后养老金或其他离职后福利的标准，或者将职工工资支付至辞退后未来某一期间的方式。

企业应当根据应付职工薪酬——辞退福利的确认条件，严格按照辞退计划条款的规定，合理预计并确认辞退福利，确认因解除与职工的劳动关系给予补偿而产生的预计负债，同时计入当期管理费用。

对于职工没有选择权的辞退计划，应当根据辞退计划条款规定的拟解除劳动关系的职工数量、每一职工的辞退补偿标准等，确认应付职工薪酬。企业对于职工自愿接受裁减的建议，应当预计将会接受裁减建议的职工数量，根据预计的职工数量和每一职位的辞退补偿标准，确认应付职工薪酬。

［例 10—14］ 乙公司主要从事家用电器的生产和销售。2018 年 11 月，乙公司为在 2019 年顺利实施转产，公司管理层制定了一项辞退计划，规定自 2019 年 1 月 1 日起，以职工自愿方式，辞退停产电器原生产车间职工。辞退计划的详细内容包括拟辞退职工所在部门、数量、各级别职工能够获得补偿标准以及计划实施时间等均已与职工协商一致。该辞退计划已于 2018 年 12 月 15 日经公司董事会正式批准，并将在 2019 年实施完毕。辞退计划的有关内容见表 10—3。

表 10—3　　乙公司辞退计划一览表

职　位	拟辞退数量	工龄(年)	补偿标准(元/人)
车间主任	10	1～10	100 000
		10～20	200 000
		20～30	300 000
高级技工	50	1～10	80 000
		10～20	180 000
		20～30	280 000
一级技工	100	1～10	50 000
		10～20	150 000
		20～30	250 000
合　计	160		

2018 年 12 月 31 日，乙公司根据表 10—3 的资料，预计停产电器原生产车间职工接受辞退数量的最佳估计数及应支付的补偿金额见表 10—4。

表 10—4　　乙公司家用电器生产车间职工接受辞退及补偿金额一览表

职　位	拟辞退数量	工龄(年)	接受辞退计划职工人数	每人补偿标准(元)	补偿金额(元)
车间主任	10	1～10	5	100 000	500 000
		10～20	2	200 000	400 000
		20～30	1	300 000	300 000
高级技工	50	1～10	20	80 000	1 600 000
		10～20	10	180 000	1 800 000
		20～30	5	280 000	1 400 000
一级技工	100	1～10	50	50 000	2 500 000
		10～20	20	150 000	3 000 000
		20～30	10	250 000	2 500 000
合计	160		123		14 000 000

按照或有事项有关计算最佳估计数的方法，预计接受辞退的职工数量可以根据最可能发生的数量确定，也可以采取按照各种发生数量及其发生概率计算确定。根据表10—4的资料，乙公司愿意接受辞退职工的最可能数量为123名，预计补偿总额为1 400万元，则公司在2018年（辞退计划在2018年12月15日由董事会批准）应作如下的账务处理：

借：管理费用　　14 000 000

　贷：应付职工薪酬——辞退福利　　14 000 000

五、其他长期职工福利

其他长期职工福利，是指除短期薪酬、离职后福利和辞退福利以外的其他所有职工福利。其他长期职工福利包括以下各项（假设预计在职工提供相关服务的年度报告期末以后12个月内不会全部结算）：长期带薪缺勤、其他长期服务福利、长期残疾福利、长期利润分享计划和长期奖金计划以及递延酬劳等。

企业向职工提供的其他长期职工福利，符合设定提存计划条件的，应当按照设定提存计划的有关规定进行会计处理；符合设定受益计划条件的，企业应当按照设定受益计划的有关规定，确认和计量其他长期职工福利净负债或净资产。在报告期末，企业应当将其他长期职工福利产生的职工薪酬成本确认为下列组成部分：

(1)服务成本；

(2)其他长期职工福利净负债或净资产的利息净额；

(3)重新计量其他长期职工福利净负债或净资产所产生的变动。

为了简化相关会计处理，上述项目的总净额应计入当期损益或相关资产成本。

长期残疾福利水平取决于职工提供服务期间长短的，企业应在职工提供服务的期间确认应付长期残疾福利义务，计量时应当考虑长期残疾福利支付的可能性和预期支付的期限；与职工提供服务期间长短无关的，企业应当在导致职工长期残疾的事件发生的当期确认应付长期残疾福利义务。

递延酬劳包括按比例分期支付或者经常性定额支付的递延奖金等。这类福利应当按照奖金计划的福利公式来对费用进行确认，或者按照直线法在相应的服务期间分摊确认。如果一个企业内部为其长期奖金计划或者递延酬劳设立一个账户，则这样其他长期职工福利不符合设定提存计划的条件。

六、以现金结算的股份支付

应付职工薪酬——股份支付核算企业以现金结算的股份支付，以现金结算的股份支付，应当按照企业承担的以股份或其他权益工具为基础计算确定的负债的公允价值计量，分别不同情况进行处理。

(一)授予后立即可以行权

授予后立即可以行权的，应当在授予日以企业承担负债的公允价值计入相关成本或费用，相应增加负债。

(二)授予后不能立即行权

授予后不能立即行权，完成等待期内的服务或达到规定业绩条件以后才可以行权的，在权益的授予日不作会计处理。

在等待期内的每一个资产负债表日，应当以对可行权情况的最佳估计为基础，按照企业承担负债的公允价值金额，按当期取得的服务计算应计入当期成本或费用的金额，并增加相应的负债，在资产负债表日，后续信息表明企业当期承担负债的公允价值与以前估计不同的，应当进行调整，并在可行权日调整至实际可行权日水平。

对于现金结算的股份支付，企业在可行权日之后不再确认由服务引起的成本费用增加，但负债公允价值变动的增加应计入当期损益（公允价值变动损益）。

［例 10－15］ 2018 年 1 月 1 日，C 上市公司确定公司高级管理人员的奖励机制为：如果公司达到了一定的业绩，公司将支付与公司股票价格 5 万股等值的现金奖励，公司现行股票价格为 3 元/股，预计公司会在 2019 年实现规定的业绩。2019 年 6 月底，公司业绩就达到了规定，公司按承诺对高级管理人员进行奖励。2018 年底，该公司股票的市场价格为 3.5 元/股，2019 年 6 月底，股票价格为 4 元/股。

公司的上述经济业务，由于股份支付存在行权条件，在授予日不作会计处理。等待期为 2018 年初至 2019 年底的两年时间。

公司所作会计处理如下：

（1）等待期中 2018 年 12 月 31 日：

借：管理费用　　87 500（50 000×3.5×1/2）

　　贷：应付职工薪酬——股份支付　　87 500

（2）可行权日 2019 年 6 月 30 日：

实际行权成本＝50 000×4＝200 000（元）

借：管理费用　　112 500（200 000－87 500）

　　贷：应付职工薪酬——股份支付　　112 500

（3）实际支付奖励：

借：应付职工薪酬——股份支付　　200 000

　　贷：银行存款　　200 000

［例 10－16］ 丙公司于 2016 年 1 月 1 日，经股东大会批准，公司为其 200 名中层以上管理人员每人授予 100 份现金股票增值权，条件是自 2016 年 1 月 1 日起必须在公司连续服务 3 年，即可自 2018 年 12 月 31 日起根据股价增长幅度获得现金，该增值权应在 2020 年 12 月 31 日之前行使完毕。丙公司估计，该增值权在负债结算之前每一资产负债表日以及结算日的公允价值和可行权后的每股增值权现金支出额如表 10－5 所示。

表 10－5　　丙公司现金股票增值权的公允价值及现金支出表

年　份	公允价值	支付现金
2016	14	
2017	15	
2018	18	16
2019	21	20
2020		25

第一年有 20 名管理人员离开公司，公司估计 3 年中还有 15 名管理人员离开；第二年又有 10 名管理人员离开，估计还有 10 名管理人员离开；第三年又有 15 名管理人员离开；第三年年末，有 70 人行使股票增值权获得了现金；第四年年末，有 50 人行使股票增值权；第五年年末，

剩余35人全部行使股票增值权。

根据上述资料，丙公司计算各期应确认的应付职工薪酬和计入当期损益的金额，如表10—6所示。

表10—6　应付职工薪酬和计入损益金额一览表

年份	应付职工薪酬——股份支付 期末贷方余额计算 (1)	支付现金(股份支付本期借方发生额) (2)	当期损益 (股份支付本期贷方发生额) (3)=(1)—上期(1)+(2)
2016	(200—35)×100×14×1/3=77 000		77 000
2017	(200—40)×100×15×2/3=160 000		83 000
2018	(200—45—70)×100×18=153 000	70×100×16=112 000	105 000
2019	(200—45—70—50)×100×21=73 500	50×100×20=100 000	20 500
2020	73 500—73 500=0	35×100×25=87 500	14 000
总额		299 500	299 500

根据表10—6的资料，丙公司应作会计处理如下：

(1)2016年1月1日，不作处理。

(2)2016年12月31日：

借：管理费用　　77 000

　　贷：应付职工薪酬——股份支付　　77 000

(3)2017年12月31日：

借：管理费用　　83 000

　　贷：应付职工薪酬——股份支付　　83 000

(4)2018年12月31日：

借：应付职工薪酬——股份支付　　112 000

　　贷：银行存款　　112 000

借：管理费用　　105 000

　　贷：应付职工薪酬——股份支付　　105 000

(5)2019年12月31日：

借：应付职工薪酬——股份支付　　100 000

　　贷：银行存款　　100 000

借：公允价值变动损益　　20 500

　　贷：应付职工薪酬——股份支付　　20 500

(6)2020年12月31日：

借：应付职工薪酬——股份支付　　87 500

　　贷：银行存款　　87 500

借：公允价值变动损益　　14 000

　　贷：应付职工薪酬——股份支付　　14 000

第六节　应交税费

应交税费是企业根据我国税收法律制度的规定，应向国家缴纳的各种税金和向相关部门缴纳的附加费。目前企业向国家缴纳的税金主要有增值税、消费税、城市维护建设税、资源税、土地增值税、房产税、土地使用税、车船税、耕地占用税、企业所得税、代扣个人所得税等税金以及附加费。由于各种税金的计税基础和计税方法不相同，会计处理方法也不完全一样。

一、应交增值税

（一）增值税及其征税范围

增值税是以商品和劳务在流转过程中产生的增值额作为征税对象而征收的一种流转税。

按照《增值税暂行条例》和营改增的规定，在中华人民共和国境内销售货物、提供应税劳务、提供应税服务以及进口货物都属于增值税的征税范围。

（二）增值税的纳税人

增值税的纳税人包括凡在我国境内销售货物、提供应税劳务、提供应税服务以及进口货物的单位和个人。

我国由于征税管理的需要，将纳税人分为一般纳税人和小规模纳税人。小规模纳税人是指年销售额在规定标准以下，并且会计核算不健全，不能按规定报送有关税务资料的增值税纳税人。会计核算不健全是指不能正确核算增值税的销项税额、进项税额和应纳税额。小规模纳税人的认定标准是年应税销售额在500万元(含)以下的。

年应税销售额超过小规模纳税人标准的个人按小规模纳税人纳税。非企业性单位，不经常发生应税行为的企业可选择按小规模纳税人纳税。

一般纳税人是指年应税销售额超过上述规定小规模纳税人标准的企业和企业性单位。

（三）增值税的税率

增值税的税率是增值税税额与课税依据之间的比例，增值税采用比例税率，依据中性和简便原则设计，分为基本税率13%、低税率9%和6%以及零税率。

我国实施营业税改征增值税后，交通运输业、邮政业和电信业、销售不动产以及转让土地使用权税率9%，服务业税率6%(有形动产租赁税率13%)。

另外，增值税条例规定，一般纳税人购进免税农产品按10%或9%的扣除率计算进项税额。

小规模纳税人按照3%的征收率计算应纳税额。

（四）增值税应纳税额的计算

一般纳税人应纳税额为：

$$当期应纳税额=当期销项税额-当期进项税额$$

小规模纳税人应纳税额为：

$$应纳税额=销售额\times征收率$$

（五）应交增值税核算的科目

为了核算企业应交增值税的发生、抵扣、交纳、退税及转出等情况，增值税一般纳税人应当在“应交税费”科目下设置明细科目进行核算。

1. 应交税费——应交增值税

"应交增值税"明细科目,核算一般纳税人进项税额、销项税额抵减、已交税金、转出未交增值税、减免税款、出口抵减内销产品应纳税额、销项税额、出口退税、进项税额转出、转出多交增值税等情况。

2. 应交税费——未交增值税

"未交增值税"明细科目,核算一般纳税人月度终了从"应交增值税"或"预交增值税" 明细科目转入当月应交未交、多交或预交的增值税,以及当月交纳以前期间未交的增值税。

3. 应交税费——预交增值税

"预交增值税"明细科目,核算一般纳税人转让不动产、提供不动产经营租赁服务、提供建筑服务、采用预收款方式销售自行开发的房地产等,以及其他按现行增值税制度规定应预交的增值税额。

4. 应交税费——待认证进项税额

"待认证进项税额"明细科目,核算一般纳税人由于未经税务机关认证而不得从当期销项税额中抵扣的进项税额。包括:一般纳税人已取得增值税扣税凭证、按照现行增值税制度规定准予从销项税额中抵扣,但尚未经税务机关认证的进项税额;一般纳税人已申请稽核但尚未取得稽核相关结果的海关缴款书进项税额。

5. 应交税费——待转销项税额

"待转销项税额"明细科目,核算一般纳税人销售货物、加工修理修配劳务、服务、无形资产或不动产,已确认相关收入(或利得)但尚未发生纳税义务而需于以后期间确认为销项税额的增值税额。

6. 应交税费——简易计税

"简易计税"明细科目,核算一般纳税人采用简易计税方法发生的增值税计提、扣减、预缴、缴纳等业务。

7. 应交税费——转让金融商品应交增值税

"转让金融商品应交增值税"明细科目,核算增值税纳税人转让金融商品发生的增值税额。

8. 应交税费——代扣代交增值税

"代扣代交增值税"明细科目,核算纳税人购进在境内未设经营机构的境外单位或个人在境内的应税行为代扣代缴的增值税。

(六)一般纳税企业增值税的会计处理

一般纳税人增值税的会计处理分别按下列不同情况进行:

(1)国内采购的物资,按专用发票上记载的应当计入采购成本的金额,借记"材料采购"、"在途物资"或"原材料"、"库存商品"等科目;按专用发票上注明的可抵扣的增值税,借记"应交税费——应交增值税(进项税额)"科目;按应付或实际支付的金额,贷记"应付账款"、"应付票据"、"银行存款"等科目。购入物资发生的退货,作相反的会计分录。

[**例 10-17**] 企业购入一批材料,增值税专用发票上注明价款为 20 000 元,增值税额为 2 600 元,款项已付,材料未到。账务处理如下:

借:在途物资	20 000	
应交税费——应交增值税(进项税额)	2 600	
贷:银行存款		22 600

(2)接受应税劳务,按专用发票上记载的应当计入加工、修理修配等物资成本的金额,借记"生产成本"、"委托加工物资"、"管理费用"等科目;按专用发票上注明的增值税,借记"应交税

费——应交增值税(进项税额)”科目;按应付或实际支付的金额,贷记“应付账款”、“银行存款”等科目。

[例10-18] 企业管理部门接受一项劳务服务,对方开来增值税发票,列示劳务收费为5 000元,增值税额为650元,用银行存款支付。账务处理如下:

借:管理费用	5 000	
应交税费——应交增值税(进项税额)	650	
贷:银行存款		5 650

(3)进口物资,按进口物资应计入采购成本的金额,借记“材料采购”、“在途物资”、“库存商品”等科目;按海关提供的完税凭证上注明的可抵扣的增值税,借记“应交税费——应交增值税(进项税额)”科目;按应付或实际支付的金额,贷记“应付账款”、“银行存款”等科目。

[例10-19] 企业进口一批材料,关税完税价格为100 000元,关税为11 500元,消费税为8 500元,适用的税率为13%。账务处理如下:

进项税额=计税价格×税率=(关税完税价格+关税+消费税)×税率

该材料的进项税额=(100 000+11 500+8 500)×13%=15 600(元)

借:在途物资	120 000	
应交税费——应交增值税(进项税额)	15 600	
贷:银行存款		135 600

(4)购进免税农业产品,买价减去按规定计算的进项税额后的差额,借记“在途物资”、“库存商品”等科目;按购入农业产品的买价和规定的税率计算的进项税额,借记“应交税费——应交增值税(进项税额)”科目;按应付或实际支付的价款,贷记“应付账款”、“银行存款”等科目。

[例10-20] 企业购进一批免税农业产品用于生产,该批农产品的买价为100 000元,按规定10%的扣除率确认为进项税额。账务处理如下:

借:原材料	90 000	
应交税费——应交增值税(进项税额)	10 000	
贷:银行存款		100 000

(5)接受投资转入的物资,按合同或协议确定的价值,借记“原材料”等科目;按增值税专用发票上注明的增值税,借记“应交税费——应交增值税(进项税额)”科目;按其在注册资本中占有的份额,贷记“实收资本”或“股本”科目;按其差额,贷记“资本公积”科目。

[例10-21] 企业收到投资者投入一批材料,发票上列示的材料价值为200 000元,增值税税额为26 000元,投资协议约定计入实收资本的金额为100 000元。企业所作的会计处理如下:

借:原材料	200 000	
应交税费——应交增值税(进项税额)	26 000	
贷:实收资本		100 000
资本公积——资本溢价		126 000

(6)购进的物资、在产品、产成品发生非正常损失,以及购进物资改变用途等原因,其进项税额要相应转入有关科目,借记“待处理财产损溢”、“在建工程”等科目,贷记“应交税费——应交增值税(进项税额转出)”科目。属于转作待处理财产损失的部分,应与遭受非正常损失的购进货物、在产品、产成品成本一并处理。

[例10-22] 企业决定将购入的商品发放给职工作为福利,商品成本3 000元,增值税额

为 390 元。账务处理如下：

借：应付职工薪酬　　3 390
　　贷：库存商品　　3 000
　　　　应交税费——应交增值税（进项税额转出）　　390

（7）销售物资或提供应税劳务，按实现的营业收入和按规定收取的增值税额，借记“应收账款”、“应收票据”、“银行存款”等科目；按专用发票上注明的增值税额，贷记“应交税费——应交增值税（销项税额）”科目；按确认的营业收入，贷记“主营业务收入”等科目。发生销售退回时，作相反的会计分录。

［例 10－23］ 企业销售一批产品，价款 100 000 元，增值税 13 000 元，款未收到。账务处理如下：

借：应收账款　　113 000
　　贷：主营业务收入　　100 000
　　　　应交税费——应交增值税（销项税额）　　13 000

（8）有出口物资的企业，其出口退税按以下规定处理：实行“免、抵、退”办法有进出口经营权的生产性企业，按规定计算的当期出口物资不予免征、抵扣和退税的税额，计入出口物资成本，借记“主营业务成本”科目，贷记“应交税费——应交增值税（进项税额转出）”科目。按规定计算的当期应予抵扣的税额，借记“应交税费——应交增值税（出口抵减内销产品应纳税额）”科目，贷记“应交税费——应交增值税（出口退税）”科目。因应抵扣的税额大于应纳税额而未全部抵扣，按规定应予退回的税款，借记“其他应收款”科目，贷记“应交税费——应交增值税（出口退税）”科目；收到退回的税款，借记“银行存款”科目，贷记“其他应收款”科目。

［例 10－24］ 企业有进出口经营权，增值税实行“免、抵、退”办法进行纳税核算。本月出口到日本一批产品的不得抵扣增值税进项税额为 30 000 元。账务处理如下：

借：主营业务成本　　30 000
　　贷：应交税费——应交增值税（进项税额转出）　　30 000

［例 10－25］ 企业本月出口应抵扣的税额大于应纳税额而未全部抵扣部分为 80 000 元。账务处理如下：

借：其他应收款——应收补贴款　　80 000
　　贷：应交税费——应交增值税（出口退税）　　80 000

实际收到时：

借：银行存款　　80 000
　　贷：其他应收款——应收补贴款　　80 000

实行先征后退计算办法的外贸企业，其出口销售环节的增值税免征；其收购货物的成本部分，因外贸企业在支付收购货款的同时也支付了生产经营该类商品的企业已纳的增值税款，因此，在货物出口后按收购成本和退税率计算退还给外贸企业，征退税之差计入企业成本。

（9）视同销售行为，企业将自产、委托加工或购买的货物分配给股东或投资者；将自产、委托加工的货物用于集体福利或个人消费等行为，视同销售货物计算应交增值税，借记“长期股权投资”、“应付职工薪酬”、“营业外支出”等科目，贷记“应交税费——应交增值税（销项税额）”科目，并确认收入实现，结转相关成本。

（10）上交本月的应交增值税 50 000 元。

借：应交税费——应交增值税（已交税金）　　50 000

贷:银行存款　　50 000

(11)转出多交增值税和未交增值税的账务处理。

为了分别反映增值税一般纳税企业欠交增值税款和待抵扣增值税的情况，避免出现企业在以前月份有欠交增值税，以后月份有未抵扣增值税时，用以前月份欠交增值税抵扣以后月份未抵扣增值税的情况，确保企业及时、足额上交增值税，企业应在"应交税费"科目下设置"未交增值税"明细科目。月份终了，企业计算出当月应交未交的增值税，借记"应交税费——应交增值税(转出未交增值税)"科目，贷记"应交税费——未交增值税"科目；当月多交的增值税，借记"应交税费——未交增值税"科目，贷记"应交税费——应交增值税(转出多交增值税)"科目。经过结转后，月份终了，"应交税费——应交增值税"科目的借方余额，反映企业尚未抵扣的增值税。

[例 10－26]　根据[例 10－17]至[例 10－25]等资料，计算该期增值税额，假定该企业应交增值税科目期初无余额。

计算如下：

销项税额＝13 000(元)

进项税额＝2 600＋650＋15 600＋10 000＋26 000＝54 850(元)

出口退税额＝80 000(元)

进项税额转出额＝390＋30 000＝30 390(元)

已交税金＝50 000(元)

本期应交增值税额＝销项税额＋出口退税＋进项税额转出－进项税额－已交税金

＝13 000＋80 000＋30 390－54 850－50 000

＝18 540(元)

月度终了转出的账务处理如下：

借:应交税费——应交增值税(转出未交增值税)　　18 540

贷:应交税费——未交增值税　　18 540

值得注意的是，企业当月缴纳当期的增值税，通过"应交税费——应交增值税(已交税金)"科目；当月缴纳以前各期未交的增值税，通过 "应交税费——未交增值税"科目，不通过"应交税费——应交增值税(已交税金)"科目。

[例 10－27]　若企业下月缴纳增值税 30 000 元，账务处理如下：

借:应交税费——未交增值税　　18 540

——应交增值税(已交税金)　　11 460

贷:银行存款　　30 000

(七)小规模纳税企业增值税的会计处理

由于小规模纳税企业会计核算不健全，不能提供较为准确的税务资料，因此对小规模纳税人采用简易征收办法征收增值税。小规模纳税人销售货物或应税劳务按 3%的征收率来计算应纳税额，而且不得抵扣进项税额：

应纳税额＝销售额×征收率

上式中，销售额为不含税销售额。由于小规模纳税人不使用增值税专用发票，其取得的收入为含税收入，应换算为不含税销售额：

销售额＝取得的含税收入÷(1＋征收率)

为了核算应交增值税，小规模纳税企业在"应交税费"科目下设置"应交增值税"明细科目。

该科目贷方反映应交纳的增值税，借方反映已交纳的增值税；期末贷方余额反映欠交的增值税，借方余额反映多交的增值税。

[例 10－28] 某小规模纳税企业购入一批原材料，增值税发票上注明材料价款为 10 000 元，增值税额为 1 600 元，用转账支票支付，材料未到。根据有关凭证，账务处理如下：

借：在途物资	11 600	
贷：银行存款		11 600

[例 10－29] 某小规模纳税企业销售一批产品，全额货款为 20 600 元，适用增值税征收率为 3%。

应税销售额＝20 600÷(1＋3%)＝20 000(元)

应纳税额＝20 000×3%＝600(元)

会计分录为：

借：银行存款	20 600	
贷：主营业务收入		20 000
应交税费——应交增值税		600

上交增值税时：

借：应交税费——应交增值税	600	
贷：银行存款		600

二、应交消费税

(一)消费税及其征税范围

1. 消费税的概念

消费税是对特定的消费品和消费行为征收的一种税。是对我国境内从事生产、委托加工和进口应税消费品的单位和个人，就其销售额或销售数量，在特定环节征收的一种税。它是建立在增值税普遍征收基础上，发挥特殊调节作用的税种。

2. 消费税的征税范围

在消费税的征收范围中，共有 15 个税目，包括烟、酒、高档化妆品、贵重首饰及珠宝玉石、鞭炮焰火、成品油、摩托车、小汽车、高尔夫球及球具、高档手表、游艇、木制一次性筷子、实木地板、电池和涂料。有的税目还进一步划分为若干子税目。税率有比例税率和定额税率。根据不同的税目和子税目确定相应的税率。其中除黄酒、啤酒、成品油实行从量定额征收，白酒、卷烟实行从量定额和从价定率复合征收外，其他应税消费品按照规定的比例税率从价定率征收。

(二)消费税的纳税人

消费税的纳税人是在中华人民共和国境内从事生产、委托加工和进口《消费税暂行条例》列举的应税消费品(不包括金银首饰)的单位和个人。金银首饰消费税的纳税人，是在我国境内从事商业零售金银首饰的单位和个人。消费税在生产环节征收，纳税企业生产应税消费品，在销售时纳税，金银首饰改为在零售环节征收。

(三)消费税应纳税额的计算

按照现行消费税暂行条例规定，消费税应纳税额的计税方法分为从价定率征收、从量定额征收、从价定率和从量定额复合征收三类计税方法。

(1)采用从价定率方法的，按下列公式计算：

应纳税额＝应税消费品的销售额×比例税率

(2)采用从量定额方法的,按下列公式计算:

应纳税额=应税消费品的销售数量×定额税率

(3)采用从价定率和从量定额复合计算方法的:

现行消费税的征税范围中,只有卷烟、白酒采用混合计算方法,其基本计算公式为:

应纳税额=应税消费品的销售数量×定额税率+应税消费品的销售额×比例税率

企业在计算消费税应纳税额时,应当合理确定销售额和销售数量。

(四)应交消费税的会计处理

企业按规定应交的消费税,在"应交税费"科目下设置"应交消费税"明细科目。"应交消费税"明细科目的借方发生额,反映企业实际缴纳的消费税和待扣的消费税;贷方发生额反映按规定应缴纳的消费税;期末贷方余额反映尚未缴纳的消费税。

1. 生产销售应税消费品的会计处理

如果企业将生产的应税产品直接对外销售,消费税应通过"税金及附加"科目核算。如果企业以应税消费品换取生产资料和消费资料、抵偿债务等,视同销售进行处理,即按售价借记"在途物资"、"应付账款"等科目,贷记"主营业务收入"科目;借记"税金及附加"科目,贷记"应交税费——应交消费税"科目。如果企业把应税消费品用于对外投资或在建工程,则消费税计入有关项目成本。

[例 10-30] 企业售出应税消费品一批,价款 10 000 元(该批产品成本为 8 000 元),增值税税率为 13%,消费税税率为 10%,款已收到。账务处理如下:

借:银行存款	11 300	
贷:主营业务收入		10 000
应交税费——应交增值税(销项税额)		1 300
借:主营业务成本	8 000	
贷:库存商品		8 000
借:税金及附加	1 000	
贷:应交税费——应交消费税		1 000

[例 10-31] 企业将一批应税消费品用于工程建设,该批产品生产成本 10 000 元,销售价 20 000 元,增值税税率为 13%,消费税税率为 5%。账务处理如下:

借:在建工程	11 000	
贷:库存商品		10 000
应交税费——应交消费税		1 000

2. 委托加工应税消费品的会计处理

税法规定,企业委托加工的应税消费品,由受托方在向委托方交货时代收代缴税款(除受托加工或翻新改制金银首饰按规定由受托方缴纳消费税外)。委托加工应税消费品,是指由委托方提供原料和主要材料,受托方只收取加工费和代垫部分辅助材料加工的应税消费品。

在会计处理时,需要缴纳消费税的委托加工应税消费品,在委托方提货时,由受托方代扣代缴税款。受托方按应扣税款金额,借记"应收账款"、"银行存款"等科目,贷记"应交税费——应交消费税"科目。委托加工应税消费品收回后,直接用于销售的,委托方应将代扣代缴的消费税计入委托加工的应税消费品成本,借记"委托加工物资",贷记"应付账款"、"银行存款"等科目,待委托加工应税消费品销售时,就不需要再缴纳消费税;委托加工的应税消费品收回后用于连续生产应税消费品,按规定准予抵扣的,委托方应按代扣代缴的消费税款,借记"应交税费——应交消费税”科目，贷记“应付账款”、“银行存款”等科目，待用委托加工的应税消费品生产出应纳消费税的产品销售时，再缴纳消费税。

会计处理见存货核算章节[例 3—3]。

3. 进口应税消费品的会计处理

需要缴纳消费税的进口消费品，其缴纳的消费税应计入该进口消费品的成本，借记“固定资产”、“在途物资”等科目，贷记“银行存款”等科目。

三、应交资源税

(一)资源税及其征税范围

1. 资源税的概念

资源税是对在我国境内开采应税矿产品及生产盐的单位和个人，就其应税产品销售额或销售数量和自用数量为计税依据而征收的一种税。属于对自然资源占用课税的范畴。

2. 资源税的征税范围

我国目前资源税的征税范围包括矿产品和盐类，具体包括原油、天然气、煤炭、其他非金属矿原矿、黑色金属矿原矿、有色金属矿原矿和盐。

3. 资源税税目和税率(额)

资源税各税目和税额幅度如下：

(1)原油：销售额的 6%～10%。

(2)天然气：销售额的 6%～10%。

(3)煤炭：销售额的 2%～10%。

(4)金属矿：销售额的 1%～27%。

(5)非金属矿：一般非金属矿销售额的 1%～15%；粘土、砂石每吨或立方米 0.1～5 元。

(6)海盐(单列项目)：销售额的 1%～5%；井矿盐和湖盐(作为非金属矿)：销售额的 1%～6%；提取地下卤水晒制的盐(作为非金属矿)：销售额的 3%～15%。

(二)资源税的纳税人

根据《资源税暂行条例》的规定，资源税的纳税人是指在中华人民共和国境内开采应税矿产品或生产盐的单位和个人。

(三)资源税应纳税额的计算

资源税应纳税额，按照从价定率或者从量定额的办法，分别以应税产品的销售额乘以纳税人具体适用比例税率或者以应税产品的销售数量乘以纳税人具体适用的定额税率计算。资源税应纳税额的计算公式为：

$$应纳税额=销售额\times比例税率$$

或：

$$应纳税额=课税数量\times单位税额$$

(四)应交资源税的会计处理

企业按规定应交的资源税，在“应交税费”科目下设置“应交资源税”明细科目核算。该科目的借方发生额，反映企业已交的或按规定允许抵扣的资源税；贷方发生额，反映应交的资源税；期末借方余额，反映多交或尚未抵扣的资源税；期末贷方余额，反映尚未交纳的资源税。

企业按规定计算出销售的应税产品应缴纳的资源税，借记“税金及附加”科目，贷记“应交税费——应交资源税”科目；企业计算出自产自用的应税产品应纳的资源税，借记“生产成本”、“制造费用”等科目，贷记“应交税费——应交资源税”科目；企业收购未完税矿产品，借记“在途物资”等科目，贷记“银行存款”等科目，按代扣代缴的资源税，贷记“应交税费——应交资源税”科目。企业按规定上交资源税时，借记“应交税费——应交资源税”科目，贷记“银行存款”科目。

四、应交土地增值税

(一)土地增值税及其征收范围

1. 土地增值税的概念

土地增值税是对有偿转让国有土地使用权、地上建筑物及其附着物产权并取得增值性收入的单位和个人征收的一种税。

2. 土地增值税的征收范围

土地增值税按照转让房地产所取得的增值额和规定的税率计算征收。这里的增值额是转让房地产所取得的收入减去规定扣除项目金额后的余额。

企业转让房地产所取得的收入，包括货币收入、实物收入和其他收入。

计算土地增值额的主要扣除项目有：(1)取得土地使用权所支付的金额；(2)房地产开发成本；(3)房地产开发费用；(4)与转让房地产有关的税金；(5)其他扣除项目；(6)旧房及建筑物的评估价格。

3. 土地增值税的税率

土地增值税实行四级超率累进税率，具体税率如下：

(1)增值额未超过扣除项目金额50％的部分，税率为30％。

(2)增值额超过扣除项目金额50％、未超过扣除项目金额100％的部分，税率为40％。

(3)增值额超过扣除项目金额100％、未超过扣除项目金额200％的部分，税率为50％。

(4)增值额超过扣除项目金额200％的部分，税率为60％。

上述四级超率累进税率，每级“增值额未超过扣除项目金额”的比例，均包括本比例数。

(二)土地增值税的纳税人

土地增值税的纳税人是指转让国有土地使用权、地上的一切建筑物及其附着物产权，并取得收入的单位和个人。

(三)土地增值税应纳税额的计算

土地增值税应纳税额的计算公式：

$$应纳税额=\sum(每级距的土地增值额\times适用税率)$$

(四)应交土地增值税的会计处理

在会计处理时，企业交纳的土地增值税通过“应交税费——应交土地增值税”科目核算。

房地产开发经营的企业，应由当期营业收入负担的土地增值税，借记“税金及附加”科目，贷记“应交税费——应交土地增值税”科目。企业转让土地使用权连同地上建筑物及其附着物一并在“固定资产”科目核算的，转让时应缴纳的土地增值税，借记“固定资产清理”科目，贷记“应交税费——应交土地增值税”科目。土地使用权在“无形资产”科目核算的，按实际收到的金额，借记“银行存款”科目；按应交的土地增值税，贷记“应交税费——应交土地增值税”科目；同时冲销土地使用权的账面价值，贷记“无形资产”科目，借记“累计摊销”、“无形资产减值准备”科目；按其差额，借记或贷记“资产处置损益”科目；实际缴纳土地增值税时，借记“应交税费——应交土地增值税”科目，贷记“银行存款”科目。

五、应交所得税

(一)所得税及其种类

所得税是对我国境内的企业和其他取得收入的组织的生产经营所得和其他所得征收的税金,是以纳税人的所得额为课税对象的税收。所得额是指纳税人在一定期间内由于生产、经营等取得的可用货币计量的收入,扣除为取得这些收入所需各种耗费后的净额。

我国所得税主要包括企业所得税和个人所得税。企业所得税是指国家对企业生产经营所得和其他所得依法征收的一种税金。

(二)所得税应纳税额的计算

企业应交所得税的计算依据是应纳税所得额。应纳税所得额是指纳税人每一纳税年度的收入总额减除不征税收入、免税收入、各项扣除以及允许弥补的以前年度亏损后的余额。

应纳税额=应纳税所得额×适用税率－减免税额－抵免税额

公式中的减免税额和抵免税额,是指依照《企业所得税法》和国务院的税收优惠规定减征、免征和抵免的应纳税额。

《企业所得税法》规定的企业所得税基本税率为25%;符合条件的小型微利企业,减按20%的税率征收所得税;国家需要重点扶持的高新技术企业,减按15%的税率征收所得税。

小型微利企业,是指符合下列条件的企业:

(1)工业企业,年度应纳税所得额不超过50万元,从业人数不超过100人,资产总额不超过3 000万元;

(2)其他企业,年度应纳税所得额不超过50万元,从业人数不超过80人,资产总额不超过1 000万元。

(三)应交所得税的会计处理

对企业经营所得和其他所得,按照所得税法律的规定,要向国家缴纳所得税。计算出应交所得税时,借记“所得税费用”科目,贷记“应交税费——应交所得税”科目;如存在差异,借记“递延所得税资产”或贷记“递延所得税负债”科目;实际缴纳时,借记“应交税费——应交所得税”科目,贷记“银行存款”科目。所得税费用的详细核算过程见第十七章有关内容。

(四)应交个人所得税的会计处理

企业按规定计算应代扣代交的职工个人所得税,借记“应付职工薪酬”科目,贷记“应交税费——应交个人所得税”科目;实际缴纳时,借记“应交税费——应交个人所得税”科目,贷记“银行存款”科目。

六、应交其他税费

(一)应交城市维护建设税

城市维护建设税是对从事工商经营,缴纳增值税、消费税的单位和个人征收的一种税。它是专门用于城市公用事业和公共设施的维护和建设的一种附加税。

城市维护建设税实行比例税率。纳税人所在地在城市市区的,税率为7%;纳税人所在地在县城、建制镇的,税率为5%;纳税人所在地不在城市市区、县城、建制镇的税率为1%。

在会计核算时,企业按规定计算出的城市维护建设税,借记“税金及附加”等科目,贷记“应交税费——应交城市维护建设税”科目;实际缴纳时,借记“应交税费——应交城市维护建设税”科目,贷记“银行存款”科目。

(二)应交房产税

1. 房产税的概念

房产税是以房屋为征税对象,以房屋的计税余值或租金收入为计税依据,向房屋产权所有人征收的一种财产税。

2. 房产税的征税范围

房产税的征税范围是城市、县城、建制镇和工矿区的房产。

3. 房产税的计税依据和税率

房产税以房产的计税余值或房产租金收入为计税依据。

房产税的税率有两种:从价计征的,税率为1.2%;从租计征的,税率为12%。

4. 房产税应纳税额的计算

实行从价计征方法的,应纳税额的计算公式如下:

应纳税额=应税房产原值×(1-原值扣除比例)×1.2%

实行从租计征方法的,应纳税额的计算公式如下:

应纳税额=租金收入×12%

上述从价计征时,按房产原值一次减除10%~30%后的余值计算缴纳。没有房产原值作为依据的,由房产所在地税务机关参考同类房产核定。

5. 会计处理

企业计算应交房产税时,借记“税金及附加——房产税”科目,贷记“应交税费——应交房产税”科目;实际缴纳时,借记“应交税费——应交房产税”科目,贷记“银行存款”科目。

(三)应交土地使用税

1. 城镇土地使用税的概念

城镇土地使用税是以开征范围的土地为征税对象,在城市、县城、建制镇和工矿区范围内,对拥有土地使用权的单位和个人,以其实际占用的土地面积,按照规定税额计算征收的一种税。

2. 城镇土地使用税的计税依据和税率

城镇土地使用税的计税依据是纳税人实际占用的土地面积。

城镇土地使用税采用定额税率,即采用有幅度的差别税额。按大、中、小城市和县城、建制镇、工矿区分别规定每平方米土地使用税年应纳税额。具体标准如下:

(1)大城市1.5~30元;

(2)中等城市1.2~24元;

(3)小城市0.9~18元;

(4)县城、建制镇和工矿区0.6~12元。

3. 会计处理

企业计算应交城镇土地使用税时,借记“管理费用——土地使用税”科目,贷记“应交税费——应交土地使用税”科目;上交时,借记“应交税费——应交土地使用税”科目,贷记“银行存款”科目。

(四)应交车船税

车船税是以车船为征税对象,向拥有车船的单位和个人征收的一种税。

车船税的征税范围有车辆和船舶两类。车船税的计税依据按车船的种类和性能,分别确定为辆、整备质量吨、净吨位和艇身长度米四类,实行定额税率,乘用车、商用车(客车)和摩托车以辆为计税依据；商用车(货车)、挂车和其他车辆以整备质量吨为计税依据；船舶(机动船舶)净吨位为计税依据；船舶(游艇)以艇身长度米为计税依据，分别按照不同的定额税率计算应纳税额。

企业计算应交车船税时，借记“税金及附加——车船税”科目，贷记“应交税费——应交车船税”科目，上交时，借记“应交税费——应交车船税”科目，贷记“银行存款”科目。

(五)印花税

印花税是对经济活动和经济交往中书立、领受、使用的印花税法列举的凭证所征收的一种税。因纳税人主要是通过在应税凭证上粘贴印花税票来完成纳税义务，故名印花税。

印花税通过纳税人自行计算、购买并粘贴印花税票的方法完成纳税义务，并在印花税票和凭证的骑缝处自行盖戳注销或画销。

印花税实行由纳税人根据规定自行计算应纳税额，购买并一次贴足印花税票的缴纳方法。应纳税凭证包括：购销合同、加工承揽合同、建设工程勘察设计合同、建筑安装工程承包合同、财产租赁合同、货物运输合同、仓储保管合同、借款合同、财产保险合同、技术合同或者具有合同性质的凭证；产权转移书据；营业账簿；权利、许可证照等。

印花税采用比例税率或定额税率，对载有金额的凭证采用比例税率，印花税的比例税率分为四档，即1‰、0.5‰、0.3‰和0.05‰。财产租赁合同、仓储保管合同、财产保险合同的税率为1‰；加工承揽合同、建设工程勘探设计合同、货物运输合同、产权转移书据的税率为0.5‰，而营业账簿中记载资金的账簿税率减半，为0.25‰；购销合同、建筑安装工程承包合同、技术合同的税率为0.3‰；借款合同的税率为0.05‰。

印花税通过借记“税金及附加——印花税”科目，直接贷记“银行存款”科目进行核算，不通过“应交税费”科目核算。

需要说明的是，企业除印花税以外的耕地占用税以及其他不需要预计应交数的税金，不通过“应交税费”科目核算，可直接贷记“银行存款”科目。

(六)应交教育费附加

教育费附加是国家为了发展我国的教育事业，提高人民的文化素质而征收的一项费用，按照企业交纳流转税的一定比例3%计征，并与流转税一起交纳。在会计核算时，应交的教育费附加在“应交税费”科目下设置“应交教育费附加”明细科目。企业按规定计算出应交纳的教育费附加，借记“税金及附加”等科目，贷记“应交税费——应交教育费附加”科目。实际缴纳时，借记“应交税费——应交教育费附加”科目，贷记“银行存款”科目。

第七节　其他应付项目

一、应付利息

应付利息是指企业按照合同约定应支付的利息，包括吸收存款、分期付息到期还本的长期借款、企业债券等应支付的利息。

资产负债表日，应按摊余成本和实际利率计算确定的利息费用，借记“在建工程”、“研发支出”、“制造费用”、“财务费用”等科目，按合同利率计算确定的应付未付利息，贷记“应付利息”科目，按借贷方之间的差额，借记或贷记“长期借款——利息调整”等科目。

合同利率与实际利率差异较小的，也可以采用合同利率计算确定利息费用。实际支付利息时，借记“应付利息”，贷记“银行存款”等科目。

本科目期末贷方余额，反映企业应付未付的利息。

二、应付股利

应付股利是指企业经股东大会或类似机构审议批准分配的现金股利或利润。企业股东大会或类似机构审议批准的利润分配方案、宣告分派的现金股利或利润，在实际支付前，形成企业的负债。

企业董事会或类似机构通过的利润分配方案中拟分配的现金股利或利润，不应确认为负债，但应在附注中披露。

企业经股东大会或类似机构审议批准的利润分配方案，按应支付的现金股利或利润，借记“利润分配”科目，贷记“应付股利”科目；实际支付现金股利或利润时，借记“应付股利”科目，贷记“银行存款”等科目。

［例 10－32］　经股东大会表决通过，长江公司 2018 年度的利润分配方案为每 10 股派发 1.50 元的现金股利，共计 300 000 元。根据上述资料，作如下会计分录：

(1)宣告发放现金股利时：

借：利润分配——应付现金股利或利润	300 000	
贷：应付股利		300 000

(2)支付现金股利时：

借：应付股利	300 000	
贷：银行存款(或库存现金)		300 000

三、其他应付款

企业除了应付票据、应付账款、预收账款、应付职工薪酬、应交税费、应付利息、应付股利等以外，还会发生一些应付、暂收的款项。企业通过设置和使用“其他应付款”科目进行核算。本科目可按其他应付款的项目和对方单位(或个人)进行明细核算。

企业采用售后回购方式融入资金的，应按实际收到的金额，借记“银行存款”科目，贷记“其他应付款”科目。回购价格与原销售价格之间的差额，应在售后回购期间内按期计提利息费用，借记“财务费用”科目，贷记“其他应付款”科目。按照合同约定购回该项商品等时，应按实际支付的金额，借记“其他应付款”科目，贷记“银行存款”科目。

企业发生的其他各种应付、暂收款项，借记“管理费用”等科目，贷记“其他应付款”科目；支付的其他各种应付、暂收款项，借记“其他应付款”科目，贷记“银行存款”等科目。

本章小结

本章根据《企业会计准则——应用指南》相关规定，介绍了短期借款、以公允价值计量且其变动计入当期损益的金融负债、应付票据、应付账款、预收款项和其他应付项目的会计处理，根据《企业会计准则第 9 号——职工薪酬》的规范，对应付职工薪酬的内容及其会计处理作了介绍。此外，还按照税法的规定，对应交税费中的应交增值税、应交消费税、应交营业税等应交其他税费的计税基础、计税方法和会计处理过程作了详略得当的介绍。

复习思考题

1. 职工薪酬包括哪些内容？企业应当如何核算非货币性职工薪酬？企业应当如何核算以现金结算的股份支付？

2. 应付账款的入账金额包括哪些内容？

3. 企业的“应交税费——应交增值税”明细账中的金额，在月末转出未交增值税或转出多交增值税后，余额是否为零？为什么？

4. 企业应交的增值税应当如何进行会计处理？

第十一章 非流动负债

【本章要点提示】

- 非流动负债的形式和特点。
- 可转换公司债券转换为股本的条件及价格。
- 长期借款、应付债券、长期应付款和专项应付款的会计处理。

非流动负债是指流动负债以外的负债，通常是偿还期在一年以上，或超过一年的一个营业周期以上的债务和其他债务。包括长期借款、应付债券、长期应付款、专项应付款、预计负债、递延所得税负债和其他非流动负债。非流动负债中有些项目具有金额大、偿还期限长、可分期偿还等特征，借款费用成为其固定的支出。

第一节 长期借款

一、长期借款的含义

长期借款是指企业向银行或其他金融机构借入的期限在一年以上(不含一年)的各种借款，包括人民币长期借款和外币长期借款。

二、长期借款的会计处理

企业应设置“长期借款”科目，对取得的长期借款进行核算。本科目可按贷款单位和贷款种类，分别“本金”、“利息调整”等进行明细核算。“长期借款”科目期末贷方余额，反映企业尚未偿还的长期借款。

(一)长期借款的取得

企业借入各种长期借款，应按实际收到的金额，借记“银行存款”科目，贷记“长期借款——本金”科目；如存在差额，还应借记“长期借款——利息调整” 科目。

(二)长期借款的利息

利息是指借款企业按照借入本金、利率及借款期限计付给债权人的报酬。它是一种资金成本，是企业取得借入资金而付出的代价。

借款利息可以分期支付，也可在借款到期还本时一起偿付，具体应视贷款合同的规定。在会计上，对应计入购建资产成本的借款利息，一般在年末或资产达到预定可使用状态时计提入账；如果年内分期支付利息，也可按付息期进行账务处理。

根据会计准则，企业在资产负债表日，应按摊余成本和实际利率计算确定的长期借款的利息费用，借记“在建工程”、“制造费用”、“财务费用”、“研发支出”等科目；按合同利率计算确定的应付未付利息，贷记“应付利息”科目；按其差额，贷记“长期借款——利息调整”科目。

实际利率与合同利率差异较小的，也可以采用合同利率计算确定利息费用。

（三）长期借款到期

长期借款到期，企业归还长期借款本金，借记“长期借款——本金”科目，贷记“银行存款”科目。同时，存在利息调整余额的，借记或贷记“在建工程”、“制造费用”、“财务费用”、“研发支出”等科目，贷记或借记“长期借款——利息调整”科目。

[例 11－1] 远东公司为新建一幢厂房，于 2018 年 1 月 1 日向市建设银行取得专门借款 500 万元，借款年利率 8%，期限 3 年，每年年底支付借款利息，3 年期满后一次还本。2018 年 1 月 1 日以存款支付工程款 200 万元，其余专门借款存入银行，存款月利息按 0.5%计算，2018 年 7 月 1 日以存款支付工程款 360 万元，2018 年底工程如期竣工，达到预定可使用状态。根据上述资料，编制会计分录如下：

（1）2018 年 1 月取得借款，存入银行：

借：银行存款	5 000 000	
贷：长期借款——市建设银行		5 000 000

（2）2018 年 1 月支付工程款：

借：在建工程——厂房基建工程	2 000 000	
贷：银行存款		2 000 000

（3）2018 年 7 月支付工程款：

借：在建工程——厂房基建工程	3 600 000	
贷：银行存款		3 600 000

（4）2018 年 12 月末结计本年应付利息：

其中，资本化的利息费用＝5 000 000×8%－3 000 000×0.5%×6＝310 000（元）

借：在建工程——厂房基建工程	310 000	
银行存款	90 000	
贷：应付利息		400 000

（5）2018 年 12 月末支付第一年借款利息：

借：应付利息	400 000	
贷：银行存款		400 000

（6）2018 年末固定资产完工达到预定可使用状态时进行转账：

借：固定资产——厂房	5 910 000	
贷：在建工程——厂房基建工程		5 910 000

（7）2019 年计提利息：

借：财务费用	400 000	
贷：应付利息		400 000

2019 年末支付第二年利息同 2018 年末。

（8）2020 年计提利息同 2019 年。

（9）2020 年末支付本金和最后一年利息：

借：长期借款——市建设银行	5 000 000	
应付利息	400 000	
贷：银行存款		5 400 000

上例介绍的是一次还本、分期付息的人民币借款的核算。如果贷款合同规定借款本金也分期支付，其账务处理与上述方法基本相同。不同之处有两点：一是每次偿付本金的具体数额应根据合同确定，二是已偿付的本金不再计付利息。

第二节　应付债券

一、一般公司债券

债券是企业为筹集资金而发行的一种书面凭证。它通过凭证上所记载的利率、期限、付息日、到期日等，表明发行债券的企业允诺在未来某一特定日期还本付息。企业发行的期限在一年以上的债券，构成企业的长期负债，作为"应付债券"核算。

（一）一般公司债券的发行

1. 债券的发行价格

债券的发行价格受多种因素影响，如供求关系、相对风险程度、市场条件和宏观经济状况等。但是，债券的发行价格主要取决于债券发行时的市场利率。

市场利率一般指同期银行存款利率。由于企业发行债券时票面利率可能等于、也可能高于或低于市场利率，这样相应的债券发行价格也可能等于、高于或低于其面值，因此，企业发行债券就可按三种方式确定价格。

(1)债券按面值发行

当企业债券的票面利率与同期银行存款利率相同时，债券发行价格等于债券面值，企业债券就可按面值发行，即平价发行。在这种情况下，债券购买者现在为取得债券所付出的金额，与其未来收回本金及收取各期利息金额的现值是相等的。

(2)债券按溢价发行

当企业债券的票面利率高于同期银行存款利率时，债券发行价格就会高于债券面值，债券发行价格高于债券面值的差额称为债券溢价。债券在溢价发行时，债券购买者因溢价而多付出的价款，可以从以后各期多得的利息收入中获得补偿；而债券发行企业因溢价多得的收入，实质上是在债券到期前对企业各期多付利息的一种补偿，也是对债券利息费用的一项调整。因而不能将债券溢价视为发行时的收益，而应在债券存续期限内，通过分期摊销陆续冲减企业债券按票面利率计算的利息费用。

(3)债券按折价发行

当企业债券的票面利率低于同期银行存款利率时，债券发行价格就会低于债券面值，债券发行价格低于债券面值的差额称为债券折价。债券在折价发行时，债券购买者因折价而少付出的价款，是对以后各期少得利息收入的预先补偿；而债券发行企业因折价少得的收入，实质上是预先付给债券购买者的利息，它可以从以后各期少付利息中获得补偿，因而同样是对债券利息费用的一项调整。企业的债券折价应在债券存续期限内分期摊销，陆续增加企业债券按票面利率计算的利息费用。

2. 债券的发行费用

企业发行一般公司债券筹集资金，实际收款额还会受到发行费用和发行期间冻结资金所产生利息收入的影响，两项金额相当于债券折价或溢价进行处理，企业根据实际收款额重新计算实际利率，并在债券存续期间内按照债券票面利率计算应付(或应计)利息，按照实际利率计算确定计入资产成本或计入财务费用的实际利息，并将发行债券时实际收款额与债券面值之间形成的利息调整金额进行摊销。

（二）一般公司债券的会计处理

企业应设置“应付债券”科目核算企业为筹集长期资金而发行债券的本金和利息。本科目可按“面值”、“利息调整”、“应计利息”等进行明细核算。

企业发行的可转换公司债券，应将负债和权益成分进行分拆，分拆后形成的负债成分在本科目核算。

“应付债券”科目期末贷方余额，反映企业尚未偿还的长期债券摊余成本。

1. 发行债券的会计处理

企业发行债券，应按实际收到的金额，借记“银行存款”等科目，按债券票面金额，贷记“应付债券——面值”科目。存在差额的，还应借记或贷记“应付债券——利息调整”科目。

［例 11－2］ 公司 2017 年按面值发行票面利率为 6％、3 年期的债券 200 万元，每年末付息 1 次，到期一次还本。债券全部委托银行发行，债券款交存银行，用于补充生产经营资金的不足，并支付发行费用 1 万元，假定与发行期间冻结资金所产生的利息收入相等。根据上述经济业务，编制会计分录如下：

收到债券款：

借：银行存款	2 000 000	
贷：应付债券——面值		2 000 000

［例 11－3］ 旺利公司于 2016 年 1 月 1 日溢价发行面值为 500 万元，期限为 5 年、票面利率为 7％的债券，同期市场利率为 5.5％，发行价格 542 万元，支付发行费用 23.3 万元，发行期间冻结资金产生利息收入 2.3 万元，实际收到债券价款 521 万元，存入银行。每年年末付息，到期一次还本。经测算实际利率为 6％。该项筹资专项用于新厂区建设，工程建设期为 2 年。根据上述经济业务，编制会计分录如下：

企业收到发行债券款：

借：银行存款	5 210 000	
贷：应付债券——面值		5 000 000
——利息调整		210 000

2. 应付债券的计息

根据会计准则，资产负债表日，对于分期付息、一次还本的债券，应按摊余成本和实际利率计算确定的债券利息费用，借记“在建工程”、“制造费用”、“财务费用”、“研发支出”等科目，贷记“应付利息”科目；按其差额，借记或贷记“应付债券——利息调整”科目。

对于一次还本付息的债券，应于资产负债表日按摊余成本和实际利率计算确定的债券利息费用，借记“在建工程”、“制造费用”、“财务费用”、“研发支出”等科目，贷记“应付债券——应计利息”科目；按其差额，借记或贷记“应付债券——利息调整”科目。

［例 11－4］ 根据［例 11－2］的资料，企业按年计提利息所做会计处理如下：

借：财务费用	120 000	
贷：应付利息		120 000

［例 11－5］ 承［例 11－3］，旺利公司每年计算债券的实际利息费用如表 11－1 所示。

表 11—1　　　　债券实际计息费用计算表　　　　单位:元

时　间	应付利息 (1)＝面值×7%	实际利息 (2)＝上期(5)×实际利率 6%	利息调整摊销 (3)＝(1)－(2)	尚未摊销利息调整额 (4)＝上期(4)－(3)	应付债券摊余成本 (5)＝上期(5)－(3)
2016 年 1 月 1 日				210 000	5 210 000
2016 年 12 月 31 日	350 000	312 600	37 400	172 600	5 172 600
2017 年 12 月 31 日	350 000	310 356	39 644	132 956	5 132 956
2018 年 12 月 31 日	350 000	307 977.36	42 022.64	90 933.36	5 090 933.36
2019 年 12 月 31 日	350 000	305 456	44 544	46 389.36	5 046 389.36
2020 年 12 月 31 日	350 000	303 610.64	46 389.36	0	5 000 000
合　计	1 750 000	1 540 000	210 000	0	

根据表 11—1 的计算结果,旺利公司每年计提实际利息费用,作如下会计处理:

(1)2016 年 12 月 31 日:

借:在建工程——新厂区基建工程　　312 600
　应付债券——利息调整　　37 400
　贷:应付利息　　350 000

(2)2017 年 12 月 31 日:

借:在建工程——新厂区基建工程　　310 356
　应付债券——利息调整　　39 644
　贷:应付利息　　350 000

(3)2018 年 12 月 31 日:

借:财务费用　　307 977.36
　应付债券——利息调整　　42 022.64
　贷:应付利息　　350 000

(4)2019 年 12 月 31 日:

借:财务费用　　305 456
　应付债券——利息调整　　44 544
　贷:应付利息　　350 000

每期末支付利息:

借:应付利息　　350 000
　贷:银行存款　　350 000

(5)2020 年 12 月 31 日:

借:财务费用　　303 610.64
　应付债券——利息调整　　46 389.36
　贷:应付利息　　350 000

由表 11—1 可见,该公司债券利息调整总额为 210 000 元,每期按照实际债务金额结合实际利率计算实际利息费用,将利息调整进行摊销,至债券到期日,利息调整摊销完毕,这时债券的账面价值等于债券的票面价值。

(6)2020 年末支付本金及最后一年利息：

借：应付债券——面值　　5 000 000
　应付利息　　350 000
　　贷：银行存款　　5 350 000

3. 应付债券的偿还

长期债券到期，支付债券本息，借记“应付债券——面值”、“应付债券——应计利息”或“应付利息”等科目，贷记“银行存款”等科目。同时存在利息调整余额的，借记或贷记“应付债券——利息调整”，贷记或借记“在建工程”、“制造费用”、“财务费用”、“研发支出”等科目。

[例 11－6] 根据[例 11－2]和[例 11－4]的资料，企业在债券到期时，所作会计处理如下：

借：应付债券——面值　　2 000 000
　应付利息　　120 000
　　贷：银行存款　　2 120 000

二、可转换公司债券

可转换公司债券是指企业发行的可以转换为公司股票的债券。这种债券在发行时规定了转换为公司股票的条件和办法，当条件具备时，债券持有人拥有将公司债券转换为公司股票的选择权。

我国发行可转换公司债券采用记名式无纸化发行方式，企业发行的可转换公司债券，应在“应付债券”科目下设“可转换公司债券”明细科目进行核算。

企业发行的可转换公司债券，应当在初始确认时将其包含的负债成分和权益成分进行分拆，将负债成分确认为应付债券，将权益成分确认为其他权益工具。在进行分拆时，应当先对负债成分的未来现金流量进行折现，确定负债成分的初始确认金额。发行可转换公司债券发生的交易费用，应当在负债成分和权益成分之间按照各自的相对公允价值进行分摊。企业应按实际收到的款项，借记“银行存款”等科目，按可转换公司债券包含的负债成分面值，贷记“应付债券——可转换公司债券(面值)”科目，按权益成分的公允价值，贷记“其他权益工具”科目，按借贷双方之间的差额，借记或贷记“应付债券——可转换公司债券(利息调整)”科目。

对于可转换公司债券的负债成分，在转换为股份前，其会计处理与一般公司债券相同，即按照摊余成本和实际利率确认利息费用，按照面值和票面利率确认应付利息，差额作为利息调整摊销。可转换公司债券持有人在债券存续期间内行使转换股权，将可转换公司债券转换为股份时，对于债券不可转换股份的部分，企业应当付款偿还。

可转换公司债券持有人行使转换权利，将其持有的债券转换为股票，按可转换公司债券的余额，借记“应付债券——可转换公司债券(面值、利息调整)”科目，按其权益成分的金额，借记“其他权益工具”科目，按股票面值和转换的股数计算的股票面值总额，贷记“股本”科目，按其差额，贷记“资本公积——股本溢价”科目。如用现金支付不可转换股票的部分，还应贷记“银行存款”等科目。

[例 11－7] 远东公司经批准于 2018 年 1 月 1 日按面值发行 5 年期一次还本分期付息的可转换公司债券 100 000 000 元，款项已收存银行，债券票面利率为 6%。债券发行 1 年后可转换为普通股股票，初始转股价为每股 10 元，股票面值为每股 1 元。债券持有人若在当期付息前转换股票的，应按债券面值与应付利息之和除以转股价，计算转换的股份数。远东公司发

行可转换公司债券时二级市场上与之类似的没有附带转换权的债券市场利率为9%。

2019年1月1日，债券持有人将持有的可转换公司债券全部转换为普通股股票。

根据上述经济业务，远东公司所作会计处理如下：

(1)2018年1月1日，发行可转换公司债券：

借：银行存款	100 000 000	
应付债券——可转换公司债券(利息调整)	11 671 800	
贷：应付债券——可转换公司债券(面值)		100 000 000
其他权益工具		11 671 800

可转换公司债券负债成分的公允价值为：

100 000 000×0.649 9+100 000 000×6%×3.889 7=88 328 200(元)

可转换公司债券权益成分的公允价值为：

100 000 000－88 328 200=11 671 800(元)

(2)2018年12月31日，确认利息费用：

借：财务费用等	7 949 538	
贷：应付利息		6 000 000
应付债券——可转换公司债券(利息调整)		1 949 538

(3)2019年1月1日，债券持有人行使转换权：

转换的股份数=(100 000 000+6 000 000)/10=10 600 000(股)

借：应付债券——可转换公司债券(面值)	100 000 000	
应付利息	6 000 000	
其他权益工具	11 671 800	
贷：股本		10 600 000
应付债券——可转换公司债券(利息调整)		9 722 262
资本公积——股本溢价		97 349 538

第三节 长期应付款

一、长期应付款的含义

长期应付款是企业除长期借款、应付债券以外的其他各种长期应付款项，包括应付融资租入固定资产租赁费、以分期付款方式购入固定资产应付款项等。

二、长期应付款的会计处理

企业应设置“长期应付款”科目，核算应付融资租入固定资产的租赁费、以分期付款方式购入固定资产等发生的应付款项。本科目可按长期应付款的种类和债权人进行明细核算。

该科目期末贷方余额，反映企业应付未付的长期应付款项。

(一)应付融资租入固定资产的租赁费

企业采用融资租赁方式租入的固定资产，在租赁期开始日，按应计入固定资产成本的金额(租赁开始日租赁资产的公允价值与最低租赁付款额的现值两者中较低者，加上初始直接费用)，借记“在建工程”或“固定资产”科目，按最低租赁付款额，贷记“长期应付款”科目，按发生的初始直接费用，贷记“银行存款”等科目，按其差额，借记“未确认融资费用”科目。

企业按期支付租金，借记“长期应付款”科目，贷记“银行存款”科目。

应付融资租入固定资产租赁费的具体核算见固定资产章节有关内容。

（二）具有融资性质的延期付款购买固定资产

企业购买资产有可能延期支付有关价款。如果延期支付的购买价款超过正常信用条件，实质上具有融资性质的，所购资产的成本应当以延期支付购买价款的现值为基础确定。实际支付的价款与购买价款的现值之间的差额，应当在信用期间内采用实际利率法进行摊销，计入相关资产的成本或当期损益。

具体来讲，企业购入有关资产超过正常信用条件延期支付价款、实质上具有融资性质的，应按购买价款的现值，借记“固定资产”、“在建工程”等科目；按应支付的金额，贷记“长期应付款”科目；按其差额，借记“未确认融资费用”科目。按期支付价款时，借记“长期应付款”科目，贷记“银行存款”科目。

第四节　专项应付款

专项应付款是指企业取得政府作为所有者投入的具有专项或特定用途的款项，企业通过设置“专项应付款”科目，对该类款项进行核算。本科目按资本性投资项目进行明细核算。

企业收到或应收的资本性拨款，借记“银行存款”等科目，贷记“专项应付款”科目。将专项或特定用途的拨款用于工程项目，借记“在建工程”等科目，贷记“银行存款”、“应付职工薪酬”等科目。工程项目完工形成长期资产的部分，应按实际成本，借记“固定资产”等科目，贷记“在建工程”等科目；同时，核销专项应付款，借记“专项应付款”科目，贷记“资本公积——资本溢价或股本溢价”科目；对于未形成长期资产的部分，借记“专项应付款”科目，贷记“在建工程”等科目；拨款结余需要返还的，借记“专项应付款”科目，贷记“银行存款”科目。

“专项应付款”科目期末贷方余额，反映企业尚未转销的专项应付款。

本章小结

本章根据《企业会计准则——应用指南》的相关规定，主要介绍了非流动负债中偿还期限比较长的长期借款、应付债券、长期应付款和专项应付款的相关知识。根据新的企业会计准则，要采用实际利率法对负债的利息金额进行核算，计入相关资产的成本或当期损益，不仅如此，企业对长期应付款核算过程中出现的未确认融资费用，也要采用实际利率法进行摊销。这为掌握长期借款、应付债券、长期应付款和专项应付款的会计处理增加了一定的难度。

复习思考题

1. 企业应付债券的发行价格是怎样计算的？
2. 根据企业会计准则，实际利率法对债券利息调整如何进行摊销？
3. 可转换公司债券发行时负债与权益如何分拆？
4. 可转换公司债券转换为股份时股本金额如何确定？

第十二章 借款费用

【本章要点提示】

- 借款费用的概念及其范围。
- 借款费用确认的原则。
- 借款费用应予资本化的借款范围。
- 借款费用资本化期间的确定。
- 专门借款、一般借款利息费用资本化金额的计量。
- 借款费用的会计处理。

市场经济条件下,资金是企业生存和发展的生命源泉。

在企业的生产经营过程中,所使用的资金除投资者提供和留存收益外,还会从银行或其他金融机构借款、发行债券筹集,以满足生产支出和其他方面的需要,从而形成企业的借款负债。伴随借款的发生,往往会产生借款费用,借款费用的资本化或费用化对于企业正确确定资产价值和期间费用,从而正确编制资产负债表和利润表,具有非常重要的意义。

第一节　借款费用及其确认和计量

一、借款费用及其范围

借款费用是指企业因借款而发生的利息及其他相关成本。

借款费用包括借款利息费用(包括借款折价或者溢价的摊销和相关辅助费用)以及因外币借款而发生的汇兑差额等。

(一)因借款而发生的利息

因借款而发生的利息,包括企业向银行或者其他金融机构等借入资金发生的利息、发行债券发生的利息以及为购建或者生产符合资本化条件的资产而发生的带息债务所承担的利息等。

(二)因借款而发生的折价或溢价的摊销

因借款而发生的折价或溢价的摊销主要指折价发行或溢价发行公司债券所导致的折价金额或溢价金额在债券存续期间每期的摊销额。

(三)因借款而发生的辅助费用

因取得借款而发生的辅助费用,包括企业在借款过程中发生的诸如手续费、佣金、印刷费等费用。

(四)因外币借款而发生的汇兑差额

因外币借款而发生的汇兑差额,是指由于汇率变动而对借款本金及其利息的记账本位币金额产生的影响金额,它是企业借入外币借款所应承担的代价和风险。

二、借款费用的确认

借款费用的确认主要解决的是将每期发生的借款费用资本化、计入相关资产的成本，还是将有关借款费用费用化、计入当期损益的问题。根据借款费用准则的规定，借款费用确认的基本原则是，企业发生的借款费用，可直接归属于符合资本化条件的资产的购建或者生产的，应当予以资本化，计入相关资产成本；其他借款费用，应当在发生时根据其发生额确认为费用，计入当期损益。

符合资本化条件的资产，是指需要经过相当长时间的购建或者生产活动才能达到预定可使用或者可销售状态的固定资产、投资性房地产和存货等资产。建造合同成本、确认为无形资产的开发支出在符合条件的情况下，也可以认定为符合资本化条件的资产。

符合借款费用资本化条件的存货，主要包括房地产开发企业开发的用于对外出售的开发产品、企业制造的用于对外出售的大型机械设备等。这类存货通常需要经过相当长时间的建造或者生产过程，才能达到预定可销售状态。其中"相当长时间"，是指为资产的购建或者生产所必需的时间，通常为一年以上(含一年)。

在实务中，如果由于人为或者故意等非正常因素导致资产的构建或者生产时间相当长的，该资产不属于符合资本化条件的资产。购入即可使用的资产，或者购入后需要安装但所需安装时间较短的资产，或者需要建造或者生产但所需建造或者生产时间较短的资产，均不属于符合资本化条件的资产。

三、借款费用应予资本化的借款范围

借款费用应予资本化的借款范围既包括专门借款，也包括一般借款。

专门借款应当有明确的专门用途，即为购建或生产某项符合资本化条件的资产而专门借入的款项，通常应有标明专门用途的借款合同。

一般借款是指除专门借款以外的其他借款，一般借款在借入时，其用途通常没有特指必须用于符合资本化条件的资产的购建或者生产。

四、借款费用应予资本化期间的确定

借款费用资本化期间的确定，包括借款费用开始资本化的时点、借款费用暂停资本化的时间和借款费用停止资本化时点的确定。

(一)借款费用开始资本化的时点

借款费用只有同时满足以下三个条件时，才应当开始资本化：

1. 资产支出已经发生

资产支出已经发生，是指企业已经发生了支付现金、转移非现金资产或者承担带息债务形式所发生的支出。其中，支付现金，是指用货币资金支付符合资本化条件的资产的购建或者生产支出；转移非现金资产，是指企业将自己的非现金资产直接用于符合资本化条件的资产的购建或者生产；承担带息债务，是指企业为了购建或者生产符合资本化条件的资产所需用物资等承担的带息应付款项(如带息应付票据)。

2. 借款费用已经发生

借款费用已经发生，是指企业已经发生了因购建或者生产符合资本化条件的资产而专门借入款项的借款费用或者所占用的一般借款的借款费用。

3. 为使资产达到预定可使用或可销售状态所必要的购建或者生产活动已经开始

为使资产达到预定可使用或者可销售状态所必要的购建或者生产活动已经开始，是指符合资本化条件的资产的实体建造或者生产工作已经开始。例如主体设备的安装、厂房的实体开工建造等。

企业只有在上述三个条件同时满足的条件下，有关借款费用才可开始资本化，只要其中有一个条件不满足，借款费用就不能开始资本化。

(二)借款费用暂停资本化的时间

根据《企业会计准则第 17 号——借款费用》规定，符合资本化条件的资产在购建或者生产过程中，发生非正常中断且中断时间连续超过 3 个月的，应当暂停借款费用的资本化。在中断期间发生的借款费用应当确认为费用，计入当期损益，直至资产的购建或者生产活动重新开始。非正常的中断，通常是由于企业管理决策上的原因或者其他不可预见的原因等所导致的中断，如企业因与施工方发生质量纠纷，或者工程、生产用材料没有及时供应，或者资金周转发生了困难，或者施工、生产发生了安全事故，劳动纠纷等原因，导致资产购建或者生产活动发生中断，均属于非正常中断。如果中断是所购建或者生产的符合资本化条件的资产达到预定可使用或者可销售状态必要的程序，或者事先可预见的不可抗力因素导致的中断，借款费用的资本化应当继续进行。

(三)借款费用停止资本化的时点

购建或者生产符合资本化条件的资产达到预定可使用或者可销售状态时，借款费用应当停止资本化。在符合资本化条件的资产达到预定可使用或者可销售状态之后所发生的借款费用，应当在发生时根据其发生额确认为费用，计入当期损益。

购建或者生产符合资本化条件的资产达到预定可使用或者可销售状态，可从下列几个方面进行判断：

(1)符合资本化条件的资产的实体建造(包括安装)或者生产工作已经全部完成或者实质上已经完成。

(2)所购建或者生产的符合资本化条件的资产与设计要求、合同规定或者生产要求相符或者基本相符，即使有极个别与设计、合同或者生产要求不相符的地方，也不影响其正常使用或者销售。

(3)继续发生在所购建或生产的符合资本化条件的资产上的支出金额很少或者几乎不再发生。

购建或者生产符合资本化条件的资产需要试生产或者试运行的，在试生产结果表明资产能够正常生产出合格产品，或者试运行结果表明资产能够正常运转或者营业时，应当认为该资产已经达到预定可使用或者可销售状态。

购建或者生产的符合资本化条件的资产的各部分分别完工，且每部分在其他部分继续建造过程中可供使用或者可对外销售，且为使该部分资产达到预定可使用或可销售状态所必要的购建或者生产活动实质上已经完成的，应当停止与该部分资产相关的借款费用的资本化。

购建或者生产的资产的各部分分别完成，但必须等到整体完工后才可使用或者可对外销售的，应当在该资产整体完工时停止借款费用的资本化。

五、借款费用的计量

借款费用的计量涉及每期借款费用发生总额的计量、应予资本化的借款费用金额的计量，每期应当计入当期损益的借款费用金额则根据当期实际发生的借款费用总额减去当期应予资本化的借款费用金额后的余额来加以计量。因此,借款费用计量的关键是如何计算确定每期应予资本化的借款费用金额。

根据借款费用计量原则,企业为购建或生产符合资本化条件的资产而借入专门借款的,在确定每期专门借款利息资本化的金额时,应当以专门借款当期实际发生的利息费用,减去将尚未动用的借款资金存入银行取得的利息收入或者进行暂时性投资取得的投资收益后的金额确定。

在确定一般借款利息费用资本化金额时,应当将其与每期实际发生的资产支出数相挂钩,根据累计支出加权平均数乘以资本化率计算确定;在确定外币专门借款汇兑差额的资本化金额时,出于简化核算的考虑,可直接根据其实际发生额计算确定,不必与资产支出相挂钩。

第二节　借款费用的会计处理

一、借款实际利息费用

(一)专门借款利息费用

企业发生的专门借款利息费用,在资本化期间内发生的,应当以专门借款当期实际发生的利息费用,减去将尚未动用的借款资金存入银行取得的利息收入或者进行暂时性投资取得的投资收益后的金额,确定为专门借款利息资本化的金额,将其计入符合资本化条件的资产的成本。在费用化期间发生的,以专门借款当期实际发生的利息费用,减去将尚未动用的借款资金存入银行取得的利息收入或者进行暂时性投资取得的投资收益后的金额,确定为专门借款利息费用化的金额,将其计入当期损益。

[例 12—1] 恒大公司于 2018 年 1 月 1 日正式动工兴建一幢办公楼,工期预计为一年零六个月,工程采用出包方式,分别于 2018 年 1 月 1 日、2018 年 7 月 1 日和 2019 年 1 月 1 日支付工程进度款。

公司为建造办公楼于 2018 年 1 月 1 日专门借款 4 000 万元,借款期限为 3 年,年利率为 8%;另外,在 2018 年 7 月 1 日又专门借款 8 000 万元,借款期限为 5 年,年利率为 10%。借款利息按年支付。

闲置借款资金均用于固定收益债券短期投资,该短期投资月收益率为 0.5%。办公楼于 2019 年 6 月 30 日达到预定可使用状态。公司为建造办公楼的支出金额如表 12—1 所示。

表 12—1　　**建造办公楼的支出金额表**　　单位:万元

日　期	资产支出金额	资产支出累计金额	闲置资金用于短期投资金额
2018 年 1 月 1 日	3 000	3 000	1 000
2018 年 7 月 1 日	5 000	8 000	4 000
2019 年 1 月 1 日	3 000	11 000	1 000
合　计	11 000	—	6 000

根据上述资料,恒大公司 2018 年为建造办公楼应予资本化的利息金额计算如下:

(1)确定借款费用资本化的期间为 2018 年 1 月 1 日～2019 年 6 月 30 日。

(2)计算在资本化期间内专门借款实际发生的利息金额。

$$\begin{array}{l}2018\text{ 年专门借款实际}\\ \text{发生的利息金额}\end{array}=4\ 000\times 8\%+8\ 000\times 10\%\times 6/12=720(\text{万元})$$

$$\begin{array}{l}2019\text{ 年 1 月 1 日}\sim 6\text{ 月 30 日}\\ \text{专门借款实际发生的利息金额}\end{array}=4\ 000\times 8\%\times 6/12+8\ 000\times 10\%\times 6/12=560(\text{万元})$$

(3)计算在资本化期间内利用闲置的专门借款资金进行短期投资的收益。

2018 年短期投资收益＝1 000×0.5%×6＋4 000×0.5%×6＝150(万元)

2019 年 1 月 1 日～6 月 30 日短期投资收益＝1 000×0.5%×6＝30(万元)

(4)公司 2018 年借款利息资本化的金额＝720－150＝570(万元)

公司 2019 年借款利息资本化的金额＝560－30＝530(万元)

(5)公司所作的与借款费用资本化有关的会计分录为：

2018 年 12 月 31 日：

借:在建工程　　5 700 000
　应收利息(或银行存款)　　1 500 000
　贷:应付利息　　7 200 000

2019 年 6 月 30 日：

借:在建工程　　5 300 000
　应收利息(或银行存款)　　300 000
　贷:应付利息　　5 600 000

(二)一般借款利息费用

一般借款是指除专门借款以外的其他借款。

在借款费用资本化的期间内,为购建或者生产符合资本化条件的资产占用了一般借款的,一般借款应予资本化的利息金额应当按照下列公式计算：

$$\begin{array}{c}\text{一般借款利息费用}\\ \text{资本化的金额}\end{array}=\begin{array}{c}\text{累计资产支出超过专门借款}\\ \text{部分的资产支出加权平均数}\end{array}\times\begin{array}{c}\text{所占用一般借款}\\ \text{的资本化率}\end{array}$$

$$\begin{array}{c}\text{所占用一般借}\\ \text{款的资本化率}\end{array}=\begin{array}{c}\text{所占用一般借款}\\ \text{加权平均利率}\end{array}=\frac{\text{所占用一般借款当期实际发生的利息之和}}{\text{所占用一般借款本金加权平均数}}$$

$$\begin{array}{c}\text{所占用一般借款}\\ \text{本金加权平均数}\end{array}=\sum\left(\begin{array}{c}\text{所占用每笔}\\ \text{一般借款本金}\end{array}\times\frac{\text{每笔一般借款在当期所占用的天数}}{\text{当期天数}}\right)$$

[例 12－2] 科利公司购建某资产,工程于 2018 年 5 月 1 日开工,2018 年各月支出款项及其按年计算的资产累计支出加权平均数如表 12－2 所示。该工程没有专门借款,建造过程中占用了一般借款,一般借款是 2018 年 5 月 1 日向银行借入的期限为 2 年、年利率为 10%的长期借款 100 万元。

工程预计建造期间为一年,该工程在 2018 年底尚未完工。

表 12－2　资产支出和按年计算的累计支出加权平均数计算表　金额:元

日　期	金　额	资本化期间	平均支出
2018 年 5 月 1 日	300 000	8/12	200 000
2018 年 7 月 1 日	200 000	6/12	100 000

续表

日　期	金　额	资本化期间	平均支出
2018年10月1日	200 000	3/12	50 000
2018年12月1日	120 000	1/12	10 000
合　计	820 000		360 000

在表12－2中，资产累计支出加权平均数按如下公式计算：

$$\text{累计支出加权平均数}=\sum\left[\text{每笔资产支出金额}\times\left(\frac{\text{每笔资产支出实际占用的天数}}{\text{会计期间涵盖的天数}}\right)\right]$$

为简化计算，也可以以月数作为计算资产累计支出加权平均数的权数。

根据上述资料，科利公司2018年度一般借款利息费用资本化金额计算如下：

(1)一般借款利息费用资本化金额分步计算。

第一步，先计算各月借款利息资本化金额。

2018年各月借款利息资本化金额的计算过程如下：

5月份借款利息资本化金额＝300 000×30/30×10%/12＝2 500(元)

6月份借款利息资本化金额＝300 000×30/30×10%/12＝2 500(元)

7月份借款利息资本化金额＝[300 000×30/30＋200 000×30/30]×10%/12
＝4 166.67(元)

8月份借款利息资本化金额＝[300 000×30/30＋200 000×30/30]×10%/12
＝4 166.67(元)

9月份借款利息资本化金额＝[300 000×30/30＋200 000×30/30]×10%/12
＝4 166.67(元)

10月份借款利息资本化金额＝[300 000×30/30＋200 000×30/30＋200 000×30/30]×10%/12
＝5 833.33(元)

11月份借款利息资本化金额＝[300 000×30/30＋200 000×30/30＋200 000×30/30]×10%/12
＝5 833.33(元)

12月份借款利息资本化金额＝[300 000×30/30＋200 000×30/30＋200 000×30/30＋120 000×30/30]×10%/12
＝6 833.33(元)

第二步，计算全年借款利息资本化金额为36 000元。

若第一步，先计算出各个季度一般借款利息资本化金额。

2018年各个季度借款利息资本化金额计算过程如下：

第二季度借款利息资本化金额＝300 000×2/3×10%/4＝5 000(元)

第三季度借款利息资本化金额＝[300 000×3/3＋200 000×3/3]×10%/4

$=12\ 500$(元)

第四季度借款利息资本化金额 $=[300\ 000\times3/3+200\ 000\times3/3+200\ 000\times3/3+120\ 000\times1/3]\times10\%/4$

$=18\ 500$(元)

第二步,全年借款利息资本化金额仍为 36 000 元。

(2)一般借款利息费用资本化金额直接按年计算。

2018 年应予以资本化的借款利息 $=(300\ 000\times8/12+200\ 000\times6/12+200\ 000\times3/12+120\ 000\times1/12)\times10\%$

$=360\ 000\times10\%=36\ 000$(元)

通过上述计算过程可知,不论一般借款利息费用资本化金额分步计算还是直接按年计算,其结果相同,只是在计算过程中,资产累计支出加权平均数与资本化率的口径要一致。

事实上,企业对一般借款利息费用资本化金额是直接计算的,通过分步计算,有助于理解累计资产支出加权平均数、资本化率和利息费用资本化金额的计算过程。

[例 12—3] 乐华公司在 2018 年 1 月 1 日和 9 月 30 日分别借入两项一般借款,其中 1 月 1 日借款 1 000 万元,年利率为 6%,期限为 3 年;9 月 30 日借款 800 万元,年利率为 8%,期限为 2 年。企业为建造办公楼没有专门借款,使用了一般借款。在 2018 年 1 月 1 日、7 月 1 日和 11 月 1 日分别发生资产支出 500 万元、500 万元和 600 万元,12 月 31 日办公楼工程完工达到预定可使用状态。

2018 年资产累计支出加权平均数 $=500\times360/360+500\times180/360+600\times60/360$

$=500+250+100=850$(万元)

$$加权平均利率=\frac{1\ 000\times6\%\times360/360+800\times8\%\times90/360}{1\ 000\times360/360+800\times90/360}\times100\%$$

$=76/1\ 200\times100\%=6.33\%$

借款利息资本化的金额 $=8\ 500\ 000\times6.33\%=538\ 050$(元)

借款利息费用化的金额 $=760\ 000-538\ 050=221\ 950$(元)

公司根据上述经济业务所作会计分录如下:

(1)1 月 1 日借款:

借:银行存款	10 000 000	
贷:长期借款		10 000 000

(2)1 月 1 日发生资产支出:

借:在建工程——办公楼建筑工程	5 000 000	
贷:银行存款		5 000 000

(3)7 月 1 日发生资产支出:

借:在建工程——办公楼建筑工程	5 000 000	
贷:银行存款		5 000 000

(4)9 月 30 日借款:

借:银行存款	8 000 000	
贷:长期借款		8 000 000

(5)11 月 1 日发生资产支出：

借:在建工程——办公楼建筑工程	6 000 000	
贷:银行存款		6 000 000

(6)12 月 31 日计算借款利息资本化金额并入账：

借:在建工程——办公楼建筑工程	538 050	
财务费用	221 950	
贷:应付利息		760 000

(7)工程完工交付使用：

借:固定资产——办公楼	16 538 050	
贷:在建工程——办公楼建造工程		16 538 050

(三)同时存在专门借款和一般借款利息费用

企业同时存在专门借款和一般借款用于购建或生产符合资本化条件的资产时，借款利息资本化的金额，应分别专门借款产生的利息费用资本化的金额和一般借款产生的利息费用资本化的金额进行确定，汇总计算借款利息资本化的金额。

[例 12－4] 康泰公司于 2018 年 1 月 1 日动工兴建一幢办公楼，工程采用出包方式，每半年支付一次工程进度款，工程于 2019 年 6 月 30 日完工，达到预定可使用状态。

建造资产工程支出如下：

2018 年 1 月 1 日，支出 1 500 万元；2018 年 7 月 1 日，支出 2 500 万元；2019 年 1 月 1 日，支出 1 500 万元，累计支出 5 500 万元。

公司为建造办公楼于 2018 年 1 月 1 日专门借款 2 000 万元，期限为 3 年，年利率为 8%，除此之外，无其他专门借款。

办公楼的建造还占用了两笔一般借款：

商业银行长期贷款 2 000 万元，期限为 2017 年 12 月 1 日至 2020 年 12 月 1 日，年利率为 6%，按年支付利息。

发放公司债券 1 亿元，发行日为 2017 年 1 月 1 日，期限为 5 年，年利率为 8%，按年支付利息。

闲置专门借款资金用于固定收益债券短期投资，假定短期投资月收益率为 0.5%，假定全年按 360 天计。

根据上述业务，康泰公司 2018 年、2019 年与建造办公楼资本化的利息金额计算有关的资料计算确定如下：

(1)计算借款产生的利息金额：

2018 年专门借款产生的利息金额＝2 000×8%＝160(万元)

2018 年一般借款产生的利息金额＝2 000×6%＋10 000×8%＝920(万元)

2019 年 1 月 1 日～6 月 30 日专门借款产生的利息金额＝2 000×8%×180/360＝80(万元)

2019 年 1 月 1 日～6 月 30 日一般借款产生的利息金额＝(2 000×6%＋10 000×8%)×180/360＝460(万元)

(2)计算专门借款利息资本化的金额：

2018 年专门借款利息资本化的金额＝2 000×8%－500×0.5%×6＝145(万元)

2019 年专门借款利息资本化的金额＝2 000×8%×180/360＝80(万元)

(3)计算一般借款利息资本化金额：

2018 年占用了一般借款的资产支出加权平均数＝2 000×180/360
＝1 000(万元)

2018 年一般借款利息资本化率＝(2 000×6%＋10 000×8%)/(2 000＋10 000)
＝7.67%

2018 年一般借款利息资本化金额＝1 000×7.67%＝76.7(万元)

2019 年占用了一般借款的资产支出加权平均数＝(2 000＋1 500)×180/360＝1 750(万元)

2019 年一般借款利息资本化率＝(2 000×6%＋10 000×8%)/(2 000＋10 000)＝7.67%

2019 年一般借款利息资本化金额＝1 750×7.67%＝134.225(万元)

(4)康泰公司建造办公楼应予资本化的利息金额如下：

2018 年借款利息资本化的金额＝145＋76.7＝221.7(万元)

2019 年借款利息资本化的金额＝80＋134.225＝214.225(万元)

(5)康泰公司在固定资产的建造期间内应予费用化的利息金额：

2018 年专门借款利息费用化的金额＝0

2018 年一般借款利息费用化的金额＝920－76.7＝843.3(万元)

2019 年 1 月 1 日～6 月 30 日专门借款利息费用化的金额＝0

2019 年 1 月 1 日～6 月 30 日一般借款利息费用化的金额＝460－134.225
＝325.775(万元)

(6)康泰公司与借款费用资本化有关的账务处理如下：

2018 年 12 月 31 日：

借:在建工程	2 217 000	
财务费用	8 433 000	
应收利息(或银行存款)	150 000	
贷:应付利息		10 800 000

2019 年 6 月 30 日：

借:在建工程	2 142 250	
财务费用	3 257 750	
贷:应付利息		5 400 000

(四)存在借款费用暂停资本化情况

在借款费用暂停资本化的期间,不论是专门借款利息还是一般借款利息都要暂停资本化。

[例 12－5]　安庆公司于 2018 年 4 月 1 日和 5 月 1 日分别取得两年期的借款 100 万元和 60 万元,年利息率分别为 12%和 10%,款项存入银行。此两项借款均为一般借款。

2018 年开工建造一项固定资产,2018 年 6 月 1 日和 9 月 1 日,为工程分别支出 60 万元和 30 万元。

2019 年 1 月 1 日～5 月 31 日,工程人为暂时停工,6 月 1 日正式恢复施工,并于 10 月 1 日发生工程支出 50 万元,该项资产于 2019 年 12 月 31 日建造完毕,达到预定可使用状态。

根据该公司的具体业务,进行会计处理如下：

(1)借款：

2018 年 4 月 1 日：

借：银行存款 1 000 000

　　贷：长期借款 1 000 000

2018 年 5 月 1 日：

借：银行存款 600 000

　　贷：长期借款 600 000

(2)发生资产支出：

2018 年 6 月 1 日：

借：在建工程 600 000

　　贷：银行存款 600 000

2018 年 9 月 1 日：

借：在建工程 300 000

　　贷：银行存款 300 000

(3)2018 年 12 月 31 日，借款利息资本化按年计算：

2018 年资产累计支出加权平均数

$=600\ 000\times7/12+300\ 000\times4/12=450\ 000$(元)

$$加权平均利率=\frac{1\ 000\ 000\times12\%\times9/12+600\ 000\times10\%\times8/12}{1\ 000\ 000\times9/12+600\ 000\times8/12}\times100\%$$

$$=130\ 000/1\ 150\ 000=11.3\%$$

2018 年资本化的利息金额$=450\ 000\times11.3\%=50\ 850$(元)

2018 年费用化的利息金额$=130\ 000-50\ 850=79\ 150$(元)

根据计算结果作如下会计分录：

借：在建工程 50 850

　　财务费用 79 150

　　贷：应付利息 130 000

(4)2019 年 10 月 1 日，支付工程款：

借：在建工程 500 000

　　贷：银行存款 500 000

(5)2019 年计算借款费用资本化的金额。

资产累计支出加权平均数$=900\ 000\times7/12+500\ 000\times3/12$

$=525\ 000+125\ 000=650\ 000$(元)

$$加权平均利率=\frac{1\ 000\ 000\times12\%+600\ 000\times10\%}{1\ 000\ 000+600\ 000}\times100\%$$

$$=180\ 000/1\ 600\ 000=11.25\%$$

2019 年资本化的利息金额$=650\ 000\times11.25\%=73\ 125$(元)

2019 年费用化的利息金额$=180\ 000-73\ 125=106\ 875$(元)

根据计算结果作如下会计分录：

借：在建工程 73 125

　　财务费用 106 875

　　贷：应付利息 180 000

(6)固定资产完工达到预定可使用状态：

借：固定资产　　1 523 975

　　贷：在建工程　　1 523 975

[例12－6]　华能公司拟在厂区内建造一幢新厂房，有关资料如下：

资料一：2018年1月1日向银行专门借款2 500万元，期限为3年，年利率为12%，每年1月1日付息。

除专门借款外，公司只有一笔其他借款，为公司于2017年12月1日借入的长期借款3 000万元，期限为5年，年利率为8%，每年12月1日付息。

资料二：由于审批、办手续等原因，厂房于2018年4月1日才开始动工兴建，当日支付工程款1 000万元，工程建设期间的支出情况如下：

2018年6月1日：500万元；

2018年7月1日：1 500万元；

2019年1月1日：500万元；

2019年4月1日：250万元；

2019年7月1日：250万元。

工程于2019年9月30日完工，达到预定可使用状态。其中，由于施工质量问题于2018年9月1日～12月31日停工4个月。

资料三：专门借款中未支出部分全部存入银行，假定月利率为0.5%。假定全年按照360天计算，每月按30天计算。

根据上述经济业务，华能公司有关利息资本化金额的计算和会计处理如下：

第一部分，计算2018年、2019年全年发生的专门借款和一般借款利息金额。

2018年专门借款发生的利息金额＝2 500×12%＝300(万元)

2018年一般借款发生的利息金额＝3 000×8%＝240(万元)

2019年专门借款发生的利息金额＝2 500×12%＝300(万元)

2019年一般借款发生的利息金额＝3 000×8%＝240(万元)

第二部分，公司从2018年4月1日开始建造固定资产，9月1日～12月31日停工4个月，为固定资产建造发生非正常的中断，且中断期间较长，所以2018年借款利息资本化的期间为4月1日～8月31日，共计5个月。2019年9月30日固定资产达到预定可使用状态，2019年借款利息资本化的期间为1月1日～9月30日，共计9个月。

第三部分，计算2018年应予资本化的利息金额、应予费用化的利息金额和相应的账务处理。

1. 计算2018年借款利息资本化的金额

(1)计算2018年专门借款利息资本化的金额：

2018年4月1日～8月31日在资本化期间，专门借款利息资本化的金额为：

2 500×12%×5/12－(1 500×0.5%×2＋1 000×0.5%×1)

＝125－20＝105(万元)

(2)计算2018年一般借款利息资本化的金额：

2018年4月1日～8月31日在资本化期间，资产支出占用一般借款的累计支出加权平均数为：

500×60/360＝83.33(万元)

一般借款资本化率＝8％

一般借款利息资本化的金额＝83.33×8％＝6.67(万元)

2018年借款利息资本化的金额＝105＋6.67＝111.67(万元)

2. 计算2018年应予费用化的利息金额

(1)计算2018年专门借款利息费用化的金额：

2018年1月1日～3月31日期间内，专门借款利息费用化的金额为：

2 500×12％×3/12－2 500×0.5％×3＝75－37.5＝37.5(万元)

2018年9月1日～12月31日期间内，专门借款利息费用化的金额为：

2 500×12％×4/12＝100(万元)

2018年专门借款利息费用化的金额＝100＋37.5＝137.5(万元)

或：

300－(2 500×0.5％×3＋1 500×0.5％×2＋1 000×0.5％×1)－105＝137.5(万元)

(2)计算2018年一般借款利息费用化的金额：

2018年一般借款利息费用化的金额＝240－6.67＝233.33(万元)

2018年借款利息费用化的金额＝137.5＋233.33＝370.83(万元)

(3)2018年度与借款利息有关的账务处理：

借：在建工程	1 116 700	
财务费用	3 708 300	
应收利息(或银行存款)	575 000	
贷：应付利息		5 400 000

第四部分，计算2019年应予资本化的利息金额、应予费用化的利息金额和相应的账务处理。

1. 计算2019年借款利息资本化的金额

(1)计算2019年专门借款利息资本化的金额：

2019年1月1日～9月30日在资本化期间，专门借款利息资本化的金额为：

2 500×12％×9/12＝225(万元)

(2)计算2019年一般借款利息资本化的金额：

2019年1月1日～9月30日在资本化期间，资产支出占用一般借款的累计支出加权平均数为：

1 000×270/360＋250×180/360＋250×90/360＝937.5(万元)

一般借款资本化率＝8％

一般借款利息资本化的金额＝937.5×8％＝75(万元)

2019年借款利息资本化的金额＝225＋75＝300(万元)

2. 计算2019年应予费用化的利息金额

(1)计算2019年应予费用化的专门利息金额：

2019年1月1日～9月30日专门借款利息费用化的金额为0

2019年10月1日～12月31日期间内，专门借款费用化的金额为：

2 500×12％×3/12＝75(万元)

2019年全年专门借款利息费用化的金额为75万元

(2)计算2019年一般借款利息费用化的金额：

2019年1月1日～9月30日一般借款利息费用化的金额为：

3 000×8%×9/12－75＝105(万元)

2019年10月1日～12月31日一般借款利息费用化的金额为：

3 000×8%×3/12＝60(万元)

2019年全年一般借款利息费用化的金额＝165(万元)

2019年1月1日～9月30日借款利息费用化的金额＝105(万元)

2019年全年借款利息费用化的金额＝75＋165＝240(万元)

3.2019年度与借款利息有关的账务处理

2019年9月30日：

借:在建工程	3 000 000	
财务费用	1 050 000	
贷:应付利息		4 050 000

2019年12月31日：

借:财务费用	1 350 000	
贷:应付利息		1 350 000

(五)借款利息资本化金额的限额

根据我国借款费用会计准则的规定,在资本化期间,每一会计期间的利息资本化金额,不应当超过当期相关借款实际发生的利息金额。

累计资产支出＞借款总额的部分,属于企业自有资金的使用,不再产生利息费用,不存在资本化或费用化利息的问题。

二、外币专门借款汇兑差额

在资本化期间,外币专门借款本金及利息的汇兑差额,应当予以资本化,计入符合资本化条件的资产的成本。除外币专门借款之外的其他外币借款本金及其利息所产生的汇兑差额应当作为财务费用,计入当期损益。

本章小结

本章根据我国《企业会计准则第17号——借款费用》和《企业会计准则——应用指南》的相关规定,介绍了借款费用的概念、内容,借款费用开始资本化的条件,借款费用暂停资本化的条件,借款费用停止资本化的条件,借款实际利息费用资本化金额的确定和外币专门借款汇兑差额资本化金额的确定方法。对于企业存在专门借款、一般借款和存在暂停资本化情况下借款利息资本化金额的确定和相关会计处理进行了详细介绍。

复习思考题

1. 借款费用包括哪些主要内容?
2. 借款费用资本化期间如何确定?
3. 如何判断借款费用开始资本化的时点?符合资本化条件的资产的购建或者生产发生的正常中断和非正常中断如何区分?如何判断借款费用停止资本化的时点?
4. 借款费用资本化金额如何计算确定?如何进行账务处理?

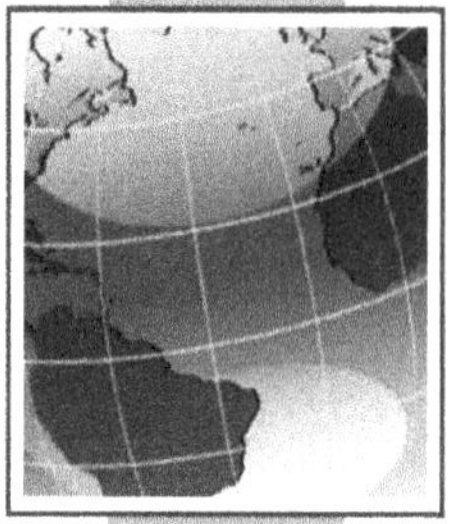

第十三章 债务重组

【本章要点提示】

- 债务重组的概念。
- 债务重组的方式。
- 不同方式下债务重组会计处理的原则。
- 不同方式下债务重组的会计处理。

在市场经济条件下，企业时刻都处在竞争的空间环境中，由于内部和外部的种种原因，有时会出现资金流转不畅、不能偿还到期债务的情况，甚至面临破产，这样就必然会对债权人产生影响，债务重组是解决问题的一种有效途径。

第一节 债务重组概述

一、债务重组的概念

债务重组，是指在债务人发生财务困难的情况下，债权人按照其与债务人达成的协议或者法院的裁定做出让步的事项。

债务人发生财务困难，是指因债务人出现资金周转困难、经营陷入困境或者其他原因，导致其无法或者没有能力按原定条件偿还债务。

债权人作出让步，是指债权人同意发生财务困难的债务人现在或者将来以低于重组债务账面价值的金额或者价值偿还债务。债权人作出让步的情形主要包括：债权人减免债务人部分债务本金或者利息，降低债务人应付债务的利率等。债务人发生财务困难，是债务重组的前提条件，而债权人作出让步是债务重组的必要条件。

二、债务重组的方式

(一)以资产清偿债务

以资产清偿债务是指债务人转让其资产给债权人以清偿债务的债务重组方式，包括债务人以现金清偿债务和以非现金资产清偿债务。这里所指的现金，包括库存现金、银行存款和其他货币资金，以现金清偿债务，是指以低于债务账面价值的现金清偿债务。以非现金资产清偿债务主要指债务人转让其非现金资产给债权人以清偿债务。债务人常用于偿债的非现金资产主要有存货、固定资产、无形资产和金融资产等。

(二)将债务转为资本

将债务转为资本，是指债务人将债务转为资本，同时债权人将债权转为股权的债务重组方式。债务转为资本是站在债务人的角度看待的，如果从债权人的角度看，则为债权转为股权。

但债务人根据转换协议，将应付可转换公司债券转为资本的，则属于正常情况下的债务转为资本，不能作为债务重组处理。

债务转为资本时，对股份有限公司而言，即将债务转为股本；对其他企业而言，是将债务转为实收资本。债务转为资本的结果是，债务人因此而增加股本(或实收资本)，债权人因此而增加股权。

(三)修改其他债务条件

修改其他债务条件，是指修改不包括上述(一)和(二)两种情形在内的债务条件进行债务重组的方式，如减少债务本金、降低利率、免去应付未付的利息等。

(四)以上三种方式的组合

以上三种方式的组合，是指采用以上三种方式共同清偿债务的债务重组方式。如以转让资产清偿某项债务的一部分，另一部分债务通过修改其他债务条件进行债务重组。主要包括以下可能的方式：

(1)债务的一部分以资产清偿，另一部分则转为资本；

(2)债务的一部分以资产清偿，另一部分则修改其他债务条件；

(3)债务的一部分转为资本，另一部分则修改其他债务条件；

(4)债务的一部分以资产清偿，一部分转为资本，另一部分则修改其他债务条件。

第二节　债务重组的会计处理

债务重组涉及债务人，也涉及债权人，双方都要根据债务重组的不同方式进行会计处理。

一、以资产清偿债务

企业以资产清偿债务，包括以现金清偿债务和以非现金资产清偿债务。

(一)以低于账面价值的现金清偿债务

以低于债务账面价值的现金清偿债务时，债务人应当将重组债务的账面价值与实际支付现金之间的差额作为营业外收入，计入当期损益，其中，相关重组债务应当在满足金融负债终止确认条件时予以终止确认。

债权人应当将重组债权的账面余额与收到现金之间的差额确认为债务重组损失，作为营业外支出，计入当期损益，其中，相关重组债权应当在满足金融资产终止确认条件时予以终止确认。重组债权已计提减值准备的，应当先将上述差额冲减已计提的减值准备；冲减后仍有损失的，计入营业外支出(债务重组损失)；冲减后减值准备仍有余额的，应予转回并抵减当期资产减值损失。

[**例 13—1**]　2019 年 2 月 22 日，百通公司发生财务困难，无法履行偿还新华公司 116 000 元账款的义务，与新华公司协商进行债务重组。双方达成的债务重组协议内容如下：新华公司同意减免百通公司 20 000 元债务，余额用现金偿还，款项存入银行。假设新华公司已对该项债权计提了 1 000 元的坏账准备。

(1)债务人百通公司的会计处理如下：

第一步，计算：

公司应确认的债务重组利得＝116 000－96 000＝20 000(元)

第二步，账务处理如下：

借：应付账款——新华公司　　116 000
　　贷：银行存款　　96 000
　　　　营业外收入——债务重组利得　　20 000

(2)债权人新华公司的会计处理如下：

第一步，计算：

公司应确认的债务重组损失＝116 000－96 000－1 000＝19 000(元)

第二步，账务处理如下：

借：银行存款　　96 000
　　坏账准备　　1 000
　　营业外支出——债务重组损失　　19 000
　　贷：应收账款——百通公司　　116 000

(二)以非现金资产清偿债务

以非现金资产清偿某项债务时，债务人应当将重组债务的账面价值与转让的非现金资产公允价值之间的差额，作为营业外收入计入当期损益，其中，相关重组债务应当在满足金融负债终止确认条件时予以终止确认。转让的非现金资产的公允价值与其账面价值的差额作为转让资产损益，计入当期损益。

债务人在转让非现金资产过程中发生的一些税费，如资产评估费、运杂费等，直接计入转让资产损益。对于增值税应税项目，如债权人不向债务人另行支付增值税，则债务重组利得应为转让非现金资产的公允价值和该非现金资产的增值税销项税额与重组债务账面价值的差额；如债权人向债务人另行支付增值税，则债务重组利得应为转让非现金资产的公允价值与重组债务账面价值之间的差额。

债权人应当对受让的非现金资产按其公允价值入账，重组债权的账面余额与受让的非现金资产公允价值之间的差额，计入当期损益，其中，相关重组债权应当在满足金融资产终止确认条件时予以终止确认。重组债权已计提减值准备的，应当先将上述差额冲减已计提的减值准备；冲减后仍有损失的，计入营业外支出(债务重组损失)；冲减后减值准备仍有余额的，应予转回并抵减当期资产减值损失。对于增值税应税项目，如债权人不向债务人另行支付增值税，则增值税进项税额可以作为冲减重组债权的账面余额处理；如债权人向债务人另行支付增值税，则增值税进项税额不能作为冲减重组债权账面余额处理。

债权人收到非现金资产时发生的有关运杂费等，应当计入相关资产的价值。

1. 以存货清偿债务

债务人以库存材料、商品产品抵偿债务，应视同销售进行核算。企业可将该项业务分为两部分：一是将库存材料、商品产品出售给债权人，取得款项。出售库存材料、商品产品业务与企业正常的销售业务处理相同，其发生的损益计入当期损益。二是以取得的货币清偿债务。当然，在这项业务中，实际上并没有发生相应的货币流入与流出。

债权人收到的资产应按实际用途与公允价值计量，相当于收到抵债的货币购买该项资产。

[例 13－2] 惠普公司和友谊公司均为增值税一般纳税人，2019 年 7 月 20 日，惠普公司发生财务困难，无法履行到期偿还 105 000 元债务的义务，2019 年 8 月 1 日，与友谊公司协商进行债务重组。双方达成的债务重组协议内容如下：友谊公司同意惠普公司用产品抵偿该应收账款。该产品市价为 80 000 元，增值税税率为 13%，产品成本为 70 000 元，这部分存货已计提跌价准备 500 元。假定友谊公司对应收账款计提了 2 000 元坏账准备，收到产品作原材

料核算。

(1)债务人惠普公司的会计处理如下：

第一步，计算：

转让资产损益＝80 000－(70 000－500)＝10 500(元)

债务重组利得＝105 000－80 000－10 400＝14 600(元)

第二步，账务处理如下：

借：应付账款——友谊公司	105 000	
贷：主营业务收入		80 000
应交税费——应交增值税(销项税额)		10 400
营业外收入——债务重组利得		14 600
借：主营业务成本	69 500	
存货跌价准备	500	
贷：库存商品		70 000

(2)债权人友谊公司的会计处理如下：

第一步，计算：

债务重组损失＝105 000－80 000－10 400－2 000＝12 600(元)

第二步，账务处理如下：

借：原材料	80 000	
应交税费——应交增值税(进项税额)	10 400	
坏账准备	2 000	
营业外支出——债务重组损失	12 600	
贷：应收账款——惠普公司		105 000

2. 以固定资产清偿债务

债务人以固定资产抵偿债务，应将固定资产的公允价值与该项资产账面价值和清理费用之间的差额作为转让固定资产的损益处理。同时，将固定资产的公允价值与应付债务的账面价值之间的差额，作为债务重组利得，计入营业外收入。债权人收到的固定资产应按公允价值计量。

[例 13－3]　西京公司和朗文公司都是增值税一般纳税企业，朗文公司应于 2019 年 6 月 30 日前支付西京公司货款 116 000 元。由于朗文公司发生财务困难，短期内不能支付货款。2019 年 7 月 3 日，经双方协议，西京公司同意朗文公司用一台设备抵偿应收款项。这台设备的公允价值为 80 000 元，增值税 10 400 元。账面原价为 120 000 元，累计折旧为 30 000 元，清理费用为 1 000 元，计提的减值准备为 9 000 元。西京公司未对债权计提坏账准备，收到设备作固定资产核算。

(1)债务人朗文公司的会计处理如下：

第一步，计算：

债务重组时固定资产的账面价值＝120 000－30 000－9 000＝81 000(元)

转让固定资产的损益＝80 000－81 000－1 000＝－2 000(元)

债务重组的利得＝116 000－80 000－10 400＝25 600(元)

第二步，账务处理如下：

固定资产转入清理：

借:固定资产清理　81 000
　累计折旧　30 000
　固定资产减值准备　9 000
　　贷:固定资产　120 000

发生清理费用:

借:固定资产清理　1 000
　　贷:银行存款　1 000

债务重组:

借:应付账款——西京公司　116 000
　　贷:固定资产清理　80 000
　　　应交税费——应交增值税(销项税额)　10 400
　　　营业外收入——债务重组利得　25 600

确认处置资产损失:

借:资产处置损益　2 000
　　贷:固定资产清理　2 000

(2)债权人西京公司的会计处理如下:

第一步,计算:

债务重组损失=116 000-80 000-10 400=25 600(元)

第二步,账务处理如下:

借:固定资产　80 000
　应交税费——应交增值税(进项税额)　10 400
　营业外支出——债务重组损失　25 600
　　贷:应收账款——朗文公司　116 000

3. 以股票或债券等金融资产清偿债务

债务人以股票或债券等金融资产清偿债务,应按相关金融资产的公允价值与其账面价值之间的差额,作为转让金融资产的利得或损失处理;相关金融资产的公允价值与重组债务账面价值的差额,作为债务重组利得。债权人收到的金融资产应根据自身具体情况确认金融资产,使用相关科目并按公允价值计量。

[例 13-4] 远东公司应收大理公司款项 232 000 元,大理公司 2018 年 12 月 31 日尚未支付款项。由于大理公司发生财务困难,短期内不能支付欠款。经与远东公司协商进行债务重组。双方达成的债务重组协议内容如下:远东公司同意大理公司以其拥有并作为以公允价值计量且其变动计入当期损益的交易性金融资产 C 公司股票抵偿债务。该股票的账面价值为 190 000 元(其中:成本 180 000 元,公允价值变动 10 000 元),公允价值为 200 000 元,假定远东公司为该项应收账款计提了坏账准备 25 000 元。用于抵债的股票已于 2019 年 1 月 22 日办理了相关转让手续;远东公司将取得的 C 公司股票作为以公允价值计量且其变动计入当期损益的交易性金融资产。

(1)债务人大理公司的会计处理如下:

第一步,计算:

转让资产损益=200 000-190 000=10 000(元)

债务重组利得=232 000-200 000=32 000(元)

第二步,账务处理如下:

借:应付账款——远东公司	232 000	
公允价值变动损益	10 000	
贷:交易性金融资产——C 股票(成本)		180 000
——C 股票(公允价值变动)		10 000
投资收益		20 000
营业外收入——债务重组利得		32 000

(2)债权人远东公司的会计处理如下:

第一步,计算:

债务重组损失=232 000－200 000－25 000=7 000(元)

第二步,账务处理如下:

借:交易性金融资产——C 股票(成本)	200 000	
坏账准备	25 000	
营业外支出——债务重组损失	7 000	
贷:应收账款——大理公司		232 000

二、将债务转为资本

将债务转为资本,债务人应当将债权人放弃债权而享有股份的面值总额确认为股本(或者实收资本),股份的公允价值总额与股本(或者实收资本)之间的差额确认为资本公积。重组债务的账面价值与股份的公允价值总额之间的差额,作为营业外收入,计入当期损益。

债权人应当将享有股份的公允价值确认为对债务人的投资,重组债权的账面余额与股份的公允价值之间的差额,计入当期损益;债权人已对债权计提减值准备的,应当先将该差额冲减减值准备,冲减后仍有损失的,计入营业外支出(债务重组损失);冲减后减值准备仍有余额的,应予转回并抵减当期资产减值损失。

[例 13－5]　2019 年 7 月 2 日,博阳公司应收三通公司账款的账面余额为 100 000 元,由于三通公司发生财务困难,无法偿付该应付账款。经双方协商同意,三通公司以其普通股抵偿债务。假定普通股的面值为 1 元,三通公司以 20 000 股抵偿该项债务,股票每股市价为 4.5 元,博阳公司对该项应收账款计提了坏账准备 4 000 元,股票登记手续已于 2019 年 8 月 9 日办理完毕,博阳公司将其作为以公允价值计量且其变动计入其他综合收益的其他权益工具投资核算。

(1)债务人三通公司的会计处理如下:

第一步,计算:

应确认的资本公积=20 000×4.5－20 000×1=70 000(元)

应确认的债务重组利得=100 000－90 000=10 000(元)

第二步,账务处理如下:

借:应付账款——博阳公司	100 000	
贷:股本		20 000
资本公积——股本溢价		70 000
营业外收入——债务重组利得		10 000

(2)债权人博阳公司的会计处理如下:

第一步，计算：

债务重组损失＝100 000－90 000－4 000＝6 000(元)

第二步，账务处理如下：

借：其他权益工具投资——三通公司股票	90 000	
坏账准备	4 000	
营业外支出——债务重组损失	6 000	
贷：应收账款——三通公司		100 000

三、修改其他债务条件

以修改其他债务条件进行债务重组的，债务人和债权人应分别以下情况进行处理。

(一)不附或有条件的债务重组

不附或有条件的债务重组，是指在债务重组中不存在或有事项的重组协议，其特征是债务重组后，将来应收或应付款项的金额是确定的。

不附或有条件的债务重组，债务人应当将修改其他债务条件后债务的公允价值作为重组后债务的入账价值。重组债务的账面价值与重组后债务的入账价值之间的差额，计入当期损益。

债权人应当将修改其他债务条件后债权的公允价值作为重组后债权的账面价值，重组债权的账面余额与重组后债权的账面价值之间的差额，计入当期损益。债权人已对债权计提减值准备的，应当先将该差额冲减减值准备，减值准备不足以冲减的部分，计入当期损益。

[例 13－6] 永嘉公司 2018 年 12 月 31 日应收大华企业账款的账面余额为 188 100 元，其中，8 100 元为累计未付的利息，利率为 9%。由于大华企业连年亏损，资金周转困难，不能偿付应于 2018 年 12 月 31 日前支付的款项。经协商，于 2018 年末进行债务重组。永嘉公司同意将债务本金减至 150 000 元，免去债务人所欠的全部利息，将利率从 9%降低到 5%，并将债务到期日延至 2020 年 12 月 31 日，利息按年支付。

(1)根据上述经济业务，大华企业应作如下会计处理：

第一，2018 年 12 月 31 日，债务重组时：

借：应付账款——永嘉公司	188 100	
贷：应付账款——债务重组(永嘉公司)		150 000
营业外收入——债务重组利得		38 100

第二，2019 年 12 月 31 日支付利息：

借：财务费用	7 500	
贷：银行存款		7 500

第三，2020 年 12 月 31 日偿还本金和最后一年利息：

借：应付账款——债务重组(永嘉公司)	150 000	
财务费用	7 500	
贷：银行存款		157 500

(2)永嘉公司账务处理如下：

第一，2018 年 12 月 31 日债务重组时：

借：应收账款——债务重组(大华企业)	150 000	
营业外支出——债务重组损失	38 100	

贷:应收账款——大华企业　　188 100

第二,2019 年 12 月 31 日收到利息时:

借:银行存款　　7 500

贷:财务费用　　7 500

第三,2020 年 12 月 31 日收到本金和最后一期利息:

借:银行存款　　157 500

贷:应收账款——债务重组(大华企业)　　150 000

财务费用　　7 500

(二)附或有条件的债务重组

附或有条件的债务重组,是指在债务重组协议中附有或有应收应付金额。

对于债务人来讲,修改后债务条款如涉及或有应付金额,且该或有应付金额符合或有事项准则中有关预计负债确认条件的,债务人应当将该或有应付金额确认为预计负债。重组债务的账面价值,与重组后债务的入账价值和预计负债金额之和的差额,计入当期损益。

或有应付金额,是指需要根据未来某种事项出现而发生的应付金额,而且该未来事项的出现具有不确定性。

上述或有应付金额在随后会计期间没有发生的,企业应冲销已确认的预计负债,同时确认营业外收入。

对于债权人来讲,修改后的债务条件中涉及或有应收金额的,债权人不应当确认或有应收金额,不得将其计入重组后债权的账面价值。

或有应收金额,是指需要根据未来某种事项出现而发生的应收金额,而且该未来事项的出现具有不确定性。

根据谨慎性原则,或有应收金额属于或有资产,或有资产不予确认。只有在或有应收金额实际发生时,才计入当期损益。

[例 13－7]　2015 年 6 月 30 日,恒信公司从某银行取得年利率为 10%、3 年期的贷款 1 500 000 元,各年利息均未归还。现因恒信公司财务困难,于 2017 年 12 月 31 日进行债务重组,银行同意延长到期日至 2021 年 12 月 31 日,利率降至 7%,免除积欠利息 375 000 元,本金减至 1 250 000 元,利息按年支付,但附有一条件:债务重组后,如恒信公司自第二年起有盈利,则利率恢复至 10%;若无盈利,仍维持 7%利率。

根据上述经济业务,恒信公司的会计处理如下:

本例中由于债务重组后的账面价值为 1 250 000 元,将来正常应付利息 350 000 元,或有应付金额 112 500 元。

债务人恒信公司的账务处理如下:

(1)2017 年 12 月 31 日债务重组:

借:长期借款　　1 500 000

应付利息　　375 000

贷:长期借款——债务重组　　1 250 000

预计负债　　112 500

营业外收入——债务重组利得　　512 500

(2)2018 年 12 月 31 日支付利息:

借:财务费用　　87 500

贷:银行存款(1 250 000×7%)　　87 500

(3)假设恒信公司自债务重组后的第二年起盈利,2019 年 12 月 31 日和 2020 年 12 月 31 日支付利息时,恒信公司应按 10%的利率支付利息,则每年应支付利息 125 000 元(1 250 000×10%),其中含或有应付金额 37 500 元。

借:财务费用　　87 500
　　预计负债　　37 500
　　贷:银行存款　　125 000

(4)2021 年 12 月 31 日支付最后一期利息 87 500 元、或有应付金额 37 500 元和本金 1 250 000 元:

借:长期借款——债务重组　　1 250 000
　　财务费用　　87 500
　　预计负债　　37 500
　　贷:银行存款　　1 375 000

(5)假设恒信公司自债务重组后的第二年起仍没有盈利,2019 年 12 月 31 日和 2020 年 12 月 31 日支付利息时:

借:财务费用　　87 500
　　贷:银行存款(1 250 000×7%)　　87 500

或有应付金额未发生,将预计负债转入营业外收入:

借:预计负债　　37 500
　　贷:营业外收入——债务重组利得　　37 500

(6)2021 年 12 月 31 日支付本金和最后一期利息。

借:长期借款——债务重组　　1 250 000
　　财务费用　　87 500
　　贷:银行存款　　1 337 500
借:预计负债　　37 500
　　贷:营业外收入——债务重组利得　　37 500

四、以上三种方式的组合方式

以上三种方式的组合方式进行债务重组,从会计核算的角度可以归纳为以下几种情况进行会计处理:

(一)以现金、非现金资产方式的组合清偿某项债务

以现金、非现金资产两种方式的组合清偿某项债务的,债务人应将重组债务的账面价值与支付的现金、转让的非现金资产的公允价值之间的差额作为债务重组利得。非现金资产的公允价值与其账面价值之间的差额作为转让资产损益。

债权人应将重组债权的账面余额与收到的现金、受让的非现金资产的公允价值,以及已提坏账准备之间的差额作为债务重组损失。

(二)以现金、将债务转为资本方式的组合清偿某项债务

以现金、将债务转为资本两种方式的组合清偿某项债务的,债务人应将重组债务的账面价值与支付的现金、债权人因放弃债权而享有股权的公允价值之间的差额作为债务重组利得,股权的公允价值与股本(或实收资本)的差额作为资本公积。

债权人应将重组债权的账面余额与收到的现金、因放弃债权享有股权的公允价值，以及已提坏账准备之间的差额作为债务重组损失。

(三)以非现金资产、将债务转为资本方式的组合清偿某项债务

以非现金资产、将债务转为资本两种方式的组合清偿某项债务的，债务人应将重组债务的账面价值与转让的非现金资产的公允价值、债权人因放弃债权而享有股权的公允价值之间的差额作为债务重组利得；非现金资产的公允价值与其账面价值之间的差额作为转让资产损益；股权的公允价值与股本(或实收资本)的差额作为资本公积。

债权人应将重组债权的账面余额与受让的非现金资产的公允价值、因放弃债权享有股权的公允价值，以及已提坏账准备之间的差额作为债务重组损失。

(四)以现金、非现金资产、将债务转为资本方式的组合清偿某项债务

以现金、非现金资产、将债务转为资本三种方式的组合清偿某项债务的，债务人应将重组债务的账面价值与支付的现金、转让的非现金资产的公允价值、债权人因放弃债权而享有的股权的公允价值之间的差额作为债务重组利得；非现金资产的公允价值与其账面价值之间的差额作为转让资产损益；股权的公允价值与股本(或实收资本)的差额作为资本公积。

债权人应将重组债权的账面余额与收到的现金、受让的非现金资产的公允价值、因放弃债权享有股权的公允价值，以及已提坏账准备之间的差额作为债务重组损失。

(五)以资产、将债务转为资本和修改其他债务条件几种方式的组合清偿某项债务

以资产、将债务转为资本等方式清偿某项债务的一部分，并对该项债务的另一部分以修改其他债务条件进行债务重组的，债务人应先以支付的现金、转让的非现金资产的公允价值、债权人因放弃债权而享有股权的公允价值冲减重组债务的账面价值，余额与重组后债务的公允价值进行比较，据此计算债务重组利得；债权人因放弃债权而享有的股权的公允价值与股本(或实收资本)的差额作为资本公积；非现金资产的公允价值与其账面价值的差额作为转让资产损益，于当期确认。

债权人应将重组债权的账面余额与收到的现金、受让的非现金资产的公允价值、因放弃债权享有股权的公允价值，与重组后债权的公允价值进行比较，冲减已提坏账准备，据此计算债务重组损失。

[例 13—8] 康宁企业和凯乐公司均为工业一般纳税企业。康宁企业于 2019 年 4 月 26 日向凯乐公司出售产品一批，产品销售价款 1 800 000 元，应收增值税额 234 000 元；凯乐公司于同年 4 月 26 日开出期限为 6 个月、票面年利率为 10%的商业承兑汇票，抵充购买该产品价款。在该票据到期日，凯乐公司未按期兑付该票据，康宁企业将该应收票据按其到期价值转入应收账款，不再计算利息。至 2019 年 12 月 31 日，康宁企业对该应收账款提取的坏账准备为 12 000 元。凯乐公司由于财务困难，短期内资金紧张，于 2019 年 12 月 31 日经与康宁企业协商，达成债务重组协议如下：

(1)凯乐公司以产品一批偿还部分债务。该批产品的账面价值为 70 000 元，市价为 90 000 元，应交增值税额为 11 700 元。凯乐公司开出增值税专用发票，康宁企业将该产品作为库存商品验收入库。

(2)康宁企业同意减免凯乐公司所欠全部债务扣除实物抵债后剩余债务的 40%债务，其余债务的偿还期延至 2020 年 12 月 31 日。

根据上述经济业务，凯乐公司应作如下会计处理：

(1)计算债务重组时应付账款的账面余额：

(1 800 000+234 000)×(1+10%÷2)=2 135 700(元)

(2)计算债务重组后债务的公允价值：

[2 135 700−90 000−11 700]×60%=(2 135 700−101 700)×60%=1 220 400(元)

(3)计算债务重组利得：

2 135 700−90 000×(1+13%)−1 220 400=813 600(元)

会计分录如下：

借：应付账款——康宁公司	2 135 700	
贷：主营业务收入		90 000
应交税费——应交增值税(销项税额)		11 700
应付账款——债务重组(康宁公司)		1 220 400
营业外收入——债务重组利得		813 600
借：主营业务成本	70 000	
贷：库存商品		70 000

根据上述经济业务，康宁企业所作会计处理如下：

(1)计算债务重组损失：

2 135 700−90 000−11 700−1 220 400−12 000=801 600(元)

(2)会计分录如下：

借：库存商品	90 000	
应交税费——应交增值税(进项税额)	11 700	
应收账款——债务重组(凯乐公司)	1 220 400	
坏账准备	12 000	
营业外支出——债务重组损失	801 600	
贷：应收账款——凯乐公司		2 135 700

本章小结

本章根据《企业会计准则第12号——债务重组》和《企业会计准则——应用指南》的相关规定，主要介绍了债务重组的概念、债务重组的方式，介绍了以低于债务账面价值的现金清偿债务、以非现金资产清偿债务、将债务转为资本、修改其他债务条件和以不同方式的组合清偿债务的会计处理原则，在不同债务重组方式下债务人和债权人对债务重组利得和损失的确认及其会计处理。

复习思考题

1. 举例说明债务重组的含义和方式。
2. 以非现金资产清偿债务的会计处理有何特征？在进行相关会计处理时应注意哪些问题？
3. 将债务转为资本的债务重组方式下，债务人和债权人在会计处理时应当注意哪些问题？
4. 债务重组中发生的债务重组损益应当如何确定和处理？

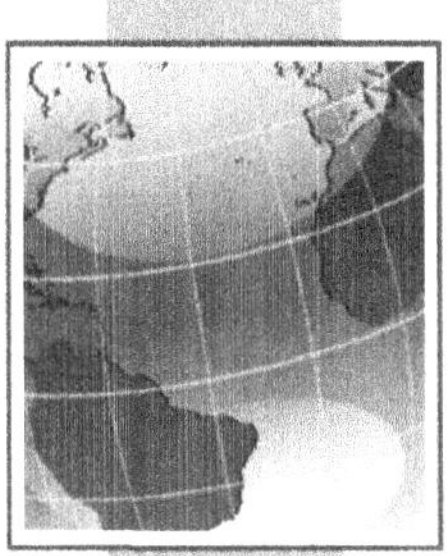

第十四章 所有者权益

【本章要点提示】

- 所有者权益的来源和内容。
- 企业的组织形式对所有者权益的影响。
- 实收资本(股本)、资本公积以及留存收益形成和变动的会计处理。

企业要进行生产经营活动,必须要有一定数量的资金,这些资金的来源渠道主要有两条:一条是由投资者提供,另一条是由债权人提供。投资者和债权人向企业提供资金是有条件的,他们对企业使用这些资金形成的资产具有要求权,便形成了所有者权益和债权人权益,投资者提供资金在债权人之前,享受权益在债权人之后,所享有的是资产减去负债以后的剩余权益。

第一节 所有者权益概述

一、所有者权益及其来源

所有者权益是指企业资产扣除负债后由所有者享有的剩余权益。

公司的所有者权益又称为股东权益。

所有者权益的来源包括所有者投入的资本、直接计入所有者权益的利得和损失、留存收益等。

二、所有者权益的内容

所有者权益按其构成不同,可分为实收资本、资本公积、其他综合收益、盈余公积和未分配利润,盈余公积与未分配利润合称留存收益。

(一)实收资本

按照我国有关法律规定,投资者设立企业首先必须投入资本。实收资本是投资者投入资本形成法定资本的价值。实收资本的构成比例,即投资者的出资比例或股东的股份比例,通常是确定所有者在企业所有者权益中所占的份额和参与企业财务经营决策的基础,也是企业进行利润分配或股利分配的依据,同时还是企业清算时确定所有者对净资产要求权的依据。在股份有限公司,实收资本为股本。

(二)资本公积

资本公积是企业收到投资者出资额超出其在注册资本(或股本)中所占份额的部分以及直接计入所有者权益的利得和损失,所有权归属于投资者共同所有,但不构成实收资本(股本)的资本或资产。

在我国，资本公积主要包括资本溢价(股本溢价)和其他资本公积等。

(三)其他综合收益

其他综合收益，是指企业根据其他会计准则规定未在当期损益中确认的各项利得和损失。

(四)盈余公积

盈余公积是企业从税后盈余中提取的法定盈余公积和任意盈余公积。

(五)未分配利润

未分配利润是企业未确定用途待以后年度分配的利润。

三、企业的组织形式对所有者权益的影响

企业的组织形式不同，所有者权益情况也有所不同。

企业是指从事商品生产、流通或者服务活动，在法律上具有一定独立地位的营利性组织。企业的组织形式有个人独资企业、合伙企业和公司制企业。

我国《公司法》规定，公司是指股东依法以投资方式设立，以营利为目的，以其认缴的出资额或认购的股份为限对公司承担责任，公司以其全部独立法人财产对公司债务承担责任的企业法人。目前，我国公司制企业主要包括有限责任公司和股份有限公司。

(一)有限责任公司

有限责任公司又称有限公司，是指股东以其认缴的出资额为限对公司承担责任，公司以其全部财产对公司的债务承担责任的公司。

有限责任公司具有下列特征：

(1)由 50 个以下股东出资设立。

《公司法》对有限责任公司股东人数没有规定下限，即有限责任公司股东人数可以为 1 个以上(包括 1 个)，50 个以下股东，既可以是自然人，也可以是法人。

(2)有限责任公司法定资本的最低限额。

有限责任公司注册资本的最低限额为人民币 3 万元。法律、行政法规对有限责任公司注册资本的最低限额有较高规定的，从其规定。

(3)不能发行股票，不能公开募股。

(4)股东的出资不能随意转让。

(5)公司的财务不必公开。

(二)股份有限公司

股份有限公司又称股份公司，是指将公司全部资本分为等额股份，股东以其认购的股份为限对公司承担责任，公司以其全部财产对公司的债务承担责任的公司。

我国股份有限公司的主要特征是：

(1)股份有限公司注册资本的最低限额为人民币 500 万元，资本划分为等额股份，每股金额与股份数的乘积即为股本总额。

(2)股东人数(发起人)在 2 人以上、200 人以下，而且须有半数以上的发起人在中国境内有住所。

(3)可以发起设立，也可以募集设立，即由发起人认缴公司设立时发行的一部分(不低于注册资本的 35%)股份，其余股份向社会募集或向特定对象募集。

(4)股票可以自由转让。

(5)财务公开。

第二节　实收资本

企业收到投资者投入的资金,有货币资金、实物资产和无形资产等。对于不同的企业,实收资本的会计处理有所区别。

一、一般企业实收资本形成的会计处理

一般企业实收资本的会计核算,应通过设置"实收资本"科目进行。本科目可按投资者进行明细核算。"实收资本"科目期末贷方余额,反映企业实收资本总额。

企业接受投资者投入的资本,借记"银行存款"、"其他应收款"、"固定资产"、"无形资产"、"长期股权投资"等科目;按其在注册资本中所占的份额,贷记"实收资本"科目;按其差额,贷记"资本公积——资本溢价"科目。

(一)接受货币资金投资

企业接受投资者投入的货币资金,借记"银行存款"、"库存现金"科目;按其在注册资本中所占份额,贷记"实收资本——×投资者"科目;按其差额,贷记"资本公积——资本溢价"科目。

[例 14—1]　甲、乙、丙三人共同出资设立万发有限责任公司,其注册资本为 180 万元,所占份额比例分别为 50%、30%、20%。三人以银行存款实际出资额分别为:甲 90 万元、乙 54 万元、丙 36 万元。

公司收到甲、乙、丙三人投资的会计分录为:

借:银行存款	1 800 000	
贷:实收资本——甲		900 000
——乙		540 000
——丙		360 000

(二)接受非现金资产投资

企业收到投资者以非现金资产投入资本,应按照投资合同或协议约定的价值作为非现金资产的入账价值,同时按照投资合同或协议约定的其在注册资本中所占有的份额,记入"实收资本"科目;如合同或协议约定的价值不公允,则按照公允价值作为非现金资产的入账价值,按照投资合同或协议约定的其在注册资本中所占有的份额,记入"实收资本"科目。在办理有关产权转移手续后,借记"固定资产"、"原材料"、"无形资产"等科目,贷记"实收资本"科目;对于资产价值超过其在注册资本中所占有的份额,记入"资本公积——资本溢价"科目。

[例 14—2]　宝利公司设立时收到投资者投入的原材料一批,双方确认的不含税的原材料价值为 100 万元,为公允价值,增值税为 13 万元。根据以上资料,编制会计分录如下:

借:原材料	1 000 000	
应交税费——应交增值税(进项税额)	130 000	
贷:实收资本		1 130 000

[例 14—3]　振兴企业设立时收到投资者投入需要安装的机器设备一台,双方确认的价值为 800 000 元,为公允价值,增值税按 13%计算,金额为 104 000 元。企业用银行存款实际支付运费 2 000 元、增值税 180 元。该企业收到机器设备后出包安装,用银行存款支付安装费 8 000 元、增值税 720 元。根据以上资料,编制会计分录如下:

(1)收到机器设备:

借:在建工程　　802 000
　应交税费——应交增值税(进项税额)　　104 180
　　贷:实收资本　　904 000
　　　银行存款　　2 180

(2)支付安装费:

借:在建工程　　8 000
　应交税费——应交增值税(进项税额)　　720
　　贷:银行存款　　8 720

(3)安装工程完工:

借:固定资产　　810 000
　　贷:在建工程　　810 000

根据《中华人民共和国公司法》的规定,有限责任公司的股东可以用货币出资,也可以用实物、知识产权、土地使用权等可以用货币估价并可以依法转让的非货币财产作价出资,除一人有限责任公司采用实收资本制以外,有限责任公司的注册资本可以分期缴纳。公司全体股东首次出资额不得低于注册资本的20%,也不得低于法定的注册资本最低限额,其余部分由股东自成立之日起2年内缴足;全体股东的货币出资金额不得低于有限责任公司注册资本的30%;初建有限责任公司时,各投资者按照合同、协议或公司章程投入企业的资本,应全部记入"实收资本"科目,构成企业的注册资本。

二、股份有限公司股本形成的会计处理

股份有限公司设置"股本"科目,核算企业接受股东投入的股本。企业的股本应该等于在核定的股本总额范围内发行股票的面值。本科目可按投资者进行明细核算。

企业发行股票取得的收入与股本总额往往不一致,公司发行股票取得的收入大于股本总额的,称为溢价发行;等于股本总额的,称为面值发行。我国不允许企业折价发行股票。在采用溢价发行股票的情况下,企业应将相当于股票面值的部分记入"股本"科目;其余部分在扣除发行手续费、佣金等发行费用后,记入"资本公积——股本溢价"科目。

公司发起人认购股票,出资方式可以是货币资金,也可以是实物或无形资产,社会公众认购股票,出资方式一般为货币资金。公司发行股票收到股东的出资时,应借记"银行存款"等科目,贷记"股本"、"资本公积"等科目;发生的各项发行费用支出,应从溢价收入中扣除。

[例14-4] 某股份有限公司委托某证券公司代理发行普通股股票1 000万股,每股面值1元,按每股价格1.5元溢价发行。证券公司按发行收入的1%收取手续费,从溢价收入中扣除。根据以上资料,编制会计分录如下:

公司实收价款=1.5×10 000 000×(1-1%)=14 850 000(元)

普通股股本= 1× 10 000 000= 10 000 000(元)

超面值缴入股款=14 850 000-10 000 000=4 850 000(元)

借:银行存款　　14 850 000
　　贷:股本　　10 000 000
　　　资本公积——股本溢价　　4 850 000

三、实收资本增减变动的会计处理

企业的注册资本与实收资本(或股本)相一致,如企业注册资本发生变化,需要根据相关法律法规规定,向原登记机关申请变更登记。这表明,企业的实收资本或股本在一般情况下保持不变,但在某些特定的情况下,也会发生增减变动。

(一)实收资本增加的会计处理

1. 资本公积转增资本

企业经股东大会或类似机构决议,用资本公积转增资本,应借记"资本公积——资本溢价"或"资本公积——股本溢价"科目,贷记"实收资本"或"股本"科目。

[例 14—5] 某股份有限公司董事会拟订方案将资本公积 2 000 000 元转为股本,股票面值 2 000 000 元,每股面值 1 元。该方案经股东大会通过,并办妥增资手续。公司应作如下会计分录:

借:资本公积——股本溢价	2 000 000	
贷:股本		2 000 000

2. 盈余公积转增资本

企业经股东大会或类似机构决议,用盈余公积转增资本,应借记"盈余公积"科目,贷记"实收资本"或"股本"科目。值得注意的是,资本公积和盈余公积都属于所有者权益,转为实收资本或股本时,应按照各投资者所持股份同比例增加每个投资者的投资额。

根据《公司法》的规定,公司法定公积金转增为注册资本的,留存的该项公积金不少于转增前公司注册资本的 25%。

3. 采取发放股票股利的方式增资

公司经股东大会批准的利润分配方案中分配的股票股利,应在办理增资手续后,借记"利润分配——转作股本的股利"科目,贷记"股本"科目。

4. 可转换公司债券转换为股本

可转换公司债券持有人行使转换权利,将其持有的债券转换为股票,按可转换公司债券的余额,借记"应付债券——可转换公司债券(面值、利息调整)"科目;按其权益成分的金额,借记"其他权益工具"科目;按股票面值和转换的股数计算的股票面值总额,贷记"股本"科目;按其差额,贷记"资本公积——股本溢价"科目。如有现金支付不可转换股票,还应贷记"银行存款"等科目。

5. 将重组债务转为资本

企业将重组债务转为资本的,应按重组债务的账面余额,借记"应付账款"等科目,按债权人因放弃债权而享有本企业股份的面值总额,贷记"实收资本(或股本)"科目,按股份的公允价值总额与相应的实收资本或股本之间的差额,贷记或借记"资本公积——资本溢价或股本溢价"科目,按其差额,贷记"营业外收入——债务重组利得"科目。

6. 以权益结算股份支付的行权

企业以权益结算股份支付换取职工或其他方提供服务的,应在行权日,按根据实际行权情况确定的金额,借记"资本公积——其他资本公积"科目,按应计入实收资本或股本的金额贷记"实收资本"或"股本"科目。

(二)实收资本减少的会计处理

企业资本的减少可以按照法定程序或通过收购股票的形式进行。

企业按法定程序报经批准减少注册资本时，借记"实收资本"科目，贷记"库存现金"、"银行存款"等科目。

股份有限公司采用收购本公司股票的方式减资时，按股票面值和注销股数计算的股票面值总额，借记"股本"科目；按所注销库存股的账面余额，贷记"库存股"科目；按其差额，冲减股票发行时原记入资本公积的溢价部分，借记"资本公积——股本溢价"科目。股本溢价不足冲减的，应借记"盈余公积"、"利润分配——未分配利润"科目。购回股票支付的价款低于面值总额的，应按股票面值总额，借记"股本"科目；按所注销库存股的账面余额，贷记"库存股"科目；按其差额，贷记"资本公积——股本溢价"科目。

[例 14—6] 蓝黛股份有限公司因资本过剩需要减资，经办理有关手续后，收回本公司曾发行面值为 1 元的普通股 100 000 股，发行价为每股 5 元。现以每股 6.4 元的价格赎回，款项以银行存款支付，该股份公司作如下会计处理：

借：库存股	640 000	
贷：银行存款		640 000
借：股本	100 000	
资本公积——股本溢价	400 000	
盈余公积	140 000	
贷：库存股		640 000

本例中，如果蓝黛公司以每股 5 元的价格赎回，则应作如下会计处理：

借：库存股	500 000	
贷：银行存款		500 000
借：股本	100 000	
资本公积——股本溢价	400 000	
贷：库存股		500 000

第三节 资本公积和其他综合收益

一、资本公积

(一)资本公积及其内容

资本公积包括企业收到投资者出资额超出其在注册资本或股本中所占份额的部分以及直接计入所有者权益的利得和损失。资本公积归属于投资者共同所有，但不构成实收资本(股本)。

(二)资本公积的会计处理

为反映资本公积的形成及使用情况，企业应设置"资本公积"科目进行核算。本科目应当分别"资本溢价(股本溢价)"、"其他资本公积"进行明细核算。"资本公积"科目期末贷方余额，反映企业的资本公积。

1. 资本溢价(股本溢价)

资本溢价(股本溢价)反映企业实际收到的资本(股本)大于注册资本(或股本)的金额。

企业接受投资者投入的资本、可转换公司债券持有人行使转换权利、将债务转为资本等形成的资本公积，借记有关科目，贷记"实收资本"或"股本"科目、"资本公积——资本溢价(股本溢价)”科目。

与发行权益性证券直接相关的手续费、佣金等交易费用，借记“资本公积——资本溢价(股本溢价)”科目，贷记“银行存款”科目。

经股东大会或类似机构决议，用资本公积转增资本，借记“资本公积——资本溢价(股本溢价)”科目，贷记“实收资本”或“股本”科目。

[例 14－7]　泰安有限责任公司由甲、乙、丙三股东各自出资 1 000 000 元设立。设立时的实收资本为 3 000 000 元。经过三年的经营，该企业所有者权益总额为 4 500 000 元。这时又有了新的投资者丁有意参加该企业，并表示愿意出资占该企业股份的 25%。

在会计核算时，假设丁应缴出资额为 X，则公司实收丁资金数额：$X/(4\ 500\ 000+X)=25\%$，解方程式得：$X=1\ 500\ 000$ 元。

超额缴入资金(作为资本公积部分)＝1 500 000－1 000 000＝500 000(元)

财会部门作如下会计分录：

借：银行存款	1 500 000	
贷：实收资本——丁		1 000 000
资本公积——资本溢价		5 000 000

同一控制下企业控股合并形成的长期股权投资，应在合并日按取得被合并方所有者权益账面价值的份额，借记“长期股权投资”科目；按享有被投资单位已宣告但尚未发放的现金股利或利润，借记“应收股利”科目；按支付的合并对价的账面价值，贷记有关资产科目或借记有关负债科目；按其差额，贷记“资本公积——资本溢价(股本溢价)”科目；为借方差额的，借记“资本公积——资本溢价(股本溢价)”科目；资本公积(资本溢价或股本溢价)不足冲减的，借记“盈余公积”、“利润分配——未分配利润”科目。

同一控制下企业吸收合并涉及的资本公积，比照上述方法处理。

企业使用政府作为企业所有者投入的具有专项或特定用途的款项，工程项目完成形成长期资产的部分，借记“专项应付款”科目，贷记“资本公积——资本溢价”(股本溢价)科目。

股份有限公司采用收购本公司股票的方式减资时，按照前述方法进行处理。

2. 其他资本公积

其他资本公积反映企业直接计入所有者权益的利得和损失。

与其他资本公积有关的经济业务及会计处理如下：

(1)长期股权投资采用权益法核算的，在持股比例不变的情况下，被投资单位除净损益、其他综合收益以及利润分配以外所有者权益的其他变动，企业按持股比例计算应享有的份额，借记或贷记“长期股权投资——其他权益变动”科目，贷记或借记“资本公积——其他资本公积”科目。

处置采用权益法核算的长期股权投资，还应结转原记入资本公积的相关金额，借记或贷记“资本公积——其他资本公积”科目，贷记或借记“投资收益”科目。

(2)以权益结算的股份支付换取职工或其他方提供服务的，应按照确定的金额，借记“管理费用”等科目，贷记“资本公积——其他资本公积”科目。

在行权日，应按实际行权的权益工具数量计算确定的金额，借记“资本公积——其他资本公积”科目；按计入实收资本或股本的金额，贷记“实收资本”或“股本”科目；按其差额，贷记“资本公积——资本溢价或股本溢价”科目。

二、其他综合收益

(一)其他综合收益及其内容

其他综合收益,是指企业根据其他会计准则规定未在当期损益中确认的各项利得和损失。具体包括以后会计期间不能重分类进损益的其他综合收益和以后会计期间在满足规定条件时将重分类进损益的其他综合收益两类。

(二)其他综合收益的会计处理

1. 以后会计期间不能重分类进损益的其他综合收益项目

主要包括重新计量设定受益计划净负债或净资产导致的变动以及按照权益法核算因被投资单位重新计量设定受益计划净负债或净资产导致的权益变动、其他权益工具投资持有期间公允价值变动形成的其他综合收益以及投资企业按持股比例计算确认的该部分其他综合收益项目等。

2. 以后会计期间在满足规定条件时将重分类进损益的其他综合收益项目

(1)其他债权投资公允价值的变动

其他债权投资公允价值变动形成的利得或损失,除减值损失和外币货币性金融资产形成的汇兑差额外,借记"其他债权投资——公允价值变动"科目,贷记"其他综合收益"科目,公允价值变动形成的损失,作相反的会计分录。

(2)金融资产的重分类

将其他债权投资重分类为采用成本或摊余成本计量的金融资产,重分类日该金融资产的公允价值或账面价值作为成本或摊余成本,该金融资产没有固定到期日的,与该金融资产相关、原直接计入所有者权益的利得或损失,应当仍然记入"其他综合收益"科目,在该金融资产被处置时转出,计入当期损益。

将债权投资重分类为其他债权投资,并以公允价值进行后续计量,重分类日该投资的账面价值与其公允价值之间的差额记入"其他综合收益"科目,在该其他债权投资发生减值或终止确认时转出,计入当期损益。

按照金融工具确认和计量的规定应当以公允价值计量,但以前公允价值不能可靠计量,企业应当在其公允价值能够可靠计量时改按公允价值计量,将相关账面价值与公允价值之间的差额记入"其他综合收益"科目,在其发生减值或终止确认时将上述差额转出,计入当期损益。

(3)存货或自用房地产转换为投资性房地产

企业将作为存货的房地产转换为采用公允价值模式计量的投资性房地产,应当按该项房地产在转换日的公允价值,借记"投资性房地产——成本"科目,原已计提跌价准备的,借记"存货跌价准备"科目,按其账面余额,贷记"开发产品"等科目。同时,转换日的公允价值小于账面价值的,按其差额,借记"公允价值变动损益"科目;转换日的公允价值大于账面价值的,按其差额,贷记"其他综合收益"科目。

企业将自用的建筑物等转换为采用公允价值模式计量的投资性房地产时,应当按该项房地产在转换日的公允价值,借记"投资性房地产——成本"科目,原已计提减值准备的,借记"固定资产减值准备"科目,按已计提的累计折旧等,借记"累计折旧"等科目,按其账面余额,贷记"固定资产"等科目;同时,转换日的公允价值小于账面价值的,按其差额,借记"公允价值变动损益"科目,转换日的公允价值大于账面价值的,按其差额,贷记"其他综合收益"科目。

待该项投资性房地产处置时,因转换计入其他综合收益的部分应转入当期损益。

(4)采用权益法核算的长期股权投资

采用权益法核算的长期股权投资，按照被投资单位实现其他综合收益以及持股比例计算应享有或分担的金额，借记（或贷记）“长期股权投资——其他综合收益”科目，贷记（或借记）“其他综合收益”科目，待处置该项股权投资时，将原计入其他综合收益的金额转入当期损益。

第四节　留存收益

一、盈余公积

（一）盈余公积的来源和用途

盈余公积是指企业按照规定从净利润中提取的各种积累资金，公司制企业的盈余公积包括法定盈余公积和任意盈余公积。

1. 盈余公积的来源

公司制企业法定盈余公积按照税后净利润10%的比例提取，达到注册资本的50%时不再提取；任意盈余公积是根据股东大会或类似机构批准提取的。

2. 盈余公积的用途

盈余公积可用于弥补亏损、转增注册资本和扩大企业生产经营。

(1)弥补亏损

企业发生亏损时，应由企业自行弥补。弥补亏损的渠道主要有三条：一是用以后年度税前利润弥补。按照现行制度规定，企业发生亏损时，可以用以后5年内实现的税前利润弥补，即税前利润弥补亏损的期限为5年。二是用以后年度税后利润弥补，即指超过税前利润弥补期的剩余亏损额应由税后利润弥补。三是用盈余公积补亏。企业以提取的盈余公积弥补亏损时，应当由公司董事会提议，并经股东大会批准。

(2)转增资本（股本）

经股东大会决议批准，可将盈余公积转增资本。盈余公积转增资本时，应先办理增资手续，并按所有者（股东）的原出资比例增加资本。按规定，用法定盈余公积转增资本时，所留存的该项公积金不得少于转增前公司注册资本的25%。

(3)扩大企业生产经营

盈余公积的用途，并不是指其实际占用形态，提取盈余公积也并不是单独将这部分资金从企业资金周转过程中抽出。企业盈余公积的结存数，实际只表现为所有者权益的组成部分，表明企业生产经营资金的一个来源而已。其形成的资金可能表现为一定的货币资金，也可能表现为一定的实物资产，如存货和固定资产等，随同企业的其他来源所形成的资金进行循环周转，用于企业的生产经营。

（二）盈余公积的会计处理

企业应设置“盈余公积”科目，核算从净利润中提取的盈余公积。本科目应当分别“法定盈余公积”和“任意盈余公积”进行明细核算。“盈余公积”科目期末贷方余额反映企业的盈余公积。

1. 盈余公积形成的会计处理

企业按规定从税后净利润中提取的盈余公积，借记“利润分配——提取法定盈余公积、提取任意盈余公积”科目，贷记“盈余公积——法定盈余公积、任意盈余公积”科目。

2. 盈余公积使用的会计处理

企业经股东大会或类似机构决议，用盈余公积弥补亏损或转增资本，借记“盈余公积”科目，贷记“利润分配——盈余公积补亏”、“实收资本”或“股本”科目。

经股东大会决议，用盈余公积派送新股，按派送新股计算的金额，借记“盈余公积”科目；按股票面值和派送新股总数计算的股票面值总额，贷记“股本”科目。

[例 14—8] 某有限责任公司经股东会议决议，决定将法定盈余公积 250 000 元转增资本，按规定增资程序获得批准后，该公司应作如下会计分录：

借：盈余公积——法定盈余公积	250 000	
贷：实收资本		250 000

[例 14—9] 某股份有限公司发生经营亏损 400 000 元，经股东大会决议，用法定盈余公积弥补，企业应作如下分录：

借：盈余公积——法定盈余公积	400 000	
贷：利润分配——盈余公积补亏		400 000

二、未分配利润

未分配利润是指企业留待以后年度分配的结存利润，也是企业所有者权益的组成部分。相对于所有者权益的其他部分来讲，企业对未分配利润的使用分配有较大的自主权。从数量上来讲，未分配利润是期初未分配利润，加上本期实现的净利润，减去提取的各种盈余公积和分出利润后的余额。

在会计处理上，未分配利润通过“利润分配”科目下设“未分配利润”进行明细核算。未分配利润属于企业所有者权益，其数额反映为“利润分配”科目下的“未分配利润”明细科目的贷方余额。各年末未分配利润的金额可通过“本年利润”科目和“利润分配”科目下除“未分配利润”明细科目以外的结转来确定(见利润分配有关内容)“利润分配——未分配利润”。

本章小结

本章介绍了所有者权益的概念和来源、企业的组织形式对所有者权益核算的影响，介绍了实收资本(股本)及其增减变动的会计处理、资本公积的内容及其增减变动的会计处理、留存收益的形成及其会计处理。

复习思考题

1. 什么是所有者权益？它与负债有何区别？
2. 国有独资公司为什么没有资本溢价？
3. 盈余公积应当如何提取和使用？

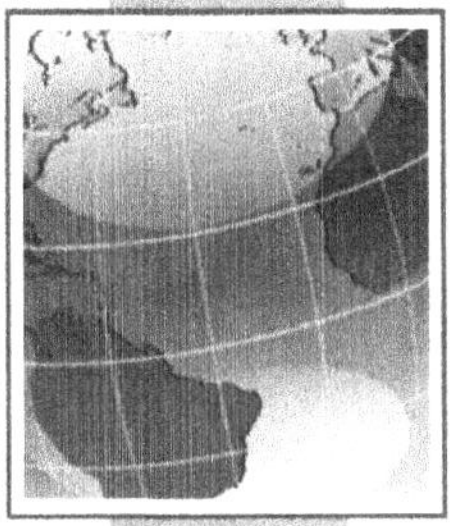

第十五章 收　入

【本章要点提示】

- 收入及其确认的原则。
- 收入确认和计量的五步法模型。
- 合同成本的计量。
- 在履行履约义务时点确认收入、在履行履约义务时段内确认收入和特定交易确认收入的会计处理。

销售过程是企业生产经营过程中的重要环节，从资金的运动变化情况来看，是商品资金转化为货币资金的过程。在销售过程中，企业一方面取得销售收入，以弥补成本和费用；另一方面还可以实现价值增值，从而使企业的扩大再生产得以顺利进行，在市场竞争中立于不败之地。

第一节　收入概述

一、收入的概念

收入，是指企业在日常活动中形成的、会导致所有者权益增加的、与所有者投入资本无关的经济利益的总流入。其中，日常活动是指企业为完成其经营目标所从事的经常性活动以及与之相关的活动。例如，工业企业制造并销售产品、商品流通企业销售商品、咨询公司提供咨询服务、软件公司为客户开发软件、安装公司提供安装服务、建筑企业提供建造服务等，均属于企业的日常活动；日常活动所形成的经济利益的流入应当确认为收入。

本章适用于所有与客户之间的合同，不涉及企业对外出租资产收取的租金、进行债权投资收取的利息、进行股权投资取得的现金股利、保险合同取得的保费收入等。企业以存货换取客户的存货、固定资产、无形资产以及长期股权投资等，按照本章进行会计处理；其他非货币性资产交换，按照本书第七章的规定进行会计处理。企业处置固定资产、无形资产等，在确定处置时点以及计量处置损益时，按照本章的有关规定进行处理。除非特别说明，本章所称商品，既包括商品，也包括服务。

二、收入确认的原则

企业确认收入的方式应当反映其向客户转让商品的模式，收入的金额应当反映企业因转让这些商品而预期有权收取的对价金额。

企业应当在履行了合同中的履约义务，即在客户取得相关商品控制权时确认收入。取得相关商品控制权，是指能够主导该商品的使用并从中获得几乎全部的经济利益，也包括有能力阻止其他方主导该商品的使用并从中获得经济利益。取得商品控制权同时包括下列三个要素：

一是能力，即客户必须拥有现时权利，能够主导该商品的使用并从中获得几乎全部经济利益。

二是主导该商品的使用。客户有能力主导该商品的使用，是指客户有权使用该商品，或者能够允许或阻止其他方使用该商品。

三是能够获得几乎全部的经济利益。商品的经济利益，是指该商品的潜在现金流量，既包括现金流入的增加，也包括现金流出的减少。

本章所称客户，是指与企业订立合同以向该企业购买其日常活动产出的商品并支付对价的一方。如果合同对方与企业订立合同的目的是共同参与一项活动（如合作开发一项资产），合同对方和企业一起分担或分享该活动产生的风险或收益，而不是获取企业日常活动产出的商品，则该合同对方不是企业的客户。

企业收入的会计处理是以企业与客户之间的单个合同为基础，但是，为便于实务操作，当企业能够合理预计，将收入的会计处理应用于具有类似特征的合同（或履约义务）组合或应用于该组合中的每一个合同（或履约义务），将不会对企业的财务报表产生显著不同的影响时，企业可以在合同组合层面对收入进行会计处理。

第二节 收入的确认和计量

收入的确认和计量大致分为五步：第一步，识别与客户订立的合同；第二步，识别合同中的单项履约义务；第三步，确定交易价格；第四步，将交易价格分摊至各单项履约义务；第五步，履行各单项履约义务时确认收入。其中，第一步、第二步和第五步主要与收入的确认有关，第三步和第四步主要与收入的计量有关。

一、识别与客户订立的合同

（一）合同识别

本章所称合同，是指双方或多方之间订立有法律约束力的权利义务的协议。合同包括书面形式、口头形式以及其他形式（如隐含于商业惯例或企业以往的习惯做法中等）。企业与客户之间的合同同时满足下列五项条件的，企业应当在履行了合同中的履约义务，即在客户取得相关商品控制权时确认收入：一是合同各方已批准该合同并承诺将履行各自义务；二是该合同明确了合同各方与所转让商品相关的权利和义务；三是该合同有明确的与所转让商品相关的支付条款；四是该合同具有商业实质，即履行该合同将改变企业未来现金流量的风险、时间分布或金额；五是企业因向客户转让商品而有权取得的对价很可能收回。企业在进行上述判断时，需要注意下列三点：

一是合同约定的权利和义务是否具有法律约束力，需要根据企业所处的法律环境和实务操作进行判断。

二是合同具有商业实质，是指履行该合同将改变企业未来现金流量的风险、时间分布或金额。关于商业实质的判断，详见本书第九章“非货币性资产交换”有关内容。

三是企业在评估其因向客户转让商品而有权取得的对价是否很可能收回时，仅应考虑客户到期时支付对价的能力和意图（即客户的信用风险）。企业预期很可能无法收回全部合同对价时，应当判断其原因是由于客户的信用风险还是企业向客户提供了价格折让所致。提供价格折让的，应当在估计交易价格时进行考虑。

对于不符合上述五项条件的合同，企业只有在不再负有向客户转让商品的剩余义务（例如，合同已完成或取消），且已向客户收取的对价（包括全部或部分对价）无须退回时，才能将已收取的对价确认为收入；否则，应当将已收取的对价作为负债进行会计处理。其中，企业向客户收取无须退回的对价的，应当在已经将该部分对价所对应的商品的控制权转移给客户，并已经停止向客户转让额外的商品，且也不再负有此类义务时，或者相关合同已经终止时，将该部分对价确认为收入。

需要说明的是，没有商业实质的非货币性资产交换，无论何时，均不应确认收入。从事相同业务经营的企业之间，为便于向客户或潜在客户销售商品而进行的非货币性资产交换（例如，两家石油公司之间相互交换石油，以便及时满足各自不同地点客户的需求），不应当确认收入。

企业与客户之间的合同，在合同开始日即满足上述五项条件的，企业在后续期间无须对其进行重新评估，除非有迹象表明相关事实和情况发生重大变化；在合同开始日不符合上述五项条件的，企业应当在后续期间对其进行持续评估，以判断其能否满足上述五项条件，企业在此之前已经向客户转移了部分商品的，当该合同在后续期间满足上述五项条件时，企业应当将在此之前已经转移商品所分摊的交易价格确认为收入。合同开始日，是指合同开始赋予合同各方具有法律约束力的权利和义务的日期，通常是指合同生效日。

［例 15－1］ 未来公司与乙公司签订合同，将一项专利技术授权给乙公司使用，并按其使用情况收取特许权使用费。未来公司评估认为，该合同在合同开始日满足上述五项条件。该专利技术在合同开始日即授权给乙公司使用。在合同开始日后的第一年内，乙公司每季度向未来公司提供该专利技术的使用情况报告，并在约定的期间内支付特许权使用费。在合同开始日后的第二年内，乙公司继续使用该专利技术。但是，乙公司的财务状况下滑，融资能力下降，可用资金不足，因此，乙公司仅按合同支付了当年第一季度的特许权使用费，而后三个季度仅象征性支付了部分金额。在合同开始日后的第三年内，乙公司继续使用未来公司的专利技术。但是，未来公司得知，乙公司已经完全丧失了融资能力，且流失了大部分客户，因此，乙公司的付款能力进一步恶化，信用风险显著升高。

本例中，该合同在合同开始日满足上述五项条件，因此，未来公司在乙公司使用该专利技术的行为发生时，按照约定的特许权使用费确认收入。合同开始日后的第二年，由于乙公司的信用风险升高，未来公司在确认收入的同时，应对乙公司的应收款项进行减值测试。合同开始日后的第三年，由于乙公司的财务状况恶化，信用风险显著升高，未来公司对该合同进行了重新评估，认为不再满足“企业因向客户转让商品而有权取得的对价很可能收回”这一条件，因此，未来公司不再确认特许权使用费收入，同时按照本书第七章“金融资产”的规定对现有应收款项是否发生减值继续进行评估。

（二）合同合并

企业与同一客户（或该客户的关联方）同时订立或在相近时间内先后订立的两份或多份合同，在满足下列条件之一时，应当合并为一份合同进行会计处理：一是该两份或多份合同基于同一商业目的而订立并构成“一揽子交易”，如一份合同在不考虑另一份合同对价的情况下将会发生亏损；二是该两份或多份合同中的一份合同的对价金额取决于其他合同的定价或履行情况，如一份合同如果发生违约，将会影响另一份合同的对价金额；三是该两份或多份合同中所承诺的商品(或每份合同中所承诺的部分商品)构成单项履约义务。两份或多份合同合并为一份合同进行会计处理的,仍然需要区分该一份合同中包含的各单项履约义务。

(三)合同变更

本章所称合同变更,是指经合同各方批准对原合同范围或价格作出的变更。合同各方可能以书面形式、口头形式或其他形式(如隐含于企业以往的习惯做法中)批准合同变更。企业应当区分下列三种情形对合同变更分别进行会计处理:

1. 合同变更部分作为单独合同

合同变更增加了可明确区分的商品及合同价款,且新增合同价款反映了新增商品单独售价的(以下简称为"合同变更的第1种情形"),应当将该合同变更部分作为一份单独的合同进行会计处理。此类合同变更不影响原合同的会计处理。

[例15-2] 甲公司承诺向某客户销售120件产品,每件产品售价100元,共计12 000元,该批产品彼此之间可明确区分,且将于未来6个月内陆续转让给该客户。甲公司将其中的60件产品转让给该客户后,双方对合同进行了变更,甲公司承诺向该客户额外销售30件相同的产品,这30件产品与原合同中的产品可明确区分,其售价为每件90元,共计2 700元(假定该价格反映了合同变更时该产品的单独售价)。上述价格均不包含增值税。

本例中,由于新增的30件产品是可明确区分的,且新增的合同价款反映了新增产品的单独售价,因此,该合同变更实际上构成了一份单独的、在未来销售30件产品的新合同,该新合同并不影响对原合同的会计处理。甲公司应当对原合同中的120件产品按每件产品100元确认收入,对新合同中的30件产品按每件产品90元确认收入。

2. 合同变更作为原合同终止及新合同订立

合同变更不属于合同变更的第1种情形,且在合同变更日已转让的商品与未转让的商品之间可明确区分的(以下简称为"合同变更的第2种情形"),应当视为原合同终止,同时,将原合同未履约部分与合同变更部分合并为新合同进行会计处理。

[例15-3] A公司与客户签订合同,每周为客户的办公楼提供保洁服务,合同期为三年,客户每年向A公司支付服务费10万元(假定该价格反映了合同开始日该项服务的单独售价)。在第二年末,合同双方对合同进行了变更,将第三年的服务费调整为8万元(假定该价格反映了合同变更日该项服务的单独售价),同时以20万元的价格将合同期限延长三年(假定该价格不反映合同变更日该三年服务的单独售价),即每年的服务费为6.67万元(20万元/3年),于每年年初支付。上述价格均不包含增值税。

本例中,在合同开始日,A公司认为其每周为客户提供的保洁服务是可明确区分的,但由于A公司向客户转让的是一系列实质相同且转让模式相同的、可明确区分的服务,因此将其作为单项履约义务。在合同开始的前两年,即合同变更之前,A公司每年确认收入10万元。在合同变更日,由于新增的三年保洁服务的价格不能反映该项服务在合同变更时的单独售价,因此,该合同变更不能作为单独的合同进行会计处理。由于在剩余合同期间需提供的服务与已提供的服务是可明确区分的,A公司应当将该合同变更作为原合同终止,同时,将原合同中未履约的部分与合同变更合并为一份新合同进行会计处理。

该新合同的合同期限为四年,对价为28万元,即原合同下尚未确认收入的对价8万元与新增的三年服务相应的对价20万元之和,新合同中A公司每年确认的收入为7万元(28万元/4年)。

3. 合同变更部分作为原合同的组成部分

合同变更不属于合同变更的第 1 种情形，且在合同变更日已转让的商品与未转让的商品之间不可明确区分的(以下简称为“合同变更的第 3 种情形”)，应当将该合同变更部分作为原合同的组成部分，在合同变更日重新计算履约进度，并调整当期收入和相应成本等。

[例 15—4] 2018 年 1 月 15 日，乙建筑公司和客户签订了一项总金额为 1 000 万元的固定造价合同，在客户自有土地上建造一幢办公楼，预计合同总成本为 700 万元。假定该建造服务属于在某一时段内履行的履约义务，并根据累计发生的合同成本占合同预计总成本的比例确定履约进度。

截至 2018 年末，乙公司累计已发生成本 420 万元，履约进度为 60%(420÷700)。因此，乙公司在 2018 年确认收入 600 万元(1 000×60%)。2019 年初，合同双方同意更改该办公楼屋顶的设计，合同价格和预计总成本因此而分别增加 200 万元和 120 万元。

在本例中，由于合同变更后拟提供的剩余服务与在合同变更日或之前已提供的服务不可明确区分(即该合同仍为单项履约义务)，因此，乙公司应当将合同变更作为原合同的组成部分进行会计处理。合同变更后的交易价格为 1 200 万元(1 000 ＋200)，乙公司重新估计的履约进度为 51.2%[420÷(700＋120)]，乙公司在合同变更日应额外确认收入 14.4 万元(51.2%×1 200—600)。

如果在合同变更日未转让的商品为上述第 2 种和第 3 种情形的组合，企业应当分别相应按照上述第 2 种或第 3 种情形的方式，对合同变更后尚未转让(或部分未转让)的商品进行会计处理。

二、识别合同中的单项履约义务

合同开始日，企业应当识别合同中所包含的各单项履约义务，并确定各单项履约义务是在某一时段内履行还是在某一时点履行，然后，在履行了各单项履约义务时分别确认收入。履约义务，是指合同中企业向客户转让可明确区分商品的承诺。企业应当将下列向客户转让商品的承诺作为单项履约义务：

(一)企业向客户转让可明确区分商品(或者商品或服务的组合)的承诺

企业向客户承诺的商品同时满足下列条件的，应当作为可明确区分商品：

(1)客户能够从该商品本身或者从该商品与其他易于获得的资源一起使用中受益。当客户能够使用、消耗或以高于残值的价格出售商品，或者以能够产生经济利益的其他方式持有商品时，表明客户能够从该商品本身获益。对于某些商品而言，客户可能需要将其与其他易于获得的资源一起使用才能从中获益。在评估某项商品是否能够明确区分时，应当基于该商品自身的特征，无须考虑合同中可能存在的阻止客户从其他来源取得相关资源的限制性条款。

(2)企业向客户转让该商品的承诺与合同中其他承诺可单独区分，以识别企业承诺转让的是每一项商品，还是由这些商品组成的一个或多个组合产出。组合产出的价值通常高于或者显著不同于各单项商品的价值总和。

下列情形通常表明企业向客户转让该商品的承诺与合同中的其他承诺不可明确区分：

一是企业需提供重大的服务以将该商品与合同中承诺的其他商品进行整合，形成合同约定的某个或某些组合产出转让给客户。例如，企业为客户建造写字楼的合同中，企业向客户提供的砖头、水泥、人工等都能够使客户获益，但是，企业对客户承诺的是为其建造一栋写字楼，而并非提供这些砖头、水泥和人工等，企业需提供重大的服务将这些商品进行整合，以形成合同约定的一项组合产出(即写字楼)转让给客户。因此，在该合同中，砖头、水泥和人工等商品彼此之间不能单独区分。

二是该商品将对合同中承诺的其他商品予以重大修改或定制。例如，企业承诺向客户提供其开发的一款现有软件，并提供安装服务，虽然该软件无须更新或技术支持也可直接使用，但是企业在安装过程中需要在该软件现有基础上对其进行定制化的重大修改，以使其能够与客户现有的信息系统相兼容。此时，转让软件的承诺与提供定制化重大修改的承诺在合同层面是不可明确区分的。

三是该商品与合同中承诺的其他商品具有高度关联性。也就是说，合同中承诺的每一项商品均受到合同中其他商品的重大影响。例如，企业承诺为客户设计一种新产品并负责生产10个样品，企业在生产和测试样品的过程中需要对产品的设计进行不断的修正，并导致已生产的样品均可能需要进行不同程度的返工。此时，企业提供的设计服务和生产样品的服务是不断交替反复进行的，两者高度关联，因此，在合同层面是不可明确区分的。

需要说明的是，企业向客户销售商品时，往往约定企业需要将商品运送至客户指定的地点。通常情况下，商品控制权转移给客户之前发生的运输活动不构成单项履约义务；相反，商品控制权转移给客户之后发生的运输活动可能表明企业向客户提供了一项运输服务，企业应当考虑该项服务是否构成单项履约义务。

（二）一系列实质相同且转让模式相同的、可明确区分的商品

当企业向客户连续转让某项承诺的商品时，如每天提供类似劳务的长期劳务合同等，如果这些商品属于实质相同且转让模式相同的一系列商品时，企业应当将这一系列商品作为单项履约义务。其中，转让模式相同，是指每一项可明确区分的商品均满足本章所述的在某一时段内履行履约义务的条件，且采用相同方法确定其履约进度。

企业在判断所转让的一系列商品是否实质相同时，应当考虑合同中承诺的性质，当企业承诺的是提供确定数量的商品时，需要考虑这些商品本身是否实质相同；当企业承诺的是在某一期间内随时向客户提供某项服务时，需要考虑企业在该期间内的各个时间段（如每天或每小时）的承诺是否相同，而并非具体的服务行为本身。例如，企业向客户提供2年的酒店管理服务（包括保洁、维修、安保等），但没有具体的服务次数或时间的要求，尽管企业每天提供的具体服务不一定相同，但是企业每天对于客户的承诺都是相同的，即按照约定的酒店管理标准，随时准备根据需要为其提供相关服务，因此，该酒店管理服务符合“实质相同”的条件。

三、确定交易价格

交易价格，是指企业因向客户转让商品而预期有权收取的对价金额。企业代第三方收取的款项（例如增值税）以及企业预期将退还给客户的款项，应当作为负债进行会计处理，不计入交易价格。合同标价并不一定代表交易价格，企业应当根据合同条款，并结合以往的习惯做法等确定交易价格。

（一）可变对价

企业与客户的合同中约定的对价金额可能是固定的，也可能会因折扣、价格折让、返利、退款、奖励积分、激励措施、业绩奖金、索赔、未来事项等因素而变化。此外，企业有权收取的对价金额，将根据一项或多项或有事项的发生有所不同的情况，也属于可变对价的情形。例如，企业售出商品但允许客户退货时，由于企业有权收取的对价金额将取决于客户是否退货，因此该合同的交易价格是可变的。

1. 可变对价最佳估计数的确定

企业应当按照期望值或最可能发生金额确定可变对价的最佳估计数。期望值，是按照各种可能发生的对价金额及相关概率计算确定的金额。当企业拥有大量具有类似特征的合同，并据此估计合同可能产生多个结果时，按照期望值估计可变对价金额通常是恰当的。

[例 15—5] 科利公司与甲公司于 2019 年 1 月 1 日签订了产品生产合同，生产产品数量为 50 000 件，完成日为 2019 年 6 月 30 日，价格为 10 万元，如果 6 月 30 日前完工，每提前一天承诺对价将增加 1 万元。根据期望值确定可变对价最佳估计数计算表如表 15—1 所示。

表 15—1 **根据期望值确定可变对价最佳估计数计算表** 金额：元

可能的结果	金 额	概 率	期望值
提前 10 天	100 000	15%	15 000
提前 8 天	80 000	30%	24 000
提前 6 天	60 000	30%	18 000
提前 4 天	40 000	10%	4 000
按 时	—	15%	—
合 计			61 000

最可能发生金额是一系列可能发生的对价金额中最可能发生的单一金额，即合同最可能产生的单一结果。当合同仅有两个可能结果（例如，企业能够达到或不能达到某业绩奖金目标）时，按照最可能发生金额估计可变对价金额通常是恰当的。

[例 15—6] 四建公司为其客户建造一栋厂房，合同约定的价款为 100 万元，当四建公司不能在合同签订之日起的 120 天内竣工时，须支付 10 万元罚款，该罚款从合同价款中扣除。四建公司对合同结果的估计如下：工程按时完工的概率为 90%，工程延期的概率为 10%。假定上述金额均不含增值税。

本例中，由于该合同涉及两种可能结果，四建公司认为按照最可能发生金额能够更好地预测其有权获取的对价金额。因此，四建公司估计的交易价格为 100 万元，即最可能发生的单一金额。

企业采用期望值或最可能发生金额估计可变对价时，应当选择能够更好地预测其有权收取的对价金额的方法，不能在两种方法之间随意选择。对于某一事项的不确定性对可变对价金额的影响，企业应当在整个合同期间一致地采用同一种方法进行估计；对于类似的合同，应当采用相同的方法进行估计。但是，当存在多个不确定性事项均会影响可变对价金额时，企业可以采用不同的方法对其进行估计。

2. 计入交易价格的可变对价金额的限制

企业按照期望值或最可能发生金额确定可变对价金额之后，计入交易价格的可变对价金额还应该满足限制条件，即包含可变对价的交易价格，应当不超过在相关不确定性消除时，累计已确认的收入极可能不会发生重大转回的金额。企业在对此进行评估时，应当同时考虑收入转回的可能性及转回金额的比重。其中，“极可能”发生的概率应远高于“很可能（即可能性超过 50%）”，但不要求达到“基本确定（即可能性超过 95%）”；在评估收入转回金额的比重时，应同时考虑合同中包含的固定对价和可变对价。企业应当将满足上述限制条件的可变对价的金额，计入交易价格。

每一资产负债表日，企业应当重新估计可变对价金额（包括重新评估对可变对价的估计是否受到限制),以如实反映报告期末存在的情况以及报告期内发生的情况变化。

[例 15—7] 2019 年 1 月 1 日,利华公司与乙公司签订合同,向其销售 A 产品。合同约定,当乙公司在 2019 年的采购量不超过 2 000 件时,每件产品的价格为 80 元;当乙公司在 2019 年的采购量超过 2 000 件时,每件产品的价格为 70 元。乙公司在第一季度的采购量为 150 件,利华公司预计乙公司全年的采购量不会超过 2 000 件。2019 年 4 月,乙公司因完成产能升级而增加了原材料的采购量,第二季度共向利华公司采购 A 产品 1 000 件,利华公司预计乙公司全年的采购量将超过 2 000 件,因此,全年采购量适用的产品单价均将调整为 70 元。

本例中,2019 年第一季度,利华公司根据以往经验估计乙公司全年的采购量将不会超过 2 000 件,利华公司按照 80 元的单价确认收入。满足在不确定性消除之后(即乙公司全年的采购量确定之后),累计已确认的收入将极可能不会发生重大转回的要求,因此,利华公司在第一季度确认的收入金额为 12 000 元(80×150)。2019 年第二季度,利华公司对交易价格进行重新估计,由于预计乙公司全年的采购量将超过 2 000 件,按照 70 元的单价确认收入,才满足极可能不会导致累计已确认的收入发生重大转回的要求。因此,利华公司在第二季度确认收入 68 500 元[70×(1 000+150)−12 000]。

(二)合同中存在的重大融资成分

当企业将商品的控制权转移给客户的时间与客户实际付款的时间不一致时,如企业以赊销的方式销售商品,或者要求客户支付预付款等,如果各方以在合同中明确(或者以隐含的方式)约定的付款时间为客户或企业就转让商品的交易提供了重大融资利益,则合同中即包含了重大融资成分。合同中存在重大融资成分的,企业应当按照假定客户在取得商品控制权时即以现金支付的应付金额(即现销价格)确定交易价格。在评估合同中是否存在融资成分以及该融资成分对于该合同而言是否重大时,企业应当考虑所有相关的事实和情况,包括:

(1)已承诺的对价金额与已承诺商品的现销价格之间的差额。

(2)企业将承诺的商品转让给客户与客户支付相关款项之间的预计时间间隔和相应的市场现行利率的共同影响。企业向客户转让商品与客户支付相关款项之间虽然存在时间间隔,但两者之间的合同没有包含重大融资成分的情形有:

①客户就商品支付了预付款,且可以自行决定这些商品的转让时间。例如,企业向客户出售其发行的储值卡,客户可随时到该企业持卡购物;再如,企业向客户授予奖励积分,客户可随时到该企业兑换这些积分等。

②客户承诺支付的对价中有相当大的部分是可变的,该对价金额或付款时间取决于某一未来事项是否发生,且该事项实质上不受客户或企业控制。例如,按照实际销售量收取的特许权使用费。

③合同承诺的对价金额与现销价格之间的差额是由于向客户或企业提供融资利益以外的其他原因所导致的,且这一差额与产生该差额的原因是相称的。例如,合同约定的支付条款是为了向企业或客户提供保护,以防止另一方未能依照合同充分履行其部分或全部义务。

[例 15—8] 2018 年 1 月,保利公司与乙公司签订了一项施工总承包合同。合同约定的工期为 30 个月,工程造价为 8 亿元(不含税价)。保利公司与乙公司双方每季度进行一次工程结算,并于完工时进行竣工结算,每次工程结算额(除质保金及相应的增值税外)由客户于工程结算后 5 个工作日内支付;除质保金外的工程尾款于竣工结算后 10 个工作日内支付;合同金额的 3%作为质保金,用以保证项目在竣工后 2 年内正常运行,在质保期满后 5 个工作日内支付。

本例中，乙公司保留了3%的质保金直到项目竣工2年后支付，虽然服务完成时间与乙公司付款时间间隔较长，但是，该质保金旨在为乙公司提供工程质量保证，以防保利公司未能完成其合同义务，而并非向乙公司提供融资。因此，保利公司认为该合同中不包含重大融资成分，无须就延期支付质保金的影响调整交易价格。

合同中存在重大融资成分的，企业在确定该重大融资成分的金额时，应使用将合同对价的名义金额折现为商品现销价格的折现率。该折现率一经确定，不得因后续市场利率或客户信用风险等情况的变化而变更。企业确定的交易价格与合同承诺的对价金额之间的差额，应当在合同期间内采用实际利率法摊销。需要说明的是，企业应当在单个合同层面考虑融资成分是否重大，而不应在合同组合层面考虑这些合同中的融资成分的汇总影响对企业整体而言是否重大。企业只有在确认了合同资产（或应收款项）和合同负债时，才应当分别确认重大融资成分相应的利息收入和利息支出。

为简化实务操作，如果在合同开始日，企业预计客户取得商品控制权与客户支付价款间隔不超过一年的，可以不考虑合同中存在的重大融资成分。企业应当对类似情形下的类似合同一致地应用这一简化处理方法。

［例15—9］ 2019年12月31日，万嘉公司与A公司签订合同，向其销售一批产品。合同约定，该批产品将于两年之后交货。合同中包含两种可供选择的付款方式，即A公司可以在两年后交付产品时支付2 247.2万元，或者在合同签订时支付2 000万元。A公司选择在合同签订时支付货款。万嘉公司的增量借款利率为6%。该批产品的控制权在交货时转移。万嘉公司于2019年12月31日收到A公司支付的货款。万嘉公司和A公司均为增值税一般纳税人，万嘉公司收到A公司支付的款项时纳税义务已经发生。万嘉公司和A公司的增值税税率为13%。

万嘉公司的账务处理如下：

2019年12月31日收到货款：

借：银行存款	22 600 000	
贷：合同负债		20 000 000
应交税费——应交增值税（销项税额）		2 600 000

2020年12月31日确认融资成分的影响：

借：财务费用	1 200 000	
贷：合同负债		1 200 000

2021年12月31日交付产品：

借：财务费用	1 272 000	
（即合同负债摊余成本乘以实际利率来计算财务费用）		
贷：合同负债		1 272 000
借：合同负债	22 472 000	
贷：主营业务收入		22 472 000

合同负债，是指企业已收或应收客户对价而应向客户转让商品的义务。企业在向客户转让商品之前，如果客户已经支付了合同对价或企业已经取得了无条件收取合同对价的权利，则企业应当在客户实际支付款项与到期应支付款项孰早时点，将该已收或应收的款项确认并列示为合同负债。合同资产，是指企业已向客户转让商品而有权收取对价的权利，且该权利取决于时间流逝之外的其他因素。应收款项是企业无条件收取合同对价的权利。只有在合同对价

到期支付之前仅仅随着时间的流逝即可收款的权利，才是无条件的收款权。合同资产和应收款项都是企业拥有的有权收取对价的合同权利，两者的区别在于：应收款项代表的是无条件收取合同对价的权利，即企业仅仅随着时间的流逝即可收款；而合同资产并不是一项无条件收款权，该权利除了时间流逝之外，还取决于其他条件（例如，履行合同中的其他履约义务）才能收取相应的合同对价。合同资产的减值应当按照《企业会计准则第 22 号——金融工具确认和计量》的规定进行会计处理。

合同资产和合同负债应当在资产负债表中单独列示，并按流动性，分别列示为“合同资产”或“其他非流动资产”以及“合同负债”或“其他非流动负债”。同一合同下的合同资产和合同负债应当以净额列示，不同合同下的合同资产和合同负债不能互相抵销。

（三）非现金对价

当企业因转让商品而有权向客户收取的对价是非现金形式时，例如实物资产、无形资产、股权、客户提供的广告服务等，企业通常应当按照非现金对价在合同开始日的公允价值确定交易价格。非现金对价公允价值不能合理估计的，企业应当参照其承诺向客户转让商品的单独售价间接确定交易价格。

非现金对价的公允价值可能会因对价的形式而发生变动（例如，企业有权向客户收取的对价是股票，股票本身的价格会发生变动），也可能会因为对价形式以外的原因而发生变动（例如，企业有权收取非现金对价的公允价值因企业的履约情况而发生变动）。合同开始日后，非现金对价的公允价值因对价形式以外的原因而发生变动的，应当作为可变对价，按照与计入交易价格的可变对价金额的限制条件相关的规定进行处理；合同开始日后，非现金对价的公允价值因对价形式而发生变动的，该变动金额不应计入交易价格。

（四）应付客户对价

企业在向客户转让商品的同时，需要向客户或第三方支付对价的，除为了自客户取得其他可明确区分商品的款项外，应当将该应付对价冲减交易价格，并在确认相关收入与支付（或承诺支付）客户对价两者孰晚的时点冲减当期收入。这里的应付客户对价还包括可以抵减应付企业金额的相关项目金额，如优惠券、兑换券等。

企业应付客户对价是为了自客户取得其他可明确区分商品的，应当采用与企业其他采购相一致的方式确认所购买的商品；企业应付客户对价超过自客户取得的可明确区分商品公允价值的，超过金额应当作为应付客户对价冲减交易价格；自客户取得的可明确区分商品公允价值不能合理估计的，企业应当将应付客户对价全额冲减交易价格。

四、将交易价格分摊至各单项履约义务

合同中包含两项或多项履约义务的，企业应当在合同开始日，按照各单项履约义务所承诺商品的单独售价的相对比例，将交易价格分摊至各单项履约义务。单独售价，是指企业向客户单独销售商品的价格。企业在类似环境下向类似客户单独销售某商品的价格，应作为该商品的单独售价。单独售价无法直接观察的，企业应当综合考虑其能够合理取得的全部相关信息，采用市场调整法、成本加成法、余值法等方法合理估计单独售价。企业在估计单独售价时，应当最大限度地采用可观察的输入值，并对类似情况采用一致的估计方法。

一是市场调整法，是指企业根据某商品或类似商品的市场售价，考虑本企业的成本和毛利等进行适当调整后的金额，确定其单独售价的方法。

二是成本加成法，是指企业根据某商品的预计成本加上其合理毛利后的金额，确定其单独

售价的方法。

三是余值法，是指企业根据合同交易价格减去合同中其他商品可观察单独售价后的余额，确定某商品单独售价的方法。企业在商品近期售价波动幅度巨大，或者因未定价且未曾单独销售而使售价无法可靠确定时，可采用余值法估计其单独售价。

［例 15－10］　2019 年 4 月 1 日，麦利公司与客户签订合同，向其销售 A、B 两项商品，A 商品的单独售价为 6 000 元，B 商品的单独售价为 24 000 元，合同价款为 25 000 元。合同约定，A 商品于合同开始日交付，B 商品在一个月之后交付，只有当两项商品全部交付之后，麦利公司才有权收取 25 000 元的合同对价。假定 A 商品和 B 商品分别构成单项履约义务，其控制权在交付时转移给客户。上述价格均不包含增值税，且假定不考虑相关税费影响。

本例中，分摊至 A 商品的合同价款＝25 000×6 000/(6 000＋24 000)＝5 000(元)

分摊至 B 商品的合同价款＝25 000×24 000/(6 000＋24 000)＝20 000(元)

麦利公司的账务处理如下：

(1)交付 A 商品时：

借：合同资产	5 000	
贷：主营业务收入		5 000

(2)交付 B 商品时：

借：应收账款	25 000	
贷：合同资产		5 000
主营业务收入		20 000

(一)分摊合同折扣

合同折扣，是指合同中各单项履约义务所承诺商品的单独售价之和高于合同交易价格的金额。

(1)对于合同折扣，企业应当在各单项履约义务之间按比例分摊。

(2)有确凿证据表明合同折扣仅与合同中一项或多项(而非全部)履约义务相关的，企业应当将该合同折扣分摊至相关一项或多项履约义务。

［例 15－11］　甲公司与客户签订合同，向其销售 A、B、C 三种产品，合同总价款为 120 万元，这三种产品构成三个单项履约义务。企业经常单独出售 A 产品，其可直接观察的单独售价为 50 万元；B 产品和 C 产品的单独售价不可直接观察，企业采用市场调整法估计 B 产品的单独售价为 25 万元，采用成本加成法估计 C 产品的单独售价为 75 万元。甲公司经常以 50 万元的价格单独销售 A 产品，并且经常将 B 产品和 C 产品组合在一起以 70 万元的价格销售。假定上述价格均不包含增值税。

本例中，这三种产品的单独售价合计为 150 万元(50＋25＋75)，而该合同的价格为 120 万元，因此该合同的折扣为 30 万元。由于甲公司经常将 B 产品和 C 产品组合在一起以 70 万元的价格销售，该价格与其单独售价的差额为 30 万元，与该合同的折扣一致，而 A 产品单独销售的价格与其单独售价一致，证明该合同的折扣仅应归属于 B 产品和 C 产品。因此，在该合同下，分摊至 A 产品的交易价格为 50 万元，分摊至 B 产品和 C 产品的交易价格合计为 70 万元，甲公司应当进一步按照 B 产品和 C 产品的单独售价的相对比例将该价格在两者之间进行分摊。因此，各产品分摊的交易价格分别为：

A 产品＝50(万元)

B 产品＝70×25/(25＋75)＝17.5(万元)

C 产品＝70×75/(25＋75)＝52.5(万元)

合计＝50＋17.5＋52.5＝120(万元)

(二)分摊可变对价

合同中包含可变对价的，该可变对价可能与整个合同相关，也可能仅与合同中的某一特定组成部分有关，后者包括两种情形：一是可变对价可能与合同中的一项或多项(而非全部)履约义务有关；二是可变对价可能与企业向客户转让的构成单项履约义务的一系列可明确区分商品中的一项或多项(而非全部)商品有关。

同时满足下列条件的，企业应当将可变对价及可变对价的后续变动额全部分摊至与之相关的某项履约义务，或者构成单项履约义务的一系列可明确区分商品中的某项商品：

(1)可变对价的条款专门针对企业为履行该项履约义务或转让该项可明确区分商品所作的努力(或者是履行该项履约义务或转让该项可明确区分商品所导致的特定结果)；

(2)企业在考虑了合同中的全部履约义务及支付条款后，将合同对价中的可变金额全部分摊至该项履约义务或该项可明确区分商品符合分摊交易价格的目标。

对于不满足上述条件的可变对价及可变对价的后续变动额，以及可变对价及其后续变动额中未满足上述条件的剩余部分，企业应当按照分摊交易价格的一般原则，将其分摊至合同中的各单项履约义务。对于已履行的履约义务，其分摊的可变对价后续变动额应当调整变动当期的收入(即不需要追溯调整)。

[**例 15－12**] 未来公司与丙公司签订合同，将其拥有的两项专利技术 X 和 Y 授权给丙公司使用。假定两项授权均构成单项履约义务，且都属于在某一时点履行的履约义务。合同约定，授权使用 X 的价格为 80 万元，授权使用 Y 的价格为丙公司使用该专利技术所生产的产品销售额的 3%。X 和 Y 的单独售价分别为 80 万元和 100 万元。未来公司估计其就授权使用 Y 而有权收取的特许权使用费为 100 万元。假定上述价格均不包含增值税。

本例中，该合同中包含固定对价和可变对价。其中，授权使用 X 的价格为固定对价，且与其单独售价一致；授权使用 Y 的价格为丙公司使用该专利技术所生产的产品销售额的 3%，属于可变对价，该可变对价全部与授权使用 Y 能够收取的对价有关，且未来公司估计基于实际销售情况收取的特许权使用费的金额接近 Y 的单独售价。因此，未来公司将可变对价部分的特许权使用费金额全部由 Y 承担符合交易价格的分摊目标。未来公司授权丙公司使用专利技术 Y 时不确认收入，未来公司在丙公司发生后续销售时确认基于销售的使用费收入；当授权丙公司使用专利技术 X 时确认收入 80 万元。

(三)交易价格的后续变动

交易价格发生后续变动的，企业应当按照在合同开始日所采用的基础将该后续变动金额分摊至合同中的履约义务。企业不得因合同开始日之后单独售价的变动而重新分摊交易价格。对于合同变更导致的交易价格后续变动，应当按照前述有关合同变更的要求进行会计处理。合同变更之后发生可变对价后续变动的，企业应当区分下列三种情形分别进行会计处理：

(1)合同变更属于前述合同变更第 1 种情形的，企业应当判断可变对价后续变动与哪一项合同相关，并按照分摊可变对价的相关规定进行会计处理。

(2)合同变更属于前述合同变更第 2 种情形，且可变对价后续变动与合同变更前已承诺可变对价相关的，企业应当首先将该可变对价后续变动额以原合同开始日确定的单独售价为基础进行分摊，然后再将分摊至合同变更日尚未履行履约义务的该可变对价后续变动额以新合同开始日确定的基础进行二次分摊。

(3)合同变更之后发生除上述第 1 种和第 2 种情形以外的可变对价后续变动的,企业应当将该可变对价后续变动额分摊至合同变更日尚未履行(或部分未履行)的履约义务。

[例 15-13] 2019 年 9 月 1 日,甲公司与乙公司签订合同,向其销售 A 产品和 B 产品。A 产品和 B 产品均为可明确区分商品,其单独售价相同,且均属于在某一时点履行的履约义务。合同约定,A 产品和 B 产品分别于 2019 年 11 月 1 日和 2020 年 3 月 31 日交付给乙公司。合同约定的对价包括 1 000 元的固定对价和估计金额为 200 元的可变对价。假定甲公司将 200 元的可变对价计入交易价格,满足有关将可变对价金额计入交易价格的限制条件。因此,该合同的交易价格为 1 200 元。假定上述价格均不包含增值税。

2019 年 12 月 1 日,双方对合同范围进行了变更,乙公司向甲公司额外采购 C 产品,合同价格增加 300 元,C 产品与 A、B 两种产品可明确区分,但该增加的价格不反映 C 产品的单独售价。C 产品的单独售价与 A 产品和 B 产品相同。C 产品将于 2020 年 6 月 30 日交付给乙公司。

2019 年 12 月 31 日,企业预计有权收取的可变对价的估计金额由 200 元变更为 240 元,该金额符合计入交易价格的条件。因此,合同的交易价格增加了 40 元,且甲公司认为该增加额与合同变更前已承诺的可变对价相关。假定上述三种产品的控制权均随产品交付而转移给乙公司。

本例中,在合同开始日,该合同包含两个单项履约义务,甲公司应当将估计的交易价格分摊至这两项履约义务。由于两种产品的单独售价相同,且可变对价不符合分摊至其中一项履约义务的条件,因此,甲公司将交易价格 1 200 元平均分摊至 A 产品和 B 产品,即 A 产品和 B 产品各自分摊的交易价格均为 600 元。

2019 年 11 月 1 日,当 A 产品交付给客户时,甲公司相应确认收入 600 元。

2019 年 12 月 1 日,双方进行了合同变更。该合同变更属于合同变更的第 2 种情形,因此该合同变更应当作为原合同终止,并将原合同的未履约部分与合同变更部分合并为新合同进行会计处理。在该新合同下,合同的交易价格为 900 元(600+300),由于 B 产品和 C 产品的单独售价相同,分摊至 B 产品和 C 产品的交易价格的金额均为 450 元。

2019 年 12 月 31 日,甲公司重新估计可变对价,增加了交易价格 40 元。由于该增加额与合同变更前已承诺的可变对价相关,因此应首先将该增加额分摊给 A 产品和 B 产品,之后再将分摊给 B 产品的部分在 B 产品和 C 产品形成的新合同中进行二次分摊。在本例中,由于 A、B 和 C 三种产品的单独售价相同,在将 40 元的可变对价后续变动分摊至 A 产品和 B 产品时,各自分摊的金额为 20 元。由于甲公司已经转让了 A 产品,在交易价格发生变动的当期即应将分摊至 A 产品的 20 元确认为收入。之后,甲公司将分摊至 B 产品的 20 元平均分摊至 B 产品和 C 产品,即各自分摊的金额为 10 元,经过上述分摊后,B 产品和 C 产品的交易价格金额均为 460 元(450+10)。因此,甲公司分别在 B 产品和 C 产品控制权转移时确认收入 460 元。

五、履行各单项履约义务时确认收入

企业应当在履行了合同中的履约义务,即客户取得相关商品控制权时确认收入。企业将商品的控制权转移给客户,首先判断履约义务是否满足在某一时段内履行的条件,如不满足,则该履约义务属于在某一时点履行的履约义务。对于在某一时段内履行的履约义务,企业应当选取恰当的方法来确定履约进度;对于在某一时点履行的履约义务,企业应当综合分析控制权转移的迹象,判断其转移时点。

在一段时间内履行履约义务:通过计量履约进度,在一段时间内确认收入,如提供劳务、建造合同等。

在某一时点履行履约义务:在客户获得商品控制权时确认收入。

(一)在某一时段内履行的履约义务

满足下列条件之一的,属于在某一时段内履行的履约义务,相关收入应当在该履约义务履行的期间内确认:

(1)客户在企业履约的同时即取得并消耗企业履约所带来的经济利益。

企业在履约过程中是持续地向客户转移该服务的控制权的,该履约义务属于在某一时段内履行的履约义务,企业应当在提供该服务的期间内确认收入。

(2)客户能够控制企业履约过程中在建的商品。

企业在履约过程中创建的商品包括在产品、在建工程、尚未完成的研发项目、正在进行的服务等,如果客户在企业创建该商品的过程中就能够控制这些商品,应当认为企业提供该商品的履约义务属于在某一时段内履行的履约义务。

[例 15－14] 企业与客户签订合同,在客户拥有的土地上按照客户的设计要求为其建造厂房。在建造过程中客户有权修改厂房设计,并与企业重新协商设计变更后的合同价款。客户每月末按当月工程进度向企业支付工程款。如果客户终止合同,已完成建造部分的厂房归客户所有。

本例中,企业为客户建造厂房,该厂房位于客户的土地上,客户终止合同时,已建造的厂房归客户所有。这些均表明,客户在该厂房建造的过程中能够控制该在建的厂房。因此,企业提供的该建造服务属于在某一时段内履行的履约义务,企业应当在提供该服务的期间内确认收入。

(3)企业在履约过程中所产出的商品具有不可替代用途,且该企业在整个合同期间内有权就累计至今已完成的履约部分收取款项。

①商品具有不可替代用途。建造只有客户能够使用的专项资产或按照客户的指标建造资产。

②企业在整个合同期间内有权就累计至今已完成的履约部分收取款项。有权就累计至今已完成的履约部分收取款项,是指在由于客户或其他方原因终止合同的情况下,企业有权就累计至今已完成的履约部分收取能够补偿其已发生成本和合理利润的款项,并且该权利具有法律约束力。

需要强调的是,合同终止必须是由于客户或其他方而非企业自身的原因所致,在整个合同期间内的任一时点,企业均应当拥有此项权利。企业在进行判断时,需要注意下列五点:

一是企业有权收取的款项应当能够补偿企业已经发生的成本和合理利润。下列两种情形都属于补偿企业的合理利润:第一,根据合同终止前的履约进度对该合同的毛利水平进行调整后确定的金额作为补偿金额;第二,如果该合同的毛利水平高于企业同类合同的毛利水平,以企业从同类合同中能够获取的合理资本回报或者经营毛利作为利润补偿。

二是该规定并不意味着企业拥有现时可行使的无条件收款权。企业在判断时应当考虑,假设在发生由于客户或其他方原因导致合同在合同约定的重要时点、重要事项完成前或合同完成前终止时,企业是否有权要求客户补偿其累计至今已完成的履约部分应收取的款项。

三是当客户只有在某些特定时点才有权终止合同,或者根本无权终止合同时,客户终止了合同(包括客户没有按照合同约定履行其义务),但是,合同或法律法规仍要求企业应继续向客户转移合同中承诺的商品并因此有权要求客户支付对价的,也符合"企业有权就累计至今已完成的履约部分收取款项"的要求。

四是企业在进行判断时,既要考虑合同条款的约定,还应当充分考虑适用的法律法规、补充或者凌驾于合同条款之上的以往司法实践以及类似案例的结果等。

五是企业和客户之间在合同中约定的付款时间进度表,不一定表明企业有权就累计至今已完成的履约部分收取款项。

[例 15-15] 新兴船舶公司与乙公司签订了一份船舶建造合同,按照乙公司的具体要求设计和建造船舶。新兴公司在自己的厂区内完成该船舶的建造,乙公司无法控制在建过程中的船舶。新兴公司如果想把该船舶出售给其他客户,需要发生重大的改造成本。双方约定,如果乙公司单方面解约,乙公司需向新兴公司支付相当于合同总价 30%的违约金,且建造中的船舶归新兴公司所有。假定该合同仅包含一项履约义务,即设计和建造船舶。

本例中,船舶是按照乙公司的具体要求进行设计和建造的,新兴公司需要发生重大的改造成本将该船舶改造之后才能将其出售给其他客户,因此,该船舶具有不可替代用途。然而,如果乙公司单方面解约,仅需向新兴公司支付相当于合同总价 30%的违约金,表明新兴公司无法在整个合同期间内都有权就累计至今已完成的履约部分收取能够补偿其已发生成本和合理利润的款项。因此,新兴公司为乙公司设计和建造船舶不属于在某一时段内履行的履约义务。

(二)在某一时段内履行履约义务收入的确认

对于在某一时段内履行的履约义务,企业应当在该段时间内按照履约进度确认收入,但是,履约进度不能合理确定的除外。企业应当考虑商品的性质,采用产出法或投入法确定恰当的履约进度,并且在确定履约进度时,应当扣除那些控制权尚未转移给客户的商品。企业按照履约进度确认收入时,通常应当在资产负债表日按照合同的交易价格总额乘以履约进度扣除以前会计期间累计已确认的收入后的金额,确认为当期收入。

1. 产出法

产出法是根据已转移给客户的商品对于客户的价值确定履约进度,通常可采用实际测量的完工进度、评估已实现的结果、已达到的里程碑、时间进度、已完工或交付的产品等产出指标确定履约进度。企业在评估是否采用产出法确定履约进度时,应当考虑具体的事实和情况,并选择能够如实反映企业履约进度和向客户转移商品控制权的产出指标。当选择的产出指标无法计量控制权已转移给客户的商品时,不应采用产出法。

[例 15-16] 2019 年 8 月 1 日,铁建公司与客户签订合同,为该客户拥有的一条铁路更换 100 根铁轨,合同价格为 100 万元(不含税价)。截至 2019 年 12 月 31 日,铁建公司共更换铁轨 60 根,剩余部分预计在 2020 年 3 月 31 日之前完成。该合同仅包含一项履约义务,且该履约义务满足在某一时段内履行的条件。假定不考虑其他情况。

本例中,铁建公司提供的更换铁轨的服务属于在某一时段内履行的履约义务,铁建公司按照已完成的工作量占预计总工作量的比例确定履约进度。因此,截至 2019 年 12 月 31 日,该合同的履约进度为 60% (60÷100),铁建公司应确认的收入为 60 万元(100×60%)。

产出法下有关产出指标的信息有时可能无法直接观察获得,或者企业为获得这些信息需要花费很高的成本时,可能需要采用投入法来确定履约进度。

2. 投入法

投入法是根据企业为履行履约义务的投入确定履约进度,通常可采用投入的材料数量、花费的人工工时或机器工时、发生的成本和时间进度等投入指标确定履约进度。当企业从事的工作或发生的投入是在整个履约期间内平均发生时，企业也可以按照直线法确认收入。

［例 15－17］ 金阳公司于 2019 年 12 月 1 日接受一项设备安装任务，安装期为 3 个月，合同总收入 600 000 元，至年底已预收安装费 440 000 元，实际发生安装费用为 280 000 元（假定均为安装人员薪酬），估计还将发生安装费用 120 000 元。假定金阳公司按实际发生的成本占估计总成本的比例确定安装的履约进度，不考虑增值税等其他因素。金阳公司的账务处理如下：

实际发生的成本占估计总成本的比例＝280 000÷(280 000＋120 000)×100%＝70%

2019 年 12 月 31 日确认的劳务收入＝ 600 000×70%－0＝420 000 (元)

(1)实际发生劳务成本：

借:合同履约成本——设备安装	280 000	
贷:应付职工薪酬		280 000

(2)预收劳务款：

借:银行存款	440 000	
贷:合同负债——××公司		440 000

(3)2019 年 12 月 31 日确认劳务收入并结转劳务成本：

借:合同负债——××公司	420 000	
贷:主营业务收入——设备安装		420 000
借:主营业务成本——设备安装	280 000	
贷:合同履约成本——设备安装		280 000

由于投入法下的投入指标与企业向客户转移商品的控制权之间未必存在直接的对应关系，因此，企业在采用投入法时，应当扣除那些虽然已经发生但是未导致向客户转移商品的投入。实务中，企业通常按照累计实际发生的成本占预计总成本的比例（即成本法）确定履约进度，累计实际发生的成本包括企业向客户转移商品过程中所发生的直接成本和间接成本，如直接人工、直接材料、分包成本以及其他与合同相关的成本。在下列情形下，企业在采用成本法确定履约进度时，可能需要对已发生的成本进行适当的调整：

一是已发生的成本并未反映企业履行履约义务的进度。例如，因企业生产效率低下等原因而导致的非正常消耗，包括非正常消耗的直接材料、直接人工及制造费用等，不应包括在累计实际发生的成本中，除非企业和客户在订立合同时已经预见会发生这些成本并将其包括在合同价款中。

二是已发生的成本与企业履行履约义务的进度不成比例。当企业已发生的成本与履约进度不成比例时，企业在采用成本法确定履约进度时需要进行适当调整。对于施工中尚未安装、使用或耗用的商品（本段中的商品不包括服务）或材料成本等，当企业在合同开始日就预期将能够满足下列所有条件时，应在采用成本法确定履约进度时不包括这些成本：第一，该商品或材料不可明确区分，即不构成单项履约义务；第二，客户先取得该商品或材料的控制权，之后才接受与之相关的服务；第三，该商品或材料的成本相对于预计总成本而言是重大的；第四，企业自第三方采购该商品或材料，且未深入参与其设计和制造，对于包含该商品的履约义务而言，企业是主要责任人。

［例 15－18］ 2019 年 10 月，安利公司与客户签订合同，为客户装修一栋办公楼，包括安装一部电梯，合同总金额为 100 万元。安利公司预计的合同总成本为 80 万元，其中包括电梯

的采购成本30万元。

2019年12月，安利公司将电梯运达施工现场并经过客户验收，客户已取得对电梯的控制权，但是根据装修进度，预计到2020年2月才会安装该电梯。截至2019年12月，安利公司累计发生成本40万元，其中包括支付给电梯供应商的采购成本30万元以及因采购电梯发生的运输和人工等相关成本5万元。

假定该装修服务（包括安装电梯）构成单项履约义务，并属于在某一时段内履行的履约义务，安利公司是主要责任人，但不参与电梯的设计和制造，安利公司采用成本法确定履约进度，上述金额均不含增值税。

本例中，截至2019年12月，安利公司发生成本40万元（包括电梯采购成本30万元以及因采购电梯发生的运输和人工等相关成本5万元），安利公司认为其已发生的成本和履约进度不成比例，因此需要对履约进度的计算作出调整，将电梯的采购成本排除在已发生成本和预计总成本之外。在该合同中，该电梯不构成单项履约义务，其成本相对于预计总成本而言是重大的，安利公司是主要责任人，但是未参与该电梯的设计和制造，客户先取得了电梯的控制权，随后才接受与之相关的安装服务，因此，安利公司在客户取得该电梯的控制权时，按照该电梯采购成本的金额确认转让电梯产生的收入。

因此，2019年12月，安利公司确认收入和成本金额计算如下：

该合同的履约进度＝（40－30）÷（80－30）×100％＝20％

应确认的收入＝（100－30）×20％＋30＝44（万元）

应确认的成本＝（80－30）×20％＋30＝40（万元）

对于每一项履约义务，企业只能采用一种方法来确定其履约进度，并加以一贯运用。对于类似情况下的类似履约义务，企业应当采用相同的方法确定履约进度。

本期确认的收入＝合同的交易价格总额×本期末止履约义务的履约进度－以前期间已确认的收入

本期确认的成本＝合同的预计总成本×本期末止履约义务的履约进度－以前期间已确认的成本

当履约进度不能合理确定时，企业已经发生的成本预计能够得到补偿的，应当按照已经发生的成本金额确认收入，直到履约进度能够合理确定为止。每一资产负债表日，企业应当对履约进度进行重新估计。当客观环境发生变化时，企业也需要重新评估履约进度是否发生变化，以确保履约进度能够反映履约情况的变化，该变化应当作为会计估计变更进行会计处理。

（三）在某一时点履行履约义务收入的确认

对于不属于在某一时段内履行的履约义务，应当属于在某一时点履行的履约义务，企业应当在客户取得相关商品控制权时确认收入。在判断控制权是否转移时，企业应当考虑下列五个迹象：

1. 企业就该商品享有现时收款权利，即客户就该商品负有现时付款义务

当企业就该商品享有现时收款权利时，可能表明客户已经有能力主导该商品的使用并从中获得几乎全部的经济利益。

2. 企业已将该商品的法定所有权转移给客户，即客户已拥有该商品的法定所有权

当客户取得了商品的法定所有权时，可能表明客户已取得对该商品的控制权。如果企业仅仅是为了确保到期收回货款而保留商品的法定所有权，那么企业拥有的该权利通常不会对客户取得对该商品的控制权构成障碍。

3. 企业已将该商品实物转移给客户，即客户已占有该商品实物

客户占有了某项商品实物并不意味着其就一定取得了该商品的控制权，反之亦然。例如，在采用支付手续费方式的委托代销安排下，虽然企业作为委托方已将商品发送给受托方，但是受托方并未取得该商品的控制权，因此，企业不应在向受托方发货时确认销售商品的收入，而仍然应当根据控制权是否转移来判断何时确认收入。通常应当在受托方售出商品时确认销售商品收入；受托方应当在商品销售后，按合同或协议约定的方法计算确定的手续费确认收入。

表明一项安排是委托代销安排的迹象有：(1)在特定事件发生之前(例如，向最终客户出售产品或指定期间到期之前)，企业拥有对商品的控制权；(2)企业能够要求将委托代销的商品退回或者将其销售给其他方(如其他经销商)；(3)尽管经销商可能被要求向企业支付一定金额的押金，但是其并没有承担对这些商品无条件付款的义务。

实务中，企业有时根据合同已经就销售的商品向客户收款或取得了收款权利，但是，由于客户缺乏足够的仓储空间或生产进度延迟等原因，直到在未来某一时点将该商品交付给客户之前，企业仍然继续持有该商品实物，这种情况通常称为"售后代管商品"安排。

此时，企业除了考虑客户是否取得商品控制权的迹象之外，还应当同时满足下列条件，才表明客户取得了该商品的控制权：

(1)该安排必须具有商业实质，例如该安排是应客户的要求而订立的；

(2)属于客户的商品必须能够单独识别，例如将属于客户的商品单独存放在指定地点；

(3)该商品可以随时交付给客户；

(4)企业不能自行使用该商品或将该商品提供给其他客户。

企业根据上述条件对尚未发货的商品确认了收入的，还应当考虑是否承担了其他履约义务，例如向客户提供保管服务等，从而应当将部分交易价格分摊至该其他履约义务。越是通用的、可以和其他商品互相替换的商品，可能越难满足上述条件。

[例 15－19] 2019 年 1 月 1 日，甲公司与大运公司签订合同，向其销售一台设备和专用零部件。该设备和零部件的制造期为 2 年。甲公司在完成设备和零部件的生产之后，能够证明其符合合同约定的规格。假定企业向客户转让设备和零部件为两个单项履约义务，且都属于在某一时点履行的履约义务。

2020 年 12 月 31 日，大运公司支付了该设备和零部件的合同价款，并对其进行了验收。但是考虑到其自身的仓储能力有限，且其工厂紧邻甲公司的仓库，因此要求将零部件存放于甲公司的仓库中，并且要求甲公司按照其指令随时安排发货。大运公司已拥有零部件的法定所有权，且这些零部件可明确识别为属于大运公司的物品。甲公司在其仓库内的单独区域内存放这些零部件，并且应大运公司的要求可随时发货，甲公司不能使用这些零部件，也不能将其提供给其他客户使用。

本例中，2020 年 12 月 31 日，该设备的控制权转移给大运公司；对于零部件而言，甲公司已经收取合同价款，但是应大运公司的要求尚未发货，大运公司已拥有零部件的法定所有权并且对其进行了验收，虽然这些零部件实物尚由甲公司持有，但是其满足在"售后代管商品"的安排下客户取得商品控制权的条件，这些零部件的控制权也已经转移给了大运公司。因此，甲公司应当确认销售设备和零部件的相关收入。除销售设备和零部件履约义务，甲公司需要将部分交易价格分摊至该项服务，并在提供该项服务的期间确认收入。

[例 15－20] M 公司生产并销售笔记本电脑。2019 年，M 公司与零售商 B 公司签订销售合同，向其销售 1 万台电脑。由于 B 公司的仓储能力有限，无法在 2019 年底之前接收该批

电脑，双方约定M公司在2020年按照B公司的指令按时发货，并将电脑运送至B公司指定的地点。2019年12月31日，M公司共有上述电脑库存1.2万台，其中包括1万台将要销售给B公司的电脑。然而，这1万台电脑和其余2 000台电脑一起存放并统一管理，并且彼此之间可以互相替换。

本例中，尽管是由于B公司没有足够的仓储空间才要求M公司暂不发货，并按照其指定的时间发货，但是由于这1万台电脑与M公司的其他产品可以互相替换，且未单独存放保管，M公司在向B公司交付这些电脑之前，能够将其提供给其他客户或者自行使用，因此，这1万台电脑在2019年12月31日不满足"售后代管商品"安排下确认收入的条件。

4. 企业已将该商品所有权上的主要风险和报酬转移给客户，即客户已经取得该商品所有权上的主要风险和报酬

企业在判断时不应考虑导致企业在除所转让商品之外产生其他单项履约义务的风险。例如，企业将产品销售给客户，并承诺提供后续维护服务的安排中，销售产品和提供维护服务均构成单项履约义务，企业将产品销售给客户之后，虽仍然保留了与后续维护服务相关的风险，但是由于维护服务构成单项履约义务，所以该保留的风险并不影响企业已将产品所有权上的主要风险和报酬转移给客户的判断。

5. 客户已接受该商品

当商品通过了客户的验收，通常表明客户已接受该商品。客户验收通常有两种情况：一是企业向客户转让商品时，能够客观地确定该商品符合合同约定的标准和条件，客户验收只是一项例行程序，不会影响企业判断客户取得该商品控制权的时点；二是企业向客户转让商品时，无法客观地确定该商品是否符合合同规定的条件，在客户验收之前，企业不能认为已经将该商品的控制权转移给了客户，企业应当在客户完成验收并接受该商品时才能确认收入。实务中，定制化程度越高的商品，越难以证明客户验收仅仅是一项例行程序。

需要强调的是，在上述五个迹象中，并没有哪一个或哪几个迹象是决定性的，企业应当根据合同条款和交易实质进行分析，综合判断其是否将商品的控制权转移给客户以及何时转移的，从而确定收入确认的时点。此外，企业应当从客户的角度进行评估，而不应当仅考虑企业自身的看法。

第三节 合同成本

一、合同履约成本

企业为履行合同可能会发生各种成本，企业在确认收入的同时应当对这些成本进行分析。属于本书其他章节（例如，第三章"存货"、第四章"固定资产"以及第五章"无形资产"等）范围的，应当按照相关章节的要求进行会计处理。不属于本书其他章节范围且同时满足下列条件的，应当作为合同履约成本确认为一项资产：

(1)该成本与一份当前或预期取得的合同直接相关。

预期取得的合同应当是企业能够明确识别的合同，例如现有合同续约后的合同、尚未获得批准的特定合同等。与合同直接相关的成本包括直接人工（例如，支付给直接为客户提供所承诺服务的人员的工资、奖金等）、直接材料（例如，为履行合同耗用的原材料、辅助材料、构配件、零件、半成品的成本和周转材料的摊销及租赁费用等）、制造费用（或类似费用，例如，组织和管

理相关生产、施工、服务等活动发生的费用，包括管理人员的职工薪酬、劳动保护费、固定资产折旧费及修理费、物料消耗、取暖费、水电费、办公费、差旅费、财产保险费、工程保修费、排污费、临时设施摊销等）、明确由客户承担的成本以及仅因该合同而发生的其他成本（例如，支付给分包商的成本、机械使用费、设计和技术援助费用、施工现场二次搬运费、生产工具和用具使用费、检验试验费、工程定位复测费、工程点交费用、场地清理费等）。

(2)该成本增加了企业未来用于履行（或持续履行）履约义务的资源。

(3)该成本预期能够收回。

企业应当在下列支出发生时，将其计入当期损益：一是管理费用，除非这些费用明确由客户承担；二是非正常消耗的直接材料、直接人工和制造费用（或类似费用），这些支出为履行合同发生，但未反映在合同价格中；三是与履约义务中已履行（包括已全部履行或部分履行）部分相关的支出，即该支出与企业过去的履约活动相关；四是无法在尚未履行的与已履行（或已部分履行）的履约义务之间区分的相关支出。

［例 15－21］ 中赢网公司与乙公司签订合同，为乙公司信息中心提供管理服务，合同期限为 5 年。在向乙公司提供服务之前，中赢网公司设计并搭建了一个信息技术平台供其内部使用，该信息技术平台由相关的硬件和软件组成。中赢网公司需要提供设计方案，将该信息技术平台与乙公司现有的信息系统对接，并进行相关测试。该平台并不会转让给乙公司，但是，将用于向乙公司提供服务。中赢网公司为该平台的设计、购买硬件和软件以及信息中心的测试发生了成本。除此之外，中赢网公司专门指派 2 名员工，负责向乙公司提供服务。

本例中，中赢网公司为履行合同发生的上述成本中，购买硬件和软件的成本应当分别按照本书第四章“固定资产”和第五章“无形资产”的规定进行会计处理，资产的折旧和摊销计入合同履约成本。设计服务成本和信息中心的测试成本不属于其他章节的规范范围，但是这些成本与履行该合同直接相关，并且增加了中赢网公司未来用于履行履约义务（即提供管理服务）的资源，如果中赢网公司预期该成本可通过未来提供服务收取的对价收回，则中赢网公司应当将这些成本确认为一项资产。中赢网公司向 2 名负责该项目的员工支付的工资费用，虽然与向乙公司提供服务有关，但是由于其并未增加企业未来用于履行履约义务的资源，因此，应当于发生时计入当期损益。

满足上述条件确认为资产的合同履约成本，初始确认时摊销期限不超过一年或一个正常营业周期的，在资产负债表中列示为存货；初始确认时摊销期限在一年或一个正常营业周期以上的，在资产负债表中列示为其他非流动资产。

二、合同取得成本

企业为取得合同发生的增量成本预期能够收回的，应当作为合同取得成本确认为一项资产。增量成本，是指企业不取得合同就不会发生的成本，例如销售佣金等。为简化实务操作，该资产摊销期限不超过一年的，可以在发生时计入当期损益。企业采用该简化处理方法的，应当对所有类似合同一致采用。

企业为取得合同发生的、除预期能够收回的增量成本之外的其他支出，例如，无论是否取得合同均会发生的差旅费、投标费、为准备投标资料发生的相关费用等，应当在发生时计入当期损益，除非这些支出明确由客户承担。

［例 15－22］ 旺利公司是一家咨询公司，其通过竞标赢得一个新客户，为取得和该客户的合同，旺利公司聘请外部律师进行尽职调查支付相关费用为 15 000 元，为投标而发生的差

旅费为10 000元，支付销售人员佣金5 000元。旺利公司预期这些支出未来均能够收回。此外，旺利公司根据其年度销售目标、整体盈利情况及个人业绩等，向销售部门经理支付年度奖金10 000元。

本例中，旺利公司因签订该客户合同而向销售人员支付的佣金属于为取得合同发生的增量成本，应当将其作为合同取得成本确认为一项资产。旺利公司聘请外部律师进行尽职调查发生的支出、为投标发生的差旅费，无论是否取得合同都会发生，不属于增量成本，因此，应当于发生时直接计入当期损益。旺利公司向销售部门经理支付的年度奖金也不是为取得合同发生的增量成本，这是因为该奖金发放与否以及发放金额还取决于其他因素(包括公司的盈利情况和个人业绩)，其并不能直接归属于可识别的合同。

企业因现有合同续约或发生合同变更需要支付的额外佣金，也属于为取得合同发生的增量成本。实务中，当涉及合同取得成本的安排比较复杂时，例如，合同续约或合同变更时需要支付额外的佣金，企业支付的佣金金额取决于客户未来的履约情况或者取决于累计取得的合同数量或金额等，企业需要运用判断，对发生的合同取得成本进行恰当的会计处理。

满足上述条件确认为资产的合同取得成本，初始确认时摊销期限不超过一年或一个正常营业周期的，在资产负债表中列示为其他流动资产；初始确认时摊销期限在一年或一个正常营业周期以上的，在资产负债表中列示为其他非流动资产。

三、合同履约成本和合同取得成本的摊销和减值

(一)合同履约成本和合同取得成本的摊销

确认为企业资产的合同履约成本或合同取得成本(以下称“与合同成本有关的资产”)，应当采用与该资产相关的商品收入确认相同的基础(即在履约义务履行的时点或按照履约义务的履约进度)进行摊销，计入当期损益。

(二)合同履约成本和合同取得成本的减值

与合同成本有关的资产，其账面价值高于下列第(1)项减去第(2)项的差额的，超出部分应当计提减值准备，并确认为资产减值损失：

(1)企业因转让与该资产相关的商品预期能够取得的剩余对价；

(2)为转让该相关商品估计将要发生的成本。

以前期间减值的因素之后发生变化，使得第(1)项减去第(2)项的差额高于该资产账面价值的，应当转回原已计提的资产减值准备，并计入当期损益，但转回后的资产账面价值不应超过假定不计提减值准备情况下该资产在转回后的账面价值。在确定上述资产的减值损失时，企业应当首先对相关的其他资产确定减值损失，然后再按上述要求确定上述资产的减值损失。

企业在按照资产减值准则的规定测试相关资产组的减值情况时，应当将按照上述要求确定与合同成本有关的资产减值后的新账面价值计入相关资产组的账面价值。

第四节 收入的会计处理

一、在履行履约义务时点确认收入的会计处理

在履行履约义务时点确认的收入，主要是销售商品收入(本部分所指商品是狭义商品)。

销售商品业务主要是指企业以取得货币性资产方式的商品销售，它是工业企业和商品流

通企业的主要经营业务。

企业应设置"主营业务收入"科目，核算企业销售商品、提供劳务等主营业务的收入。本科目可按主营业务的种类进行明细核算。期末，应将"主营业务收入"科目的余额转入"本年利润"科目，结转后本科目应无余额。

不仅如此，企业还应当设置"主营业务成本"科目核算企业确认销售商品、提供劳务等主营业务收入时应结转的成本。本科目可按主营业务的种类进行明细核算。期末，应将"主营业务成本"科目的余额转入"本年利润"科目，结转后本科目应无余额。

(一)一般销售商品业务的会计处理

企业销售商品符合收入确认条件的，应在确认销售商品收入时，按已收或应收的合同或协议价款，加上应收取的增值税额，借记"银行存款"、"应收账款"、"应收票据"等科目，按确定的收入金额，贷记"主营业务收入"科目，按应收取的增值税额，贷记"应交税费——应交增值税(销项税额)"科目。

企业销售商品，在销售商品收入实现时或月份终了，结转已销商品的实际成本，借记"主营业务成本"科目，贷记"库存商品"等科目。

[例 15—23] 宜兴公司向乙企业销售一批商品，增值税专用发票上注明的售价金额为 100 000 元，增值税 13 000 元。宜兴公司已按合同发货，并以银行存款代垫运费及增值税 545 元，款项尚未收到。该商品为应税消费品，消费税税率为 5%，该批商品的成本为 65 000 元。会计处理如下：

(1)确认收入：

借：应收账款——乙企业	113 545	
贷：主营业务收入		100 000
应交税费——应交增值税(销项税额)		13 000
银行存款		545

(2)结转成本：

借：主营业务成本	65 000	
贷：库存商品		65 000

(3)计算应交的消费税：

应交消费税＝100 000×5%＝5 000(元)

借：税金及附加	5 000	
贷：应交税费——应交消费税		5 000

(二)销售商品涉及商业折扣、现金折扣和销售折让业务的会计处理

1. 销售商品涉及商业折扣业务的会计处理

商业折扣是指企业为促进商品销售而在商品标价上给予的价格扣除。

企业销售商品涉及商业折扣的，应当按照扣除商业折扣后的金额来确定销售商品收入金额，不需另作账务处理。

2. 销售商品涉及现金折扣业务的会计处理

现金折扣是指债权人为鼓励债务人在规定的期限内付款而向债务人提供的债务扣除。

企业销售商品涉及现金折扣的，应当按照扣除现金折扣前的金额来确定销售商品收入金额。现金折扣在实际发生时计入当期损益。

现金折扣通常发生在以赊销方式销售商品及提供劳务的交易中。企业为了鼓励客户提前偿付货款，通常与债务人达成协议，债务人在不同的期限内付款可享受不同比例的折扣，付款期限越短，享受的折扣比例越高。

［例 15－24］ 惠普公司采用赊销方式销售一批商品给乙企业，赊销期限为 30 天，增值税专用发票上注明的售价金额为 50 000 元，增值税额为 6 500 元。惠普公司为了鼓励乙企业早日付款，规定付款的信用条件为“2/10、*n*/30”，即在信用期内前 10 天兑付款，给予乙企业 2%的现金折扣；若在 10 天后付款，则付全额。假定计算现金折扣时不考虑增值税税额。会计处理如下：

(1)销售实现确认收入。

借:应收账款——乙企业	56 500	
贷:主营业务收入		50 000
应交税费——应交增值税(销项税额)		6 500

(2)如果乙企业在信用期的前 10 天内支付货款，则可享受商品售价总额 2%的现金折扣(50 000×2%＝1 000 元)，实际付款 55 500 元(56 500－1 000)。收到款项时，公司作如下会计处理：

借:银行存款	55 500	
财务费用	1 000	
贷:应收账款——乙企业		56 500

(3)如果乙企业在信用期内超过现金折扣期付款，则应支付全部的款项 56 500 元。实际收款时，公司作如下的会计处理：

借:银行存款	56 500	
贷:应收账款——乙企业		56 500

3. 销售商品涉及销售折让业务的会计处理

销售折让是指企业因售出商品的质量不合格等原因而在售价上给予的减让。

企业已经确认销售商品收入的售出商品发生销售折让的，应当在发生时冲减当期销售商品收入。销售折让属于资产负债表日后事项的，适用资产负债表日后事项会计准则。

企业将商品销售后，如购货方发现商品在质量、规格等方面不符合要求，可能要求销货方在价格上给予一定的减让。销售折让应在实际发生时冲减当期的收入。发生销售折让时，按规定允许扣减当期的销项税额，应同时用红字冲减“应交税费——应交增值税(销项税额)”科目金额。

［例 15－25］ 南方公司销售给丙企业一批商品，增值税专用发票上的售价金额为 400 000 元，增值税额为 52 000 元，款项尚未收到。丙企业收到商品后，发现商品的质量不符合要求，要求南方公司在价格上给予 2%的折让。公司已经同意。丙企业提供的“开具红字增值税专用发票申请单”已收到，开具了红字增值税专用发票，按照税法规定，可减少当期应纳税所得额。会计处理如下：

(1)确认收入：

借:应收账款——丙企业	452 000	
贷:主营业务收入		400 000
应交税费——应交增值税(销项税额)		52 000

(2)发生销售折让：

借:主营业务收入	8 000	

应交税费——应交增值税(销项税额)　　1 040
　贷:应收账款——丙企业　　9 040

(3)收到款项:

借:银行存款　　442 960
　贷:应收账款——丙企业　　442 960

(三)销售商品涉及销售退回业务的会计处理

销售退回是指企业售出的商品由于质量、品种不符合要求等原因而发生的退货。销售商品涉及销售退回业务,企业应按不同情况进行会计处理。

1. 尚未确认销售收入的销货退回

销售退回可能发生在企业确认收入之前,这种处理比较简单,只需将已记入“发出商品”科目的商品成本转回“库存商品”科目。

2. 已确认收入实现的销货退回

如企业销售商品收入确认后,又发生销售退回的,不论是当年销售的,还是以前年度销售的,一般均应冲减退回当月的销售收入,同时冲减退回当月的销售成本;如该项销售退回已发生现金折扣的,应同时调整相关财务费用的金额;如该项销售退回按规定允许扣减当月销项税额的,应同时用红字冲减“应交税费——应交增值税(销项税额)”科目的相应金额。

[例 15-26] 企业采用赊销方式销售一批商品给乙企业,信用期限为 30 天,增值税专用发票上的售价金额为 100 000 元,增值税额为 13 000 元,该批商品的成本为 60 000 元,规定付款的信用条件为“2/10、n/30”。乙企业收到商品后,发现部分商品的质量严重不合格予以退回,退回商品的售价为 10 000 元,成本为 6 000 元,如果商品的销售收入已确认,乙企业获得了现金折扣(计算基数不包括增值税),不合格商品在资产负债表日以前或财务报告批准报出日之后被退回。收到乙企业“开具红字增值税专用发票申请单”,开具了红字增值税专用发票。会计处理如下:

(1)确认收入:

借:应收账款　　113 000
　贷:主营业务收入　　100 000
　　应交税费——应交增值税(销项税额)　　13 000

结转成本:

借:主营业务成本　　60 000
　贷:库存商品　　60 000

(2)10 日内收到款项:

借:银行存款　　111 000
　财务费用　　2 000
　贷:应收账款——乙企业　　113 000

(3)收到不合格商品冲减收入:

借:主营业务收入　　10 000
　应交税费——应交增值税(销项税额)　　1 300
　贷:银行存款　　11 100
　　财务费用　　200

同时冲减成本:

借:库存商品　　6 000

　　贷:主营业务成本　　6 000

3. 资产负债表日后销售退回

报告年度或以前年度售出的商品,在资产负债表日至财务报告批准报出日之间发生的退回应作为资产负债表日后发生的调整事项,冲减报告年度的收入、成本和税金;如该项销售在资产负债表日及之前已发生现金折扣或销售折让的,还应同时冲减报告年度相关的折扣、折让。

[例 15—27]　承[例 15—26],若企业报告年度或以前年度售出的商品,在资产负债表日至财务报告批准报出日之间发生的退回,在退回时作如下调整分录:

(1)调整收入:

借:以前年度损益调整　　9 800

　　应交税费——应交增值税(销项税额)　　1 300

　　贷:应收账款　　11 100

(2)调整成本:

借:库存商品　　6 000

　　贷:以前年度损益调整　　6 000

(3)调整应缴纳的所得税:

借:应交税费——应交所得税　　950

　　贷:以前年度损益调整　　950

(4)调整税后盈余:

借:利润分配——未分配利润　　2 850

　　贷:以前年度损益调整　　2 850

(5)调整按税后盈余 10%计提的法定盈余公积:

借:盈余公积——法定盈余公积　　285

　　贷:利润分配——未分配利润　　285

(四)销售商品不符合收入确认条件的会计处理

如果企业售出的商品不符合销售收入确认的五个条件中的任何一条,均不应确认收入。对于企业未满足收入确认条件但已经发出商品的实际成本(或进价)或计划成本(或售价),企业应设置"发出商品"科目进行核算。本科目可按购货单位、商品类别和品种进行明细核算。"发出商品"科目期末借方余额,反映企业发出商品的实际成本(或进价)或计划成本(或售价)。

[例 15—28]　宜兴公司采用委托收款方式向甲企业销售一批商品,增值税专业发票上注明的售价金额为 200 000 元,增值税额为 26 000 元,商品的实际成本为 130 000 元。商品已经发出,并办理了托收手续。此时得知甲企业在另一项交易中发生了巨额损失,资金周转困难,经与甲企业交涉,确定该项收入目前收回的可能性不大,决定不确认收入。该项业务的会计处理如下:

(1)商品发出:

借:发出商品　　130 000

　　贷:库存商品　　130 000

(2)增值税发票上注明的增值税额:

借:应收账款——甲企业　　26 000

贷:应交税费——应交增值税(销项税额) 26 000

(3)如果近期甲企业的经营状况逐渐好转,并且甲企业承诺将在近期付款,则宜兴公司可以确认收入:

借:应收账款——甲企业 200 000

贷:主营业务收入 200 000

同时结转成本:

借:主营业务成本 130 000

贷:发出商品 130 000

(4)收回款项:

借:银行存款 226 000

贷:应收账款——甲企业 226 000

(五)具有融资性质的分期收款销售商品

企业销售商品,有时会采取分期收款的方式,即商品已经支付,货款分期收回。对于采用递延方式分期收款、具有融资性质的销售商品满足收入确认条件的,企业按应收合同或协议价款,借记"长期应收款"科目,按应收合同或协议价款的公允价值确定收入金额,贷记"主营业务收入"科目,按其差额,贷记"未实现融资收益"科目。应收的合同或协议价款的公允价值,通常应当按照其未来现金流量现值或商品现销价格计算确定。

企业设置"未实现融资收益"科目,核算分期计入租赁收入或利息收入的未实现融资收益。本科目可按未实现融资收益项目进行明细核算。该科目期末贷方余额,反映企业尚未转入当期收益的未实现融资收益。

[例 15—29] 金利公司 2019 年 1 月 1 日售出一套设备,协议约定采用分期收款方式从销售当年末分五年等额收款,每年年末收取 200 000 元,合计 1 000 000 元。该设备成本为 780 000 元,如果购货方即期付款的情况下,只需付 800 000 元。金利公司在发出商品时,其有关的增值税纳税义务尚未发生,在合同约定的收款日期,发生有关的增值税纳税义务。

在本例中,合同或协议明确规定销售商品需要分期延期收取款项,实质上具有融资性质,金利公司应收的合同或协议价款 1 000 000 元,与其公允价值 800 000 元相差较大,公司应当确认的销售商品收入金额为 800 000 元,应收的合同或协议价款与其公允价值之间的差额,应当在合同或协议期间内采用实际利率法进行摊销,计入当期损益。

根据计算,金利公司融资租赁的实际利率为 7.93%。

公司每期确认融资租赁收益时的数据资料如表 15—2 所示。

表 15—2 **财务费用和已收本金计算表** 单位:元

时 间	未收本金 (1)=上期(1)-(4)	财务费用 (2)=(1)×7.93%	收现总额 (3)	已收本金 (4)=(3)-(2)
2019 年 1 月 1 日	800 000	0	0	0
2019 年 12 月 31 日	800 000	63 440	200 000	136 560
2020 年 12 月 31 日	663 440	52 611	200 000	147 389
2021 年 12 月 31 日	516 051	40 923	200 000	159 077
2022 年 12 月 31 日	356 974	28 308	200 000	171 692

续表

时　间	未收本金 (1)＝上期(1)－(4)	财务费用 (2)＝(1)×7.93％	收现总额 (3)	已收本金 (4)＝(3)－(2)
2023年12月31日	185 282	14 718[①]	200 000	185 282
合　计		200 000	1 000 000	800 000

注：①14 718＝200 000－185 282。

金利公司根据发生的经济业务和确定的相关金额，作会计处理如下：

(1)2019年1月1日，销售实现：

借：长期应收款	1 130 000	
贷：主营业务收入		800 000
未实现融资收益		200 000
应交税费——待转销项税额		130 000
借：主营业务成本	780 000	
贷：库存商品		780 000

(2)2019年12月31日，收取货款和增值税额：

借：银行存款	226 000	
应交税费——待转销项税额	26 000	
贷：长期应收款		226 000
应交税费——应交增值税(销项税额)		26 000
借：未实现融资收益	63 440	
贷：财务费用		63 440

(3)2020年12月31日，收取货款和增值税额：

借：银行存款	226 000	
应交税费——待转销项税额	26 000	
贷：长期应收款		226 000
应交税费——应交增值税(销项税额)		26 000
借：未实现融资收益	52 611	
贷：财务费用		52 611

(4)2021年12月31日，收取货款和增值税额：

借：银行存款	226 000	
应交税费——待转销项税额	26 000	
贷：长期应收款		226 000
应交税费——应交增值税(销项税额)		26 000
借：未实现融资收益	40 923	
贷：财务费用		40 923

(5)2022年12月31日，收取货款和增值税额：

借：银行存款	226 000	
应交税费——待转销项税额	26 000	
贷：长期应收款		226 000
应交税费——应交增值税(销项税额)		26 000

借:未实现融资收益　　28 308
　　贷:财务费用　　28 308

(6)2023 年 12 月 31 日,收取货款和增值税额:

借:银行存款　　226 000
　　应交税费——待转销项税额　　26 000
　　贷:长期应收款　　226 000
　　　　应交税费——应交增值税(销项税额)　　26 000
借:未实现融资收益　　14 718
　　贷:财务费用　　14 718

二、在履行履约义务时段内确认收入的会计处理

在履行履约义务时段内确认的收入,主要是跨期完成的提供劳务服务收入。

企业对外提供劳务,如属于企业的主营业务,所实现的收入应作为主营业务收入处理,结转的相关成本应作为主营业务成本处理;如属于主营业务以外的其他经营活动,所实现的收入应作为其他业务收入处理,结转的相关成本应作为其他业务成本处理。企业对外提供劳务发生的支出,一般通过"合同履约成本"科目进行归集,待确认为费用时,从"合同履约成本"科目转入"主营业务成本"或"其他业务成本"科目。

(一)在同一会计期间内开始并完成劳务收入的会计处理

企业在同一会计期间内开始并完成的劳务,作为在履行履约义务(完成劳务)时点确认收入进行会计处理。

[例 15-30] 嘉年华公司为增值税一般纳税人,2019 年 10 月 10 日接受一项设备安装任务,该安装任务可一次完成。2019 年 10 月 15 日,嘉年华公司完成安装任务,开具的增值税专用发票上注明的安装价款为 9 000 元,增值税税额为 810 元,收到全部款项并存入银行。该安装业务实际发生安装成本 5 000 元。假定安装业务属于嘉年华公司的主营业务。嘉年华公司所作会计处理如下:

(1)提供安装劳务发生有关支出:

借:合同履约成本　　5 000
　　贷:银行存款等　　5 000

(2)确认收入实现(开具增值税专用发票):

借:银行存款　　9 810
　　贷:主营业务收入　　9 000
　　　　应交税费——应交增值税(销项税额)　　810
借:主营业务成本　　5 000
　　贷:合同履约成本　　5 000

(二)劳务开始和完成分属不同的会计期间收入的会计处理

劳务的开始和完成分属不同的会计期间,属于在履行履约义务时段内确认收入的情形,企业应按照履约进度确认收入。

[例 15-31] 宜家公司为增值税一般纳税人,2019 年 12 月 1 日,宜家公司和甲公司签订一项为期 3 个月的装修合同,合同约定装修价款为 500 000 元,增值税税额为 45 000 元。合同签订当日预付合同总价款(含增值税)的 50%,装修完成时支付剩余 50%的款项;当日,收到甲

公司预付款项 272 500 元。截至 2019 年 12 月 31 日，宜家公司为完成该合同累计发生劳务成本 100 000 元，估计还将发生劳务成本 300 000 元，宜家公司采用投入法(已发生劳务成本占劳务总成本的比例)确定履约进度。假定该业务属于宜家公司的主营业务，全部由宜家公司自行完成，适用的增值税税率为 9%，适用一般计税方法计税的项目预征率为 2%。

根据上述经济业务，宜家公司作如下会计处理：

(1)2019 年 12 月 1 日预收款项：

借:银行存款	272 500	
贷:合同负债		272 500

(2)按照规定的预征率预缴增值税：

借:应交税费——预交增值税	5 000	
贷:银行存款		5 000

(3)2019 年 12 月发生劳务成本：

借:合同履约成本	100 000	
贷:银行存款等		100 000

(4)2019 年 12 月 31 日按照履约进度确认收入和结转成本：

履约进度＝100 000/(100 000＋300 000)＝25%

本期确认的收入＝500 000×25%－0＝125 000(元)

本期确认的成本＝400 000×25%－0＝100 000(元)

借:合同负债	136 250	
贷:主营业务收入		125 000
应交税费——应交增值税(销项税额)		11 250
借:主营业务成本	100 000	
贷:合同履约成本		100 000
借:应交税费——未交增值税	5 000	
贷:应交税费——预交增值税		5 000

(三)履约进度不能合理确定的劳务收入会计处理

当履约进度不能合理确定时，企业已经发生的成本预计能够得到补偿的，应当按照已经发生的成本金额确认收入，直到履约进度能够合理确定为止。

[例 15－32] 创意广告公司为增值税一般纳税人，适用税率 6%。2019 年 1 月 1 日，与一家企业签订合作协议，在元旦和春节期间广告公司为企业的产品作广告宣传服务，合作期限为 12 月 1 日至次年 3 月 1 日。协议规定，企业支付给广告公司广告费不含税 100 000 元，增值税 6 000 元，分两次支付，12 月 1 日支付 40%，次年 3 月 1 日支付 60%。2019 年 12 月，广告公司发生费用 50 000 元。2019 年 12 月 31 日，广告公司得知合作企业发生经营困难，第二笔广告费能否收回没有把握。

根据上述经济业务，创意广告公司作如下会计处理：

(1)2019 年 12 月 1 日预收款项(开具增值税专用发票)：

借:银行存款	42 400	
贷:预收账款		40 000
应交税费——应交增值税(销项税额)		2 400

(2)2019 年实际发生成本：

借:合同履约成本　　50 000
　　贷:银行存款等　　50 000

(3)2019 年 12 月 31 日确认收入和成本:

借:预收账款　　40 000
　　贷:主营业务收入　　40 000
借:主营业务成本　　50 000
　　贷:合同履约成本　　50 000

(四)建造承包商劳务收入的会计处理

建造承包商的建造劳务服务收入,属于在履行履约义务时段内确认的收入,应该按照履约进度确认收入。

[例 15-33]　十一局建筑公司承揽一项固定造价合同不含税 1 亿元工程,增值税税率 9%,增值税 900 万元。预计总成本 9 000 万元,包工包料进行建造。本期发生支出 1 800 万元,公司采用已发生劳务成本占劳务总成本的比例确定履约进度。

根据上述经济业务,十一局建筑公司作如下会计处理:

(1)发生支出:

借:合同履约成本　　18 000 000
　　贷:原材料、应付职工薪酬和银行存款　　18 000 000

(2)资产负债表日,按照履约进度确认合同收入和合同费用:

履约进度=1 800/9 000=20%

本期确认的收入=10 000×20%-0=2 000(万元)

本期确认的成本=9 000×20%-0=1 800(万元)

确认本期收入:

借:合同资产　　21 800 000
　　贷:主营业务收入　　20 000 000
　　　　应交税费——待转销项税额　　1 800 000

结转本期成本:

借:主营业务成本　　18 000 000
　　贷:合同履约成本　　18 000 000

(3)期末根据客户工程进度确认单完工为 18%:

借:应收账款　　19 620 000
　　贷:合同资产　　19 620 000

(4)收回款项:

借:银行存款　　19 620 000
　　贷:应收账款　　19 620 000
借:应交税费——待转销项税额　　1 620 000
　　贷:应交税费——应交增值税(销项税额)　　1 620 000

三、特定交易收入的会计处理

(一)附有销售退回条款的销售

企业将商品控制权转让给客户之后,可能会因为各种原因(例如,客户对所购商品的款式不满意等)允许客户依照有关合同、法律要求、声明或承诺、以往的习惯做法等选择退货,此销售为附有销售退回条款的销售。

企业应当在客户取得相关商品控制权时,按照因向客户转让商品而预期有权收取的对价金额(即不包含预期因销售退回将退还的金额)确认收入,按照预期因销售退回将退还的金额确认负债;同时,按照预期将退回商品转让时的账面价值,扣除收回该商品预计发生的成本(包括退回商品的价值减损)后的余额,确认一项资产,按照所转让商品转让时的账面价值,扣除上述资产成本的净额结转成本。每一资产负债表日,企业应当重新估计未来销售退回情况,并对上述资产和负债进行重新计量。如有变化,应当作为会计估计变更进行会计处理。

[例 15—34] 甲公司是一家健身器材销售公司。2019 年 10 月 1 日,甲公司向乙公司销售 5 000 件健身器材,单位销售价格为 500 元,单位成本为 400 元,开出的增值税专用发票上注明的销售价格为 250 万元,增值税税额为 32.5 万元。健身器材已经发出,但款项尚未收到。根据协议约定,乙公司应于 2019 年 12 月 1 日之前支付货款,在 2020 年 3 月 31 日之前有权退还健身器材。甲公司根据过去的经验,估计该批健身器材的退货率约为 20%。在 2019 年 12 月 31 日,甲公司对退货率进行了重新评估,认为只有 10%的健身器材会被退回。甲公司为增值税一般纳税人,健身器材发出时纳税义务已经发生,实际发生退回时取得税务机关开具的红字增值税专用发票。假定健身器材发出时控制权转移给乙公司。甲公司的账务处理如下:

(1)2019 年 10 月 1 日发出健身器材:

借:应收账款 2 825 000
　　贷:主营业务收入 2 000 000
　　　　预计负债——应付退货款 500 000
　　　　应交税费——应交增值税(销项税额) 325 000
借:主营业务成本 1 600 000
　　应收退货成本 400 000
　　贷:库存商品 2 000 000

(2)2019 年 12 月 1 日前收到货款:

借:银行存款 2 825 000
　　贷:应收账款 2 825 000

(3)2019 年 12 月 31 日,甲公司对退货率进行重新评估:

借:预计负债——应付退货款 250 000
　　贷:主营业务收入 250 000
借:主营业务成本 200 000
　　贷:应收退货成本 200 000

(4)2020 年 3 月 31 日发生销售退回,假定实际退货量为 400 件,退货款项已经支付:

借:库存商品 160 000
　　应交税费——应交增值税(销项税额) 26 000
　　预计负债——应付退货款 250 000
　　贷:应收退货成本 160 000
　　　　主营业务收入 50 000
　　　　银行存款 226 000
借:主营业务成本 40 000

贷:应收退货成本　　40 000

(二)附有质量保证条款的销售

对于附有质量保证条款的销售,企业应当评估该质量保证是否在向客户保证所销售商品符合既定标准之外提供了一项单独的服务。企业提供额外服务的,应当作为单项履约义务进行会计处理;否则,质量保证责任应当按照或有事项的要求进行会计处理。

如果该质量保证条款是在向客户保证所销售商品符合既定标准,则称之为保证性质保(如企业向客户提供的"三包"服务);否则,为服务性质保(如企业向客户提供的延保服务)。

在评估质量保证是否在向客户保证所销售商品符合既定标准之外提供了一项单独的服务时,企业应当考虑该质量保证是否为法定要求、质量保证期限以及企业承诺履行任务的性质等因素:

(1)客户能够选择单独购买质量保证的,该质量保证构成单项履约义务。

(2)法定要求通常是为了保护客户避免其购买瑕疵或缺陷商品的风险,而并非为客户提供一项单独的质量保证服务。

(3)质量保证期限越长,越有可能是单项履约义务。

(4)如果企业必须履行某些特定的任务以保证所转让的商品符合既定标准(例如企业负责运输被客户退回的瑕疵商品),则这些特定的任务可能不构成单项履约义务。

[例 15-35]　A 公司为一家精密仪器生产和销售企业。A 公司与 B 公司签订一项精密仪器的销售合同,合同约定 A 公司向 B 公司销售一批精密仪器,售价为 780 万元。A 公司承诺该批仪器售出后 1 年内如出现非意外事件造成的故障或质量问题,A 公司免费负责保修(含零部件的更换),同时 A 公司还向 B 公司提供一项延保服务,即在法定保修期 1 年之外,延长保修期 3 年。该批精密仪器和延保服务的单独标价分别为 700 万元和 80 万元。A 公司根据以往经验估计在法定保修期(1 年)内将发生的保修费用为 20 万元。该批精密仪器的成本为 500 万元。合同签订当日,A 公司将该批仪器交付给 B 公司,同时 B 公司向 A 公司支付了 780 万元价款。假定不考虑相关税费及货币时间价值因素。

根据上述经济业务,A 公司的会计处理如下:

借:银行存款	7 800 000	
贷:主营业务收入		7 000 000
合同负债		800 000
借:主营业务成本	5 000 000	
贷:库存商品		5 000 000
借:销售费用	800 000	
贷:预计负债		800 000

A 公司确认的延保服务收费 80 万元应当在延保期间根据延保服务进度确认为收入。

(三)主要责任人和代理人

企业应当根据其在向客户转让商品前是否拥有对该商品的控制权,来判断其从事交易时的身份是主要责任人还是代理人。企业在向客户转让商品前能够控制该商品的,该企业为主要责任人,应当按照已收或应收对价总额确认收入;否则,该企业为代理人,应当按照预期有权收取的佣金或手续费的金额确认收入,该金额应当按照已收或应收对价总额扣除应支付给其他相关方的价款后的净额,或者按照既定的佣金金额或比例等确定。

主要责任人(有控制权)→视同买断→采用总额法确认收入

代理人(没有控制权)→收取手续费→采用净额法确认收入

1. 企业作为主要责任人的情况

(1)企业自第三方取得商品或其他资产控制权后,再转让给客户。这里的商品或其他资产也包括企业向客户转让的未来享有由第三方提供服务的权利,企业应当评估该权利在转让给客户前,企业是否控制该权利。

企业开展的代销商品业务,要判断企业是主要责任人还是代理人进行相应会计处理。

[例 15—36] 甲企业委托乙企业销售商品 1 000 件,协议价为每件 80 元,该商品的每件成本为 45 元,增值税税率为 13%。代销协议约定,乙企业在取得代销商品后,自定售价每件 100 元销售商品,无论是否能够卖出去、是否获利,均与甲企业无关。这批商品已经发出,款项尚未收到。甲企业开出的增值税专用发票上注明的销售价款为 80 000 元,增值税额为 10 400 元。

(1)甲企业所作账务处理如下:

发出商品时:

借:应收账款——乙企业	90 400	
贷:主营业务收入		80 000
应交税费——应交增值税(销项税额)		10 400
借:主营业务成本	45 000	
贷:库存商品		45 000

收到乙企业交来的款项:

借:银行存款	90 400	
贷:应收账款——乙企业		90 400

(2)乙企业所作账务处理如下:

收到商品:

借:库存商品	80 000	
应交税费——应交增值税(进项税额)	10 400	
贷:应付账款——甲企业		90 400

企业按照每件 100 元的价格自定售价销售:

借:银行存款	113 000	
贷:主营业务收入		100 000
应交税费——应交增值税(销项税额)		13 000
借:主营业务成本	80 000	
贷:库存商品		80 000
借:应付账款——甲企业	90 400	
贷:银行存款		90 400

[例 15—37] 承[例 15—36],若双方协议价为每件 80 元,乙企业按此价格对外销售,甲企业按售价的 8%向乙企业支付手续费。乙企业实际销售时,即开出一张增值税专用发票,发票上注明商品售价 80 000 元,增值税额 10 400 元,甲企业收到乙企业交来的代销清单时,向乙企业开具一张相同金额的增值税专用发票。双方的会计处理分别如下:

(1)委托方甲企业作如下账务处理:

发出商品:

借:发出商品——乙企业　45 000
　贷:库存商品　45 000

收到乙企业交来的代销清单:

借:应收账款——乙企业　90 400
　贷:主营业务收入　80 000
　　应交税费——应交增值税(销项税额)　10 400

同时结转成本:

借:主营业务成本　45 000
　贷:发出商品——乙企业　45 000

借:销售费用——代销手续费　6 400
　贷:应收账款——乙企业　6 400

收到乙企业支付的货款:

借:银行存款　84 000
　贷:应收账款——乙企业　84 000

(2)受托方乙企业作如下账务处理:

收到商品:

借:受托代销商品　80 000
　贷:受托代销商品款——甲企业　80 000

实际销售商品:

借:银行存款　90 400
　贷:受托代销商品　80 000
　　应交税费——应交增值税(销项税额)　10 400

收到甲企业开具的增值税专用发票:

借:受托代销商品款——甲企业　80 000
　应交税费——应交增值税(进项税额)　10 400
　贷:应付账款——甲企业　90 400

计算代销手续费,并向甲企业支付货款:

借:应付账款——甲企业　90 400
　贷:银行存款　84 000
　　其他业务收入　6 400

(2)企业能够主导第三方代表本企业向客户提供服务。当企业承诺向客户提供服务,并委托第三方(例如,分包商、其他服务提供商等)代表企业向客户提供服务时,如果企业能够主导该第三方代表本企业向客户提供服务,则表明企业在相关服务提供给客户之前能够控制该相关服务。

(3)企业自第三方取得商品控制权后,通过提供重大的服务将该商品与其他商品整合成合同约定的某组合产出转让给客户。此时,企业承诺提供的特定商品就是合同约定的组合产出。企业只有获得为生产该特定商品所需要的投入(包括从第三方取得的商品)的控制权,才能够将这些投入加工整合为合同约定的组合产出。

2. 需要考虑的相关事实和情况

实务中,企业在判断其在向客户转让特定商品之前是否已经拥有对该商品的控制权时,不应仅局限于合同的法律形式，而应当综合考虑所有相关事实和情况进行判断，这些事实和情况包括：

(1)企业承担向客户转让商品的主要责任，即验收风险。企业在判断其是否承担向客户转让商品的主要责任时，应当从客户的角度进行评估，即客户认为哪一方承担了主要责任，例如客户认为谁对商品的质量或性能负责、谁负责提供售后服务、谁负责解决客户投诉等。

(2)企业在转让商品之前或之后承担了该商品的存货风险。其中，存货风险主要是指存货可能发生减值、毁损或灭失等形成的损失。例如，如果企业在与客户订立合同之前已经购买或者承诺将自行购买特定商品，这可能表明企业在将该特定商品转让给客户之前，承担了该特定商品的存货风险，企业有能力主导特定商品的使用并从中取得几乎全部的经济利益。又如，在附有销售退回条款的销售中，企业将商品销售给客户之后，客户有权要求向该企业退货，这可能表明企业在转让商品之后仍然承担了该商品的存货风险。

(3)企业有权自主决定所交易商品的价格，即价格风险。企业有权决定客户为取得特定商品所需支付的价格，这可能表明企业有能力主导有关商品的使用并从中获得几乎全部的经济利益。

承担验收风险、存货风险和价格风险其中之一，一定是主要责任人。

需要强调的是，企业在判断其是主要责任人还是代理人时，应当以该企业在特定商品转让给客户之前是否能够控制这些商品为原则。

[例15－38] 2019年1月，甲旅行社从A航空公司购买了一定数量的折扣机票，并对外销售。甲旅行社向旅客销售机票时，可自行决定机票的价格等，未售出的机票不能退还给A航空公司。

本例中，甲旅行社向客户提供的特定商品为机票，并在确定特定客户之前已经预先从航空公司购买了机票，因此，该权利在转让给客户之前已经存在。甲旅行社从A航空公司购入机票后，可以自行决定该机票的价格、向哪些客户销售等，甲旅行社有能力主导该机票的使用并且能够获得其几乎全部的经济利益。因此，甲旅行社在将机票销售给客户之前，能够控制该机票，甲旅行社的身份是主要责任人。

(四)附有客户额外购买选择权的销售

企业在销售商品的同时，有时会向客户授予选择权，允许客户据此免费或者以折扣价格购买额外的商品，此种情况称为附有客户额外购买选择权的销售。企业向客户授予的额外购买选择权的形式包括销售激励、客户奖励积分、未来购买商品的折扣券以及合同续约选择权等。

对于附有客户额外购买选择权的销售，企业应当评估该选择权是否向客户提供了一项重大权利。如果客户只有在订立了一项合同的前提下才取得了额外购买选择权，并且客户行使该选择权购买额外商品时，能够享受到超过该地区或该市场中其他同类客户所能够享有的折扣，则通常认为该选择权向客户提供了一项重大权利，应当将其与原购买的商品单独区分，作为单项履约义务，企业应按照各单项履约义务单独售价的相对比例，将交易价格分摊至各单项履约义务。其中，分摊至重大选择权的交易价格与未来的商品相关，企业应当在客户未来行使该选择权取得相关商品的控制权时，或者在该选择权失效时确认为收入。

在考虑授予客户的该项权利是否重大时，应根据其金额和性质综合判断。例如，企业实施一项奖励积分计划，客户每消费10元便可获得1个积分，每个积分的单独售价为0.1元，该积分可累积使用，用于换取企业销售的产品。虽然客户每笔消费所获取的积分的价值相对于消费金额而言并不重大，但是由于该积分可以累积使用，基于企业的历史数据，客户通常能够累积足够的积分来免费换取产品，这可能表明该积分向客户提供了重大权利。

当企业向客户提供了额外购买选择权，但客户在行使该选择权购买商品时的价格反映了该商品的单独售价时，即使客户只能通过与企业订立特定合同才能获得该选择权，该选择权也不应被视为企业向该客户提供了一项重大权利，企业无须分摊交易价格，只有在客户行使选择权购买额外的商品时才需要进行相应的会计处理。

［例 15－39］ 2019 年 1 月 1 日，甲公司开始推行一项奖励积分计划。根据该计划，客户在甲公司每消费 10 元可获得 1 个积分，每个积分从次月开始在购物时可以抵减 1 元。截至 2019 年 1 月 31 日，客户共消费 100 000 元，可获得 10 000 个积分，根据历史经验，甲公司估计该积分的兑换率为 95%。上述金额均不包含增值税，且假定不考虑相关税费影响。

本例中，甲公司认为其授予客户的积分为客户提供了一项重大权利，应当作为单项履约义务。客户购买商品的单独售价合计为 100 000 元，考虑积分的兑换率，甲公司估计积分的单独售价为 9 500 元(1 元×10 000×95%)。甲公司按照商品和积分单独售价的相对比例，对交易价格进行分摊：

商品分摊的交易价格＝100 000÷(100 000＋9 500)×100 000＝91 324 (元)

积分分摊的交易价格＝9 500÷(100 000＋9 500)×100 000＝8 676 (元)

因此，甲公司应当在商品的控制权转移时确认收入 91 324 元，同时确认合同负债 8 676 元。

借：银行存款	100 000	
贷：主营业务收入		91 324
合同负债		8 676

截至 2019 年 12 月 31 日，客户共兑换了 4 500 个积分。甲公司对该积分的兑换率进行了重新估计，仍然预计客户总共将会兑换 9 500 个积分。因此，甲公司以客户兑换的积分数占预期将兑换的积分总数的比例为基础确认收入。积分当年应当确认的收入为 4 110 元(4 500÷9 500×8 676)；剩余未兑换的积分为 4 566 元(8 676－4 110)，仍然作为合同负债。

借：合同负债	4 110	
贷：主营业务收入		4 110

截至 2020 年 12 月 31 日，客户累计兑换 8 500 个积分。甲公司对该积分的兑换率进行了重新估计，预计客户总共将会兑换 9 700 个积分。积分当年应当确认的收入为 3 493 元(8 500÷9 700×8 676－4 110)；剩余未兑换的积分为 1 073 元 (8 676－4 110－3 493)，仍然作为合同负债。

借：合同负债	3 493	
贷：主营业务收入		3 493

需要说明的是，企业向客户授予奖励积分，该积分可能有多种使用方式，例如该积分只能用于兑换本企业提供的商品、只能用于兑换第三方的商品，或者客户可以在两者中进行选择，企业应当根据具体情况确定收入确认的时点和金额。

(五)授予知识产权许可

企业向客户授予的知识产权，常见的包括软件和技术、影视和音乐等的版权、特许经营权以及专利权、商标权和其他版权等。企业向客户授予知识产权许可的，应当按照要求评估该知识产权许可是否构成单项履约义务。

(1)对于不构成单项履约义务的，企业应当将该知识产权许可和其他商品一起作为一项履约义务进行会计处理。

(2)对于构成单项履约义务的,应当进一步确定其是在某一时段内履行还是在某一时点履行,同时满足下列条件时,应当作为在某一时段内履行的履约义务确认相关收入;否则,应当作为在某一时点履行的履约义务确认相关收入。

①合同要求或客户能够合理预期企业将从事对该项知识产权有重大影响的活动。

②该活动对客户将产生有利或不利影响。

③该活动不会导致向客户转让商品。

[例 15—40]　甲公司是一家设计制作连环漫画的公司,乙公司是一家大型游轮的运营商。甲公司授权乙公司可在 4 年内使用其 3 部连环漫画中的角色形象和名称,乙公司可以以不同的方式(例如展览或演出)使用这些漫画中的角色。甲公司的每部连环漫画都有相应的主要角色,并会定期创造新的角色,角色的形象也会随时演变。合同要求乙公司必须使用最新的角色形象。在授权期内,甲公司每年向乙公司收取 1 000 万元。

本例中,甲公司除了授予知识产权许可外不存在其他履约义务。甲公司基于下列因素的考虑,认为该许可的相关收入应当在某一时段内确认:一是乙公司合理预期(根据甲公司以往的习惯做法)甲公司将实施对该知识产权许可产生重大影响的活动,包括创作角色及出版包含这些角色的连环漫画等;二是合同要求乙公司必须使用甲公司创作的最新角色,这些角色塑造得成功与否,会直接对乙公司产生有利或不利影响;三是尽管乙公司可以通过该知识产权许可从这些活动中获益,但在这些活动发生时并没有导致向乙公司转让任何商品。

由于合同规定乙公司在一段固定期间内可以无限制地使用其取得授权许可的角色,因此,甲公司按照时间进度确定履约进度。

[例 15—41]　甲音乐唱片公司将其拥有的一首经典民歌的版权授予乙公司,并约定乙公司在两年内有权在国内所有商业渠道(包括电视、广播和网络广告等)使用该经典民歌。因提供该版权许可,甲公司每月收取 1 000 元的固定对价。除该版权之外,甲公司无须提供任何其他的商品。该合同不可撤销。

本例中,甲公司除了授予该版权许可外,并无任何义务从事改变该版权的后续活动,该版权也具有重大的独立功能(即民歌的录音可直接用于播放),乙公司主要通过该重大独立功能获利。因此,甲公司应在乙公司能够主导该版权的使用并从中获得几乎全部的经济利益时,全额确认收入。此外,由于甲公司履约的时间与客户付款(两年内每月支付)之间间隔的时间较长,甲公司需要判断该项合同中是否存在重大的融资成分,并进行相应的会计处理。

(3)基于销售或使用情况的特许权使用费。企业向客户授予知识产权许可,并约定按客户实际销售或使用情况(如按照客户的销售额)收取特许权使用费的,应当在客户后续销售或使用行为实际发生与企业履行相关履约义务两者孰晚的时点确认收入。这是估计可变对价的一个例外规定,该例外规定只有在下列两种情形下才能使用:一是特许权使用费仅与知识产权许可相关;二是特许权使用费可能与合同中的知识产权许可和其他商品都相关,但是,与知识产权许可相关的部分占主导地位。当企业能够合理预期,客户认为知识产权许可的价值远高于合同中与之相关的其他商品时,该知识产权许可通常占主导地位。对于不适用该例外规定的特许权使用费,应当按照估计可变对价的一般原则进行处理。

[例 15—42]　甲公司是一家著名的足球俱乐部。甲公司授权乙公司在其设计生产的服装、帽子、水杯以及毛巾等产品上使用甲公司球队的名称和图标,授权期间为 2 年。合同约定,甲公司收取的合同对价由两部分组成:一是 200 万元固定金额的使用费;二是按照乙公司销售

上述商品所取得销售额的5%计算的提成。乙公司预期甲公司会继续参加当地顶级联赛，并取得优异的成绩。

本例中，该合同仅包括一项履约义务，即授予使用权许可，甲公司继续参加比赛并取得优异成绩等活动是该许可的组成部分，而并未向客户转让任何可明确区分的商品或服务。由于乙公司能够合理预期甲公司将继续参加比赛，甲公司的成绩将会对其品牌（包括名称和图标等）的价值产生重大影响，而该品牌价值可能会进一步影响乙公司产品的销量，甲公司从事的上述活动并未向乙公司转让任何可明确区分的商品，因此，甲公司授予的该使用权许可，属于在某一时段内履行的履约义务。甲公司收取的200万元固定金额的使用费应当在2年内平均确认收入，按照乙公司销售相关商品所取得销售额的5%计算的提成应当在乙公司的销售实际完成时确认收入。

（六）售后回购

对于企业的售后回购业务，收入准则根据回购价格与原售价的关系，将其细分为租赁交易和融资交易；同时对于企业负有应客户要求回购商品义务的，企业应当根据客户是否具有行使该要求权的重大经济动因这一经济实质，辨别是将其作为租赁或融资交易处理，还是将其作为附有销售退回条款的销售交易处理。

1. 企业应当作为租赁交易或融资交易进行相应的会计处理

企业因存在与客户的远期安排而负有回购义务或企业享有回购权利的，表明客户在销售时点并未取得相关商品控制权，企业应当作为租赁交易或融资交易进行相应的会计处理。其中：

（1）回购价格低于原售价的，应当视为租赁交易，按照《企业会计准则第21号——租赁》的相关规定进行会计处理。

［例15－43］ 甲公司向乙公司销售一台设备，销售价格为200万元，同时双方约定2年之后，甲公司将以120万元的价格回购该设备。假定不考虑货币时间价值等其他因素影响。

本例中，根据合同有关甲公司在2年后回购该设备的约定，乙公司并未取得该设备的控制权。不考虑货币时间价值等影响，该交易的实质是乙公司支付了80万元（200－120）的对价取得了该设备2年的使用权。因此，甲公司应当将该交易作为租赁交易进行会计处理。

（2）回购价格不低于原售价的，应当视为融资交易，在收到客户款项时确认金融负债，并将该款项和回购价格的差额在回购期间内确认为利息费用等。

［例15－44］ 2019年4月1日，甲公司向乙公司销售一批商品，开出的增值税专用发票上注明的销售价款为1 000万元，增值税税额为130万元。该批商品的成本为600万元；商品尚未发出，款项已经收到。协议约定，甲公司应于8月30日将所售商品购回，回购价为1 050万元（不含增值税）。甲公司的账务处理如下：

（1）4月1日相关会计分录：

借：银行存款	11 300 000	
贷：其他应付款		10 000 000
应交税费——应交增值税（销项税额）		1 300 000

（2）回购价大于原售价的差额，应在回购期间按期计提利息费用，计入当期财务费用。由于回购期间为5个月，货币时间价值影响不大，故采用直线法计提利息费用，每月计提利息费用＝50÷5＝10（万元）。

借：财务费用	100 000	

贷:其他应付款　　100 000

(3)8 月 30 日回购商品时,收到的增值税专用发票上注明的商品价格为 1 050 万元,增值税税额为 136.5 万元,款项已经支付。

借:财务费用　　100 000

　贷:其他应付款　　100 000

借:其他应付款　　10 500 000

　应交税费——应交增值税(进项税额)　　1 365 000

　贷:银行存款　　11 865 000

企业到期未行使回购权利的,应当在该回购权利到期时终止确认金融负债,同时确认收入。

2. 企业负有回购商品义务的会计处理

企业负有应客户要求回购商品义务的,应当在合同开始日评估客户是否具有行使该要求权的重大经济动因。客户具有行使该要求权重大经济动因的(即客户行使该要求权的可能性很大),企业应当将售后回购作为租赁交易或融资交易,按照第 1 种情形的规定进行会计处理;否则,企业应当将其作为附有销售退回条款的销售交易进行会计处理。

[例 15-45]　甲公司向乙公司销售其生产的一台设备,销售价格为 2 000 万元,双方约定,乙公司在 5 年后有权要求甲公司以 1 500 万元的价格回购该设备。甲公司预计该设备在回购时的市场价值将远低于 1 500 万元。

本例中,假定不考虑货币时间价值的影响,甲公司的回购价格低于原售价,但远高于该设备在回购时的市场价值,甲公司判断乙公司有重大的经济动因行使其权利要求甲公司回购该设备。因此,甲公司应当将该交易作为租赁交易进行会计处理。

(七)客户未行使的权利

企业向客户预收销售商品款项的,应当首先将该款项确认为负债,待履行了相关履约义务时再转为收入。当企业预收款项无须退回,且客户可能会放弃其全部或部分合同权利时,例如,放弃储值卡的使用等,企业预期将有权获得与客户所放弃的合同权利相关的金额的,应当按照客户行使合同权利的模式按比例将上述金额确认为收入;否则,企业只有在客户要求其履行剩余履约义务的可能性极低时,才能将上述负债的相关余额转为收入。

[例 15-46]　甲公司经营连锁面包店。2019 年,甲公司向客户销售了 5 000 张储值卡,每张卡的面值为 200 元,总额为 100 万元。客户可在甲公司经营的任何一家门店使用该储值卡进行消费。根据历史经验,甲公司预期客户购买的储值卡中将有大约相当于储值卡面值金额 5% (即 50 000 元) 的部分不会被消费。截至 2019 年 12 月 31 日,客户使用该储值卡消费的金额为 400 000 元。假定甲公司为增值税一般纳税人,在客户使用该储值卡消费时发生增值税纳税义务。

本例中,甲公司预期将有权获得与客户未行使的合同权利相关的金额为 50 000 元,该金额应当按照客户行使合同权利的模式按比例确认为收入。

甲公司在 2019 年销售的储值卡应当确认的收入金额=(400 000+50 000×400 000÷950 000)÷(1+13%)=372 613(元)

甲公司的账务处理为:

(1)销售储值卡:

借:银行存款　　1 000 000

贷:合同负债 884 956

应交税费——待转销项税额 115 044

(2)根据储值卡的消费金额确认收入,同时将对应的待转销项税额确认为销项税额:

借:合同负债 372 613

应交税费——待转销项税额 46 018

贷:主营业务收入 372 613

应交税费——应交增值税(销项税额) 46 018

(八)无须退回的初始费

企业在合同开始(或接近合同开始)日向客户收取的无须退回的初始费(如俱乐部的入会费等)应当计入交易价格。

该初始费与向客户转让已承诺的商品相关,并且该商品构成单项履约义务的,企业应当在转让该商品时,按照分摊至该商品的交易价格确认收入;该初始费与向客户转让已承诺的商品相关,但该商品不构成单项履约义务的,企业应当在包含该商品的单项履约义务履行时,按照分摊至该单项履约义务的交易价格确认收入。

该初始费与向客户转让已承诺的商品不相关的,该初始费应当作为未来将转让商品的预收款,在未来转让该商品时确认为收入。

企业收取了无须退回的初始费且为履行合同应开展初始活动,但这些活动本身并没有向客户转让已承诺的商品的(例如,企业为履行会员健身合同开展了一些行政管理性质的准备工作),该初始费与未来将转让的已承诺商品相关,应当在未来转让该商品时确认为收入,企业在确定履约进度时不应考虑这些初始活动;企业为该初始活动发生的支出,应当按照合同成本部分的要求确认为一项资产或计入当期损益。

[**例 15—47**] 甲公司经营一家会员制健身俱乐部。甲公司与客户签订了为期 2 年的合同,客户入会之后可以随时在该俱乐部健身。除俱乐部的年费 2 000 元之外,甲公司还向客户收取了 50 元的入会费,用于补偿俱乐部为客户进行注册登记、准备会籍资料以及制作会员卡等初始活动所花费的成本。甲公司收取的入会费和年费均无须返还。

本例中,甲公司承诺的服务是向客户提供健身服务(即可随时使用的健身场地),而甲公司为会员入会所进行的初始活动并未向客户提供其所承诺的服务,只是一些内部行政管理性质的工作,因此,甲公司虽然为补偿这些初始活动向客户收取了入会费,但是该入会费实质上是客户为健身服务所支付的对价的一部分,故应当作为健身服务的预收款,与收取的年费一起在 2 年内分摊确认为收入。

本章小结

本章根据修订后的《企业会计准则第 14 号——收入》相关规定,介绍了收入确认和计量的五步法模型、合同成本的计量、在履行履约义务时点确认销售商品收入的会计处理、在履行履约义务时段内确认提供劳务服务收入的会计处理和 8 种特定交易收入的会计处理。

复习思考题

1. 取得商品控制权三个要素包括哪些?

2. 如何识别与客户订立的合同？举例说明针对合同变更的三种情形，企业如何进行会计处理。

3. 如何识别合同中的单项履约义务？

4. 如何确定交易价格？举例说明可变对价最佳估计数如何确定。

5. 如何将合同价格分摊至各单项履约义务？举例说明市场调整法、成本加成法和余值法分别在什么情况下使用。

6. 如何使用投入法或产出法确定履约进度？

7. 举例说明在履行履约义务时点确认销售商品收入如何进行会计处理。

8. 举例说明在履行履约义务时段内确认提供劳务服务收入如何进行会计处理。

9. 举例说明如何进行特定交易收入的会计处理。

第十六章 费 用

【本章要点提示】

- 费用及其分类。
- 区别生产成本、营业成本与期间费用和税金。
- 营业成本计算和会计处理的基本情况。
- 期间费用和税金的会计处理。

在企业的生产经营过程中，会发生种种耗费，生产过程耗费的结果是形成产成品，其实质是改变了资产的存在形式，经营管理过程耗费的实质是经济利益的流出，目的是实现收入，使经济利益流入企业，实现价值增值，为企业的简单再生产和扩大再生产提供资金保证。

企业在生产经营过程中各种耗费的总称是广义费用，目前我国《企业会计准则——基本准则》中所指的费用是指狭义费用，仅指与收入相配比的日常经营活动的耗费、经济利益的流出。

财务会计的内容是围绕会计六要素展开的，所以本章侧重于狭义费用进行介绍。

第一节 费用概述

一、费用

费用有广义和狭义之分：广义的费用泛指企业各种日常活动发生的所有耗费，狭义的费用仅指与本期营业收入相配比的那部分耗费。

根据财政部于 2006 年 2 月 15 日发布的《企业会计准则——基本准则》规定，费用是指企业在日常活动中发生、会导致所有者权益减少、与向所有者分配利润无关的经济利益的总流出。

二、费用(广义)的分类和费用(狭义)的内容

(一)费用(广义)按照经济内容进行分类

1. 外购材料费用

外购材料费用，包括企业为生产或经营购入消耗原材料、半成品、辅助材料、修理用备件和周转材料等。

2. 外购燃料费用

外购燃料费用，包括企业为生产或经营购进消耗各种燃料。

3. 外购动力费用

外购动力，包括企业为生产或经营而购进消耗各种动力。

4. 职工薪酬

职工薪酬,包括企业为生产经营发生的职工工资等职工薪酬。

5. 折旧费用

折旧费用,包括企业所拥有或控制的固定资产计提的折旧费用。

6. 利息费用

利息费用包括企业为筹集生产经营资金而发生的利息支出。

7. 税金

税金包括企业为经营管理所发生的各种税金。如房产税、车船税、土地使用税等。

8. 其他费用

其他费用指不属于以上各项目的费用。

费用(广义)按照经济内容分类体现了费用发生的起点。

(二) 费用(广义)按照经济用途进行分类

1. 构成产品成本的费用

构成产品成本的费用具体分为直接材料费用、直接人工费用和制造费用。

(1)直接材料费用,是指构成产品主要组成部分的材料成本,包括企业生产过程中所耗用的原材料、半成品、辅助材料、修理用备件、外购半成品、燃料、动力、周转材料和其他直接材料。

(2)直接人工费用,包括企业从事产品生产人员的工资和其他职工薪酬等。

(3)制造费用,是指企业生产车间(部门)为生产产品而发生的各项间接费用。包括机物料消耗、生产管理人员的工资等职工薪酬、折旧费、办公费、水电费、季节性停工损失等。

上述费用构成产品的制造成本项目,简称成本项目。

企业构成产品成本的费用,属于完工产品负担的部分,形成完工产品成本,待产品销售后转化为企业当期营业成本。

2. 期间费用

期间费用,指企业当期发生的必须从当期收入中得到补偿的费用,包括销售费用、管理费用和财务费用。期间费用应当直接计入当期损益,并在利润表中分项目列示。

费用(广义)按照经济用途分类体现了费用发生的目的。

(三)费用(狭义)的内容

根据《企业会计准则——基本准则》中的费用概念,费用是与当期收入相配比的狭义费用,其内容主要包括营业成本和期间费用,它是从终点经济利益流出的角度来看待费用的。

费用(广义)的分类和费用(狭义)的内容可用图 16—1 表示。

由于财务会计的内容是围绕会计六要素展开的,而会计六要素的确认、计量、记录和报告是由《企业会计准则——基本准则》规范的,因此本章中费用的相关内容主要是指狭义费用,以后将不再作特殊说明。

三、费用的确认和计量

根据《企业会计准则——基本准则》的规定,企业在费用的确认与计量过程中,要遵守下列规定:

(1)费用只有在经济利益很可能流出从而导致企业资产减少或者负债增加,且经济利益的流出额能够可靠计量时才能予以确认。

(2)企业为生产产品、提供劳务等发生的可归属于产品成本、劳务成本等的费用,应当在确认产品销售收入、劳务收入等时,将已销售产品、已提供劳务的成本等计入当期损益。

费用（广义）按照经济内容分类和按照经济用途分类的关系

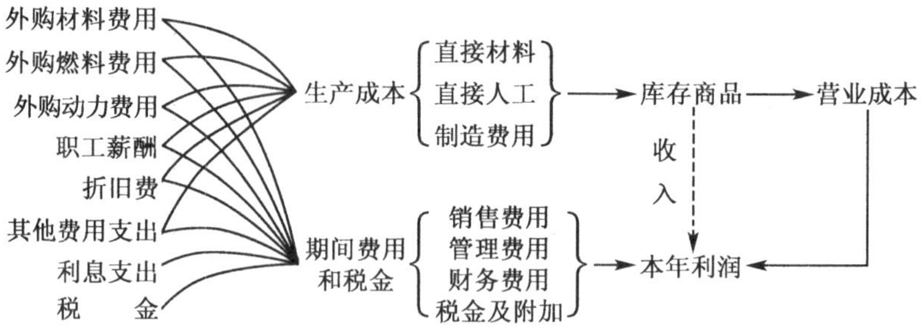

费用（狭义）包括的内容

图 16－1 费用的分类和内容

(3)企业发生的支出不产生经济利益的，或者即使能够产生经济利益但不符合或者不再符合资产确认条件的，应当在发生时确认为费用，计入当期损益。

(4)企业发生的交易或者事项导致其承担了一项负债而又不确认为一项资产的，应当在发生时确认为费用，计入当期损益。

第二节 营业成本

一、营业成本的内容

企业在生产经营过程中发生的营业成本包括主营业务成本和其他业务成本。

主营业务成本是指企业销售商品、提供劳务等主营业务收入对应结转的成本。企业销售商品主营业务收入对应的成本，指当期已销售商品的实际生产成本，包括在生产这些产品过程中消耗的直接材料、直接人工和制造费用等生产费用；提供劳务主营业务收入对应结转的成本，是指企业当期提供劳务的实际成本。

其他业务成本是指企业除主营业务活动以外的其他经营活动所发生的支出，是企业为取得其他业务收入而发生的成本，包括出售材料的成本、出租固定资产的折旧额、出租无形资产的摊销额、出租包装物的成本或摊销额。

二、营业成本的会计处理

营业成本与营业收入密切相关，企业在确认营业收入的当期必须同时确认营业成本。与主营业务收入相对应，企业为获得主营业务收入而发生的各项经济利益流出形成主营业务成本。在工业企业表现为生产、销售产成品和工业性劳务的成本；在商品流通企业表现为销售商品的成本。无论在工业企业还是商品流通企业或其他行业企业，都应通过“主营业务成本”科目核算。在确认有关销售商品、提供劳务收入后，须在登记“主营业务收入”科目的当期随时或在期末结转相应成本，即借记“主营业务成本”科目，贷记“库存商品”或“发出商品”等科目。

企业的“主营业务成本”应与“主营业务收入”科目相对应，按业务种类设置明细科目，以分别考核各项业务实现的毛利。

企业的“其他业务成本”应与“其他业务收入”科目相对应，按其他业务种类进行明细核算，以反映其他业务毛利。

关于主营业务成本和其他业务成本的具体核算方法已在前面有关章节中介绍，这里不再赘述。

第三节 期间费用和税金

期间费用是企业当期发生的费用中的重要组成部分，直接计入当期损益，主要包括销售费用、管理费用、财务费用。

一、销售费用

(一)销售费用的内容

销售费用是指企业在销售商品和材料、提供劳务的过程中所发生的各种费用，包括保险费、包装费、展览费和广告费、商品维修费、预计产品质量保证损失、运输费、装卸费等以及为销售本企业商品而专设的销售机构(含销售网点、售后服务网点等)的职工薪酬、业务费、折旧费等经营费用。

企业发生的与专设销售机构相关的固定资产修理费用等后续支出，也作为销售费用核算。

(二)销售费用的会计处理

为了核算各种销售费用，企业应设置“销售费用”科目，并按费用项目进行明细核算，分别反映各项销售费用的支出情况，以便于分析和考核销售费用计划的执行情况。期末，应将“销售费用”科目余额转入“本年利润”科目，结转后本科目无余额。

1. 销售费用发生的会计处理

企业在销售商品过程中发生的包装费、保险费、展览费和广告费、运输费、装卸费等费用，借记“销售费用”科目，贷记“库存现金”、“银行存款”等科目。

发生的为销售本企业商品而专设销售机构的职工薪酬、业务费等经营费用，借记“销售费用”科目，贷记“应付职工薪酬”、“银行存款”、“累计折旧”等科目。

2. 销售费用结转的会计处理

期末，应将“销售费用”借方归集的各项费用全部由本科目的贷方转入“本年利润”科目的借方，结转后“销售费用”科目无余额。

[例 16－1] 星海公司 8 月份发生的销售费用包括：以银行存款支付广告费 15 000 元，增值税 900 元；支付应由公司负担的销售产品的运输费 8 000 元，增值税 720 元；本月分配专设销售机构的职工薪酬 45 600 元，月末将全部销售费用予以结转。

根据上述资料，应做账务处理如下：

(1)支付广告费：

借：销售费用——广告费	15 000	
应交税费——应交增值税(进项税额)	900	
贷：银行存款		15 900

(2)支付运输费：

借：销售费用——运输费	8 000	
应交税费——应交增值税(进项税额)	720	
贷：银行存款		8 720

(3)分配职工薪酬属于销售费用的部分：

借：销售费用——人工费	45 600	
贷：应付职工薪酬		45 600

(4)月末结转销售费用：

借：本年利润	68 600	
贷：销售费用——广告费		15 000
——运输费		8 000
——人工费		45 600

二、管理费用

(一)管理费用的内容

管理费用是指企业为组织和管理企业生产经营所发生的各项费用。包括企业在筹建期间内发生的开办费、董事会和行政管理部门在企业的经营管理过程中发生的或者应由企业统一负担的公司经费(包括行政管理部门职工薪酬、物料消耗、低值易耗品摊销、办公费和差旅费等)、工会经费、董事会费(包括董事会成员津贴、会议费和差旅费等)、聘请中介机构费、咨询费(含顾问费)、诉讼费、业务招待费、技术转让费、矿产资源补偿费、研究费用、排污费等。

(二)管理费用的会计处理

为了反映企业发生的各项管理费用，应设置“管理费用”科目，并按费用项目进行明细核算。期末，应将“管理费用”科目余额转入“本年利润”科目。结转后本科目无余额。

商品流通企业管理费用不多的，可不设置本科目，本科目的核算内容可并入“销售费用”科目核算。

企业生产车间(部门)和行政管理部门等发生的固定资产修理费等后续支出，也在“管理费用”科目核算。

1. 管理费用发生的会计处理

企业在筹建期间内发生的开办费，包括人员工资、办公费、培训费、差旅费、印刷费、注册登记费以及不计入固定资产成本的借款费用等在实际发生时，借记“管理费用——开办费”科目，贷记“银行存款”等科目。

行政管理部门人员的职工薪酬，借记“管理费用”科目，贷记“应付职工薪酬”科目。

行政管理部门计提的固定资产折旧，借记“管理费用”科目，贷记“累计折旧”科目。

发生的办公费、水电费、业务招待费、聘请中介机构费、咨询费、诉讼费、技术转让费、研究费用，借记“管理费用”科目，贷记“银行存款”、“研发支出”等科目。

按规定计算确定的应交房产税、车船税、土地使用税、印花税，借记“税金及附加”科目，贷记“应交税费”、“银行存款”等科目。

2. 管理费用结转的会计处理

期末，应将“管理费用”科目借方归集的全部费用由本科目的贷方转入“本年利润”科目的借方，结转后“管理费用”科目无余额。

[例 16－2] 星海公司 8 月份发生以下管理费用：以银行存款支付业务招待费 7 200 元，增值税 432 元；计提管理部门使用的固定资产折旧费 8 000 元；分配管理人员职工薪酬 13 680 元；计算应交土地使用税 3 500 元；摊销无形资产价值 2 000 元。月末结转管理费用。

根据上述资料，应做如下账务处理：

(1)支付业务招待费：

借：管理费用——业务招待费	7 200	
应交税费——应交增值税(进项税额)	432	
贷：银行存款		7 632

(2)计提折旧费：

借：管理费用——折旧费	8 000	
贷：累计折旧		8 000

(3)分配职工薪酬中属于管理费用的部分：

借：管理费用——人工费	13 680	
贷：应付职工薪酬		13 680

(4)计算应交土地使用税：

借：税金及附加——土地使用税	3 500	
贷：应交税费——应交土地使用税		3 500

(5)摊销无形资产价值：

借：管理费用——无形资产摊销	2 000	
贷：累计摊销		2 000

(6)月末结转管理费用和税金及附加：

借：本年利润	34 380	
贷：管理费用——业务招待费		7 200
——折旧费		8 000
——人工费		13 680
——无形资产摊销		2 000
税金及附加——土地使用税		3 500

三、财务费用

(一)财务费用的内容

财务费用是指企业为筹集生产经营所需资金等而发生的筹资费用,包括利息支出(减利息收入)、汇兑损益以及相关的手续费、企业发生的现金折扣或收到的现金折扣等。

(二)财务费用的会计处理

为了反映企业发生的各项财务费用,应设置“财务费用”科目。本科目可按费用项目进行明细核算。期末,应将“财务费用”科目余额转入“本年利润”科目,结转后本科目无余额。

为购建或生产符合资本化条件的资产发生的应予资本化的借款费用,在“在建工程”、“制造费用”等科目核算。

1. 财务费用发生的会计处理

企业发生的各项财务费用,借记“财务费用”科目,贷记“银行存款”、“未确认融资费用”等科目。发生的应冲减财务费用的利息收入、汇兑损益、现金折扣,借记“银行存款”、“应付账款”等科目,贷记“财务费用”科目。

2. 财务费用结转的会计处理

期末,应将“财务费用”科目借方归集的费用全部由该科目的贷方转入“本年利润”科目的借方,结转后“财务费用”科目无余额。

[例 16－3] 星海公司 8 月份发生如下与财务费用有关的事项：接银行通知，已划拨本月银行借款利息 5 000 元；银行转来存款利息 2 000 元。月末结转财务费用。

根据上述资料，做如下账务处理：

(1)反映利息支出：

借：财务费用——利息支出	5 000	
贷：银行存款		5 000

(2)反映利息收入：

借：银行存款	2 000	
贷：财务费用——利息支出		2 000

(3)月末结转：

借：本年利润	3 000	
贷：财务费用——利息支出		3 000

本章小结

本章根据《企业会计准则——基本准则》和《企业会计准则——应用指南》相关规定，介绍了费用的概念、费用的分类、费用包括的内容、费用的确认和计量，以及营业成本和期间费用的会计处理。

复习思考题

1. 什么是费用？费用包括哪些内容？
2. 费用确认的原则和计量标准分别是什么？
3. 销售费用、管理费用、财务费用和税金及附加各核算哪些内容？

第十七章 利　润

【本章要点提示】

- 利润的构成和本年利润的形成。
- 税前会计利润与应纳税所得额之间产生永久性差异的原因。
- 资产、负债的账面价值与计税基础之间产生暂时性差异的原因。
- 暂时性差异对企业以后期间和当期应纳税所得额和应交所得税的影响。
- 递延所得税资产和递延所得税负债的确认和计量。
- 资产负债表债务法的核算程序，资产负债表债务法下所得税费用的确认和计量。
- 资产负债表债务法对所得税的核算。
- 根据利润分配的程序对利润分配进行会计处理。

企业作为独立的经济实体，应当以其经营收入抵补成本费用，并且实现盈利。企业盈利的大小在很大程度上反映企业生产经营的经济效益，表明企业在每一会计期间的最终经营成果。实现利润是企业向国家缴纳所得税的前提，所得税是国家财政预算收入的重要来源，企业实现的利润上缴所得税后，剩余的部分是企业扩大再生产或提高职工福利待遇的重要资金来源。企业应该采取各种有效手段和措施，努力降低各项费用消耗，扩大销售，从而提高企业的经济效益。

第一节　本年利润

一、利润的构成

利润是指企业在一定会计期间的经营成果。利润包括收入减去费用后的净额、直接计入当期利润的利得和损失等。

直接计入当期利润的利得和损失，是指应当计入当期损益、会导致所有者权益发生增减变动的、与所有者投入资本或者向所有者分配利润无关的利得或者损失。

利润相关计算公式如下：

(一)营业利润

营业利润＝营业收入－营业成本－销售费用－管理费用－财务费用＋其他收益＋投资收益(－投资损失)＋净敞口套期收益(－净敞口套期损失)＋公允价值变动收益(－公允价值变动损失)－信用减值损失－资产减值损失＋资产处置收益(－资产处置损失)

其中，营业收入是指企业经营业务所实现的收入总额，包括主营业务收入和其他业务收入。营业成本是指企业经营业务所发生的实际成本总额，包括主营业务成本和其他业务成本。

其他收益主要指与收益相关的政府补助。投资收益(或损失)是指企业以各种方式对外投资所取得的收益(或发生的损失)。净敞口套期收益(或损失)是指企业净敞口套期下被套期项目公允价值变动或现金流量套期储备转入损益的金额。公允价值变动收益(或损失)是指企业交易性金融资产等公允价值变动形成的应计入当期损益的利得(或损失)。信用减值损失是指企业各项金融工具减值准备所确认的信用损失。资产减值损失是指企业计提各项资产减值准备所形成的损失。资产处置收益(或损失)是指企业处置固定资产、无形资产等非流动资产取得的收益(或损失)。

(二)利润总额

利润总额＝营业利润＋营业外收入－营业外支出

其中,营业外收入(或支出)是指企业发生的与日常活动无直接关系的各项利得(或损失)。

(三)净利润

净利润＝利润总额－所得税费用

其中,所得税费用是指企业确认的应从当期利润总额中扣除的所得税费用。

二、营业外收支的会计处理

营业外收支是指与企业日常生产经营活动没有直接关系的各项收支。营业外收支虽然与企业生产经营活动没有多大的关系,但从企业主体来考虑,同样给企业带来收入或给企业形成支出,对企业利润总额产生影响。所以,营业外收支也是构成企业利润总额的一个重要因素。

(一)营业外收入

营业外收入反映企业发生的营业利润以外的收益。营业外收入包括债务重组利得、与企业日常活动无关的政府补助、盘盈利得、捐赠利得等。

企业通过设置"营业外收入"科目核算上述内容,本科目可按营业外收入项目进行明细核算。期末应将"营业外收入"科目余额转入"本年利润"科目,结转后本科目无余额。

企业确认债务重组利得,比照"固定资产清理"、"无形资产"、"原材料"、"库存商品"、"应付账款"等科目的相关规定进行处理。

确认的政府补助利得,借记"银行存款"、"递延收益"等科目,贷记"其他收益"、"营业外收入"科目。

[**例 17－1**] 康大公司将无法支付的应付账款 5 000 元转为营业外收入。编制会计分录如下:

借:应付账款	5 000	
贷:营业外收入——捐赠利得		5 000

(二)营业外支出

营业外支出反映企业发生的营业利润以外的支出。它是企业利润总额的减项。营业外支出包括债务重组损失、公益性捐赠支出、非常损失、盘亏损失等。

企业通过设置"营业外支出"科目核算上述内容,本科目可按支出项目进行明细核算。期末应将"营业外支出"科目余额转入"本年利润"科目,结转后本科目无余额。

企业确认债务重组损失,比照"固定资产清理"、"无形资产"、"原材料"、"库存商品"、"应付账款"等科目的相关规定进行处理。

盘亏、毁损的资产发生的净损失,按管理权限报经批准后,借记"营业外支出"科目,贷记"待处理财产损溢"科目。

［例 17－2］ 康大公司由于自然灾害的原因发生流动资产净损失 6 000 元，现已批准转作营业外支出。编制会计分录如下：

借：营业外支出——非常损失　　6 000

　　贷：待处理财产损溢——待处理流动资产损溢　　6 000

［例 17－3］ 康大公司以银行存款向灾区捐款 20 000 元。编制会计分录如下：

借：营业外支出——公益性捐赠支出　　20 000

　　贷：银行存款　　20 000

值得注意的是，营业外收入与营业外支出应当分别核算。在具体核算时，不得以营业外支出直接冲减营业外收入，也不得以营业外收入冲减营业外支出，即企业在会计核算时，应当区别营业外收入和营业外支出进行会计核算。

三、本年利润的结转

（一）本年利润的转入

企业应设置“本年利润”科目，核算当期实现的净利润（或发生的净亏损）。

企业期（月）末结转利润时，应将各损益类科目的金额转入“本年利润”科目，结平各损益类科目。结转后“本年利润”科目的贷方余额，为当期实现的净利润；借方余额为当期发生的净亏损。

年度终了，应将本年收入和支出相抵后结出的本年实现的净利润，转入“利润分配”科目，借记“本年利润”科目，贷记“利润分配——未分配利润”科目；如为净亏损，作相反的分录，结转后本科目应无余额。

［例 17－4］ 某企业 1～4 月份累计实现利润 340 000 元，5 月末各损益类科目结转前余额如下：

科目名称	结转前余额（元）
主营业务收入	500 000（贷）
主营业务成本	300 000（借）
其他业务收入	50 000（贷）
其他业务成本	30 000（借）
税金及附加	30 000（借）
销售费用	10 000（借）
管理费用	50 000（借）
财务费用	10 000（借）
投资收益	8 000（贷）
营业外收入	20 000（贷）
营业外支出	18 000（借）
所得税费用	30 500（借）

5 月末进行损益结转，编制会计分录如下：

（1）结转各损益类收益性质科目金额：

借：主营业务收入　　500 000

　　其他业务收入　　50 000

　　投资收益　　8 000

营业外收入	20 000	
贷:本年利润		578 000

(2)结转各损益类费用支出性质科目金额:

借:本年利润	448 000	
贷:主营业务成本		300 000
其他业务成本		30 000
税金及附加		30 000
销售费用		10 000
管理费用		50 000
财务费用		10 000
营业外支出		18 000

(3)结转所得税费用:

借:本年利润	30 500	
贷:所得税费用		30 500

(二)本年利润的转出

企业年终将全年实现的税后净利润转入利润分配科目时,借记“本年利润”科目,贷记“利润分配——未分配利润”科目。

第二节 所得税

企业按照会计标准的规定计算出利润总额(税前会计利润)后,要按照税法规定的标准进行调整,调整为应纳税所得额,结合所得税税率,向国家计算缴纳所得税。

一、税前会计利润和应纳税所得额之间的永久性差异

永久性差异,是指某一会计期间由于会计标准和税法在计算收益、费用或损失时的确认口径不同所产生的税前会计利润与应纳税所得额之间的差异,这种差异在以后期间永远不会转回。

永久性差异产生的结果是,资产、负债的账面价值等于计税基础,不确认递延所得税资产或递延所得税负债,但需进行纳税调整。根据企业计算应纳税所得额时,对企业税前会计利润调整的情况,永久性差异分为以下两类:

(一)纳税调整减少的项目

该类项目是指企业在计算应纳税所得额时要作调整减少税前会计利润的项目。如企业购买国债的利息收入,会计上作为投资收益,包括在税前会计利润中,但按照税法的有关规定,国债利息收入免征所得税,不计入应纳税所得额;企业从被投资单位获得的已纳税投资收益,如果被投资单位所得税税率与投资企业所得税税率相同,该投资收益作为投资企业税前会计利润核算,但不作为投资企业的应纳税所得额。

(二)纳税调整增加的项目

该类项目是指企业在计算应纳税所得额时要作调整增加税前会计利润的项目。具体包括下列情况:

1. 全部不予确认不允许在税前扣减

在会计上作为损失费用处理，但在税法上全部不作为税前扣减的损失费用项目，主要是各项税收滞纳金；违法经营罚金、罚款和被没收财物的损失；赞助支出；各种非公益性、救济性捐赠，这些损失费用在会计上作为营业外支出核算，在税前会计利润中已经扣减，但在税法上不得在税前扣减。

2. 部分不予确认不允许在税前扣减

在会计上作为损失费用处理，但在税法上不能全部作为税前扣减的损失费用项目，主要包括职工福利费、工会经费、公益性捐赠支出和业务招待费，企业已经将这些支出计入成本费用项目中，在税前会计利润中进行了全额扣减，但是税法规定了允许扣减的标准，超标准的部分不得在税前扣减。

按照税法规定，企业发生的职工福利费支出，不超过工资薪金总额 14%的部分，准予扣除；企业拨缴的工会经费，不超过工资薪金总额 2%的部分，准予扣除；企业发生的与生产经营活动有关的业务招待费支出，按照发生额的 60%扣除，但最高不得超过当年销售(营业)收入的 5‰；企业发生的公益性捐赠支出，不超过年度利润总额 12%的部分，准予扣除。

企业在确认应交所得税负债的同时，要确认所得税费用，如果只存在税前会计利润与应纳税所得额之间的永久性差异，将税前会计利润加或减永久性差异调整为应纳税所得额，结合现行所得税税率计算应交所得税额，据此作为所得税费用。据以计算税后净利润。

但是，税前会计利润和应纳税所得额之间往往还会受到暂时性差异的影响。

暂时性差异由资产、负债的账面价值与计税基础之间的差额引起。暂时性差异产生的结果是，企业通常情况下既要确认递延所得税负债或递延所得税资产，还要进行纳税调整。

企业一方面按照《中华人民共和国所得税法》的规定，将税前会计利润调整永久性差异和暂时性差异对本期影响额后的应纳税所得额计算应交所得税，借记“所得税费用——当期所得税费用”科目，贷记“应交税费——应交所得税”科目。另一方面，按照《企业会计准则第 18 号——所得税》的规定，核算由于资产、负债账面价值与计税基础不同产生的暂时性差异影响所得税额，一般情况下作为“所得税费用——递延所得税费用”处理，并确认“递延所得税资产”或“递延所得税负债”，产生了所得税会计核算的资产负债表债务法。

二、资产负债表债务法

(一)资产负债表债务法的理论基础

资产负债表债务法是从资产负债表出发，通过比较资产负债表上列示的资产、负债按照企业会计准则规定确定的账面价值与按照税法规定确定的计税基础，对于两者之间的差额分别应纳税暂时性差异与可抵扣暂时性差异，确认相关的递延所得税负债与递延所得税资产，并在此基础上确定每一期间利润表中的所得税费用。

资产负债表债务法在所得税的会计核算方面贯彻了资产、负债的界定。从资产负债角度考虑，资产的账面价值代表的是某项资产在持续持有及最终处置的一定期间内为企业带来未来经济利益的总额，其计税基础代表的是该期间内按照税法规定就该项资产可以税前扣除的总额。资产的账面价值小于其计税基础的，表明该项资产于未来期间产生的经济利益流入低于按照税法规定允许税前扣除的金额，产生可抵扣未来期间应纳税所得额的因素，减少未来期间以应交所得税的方式流出企业的经济利益，应确认为递延所得税资产；反之，一项资产的账面价值大于其计税基础的，两者之间的差额会增加企业于未来期间应纳税所得额，对企业形成经济利益流出的义务，应确认为递延所得税负债。相应地，负债的账面价值与计税基础之间的差异也要确认递延所得税资产或递延所得税负债。

(二)资产负债表债务法核算所得税的一般程序

采用资产负债表债务法核算所得税的情况下,企业一般应于每一资产负债表日进行所得税的核算。发生特殊交易或事项时,如企业合并,在确认因交易或事项产生的资产、负债时即应确认相关的所得税影响。企业进行所得税核算一般应遵循以下程序:

(1)按照相关企业会计准则规定,确定资产负债表中除递延所得税资产和递延所得税负债以外的其他资产和负债项目的账面价值。

资产和负债项目的账面价值,是指企业按照相关会计准则的规定进行核算后在资产负债表中列示的金额。例如,企业持有的应收账款账面余额为 1 000 万元,企业对该应收账款计提了 50 万元的坏账准备,其账面价值为 950 万元,即为该应收账款在资产负债表中的列示金额。

(2)按照企业会计准则中对于资产和负债计税基础的确定方法,以适用的税收法规为基础,确定资产负债表中有关资产、负债项目的计税基础。应当说明的是,资产负债的计税基础,是会计上的定义,但其确定应当遵循税法的规定进行。

(3)比较资产、负债的账面价值与其计税基础,对于两者之间存在差异的,分析其性质,除企业会计准则中规定的特殊情况外,分别应纳税暂时性差异与可抵扣暂时性差异,确定该资产负债表日递延所得税负债和递延所得税资产的应有金额,并将该金额与期初递延所得税负债和递延所得税资产的余额相比,确定当期应予进一步确认的递延所得税负债和递延所得税资产的金额或应予转销的金额,作为递延所得税。

(4)就企业当期发生的交易或事项,按照适用的税法规定计算确定当期应纳税所得额,将应纳税所得额与适用的所得税税率计算的结果,确认为当期应交所得税。

(5)确定利润表中的所得税费用。利润表中的所得税费用包括当期所得税费用和递延所得税费用两个组成部分,其中,当期所得税费用金额是指当期发生的交易或事项按照适用的税法规定计算确定的当期应交所得税;递延所得税费用金额是当期确认的递延所得税资产和递延所得税负债金额或予以转销的金额的综合结果。

当期所得税费用与递延所得税费用之和(或差),作为利润表中应予确认的所得税费用。

三、资产、负债的计税基础

所得税会计的关键在于确定资产、负债的计税基础。在确定资产、负债的计税基础时,应严格遵循税收法规中对于资产的税务处理以及可税前扣除的费用等的规定进行。

(一)资产的计税基础

资产的计税基础,是指企业收回资产账面价值过程中,计算应纳税所得额时按照税法规定可以自应税经济利益中抵扣的金额。即某一项资产在未来期间计税时可以税前扣除的金额。

通常情况下,资产在取得时,其入账价值与计税基础是相同的,后续计量过程中因企业会计准则规定与税法规定不同,可能产生资产的账面价值与其计税基础之间的差异。

账面价值与计税基础可能存在差异的资产主要有以下几种:

1. 固定资产

企业以各种方式取得的固定资产,初始确认时入账价值基本上是被税法认可的,即取得时其入账价值一般等于计税基础。

固定资产在持有期间进行后续计量时,会计上的基本计量模式是“成本－累计折旧－固定资产减值准备”。会计与税收处理的差异主要来自于折旧方法、折旧年限的不同以及固定资产减值准备的提取。

(1)折旧方法、折旧年限不同产生的差异

固定资产会计准则规定,企业可以根据与固定资产有关的经济利益预期实现方式合理选择折旧方法,如可以按照直线法计提折旧,也可以按照双倍余额递减法、年数总和法等方法计提折旧,税法一般会规定固定资产的折旧方法,除某些按照规定可以加速折旧的情况外,基本上可以税前扣除的是按照直线法计提的折旧。

另外,税法还会规定每一类固定资产的折旧年限,而会计处理时按照固定资产会计准则规定,折旧年限是使用寿命,由企业按照固定资产性质和使用情况合理确定。因折旧年限的不同,也会产生固定资产账面价值与计税基础之间的差异。

《中华人民共和国企业所得税法实施条例》第六十条规定,除国务院财政、税务主管部门另有规定外,固定资产计算折旧的最低年限如下:

①房屋、建筑物,为 20 年;

②飞机、火车、轮船、机器、机械和其他生产设备,为 10 年;

③与生产经营活动有关的器具、工具、家具等,为 5 年;

④飞机、火车、轮船以外的运输工具,为 4 年;

⑤电子设备,为 3 年。

根据我国企业所得税法及实施条例规定,由于技术进步产品更新换代较快的固定资产和常年处于强振动、高腐蚀状态的固定资产,可以采用缩短折旧年限或者采用加速折旧法计算折旧额,在税前扣除。采用缩短折旧年限方法的,最低年限不得低于所得税法实施条例规定折旧年限的 60%;采用加速折旧方法的,可以采用双倍余额递减法或者年数总和法。

(2)因计提固定资产减值准备产生的差异

企业在持有固定资产的期间内,对固定资产计提了减值准备以后,其账面价值下降,因所计提的减值准备不允许税前扣除,计税基础不会随资产减值准备的提取而发生变化,也会造成其账面价值与计税基础的差异。

[例 17—5] 企业于 2018 年 12 月 20 日取得的某项环保用固定资产,原价为 300 万元,使用年限为 10 年,会计上采用直线法计提折旧,净残值为零。假定税法规定类似环保用固定资产采用加速折旧法计提的折旧可予税前扣除,该企业在计税时采用双倍余额递减法计列折旧,净残值为零。

企业 2019 年 12 月 31 日,该项固定资产的账面价值=300-30=270(万元)

该项固定资产的计税基础=300-300×20%=240(万元)

该项固定资产账面价值 270 万元,与其计税基础 240 万元之间产生的差额 30 万元,意味着企业将于未来期间增加应纳税所得额和应交所得税,属于应纳税暂时性差异,对于 2019 年度当年来讲,会减少应纳税所得额和应交所得税,2019 年企业应确认递延所得税负债。

2. 无形资产

企业除内部研究开发形成的无形资产以外,以其他方式取得的无形资产,初始确认时其入账价值与税法规定的成本之间一般不存在差异。

(1)内部研究开发形成的无形资产

对于内部研究开发形成的无形资产,无形资产会计准则规定,有关研究开发分为两个阶段,研究阶段的支出应当费用化计入当期损益,开发阶段符合资本化条件以后发生的支出应当资本化,作为无形资产的成本;税法规定,企业为开发新技术、新产品、新工艺发生的研究开发费用,未形成无形资产计入当期损益的,在按照规定据实扣除的基础上,按照研究开发费用的50%加计扣除;形成无形资产的,按照无形资产成本的150%摊销。

如该无形资产的确认不是产生于企业合并交易、同时在确认时既不影响会计利润也不影响应纳税所得额,按照所得税会计准则的规定,不确认该暂时性差异的所得税影响。

[例17-6] 企业当期发生研究开发支出计500万元,其中研究阶段支出100万元,开发阶段符合资本化条件前发生的支出为100万元,符合资本化条件后发生的支出为300万元。税法规定企业的研究开发支出可按150%加计扣除。该企业开发形成的无形资产在当期期末已达到预定用途。

企业当期发生的研究开发支出中,按照会计规定应予费用化的金额为200万元,形成无形资产的成本为300万元,即期末所形成无形资产的账面价值为300万元。

企业于当期发生的200万元费用化支出,可在税前扣除的金额为300万元[200×(1+50%)],无形资产账面价值300元,可在无形资产摊销期间税前扣除的金额为450万元[300×(1+50%)],即计税基础为450万元。

无形资产账面价值300万元与计税基础450万元之间的差额150万元,将于未来期间抵减应纳税所得额,属于可抵扣暂时性差异。但该差异属于准则规定不确认递延所得税资产的特殊情况。

(2)无形资产在后续计量时产生差异

无形资产在后续计量时,会计与税收的差异主要产生于对无形资产是否需要摊销及无形资产减值准备的提取。

无形资产会计准则规定,对于无形资产应根据其使用寿命情况,区分为使用寿命有限的无形资产与使用寿命不确定的无形资产。对于使用寿命不确定的无形资产,不要求摊销,在会计期末应进行减值测试。税法规定,企业取得的无形资产成本,应在一定期限内摊销,计税时按照税法规定的摊销额允许税前扣除。对于使用寿命不确定的无形资产在持有期间,因摊销规定的不同,会造成其账面价值与计税基础的差异。

在对无形资产计提减值准备的情况下,因所计提的减值准备不允许税前扣除,也会造成其账面价值与计税基础的差异。

[例17-7] 甲企业于2018年1月1日取得的某项无形资产,取得成本为500万元,企业根据各方面情况判断,无法合理预计其为企业带来未来经济利益的期限,将其视为使用寿命不确定的无形资产。2018年12月31日,对该项无形资产进行减值测试表明未发生减值。甲企业在计税时,对该项无形资产按照10年的期间摊销,有关金额允许税前扣除。

会计上将该项无形资产作为使用寿命不确定的无形资产,在未发生减值的情况下,其于2018年12月31日的账面价值为取得成本500万元。

该项无形资产在2018年12月31日的计税基础为:500－50＝450(万元)

该项无形资产的账面价值500万元与其计税基础450万元之间的差额50万元,将计入未来期间的应纳税所得额,产生未来期间企业以应交所得税方式流出经济利益的增加,属于应纳税暂时性差异,本期在应纳税所得额中扣减,其所得税影响应确认为递延所得税负债。

3. 以公允价值计量且其变动计入当期损益的金融资产

企业将以公允价值计量且其变动计入当期损益的金融资产,作为交易性金融资产进行核算,按照金融工具确认和计量会计准则的规定,交易性金融资产期末应以公允价值计量,公允价值变动计入当期损益;税法规定,交易性金融资产在持有期间公允价值变动不计入应纳税所得额，即其计税基础保持不变，则产生了交易性金融资产账面价值与其计税基础之间的差异。

[例17—8] 2018年9月1日，企业支付800万元，自公开市场取得一项权益性投资，作为交易性金融资产进行核算。2018年12月31日，该权益性投资的市价860万元。

按照税法规定交易性金融资产在持有期间的公允价值变动，不计入应纳税所得额，出售时实现损益，调整应纳税所得额。

该交易性金融资产期末账面价值860万元与其计税基础800万元之间产生了60万元的暂时性差异，该暂时性差异在未来期间转回时会增加未来期间的应纳税所得额，导致企业应交所得税的增加，为应纳税暂时性差异，本期可在应纳税所得额中扣减，应确认相关的递延所得税负债。

若交易性金融资产公允价值变动发生损失，期末账面价值小于计税基础之间产生的暂时性差异，该暂时性差异在未来期间转回时会减少未来期间的应纳税所得额，导致企业应交所得税的减少，为可抵扣暂时性差异，应确认相关的递延所得税资产。本期计入应纳税所得额的部分，本期缴纳所得税。

4. 其他资产

因企业会计准则规定与税法规定不同，企业持有的其他资产，可能造成其账面价值与计税基础之间存在差异。

(1)投资性房地产

企业持有的投资性房地产进行后续计量时，会计准则规定可以采用两种模式：一种是成本模式，采用该种模式计量的投资性房地产，其账面价值与计税基础的确定与固定资产、无形资产相同；另一种是在符合条件的情况下，可以采用公允价值模式对投资性房地产进行后续计量。对于采用公允价值模式计量的投资性房地产，其计税基础的确定类似于固定资产或无形资产计税基础的确定。

[例17—9] 甲公司于2018年1月1日将其某自用房屋用于对外出租，该房屋的成本为750万元，预计使用年限为20年。转为投资性房地产之前，已使用4年，企业按照年限平均法计提折旧，预计净残值为零。转为投资性房地产核算后，预计能够持续可靠取得该投资性房地产的公允价值，甲公司采用公允价值模式对该投资性房地产进行后续计量。假定税法规定的折旧方法、折旧年限及净残值与会计规定相同。同时，税法规定资产在持有期间公允价值的变动不计入应纳税所得额，待处置时一并计算确定应计入应纳税所得额的金额。该投资性房地产在2018年12月31日的公允价值为900万元。

该投资性房地产在2018年12月31日的账面价值为其公允价值900万元，其计税基础为取得成本扣除按照税法规定允许税前扣除的折旧额以后的金额，即计税基础＝750－750÷20×5＝562.5(万元)

该项投资性房地产的账面价值900万元与其计税基础562.5万元之间产生了337.5万元的暂时性差异，会增加企业未来期间的应纳税所得额。

(2)其他计提了资产减值准备的各项资产

企业按照会计准则，有关资产计提减值准备时计入了当期损益，计提减值准备以后，其账面价值会随之下降，而税法规定，资产的减值在转化为实质性损失之前，不允许税前扣除，即其计税基础不会因减值准备的提取而发生变化，从而造成资产的账面价值与其计税基础之间的差异。

[例17—10] 大昌公司2018年购入原材料成本为2 000万元，因部分生产线停工，当年

未领用任何原材料，2018 年资产负债表日考虑到该原材料的市价及用其生产产成品的市价情况，估计该原材料的可变现净值为 1 800 万元，假定企业该原材料期初余额为零。

该项原材料因期末可变现净值低于其成本，应计提存货跌价准备，其金额为 200 万元（2 000－1 800），计提存货跌价准备后，该项原材料的账面价值为 1 800 万元。

该项原材料的计税基础不会因存货跌价准备的提取而发生变化，即其计税基础应维持原取得成本 2 000 万元不变。

该存货的账面价值 1 800 万元与其计税基础 2 000 万元之间产生了 200 万元的暂时性差异，其含义为如果存货价值量的下跌在未来期间实现时，会减少企业在未来期间的应纳税所得额和应交所得税，属于可抵扣暂时性差异，本期作为应纳税所得额，符合确认条件时，应确认与其相关的递延所得税资产。

总之，当资产账面价值大于计税基础时，一般情况下会增加未来期间应纳税所得额和应交所得税，是应纳税暂时性差异，该暂时性差异发生额会减少企业当期应纳税所得额和应交所得税，产生递延所得税负债。

当资产账面价值小于计税基础时，一般情况下会减少未来期间应纳税所得额和应交所得税，是可抵扣暂时性差异，该暂时性差异发生额会增加企业当期应纳税所得额和应交所得税，产生递延所得税资产。

（二）负债的计税基础

负债的计税基础，是指负债的账面价值减去未来期间计算应纳税所得额时按照税法规定可予抵扣的金额。用公式表示为：

负债的计税基础＝账面价值－未来期间按照税法规定可予税前扣除的金额

负债的确认与偿还一般不会影响企业的损益，也不会影响其应纳税所得额，未来期间计算应纳税所得额时按照税法规定可予抵扣的金额为零，计税基础即账面价值。但是，某些情况下，负债的确认可能会影响企业的损益，进而影响不同期间的应纳税所得额，使得其计税基础与账面价值之间产生差额，如按照会计规定确认的某些负债。

负债账面价值与计税基础可能存在差异的情况主要有以下几种：

1. 企业因销售商品提供售后服务等原因确认的预计负债

企业因销售商品提供售后服务等原因确认预计负债，按照《企业会计准则第 13 号——或有事项》的规定，企业应将预计提供售后服务发生的支出在销售当期确认为费用，同时确认预计负债。税法规定，有关的支出应于发生时税前扣除，由于该类事项产生的预计负债在期末的计税基础为其账面价值与未来期间可税前扣除的金额之间的差额，有关的支出实际发生时可全部税前扣除，其计税基础为零。

因其他交易或事项确认的预计负债，应按照税法规定的计税原则确定其计税基础。某些情况下，因有些事项确认的预计负债，如果税法规定其支出无论是否实际发生均不允许税前扣除，即未来期间按照税法规定可予抵扣的金额为零，其账面价值与计税基础相同。

［例 17－11］ 红星公司 2018 年因销售产品承诺提供 3 年的保修服务，在当年度利润表中确认了 200 万元的销售费用，同时确认为预计负债，当年度发生保修支出为 70 万元。按照税法规定，与产品售后服务相关的费用在实际发生时允许税前扣除。

该项预计负债在红星公司 2018 年 12 月 31 日资产负债表中的账面价值为 130 万元。

该项负债的计税基础为：账面价值扣除未来期间计算应纳税所得额时按照税法规定可予抵扣的金额＝130 万元－130 万元＝0。

该预计负债的账面价值130万元与其计税基础零之间形成暂时性差异130万元，该暂时性差异在未来期间转回时，会减少企业的应纳税所得额，该差异增加本期的应纳税所得额，使企业于未来期间以应交所得税的方式流出的经济利益减少，为可抵扣暂时性差异，在其产生期间，符合有关确认条件时，应确认相关的递延所得税资产。

2. 预收账款

企业在收到客户预付的款项时，因不符合收入确认条件，会计上将其确认为负债。税法中对于收入的确认原则一般与会计规定相同，即会计上未确认收入时，计税时一般亦不计入应纳税所得额，该部分经济利益在未来期间计税时可予税前扣除的金额为零，计税基础等于账面价值。

某些情况下，因不符合企业会计准则规定的收入确认条件，未确认为收入的预收账款按照税法规定应计入当期应纳税所得额时，有关预收账款的计税基础为零，即因其产生时已经计算交纳所得税，未来期间可全额税前扣除。

［**例17－12**］ 华海公司于2018年12月20日自客户收到一笔合同预付款，金额为800万元，因不符合收入确认条件，将其作为预收账款核算。按照适用税法规定，该项款项应计入取得当期应纳税所得额计算交纳所得税。

该预收账款在公司2018年12月31日资产负债表中的账面价值为800万元。

该预收账款计税基础＝账面价值800万元－未来期间计算应纳税所得额时按照税法规定可予抵扣的金额800万元＝0

该项负债的账面价值800万元与其计税基础零之间产生的800万元暂时性差异，会减少企业于未来期间的应纳税所得额，使企业未来期间以应交所得税的方式流出的经济利益减少，为可抵扣暂时性差异，该差额计入当期应纳税所得额，符合确认条件的情况下，应确认相关的递延所得税资产。

3. 应付职工薪酬

会计准则规定，企业为获得职工提供的服务给予的各种形式的报酬以及其他相关支出均作为企业的成本费用，在未支付之前确认为负债。税法中对于合理的职工薪酬基本允许税前扣除，但税法中规定了税前扣除标准的，按照会计准则规定计入成本费用支出的金额超过规定标准部分，应进行纳税调整，若导致负债账面价值与计税基础产生差异时，还要确认递延所得税。

不同应付职工薪酬项目税法规定与会计处理会产生差异的情况及所得税会计处理如表17－1所示。

表17－1　　应付职工薪酬所得税会计处理表

应付职工薪酬项目	税法规定	会计超标准的差异性质	结　果	所得税会计处理
工资	企业发生的合理的工资薪金支出，准予税前扣除。	永久性差异	负债账面价值等于计税基础	超标准的部分进行纳税调整
职工福利	企业发生的职工福利费支出，不超过工资薪金总额14%的部分，准予税前扣除。	永久性差异	负债账面价值等于计税基础	超标准的部分进行纳税调整
工会经费	企业拨付的工会经费不超过工资薪金总额2%的部分，准予税前扣除。	永久性差异	负债账面价值等于计税基础	超标准的部分进行纳税调整

续表

应付职工薪酬项目	税法规定	会计超标准的差异性质	结　果	所得税会计处理
职工教育经费	除国务院财政、税务主管部门另有规定的外，企业发生的职工教育经费支出，不超过工资薪金总额8%的部分，准予税前扣除；超过部分，准予在以后纳税年度结转扣除。	暂时性差异	负债账面价值大于计税基础	超标准的部分一方面进行纳税调整，另一方面确认递延所得税

4.其他负债

其他负债如企业应交的罚款和滞纳金等，在尚未支付之前按照会计规定确认为费用，同时作为负债反映。税法规定，罚款和滞纳金不能税前扣除，即该部分费用无论是在支付当期还是在以后期间均不允许税前扣除，其计税基础为账面价值减去未来期间计税时可予税前扣除的金额之间的差额，计税基础等于账面价值。其他交易或事项产生的负债，其计税基础的确定应当遵从适用税法的相关规定。

总之，当负债的账面价值大于计税基础，一般情况下，会减少未来期间应纳税所得额和应交所得税，是可抵扣暂时性差异，该暂时性差异发生额会增加企业当期应纳税所得额和应交所得税，产生递延所得税资产。

当负债的账面价值小于计税基础，一般情况下，会增加未来期间应纳税所得额和应交所得税，是应纳税暂时性差异，该暂时性差异发生额会减少企业当期应纳税所得额和应交所得税，产生递延所得税负债。

四、暂时性差异

暂时性差异，是指资产或负债的账面价值与其计税基础之间的差额。其中，账面价值是指按照企业会计准则规定确定的有关资产、负债在企业的资产负债表中应列示的金额。由于资产、负债的账面价值与其计税基础不同，产生了在未来收回资产或清偿负债的期间内，应纳税所得额增加或减少并导致未来期间应交所得税增加或减少的情况，在这些暂时性差异发生的当期，应当确认相应的递延所得税负债或递延所得税资产。根据暂时性差异对未来期间应税金额影响的不同，分为应纳税暂时性差异和可抵扣暂时性差异。

某些不符合资产、负债的确认条件，未作为资产、负债确认的项目，如果按照税法规定可以确定其计税基础，该计税基础与其账面价值之间的差额也属于暂时性差异。

除因资产、负债的账面价值与计税基础不同产生的暂时性差异以外，按照税法规定可以结转以后年度的未弥补亏损和税款抵减，也视同可抵扣暂时性差异处理。

按照暂时性差异对未来期间应税金额的影响，分为应纳税暂时性差异和可抵扣暂时性差异。

（一）应纳税暂时性差异

应纳税暂时性差异，是指在确定未来收回资产或清偿负债期间的应纳税所得额时，将导致产生应税金额的暂时性差异。该差异在未来期间转回时，会增加转回期间的应纳税所得额，即在未来期间不考虑该事项影响的应纳税所得额的基础上，由于该暂时性差异的转回，会进一步增加转回期间的应纳税所得额和应交所得税金额。在该暂时性差异产生当期，应当确认相关的递延所得税负债。

应纳税暂时性差异通常产生于以下情况：

1. 资产的账面价值大于其计税基础

资产的账面价值代表的是企业在持续使用或最终出售该项资产时会取得的经济利益的总额，而计税基础代表的是资产在未来期间可予税前扣除的总金额。资产的账面价值大于其计税基础，该项资产未来期间产生的经济利益不能全部税前抵扣，两者之间的差额需要交税，产生应纳税暂时性差异。该差异在产生当期抵减应纳税所得额，应确认相关递延所得税负债。

2. 负债的账面价值小于其计税基础

负债的账面价值为企业预计在未来期间清偿该项负债时的经济利益流出，而其计税基础代表的是账面价值在扣除税法规定未来期间允许税前扣除的金额之后的差额。因负债的账面价值与其计税基础不同产生的暂时性差异，实质上是税法规定就该项负债在未来期间可以税前扣除的金额(即与该负债相关的费用支出在未来期间可予税前扣除的金额)。负债的账面价值小于其计税基础，则意味着就该项负债在未来期间可以税前抵扣的金额为负数，即应在未来期间应纳税所得额的基础上调增，增加应纳税所得额和应交所得税金额，产生应纳税暂时性差异。该差异在产生当期抵减应纳税所得额，应确认递延所得税负债。

(二)可抵扣暂时性差异

可抵扣暂时性差异，是指在确定未来收回资产或清偿负债期间的应纳税所得额时，将导致产生可抵扣金额的暂时性差异。该差异在未来期间转回时会减少转回期间的应纳税所得额，减少未来期间的应交所得税。在该暂时性差异产生当期符合确认条件时，应当确认相关的递延所得税资产。

可抵扣暂时性差异一般产生于以下情况：

1. 资产的账面价值小于其计税基础

从经济含义来看，资产在未来期间产生的经济利益少，按照税法规定允许税前扣除的金额多，两者之间的差额可以减少企业未来期间应纳税所得额并减少应交所得税，形成可抵扣暂时性差异。该差异在产生当期交纳所得税，符合有关确认条件时，应当确认相关的递延所得税资产。

2. 负债的账面价值大于其计税基础

负债产生的暂时性差异实质上是税法规定就该项负债可以在未来期间税前扣除的金额。一项负债的账面价值大于其计税基础，意味着未来期间按照税法规定构成负债的全部或部分金额可以自未来应税经济利益中扣除，减少未来期间的应纳税所得额和应交所得税，产生可抵扣暂时性差异。该差异在产生当期纳税，符合有关确认条件时，应当确认相关的递延所得税资产。

(三)特殊项目产生的暂时性差异

1. 未作为资产、负债确认的项目产生的暂时性差异

某些交易或事项发生以后，因为不符合资产、负债确认条件而未体现为资产负债表中的资产或负债，但按照税法规定能够确定其计税基础的，其账面价值零与计税基础之间的差异也构成暂时性差异。如企业发生的符合条件的广告费和业务宣传费支出，除另有规定外，不超过当年销售收入 15%的部分，准予扣除；超过部分准予在以后纳税年度结转扣除。该类费用在发生时按照会计准则规定即计入当期损益，不形成资产负债表中的资产，但按照税法规定可以确定其计税基础的，两者之间的差异也形成暂时性差异。

[例 17－13] A 公司 2018 年发生了 2 000 万元广告费支出，发生时已作为销售费用计入

当期损益。税法规定，该类支出不超过当年销售收入15%的部分允许当期税前扣除，超过部分允许向以后年度结转税前扣除。A公司2018年实现销售收入10 000万元。

该广告费支出因按照会计准则规定在发生时已计入当期损益，不体现为期末资产负债表中的资产，如果将其视为资产，其账面价值为0。

因按照税法规定，该类支出税前列支有一定的标准限制，根据当期A公司销售收入15%计算，当期可予税前扣除1 500万元(10 000×15%)，当期未予税前扣除的500万元可以向以后年度结转，其计税基础为500万元。

该项资产的账面价值0与其计税基础500万元之间产生了500万元的暂时性差异，该暂时性差异在未来期间可减少企业的应纳税所得税，为可抵扣暂时性差异，符合确认条件时，应确认相关的递延所得税资产。

2. 可抵扣亏损及税款抵减产生的暂时性差异

对于按照税法规定可以结转以后年度的未弥补亏损及税款抵减，虽不是因资产、负债的账面价值与计税基础不同而产生的，但与可抵扣暂时性差异具有同样的作用，均能够减少未来期间的应纳税所得额，进而减少未来期间的应交所得税。在会计处理上，视同可抵扣暂时性差异，符合条件的情况下，应确认与其相关的递延所得税资产。

[例17—14] 甲公司于2018年发生经营亏损500万元，按照税法的规定，该亏损可用于抵减以后5个年度的应纳税所得额。该公司预计其于未来5年期间能够产生足够的应纳税所得额，弥补该经营亏损。

该经营亏损虽不是因比较资产、负债的账面价值与其计税基础产生的，但从其性质上来看可以减少未来期间的应纳税所得额和应交所得税，属于可抵扣暂时性差异。在企业预计未来期间能够产生足够的应纳税所得额弥补该可抵扣亏损时，应确认相关的递延所得税资产。

五、递延所得税负债和递延所得税资产的确认和计量

企业在计算确定了应纳税暂时性差异和可抵扣暂时性差异后，应当按照会计准则规定的原则确认相关的递延所得税负债以及递延所得税资产。

(一)递延所得税负债的确认

企业在确认因应纳税暂时性差异产生的递延所得税负债时，应遵循以下原则：

1. 确认递延所得税负债的一般原则

除所得税会计准则中明确规定可不确认递延所得税负债的情况以外，企业对于所有的应纳税暂时性差异均应确认相关的递延所得税负债。除与直接计入所有者权益的交易或事项以及企业合并中取得资产、负债相关的以外，在确认递延所得税负债的同时，应增加利润表中的所得税费用。

[例17—15] 万达公司于2016年12月25日购入一台机器设备，成本为800 000元，预计使用年限为4年，会计上按直线法计提折旧，无残值。假定税法规定应采用年数总和法计提折旧，无残值，折旧年限也为4年。公司每年的利润总额为1 000 000元，无其他纳税调整项目。假定所得税税率为25%。

则该公司每年因固定资产账面价值与计税基础不同，确认的递延所得税及其应交所得税和所得税费用情况如表17—2所示。

表 17—2　　　　　　　　　公司应交所得税、递延所得税和所得税费用计算表

项　目	2017 年	2018 年	2019 年	2020 年
税前会计利润	1 000 000	1 000 000	1 000 000	1 000 000
固定资产实际成本	800 000	800 000	800 000	800 000
累计会计折旧	200 000	400 000	600 000	800 000
固定资产账面价值	600 000	400 000	200 000	0
计税基础	480 000	240 000	80 000	0
应纳税暂时性差异余额	120 000	160 000	120 000	0
应纳税暂时性差异本期发生额	＋120 000	＋40 000	－40 000	－120 000
暂时性差异对当期应纳税所得额的影响	－120 000	－40 000	＋40 000	＋120 000
应纳税所得额	880 000	960 000	1 040 000	1 120 000
适用税率	25%	25%	25%	25%
应交所得税	220 000	240 000	260 000	280 000
本期发生额递延所得税负债	＋30 000	＋10 000	－10 000	－30 000
递延所得税负债余额	30 000	40 000	30 000	0
所得税费用	250 000	250 000	250 000	250 000

(1)2017 年资产负债表日

该项固定资产的账面价值＝实际成本－会计折旧

＝800 000－200 000＝600 000(元)

该项固定资产的计税基础＝实际成本－税前扣除的折旧额

＝800 000－800 000×4/10＝480 000(元)

由于账面价值 600 000 元大于其计税基础 480 000 元，两者之间产生的差异 120 000 元，会增加未来期间的应纳税所得额 120 000 元，增加未来期间应交所得税 30 000 元，该暂时性差异可在本期应纳税所得额中扣减，导致本期应纳税所得额为 880 000 元，企业确认递延所得税负债为 30 000 元。

借：所得税费用——当期所得税费用	220 000	
——递延所得税费用	30 000	
贷：应交税费——应交所得税		220 000
递延所得税负债		30 000

(2)2018 年资产负债表日

该项固定资产的账面价值＝实际成本－累计会计折旧

＝800 000－200 000－200 000＝400 000(元)

该项固定资产的计税基础＝实际成本－税前扣除的累计折旧额

＝800 000－800 000×4/10－800 000×3/10＝240 000(元)

因资产账面价值 400 000 元大于其计税基础 240 000 元，两者之间产生的差异 160 000 元，会增加未来期间的应纳税所得额 160 000 元。由于该差异属于 2017 年与 2018 年产生差异

的累计数，因此，2018 年确认的会增加未来期间应纳税所得额的金额为 40 000 元（160 000－120 000），该暂时性差异可在本期应纳税所得额中扣减，导致本期应纳税所得额为 960 000 元，企业本期确认递延所得税负债为 10 000 元，递延所得税负债科目余额为 40 000 元。

借：所得税费用——当期所得税费用　　240 000
　　　　　　——递延所得税费用　　10 000
　贷：应交税费——应交所得税　　240 000
　　　递延所得税负债　　10 000

(3)2019 年资产负债表日

该项固定资产的账面价值＝实际成本－累计会计折旧
＝800 000－200 000－20 000－20 000＝200 000(元)

该项固定资产的计税基础＝实际成本－税前扣除的累计折旧额
＝800 000－800 000×4/10－800 000×3/10－800 000×2/10
＝80 000(元)

因资产账面价值 200 000 元大于其计税基础 80 000 元，两者之间产生的差异 120 000 元，会增加未来期间的应纳税所得额 120 000 元。由于该差异属于 2017 年、2018 年和 2019 年产生差异的累计数，因此，2019 年确认的会增加未来期间应纳税所得额的金额为－40 000 元(120 000－160 000)(为转回数)，该暂时性差异会增加本期应纳税所得额，导致本期应纳税所得额为 1 040 000 元，企业本期转回递延所得税负债为 10 000 元，递延所得税负债科目余额为 30 000 元。

借：所得税费用——当期所得税费用　　260 000
　　递延所得税负债　　10 000
　贷：应交税费——应交所得税　　260 000
　　　所得税费用——递延所得税费用　　10 000

(4)2020 年资产负债表日

该项固定资产的账面价值＝实际成本－累计会计折旧
＝800 000－800 000＝0(元)

该项固定资产的计税基础＝实际成本－税前扣除的累计折旧额
＝800 000－800 000×4/10＋800 000×3/10＋800 000×2/10
＋800 000×1/10
＝0(元)

资产账面价值从 200 000 元降为 0，资产的计税基础从 80 000 元降为 0，应纳税暂时性差异从 120 000 元降为 0，影响本期应纳税所得额增加 120 000 元，增加本期应交所得税 30 000 元，同时递延所得税负债转回 30 000 元，使其余额为 0。

借：所得税费用——当期所得税费用　　280 000
　　递延所得税负债　　30 000
　贷：应交税费——应交所得税　　280 000
　　　所得税费用——递延所得税费用　　30 000

2. 不确认递延所得税负债的特殊情况

在有些情况下，虽然资产、负债的账面价值与其计税基础不同，产生了应纳税暂时性差异，但出于各方面考虑，所得税会计准则中规定不确认相应的递延所得税负债。

(1)商誉的初始确认

非同一控制下的企业合并中,企业合并成本大于合并中取得的被购买方可辨认净资产公允价值份额的差额,按照会计准则规定应确认为商誉。因会计与税收的划分标准不同,合计上作为非同一控制下的企业合并,但如果按照税法规定计税时作为免税合并的情况下,商誉的计税基础为零,其账面价值与计税基础不同形成的应纳税暂时性差异,所得税会计准则规定不确认相关的递延所得税负债。

(2)除企业合并以外的其他交易或事项

除企业合并以外的其他交易或事项中,如果该项交易或事项发生时既不影响会计利润,也不影响应纳税所得额,则所产生的资产、负债的初始确认金额与其计税基础不同,形成应纳税暂时性差异的,交易或事项发生时不确认相应的递延所得税负债。该规定主要是考虑到由于交易发生时既不影响会计利润,也不影响应纳税所得额,确认递延所得税负债的直接结果是增加有关资产的账面价值或是降低所确认负债的账面价值,使得资产、负债在初始确认时,违背历史成本原则,影响会计信息的可靠性。

(3)与子公司、联营企业、合营企业投资等相关的应纳税暂时性差异

与子公司、联营企业、合营企业投资等相关的应纳税暂时性差异,一般应确认相应的递延所得税负债,但同时满足以下两个条件的除外:一是投资企业能够控制暂时性差异转回的时间;二是该暂时性差异在可预见的未来很可能不会转回。同时满足上述条件时,投资企业可以运用自身的影响力决定暂时性差异的转回;如果不希望其转回,则在可预见的未来该项暂时性差异即不会转回,从而无须确认相应的递延所得税负债。

对于采用权益法核算的长期股权投资,其账面价值与计税基础之间产生的有关暂时性差异是否确认相关的所得税影响,应当考虑持有该项投资的意图。

如果企业拟长期持有,则因初始投资成本的调整产生的暂时性差异预计未来期间不会转回,对未来期间没有所得税影响;因确认投资损益产生的暂时性差异,如果在未来期间逐期分回现金股利或利润时免税,也不存在对未来期间所得税影响;因确认应享有被投资单位其他权益变动而产生的暂时性差异,在长期持有的情况下预计未来期间也不会转回。因此,在准备长期持有的情况下,对于采用权益法核算的长期股权投资账面价值与计税基础之间的差异,投资企业一般不确认相关的递延所得税影响。

如果投资企业改变持有意图拟对外出售的情况下,按照税法规定,企业在转让或者处置长期股权投资时,投资资产的成本准予扣除。在持有意图由长期持有转变为拟近期出售的情况下,因长期股权投资的账面价值与计税基础不同产生的有关暂时性差异,均应确认相关的所得税影响。

(二)递延所得税负债的计量

所得税会计准则规定,资产负债表日,对于递延所得税负债,应当根据税法规定,按照预期收回该资产或清偿该负债期间的适用税率计量。即递延所得税应以相关应纳税暂时性差异转回期间按照税法规定适用的所得税税率计量。无论应纳税暂时性差异的转回期间如何,相关的递延所得税负债不要求折现。

(三)递延所得税资产的确认

1. 确认递延所得税资产的一般原则

递延所得税资产产生于可抵扣暂时性差异。确认因可抵扣暂时性差异产生的递延所得税资产应以未来期间可能取得的应纳税所得额为限。

在可抵扣暂时性差异转回的未来期间内，企业无法产生足够的应纳税所得额用以抵减可抵扣暂时性差异的影响，使得与递延所得税资产相关的经济利益无法实现的，不确认递延所得税资产；企业有明确的证据表明其于可抵扣暂时性差异转回的未来期间能够产生足够的应纳税所得额，进而利用可抵扣暂时性差异的，则应以可能取得的应纳税所得额为限，确认相关的递延所得税资产。

在判断企业于可抵扣暂时性差异转回的未来期间是否能够产生足够的应纳税所得额时，应当包括未来期间正常生产经营活动实现的应纳税所得额，以及在可抵扣暂时性差异转回期间因应纳税暂时性差异的转回而增加的应纳税所得额。

(1)对与子公司、联营企业、合营企业的投资相关的可抵扣暂时性差异，同时满足下列条件的，应当确认相关的递延所得税资产：一是暂时性差异在可预见的未来很可能转回；二是未来很可能获得用来抵扣可抵扣暂时性差异的应纳税所得额。

对联营企业和合营企业等的投资产生的可抵扣暂时性差异，主要产生于权益法下被投资单位发生亏损时，投资企业按照持股比例确认应予承担的部分相应减少长期股权投资的账面价值，但税法规定长期股权投资的成本在持有期间不发生变化，造成长期股权投资的账面价值小于其计税基础，产生可抵扣暂时性差异。投资企业对有关投资计提减值准备的情况下，也会产生可抵扣暂时性差异。

(2)按照税法规定可以结转以后年度的未弥补亏损和税款抵减，应视同可抵扣暂时性差异处理。在有关的亏损或税款抵扣金额得到税务部门的认可或预计能够得到税务部门认可且预计可利用未弥补亏损或税款抵扣的未来期间内能够取得足够的应纳税所得额时，除准则中规定不予确认的情况外，应当以很可能取得的应纳税所得额为限，确认相应的递延所得税资产，同时减少确认当期的所得税费用。

2. 不确认递延所得税资产的特殊情况

在某些情况下，如果企业发生的某项交易或事项不是企业合并，并且交易发生时既不影响会计利润也不影响应纳税所得额，该项交易中产生的资产、负债的初始确认金额与其计税基础不同，产生可抵扣暂时性差异的，所得税会计准则中规定在交易或事项发生时不确认相应的递延所得税资产。

(四)递延所得税资产的计量

与递延所得税负债的计量原则相一致，确认递延所得税资产时，应当以预期收回该资产期间适用的所得税税率为基础计算确定。无论相关的可抵扣暂时性差异转回期间如何，递延所得税资产均不要求折现。

资产负债表日，企业应当对递延所得税资产的账面价值进行复核。如果未来期间很可能无法取得足够的应纳税所得额用于利用可抵扣暂时性差异带来的利益，应当减记递延所得税资产的账面价值。减记的递延所得税资产，除原确认时计入所有者权益的，其减记金额亦应计入所有者权益外，其他的情况均应增加所得税费用。递延所得税资产的账面价值减记以后，继后期间根据新的环境和情况判断能够产生足够的应纳税所得额利用可抵扣暂时性差异，使得递延所得税资产包含的经济利益能够实现的，应相应恢复递延所得税资产的账面价值。

另外，无论是递延所得税负债还是递延所得税资产的计量，均应考虑资产负债表日企业预期收回资产或清偿负债的所得税影响方式，在计量递延所得税负债或递延所得税资产时，应当采用与收回资产或清偿债务的预期实现方式相一致的税率和计税基础。

(五)特殊交易或事项中涉及递延所得税的确认

与当期及以前期间直接计入所有者权益的交易或事项相关的当期所得税和递延所得税，应当计入所有者权益。

[例 17－16] 企业持有的某项其他债权投资，成本为 100 万元，会计期末，其公允价值为 140 万元，该企业适用的所得税税率为 25%。会计期末在确认 40 万元的公允价值变动时：

借：其他债权投资——公允价值变动	400 000	
贷：其他综合收益		400 000

其他债权投资公允价值的变动导致其账面价值变动，但其计税基础一般不会随着公允价值的变动而变动，在计税基础不变的情况下，两者之间的差额 40 万元，类比应纳税暂时性差异，应确认相关的递延所得税负债：

借：其他综合收益	100 000	
贷：递延所得税负债		100 000

另外，非同一控制下的企业合并中因资产、负债的入账价值与其计税基础不同而产生的递延所得税资产或递延所得税负债，其确认结果直接影响购买日确认的商誉或计入利润表的损益金额，不影响合并时的所得税费用。

六、所得税费用的确认和计量

企业在计算确定当期所得税费用（等于当期应交所得税）以及递延所得税费用（或收益）的基础上，应将两者之和确认为利润表中的所得税费用（或收益），但不包括直接计入所有者权益的交易或事项的所得税影响。即：

$$\text{所得税费用（或收益）}=\text{当期所得税费用}+\text{递延所得税费用}-\text{递延所得税收益}$$

企业应设置“所得税费用”科目核算应从当期利润总额中扣除的所得税费用，本科目可按“当期所得税费用”和“递延所得税费用”进行明细核算。期末，应将“所得税费用”科目的余额转入“本年利润”科目，结转后本科目无余额。

资产负债表日，企业按照税法规定计算确定的当期应交所得税，借记“所得税费用——当期所得税费用”科目，贷记“应交税费——应交所得税”科目。

资产负债表日，根据递延所得税资产的应有余额大于“递延所得税资产”科目余额的差额，借记“递延所得税资产”科目，贷记“所得税费用——递延所得税费用”、“其他综合收益”等科目；递延所得税资产的应有余额小于“递延所得税资产”科目余额的差额，作相反的会计分录。

资产负债表日，根据递延所得税负债的应有余额大于“递延所得税负债”科目余额的差额，借记“所得税费用——递延所得税费用”、“其他综合收益”等科目，贷记“递延所得税负债”科目；递延所得税负债的应有余额小于“递延所得税负债”科目余额的差额，作相反的会计分录。

[例 17－17] 甲企业适用 25%的所得税税率，2018 年利润总额 750 万元（税前会计利润）。递延所得税资产及递延所得税负债不存在期初余额。与所得税核算的情况如下：2018 年发生的有关交易和事项中，会计处理与税收处理存在差别的有：

会计与税收之间差异包括：

(1)国债利息收入	50 万元
(2)违反环保法支付罚款	60 万元
(3)交易性金融资产公允价值增加	60 万元

(4)计提存货跌价准备 200 万元

(5)售后服务预计费用 100 万元

第一步，计算应交所得税：

税前会计利润 750 万元

调整永久性差异：

(1)国债利息收入 －50 万元

(2)违反环保法支付罚款 ＋60 万元

调整暂时性差异影响额：

(3)交易性金融资产公允价值增加 －60 万元

(4)计提存货跌价准备 ＋200 万元

(5)售后服务预计费用 ＋100 万元

应纳税所得额 1 000 万元

所得税税率 25％

应交所得税 250 万元

第二步，计算暂时性差异影响纳税金额：

(1)交易性金融资产公允价值增加 60 万元，使资产账面价值＞计税基础，是应纳税暂时性差异，本期税前会计利润＞应纳税所得额，使所得税费用＞应交所得税，产生递延所得税负债 60×25％＝15(万元)，增加递延所得税费用 15 万元。

(2)存货跌价准备计提 200 万元，使资产账面价值＜计税基础，是可抵扣暂时性差异，使本期税前会计利润＜应纳税所得额，所得税费用＜应交所得税，产生递延所得税资产 200×25％＝50(万元)，增加递延所得税收益 50 万元。

(3)售后服务预计费用确认 100 万元，使负债账面价值＞计税基础，是可抵扣暂时性差异，使本期税前会计利润＜应纳税所得额，使本期所得税费用＜应交所得税，产生递延所得税资产 100×25％＝25(万元)，增加递延所得税收益 25 万元。

第三步，计算所得税费用：

所得税费用＝当期所得税费用＋递延所得税费用－递延所得税收益

＝250＋15－50－25＝190(万元)

计算暂时性差异如表 17－3 所示。

表 17－3　　甲企业暂时性差异计算表　　单位：万元

项　目	账面价值	计税基础	暂时性差异	
			应纳税暂时性差异	可抵扣暂时性差异
交易性金融资产	260	200	60	
存货	2 000	2 200		200
预计负债	100	0		100
合　计			60	300

应纳税暂时性差异产生递延所得税负债 60×25％＝15(万元)

可抵扣暂时性差异产生递延所得税资产 300×25％＝75(万元)

第四步，作会计分录：

借：所得税费用——当期所得税费用　　2 500 000

　　递延所得税资产　　750 000

　　贷：应交税费——应交所得税　　2 500 000

　　　　所得税费用——递延所得税费用　　600 000

　　　　递延所得税负债　　150 000

第三节 利润分配

利润分配是指企业税后净利润的分配，是企业利润总额(税前会计利润)减去所得税费用后净额的分配。

一、利润分配的程序和核算内容

企业本年实现的净利润加上年初未分配利润(或减去年初未弥补亏损)和其他转入后的余额，作为可供分配的利润，企业利润分配的程序和核算内容如下：

(一)提取法定盈余公积

法定盈余公积按照税后净利润(减弥补亏损)的10%提取，当企业的法定盈余公积达到注册资本的50%时，可不再提取。

公司的法定盈余公积不足以弥补以前年度亏损的，在提取法定盈余公积之前，应当先用当年利润弥补亏损。

外商投资企业按照法律、行政法规的规定，提取储备基金、企业发展基金、职工奖励及福利基金，中外合作经营企业按规定在合作期内归还投资者投资，从可供分配的利润中扣除。

(二)提取任意盈余公积

任意盈余公积按照公司股东会或股东大会决议，从公司税后利润中提取。非公司制企业经类似权力机构批准，也可提取任意盈余公积。

(三)向投资者分配利润

企业以前年度未分配利润，并入本年度利润，在充分考虑现金流量状况后，向投资者分配。这样企业可供分配的利润按规定顺序分配后，为留待以后年度进行分配的未分配利润。

二、利润分配的核算

(一)"利润分配"科目

企业设置"利润分配"科目，核算利润的分配(或亏损的弥补)和历年分配(或弥补)后的余额。本科目应当分别"提取法定盈余公积"、"提取任意盈余公积"、"应付现金股利或利润"、"转作股本的股利"、"盈余公积补亏"和"未分配利润"等进行明细核算。"利润分配"科目年末余额，反映企业的未分配利润(或未弥补亏损)。

(二)利润分配的会计处理

企业按规定提取的盈余公积，借记"利润分配——提取法定盈余公积、提取任意盈余公积"科目，贷记"盈余公积——法定盈余公积、任意盈余公积"科目。

外商投资企业按规定提取的储备基金、企业发展基金、职工奖励及福利基金，借记"利润分配——提取储备基金、提取企业发展基金、提取职工奖励及福利基金"科目，贷记"盈余公积——储备基金、企业发展基金”、“应付职工薪酬”等科目。

经股东大会或类似机构决议，分配给股东或投资者的现金股利或利润，借记“利润分配——应付现金股利或利润”科目，贷记“应付股利”科目。

用盈余公积弥补亏损，借记“盈余公积——法定盈余公积或任意盈余公积”科目，贷记“利润分配——盈余公积补亏”科目。

年度终了，企业应将本年实现的净利润，自“本年利润”科目转入“利润分配——未分配利润”科目，借记“本年利润”科目，贷记“利润分配——未分配利润”科目，为净亏损的作相反的分录；同时，将“利润分配”所属其他明细科目的余额，转入“利润分配——未分配利润”科目，结转后，“利润分配”科目除“未分配利润”明细科目外，其他明细科目应无余额。

[例 17－18] 夏利公司本年实现净利润 1 801 200 元，按 10％提取法定盈余公积 180 120 元。提取任意盈余公积 90 060 元，以 400 000 元发放普通股现金股利。公司所作会计分录如下：

(1)结转本年实现的净利润：

借：本年利润	1 801 200	
贷：利润分配——未分配利润		1 801 200

(2)提取法定盈余公积和任意盈余公积：

借：利润分配——提取法定盈余公积	180 120	
——提取任意盈余公积	90 060	
贷：盈余公积——法定盈余公积		180 120
——任意盈余公积		90 060

(3)公司宣告发放股利：

借：利润分配——应付现金股利或利润	400 000	
贷：应付股利		400 000

以现金发放股利：

借：应付股利	400 000	
贷：银行存款		400 000

(4)结转“利润分配”的明细科目：

借：利润分配——未分配利润	670 180	
贷：利润分配——提取法定盈余公积		180 120
——提取任意盈余公积		90 060
——应付现金股利或利润		400 000

夏利公司“本年利润”和“利润分配——提取法定盈余公积、提取任意盈余公积、应付现金股利或利润”科目结转后均无余额。“利润分配——未分配利润”科目有贷方余额 1 131 020 元为留待以后年度分配的利润。

企业在经营过程中既可能发生盈利，也有可能出现亏损。企业发生的亏损，在“本年利润”科目以借方余额显示。年终，应将“本年利润”科目的借方余额，转入“利润分配——未分配利润”科目的借方。

[例 17－19] 开源公司 2018 年发生亏损 300 000 元，年终本年利润结转时，作会计分录：

借：利润分配——未分配利润	300 000	
贷：本年利润		300 000

结转后，“利润分配——未分配利润”借方余额 300 000 元为待弥补的亏损。

弥补亏损的途径有两条：一是用以后年度利润弥补，二是用以前年度提取的盈余公积弥补。

发生的亏损如果用以后年度利润弥补，在五年内可用税前利润弥补（用于弥补亏损的利润免征所得税）；超过五年仍未弥补的亏损，要用税后利润弥补。在会计核算上无论税前利润补亏，还是税后利润补亏均不另作账务处理，弥补亏损的过程，在“本年利润”年终转入“利润分配——未分配利润”科目后，“利润分配——未分配利润”科目中显示自然抵补亏损。

三、以前年度损益调整

企业年度财务报告报出后，本年度发生的调整以前年度损益的事项以及本年度发现的重要前期差错更正涉及调整以前年度损益的事项，通过设置“以前年度损益调整”科目核算，本科目除核算上述事项外，企业资产负债表日至财务报告批准报出日之间发生的需要调整报告年度损益的事项，也可通过“以前年度损益调整”科目核算。

企业调整增加以前年度利润或减少以前年度亏损，借记有关科目，贷记“以前年度损益调整”科目；调整减少以前年度利润或增加以前年度亏损，作相反的会计分录。

由于以前年度损益调整增加的所得税费用，借记“以前年度损益调整”科目，贷记“应交税费——应交所得税”等科目；由于以前年度损益调整减少的所得税费用，作相反的会计分录。

经上述调整后，应将“以前年度损益调整”科目的余额转入“利润分配——未分配利润”科目。“以前年度损益调整”科目如为贷方余额，借记本科目，贷记“利润分配——未分配利润”科目；如为借方余额，作相反的会计分录。

［例 17—20］　某企业上年度报表经审核，应摊销的 20 000 元长期待摊费用未予摊销，所得税税率为 25%。

（1）调整上年损益：

借：以前年度损益调整　　20 000

　　贷：长期待摊费用　　20 000

（2）调减以前年度利润，相应减少所得税：

借：应交税费——应交所得税　　5 000

　　贷：以前年度损益调整　　5 000

（3）将“以前年度损益调整”科目借方余额 15 000 元转入“利润分配——未分配利润”科目：

借：利润分配——未分配利润　　15 000

　　贷：以前年度损益调整　　15 000

（4）调整按 10%计提的法定盈余公积：

借：盈余公积——法定盈余公积　　1 500

　　贷：利润分配——未分配利润　　1 500

本章小结

本章介绍了利润的计算和结转、税前会计利润的形成；根据所得税法律规范和《企业会计准则第 18 号——所得税》规范，介绍了所得税的计税基础和计税方法，税前会计利润和应纳税所得额之间的永久性差异，资产账面价值与计税基础之间产生的暂时性差异对本期所得税与未来期间所得税的影响，递延所得税资产和递延所得税负债的确认和计量，介绍了资产负债表债务法的核算程序、所得税费用的确认和计量，以及资产负债表债务法核算所得税的会计处理过程；介绍了利润的分配过程和会计处理。

复习思考题

1. 企业利润总额的组成内容包括哪些？

2. 什么是永久性差异？包括哪些情况？

3. 举例说明资产、负债计税基础的确定。

4. 指出下列项目哪些会形成暂时性差异？若会形成暂时性差异，应确认相关的递延所得税资产还是递延所得税负债？

(1)以 1 200 000 元购入一项固定资产，当期会计折旧为 100 000 元，计税时就该项固定资产税前扣除的折旧额为 400 000 元。

(2)当期购入到期一次还本付息的国债，确认国债利息收入 20 000 元。

(3)确认应享有联营企业当期实现的净利润 200 000 元，联营企业尚未派发现金股利或利润；投资企业与联营企业适用的所得税税率相同。

5. 天利公司于 2018 年年初开始营业，其当年的利润总额为 150 万元。在进行当年所得税纳税申报时，会计人员发现企业当期发生的交易和事项中，会计与税收处理之间存在的差异包括以下几项：

(1)计税时按照税法规定不允许扣除的费用 30 000 元，因尚未支付，资产负债表中体现为其他应付款 30 000 元。

(2)按照税法规定应予免税的收入 25 000 元，资产负债表中体现为应收账款 25 000 元。

(3)对某项资产计提减值准备 200 000 元。

假定该企业于未来期间能够产生足够的应纳税所得额，适用的所得税税率为 25%。

要求：

就上述事项，确定天利公司 2018 年度应纳税所得额及应交所得税；确定哪些事项形成暂时性差异，并说明应确认递延所得税的情况。

6. 资产负债表债务法的核算程序是怎样的？

7. 如何进行企业利润的分配？

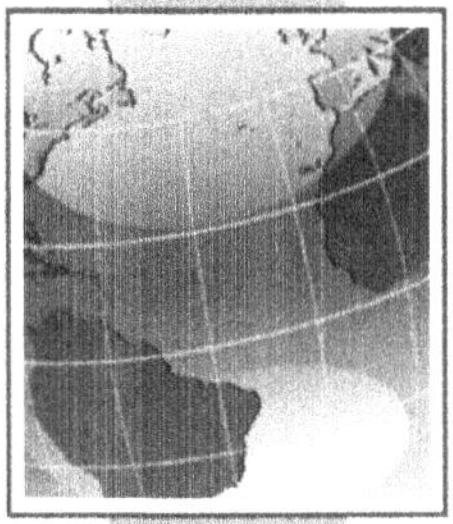

第十八章 财务报告

【本章要点提示】

- 资产负债表的内容、编制和填列方法。
- 利润表的内容、编制和填列方法。
- 现金流量表的内容、编制和填列方法。
- 所有者权益变动表的内容、编制和填列方法。
- 财务报表附注的内容。
- 利用报表数据资料对企业财务状况、经营成果和现金流量进行分析。

在企业的日常会计核算中，原始凭证是会计核算的起点，原始凭证载明企业经济业务的发生情况，根据原始凭证财会人员要编制记账凭证，根据记账凭证登记账簿，在账簿中反映企业会计要素的增减变动情况，财务报告是指企业对外提供的反映企业某一特定日期的财务状况和某一会计期间的经营成果、现金流量等会计信息的文件。

编制和对外提供财务报告，是企业会计核算的终点，是财务会计的目标。

第一节 财务报告概述

财务报告是指企业对外提供的反映企业某一特定日期的财务状况和某一会计期间的经营成果、现金流量等会计信息的文件。财务报告包括财务报表和其他应当在财务报告中披露的相关信息和资料。

一、财务报表的概念和构成

财务报表是对企业财务状况、经营状况和现金流量的结构性表述，财务报表至少应当包括资产负债表、利润表、现金流量表、所有者权益（或股东权益）变动表和附注。

财务报表可以按照不同的标准进行分类：(1)按财务报表编报期间的不同，可以分为中期财务报表和年度财务报表。中期财务报表是以短于一个完整会计年度的报告期间为基础编制的财务报表，包括月报、季报和半年报等。(2)按财务报表编报主体的不同，可以分为个别财务报表和合并财务报表。个别财务报表是由企业在自身会计核算基础上对账簿记录进行加工而编制的财务报表，主要反映企业自身的财务状况、经营成果和现金流量情况。合并财务报表是以母公司和子公司组成的企业集团为会计主体，根据母公司和所属子公司的财务报表，由母公司编制的综合反映企业集团财务状况、经营成果及现金流量的财务报表。

二、财务报表列报的基本要求

(一)依据各项会计准则确认和计量的结果编制财务报表

企业应当根据实际发生的交易和事项,遵循《企业会计准则——基本准则》和各项具体会计准则的规定进行确认和计量,并在此基础上编制财务报表。企业应当在附注中对遵循企业会计准则编制的财务报表做出声明,只有遵循了企业会计准则的所有规定时,财务报表才应当被称为"遵循了企业会计准则"。

企业不应以附注披露代替确认和计量。

(二)列报基础

企业应当以持续经营为基础,根据实际发生的交易或事项,按照《企业会计准则》的规定进行确认和计量,在此基础上编制财务报表。

在编制财务报表过程中,企业董事会对企业持续经营能力进行评价,需要考虑的因素包括市场经营风险、企业目前或长期的盈利能力、偿债能力、财务弹性以及企业管理层改变经营政策的意向等。评价后对企业持续经营的能力产生重大怀疑的,应当在附注中披露导致对持续经营能力产生重大怀疑的重要的不确定因素。

企业正式决定或被迫在当期或在下一个会计期间进行清算或停止营业的,表明其处于非持续经营状态,应当采用其他基础编制财务报表,并在附注中声明财务报表未以持续经营为基础列报,并披露未以持续经营为基础的原因和财务报表的编制基础。

(三)权责发生制

除现金流量表按照收付实现制编制外,企业应当按照权责发生制编制其他财务报表。

(四)列报的一致性

财务报表项目的列报应当在各个会计期间保持一致,不得随意变更。这一要求不仅只针对财务报表中的项目名称,还包括财务报表项目的分类、排列顺序等方面。

在以下规定的特殊情况下,财务报表项目的列报是可以改变的:

(1)会计准则要求改变财务报表项目的列报。

(2)企业经营业务的性质发生重大变化后,变更财务报表项目的列报能够提供更可靠、更相关的会计信息。

(五)依据重要性原则单独或汇总列报项目

关于项目在财务报表中是单独列报还是分开列报,应当根据重要性原则来判断。重要性是判断项目是否单独列报的重要标准。企业在进行重要性判断时,应当根据企业所处环境,从项目的性质和金额大小两方面予以判断:

一方面应当考虑该项目的性质是否属于企业日常活动、是否对企业的财务状况和经营成果具有较大影响等因素;另一方面判断项目金额大小的重要性,应当通过单项金额占资产总额、负债总额、所有者权益总额、营业收入总额、营业成本总额、净利润等直接相关项目金额的比重加以确定。

(六)财务报表项目金额间的相互抵销

财务报表中的资产项目和负债项目的金额、收入项目和费用项目的金额不得相互抵销。

资产项目按扣除减值准备后的净额列示,不属于抵销。

非日常活动产生的损益,以收入扣减费用后的净额列示,不属于抵销。

(七)比较信息的列报

企业在列报当期财务报表时,至少应当提供所有列报项目上一可比会计期间的比较数据,以及与理解当期财务报表相关的说明。

在财务报表项目的列报确需发生变更的情况下,企业应当对上期比较数据按照当期的列报要求进行调整,并在附注中披露调整的原因和性质,以及调整的各项目金额。对上期比较数据进行调整不切实可行的,应当在附注中披露不能调整的原因。

(八)财务报表表首的列报要求

财务报表一般分为表首、正表两部分,其中,在表首部分企业应当概括地说明下列基本信息:

(1)编报企业的名称;

(2)资产负债表日或财务报表涵盖的会计期间;

(3)货币名称和单位;

(4)财务报表是合并财务报表的,应当予以标明。

(九)报告期间

企业至少应当按年编制财务报表。根据《中华人民共和国会计法》的规定,会计年度自公历 1 月 1 日起至 12 月 31 日止。年度财务报表涵盖的期间短于一年的,应当披露年度财务报表的涵盖期间,以及短于一年的原因。

第二节　资产负债表

一、资产负债表及其结构

(一)资产负债表的概念

资产负债表是指反映企业某一特定日期财务状况的会计报表,它反映企业在某一特定日期所拥有或控制的经济资源,所承担的现时义务和所有者对净资产的要求权。

通过资产负债表,可以提供某一日期资产的总额及其结构,表明企业拥有或控制的资源及其分布情况;可以提供某一日期的负债总额及其结构,表明企业未来需要用多少资产或劳务清偿债务以及清偿的时间;可以反映所有者拥有的权益,据以判断资本保值、增值的情况以及对负债的保障倍数。此外,资产负债表还可以提供进行财务分析的基本资料,如将流动资产与流动负债进行比较,计算出流动比率;将速动资产与流动负债进行比较,计算出速动比率等,可以表明企业的变现能力、偿债能力和资金周转能力,从而有助于报表使用者作出经济决策。

(二)资产负债表的结构

资产负债表主要由表首和正表组成。

在我国,资产负债表采用账户式结构,报表分左、右两方:左方列示资产项目,反映全部资产的分布及存在形态,按流动性大小进行排列;右方列示负债与所有者权益项目,反映全部负债和所有者权益的内容及构成情况,负债按照流动性大小顺序排列,所有者权益按照形成情况排列。资产负债表左右双方平衡,资产总计等于负债和所有者权益总计,即"资产＝负债＋所有者权益"。此外,为了使使用者通过比较不同时点资产负债表的数据,掌握企业财务状况的变动情况及发展趋势,企业需要提供比较资产负债表,资产负债表还就各项目再分为"年初余额"和"期末余额"两栏分别填列。一般企业资产负债表格式如表 18－2 所示。

(三)资产负债表项目的列报

资产和负债应当分别流动资产和非流动资产、流动负债和非流动负债列示。

1. 资产项目的列报

资产满足下列条件之一的,应当归类为流动资产:

(1)预计在一个正常营业周期中变现、出售或耗用。

(2)主要为交易目的而持有。

(3)预计在资产负债表日起一年内(含一年,下同)变现。

(4)自资产负债表日起一年内,交换其他资产或清偿负债的能力不受限制的现金或现金等价物。

流动资产以外的资产应当归类为非流动资产,并应按其性质分类列示。

其中,一个正常营业周期,通常是指企业从购买用于加工的资产起至实现现金或现金等价物的期间。正常营业周期通常短于一年,在一年内有几个营业周期。但是也存在正常营业周期长于一年的情况,如房地产开发企业开发用于出售的房地产开发产品,造船企业制造用于出售的大型船只等,往往超过一年才变现、出售或耗用,仍应划分为流动资产。

正常营业周期不能确定的,应当以一年(12个月)作为正常营业周期。

2. 负债项目的列报

负债满足下列条件之一的,应当归类为流动负债:

(1)预计在一个正常营业周期中清偿。

(2)主要为交易目的而持有。

(3)自资产负债表日起一年内到期应予以清偿。

(4)企业无权自主地将清偿推迟至资产负债表日后一年以上。

流动负债以外的负债应当归类为非流动负债,并应按其性质分类列示。

对于在资产负债表日起一年内到期的负债,企业预计能够自主地将清偿义务展期至资产负债表日后一年以上的,应当归类为非流动负债;不能自主地将清偿义务展期的,即使在资产负债表日后、财务报告批准报出日前签订了重新安排清偿计划协议,该项负债仍应归类为流动负债。

企业在资产负债表日或之前违反了长期借款协议,导致贷款人可随时要求清偿的负债,应当归类为流动负债。贷款人在资产负债表日或之前同意提供在资产负债表日后一年以上的宽限期,企业能够在此期限内改正违约行为,且贷款人不能要求随时清偿,该项负债应当归类为非流动负债。

3. 持有待售的非流动资产和非流动负债的列报

对于根据企业会计准则划分为持有待售的资产(比如固定资产、无形资产、长期股权投资等)以及被划分为持有待售处置组中的资产,应当归类为流动资产;类似地,被划分为持有的处置组中与转让资产相关的负债,应当归类为流动负债。其中,处置组是指在一项交易中作为整体通过出售或其他方式一并处置的一组资产以及在该交易中转让的与这些资产直接相关的负债。

二、资产负债表的填列方法

(一)"期末余额"栏的填列方法

资产负债表中期末余额数指月、季、半年和年末数据资料,"期末余额"栏内各项数据资料,一般应根据资产、负债和所有者权益类科目的期末余额填列。

1. 根据总账科目的余额填列

(1)根据一个总账科目余额填列

如“其他权益工具投资”、“递延所得税资产”、“短期借款”、“交易性金融负债”、“应付票据”、“持有待售负债”、“递延收益”、“递延所得税负债”、“实收资本”、“资本公积”、“库存股”、“其他综合收益”、“专项储备”和“盈余公积”等项目,应根据有关总账科目的余额填列。

(2)根据几个总账科目余额填列

“货币资金”项目,应根据“库存现金”、“银行存款”、“其他货币资金”三个总账科目的期末余额的合计数填列。“其他应付款”项目,应根据“应付利息”、“应付股利”和“其他应付款”三个总账科目的期末余额的合计数填列。

2. 根据明细科目余额计算填列

“开发支出”项目,应根据“研发支出”科目中所属“资本化支出”明细科目期末余额填列;“应付账款”项目,应根据“应付账款”和“预付账款”两个科目所属的相关明细科目的期末贷方余额合计数填列;“预收款项”项目,应根据“预收账款”和“应收账款”科目所属各明细科目的贷方余额合计数填列;“未分配利润”项目,应根据“利润分配”科目中所属的“未分配利润”明细科目期末余额填列。

3. 根据总账科目和明细科目余额分析计算填列

“交易性金融资产”、“合同负债”、“应付职工薪酬”、“长期借款”、“应付债券”、“租赁负债”、“一年内到期的非流动资产”、“一年内到期的非流动负债”、“其他流动资产”、“其他流动负债”项目,应根据总账科目结合明细科目中将在资产负债表日起一年内到期的流动资产、负债或非流动资产、负债分项目填列。

4. 根据有关科目余额减去其备抵科目余额后的净额填列

“应收票据”项目,应根据相关科目的期末余额,减去“坏账准备”科目中有关坏账准备期末余额后的金额填列;“长期股权投资”、“商誉”项目,应根据相关科目的期末余额填列,已计提减值准备的,还应扣减相应的减值准备;“无形资产”、“投资性房地产”、“生产性生物资产”、“油气资产”项目,应根据相关科目的期末余额扣减相关的累计折旧(或摊销、折耗)填列,已计提减值准备的,还应扣减相应的减值准备,采用公允价值计量的上述资产,应根据相关科目的期末余额填列;“长期应收款”项目,应根据“长期应收款”科目的期末余额,减去相应的“未实现融资收益”科目和“坏账准备”科目所属相关明细科目余额后的金额填列。

5. 综合运用上述填列方法分析填列

“应收账款”项目,应根据“应收账款”和“预收账款”科目所属各明细科目的期末借方余额合计数,减去“坏账准备”科目中有关应收账款计提的坏账准备期末余额后的金额填列;“预付款项”项目,应根据“预付账款”和“应付账款”科目所属各明细科目的期末借方余额合计数,减去“坏账准备”科目中有关预付款项计提的坏账准备期末余额后的金额填列;“存货”项目,应根据“材料采购”、“原材料”、“发出商品”、“库存商品”、“周转材料”、“委托加工物资”、“生产成本”、“受托代销商品”等科目的期末余额合计,减去“受托代销商品款”、“存货跌价准备”科目期末余额后的金额填列,材料采用计划成本核算,以及库存商品采用计划成本核算或售价核算的企业,还应根据加或减材料成本差异、商品进销差价后的金额填列;“其他应收款”项目,应根据“应收利息”、“应收股利”和“其他应收款”科目余额减去相关“坏账准备”余额填列;“合同资产”、“债权投资”、“其他债权投资”项目,应根据本科目余额减去相应减值准备后,结合其明细科目中相关资产流动性进行填列；“固定资产”、“在建工程”和“长期应付款”项目，都属于综合运用上述方法分析填列的项目。

（二）“上年年末余额”栏的填列方法

“上年年末余额”栏的各项数字，应根据上年末有关项目的期末余额填列，且与上年末资产负债表“期末余额”栏内相一致。如果上年度资产负债表规定的各项目的名称和内容与本年度不一致，应对上年末资产负债表各项目的名称和数字按照本年度的规定进行调整，填入本表“上年年末余额”栏内。

资产负债表有关项目填列可根据财政部财会〔2019〕6号《关于修订印发2019年度一般企业财务报表格式的通知》附件2中资产负债表有关项目说明进行。

三、资产负债表编制示例

［**例18－1**］ 麦利公司2018年年末有关科目余额如表18－1所示。

表18－1 **科目余额表**

单位名称：麦利公司 2018年12月31日 单位：万元

科目名称	借方余额	科目名称	贷方余额
库存现金	0.25	短期借款	20
银行存款	90	应付票据	10
其他货币资金	10	应付账款	30
应收票据	7	其他应付款	0.5
应收账款	60	应付职工薪酬	1.5
坏账准备	－0.2	应交税费	12.25
预付账款	9	应付利息	0.75
其他应收款	1	长期借款	210
在途物资	15	实收资本	500
原材料	75	资本公积	50
周转材料	20	盈余公积	60
库存商品	30	利润分配（未分配利润）	22.05
长期股权投资	20		
固定资产	600		
累计折旧	－100		
在建工程	40		
无形资产	30		
长期待摊费用	10		
合 计	917.05	合 计	917.05

注：坏账准备是对应收账款计提。

根据上述资料，编制该公司2018年12月31日的资产负债表（上年年末余额略）（如表

18－2 所示)。

表 18－2　　**资 产 负 债 表**

会企 01 表

编制单位:麦利公司　　2018 年 12 月 31 日　　单位:元

资　产	期末余额	上年年末余额	负债和所有者权益（或股东权益）	期末余额	上年年末余额
流动资产:			流动负债:		
货币资金	1 002 500		短期借款	200 000	
交易性金融资产	0		交易性金融负债	0	
衍生金融资产	0		衍生金融负债	0	
应收票据	70 000		应付票据	100 000	
应收账款	598 000		应付账款	300 000	
应收款项融资	0		预收款项	0	
预付款项	90 000		合同负债	0	
其他应收款	10 000		应付职工薪酬	15 000	
存货	1 400 000		应交税费	122 500	
合同资产	0		其他应付款	12 500	
持有待售资产	0		持有待售负债	0	
一年内到期的非流动资产	0		一年内到期的非流动负债	0	
其他流动资产	0		其他流动负债	0	
流动资产合计	3 170 500		流动负债合计	750 000	
非流动资产:			非流动负债:		
债权投资	0		长期借款	2 100 000	
其他债权投资	0		应付债券	0	
长期应收款	0		其中:优先股	0	
长期股权投资	200 000		永续债	0	
其他权益工具投资	0		租赁负债	0	
其他非流动金融资产	0		长期应付款	0	
投资性房地产	0		预计负债	0	
固定资产	5 000 000		递延收益	0	
在建工程	400 000		递延所得税负债	0	
生产性生物资产	0		其他非流动负债	0	
油气资产	0		非流动负债合计	2 100 000	
使用权资产	0		负债合计	2 850 000	
无形资产	300 000		所有者权益(或股东权益):		

续表

资　产	期末余额	上年年末余额	负债和所有者权益（或股东权益）	期末余额	上年年末余额
开发支出	0		实收资本(或股本)	5 000 000	
商誉	0		其他权益工具	0	
长期待摊费用	100 000		其中:优先股	0	
递延所得税资产	0		永续债	0	
其他非流动资产	0		资本公积	500 000	
非流动资产合计	6 000 000		减:库存股	0	
			其他综合收益	0	
			专项储备	0	
			盈余公积	600 000	
			未分配利润	220 500	
			所有者权益(或股东权益)合计	6 320 500	
资产总计	9 170 500		负债和所有者权益(或股东权益)总计	9 170 500	

注:本表根据财政部财会〔2019〕6 号《关于修订印发 2019 年度一般企业财务报表格式的通知》附件 2(适用于已执行新金融准则、新收入准则和新租赁准则的企业)中资产负债表格式调整。

据此文件,有关项目说明如下:

(1)“交易性金融资产”项目,反映资产负债表日企业分类为以公允价值计量且其变动计入当期损益的金融资产以及企业持有的指定为以公允价值计量且其变动计入当期损益的金融资产的期末账面价值。该项目应根据“交易性金融资产”科目的相关明细科目的期末余额分析填列。自资产负债表日起超过一年到期且预期持有超过一年的以公允价值计量且其变动计入当期损益的非流动金融资产的期末账面价值,在“其他非流动金融资产”项目反映。

(2)“应收票据”项目,反映资产负债表日以摊余成本计量的企业因销售商品、提供服务等收到的商业汇票,包括银行承兑汇票和商业承兑汇票。该项目应根据据“应收票据”科目的期末余额,减去“坏账准备”科目中相关坏账准备期末余额后的金额分析填列。

(3)“应收账款”项目,反映资产负债表日以摊余成本计量的企业因销售商品、提供服务等经营活动应收取的款项。该项目应根据“应收账款”科目的期末余额,减去“坏账准备”科目中相关坏账准备期末余额后的金额分析填列。

(4)“应收款项融资”项目,反映资产负债表日以公允价值计量且其变动计入其他综合收益的应收票据和应收账款等。

(5)“其他应收款”项目,应根据“应收利息”、“应收股利”和“其他应收款”科目的期末余额合计数,减去“坏账准备”科目中相关坏账准备期末余额后的金额填列。其中的“应收利息”仅反映相关金融工具已到期可收取但于资产负债表日尚未收到的利息,基于实际利率法计提的金融工具的利息应包含在相应金融工具的账面余额中。

(6)“持有待售资产”项目,反映资产负债表日划分为持有待售类别的非流动资产及划分为持有待售类别的处置组中的流动资产和非流动资产的期末账面价值。该项目应根据“持有待售资产”科目的期末余额，减去“持有待售资产减值准备”科目的期末余额后的金额填列。

(7)“债权投资”项目，反映资产负债表日企业以摊余成本计量的长期债权投资的期末账面价值。该项目应根据“债权投资”科目的相关明细科目期末余额，减去“债权投资减值准备”科目中相关减值准备的期末余额后的金额分析填列。自资产负债表日起一年内到期的长期债权投资的期末账面价值，在“一年内到期的非流动资产”项目反映。企业购入的以摊余成本计量的一年内到期的债权投资的期末账面价值，在“其他流动资产”项目反映。

(8)“其他债权投资”项目，反映资产负债表日企业分类为以公允价值计量且其变动计入其他综合收益的长期债权投资的期末账面价值。该项目应根据“其他债权投资”科目的相关明细科目的期末余额分析填列。自资产负债表日起一年内到期的长期债权投资的期末账面价值，在“一年内到期的非流动资产”项目反映。企业购入的以公允价值计量且其变动计入其他综合收益的一年内到期的债权投资的期末账面价值，在“其他流动资产”项目反映。

(9)“其他权益工具投资”项目，反映资产负债表日企业指定为以公允价值计量且其变动计入其他综合收益的非交易性权益工具投资的期末账面价值。该项目应根据“其他权益工具投资”科目的期末余额填列。

(10)“固定资产”项目，反映资产负债表日企业固定资产的期末账面价值和企业尚未清理完毕的固定资产清理净损益。该项目应根据“固定资产”科目的期末余额，减去““累计折旧”和“固定资产减值准备”科目的期末余额后的金额，以及“固定资产清理”科目的期末余额填列。

(11)“在建工程”项目，反映资产负债表日企业尚未达到预定可使用状态的在建工程的期末账面价值和企业为在建工程准备的各种物资的期末账面价值。该项目应根据“在建工程”科目的期末余额，减去“在建工程减值准备”科目的期末余额后的金额，以及“工程物资”科目的期末余额，减去“工程物资减值准备”科目的期末余额后的金额填列。

(12)“使用权资产”项目，反映资产负债表日承租人企业持有的使用权资产的期末账面价值。该项目应根据“使用权资产”科目的期末余额，减去“使用权资产累计折旧”和“使用权资产减值准备”科目的期末余额后的金额填列。

(13)“一年内到期的非流动资产”项目，通常反映预计自资产负债表日起一年内变现的非流动资产。对于按照相关会计准则采用折旧(或摊销、折耗)方法进行后续计量的固定资产、使用权资产、无形资产和长期待摊费用等非流动资产，折旧(或摊销、折耗)年限(或期限)只剩一年或不足一年的，或预计在一年内(含一年)进行折旧(或摊销、折耗)的部分，不得归类为流动资产，仍在各该非流动资产项目中填列，不转入“一年内到期的非流动资产”项目。

(14)“交易性金融负债”项目，反映资产负债表日企业承担的交易性金融负债，以及企业持有的指定为以公允价值计量且其变动计入当期损益的金融负债的期末账面价值。该项目应根据“交易性金融负债”科目的相关明细科目的期末余额填列。

(15)“应付票据”项目，反映资产负债表日以摊余成本计量的企业因购买材料、商品和接受服务等开出、承兑的商业汇票，包括银行承兑汇票和商业承兑汇票。该项目应根据“应付票据”科目的期末余额填列。

(16)“应付账款”项目，反映资产负债表日以摊余成本计量的企业因购买材料、商品和接受服务等经营活动应支付的款项。该项目应根据“应付账款”和“预付账款”科目所属的相关明细科目的期末贷方余额合计数填列。

(17)“其他应付款”项目，应根据“应付利息”、“应付股利”和“其他应付款”科目的期末余额合计数填列。其中的“应付利息”仅反映相关金融工具已到期应支付但于资产负债表日尚未支付的利息，基于实际利率法计提的金融工具的利息应包含在相应金融工具的账面余额中。

(18)“持有待售负债”项目，反映资产负债表日处置组中与划分为持有待售类别的资产直接相关的负债的期末账面价值。该项目应根据“持有待售负债”科目的期末余额填列。

(19)“租赁负债”项目，反映资产负债表日承租人企业尚未支付的租赁付款额的期末账面价值。该项目应根据“租赁负债”科目的期末余额填列。自资产负债表日起一年内到期应予以清偿的租赁负债的期末账面价值，在“一年内到期的非流动负债”项目反映。

(20)“长期应付款”项目，反映资产负债表日企业除长期借款和应付债券以外的其他各种长期应付款项的期末账面价值。该项目应根据“长期应付款”科目的期末余额，减去相关的“未确认融资费用”科目的期末余额后的金额，以及“专项应付款”科目的期末余额填列。

(21)“递延收益”项目中摊销期限只剩一年或不足一年的，或预计在一年内(含一年)进行摊销的部分，不得归类为流动负债，仍在该项目中填列，不转入“一年内到期的非流动负债”项目。

(22)“合同资产”和“合同负债”项目。企业应按照《企业会计准则第 14 号——收入》(财会〔2017〕22 号)的相关规定，根据本企业履行履约义务与客户付款之间的关系在资产负债表中列示合同资产或合同负债。“合同资产”项目、“合同负债”项目，应分别根据“合同资产”科目、“合同负债”科目的相关明细科目的期末余额分析填列。同一合同下的合同资产和合同负债应当以净额列示。其中，净额为借方余额的，应当根据其流动性在“合同资产”或“其他非流动资产”项目中填列，已计提减值准备的，还应减去“合同资产减值准备”科目中相关的期末余额后的金额填列；净额为贷方余额的，应当根据其流动性在“合同负债”或“其他非流动负债”项目中填列。

由于同一合同下的合同资产和合同负债应当以净额列示，企业也可以设置“合同结算”科目(或其他类似科目)，以核算同一合同下属于在某一时段内履行履约义务涉及与客户结算对价的合同资产或合同负债，并在此科目下设置“合同结算——价款结算”科目反映定期与客户进行结算的金额，设置“合同结算—— 收入结转”科目反映按履约进度结转的收入金额。资产负债表日，“合同结算”科目的期末余额在借方的，根据其流动性在“合同资产”或“其他非流动资产”项目中填列；期末余额在贷方的，根据其流动性在“合同负债”或“其他非流动负债”项目中填列。

(23)按照《企业会计准则第 14 号——收入》(财会〔2017〕22 号)的相关规定确认为资产的合同取得成本，应当根据“合同取得成本”科目的明细科目初始确认时摊销期限是否超过一年或一个正常营业周期，在“其他流动资产”或“其他非流动资产” 项目中填列，已计提减值准备的，还应减去“合同取得成本减值准备”科目中相关的期末余额后的金额填列。

(24)按照《企业会计准则第 14 号——收入》(财会〔2017〕22 号)的相关规定确认为资产的合同履约成本，应当根据“合同履约成本”科目的明细科目初始确认时摊销期限是否超过一年或一个正常营业周期，在“存货”或“其他非流动资产”项目中填列，已计提减值准备的，还应减去“合同履约成本减值准备”科目中相关的期末余额后的金额填列。

(25)按照《企业会计准则第 14 号——收入》(财会〔2017〕22 号)的相关规定确认为资产的应收退货成本，应当根据“应收退货成本”科目是否在一年或一个正常营业周期内出售，在“其他流动资产”或“其他非流动资产”项目中填列。

(26)按照《企业会计准则第 14 号——收入》(财会〔2017〕22 号)的相关规定确认为预计负债的应付退货款，应当根据“预计负债”科目下的“应付退货款”明细科目是否在一年或一个正常营业周期内清偿，在“其他流动负债”或“预计负债”项目中填列。

(27)企业按照《企业会计准则第22号——金融工具确认和计量》(财会〔2017〕7号)的相关规定对贷款承诺、财务担保合同等项目计提的损失准备，应当在“预计负债”项目中填列。

(28)“其他权益工具”项目，反映资产负债表日企业发行在外的除普通股以外分类为权益工具的金融工具的期末账面价值。对于资产负债表日企业发行的金融工具，分类为金融负债的，应在“应付债券”项目中填列，对于优先股和永续债，还应在“应付债券”项目下的“优先股”项目和“永续债”项目中分别填列；分类为权益工具的，应在“其他权益工具”项目中填列，对于优先股和永续债，还应在“其他权益工具”项目下的“优先股”项目和“永续债”项目中分别填列。

(29)“专项储备”项目，反映高危行业企业按国家规定提取的安全生产费的期末账面价值。该项目应根据“专项储备”科目的期末余额填列。

第三节　利润表

一、利润表及其结构

(一)利润表的概念

利润表是反映企业在一定会计期间经营成果的会计报表，是对企业在一定时期内经营活动成果及某些特定活动所带来的利得或损失情况的综合反映。它所提供的信息资料，对于企业的管理人员、投资者、债权人等报表使用者具有重要的作用。

利润表的列报必须充分反映企业经营业绩的主要来源与构成，有助于使用者判断净利润的质量及其风险，有助于使用者预测净利润的持续性，从而作出正确的决策。通过利润表，可以反映企业一定会计期间的收入实现情况，费用耗费情况以及生产经营活动的成果，即净利润的实现情况，据以判断资本保值、增值情况。

将利润表中的信息与资产负债表中的信息相结合，还可以提供进行财务分析的基本资料，如将赊销收入净额与应收账款平均余额进行比较，计算应收账款周转率；将销货成本与存货平均余额进行比较，计算存货周转率；将净利润与资产总额进行比较，计算资产收益率，这些指标，可以反映企业资金周转情况以及企业的盈利能力和水平，便于报表使用者判断企业未来的发展趋势，作出经济决策。

(二)利润表的结构

常见的利润表结构主要有单步式和多步式两种。在我国，企业利润表采用的基本上是多步式结构，即通过对当期的收入、费用、支出项目按性质加以归类，按利润形成的主要环节列示一些中间性利润指标，分步计算当期净损益。根据我国企业会计准则的规定，利润表主要反映以下几个方面的内容：

1. 营业收入

营业收入由主营业务收入和其他业务收入组成。

2. 营业利润

营业收入减去营业成本(主营业务成本和其他业务成本)、税金及附加、销售费用、管理费用、财务费用、资产减值损失，加上公允价值变动收益、投资收益，即为营业利润。

3. 利润总额

营业利润加上营业外收入，减去营业外支出，即为利润总额。

4. 净利润

利润总额减去所得税费用，即为净利润。

5. 其他综合收益

具体分为“以后会计期间不能重分类进损益的其他综合收益”项目和“以后会计期间在满足规定条件时将重分类进损益的其他综合收益”项目两类，并以扣除相关所得税影响后的净额列报。

6. 综合收益总额

净利润加上其他综合收益税后净额，即为综合收益总额。

7. 每股收益

每股收益包括基本每股收益和稀释每股收益两项指标。

此外，为了使报表使用者通过比较不同期间利润的实际情况，判断企业经营成果的未来发展趋势，企业需要提供比较利润表，利润表还就各项目再分为“本期金额”和“上期金额”两栏分别填列。

一般企业利润表格式如表18—3所示。

二、利润表的填列方法

利润表分为“本期金额”和“上期金额”两个金额栏次，利润表各项目的内容及其填列方法如下：

(一)“本期金额”栏的填列方法

(1)“营业收入”、“营业成本”、“税金及附加”、“销售费用”、“管理费用”、“财务费用”、“其他收益”、“投资收益”、“净敞口套期收益”、“公允价值变动收益”、“信用减值损失”、“资产减值损失”、“资产处置收益”、“营业外收入”、“营业外支出”、“所得税费用”等项目，应根据有关损益类科目的发生额分析填列。

(2)“其中：对联营企业和合营企业的投资收益”和“以摊余成本计量的金融资产终止确认收益”等项目，应根据“投资收益”科目所属相关明细科目的发生额分析填列。

(3)“其他综合收益的税后净额”项目及各组成部分，应根据“其他综合收益”科目及其所属明细科目的发生额分析填列。

(4)“营业利润”、“利润总额”、“净利润”和“综合收益总额”项目，应根据本表中相关项目计算填列。

(二)“上期金额”栏的填列方法

利润表“上期金额”栏内各项数字，应根据上年该期利润表“本期金额”栏内所列数字填列，如果上年该期利润表规定的各个项目的名称和内容同本期不相一致，应对上年该期利润表各项目的名称和数字按本期的规定进行调整，填入利润表“上期金额”栏内。

利润表有关项目填列可根据财政部财会〔2019〕6号《关于修订印发2019年度一般企业财务报表格式的通知》附件2中利润表有关项目说明进行。

三、利润表编制示例

［**例18—2**］ 某工业企业2019年6月份的有关资料如下：

主营业务收入	2 500 万元
主营业务成本	2 100 万元
税金及附加	45 万元
销售费用	120 万元
管理费用	100 万元
财务费用	20 万元
投资收益	10 万元
营业外收入	30 万元
营业外支出	10 万元
所得税费用	33.75 万元

根据上述资料,可以编制利润表(如表 18—3 所示)。

表 18—3 **利 润 表** 会企 02 表

编制单位:×企业 2019 年 6 月 单位:元

项　目	本期金额	上期金额
一、营业收入	25 000 000	(略)
减:营业成本	21 000 000	
税金及附加	450 000	
销售费用	1 200 000	
管理费用	1 000 000	
研发费用	(略)	
财务费用	200 000	
其中:利息费用	(略)	
利息收入	(略)	
加:其他收益	0	
投资收益(损失以"—"号填列)	100 000	
其中:对联营企业和合营企业的投资收益	(略)	
以摊余成本计量的金融资产终止确认收益(损失以"—"号填列)	(略)	
净敞口套期收益(损失以"—"号填列)	0	
公允价值变动收益(损失以"—"号填列)	0	
信用减值损失(损失以"—"号填列)	0	
资产减值损失(损失以"—"号填列)	0	
资产处置收益(损失以"—"号填列)	0	
二、营业利润(亏损以"—"号填列)	1 250 000	
加:营业外收入	300 000	
减:营业外支出	100 000	
三、利润总额(亏损以"—"号填列)	1 450 000	

续表

项　目	本期金额	上期金额
减：所得税费用	337 500	
四、净利润(亏损以“—”号填列)	1 112 500	
(一)持续经营净利润(亏损以“—”号填列)		
(二)终止经营净利润(亏损以“—”号填列)		
五、其他综合收益的税后净额	(略)	
(一)不能重分类进损益的其他综合收益		
1. 重新计量设定受益计划变动额		
2. 权益法下不能转损益的其他综合收益		
3. 其他权益工具投资公允价值变动		
4. 企业自身信用风险公允价值变动		
……		
(二)将重分类进损益的其他综合收益		
1. 权益法下可转损益的其他综合收益		
2. 其他债权投资公允价值变动		
3. 金融资产重分类计入其他综合收益的金额		
4. 其他债权投资信用减值准备		
5. 现金流量套期储备		
6. 外币财务报表折算差额		
……		
六、综合收益总额	1 112 500	
七、每股收益：	(略)	
(一)基本每股收益		
(二)稀释每股收益		

注：本表根据财政部财会〔2019〕6号《关于修订印发2019年度一般企业财务报表格式的通知》附件2中利润表格式调整。

据此文件，有关项目说明如下：

(1)“研发费用”项目，反映企业进行研究与开发过程中发生的费用化支出，以及计入管理费用的自行开发无形资产的摊销。该项目应根据“管理费用”科目下的“研究费用”明细科目的发生额，以及“管理费用”科目下的“无形资产摊销”明细科目的发生额分析填列。

(2)“财务费用”项目下的“利息费用”项目，反映企业为筹集生产经营所需资金等而发生的应予费用化的利息支出。该项目应根据“财务费用”科目的相关明细科目的发生额分析填列。该项目为“财务费用”项目的其中项，以正数填列。

(3)“财务费用”项目下的“利息收入”项目，反映企业按照相关会计准则确认的应冲减财务费用的利息收入。该项目应根据“财务费用”科目的相关明细科目的发生额分析填列。该项目作为“财务费用”项目的其中项，以正数填列。

(4)“其他收益”项目，反映计入其他收益的政府补助，以及其他与日常活动相关且计入其他收益的项目。该项目应根据“其他收益”科目的发生额分析填列。企业作为个人所得税的扣缴义务人，根据《中华人民共和国个人所得税法》收到的扣缴税款手续费，应作为其他与日常活动相关的收益在该项目中填列。

(5)“以摊余成本计量的金融资产终止确认收益”项目，反映企业因转让等情形导致终止确认以摊余成本计量的金融资产而产生的利得或损失。该项目应根据“投资收益”科目的相关明细科目的发生额分析填列；如为损失，以“－”号填列。

(6)“净敞口套期收益”项目，反映净敞口套期下被套期项目累计公允价值变动转入当期损益的金额，或现金流量套期储备转入当期损益的金额。该项目应根据“净敞口套期损益”科目的发生额分析填列；如为套期损失，以“－”号填列。

(7)“信用减值损失”项目，反映企业按照《企业会计准则第22号——金融工具确认和计量》(财会〔2017〕7号)的要求计提的各项金融工具信用减值准备所确认的信用损失。该项目应根据“信用减值损失”科目的发生额分析填列。

(8)“资产处置收益”项目，反映企业出售划分为持有待售的非流动资产(金融工具、长期股权投资和投资性房地产除外)或处置组(子公司和业务除外)时确认的处置利得或损失，以及处置未划分为持有待售的固定资产、在建工程、生产性生物资产及无形资产而产生的处置利得或损失。债务重组中因处置非流动资产(金融工具、长期股权投资和投资性房地产除外)产生的利得或损失和非货币性资产交换中换出非流动资产(金融工具、长期股权投资和投资性房地产除外)产生的利得或损失也包括在本项目内。该项目应根据“资产处置损益”科目的发生额分析填列；如为处置损失，以“－”号填列。

(9)“营业外收入”项目，反映企业发生的除营业利润以外的收益，主要包括与企业日常活动无关的政府补助、盘盈利得、捐赠利得(企业接受股东或股东的子公司直接或间接的捐赠，经济实质属于股东对企业的资本性投入的除外)等。该项目应根据“营业外收入”科目的发生额分析填列。

(10)“营业外支出”项目，反映企业发生的除营业利润以外的支出，主要包括公益性捐赠支出、非常损失、盘亏损失、非流动资产毁损报废损失等。该项目应根据“营业外支出”科目的发生额分析填列。“非流动资产毁损报废损失”通常包括因自然灾害发生毁损、已丧失使用功能等原因而报废清理产生的损失。企业在不同交易中形成的非流动资产毁损报废利得和损失不得相互抵销，应分别在“营业外收入”项目和“营业外支出”项目中进行填列。

(11)“(一)持续经营净利润”和“(二)终止经营净利润”项目，分别反映净利润中与持续经营相关的净利润和与终止经营相关的净利润；如为净亏损，以“－”号填列。该两个项目应按照《企业会计准则第42号——持有待售的非流动资产、处置组和终止经营》的相关规定分别列报。

(12)“其他权益工具投资公允价值变动”项目，反映企业指定为以公允价值计量且其变动计入其他综合收益的非交易性权益工具投资发生的公允价值变动。该项目应根据“其他综合收益”科目的相关明细科目的发生额分析填列。

(13)“企业自身信用风险公允价值变动”项目，反映企业指定为以公允价值计量且其变动计入当期损益的金融负债，由企业自身信用风险变动引起的公允价值变动而计入其他综合收益的金额。该项目应根据“其他综合收益”科目的相关明细科目的发生额分析填列。

(14)“其他债权投资公允价值变动”项目,反映企业分类为以公允价值计量且其变动计入其他综合收益的债权投资发生的公允价值变动。企业将一项以公允价值计量且其变动计入其他综合收益的金融资产重分类为以摊余成本计量的金融资产,或重分类为以公允价值计量且其变动计入当期损益的金融资产时,之前计入其他综合收益的累计利得或损失从其他综合收益中转出的金额作为该项目的减项。该项目应根据“其他综合收益”科目下的相关明细科目的发生额分析填列。

(15)“金融资产重分类计入其他综合收益的金额”项目,反映企业将一项以摊余成本计量的金融资产重分类为以公允价值计量且其变动计入其他综合收益的金融资产时,计入其他综合收益的原账面价值与公允价值之间的差额。该项目应根据“其他综合收益”科目下的相关明细科目的发生额分析填列。

(16)“其他债权投资信用减值准备”项目,反映企业按照《企业会计准则第 22 号——金融工具确认和计量》(财会〔2017〕7 号)第十八条分类为以公允价值计量且其变动计入其他综合收益的金融资产的损失准备。该项目应根据“其他综合收益”科目下的“信用减值准备”明细科目的发生额分析填列。

(17)“现金流量套期储备”项目,反映企业套期工具产生的利得或损失中属于套期有效的部分。该项目应根据“其他综合收益”科目下的“套期储备”明细科目的发生额分析填列。

第四节 现金流量表

一、现金流量表及其结构

(一)现金流量表的概念

现金流量表,是指反映企业在一定会计期间现金和现金等价物流入和流出的报表。

从编制原则上看,现金流量表按照收付实现制为基础编制,将权责发生制为基础的盈利信息调整为收付实现制基础的现金流量信息,便于信息使用者了解企业净利润的质量。从内容上看,现金流量表被划分为经营活动、投资活动和筹资活动三个部分,每类活动又分为各具体项目,这些项目从不同角度反映企业业务活动的现金流入与流出,弥补了资产负债表和利润表提供信息的不足。通过现金流量表,报表使用者能够了解现金流量的影响因素,评价企业的支付能力、偿债能力和周转能力,预测企业未来现金流量,为其决策提供有力依据。

(二)现金流量表的结构

在现金流量表中,现金及现金等价物被视为一个整体。其中,现金是指广义现金,一般指资产负债表中的货币资金,包括库存现金、银行存款和其他货币资金;现金等价物是指期限短、流动性强、易于转换为已知金额现金、价值变动风险很小的金融资产,我国现金等价物仅指持有期限在 3 个月内的短期债券投资,此债券在证券二级市场上可以转化为已知金额的现金。

根据企业业务活动的性质和现金流量的来源,现金流量表在结构上将企业一定期间的现金流量分为三类:经营活动产生的现金流量、投资活动产生的现金流量和筹资活动产生的现金流量。现金流量表的具体格式如表 18—6 所示。

二、现金流量表的结构原理

现金流量表中现金期初和期末的增减变动,是由本期现金流入和流出不平衡引起的,通过企业的资产负债表，可了解现金增减变动的结果，然而，现金增减变动的原因，就需要通过现金流量表来提供，现金流量净增减变动，是现金流入总额与现金流出总额之差，现金流入类型包括经营活动产生的现金流入，投资活动产生的现金流入和筹资活动产生的现金流入；与现金流入类型相适应，现金流出类型也包括经营活动产生的现金流出，投资活动产生的现金流出和筹资活动产生的现金流出。

资产负债表是以存量法描述现金净变动的，现金流量表是以流量法来描述现金增减变动的。它们之间的联系和区别可用图 18—1 表示。

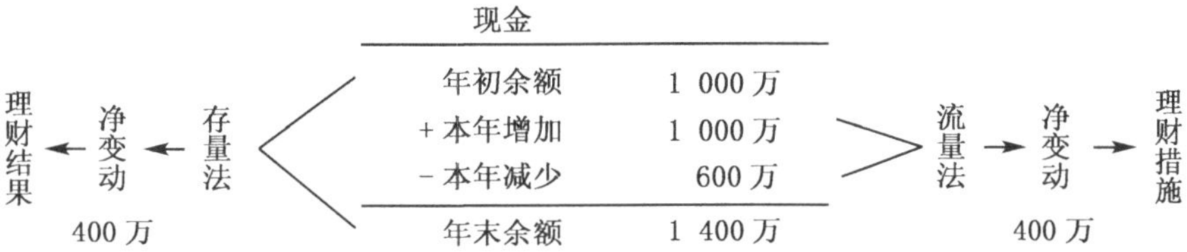

图 18—1　存量法和流量法现金净变动的比较

资产负债表以存量法描述现金净变动，可以看出企业的理财结果，现金流量表以流量法来描述现金增减变动，可以看出企业的理财措施。

企业现金的流动是由影响现金流动的经济业务引起的。影响或不影响现金流量的因素主要包括：

(1)现金各项目与非现金各项目之间的增减变动会影响现金流量净额的变动。如用现金购买固定资产、用现金对外投资、销售商品收到现金等，均涉及现金与非现金各项目的增减变动，从而使现金流入或现金流出发生变动，使现金流量净额增加或减少。

(2)现金各项目之间的增减变动不会引起现金流量净额的变动。如将现金存入银行、从银行提取现金、用现金购买短期国库券等，均属于现金各项目之间内部资金的转换，不会使现金流量净增加或减少。

(3)非现金各项目之间的增减变动不会影响现金流量净额的变动。如以固定资产偿还债务、以固定资产对外投资等，均属于非现金项目之间的转换，不涉及现金收支，不会使现金流量增加或减少。

在理解企业现金流量的过程中，对于经营活动产生现金流量，流入大于流出其净额是正数，越大越好；对于投资活动产生现金流量，若本期流入大于流出，差额为正数时，说明企业缩减了投资规模，本期金额虽是净流入，但会使企业以后期间的现金流入呈现减少趋势，若本期流出大于流入，差额为负数时，说明企业增加了投资规模，本期金额虽是净流出，但会使企业以后期间的现金流入呈现增加趋势；对于筹资活动产生现金流量，本期流入多，以后流入就少，本期流入少，以后流入多。

三、现金流量表的填列方法

(一)经营活动产生的现金流量各项目内容和填列方法

经营活动是指企业投资活动和筹资活动以外的所有交易和事项。各类企业由于行业特点不同，对经营活动的认定存在一定差异。对于工商企业而言，经营活动主要包括销售商品、提供劳务、购买商品、接受劳务、支付税费等。

在我国，企业经营活动产生的现金流量应当采用直接法填列。直接法是指通过现金收入和现金支出的主要类别列示经营活动的现金流量。

有关经营活动现金流量的信息，可以通过企业的会计记录取得，也可以通过对利润表中的营业收入、营业成本以及其他项目进行调整后取得。

(1)"销售商品、提供劳务收到的现金"项目，反映企业销售商品、提供劳务实际收到的现金（含销售收入和应向购买者收取的增值税额），包括本期销售商品、提供劳务收到的现金，以及前期销售和前期提供劳务本期收到的现金和本期的预收账款，减去本期退回本期销售的商品和前期销售本期退回的商品支付的现金。企业销售材料和代购代销业务收到的现金，也在本项目反映。本项目应根据"库存现金"、"银行存款"、"应收账款"、"应收票据"、"预收账款"、"主营业务收入"、"其他业务收入"、"应交税费——应交增值税（销项税额）"等科目记录分析填列。

[例 18－3] 某企业本期商品销售收入为 300 万元，增值税（销项税额）39 万元，以银行存款收讫。"应收票据"科目期初余额为 27 万元，期末余额为 6 万元；"应收账款"科目期初余额为 100 万元，期末余额为 40 万元，年度内核销的坏账损失为 2 万元。另外，当期因商品质量问题发生退货价款 3 万元，货款已通过银行转账支付。则：

销售商品、提供劳务收到的现金＝300＋39＋(27－6)＋(100－40－2)－3

＝415(万元)

(2)"收到的税费返还"项目，反映企业收到返还的各种税费，包括收到返还的增值税、消费税、关税、所得税和教育费附加等。本项目可以根据"库存现金"、"银行存款"、"营业外收入——政府补助"、"其他应收款"等科目的记录分析填列。

(3)"收到其他与经营活动有关的现金"项目，反映企业除了上述各项目外，所收到的其他与经营活动有关的现金，如罚款收入、流动资产损失中由个人赔偿的现金、经营租赁租金等。若某项其他与经营活动有关现金流入价值较大的，应单列项目反映。本项目可以根据"库存现金"、"银行存款"、"营业外收入"、"其他业务收入"、"其他应收款"等科目记录分析填列。

(4)"购买商品、接受劳务支付的现金"项目，反映企业购买商品、接受劳务实际支付的现金（含增值税进项税额），包括本期购买材料、商品、接受劳务支付的现金，本期支付的前期购买商品、接受劳务的应付款以及本期预付的款项，减去本期发生的进货退出收到的现金。本项目可以根据"库存现金"、"银行存款"、"应付账款"、"应付票据"、"预付账款"、"主营业务成本"、"其他业务成本"、"应交税费——应交增值税（进项税额）"等科目的记录分析填列。

[例 18－4] 某公司当期购买原材料，货款为 15 万元，增值税为 1.95 万元，价款用银行转账支票支付，本期支付应付票据 10 万元；用银行汇票支付材料价款 9.98 万元和相应的增值税为 1.297 4 万元；购买工程用物资 15 万元，增值税 1.95 万元，货款已用银行存款支付；应付账款期初余额为 6 万元，期末余额为 5 万元。则：

购买商品、接受劳务支付的现金＝16.95＋10＋9.98＋1.297 4＋(6－5)

＝39.227 4(万元)

(5)"支付给职工以及为职工支付的现金"项目，反映企业实际支付给职工，以及为职工支付的现金，包括本期实际支付给职工的工资、奖金、各种津贴和补贴等，以及为职工支付的其他费用。支付的在建工程人员的工资，在"购建固定资产、无形资产和其他长期资产所支付的现金"项目反映，本项目可以根据"应付职工薪酬"、"库存现金"、"银行存款"等科目的记录分析填列。

企业为职工支付的养老、失业等社会保险基金、补充养老保险金、住房公积金、支付给职工的生活困难补助，以及企业支付给职工或为职工支付的其他福利费用等，应按职工的工资性质和服务对象，分别在本项目和“购建固定资产、无形资产和其他长期资产所支付的现金”项目反映。

(6)“支付的各项税费”项目，反映企业按规定支付的各种税费，包括本期发生并支付的税费，以及本期支付的以前各期的税费和预交的税费。包括所得税、增值税、消费税、教育费附加、印花税、房产税、土地增值税、车船税、支付的矿产资源补偿费等。不包括计入固定资产价值、实际支付的耕地占用税等，也不包括本期退回的增值税、所得税，本期退回的增值税、所得税在“收到的税费返还”项目反映。本项目可根据“库存现金”、“银行存款”、“应交税费”等科目的记录分析填列。

(7)“支付其他与经营活动有关的现金”项目，反映企业支付的除上述各项目外，与经营活动有关的现金，如经营租赁支付的租金、支付的罚款、差旅费、业务招待费、保险费等，若其他与经营活动有关的现金流出价值较大，应单列项目反映。本项目可以根据“库存现金”、“银行存款”、“管理费用”、“销售费用”、“营业外支出”等科目的记录分析填列。

(二)投资活动产生的现金流量各项目内容和填列方法

投资活动是指企业长期资产的购建和不包括在现金等价物范围内的投资及处置活动。长期资产是指固定资产、无形资产、在建工程、其他资产等持有期限在一年或一个营业周期以上的资产。这里所讲的“投资活动”，既包括实物资产投资，也包括金融资产投资。之所以将“包括在现金等价物范围内的投资”排除在外，是因为已经将包括在现金等价物范围内的投资视同现金。不同企业由于行业特点不同，对投资活动的认定也存在差异。例如，交易性金融资产所产生的差异，对于工商企业而言，属于投资活动产生的现金流量；而对于证券公司而言，属于经营活动产生的现金流量。

(1)“收回投资收到的现金”项目，反映企业出售、转让或到期收回除现金等价物以外的对其他企业的权益工具、债务工具和合营中的权益等投资收到的现金。收回债务工具实现的投资收益、处置子公司及其他营业单位收到的现金净额不包括在本项目内。本项目可以根据“交易性金融资产”、“债权投资”、“其他债权投资”、“其他权益工具投资”、“长期股权投资”、“库存现金”、“银行存款”等科目的记录分析填列。

(2)“取得投资收益收到的现金”项目，反映企业除现金等价物以外的对其他企业的权益工具、债务工具和合营中的权益等投资分回的现金股利和利息等，不包括股票股利。本项目可以根据“库存现金”、“银行存款”、“应收股利”、“应收利息”、“投资收益”等科目的记录分析填列。

(3)“处置固定资产、无形资产和其他长期资产收回的现金净额”项目，反映企业出售、报废固定资产、无形资产和其他长期资产收回的现金(包括因资产毁损收到的保险赔偿款)，减去为处置这些资产而支付的有关费用后的净额。如所收回的现金净额为负数，则应在“支付其他与投资活动有关的现金”项目反映。本项目可以根据“固定资产清理”、“库存现金”、“银行存款”等科目的记录分析填列。

(4)“处置子公司及其他营业单位收到的现金净额”项目，反映企业处置子公司及其他营业单位收到的现金，减去相关处置费用以及子公司及其他营业单位持有的现金和现金等价物后的净额。本项目可以根据“长期股权投资”、“银行存款”、“库存现金”等科目的记录分析填列。

(5)“收到其他与投资活动有关的现金”项目，反映企业除了上述各项以外，收到的其他与投资活动有关的现金。如企业收到购买股票或债券时，实际支付的价款中包含的已宣告但尚未发放的现金股利或已到付息期但尚未领取的债券利息。若其他与投资活动有关的现金流入金额较大，应单列项目反映。本项目可以根据“应收股利”、“应收利息”、“银行存款”、“库存现金”等科目的记录分析填列。

(6)“购建固定资产、无形资产和其他长期资产支付的现金”项目，反映企业本期购买、建造固定资产，取得无形资产和其他长期资产支付的现金。以及用现金支付的在建工程和无形资产负担的职工薪酬，不包括为购建固定资产而发生的借款利息资本化的部分，以及融资租入固定资产支付的租赁费。企业支付的借款利息和融资租入固定资产支付的租赁费，在筹资活动产生的现金流量中反映。本项目可以根据“工程物资”、“固定资产”、“在建工程”、“无形资产”、“投资性房地产”、“库存现金”、“银行存款”等科目的记录分析填列。

(7)“投资支付的现金”项目，反映企业取得除现金等价物以外的对其他企业进行权益工具、债务工具和合营中的权益投资所支付的现金，以及支付的佣金、手续费等交易费用。本项目可以根据“交易性金融资产”、“债权投资”、“其他债权投资”、“其他权益工具投资”、“长期股权投资”、“库存现金”、“银行存款”等科目的记录分析填列。

(8)“取得子公司及其他营业单位支付的现金净额”项目，反映企业购买子公司及其他营业单位购买出价中以现金支付的部分，减去子公司及其他营业单位持有的现金和现金等价物后的净额。本项目可以根据“长期股权投资”、“库存现金”、“银行存款”等科目的记录分析填列。

(9)“支付其他与投资活动有关的现金”项目，反映企业除了上述各项以外所支付的其他与投资活动有关的现金。如企业购买股票和债券时实际支付的价款中包含的已宣告但尚未发放的现金股利或已到付息期但尚未领取的债券利息等。若某项其他与投资活动有关的现金流出金额较大，应单列项目反映。本项目可以根据“应收股利”、“应收利息”、“银行存款”、“库存现金”等科目的记录分析填列。

(三)筹资活动产生的现金流量各项目内容和填列方法

筹资活动是指导致企业资本及债务规模和构成发生变化的活动。这里所说的“资本”，既包括实收资本(股本)，也包括资本溢价(股本溢价)；这里所说的“债务”，是指对外举债，包括向银行借款、发行债券以及偿还债务等。通常情况下，应付账款、应付票据等商业应付款等属于经营活动，不属于筹资活动。

(1)“吸收投资收到的现金”项目，反映企业以发行股票、接受货币资金投资方式筹集资金实际收到的款项，减去吸收投资过程中支付的佣金手续费。本项目可以根据“实收资本(或股本)”、“库存现金”、“银行存款”等科目的记录分析填列。

(2)“取得借款收到的现金”项目，反映企业举借各种短期、长期借款实际收到的现金。本项目可以根据“短期借款”、“长期借款”、“应付债券”、“库存现金”、“银行存款”等科目的记录分析填列。

(3)“收到其他与筹资活动有关的现金”项目，反映企业除上述各项目外所收到的与筹资活动有关的现金。若某项其他与筹资活动有关的现金流入金额较大，应单列项目反映。本项目可以根据“库存现金”、“银行存款”等科目的记录分析填列。

(4)“偿还债务支付的现金”项目，反映企业以现金偿还债务的本金，包括偿还金融企业的借款本金、偿还债券本金等。企业偿还的借款利息和债券利息在“分配股利、利润或偿付利息所支付的现金”项目中反映，不包括在本项目内。本项目可以根据“短期借款”、“长期借款”、“应付债券”、“库存现金”、“银行存款”等科目的记录分析填列。

(5)“分配股利、利润或偿付利息支付的现金”项目，反映企业实际支付的现金股利、支付给其他投资单位的利润以及支付的借款利息、债券利息等。本项目可以根据“应付股利”、“应付利息”、“财务费用”、“库存现金”、“银行存款”等科目的记录分析填列。

(6)“支付其他与筹资活动有关的现金”项目，反映企业除了上述各项目外所支付的其他与筹资活动有关的现金。如融资租入固定资产支付的租赁费等。若某项其他与筹资活动有关的现金流出金额较大，应单列项目反映。本项目可以根据“长期应付款”、“库存现金”、“银行存款”等科目的记录分析填列。

（四）汇率变动对现金及现金等价物的影响

“汇率变动对现金及现金等价物的影响”项目，反映企业外币现金流量及境外子公司的现金流量折算为人民币时，所采用的现金流量发生日的即期汇率或按照系统合理的方法确定的、与现金流量发生日即期汇率近似汇率折算的人民币金额，与现金流量表中“现金及现金等价物净增加额”的外币现金净增加额按资产负债表日即期汇率折算的人民币金额之间的差额。

在编制现金流量表时，可逐笔计算外币业务发生的汇率变动对现金的影响，也可不必逐笔计算而采用简化的计算方法，即通过现金流量表补充资料中“现金及现金等价物净增加额”数额与现金流量表中“经营活动产生的现金流量净额”、“投资活动产生的现金流量净额”、“筹资活动产生的现金流量净额”三项金额比较，其差额为“汇率变动对现金及现金等价物的影响”项目的金额。

（五）现金流量表补充资料

企业除现金流量表正表反映的信息外，还应在附注的补充资料中披露将净利润调节为经营活动现金流量、不涉及现金收支的重大投资和筹资活动、现金及现金等价物的净变动等信息。补充资料的格式和内容见表18－7。

1. 将净利润调节为经营活动现金流量

现金流量表正表采用直接法反映经营活动产生的现金流量。同时，现金流量表补充资料还应采用间接法反映经营活动产生的现金流量情况，以便对现金流量表中采用直接法反映的经营活动现金流量进行核定和补充说明。

在间接法下，将净利润调节为经营活动的现金流量，就是将权责发生制反映的利润，调整为经营活动产生的现金流量。

净利润＋实际没有付现的费用－实际没有收现的收益±不属于经营活动的损益

±经营性应收应付项目的增减变化＝经营活动产生的现金流量

具体项目的填列方法如下：

(1)“资产减值准备”项目，反映企业本期计提的各项资产的减值准备，本项目可以根据“资产减值损失”科目的记录分析填列。

(2)“固定资产折旧、油气资产折耗、生产性生物资产折旧”项目，反映企业本期累计提取的固定资产折旧、油气资产折耗、生产性生物资产折旧。本项目可以根据“累计折旧”、“累计折耗”等科目的贷方发生额分析填列。

(3)“无形资产摊销”项目，反映企业本期累计摊入成本费用的无形资产的价值。本项目可以根据“累计摊销”科目的贷方发生额分析填列。

(4)“长期待摊费用摊销”项目，反映企业本期累计摊入成本费用的长期待摊费用。本项目可以根据“长期待摊费用”科目的贷方发生额分析填列。

(5)“处置固定资产、无形资产和其他长期资产的损失”项目，反映企业本期处置固定资产、无形资产和其他长期资产而发生的净损失（或净收益）。本项目可以根据“资产处置损益”科目所属有关明细科目的记录分析填列。如为净收益，以“－”号填列。

(6)“固定资产报废损失”项目，反映企业本期固定资产盘亏净损失。本项目可以根据“营业外支出”、“营业外收入”科目所属有关明细科目的记录分析填列。如为收益，以“－”号填列。

(7)“公允价值变动损失”项目,反映企业持有的交易性金融资产、交易性金融负债、采用公允价值模式计量的投资性房地产等公允价值变动的净损失。本项目可以根据“公允价值变动损益”科目所属明细科目的记录分析填列。如为净收益,以“－”号填列。

(8)“财务费用”项目,反映企业本期发生的应属于投资活动或筹资活动的财务费用。本项目可以根据“财务费用”科目的本期借方发生额分析填列。如为收益,以“－”号填列。

(9)“投资损失”项目,反映企业本期对外投资所发生的损失减去收益后的净损失。本项目可以根据利润表“投资收益”项目的数字填列。如为投资收益,以“－”号填列。

(10)“递延所得税资产减少”项目,反映企业资产负债表“递延所得税资产”项目的期初余额与期末余额的差额。本项目可根据“递延所得税资产”科目发生额分析填列。

(11)“递延所得税负债增加”项目,反映企业资产负债表“递延所得税负债”项目的期初余额与期末余额的差额。本项目可根据“递延所得税负债”科目发生额分析填列。

(12)“存货的减少”项目,反映企业“存货”项目未扣除已计提存货跌价准备前的期初与期末余额的差额。期末数大于期初数的差额,以“－”号填列。

(13)“经营性应收项目的减少”项目,反映企业本期经营性应收项目[包括应收票据、应收账款、预付账款、长期应收款和其他应收款等应收项目中与经营活动有关的部分及应收的增值税(销项税额)等]的期初与期末余额的差额。期末数大于期初数的差额,以“－”号填列。

(14)“经营性应付项目的增加”项目,反映企业本期经营性应付项目[包括应付票据、应付账款、预收账款、应付职工薪酬、应交税费、其他应付款等应付项目中与经营活动有关的部分以及应付的增值税(进项税额)等]的期初与期末余额的差额。期末数小于期初数的差额,以“－”号填列。

2. 不涉及现金收支的重大投资和筹资活动

不涉及现金收支的重大投资和筹资活动各项目,反映企业一定期间内影响资产或负债但不形成该期现金收支的所有重大投资和筹资活动的信息,这些投资和筹资活动虽然不涉及本期现金收支,但对以后各期的现金流量有重大影响。例如,企业融资租入设备,将形成的负债记入“长期应付款”账户,当期并不支付设备款及租金,但以后各期必须为此支付现金,从而在一定期间内形成了一项固定的现金支出。

企业应当在附注中披露不涉及当期现金收支但影响企业财务状况或在未来可能影响企业现金流量的重大投资和筹资活动,主要包括以下几项:

(1)“债务转为资本”项目,反映企业本期转为资本的债务金额。

(2)“一年内到期的可转换公司债券”项目,反映企业一年内到期的可转换公司债券的本息。

(3)“融资租入固定资产”项目,反映企业本期融资租入固定资产的最低租赁付款额扣除应分期计入利息费用的未确认融资费用后的净额。

3. 现金及现金等价物净变动情况

现金及现金等价物净变动情况,反映企业一定会计期间现金及现金等价物的期末余额减去期初余额后的净增加额(或净减少额),是对现金流量表中“现金及现金等价物净增加额”项目的补充说明。该项目金额应与现金流量表中“现金及现金等价物净增加额”项目的金额核对相符。

四、现金流量表编制示例

本节应用分析填列法，并直接根据资产负债表、利润表和有关明细账的记录，分析计算出现金流量表各项目的金额，据以编制现金流量表。

［例 18—5］

（一）资料

1. 麦利公司为增值税一般纳税人。2018 年 12 月 31 日资产负债表如表 18—2 所示。

2. 该公司 2019 年发生的经济业务如下：

（1）购入原材料一批，用银行存款支付货款 100 000 元，以及购入材料支付的增值税额为 13 000 元，款项已付，材料未到。

（2）收到原材料一批，实际成本 90 000 元，材料已验收入库，货款已于上月支付。

（3）销售产品一批，销售价款 200 000 元（增值税销项税额 26 000 元），该批产品实际成本 80 000 元，产品已发出，价款未收到。

（4）购入不需安装的生产用设备一台，以银行存款支付价款 80 000 元，支付增值税 10 400 元。设备已交付使用。

（5）购入工程物资一批用于建筑工程，买价 100 000 元，增值税 13 000 元，运费 1 000 元，增值税 90 元，已用银行存款支付。

（6）工程应付职工工资 210 000 元，应付职工福利 29 400 元。银行存款支付耕地占用税 110 000 元。

（7）工程完工，计算应负担的长期借款利息 50 000 元。该项借款本金未付。

（8）一项工程完工，交付生产使用，已办理竣工手续，固定资产价值 799 400 元。

（9）从银行借入三年期借款 200 000 元，借款已入银行账户，该项借款用于购建固定资产。

（10）销售一批产品，销售价款 1 000 000 元，应收的增值税额 130 000 元，销售产品的实际成本 600 000 元，价税款银行已收妥。

（11）收到股息 100 000 元（该项投资为成本法核算，对方税率和本企业一致，均为 25%），已存入银行。

（12）归还短期借款本金 150 000 元，利息 7 500 元，已预提。

（13）以银行存款支付工资 410 000 元，其中包括支付给在建工程人员的工资 210 000 元。

（14）分配应支付的职工工资 200 000 元（不包括在建工程应负担的工资）。其中，生产人员工资 175 000 元，车间管理人员工资 10 000 元，行政管理部门人员工资 15 000 元。

（15）提取职工福利费 28 000 元（不包括在建工程应负担的福利费 29 400 元）。其中，生产工人福利费 24 500 元，车间管理人员福利费 1 400 元，行政管理部门福利费 2 100 元。

（16）提取应计入本期损益的借款利息共 21 000 元。其中，短期借款利息 11 000 元，长期借款利息 10 000 元。

（17）基本生产领用原材料 700 000 元，车间领用周转材料 50 000 元，采用一次摊销法摊销。

（18）摊销计入管理费用的无形资产价值 50 000 元。

（19）计提固定资产折旧 80 000 元。其中，计入制造费用 60 000 元，管理费用 20 000 元。

（20）收到应收账款 500 000 元，存入银行，按应收账款的余额计提坏账准备 1 800 元。

（21）结转本期制造费用，计算并结转本期完工产品成本 1 020 900 元。没有期初在产品，本期生产的产品全部完工入库。

(22)广告费 108 100 元,已用银行存款支付。

(23)公司本期产品销售应交纳的教育费附加 2 000 元。

(24)用银行存款交纳本期增值税 151 000 元,教育费附加 2 000 元。

(25)结转本期产品销售成本 680 000 元。

(26)将各损益科目结转本年利润。

(27)计算应交所得税,结转所得税费用(税率为 25%)75 000 元。

(28)提取法定盈余公积金 32 500 元,任意盈余公积 16 250 元。

(29)将利润分配各明细科目的余额转入“未分配利润”明细科目,结转本年利润。

(30)偿还长期借款本金 940 000 元,利息 60 000 元。

(31)用银行存款交纳所得税 120 000 元。

(二)根据上述资料编制会计分录和年度资产负债表、利润表

1. 根据前述业务编制会计分录

(1)借:在途物资	100 000	
应交税费——应交增值税(进项税额)	13 000	
贷:银行存款		113 000
(2)借:原材料	90 000	
贷:在途物资		90 000
(3)借:应收账款	226 000	
贷:主营业务收入		200 000
应交税费——应交增值税(销项税额)		26 000
(4)借:固定资产	80 000	
应交税费——应交增值税(进项税额)	10 400	
贷:银行存款		90 400
(5)借:工程物资	101 000	
应交税费——应交增值税(进项税额)	13 090	
贷:银行存款		114 090
(6)借:在建工程	349 400	
贷:应付职工薪酬——工资		210 000
——职工福利		29 400
银行存款		110 000
(7)借:在建工程	50 000	
贷:应付利息		50 000
(8)借:固定资产	799 400	
贷:在建工程		799 400
(9)借:银行存款	200 000	
贷:长期借款		200 000
(10)借:银行存款	1 130 000	
贷:主营业务收入		1 000 000
应交税费——应交增值税(销项税额)		130 000

(11)借:银行存款　100 000
　　贷:投资收益　100 000
(12)借:短期借款　150 000
　　　应付利息　7 500
　　贷:银行存款　157 500
(13)借:应付职工薪酬——工资　410 000
　　贷:银行存款　410 000
(14)借:生产成本　175 000
　　　制造费用　10 000
　　　管理费用　15 000
　　贷:应付职工薪酬——工资　200 000
(15)借:生产成本　24 500
　　　制造费用　1 400
　　　管理费用　2 100
　　贷:应付职工薪酬——职工福利　28 000
(16)借:财务费用　21 000
　　贷:应付利息　21 000
(17)借:生产成本　700 000
　　贷:原材料　700 000
　借:制造费用　50 000
　　贷:周转材料　50 000
(18)借:管理费用——无形资产摊销　50 000
　　贷:累计摊销　50 000
(19)借:制造费用——折旧费　60 000
　　　管理费用——折旧费　20 000
　　贷:累计折旧　80 000
(20)借:银行存款　500 000
　　贷:应收账款　500 000
　借:信用减值损失——计提坏账准备　1 800
　　贷:坏账准备　1 800
(21)借:生产成本　121 400
　　贷:制造费用　121 400
　借:库存商品　1 020 900
　　贷:生产成本　1 020 900
(22)借:销售费用——广告费　108 100
　　贷:银行存款　108 100
(23)借:税金及附加　2 000
　　贷:应交税费——应交教育费附加　2 000
(24)借:应交税费——应交增值税(已交税金)　151 000
　　　　　　——应交教育费附加　2 000

贷:银行存款		153 000
(25)借:主营业务成本	680 000	
贷:库存商品		680 000
(26)借:主营业务收入	1 200 000	
投资收益	100 000	
贷:本年利润		1 300 000
借:本年利润	900 000	
贷:主营业务成本		680 000
税金及附加		2 000
销售费用		108 100
管理费用		87 100
信用减值损失		1 800
财务费用		21 000

(27)本年应交所得税＝(400 000－100 000)×25%＝75 000(元)

借:所得税费用	75 000	
贷:应交税费——应交所得税		75 000
借:本年利润	75 000	
贷:所得税费用		75 000

(28)本年应提法定盈余公积＝325 000×10%＝32 500(元)

借:利润分配——提取法定盈余公积	32 500	
贷:盈余公积——法定盈余公积		32 500
借:利润分配——提取任意盈余公积	16 250	
贷:盈余公积——任意盈余公积		16 250
(29)借:利润分配——未分配利润	48 750	
贷:利润分配——提取法定盈余公积		32 500
——提取任意盈余公积		16 250
借:本年利润	325 000	
贷:利润分配——未分配利润		325 000
(30)借:长期借款	940 000	
应付利息	60 000	
贷:银行存款		1 000 000
(31)借:应交税费——应交所得税	120 000	
贷:银行存款		120 000

2. 编制年度资产负债表和利润表(如表 18—4、表 18—5 所示)

表 18—4　　资 产 负 债 表　　会企 01 表

编制单位：麦利公司　　2019 年 12 月 31 日　　单位：元

资　产	期末余额	上年年末余额	负债和所有者权益（或股东权益）	期末余额	上年年末余额
流动资产：			流动负债：		
货币资金	556 410	1 002 500	短期借款	50 000	200 000
交易性金融资产	0	0	交易性金融负债	0	0
衍生金融资产	0	0	衍生金融负债	0	0
应收票据	70 000	70 000	应付票据	100 000	100 000
应收账款	322 200	598 000	应付账款	300 000	300 000
应收款项融资	0	0	预收款项	0	0
预付款项	90 000	90 000	合同负债	0	0
其他应收款	10 000	10 000	应付职工薪酬	72 400	15 000
存货	1 090 900	1 400 000	应交税费	46 010	122 500
合同资产	0	0	其他应付款	16 000	12 500
持有待售资产		0	持有待售负债		0
一年内到期的非流动资产	0	0	一年内到期的非流动负债	0	0
其他流动资产	0	0	其他流动负债	0	0
流动资产合计	2 139 510	3 170 500	流动负债合计	584 410	750 000
非流动资产：			非流动负债：		
债权投资	0	0	长期借款	1 360 000	2 100 000
其他债权投资	0	0	应付债券	0	0
长期应收款	0	0	其中：优先股	0	0
长期股权投资	200 000	200 000	永续债	0	0
其他权益工具投资	0	0	租赁负债	0	0
其他非流动金融资产	0	0	长期应付款	0	0
投资性房地产	0	0	预计负债	0	0
固定资产	5 799 400	5 000 000	递延收益		0
在建工程	101 000	400 000	递延所得税负债	0	0
生产性生物资产	0	0	其他非流动负债	0	0
油气资产	0	0	非流动负债合计	1 360 000	2 100 000
使用权资产	0	0	负债合计	1 944 410	2 850 000
无形资产	250 000	300 000	所有者权益（或股东权益）：		
开发支出	0	0	实收资本（或股本）	5 000 000	5 000 000
商誉	0	0	其他权益工具	0	0
长期待摊费用	100 000	100 000	其中：优先股	0	0
递延所得税资产	0	0	永续债	0	0
其他非流动资产	0	0	资本公积	500 000	500 000
非流动资产合计	6 450 400	6 000 000	减：库存股	0	0
			其他综合收益	0	0
			专项储备	0	0
			盈余公积	648 750	600 000
			未分配利润	496 750	220 500
			所有者权益（或股东权益）合计	6 645 500	6 320 500
资产总计	8 589 910	9 170 500	负债和所有者权益（或股东权益）总计	8 589 910	9 170 500

表 18—5 **利润表**

会企 02 表

编制单位:麦利公司 2019 年 12 月 单位:元

项　目	本期金额	上期金额
一、营业收入	1 200 000	(略)
减:营业成本	680 000	
税金及附加	2 000	
销售费用	108 100	
管理费用	87 100	
研发费用	(略)	
财务费用	21 000	
其中:利息费用	(略)	
利息收入	(略)	
加:其他收益	0	
投资收益(损失以"—"号填列)	100 000	
其中:对联营企业和合营企业的投资收益	(略)	
以摊余成本计量的金融资产终止确认收益(损失以"—"号填列)	(略)	
净敞口套期收益(损失以"—"号填列)	0	
公允价值变动收益(损失以"—"号填列)	0	
信用减值损失(损失以"—"号填列)	—1 800	
资产减值损失(损失以"—"号填列)	0	
资产处置收益(损失以"—"号填列)	0	
二、营业利润(亏损以"—"号填列)	400 000	
加:营业外收入	0	
减:营业外支出	0	
三、利润总额(亏损以"—"号填列)	400 000	
减:所得税费用	75 000	
四、净利润(亏损以"—"号填列)	325 000	
(一)持续经营净利润(亏损以"—"号填列)		
(二)终止经营净利润(亏损以"—"号填列)		
五、其他综合收益的税后净额	(略)	
(一)不能重分类进损益的其他综合收益		
1. 重新计量设定受益计划变动额		
2. 权益法下不能转损益的其他综合收益		
3. 其他权益工具投资公允价值变动		
4. 企业自身信用风险公允价值变动		

续表

项　目	本期金额	上期金额
……		
(二)将重分类进损益的其他综合收益		
1. 权益法下可转损益的其他综合收益		
2. 其他债权投资公允价值变动		
3. 金融资产重分类计入其他综合收益的金额		
4. 其他债权投资信用减值准备		
5. 现金流量套期储备		
6. 外币财务报表折算差额		
……		
六、综合收益总额	325 000	
七、每股收益：	(略)	
(一)基本每股收益		
(二)稀释每股收益		

(三)编制现金流量表

根据本章[例 18－1]和[例 18－5]的有关资料，采用分析填列的方法编制麦利公司 2019 年度的现金流量表。

1. 麦利公司 2019 年度现金流量表各项目的金额，分析确定如下：

(1)销售商品、提供劳务收到的现金

主营业务收入＋应交税费(应交增值税——销项税额)＋应收账款(年初余额－期末余额)＋应收票据(年初余额－期末余额)－当期计提的坏账准备－票据贴现的利息

＝1 200 000＋156 000＋(598 000－322 200)－1 800＝1 630 000(元)

(2)购买商品、接受劳务支付的现金

主营业务成本＋应交税费(应交增值税——进项税额)＋存货(期末余额－年初余额)＋应付票据(年初余额－期末余额)＋应付账款(年初余额－期末余额)＋预付账款(期末余额－年初余额)－当期列入产品成本的职工薪酬－当期列入制造费用的折旧费＋当期计提的存货跌价准备

＝680 000＋13 000＋(1 090 900－1 400 000)－(199 500＋11 400)－60 000

＝113 000(元)

(3)支付给职工以及为职工支付的现金

当期以现金支付的记入生产成本、制造费用、管理费用中的职工薪酬＝200 000(元)

(4)支付的各项税费

支付的增值税[应交增值税(已交税金)和未交增值税]＋支付的所得税＋支付的其他税费

＝151 000＋120 000＋2 000＝273 000(元)

(5)支付其他与经营活动有关的现金

销售费用＋其他管理费用＝108 100＋0＝108 100(元)

(6)收回投资收到的现金

“交易性金融资产”、“债权投资”、“其他债权投资”、“其他权益工具投资”、“长期股权投资”等投资科目贷方发生额(非现金等价物)＋与收回投资一起收回的投资收益

(7)取得投资收益收到的现金

收到企业持有投资期间的投资收益＝100 000(元)

(8)购建固定资产、无形资产和其他长期资产支付的现金

用现金购买的固定资产、无形资产、工程物资＋支付给在建工程人员、无形资产开发人员的薪酬＋支付的耕地占用税

＝80 000＋10 400＋101 000＋13 090＋210 000＋110 000＝524 490(元)

(9)取得借款收到的现金＝200 000(元)

(10)偿还债务支付的现金＝940 000＋150 000＝1 090 000(元)

(11)分配股利、利润或偿付利息支付的现金＝60 000＋7 500＝67 500(元)

2. 根据上述数据,编制现金流量表及补充资料(见表 18—6、表 18—7)。

表 18—6 **现 金 流 量 表**

会企 03 表

编制单位:麦利公司 2019 年 12 月 单位:元

项　目	本期金额	上期金额
一、经营活动产生的现金流量		(略)
销售商品、提供劳务收到的现金	1 630 000	
收到的税费返还	0	
收到其他与经营活动有关的现金	0	
经营活动现金流入小计	1 630 000	
购买商品、接受劳务支付的现金	113 000	
支付给职工以及为职工支付的现金	200 000	
支付的各项税费	273 000	
支付其他与经营活动有关的现金	108 100	
经营活动现金流出小计	694 100	
经营活动产生的现金流量净额	935 900	
二、投资活动产生的现金流量		
收回投资收到的现金	0	
取得投资收益收到的现金	100 000	
处置固定资产、无形资产和其他长期资产收回的现金净额	0	
处置子公司及其他营业单位收到的现金净额	0	
收到其他与投资活动有关的现金	0	
投资活动现金流入小计	100 000	
购建固定资产、无形资产和其他长期资产支付的现金	524 490	
投资支付的现金	0	
取得子公司及其他营业单位支付的现金净额	0	
支付其他与投资活动有关的现金	0	

续表

项 目	本期金额	上期金额
投资活动现金流出小计	524 490	
投资活动产生的现金流量净额	−424 490	
三、筹资活动产生的现金流量		
吸收投资收到的现金	0	
取得借款收到的现金	200 000	
收到其他与筹资活动有关的现金	0	
筹资活动现金流入小计	200 000	
偿还债务支付的现金	1 090 000	
分配股利、利润或偿付利息支付的现金	67 500	
支付其他与筹资活动有关的现金	0	
筹资活动现金流出小计	1 157 500	
筹资活动产生的现金流量净额	−957 500	
四、汇率变动对现金及现金等价物的影响	0	
五、现金及现金等价物净增加额	−446 090	
加:期初现金及现金等价物余额	1 002 500	
六、期末现金及现金等价物余额	556 410	

表 18—7 现金流量表补充资料

补充资料	本期金额	上期金额
1. 将净利润调节为经营活动现金流量:		(略)
净利润	325 000	
加:资产减值准备	1 800	
固定资产折旧、油气资产折耗、生产性生物资产折旧	80 000	
无形资产摊销	50 000	
长期待摊费用摊销	0	
处置固定资产、无形资产和其他长期资产的损失(收益以“—”号填列)	0	
固定资产报废损失(收益以“—”号填列)	0	
公允价值变动损失(收益以“—”号填列)	0	
财务费用(收益以“—”号填列)	21 000	
投资损失(收益以“—”号填列)	−100 000	
递延所得税资产减少(增加以“—”号填列)	0	
递延所得税负债增加(减少以“—”号填列)	0	
存货的减少(增加以“—”号填列)	309 100	
经营性应收项目的减少(增加以“—”号填列)	274 000	
经营性应付项目的增加(减少以“—”号填列)	−25 000	

续表

补充资料	本期金额	上期金额
其他	0	
经营活动产生的现金流量净额	935 900	
2. 不涉及现金收支的重大投资和筹资活动：		
债务转为资本	0	
一年内到期的可转换公司债券	0	
融资租入固定资产	0	
3. 现金及现金等价物净变动情况：		
现金的期末余额	556 410	
减：现金的期初余额	1 002 500	
加：现金等价物的期末余额	0	
减：现金等价物的期初余额	0	
现金及现金等价物净增加额	−446 090	

第五节　所有者权益变动表

一、所有者权益变动表及其结构

(一)所有者权益变动表的概念

所有者权益变动表，是指反映构成所有者权益各组成部分当期增减变动情况的报表。所有者权益变动表应当全面反映企业一定时期所有者权益变动的情况，不仅包括所有者权益总量的增减变动，还包括所有者权益增减变动的重要结构性信息，让报表使用者准确理解所有者权益变动的根源。

在所有者权益变动表中，企业至少应当单独列示反映下列信息的项目：(1)综合收益总额；(2)会计政策变更和差错更正的累积影响金额；(3)所有者投入资本和向所有者分配利润等；(4)按照规定提取的盈余公积；(5)所有者权益各组成部分的期初和期末余额及其调节情况。

(二)所有者权益变动表的结构

为了清楚地表明构成所有者权益的各组成部分当期的增减变动，所有者权益变动表应当以矩阵的形式列示：一方面，列示导致所有者权益变动的交易或事项，改变了以往仅仅按照所有者权益的各组成部分反映所有者权益变动情况，而是从所有者权益变动的来源对一定时期所有者权益变动情况进行全面反映；另一方面，按照所有者权益各组成部分(包括实收资本、资本公积、其他综合收益、盈余公积、未分配利润和库存股)及其总额列示交易或事项对所有者权益的影响。此外，企业还需要提供比较所有者权益变动表，所有者权益变动表还就各项再分为“本年金额”和“上年金额”两栏分别填列。

所有者权益变动表的格式见表18—8。

表 18—8

所有者权益变动表

会企 04 表

编制单位:麦利公司　　　　2019 年度　　　　单位:元

项　目	本年金额											上年金额										
	实收资本（或股本）	其他权益工具			资本公积	减:库存股	其他综合收益	专项储备	盈余公积	未分配利润	所有者权益合计	实收资本（或股本）	其他权益工具			资本公积	减:库存股	其他综合收益	专项储备	盈余公积	未分配利润	所有者权益合计
		优先股	永续债	其他									优先股	永续债	其他							
一、上年年末余额	5 000 000				500 000	0			600 000	220 500	6 320 500											
加:会计政策变更																						
前期差错更正																						
其他																						
二、本年年初余额	5 000 000				500 000	0			600 000	220 500	6 320 500											
三、本年增减变动金额(减少以“—”号填列)																						
(一)综合收益总额										325 000	325 000											
(二)所有者投入和减少资本																						
1. 所有者投入的普通股																						
2. 其他权益工具持有者投入资本																						
3. 股份支付计入所有者权益的金额																						
4. 其他																						
(三)利润分配																						
1. 提取盈余公积									48 750	—48 750	0											
2. 对所有者(或股东)的分配																						
3. 其他																						
(四)所有者权益内部结转																						
1. 资本公积转增资本(或股本)																						
2. 盈余公积转增资本(或股本)																						
3. 盈余公积弥补亏损																						
4. 设定受益计划变动额结转留存收益																						
5. 其他综合收益结转留存收益																						
6. 其他																						
四、本年年末余额	5 000 000				500 000	0			648 750	496 750	6 645 500											

二、所有者权益变动表的填列方法

(一)“上年金额”栏的填列方法

所有者权益变动表“上年金额”栏内各项数字，应根据上年度所有者权益变动表“本年金额”栏内所列数字填列。如果上年度所有者权益变动表规定的各个项目的名称和内容同本年度不相一致，应对上年度所有者权益变动表各项目的名称和数字按本年度的规定进行调整，填入“上年金额”栏内。

(二)“本年金额”栏的填列方法

所有者权益变动表“本年金额”栏内各项数字一般应根据“实收资本(或股本)”、“资本公积”、“其他综合收益”、“盈余公积”、“利润分配”、“库存股”、“以前年度损益调整”科目的发生额分析填列。

三、所有者权益变动表编制示例

[例 18—6] 根据[例 18—1]和[例 18—5]的资料，麦利公司编制 2019 年的所有者权益变动表(上年金额略)如表 18—8 所示。

第六节 附 注

一、附注的概念

附注是指对在资产负债表、利润表、现金流量表和所有者权益变动表等报表中列示项目的文字描述或明细资料，以及对未能在这些报表中列示项目的说明等。

附注是为了便于财务报表使用者理解财务报表的内容而对财务报表的编制基础、编制依据、编制原则和方法及主要项目等所作的解释。它是对报表的补充说明，是财务报表的重要组成部分。

二、附注披露的内容和顺序

附注是财务报表的重要内容，企业应当按照规定披露附注信息，将下列主要方面按会计准则要求的具体内容和顺序披露：

(1)企业的基本情况；

(2)财务报表的编制基础；

(3)遵循企业会计准则的声明；

(4)重要会计政策和会计估计；

(5)会计政策和会计估计变更以及差错更正的说明；

(6)重要报表项目的说明；

(7)其他需要说明的重要事项，主要包括或有事项、资产负债表日后事项和关联方关系及其交易等。

本章小结

本章根据《企业会计准则第 30 号——财务报表列报》、《企业会计准则第 31 号——现金流量表》和《企业会计准则——应用指南》的相关规定，介绍了资产负债表的概念、结构及其编制方法，利润表的概念、结构及其编制方法，所有者权益变动表的概念、结构及其编制方法，现金流量表的概念、结构及其结构原理，并对分析填列法及其应用进行了重点介绍。

复习思考题

1. 编制财务报告应当遵循哪些基本要求？
2. 编制资产负债表时，资产、负债项目的流动性应当如何区分？如何理解营业周期？
3. 如何采用分析填列法编制现金流量表？
4. 企业编制的财务报表附注主要包括哪些方面的内容？

参考文献

[1]企业会计准则编审委员会:《企业会计准则2019年版》,立信会计出版社2019年版。

[2]中国注册会计师协会:《会计》,中国财政经济出版社2018年版。

[3]财政部会计资格评价中心:《中级会计实务》,经济科学出版社2019年版。

[4]企业会计准则编审委员会:《企业会计准则案例讲解》,立信会计出版社2019年版。

[5]企业会计准则编审委员会:《企业会计准则讲解与案例》,人民邮电出版社2019年版。

[6]企业会计准则编审委员会:《企业会计准则应用指南》,立信会计出版社2019年版。

[7]张艳丽等:《全国会计专业技术资格考试应试精华——中级会计实务》,企业管理出版社2019年版。

[8]中华会计网校:《会计应试指南》,人民出版社2016年版。

[9]赵金梅、马郡:《营改增实战》,机械工业出版社2016年版。

[10]中华人民共和国财政部:《企业会计准则》,经济科学出版社2006年版。

[11]中华人民共和国财政部:《企业会计准则——应用指南》,中国财政经济出版社2006年版。